美國世紀締造者

六位朋友與他們建構的世界秩序

華特・艾薩克森　艾文・湯瑪斯

Contents

| 前言 *Introduction* 6

| 美國世紀締造者 *Architects Of The American Century* ... 10

第一部　風雲際會 GATHERING

第1章　**他們的世界**　天生贏家 28
WORLD OF THEIR OWN　To the manner born

第2章　**會員選拔日**　「與迅捷者同奔」..................... 54
TAP DAYS　"To run with the swift"

第3章　**合資企業**　哈里曼與羅威特的華爾街生涯 88
JOINT VENTURES　Harriman and Lovett on Wall Street

第4章　**世界法庭**　法庭上的麥克洛伊與艾奇遜 110
WORLD COURTS　McCloy and Acheson before the bar

第5章　**高級俱樂部**　肯楠與波倫的駐外生涯 131
A PRETTY GOOD CLUB　Kennan and Bohlen in the Foreign Service

第6章　**戰時任務**　為國挺身而出 169
ON ACTIVE SERVICE　Enlighting in a noble cause

第7章　**美好雙胞胎**　麥克洛伊與羅威特的作戰部歲月 181
HEAVENLY TWINS　McCloy and Lovett at the War Department

第8章　**莫斯科任務**　哈里曼、艾奇遜、波倫及肯楠與狂人過招 200
MISSIONS TO MOSCOW　Harriman,Acheson ,Bohlen and Kennan wrestle with a biting bear

第二部　創造 CREATION

第9章　淺顯易懂的語言教育　哈利・杜魯門 …… 240
WORDS OF ONE SYLLABLE　*The education of Harry Truman*

第10章　各分東西　德國分裂與原子彈 …… 275
LINE DOWN THE MIDDLE　*Splitting Germany and the atom*

第11章　光芒刺眼的黎明　原子時代的外交 …… 300
THE BLINGING DAWN　*Diplomacy in an atomic age*

第12章　圍堵　對武力邏輯敏感 …… 333
CONTAINTMENT　*Sensitive to the logic of force*

第13章　從混亂中恢復秩序　「宛如桶中的蘋果」 …… 371
ORDER FROM CHAOS　*"Like apples in a barrel"*

第14章　「簡單誠實的人」　推銷馬歇爾計畫 …… 404
"SIMPLE HONEST MEN"　*The selling of the Marshall Plan*

第15章　危機　「俄國會搶先採取行動嗎？」 …… 424
CRISIS　*"Will Russia move first"*

第16章　「一個不同的世界」　超級炸彈與原始人 …… 465
"A DIFFERENT WORLD"　*Of Super bombs and primitives*

第17章　戰爭　「這裡人人意志堅定」 …… 490
WAR　*"No weakness of purpose here"*

Contents

第18章 深淵 鴨綠江災難 …… 519
NADIR Disaster at the Yalu

第19章 流放 狂野歲月 …… 542
EXILE The wilderness years

第三部 外交賢哲 WISE MEN

第20章 薪火相傳 「不，先生，我的精力已經消耗殆盡」 …… 572
PASSING THE TIRCH "No,sir,my bearings are burnt out"

第21章 暮光之戰 邊緣重聚 …… 589
TWILIGHT STRUGGLES Reunion at the Brink

第22章 林登・詹森的權勢菁英 「我告訴總統，他完全正確」 …… 626
LBJ'S ESTABLISHMENT "I told the President he was wholly right"

第23章 審判日 外交賢哲的最後晚餐 …… 660
JUDGMENT DAYS Last Supper of the Wise Men

第24章 傳承 「從來沒有過這麼好的伙伴」 …… 698
LEGACY "Never in such good company"

致謝 Acknowledgement …… 725

PREFACE

前言

在那個時代，他們行事大多藏身幕後，鮮為大眾所知。但是他們卻完成了偉大的任務：建立世界秩序、創設國際性機構、在一個危險時代打造長久的和平。他們注重隱私，避免曝光，可是卻對公共權力感到自在；權力對他們而言不是目標，而是追求繁榮、安全與自由的力量。接受他們輔佐的人半戲謔地稱呼他們為「賢哲」（Wise Men），可是從小羅斯福到理查・尼克森等總統都仰賴他們的智慧。

自本書於一九八六年出版以來的二十五年，經常有人問我們：「誰是今日的『外交賢哲』？」我們摸索到幾個算得上有資格的名字，但比起一九四五年，如今要成為「外交賢哲」其實更加困難。

大約半個世紀之前，就在美國認定自己世界第一強權的地位時，政府比現在小得多，也比較私密。如今重大政策已不像一九四七年那樣在杯觥交錯間談成，當時杜魯門總統的副國務卿羅伯特・羅威特（Robert Lovett）前往參議院外交關係委員會主席，共和黨籍的亞瑟・范登堡（Arthur Vandenberg）的公寓，分享某些最高機密越洋電報，期望爭取馬歇爾計畫的支持。當這些「外交賢哲」於一九四八年成立西方聯盟（Western Alliance）時，白宮並沒有國家安全官員——只有總統的助手克拉克・克里福德（Clark Clifford）會在F街俱樂部（F Street Club）與艾佛瑞爾・哈里曼（Averell Harriman）等人見面或共進午餐。近來的國家安全決策過程雖然比較有條理、比較民主，但即使算不上僵化，也遠不及以前來得靈活。

大量孕育出「外交賢哲」的社會菁英階層是過去歷史的殘餘。菁英階級早已被專欄作家約瑟夫・艾索普（Joseph Alsop）所謂的盎格魯撒克遜白人新教徒優勢（Wasp Ascendancy）所取代。長春藤名校畢業生依然佔據各單位的許多高層職位，但不包含一九四〇年代來到華盛頓、自由隨性的預備學校畢業生。冷戰時期傑出的國務卿狄恩・艾奇遜（Dean Acheson）就讀格羅頓中學時成績在班上吊車尾，如今他恐怕無法進入二十一世紀的耶魯大學；曾被聖保羅中學（St. Paul's）開除的俄國專家暨傑出外交官奇普・波倫（Chip Bohlen）應該也進不了今天的哈佛大學。如今華盛頓的智囊團與委員會充滿了成就非凡的男男女女，擁有令人刮目相看的履歷以及學測成績，但是他們似乎往往滿懷事業野心，卻缺乏創意。

令人難過的是，政府部門已經失去了它的光環。在充滿遠見的外交政策專家喬治・肯楠（George Kennan）的母校普林斯頓大學，一名富有的校友捐款成立伍德羅威爾遜公共暨國際事務學院（Woodrow Wilson School of Public and International Affairs），特意希望訓練外交人才。可是到了一九九〇年代晚期，只有極少數伍德羅威爾遜學院的學生參加外交官考試，更多的人是到華爾街謀職。

第二次世界大戰期間以及戰爭剛結束的時候，羅威特與哈里曼等投資銀行家以及約翰・麥克洛伊（John McCloy）與艾奇遜等律師能夠在不引發太多爭議的情形下，來回在民間部門與政府單位之間任職。如果是今天，他們就必須被迫放棄任何可能造成利益衝突的資產，並聘請律師以通過難以捉摸且似乎沒完沒了的參議院審核過程。意料中的是，願意做此犧牲的人才少之又少。

如今進入政府組織工作的人似乎不如往日的羅威特和麥克洛伊那般開心滿足。當這兩個年輕的華爾街上班族於一九四一年為作戰部長亨利・史汀生（Henry Stimson）效力時，他們能夠充滿幹勁地運用可觀的權力。時下的公職人員則必須忍受記者與國會委員會調查員的猛烈批評——這是避免濫權的重要、有時也是必要的監督措施，不過卻往往令人惱火。在冷戰初期，外交決策相對之下得以擺脫黨派政治的干預；如今，什麼都逃不掉。

外交賢哲對於「參與創造」有種令人振奮的感知能力，而「參與創造」（Present at the Creation）也正是艾奇遜充滿熱情的回憶錄的書名。《時代》（*Time*）與《生活》（*Life*）雜誌創辦人亨利．魯斯（Henry Luce）於一九四一年提出的名詞「美國世紀」（The American Century）當時才剛剛開始。如今大家談的則是美國衰敗（我們認為是危言聳聽的無稽之談），難怪政府部門的精神也同樣衰落。

要將外交賢哲神格化，誇大其重要性與價值，當然很容易。沒錯，我們的確能夠寫出關於外交賢哲神話的警示訓誡。輔佐總統的可能是假裝無所不知的前政治人物——他們的偏見已經根深柢固，但卻缺乏契合時代的智慧。狄恩．艾奇遜在一九六一年柏林危機與一九六二年古巴飛彈危機期間提供危險的鷹派意見給約翰．甘迺迪（John F. Kennedy），他與鮑伯．羅威特也在一九六五年輕率地鼓勵林登．詹森（Lyndon Johnson）升高越戰的衝突，以展現強硬的態度。話說回來，一九六八年農曆新年攻勢（Tet Offensive）之後逼迫詹森總統勇敢面對從越南傳來的壞消息的人，也是艾奇遜和其他幾位外交賢哲。

「對掌權者說真話」雖是陳腔濫調，在當今的華盛頓卻難得一見。羅伯特．史特勞斯（Robert Strauss）堪稱近期的一代賢哲，曾經擔任過詹森到柯林頓等民主黨總統的顧問。他喜歡描述帶訪客向總統提供建言的情形。在前往白宮的途中，訪客會替自己打氣，練習辭藻華麗的講稿（史特勞斯會模仿他們：「我要給橢圓形辦公室的那個王八蛋一點教訓！」）可是一旦進了白宮，他們便勇氣盡失，變得低聲下氣，逢迎拍馬。史特勞斯會模仿他們的語氣：「噢，總統先生，您的表現真是無可挑剔！」

總統需要夠有自信、夠獨立的人來坦率面對他們。沒有人會主張總統身邊的最高顧問應該從畢業於特定學校的盎格魯撒克遜白人男性菁英中挑選（外交賢哲的嘲諷版本；也是現實），但是如果有充分自信的公眾人物，能超越黨派或不願追求個人名聲，對國家自然更為有利。外交賢哲的自信獲得了釋放——賦予他們發揮創意與勇於任事的自由。

外交賢哲不只提出想法，也創立了管理戰後世界的機構。那些機構至今大多依然持續運作——在這個世界改變之後許久，還是依舊不變。世界銀行（World Bank）和國際貨幣基金（International Monetary Fund）是適合管理新全球經濟的機構嗎？自由歐洲電台（Radio Free Europe）與美國之音（Voice of America）成功地將自由的訊息傳播到共產世界，但是哪種單位才能對抗網路恐怖主義或伊斯蘭狂熱主義？北大西洋公約組織（NATO）是解決阿富汗與利比亞等國家混亂暴動或內戰的最佳軍事組織嗎？這些冷戰時期成立的機構雖然賣力地運作著，但是新的世代必須為了現在或未來的世界創設全新的機構與系統。這項任務將需要艾奇遜創建美利堅和平（Pax Americana）以取代不列顛和平（Pax Britannica）以及肯楠擬定圍堵政策時所具備的那種動能與活力。本書的主人翁：外交賢哲已經永遠離去，但是他們的精神應該長存。

——華特．艾薩克森與艾文．湯瑪斯，二〇一二年五月

美國世紀的締造者

那不是一場奢華的宴會。儘管富甲一方，艾佛瑞爾．哈里曼（Averell Harriman）大使對於浮誇的社交場合卻感到不自在，尤其是在已經有戰爭爆發的時候。一九四五年四月十二日晚上，齊聚在他莫斯科住宅的賓客只能將就聽著從哈里曼的維克多拉（Victrola）留聲機中流瀉出來的音樂起舞，享用大使廚房做的點心。到了凌晨一點，許多人都已打道回府，此時電話鈴聲響起，傳來溫泉市（Warm Springs）的消息。由於女兒和幾位貼身助理都在，哈里曼起身上樓，在臥室的壁爐旁邊坐著。從金融界轉入政治界的他在那裡暖著自己的身子，對抗寒冷的俄羅斯夜晚，一邊反覆想著他唯一輔佐過的總統的死訊，一邊思忖那個已經成為總統的男人——那是他自己一生中唯一尚未親眼見過的在任總統。

美國可能與蘇聯交戰，使得哈里曼對於法蘭克林．羅斯福（Franklin Roosevelt）期許兩國和平結盟的心願愈來愈沒有把握，他也一直極力促請華盛頓方面准許他返國，以當面提出他的意見。由於這位突然掌權的新任總統缺乏經驗，唯一一趟出國的旅程還是因為第一次大戰期間從軍的緣故，因此哈里曼直率地發拍越洋電報，表明自己返國商議的「意圖」。當國務院終於許可後，哈里曼在清晨五點搭乘私人飛機離開莫斯科，僅僅花了四十九個小時就抵達華盛頓，很可能創下當時這種旅程的飛行時間新紀錄。

身為大使館參事，喬治．肯楠（George Kennan）協助讓哈里曼對蘇聯的看法更加強硬，也起草過一些言詞極尖銳的越洋電報。哈里曼離開之後，這位內向的年輕外交官必須當家作主，他也因而有了更大的揮灑空間，能夠發出長篇電報，說明美國與蘇聯之間固有的矛盾。羅斯福在擬定外交政策時向來不聽國務院那些總是過度小心而綁手綁腳的人的意見，而哈利．杜魯門（Harry Truman）卻在就任的第一個晚上就熬夜細讀最近的報告。當肯楠傳遞訊息的頻率開始增加後，他發現情況改變了，白宮裡有一個願意接納他人意見的讀者。就像杜魯門在看完肯楠一封對於蘇聯情勢特別悲觀的信之後所表示的：「我非常能理解這則訊息當中的意涵。」

作戰部助理部長約翰・麥克洛伊（John McCloy）屬於行動派，不喜歡想太多。一名副官衝進他在巴黎的飯店房間叫醒他，告知這個消息之後，麥克洛伊在日記上寫下，羅斯福應該會是世人記憶中的一位偉大總統，「由於時間緊迫，應變不及，媒體沒有時間評斷他的歷史定位。」麥克洛伊這趟歐洲視察之旅更堅定了他的信念——美國這次絕對不能像上次的那場世界大戰一樣，在戰爭過後退回孤立狀態。遭烽火蹂躪的歐陸必須進行重建，美國必須在動盪的世界中承擔必要的領導地位。他縮短行程趕回華盛頓，途中並短暫停留在倫敦，到被炸彈轟炸過的聖保羅大教堂（St. Paul's）參加羅斯福追思會。他發現男孩唱詩班所唱的《共和國戰歌》☆（The Battle Hymn of the Republic）非常適合這個場合，不過也提到「他們唱得太慢了」。

羅伯特・羅威特（Robert Lovett）就像麥克洛伊的雙胞胎，也曾擔任作戰部助理部長，亦是哈里曼過去在華爾街的伙伴。他準備前往歐洲與亞洲，監督他所建立的空軍進行重新部署。他確信策略性轟炸已經讓德國元氣大傷，因此亟欲以相同手段對付日本。他後來回想，當時他內心深處其實思考著自己幾乎不瞭解的一種革命性武器，新任總統同樣也幾乎一無所知。就在杜魯門總統衡量著與日本交戰的最佳策略時，羅威特決定延後他的行程。

狄恩・艾奇遜（Dean Acheson）擔任助理國務卿時曾和哈里曼攜手合作，與克里姆林宮進行物資援助的協商。當他聽到消息時，攝影師尤素夫・卡許（Yousuf Karsh）正好幫他拍完肖像照。他的朋友大多沒見過杜魯門，對於一個來自密蘇里州的男性服飾用品商人竟然有可能在這關鍵時刻成為總統，也感到驚愕。但是，艾奇遜覺得杜魯門領悟力強，也會任用適當的人才。「我認為他會學習得很快，從中獲得自信。」艾奇遜在寄給兒子的信中

☆譯註：《共和國戰歌》是南北戰爭時期流行的一首歌曲，後來成為家喻戶曉的愛國歌曲。

如此寫道。

收到消息之後不過幾小時，查爾斯・波倫（Charles Bohlen）便開始為新任總統準備背景資料。身為國務院對白宮的聯絡人，波倫在隔天下午送交報告時首次見到杜魯門。報告中宣稱，蘇聯無視於兩個月之前在雅爾達所立下的承諾，已經「不斷破壞哈里曼大使想達成對於波蘭的協議所做的努力」。哈里曼一抵達華盛頓，波倫便安排他與艾奇遜以及國務院其他人會面，哈里曼在會中強調「蘇聯與美國的目標之間存在著無可調解的基本歧異」。接著波倫陪同哈里曼走到白宮，在那裡全力展開對杜魯門的教育訓練——關於蘇聯、美國協助歐洲重建的必要性，以及炸彈。

★★★

六個朋友。他們的生活從童年到學生時代、從華爾街職業生涯初期到政府單位，都有所交集，如今他們又注定要站上美國政策一次重大轉變的最前線。隨著第二次世界大戰接近尾聲，大多數美國人最想做的莫過於關注國內事務，還有就像哈里曼所說的，「看看電影，喝喝可口可樂。」然而在家世背景與訓練培養的影響下，這幾個人和他們的幾位親近同僚明白，美國必須肩負起一個全球性角色的重擔。他們出於責任感與滿腔熱血，決心投身公職。他們原本就是最聰明、最優秀的人才，其寬大的胸襟與強而有力的行動為戰後的渾沌局勢帶來秩序，也留下了至今仍主導美國政策的珍貴資產。

他們在一種相互信任的氣氛中合作無間，如果在今天的華盛頓，那種氣氛會顯得幾近古怪；他們塑造出一種嶄新的世界秩序，讓一個曾經謹小慎微的國家在任何追尋自由的地方捍衛自由。在一九四〇年代晚期，他們規劃了一種圍堵政策，組成一條聯盟陣線，無論如何自此都成了美國政策的基礎。後來，當他們的許多主張似乎都陷入了越戰的泥沼，他們仍因為穩定的決策能力受政府重用，並獲得「外交賢哲」的封號。

威廉・艾佛瑞爾・哈里曼（William Averell Harriman）首次造訪俄羅斯是在一八九九年，當時的沙皇是尼古拉二世（Nicholas II）。他最後一次造訪俄國是一九八三年接受尤里・安德洛波夫（Yuri Andropov）之邀前往。在這兩次造

威廉．艾佛瑞爾．哈里曼

（William Averell Harriman）

羅伯特．艾伯克朗比．羅威特

（Robert Abercrombie Lovett）

訪之間，他與托洛斯基（Trotsky）協商自己私人的礦物開採權，比任何一個美國人花更多時間與史達林（Stalin）相處，還與赫魯雪夫（Khruschchev）合力促成一條禁止核子武器試爆的條約。然而在他生涯中的大多數時間，他對蘇聯的態度就跟強悍的商人面對競爭者時沒兩樣，堅定卻又務實。身為興建聯合太平洋鐵路（Union Pacific Railroad）的嚴格企業家E. H.哈里曼（E. H. Harriman）之子，哈里曼在自己的領域中經常顯現出王者風範。自格羅頓中學（Groton）與耶魯大學（Yale）畢業之後，他成立自己的航運公司以及商業銀行，接著又進入政府，成為支持新政（New Deal）的先進商人之一。身為代表羅斯福與邱吉爾與史達林交涉的「特別使者」，他展開無拘無束的外交生涯，一直延續到越戰年代。努力不懈之餘有時又極為大膽，客觀超然之餘卻也滿腔熱情，他平時的行事風格慵懶沉靜，但會猛然快手出擊，因而贏得「鱷魚」的封號。

羅伯特．艾伯克朗比．羅威特（Robert Abercrombie Lovett）的童年大多是在哈里曼莊園玩遊戲度過。他的父親曾經是E. H.哈里曼在聯合太平洋鐵路公司的左右手，後來也成為該公司董事長。兩人的兒子後來都成為耶魯大學骷髏會（Skull and Bones）會員、聯合太平洋鐵路公司董事，也是華爾街的伙伴。在經濟大蕭條剛開始時，他們協助合併哈里曼與布朗兄弟（Brown Brothers）的銀行股份，而羅威特也後來成為合夥人。來到華盛頓擔任作戰部助理部長

狄恩・古德漢・艾奇遜
（Dean Gooderham Acheson）

約翰・傑伊・麥克洛伊二世
（John Jay McCloy, Jr.）

時，羅威特的行事作風跟他在華爾街時如出一轍——幕後操盤。他渾身散發貴族般的氣質與魅力，是個出色的行政官員，美國能進入策略性空中強權時代，他居功厥偉。擔任副國務卿時，他是國務院在冷戰初期對決期間的行政首長；後來他更成為國防部長。約翰・甘迺迪（John Kennedy）當上總統時，他找上這位自己心目中高貴傳統的化身，提出三個頂尖的內閣職位供他挑選：國務卿、國防部長，或是財政部長。沒有個人野心的羅威特全部拒絕，而且建議三名人選，後來那些人也順利就任。

狄恩・古德漢・艾奇遜（Dean Gooderham Acheson）是康乃迪克州聖公會主教之子，也是哈里曼在格羅頓中學及耶魯大學的同學；哈里曼教導過這個厚臉皮的小老弟划船。即使在當時大家就知道艾奇遜聰明機伶，可是一直要到就讀哈佛法學院，成為費利克斯・法蘭克福特（Felix Frankfurter）的門生，他敏捷的頭腦才逐漸琢磨成智慧，形成後來擔任杜魯門的國務卿時給予人最深刻的印象。他將自己的回憶錄取名為《參與創造》（*Present at the Creation*），儘管少有人認為他謙虛，但這個書名其實還是低估了他的角色。沒錯，他正是他自己所描述的創造成果的締造者，對杜魯門主義（Truman Doctrine）的貢獻大於杜魯門總統，對馬歇爾計畫（Marshall Plan）的貢獻超過馬歇爾將軍。艾奇遜和哈里曼在進出權力中心之際，依然維持君子之交，克服彼此間偶爾的對立；這段關係在

喬治．佛洛斯特．肯楠
（George Frost Kennan）

查爾斯．歐斯提斯．波倫
（Charles Eustis Bohlen）

他們進入政府體系超過三十年之後達到了最高峰——哈里曼以他傳授複雜划賽艇技巧那般的細心，幫助艾奇遜瞭解越戰困境的黑暗現實。

約翰．傑伊．麥克洛伊二世（John Jay McCloy, Jr.）與艾奇遜一樣，在哈佛法學院獲得智慧的啟蒙。可是對這一位來自費城的窮小子而言，那個經驗的收穫甚至不止於此。它提供了進入美國權勢菁英階級的門票；那個後來他所尊崇，自己也成為其象徵的集團。身為華爾街的律師，他學會如何贏得美國最有權力的男人的信賴。備受敬重的亨利．史汀生聘請他和羅威特協助執掌作戰部，後來麥克洛伊又成為世界銀行總裁以及派駐德國的高級專員（High Commissioner）。由於厭惡意識形態之爭，麥克洛伊證明了執行政策的人往往比設計政策的人帶來更多衝擊。後來他又擔任大通銀行（Chase bank）以及外交關係委員會（Council on Foreign Relations）的主席。他可能保有一人拒絕最多內閣職位的紀錄，寧願大多數時間都維持全美最具影響力平民之一的身分。

喬治．佛洛斯特．肯楠（George Frost Kennan）來自密爾瓦基（Milwaukee），是個缺乏安全感的男孩。他就讀普林斯頓大學時便是個與主流圈子保持距離的局外人，即使在成為華盛頓菁英喜愛的智囊之後，依然堅決扮演這樣的角色。漫長的駐外生涯極為糾結：對於不受讚譽、遭人誤解，他似乎毫不在意。然而在冷戰年代剛開始的一段短暫時間，他對蘇聯的想法卻協助整合了華盛頓決策者之間的模糊態度。肯楠首先透過著名的長電報（Long Telegram），針對克里姆林宮積極擴張的野心提出警告，接著又以X之名撰寫一篇學術文章，因而設計出了圍堵理論。華盛頓熱烈支持這個理論，但很快就導致他坐立不安。如同亨利・季辛吉（Henry Kissinger）所說的：「肯楠在他那個時代對外交決策的貢獻，就與我們歷史上任何優秀外交官一樣不可抹滅。」

查爾斯・歐斯提斯・波倫（Charles Eustis Bohlen）在許多方面都與肯楠相反；他出身富貴，因此得以順理成章成為權力圈中的局內人。不過這兩人卻變成摯友，在外交圈中步步高升，成為緊密的智識伙伴，在冷戰開始的年代是全美頂尖的蘇聯專家。美國於一九三三年承認蘇聯之後，他們便攜手協助美國派遣第一個使節團前往蘇聯，接下來二十年更輪流在國務院以及莫斯科大使館服務，因為擔任大使而使各自的政治生涯達到顛峰。儘管在創意上不如肯楠，波倫卻擔負更微妙、幾乎同樣重要的角色。他面對權力人物的手腕遠遠高明許多，因而能夠溫和地設法讓官方接受他與肯楠對蘇聯行徑的看法。

哈里曼、羅威特、艾奇遜、麥克洛伊、肯楠、波倫——兩名銀行家、兩名律師、兩名外交官。除了在本身的領域擔任要角，他們也代表了戰後政策權勢菁英的一個斷面。他們展現的價值是在預備學校、大學社團、華爾街的會議室，以及華盛頓的晚宴當中孕育滋長。他們都將公職視為崇高的天職，也厭惡黨派政治的壓力。他們偏好的是務實與商業取向的現實政治，而非意識形態。作為尊重歐洲作風與傳統的國際主義者，他們奮力對抗當時盛行的孤立主義。他們所抱持的世界觀的來源，乃因為他們堅信蘇聯將躍升為世界強權，並義無反顧地認為美國（和他們自己）具有帶頭保護全球自由的神聖使命，要締造亨利・魯斯（Henry Luce）在一九四一年《生活》雜誌一篇文章中所展望的「美國世紀」。

當然，還有其他出身相同傳統的人也能被納入美國晉身全球超級強權的傳記故事當中。事實上，其中有幾位在接下來的故事裡扮演了重要的角色。詹姆斯・佛瑞斯托（James Forrestal）的意識型態後來雖然變得比其他人強烈，但是他從普林斯頓與華爾街帶來的觀點與好友羅威特以及其他同事基本上是相同的；若非在事業顛峰之際自殺，他很有可能被視為「外交賢哲」傳統的化身。保羅・尼茲（Paul Nitze）是波倫在哈佛的社團同學、佛瑞斯托在華爾街的伙伴，也繼肯楠之後擔任國務院的主要政策規劃者。他在一九四五及一九四六年冷戰剛開始的緊要時刻並非擔任具影響力的職位，不過後來很快就成為這群人當中的重要成員。

本書描寫的六個人也並非完全融洽共處。例如肯楠便幾乎無法融入幫助這群人結合在一起的那種俱樂部文化（他甚至退出普林斯頓的飲食俱樂部☆〔eating club〕；幾十年後在曼哈頓的世紀協會〔Century Association〕優雅的會客室，他回想起這件事時似乎依然非常痛苦）。麥克洛伊同樣不是出身富貴之家，不過他很早就接受了這種文化，甘之如飴。羅威特與波倫是這群人當中社會出身最好的，比起當時的許多人，他們對政策制定的直接影響比較少。至於哈里曼則有龐大的政治野心，導致艾奇遜和其他人有所質疑。

不過將他們視為一體時，這六個朋友便合作無間，彼此互補，代表在現代美國政策制定過程中扮演主導角色的一種風格與觀點。他們認為擔任公職是一項榮譽，深以為那是貴族應有的風範，因此輕鬆遊走於個人事業與公職之間。作為個人，尤其是在作為一個團體時，他們體現了所謂的美國權勢菁英（American Establishment）——尊敬他們與惡意中傷他們的人皆如此稱之。

★★★

「權勢菁英研究」這個領域相當微妙；惺惺作態的學者和挖苦嘲諷他們的人都誇張地為它掛上這個名稱。左派與右派都傾向於將「權勢菁英」視為一個必須曝光的龐大陰謀，彷彿它是一個神秘的共濟會陰謀集團。天真的右翼分子散發充滿了驚嘆號與箭頭的傳單，聲稱要揭露外交關係委員會與三邊委員會（Trilateral Commission）

☆譯註：飲食俱樂部是美國大學中的社交團體，與起於十九世紀晚期，學生在此用餐、聯絡感情。目前大部份飲食俱樂部都被兄弟會與姊妹會所取代。

的陰險手段。狂熱的左派分子用同樣預告式的語氣揭露那個權力結構的影響力，與右派唯一的不同之處在於那是資本帝國主義者抑或共產主義統一世界者的陰謀。

對內情有較深入理解的人也可能提出嚴厲批判。約翰・肯尼斯・高伯瑞（John Kenneth Galbraith）就常做這種事，他非常喜歡用不敬的機智言談宣洩他對「權勢菁英」的不滿。在一九六六年對美國民主行動協會（Americans for Democratic Action）發表的慶祝演說中，這位言辭辛辣的教授將美國與越南愈發糾纏不清的關係怪罪給「紐約的外交政策集團——也就是杜勒斯－羅威特－麥克洛伊幫，我相信國務卿魯斯克巴不得對他們深表認同，而狄恩・艾奇遜則是他們現在的同路人」。

另一方面，有一些核心圈內的人談及昔日的菁英時總是語帶崇敬。「就整個戰後時期而言，」亨利・季辛吉寫道，「外交政策在一批已經於其他領域建立卓越地位、且投身公職的優異人士的努力下，始終維持高尚風格。」接著他舉出麥克洛伊、艾奇遜、哈里曼以及羅威特等人，稱呼他們為「根據超乎黨派的原則，投身效力國家的貴族」。保羅・尼茲談及「權勢菁英的黃金年代」時也提到這些名字，指出：「我從未見過如此令人敬佩的一流人物，他們腦中不曾閃過將自己的利益置於國家利益之上的念頭。」

英國記者亨利・費爾利（Henry Fairlie）在一九五五年的一篇文章中率先使「權勢菁英」（the Establishment）這個字眼普及化，意指主導英國的權力人士圈。六年之後，理查・羅維爾（Richard Rovere）在一篇故作認真的嘲諷文章〈美國權勢菁英速寫〉（Notes on the Establishment in America）中機巧地調侃那些認真看待這個概念的人。在敘述與「曾經暗中進行權勢菁英研究」的高伯瑞進行過的對話時，羅維爾談到他如何發現權勢菁英的榮譽退休主席是誰。「一個名字突然從我的口中冒出來，約翰・麥克洛伊。」

這個想法讓麥克洛伊耿耿於懷。「噢，不，不是我。」多年之後他提出抗議，「其實我不屬於權勢菁英，我出身貧寒。」就如羅維爾在他的文章中冷淡地說的：「權勢菁英的領導人自然對這整個概念嗤之以鼻；他們否認有權勢菁英存在，否認自己與它有任何關聯。」對麥克洛伊來說，他的反應屬於後者。「是的，當然，」

被問到是不是真的有這樣的團體，他說，「他們都是骷髏會會員，格羅頓中學畢業生之類的。那是菁英階級。羅威特、哈維・邦迪（Harvey Bundy）、艾奇遜，他們遵循一種傳統，高尚的傳統。他們都與優秀人才往來。我心中總是覺得我其實不屬於那個階級，即使到今天還是一樣。」

然而，麥克洛伊談到的那個傳統其實有一項顯著的特色，那就是它始終不是只准王公貴族才能進入的封閉圈子。它在許多方面都是菁英領導取向，至少對那些亟欲接受其風格的人是如此。羅維爾舉出兩個重要的權勢菁英：麥克洛伊與狄恩・魯斯克（Dean Rusk）都出身貧寒。培養過程是雙向的：就在他們設法進入他們心目中的菁英階級，這個團體也設法栽培他們和其他人，想將他們納入其高尚公職的傳統之中。

麥克喬治・邦迪（McGeorge Bundy）是最強烈貶低有權勢菁英這個想法的人士之一。（如果它真的存在，就算他否認與其有任何關聯顯然也沒用：他的父親哈維・邦迪長期輔佐作戰部部長史汀生；麥克喬治是史汀生回憶錄的作者之一；他編輯了不少艾奇遜的演說稿；他的哥哥比爾（Bill）娶了艾奇遜的一個女兒為妻；他還擔任過福特基金會（Ford Foundation）的主席。）邦迪堅決主張，這個概念實在太含糊，沒有任何用處，而通常包含在權勢菁英這個名稱底下的差異遠比相似處多得多。不過，為林登・詹森（Lyndon Johnson）撰寫回憶錄的就是邦迪，這本名為《來自權勢菁英的支持》（*Backing from the Establishment*）的書為後來被人稱為「外交賢哲」的團體創造了有利的形成條件。「這些人的關鍵，」邦迪認為，「是麥克洛伊。」

當邦迪在古巴飛彈危機期間向羅威特尋求建議時，這位年紀較長的政治家對著邦迪書桌旁邊的一張照片點頭，唸起「我們能為總統效勞的最佳方法就是效法史汀生上校的行事作風」。事實上，那或許才是進入權勢菁英階級的真正標準：尊崇亨利・路易斯・史汀生所展現的傳統；這位老練的美國政治家與華爾街律師在威廉・霍華・塔夫特（William Howard Taft）與法蘭克林・羅斯福兩位總統任內擔任作戰部部長，在赫伯特・胡佛（Herbert Hoover）任內擔任國務卿。

在二十世紀，這樣傳統是從一批國際主義者開始，他們在法國凡爾賽（Versailles）擔任伍德羅・威爾遜

（Woodrow Wilson）總統的非正式智囊團，返美之後成立了外交關係委員會。這條路線的發起人是伊萊休・盧特（Elihu Root），他曾擔任過威廉・麥金利（William McKinley）總統的作戰部長以及希歐多爾・羅斯福（Theodore Roosevelt）總統的國務卿。盧特被史汀生尊奉為導師，就如同史汀生成為麥克洛伊和羅威特等人的導師一樣。

這些人協助建立了一個出色的網絡，連結華爾街、華盛頓、備受敬重的基金會，以及正派的社團。前約翰・甘迺迪的助手亞瑟・史勒辛格二世（Arthur Schlesinger, Jr.）在一九六五年寫道：「這個紐約的金融與法律社群是美國權勢菁英的中心。它的靈魂人物是亨利・史汀生和伊萊休・盧特；目前的領導人是羅伯特・羅威特和約翰・麥克洛伊；外圍組織則有洛克斐勒、福特與卡內基等基金會，以及外交關係委員會。」

與這種傳統相反的是一種縱貫美國歷史的平民主義潮流，起源於強納森・愛德華茲（Jonathan Edwards）為了反抗十八世紀逐漸興盛的世俗風氣而推動的大覺醒運動（Great Awakening），以及安德魯・傑克森（Andrew Jackson）率領民眾反對約翰・昆西・亞當斯（John Quincy Adams）。事實上在美國政治中，平民主義者與權勢菁英之間的區別，比起左右派、自由保守派之間的區別要來得更根本。吉米・卡特（Jimmy Carter）與隆納・雷根（Ronald Reagan）兩位總統跟他們的許多前任者一樣，主要都是靠激起平民百姓反權勢菁英的情緒而入主白宮。

一般大眾以及老左派、新左派、老右派與新右派都對權勢菁英有所不滿，這是艾奇遜、麥克洛伊與他們的同僚面對各方敵意的主因。他們這個團體的另一項明顯特色是百分之百的非平民主義，在行政部門任職，卻又始終高傲地避開大眾輿論的壓力以及國會的監督。

這些人不謹守單一的意識形態，意識形態也不是他們生活中的驅力——除非，想處於權力中心的本能也可以稱為意識形態。他們既反對粗鄙的右派人士，也反對軟弱的左派人士。他們對意識形態的熱情感到不滿；重視實用主義、現實政治、溫和穩健以及共識。無黨無派不僅是一項原則，更是一種藝術形式：同樣身為主流共和黨員的約翰・麥克洛伊與羅伯特・羅威特只在民主黨政府裡擔任過公職。小羅斯福總統有一次咕噥說：「可惡，我老是忘記。」因為麥克洛伊提醒他，自己並非民主黨員。

然而，這些人有一些共同的基本信條，其中最重要的是反對孤立主義。他們是國際主義者，更明確地說是大西洋主義者，這種觀點導致他們願意代表美國提出宏大的承諾。他們視美國的領導角色與他們自己都屬於一種道德性天命的一部份。深具洞見的英國記者高佛瑞・哈吉遜（Godfrey Hodgson）在一篇談論美國權勢菁英的文章中指出，它是「這些人的特色，懷抱著某種熱情擔負起世界權力的重責大任」。他說，它反映了一項「嚴峻卻崇高的責任」，是「新英格蘭清教幾乎被人所遺忘的遺產」。路易・奧欽克洛斯（Louis Auchincloss）在他一九八五年的小說《光榮之人》（*Honorable Men*）當中描寫了這種清教基礎，書中的英雄奇普・班尼迪克（Chip Benedict）曾經對太太這麼說：「我們的國家榮耀呢？我們對世界自由的承諾呢？」

他們另一條基本信條是圍堵政策。美國政策的主要目標應該是藉由武力與外交來限制蘇聯共產主義擴張——這個概念是他們最重要的貢獻，由肯楠、艾奇遜、哈里曼、波倫、麥克洛伊、羅威特以及尼茲共同規劃。這個信條成為外交政策共識的核心，盛行了將近一個世代；儘管出現了介入慘烈越戰這麼一個惡劣產物，圍堵的概念依然是美國政策的根本準則，而且其形式與這些人當初設想的極為相近。

此外，對於國家和自己，他們都相信某種高尚的領導風格。高伯瑞喜歡稱之為「格羅頓道德」，也就是恩迪考特・皮博迪（Endicott Peabody）試圖灌輸給學生們的責任與榮譽觀念。羅威特與麥克洛伊都是紳士，與如今佔有類似職位、野心勃勃的權力玩家在行事作風上大相逕庭。他們將這個傳統傳給大衛・布魯斯（David Bruce）、克拉克・克里福德、道格拉斯・狄倫（Douglas Dillon）、威廉與麥克喬治・邦迪、狄恩・魯斯克、賽勒斯・范錫（Cyrus Vance），以及其他許許多多人。

權勢菁英的標籤因此也可以有用處。無論它的輪廓有多麼模糊，被歸在這個類別的人都有許多共同的先決條件，而身在一個緊密結合的圈子當中，使他們比原本的個人更具有影響力。不過，像許多歷史學家那樣將權勢菁英視為洪水猛獸，並沒有什麼意義。史汀生雖然將麥克洛伊和羅威特視為「雙胞胎」，但若要完全瞭解兩人後來展現的風格，就必須知道他們來自截然不同背景的事實。對於肯楠與波倫也是一樣。即使是艾奇遜和哈里曼，儘管兩人共同的經歷從格羅頓的船庫延續到六十年多以後外交賢哲的最後聚會，但他們也證明了這個經常被視為沒有差異的團體內，還是有令人好奇的多樣性。

所以，這本書主要是關於六個深具影響力的男人的故事：他們的友誼、他們的權力、他們的世界，以及他們創造出來的一番成果。無論如何去界定所謂的權勢菁英，這些人都處於其核心——既因為他們的身份，也因為外人對他們的看法。不過如果將他們當成個人來看待，這個團體就稍微少了那麼一點神秘感，變得有趣多了。

★ ★ ★

檢視這些人的生活、他們的經驗與情感，有助於提供一種觀看戰後時期的個人觀點。即便是最謹慎的學者（事實上，尤其是那些最謹慎的學者），有時候似乎也忘了在塑造現代世界的強大力量當中，其實包含了活生生的人努力修正不完善的資訊和半成熟的信念。這幾個人就像其他的人一樣，受到各種不同的原則與偏見、高尚目標與個人看法所影響。他們的想法有時候反映了他們崇高的遠見，有時候反映了他們短暫的憤慨，偶爾也反映他們個人的情緒。

我們選擇一批關係緊密的同僚，也可以探索人們行事原因的一個重要面向：朋友發揮的影響力、追求同儕認可的想望，以及順從的壓力。例如，在形成他們對蘇聯的態度時，肯楠與波倫於一九三〇年代彼此協助塑造對方的觀點，接著又在第二次世紀大戰期間影響了哈里曼的想法，而他回過頭來在大戰接近尾聲時影響了麥克洛伊、艾奇遜，以及華盛頓的其他許多人。

偉大的個人影響歷史潮流的程度有多大，這樣的爭論注定沒有結論。不過有件事情是肯定的：本書的主人翁深信，他們的想法與作法可能是一個影響因素，還有人與個性可能在歷史舞台上扮演一個角色。他們這麼想是正確的，至少比許多歷史上出現的案例來得正確。當哈里曼從莫斯科起飛，前去指導杜魯門蘇聯帶來何種威脅；當肯楠發出他的長電報，協助華盛頓莫衷一是的態度逐漸形成共識；當艾奇遜主導一場討論援助希臘與土耳其的會議，說出一桶「爛蘋果」——如果換成別人擔任他們的職位，事情的發展恐怕就另當別論了。

許多以其他方法進行的冷戰深入研究缺乏個人角度，其中一個原因是，本書的主人翁儘管在那個時代相當重要，卻非常注重隱私。與如今滲透到專業政策菁英階級、野心較大的高層官員不同，這幾個人並不想將他們的影響力攤在公眾面前。當然，後來有幾個人撰寫了回憶錄，但是卻沒有人像今天盛行的情況那樣，為了私利而大肆暴露過往的歷史。他們憎惡公關宣傳——無論是在當時或是在後來，他們都不願意為了大眾消費而去突顯自己的角色。結果，這六個重要人物當中沒有任何一個有完整的傳記出現在市面上（不過有幾本正在籌畫中），而大多數的歷史都把他們視為雙面人物。

本書的故事主要是透過當事人的觀點來講述，探究他們當時的所見所感。判斷他們的角色當然需要考量只有從回顧當中才能獲得的訊息，這一點我們收穫頗豐；可是也需要重視他們在背景脈絡中的實際行動，既不經過模糊的記憶美化，也不以後見之明加以貶損。為了達到這個目標，我們主要仰賴當事人的文件、他們寫的信件和當時接受的訪談、他們的私人備忘錄，以及偶爾寫下的個人日記和簡短筆記。結果這些物件大多是未經公開的豐富資源，其中特別有用的是哈里曼、麥克洛伊與羅威特的大量文件、肯楠尚未公諸於世的家庭信件，以及狄恩·艾奇遜於一九八三年存放在耶魯大學的信件。此外，我們也訪問了他們的許多親戚和老同事，其中不少人讓我們取得文件與紀念物件。

★★★

著手進行這項計畫時，我們別無意識形態上的居心，也無意證明任何論點。我們的目標也不是要歸咎冷戰的責任。我們試圖瞭解，一個由重要人物組成的團體為何做出他們的種種決定。我們認為，本書中的主人翁犯下了錯誤，造成某些意外的後果，但是他們在引導美國政策時心中所抱持的並非邪惡或自私的動機。

他們是堅定的資本主義者，自由貿易是他們的信念；某些人持有的大量資產，在今天會被視為利益衝突；他們相信可運用經濟政策作為外交力量的槓桿。然而，他們主要的動機並非帝國主義的衝動，或擔心資本主義危機步步逼近。雖然心目中的民主理想不見得能在各地實現，但他們卻由衷地厭惡克里姆林宮的專橫手段，因此十分渴望防止其擴張。

在他們的心目中，自由貿易、自由市場與自由人之間有一個連結。本書的主人翁很清楚，美國會是開放性全球市場系統的主要受惠者，但這不代表他們的目標有絲毫不真誠的成份。他們提倡的政策其實大多是無私的：歐洲免於蘇聯的支配、歐洲應該受保護的這個概念，與其說是為了追求有利可圖的市場，不如說是對歐洲人的傳統與理想的喜好。

他們設計的圍堵蘇聯信條反映了他們力求務實的本色。一邊是具有遠見的自由派，他們相信只要華盛頓對史達林合理的安全需求讓步，已經贏得戰爭的大同盟（Grand Alliance）就能夠齊心協力維護和平。另一邊則是狂熱的反共人士，認為即將來臨的東西對決是一場聖戰。

親眼目睹蘇聯體制的現實面之後，哈里曼、肯楠與波倫認為對戰後合作抱持太多信心是危險之舉，而且他們也很快就說服了艾奇遜、麥克洛伊以及其他人。務實的他們主要擔心的並不是馬克思主義或共產主義意識形態；他們絕對不是麥卡錫主義者，卻因此成為「抹紅」的主要目標。他們努力想遏止俄國坐大；就算仇視外國且積極擴張的帝國依舊屬於沙皇專制，而不是布爾什維克黨（Bolshevik），這兩者也很可能會有相同的反應。

他們反抗蘇聯力量擴張的主要原因，與此後激勵多數美國人的原因一樣：厭惡極權體制對嚮往自由生活的人的壓迫。他們願意心照不宣地將某個範圍的利益讓給蘇聯，結果卻發現莫斯科毫無理由破壞了那個領域的所有自由。當然，這個觀點隱含的假設是世界上其他地方很自然地渴望西方國家所享受的民主資本主義體制、自由價值，以及經濟貿易。

他們看待蘇聯的方式就像商人看待競爭對手：讓步與姑息買不到善意，但是有可能達到符合現實的暫時協議，包括互惠性的合作。例如，他們支持戰後借款給蘇聯，也同意努力建構一個聯合控制原子彈的體系。不過艾奇遜和其他人刻意誇大了他們察覺到的威脅，以促使人們接受他們對美國在戰後世界中所扮演角色的看法。

最後，他們開始將自己的言論加以內化。甚至更重要的是，對於這種微妙的商人手段感到較不自在的人，將美國與蘇聯之間的競爭變成一種生死對決。

★★★

大多數歷史學家認為冷戰的開端是一九四七年的寒冬，甚至更晚。然而，在這個故事中的這些男人心裡，它開始的時間還要早得多——所以事實上也是如此。當時他們一邊對特定事件作出回應，一邊也在尋找能整合他們想法的策略架構。對於他們預見的鬥爭可能導致一個未來幾十年危險地分裂、陷入駭人武器競賽的世界，他們會感到毛骨悚然（後來也的確如此）。

他們留下來的影響，歷史將會給予不同的評價。他們為美國在世界上塑造出來的角色，為後繼者留下代價高昂的遺產；當觸及義務與資源之間的平衡時，那些人既不務實，也缺乏彈性。無所節制的干預主義精神導致不智的政治與軍事介入，讓美國到了越戰結束時既不願意也無能維持下去。對於原本意欲對抗的邪惡——莫斯科的偏執、擴張主義，以及不願在自由世界秩序中合作——他們的政策也絲毫無法使之緩和，甚或還讓它變本加厲。沃爾特．李普曼（Walter Lippmann）指控，他們對蘇聯威脅的反應「提供蘇聯在鐵幕後實行暴虐統治的藉口和託辭，也讓蘇聯有理由相信俄國人一貫的信念：有一個打算摧毀他們的聯盟正在形成當中」。

如果說把史達林的強硬或是其他人無法將圍堵政策運用在多變的情勢上，都怪到艾奇遜、哈里曼與肯楠等人身上，其實不盡公平。由於他們謹慎回應當時所察覺到的威脅，才使得兩黨對於運作良好二十年的美國政策目標產生共識。他們反對的是實際上非常真實的威脅，也就是一場戰爭浩劫結束時的權力真空狀態，恐怕會導致全歐洲與中東落入蘇聯的掌控中。「那是那一代美國人的榮耀，」季辛吉寫道，「他們以活力、想像力與能力來承擔這些責任。他們藉由協助歐洲重建、鼓勵歐洲結盟、建立經濟合作機制，以及擴大保護我們的盟友，挽救了自由的種種可能。這種創意的迸發是美國歷史上最光榮的時刻之一。」

無論對美國戰後政策的最終論斷為何，任何的評估都需要明白與理解某些關鍵人物為何以那樣的方式行事。他們的故事最終是人性的故事，一齣充滿勇氣與自負、智慧與愚蠢的戲劇。如同艾奇遜所寫的，它是「一則包含了宏大概念、偉大成就，以及些許失敗的傳奇故事，也是驚人意志與奮鬥的產物」。故事就從在新英格蘭一所預備學校划船，在愛達荷州一座開闊牧場的雪地上騎馬的那些男孩說起。

第一部

風雲際會

我確信你會迎頭趕上，
精益求精，做大事，立大業。

——E. H.哈里曼對兒子艾佛瑞爾說

第一章 他們的世界 天生贏家

WORLD OF THEIR OWN *To the manner born*

貼著棕色木瓦的船庫前，艾佛瑞爾．哈里曼站在碼頭上，幾乎沒注意到坐在賽艇七號座位上、在慵懶的納秀瓦河（Nashua River）上賣力地划著的纖瘦男孩。狄恩．艾奇遜的年紀小他一歲多，低了兩個年級，而在格羅頓中學，不同年紀的男孩之間鮮少有交情。此外，哈里曼那副拒人於千里之外的模樣，即使是在同齡學生的眼中也顯得很冷漠。他已經有私人教練在家裡的私人湖泊指導他划船，在其他男孩眼中他比較像教練，而不是同學，因爲他還協助籌組低年級船隊。另一方面，艾奇遜爲達目的不惜丟臉的名聲很快就傳開了，他去划船只是因爲學校要求每個男生都必須參加一種運動。然而哈里曼後來回想，他不久就認爲那個有著一雙鳥仔腳的調皮男孩會展現出潛力，至少在水上是如此。他開始主動提供划船的訣竅，給他一點鼓勵。最後，他稱讚艾奇遜「是一個優秀的划船手」。

在接下來的歲月中，對於自己曾指導複雜划槳技巧的這個一年級新生，哈里曼繼續自詡爲他的私人教練。他會講授戰後的蘇聯威脅給艾奇遜聽，後來還會溫和地提醒越戰無效。至於艾奇遜，日後他會坦承對於哈里曼老神在在和高高在上的作風感到困惑，儘管他也發現哈里曼是個值得信賴的伙伴。等到一切結束，就在哈里曼一九七一年去世前幾個星期，艾奇遜在給這位老友的一封信中深情地回憶這段關係：

> 告訴年輕人我們的友誼是從六十年前的這個月開始（或許當時我們兩人都渾然不覺），讓他們發現我們是很老一輩的政治人物，把他們搞糊塗，有時候還挺好玩的。當時我剛進入學校，你已經是我的學長了——雖然差距不大。這麼多年來，大多數時間我們參加的活動有時還挺費力的，首先是在水上划船，後來則是在

政府奮鬥。

★★★

哈里曼的高傲與疏離感並不值得意外：他是美國富豪之一的長子，父親是盛氣凌人的鐵路大亨，其家族比較像一個中世紀公國，而非一般美國家庭。愛德華・亨利・哈里曼的個人資產超過七千萬美元，而當時美國沒有遺產稅，平均時薪是二十二美分，一美元能夠買一件進口的亞麻禮服襯衫或一百顆雞蛋。他的財富完全是白手起家掙來的。「剛開始的時候，我的資本只有一枝鉛筆和這個。」他會敲著自己的腦袋這麼說。

最早來到美國的哈里曼家族成員是一個倫敦文具商，一七九五年移民到紐哈芬（New Haven），靠著在西印度群島租船做生意而發財。不過E. H.哈里曼的父親是一名聖公會的巡迴教士，曾經在加州各地的採礦營地傳教，後來才回到東部，在澤西市（Jersey City）的一座木造小教堂擔任教區牧師。E. H.十四歲休學，在華爾街的一間證券經紀商擔任週薪五美元的信差。「我開始相信除了學校和書本之外，我的人生還有別的目標。」他跟不贊成他休學的父親這麼說，「我要去工作。」

短小精幹又活力充沛的他興沖沖地投入巧取豪奪時代的激烈市場。他用向一位富有伯父借來的三千美元在證券交易所買下一個位置，並設法使得富豪科尼列斯・范德比爾特（Cornelius Vanderbilt）與傑伊・古爾德（Jay Gould）成爲他的良師兼客戶。到了二十六歲，E. H.哈里曼猜測某個投機商人壟斷市場的企圖會失敗，賣空煤礦股票，因此贏得他的第一筆十五萬美元的財產。

哈里曼於一八七九年娶瑪麗・艾佛瑞爾（Mary Averell）爲妻，這樁婚姻讓他與鐵路結下不解之緣。他的岳父威廉・艾佛瑞爾是紐約州北部一家小型鐵路公司的董事長，贊助了一輛特殊列車供小倆口度蜜月之用，火車頭還漆上「E. H.哈里曼」字樣。日後註定會有許多火車漆上相同的字樣，而這是第一輛。

哈里曼的鐵路王國是同時以紙張與鋼鐵打造出來的：他成爲鐵路界聲名狼籍的投機商，也積極興建鐵路並取得掌控權。最後他當上聯合太平洋與南太平洋公司（Southern Pacific）董事長，打造出來的鐵路帝國擁有兩萬三千英里的鐵路線，資本額高達十五億美元。他在過程中樹立了一些令人生畏的敵人，包括J. P.摩根（J. P. Morgan）以及美國總統。因為一次政治約定而引發雙方長期不和之後，老羅斯福總統開始稱呼他是「國家之敵」以及「擁有龐大財富的罪犯」。

那個年代的鐵路狂潮以毫無節制的過度興建而聞名，其中又以E. H.哈里曼與詹姆斯．希爾（James J. Hill）之間殘酷的接收大戰為代表。他們是鐵路界的霸主。。「當大西部鐵路網之一的老闆搭乘豪華車廂往太平洋方向前進時，」驚嘆不已的英國觀察家布萊斯爵爺（Lord Bryce）寫道，「他的旅程宛如王室出巡。各州州長與準州總督在他面前彎腰鞠躬；州議會在嚴肅的開會期間接待他；各城市爭相取悅他。」

★★★

威廉．艾佛瑞爾．哈里曼出生於一八九一年十一月十五日，遺傳了父親的許多特點。童年的朋友稱呼他比爾（Bill），在他們眼中艾佛瑞爾的個性是一種奇怪的組合，既固執又冷漠。艾佛瑞爾與他矮小又急躁的父親不同，他個性平淡緩慢，幾乎到了單調無趣的地步；不過兩人都耿直坦率，而且引以為傲。他們交談時不會說笑或話家常，也不會插科打諢或自嘲。雖然他的姊姊瑪麗和弟弟羅蘭（Roland）人緣極佳，艾佛瑞爾卻幾乎沒有年輕人的輕浮。他故作傲慢，沈默寡言的作風更突顯了這一點。

即使在年輕的時候，艾佛瑞爾看起來也有點憔悴蒼白，不過別被外表給騙了：他身體結實，個性強悍，喜歡考驗自己的能耐。許多休閒活動並不容易駕馭，哈里曼卻總是能夠輕鬆掌握：馬球、划船、滑雪、保齡球、槌球，甚至是西洋雙陸棋（backgammon）。「任何活動他都一股腦地投入，」羅伯特．羅威特後來回憶說，「他能得到任何需要的東西——最好的馬匹、教練、設備，自己專屬的保齡球道或槌球草地，然後拼了命求勝。」

「我喜歡像工作一樣辛苦的比賽。」年輕的艾佛瑞爾曾經告訴一位採訪者，「我喜歡全心投入，盡可能全力以赴。」這是他從父母那裡學到的態度。艾佛瑞爾有一次回憶說：「我父親無法想像做任何事只是為了好玩。」他母親打槌球時都會攜帶一本規則手冊，舉出其中的細節，常常堅持大家要遵守。

矮小又嚴厲的E. H.哈里曼並非溺愛小孩的父親，不過他非常關心孩子，會帶他們去長途旅行，晚餐過後在書房陪他們玩兒童遊戲。他堅持孩子跟他說話時必須直視他的眼睛；如果他們從事自我修養的活動，例如每天寫日記，就能得到一點金錢上的鼓勵。「他做每件事情都要發號施令，」艾佛瑞爾後來回憶說，「即使我們去散步，他都會告訴我們他想去哪裡。他很清楚自己想做什麼。」

E. H.和長子進行一趟橫跨全美的旅程時，他們的私人列車在一段顛簸不平的軌道上快速行進之際突然開始失控搖擺。就在差點出軌之後，列車發出一陣刺耳尖銳的聲音，接著終於停止。聯合太平洋公司總裁賀瑞斯·博特（Horace G. Burt）向哈里曼解釋，有施工小組在整修路基卻沒有派平交道看守員去警告來往的列車。「把那批人統統開除。」哈里曼說；艾佛瑞爾敬畏地聽著。「那樣對這些人實在殘酷了點。」博特回答，哈里曼說：「或許殘酷，可是應該也會挽救很多人的性命。那種事情不會再發生了。」

老哈里曼透過再三叮嚀的箴言來傳授他的智慧。「好工人能夠用壞工具做事。」他會這麼告訴他的孩子。「無論你做什麼，第一個念頭都應該是改善它。」他最喜歡的座右銘則是：「龐大的財富是一種義務與責任。金錢必須為國家服務。」

他的孩子將這些格言牢記在心。他女兒瑪麗於一九〇一年首次進入社交圈，卻因為看到朋友揮霍在奢侈品上的驚人花費而畏縮不前。即使她是個活潑的社交宴會常客，也覺得那樣的炫耀沒有必要，於是她將部份金錢挪到更好的用途，協助成立少年聯盟（Junior League）。早在正式成立之前，少年聯盟就開始推動第一項計畫，將奢華宴會使用的花送到地方醫院，並監督它們是否分配得宜。她經常強力要求極為崇拜她的弟弟培養這種對社會的責任感，這種貴族風範（noblesse oblige）。

艾佛瑞爾沉默寡言的個性與母親如出一轍。「從某個角度來說，她相當拘謹的生活形態形成了防止外人打擾的防護罩。」為她撰寫傳記的作者如此寫道。有些人由於風采迷人、舉止優雅，只要一現身便自然能擄獲眾人的目光。瑪麗·艾佛瑞爾·哈里曼就有這樣的氣質，而她的長子有時亦是如此。她負責管理家務，包括多達一百名的僕人與雇員，與經營鐵路的丈夫一樣展現權威，注重細節。她的日記裡充滿聖經格言與一絲不苟的財務帳目，展露在外人面前罕見的精明風格。

在艾佛瑞爾的童年時期，哈里曼家在曼哈頓第五大道上擁有一連串高雅的排屋。其中最雄偉的是一個呈現喬治王朝風格的大理石建築群，俯瞰著當時聖瑞吉斯飯店（St. Regis Hotel）的興建工地。艾佛瑞爾會凝視著窗外好幾個小時，著迷地看著運貨馬車、蒸汽滑輪，以及它們正緩緩打造的人類建築奇觀。E. H.哈里曼在紐約市養了一些快步馬，拉他的兒子穿過中央公園，後來更以他從德國進口、全美最早的汽車之一當代步工具。

艾佛瑞爾盡責地參加道森小姐（Miss Dodson）舞蹈學校以及其他社會名流成長必經的過程，卻又盡可能冷酷地避開社交場合的年輕人。艾佛瑞爾在雅登（Arden）比較如魚得水，那是哈里曼家位於哈德遜河上游五十英里處的華麗莊園，他們春、夏兩季都在那裡度過。

雅登原本是湖畔的一座儉樸小木屋，哈里曼家逐漸將它擴建成廣大的三層樓豪宅，並設置回力球場、撞球間，以及獨立的客房區。對E. H.哈里曼而言，連他自己的家都有可能變工廠：土地上的鐵礦重新開放，豢養乳牛好把牛奶賣給西點軍校（West Point），雅登和鄰近的透納斯村（Turners Village，現在的紐約州哈里曼村）也興建電廠好賣電給整個地區。

哈里曼家自成一個世界，自給自足。到了艾佛瑞爾與羅蘭學習划船的時候，他們的父親聘請雪城大學（Syracus University）的划船隊教練吉姆·田·艾克（Jim Ten Eyck），在他們一百五十英畝大的湖泊中設置的划船道上進行私人教學。湖中的一座小島上安裝了特殊的木板帳棚供露營之用。當兒子游泳或划獨木舟到小島時，老爸哈里曼會坐在碼頭的折椅上一邊觀看一邊思考。

艾佛瑞爾十歲時常在早晨與父親一同騎馬，其他家人則搭乘馬車跟在後面，看看他們土地上有什麼適合興建新豪宅的地點。這種尋地之行說起來沒什麼意義：哈里曼太太老早就決定房子應該建在歐拉馬山（Mount Orama）的山峰上，也就是紐約州與卡茨基爾山脈（Catskills）之間的最高點。那是一個需要聯合太平洋公司使盡全力才能實現的慾望：必須將山頂剷平，開闢一塊平坦的基地，還要在山坡上興建纜索鐵路才能運送建材。

「新」雅登莊園是無比奢華的皇宮，但無疑也是一座美國式皇宮。當時其他的富豪都在興建外國風城堡，將石頭一塊一塊從歐洲運來。可是炫耀心態不下於他們的E. H.哈里曼卻告訴他的建築師湯瑪斯・海斯丁斯（Thomas Hastings），他要屋裡從花崗岩到藝術品的一切都是美國貨。六百名工人辛苦蓋了三年，那座豪宅在哈里曼於一九〇九年去世之前的六個月完工。

雅登莊園一直保留在哈里曼家族手中，直到艾佛瑞爾於一九五一年將它捐贈給哥倫比亞大學（Columbia University）爲止。它有一百多個房間，包括四十間臥室和一間規模媲美飯店等級的廚房。莊園內設有一座網球場、一座槌球草地、四十英里長的騎馬道，後來又增設了一組保齡球道。此外還設有一座私人馬球場，哈里曼家的三個小孩會和朋友在那裡挑戰西點軍校的學生。

雅登莊園的豪華大廳中最醒目的是一架管風琴，哈里曼太太還爲它聘請了一位全職樂手。樂手不演奏的時候，孩子們會裝上鋼琴紙捲、拉音栓，彈這台龐大的樂器。哈里曼太太全心投入蒐集最精緻的美國藝術品、繡帷，以及家飾品。屋裡唯一的進口物品是亞麻布製品；它們來自愛爾蘭，因爲她在國內找不到符合她標準的產品。他們命令僕人讓每間房間都能隨時就緒招待客人，並且佈置大量鮮花，好鼓勵孩子們邀情朋友到他們的孤立城堡。在夏天的某些週末，餐桌會容納多達二十名賓客。

雅登的雇員與僕人提供艾佛瑞爾最穩定的玩伴。在某年哈里曼太太的員工聖誕節宴會上，總共有六十五名男子、二十五名女子，以及一百八十八名兒童。艾佛瑞爾和兄弟姊妹與母親的秘書一同爲每個小朋友挑選小禮物，例如滑冰鞋和連指手套，然後在宴會上發送。有一年當宴會結束時，艾佛瑞爾談到一個缺席的年輕男孩，他與酗酒的父親住在離主屋大約四英里的簡陋木屋裡。結果是宴會名單不小心遺漏了那個孩子。艾佛瑞爾和父親於是在夜晚騎馬出門，找到那個被遺忘的男孩，送他一架堅固的新雪橇。

一八九九年，艾佛瑞爾還不滿八歲，醫師建議他父親去度個悠閒的假期。「結果他心中的悠閒假期是租一艘汽船從西雅圖出發，載一群傑出科學家沿著阿拉斯加海岸旅行三個月。」羅蘭回憶說。船上乘客包括六十五名船員、二十五名科學家、十一名樵夫、三名藝術家、兩名攝影師，以及一頭供應牛奶給艾佛瑞爾與羅蘭喝的乳牛。

E. H.哈里曼這趟旅程主要的目標是射殺一頭阿拉斯加棕熊（Kodiak bear），而他也成功了：獵到一頭七英尺高的巨大棕熊，後來熊皮還放在客廳地板上當裝飾品。當船長與舵手都不敢深入探索地圖並未標明的一處小海灣，這位膽子大的實業家便親自掌舵，結果他們發現的峽灣與冰川便命名為哈里曼。此外，科學家發現了十三個新的屬和六百種新的動植物，拍攝五千張照片，並與史密森學會（Smithsonian Institute）共同出版十三冊插圖書以及十一本專著。

船上有一位知名的保育人士約翰·繆爾（John Muir）。某天晚上，船艛甲板上的科學家正在讚揚哈里曼運用財富的善行。「我認為哈里曼先生不是非常富裕。」繆爾插話說，「他的錢沒有我多。我擁有所有自己想要的東西，哈里曼先生卻沒有。」哈里曼聽到這段話，在晚餐時提起。「我從來不關心金錢，只把它當成使工作完成的一股力量。」他說，「我最喜歡的是創造的力量，與大自然攜手合作做好事，幫助養活人和野獸，使每個人與每件事變得好一點，快樂一點。」

這番自我評價儘管算不上這位鐵路大亨的事業成就，卻讓艾佛瑞爾留下深刻的印象。那趟探險之旅讓他開始瞭解自己的家庭擁有多大的財富與權力，以及它所帶來的重擔與利益。不善交際的艾佛瑞爾已經對許多朋友無聊的社交生活感到不自在，父親認為金錢是工具而非目標的信念也始終烙印在他的腦海中。

那趟旅程也讓他首次一窺將在自己一生中扮演重要角色的國家。他的母親堅持旅程不能依照原定計畫在海洋群島（Sea Islands）結束，而要越過白令海到俄羅斯海岸。「很好，」哈里曼先生回答，「那我們就去西伯利亞。」在普洛佛灣（Plover Bay）登陸之後，這家人花了一天時間向當地人購買工藝品、拍照，還有採摘罕見的野花。在接下來的九十年，艾佛瑞爾會定期重返俄羅斯，最後一次到訪是一九八三年。第二次世界大戰期間，他告訴史達林說，他第一次入境俄羅斯並沒有帶護照。「這個嘛，」史達林回答，「現在不可以了。」

購併太平洋郵輪公司（Pacific Mail Steamship Company）之後，E. H.哈里曼開始擘畫一個環繞全世界的交通系統。於是他在一九〇五年夏天帶著家人前往東方。當時日本剛從俄國手中奪下南滿鐵路（South Manchuria Railway）的控制權，而哈里曼想將它納入自己的帝國當中。他與日本政府達成初步協議，不過幾個星期之後卻破局，因爲老羅斯福總統居中調停日俄戰爭，日本爆發反美主義。哈里曼從日本人手中得到的只有幾箱的拿破崙白蘭地，數量多到當時十三歲的艾佛瑞爾在多年後都還能品嚐。

哈里曼家接著搭乘租來的汽船抵達位於滿洲海岸的亞瑟港（Port Arthu，中國旅順），不過艾佛瑞爾卻無法陪伴他們。艾佛瑞爾的父親儘管有移山的能耐，卻對格羅頓中學的萬年校長恩迪考特．皮博迪無可奈何。這位鐵路大亨從日本發出越洋電報，緊急要求讓艾佛瑞爾前兩週缺課，以便在亞洲大陸旅行。皮博迪回覆，任何學生只要從學期第一天起缺席，就會遭學校「開除」。爲了讓艾佛瑞爾多停留三天，哈里曼特地更改了一艘太平洋郵輪的路線。

★★★

「那次經驗讓我從格羅頓中學的死板嚴格限制中解放出來，或許也是我變得不太墨守成規的原因之一。」哈里曼後來談到校長拒絕讓他在滿洲旅行時這麼說。這所學校雖然只有二十一年歷史，那些嚴格規定卻已經牢確立。格羅頓以英格蘭的公立學校爲本，可說是新英格蘭的伊頓公學（Eton）。它隸屬於聖公會（創立者之一是菲利普．布魯克斯〔Phillips Brooks〕），財源豐沛（另一位創立者是J. P.摩根）。「百分之九十五的學生出身於所謂的美國貴族，」一九〇四年的畢業生喬治．畢德（George Biddle）寫道，「他們的父親都隸屬於薩默賽特（Somerset）、尼克勃克（Knickerbocker）、費城或巴爾的摩等俱樂部。他們的財富佔了全國財富相當大的一部份。」

根據最早的簡介手冊，該校宗旨是培養「充滿男子氣概的基督徒人格」。學生的生活受到嚴格管控，並刻苦禁慾。學生住在六乘九英尺大小的木板方格裡，不准有任何裝飾，只能掛上家人照片。他們清晨六點五十五分起床，一星期七天都上禮拜堂（星期天兩次），每週發二十五美分零用錢（其中五美分是星期日用來捐給奉獻盤）。不過還是有些福利：他們不必鋪床或端飯菜，鞋子有僕人會在晚上幫他們擦亮。晚餐時規定穿著硬領襯衫、打黑領結，穿黑色漆皮鞋。

格羅頓中學的主要動力來自恩迪考特・皮博迪，該校最初六十年的領導者。這位校長在英格蘭的切爾滕納姆學院（Cheltenham）與劍橋大學三一學院（Trinity College）受教育，是個不折不扣的維多利亞時期人。他身形高大、肌肉發達，將自己的身體視為一座神殿，總是穿著擦得極為閃亮的黑色皮鞋、藍色襯衫，打上漿過的白色領結。艾佛瑞爾十三歲時曾在一封家書中這麼形容他：「他如果不是個這麼虔誠的基督徒，就會是個嚇人的惡霸。」

皮博迪對運動精神的重視更甚於學識成就。「我不確定我喜歡思考太多的孩子。」他曾經這麼說，「很多人想了很多可有可無的事情。」他個人教授兩個科目：足球和神學研究。「不參加體育活動在格羅頓並不難，可是這樣的學生在學校也會顯得不重要。」該校的校史學者寫道，「足球是王牌體育項目。理論上學生不見得要踢足球，可是教師與學生的人情包圍讓人幾乎不可能避免。」

格羅頓中學其他的課程包括大量的拉丁文與希臘文、古代史，以及特別著重於英格蘭的歐洲研究。美國史通常都遭到漠視：羅蘭・哈里曼指出，歷史老師們「要求我們學會所有法國與英國國王的名字和年代，卻忘了告訴我們在清教徒先民登陸麻州之前一百年，西班牙人已經在加州了。」學生每星期都要被打成績，皮博迪每個月根據他們的表現列出排名，再將嚴苛且毫無掩飾的成績單寄給家長。

儘管皮博迪十分嚇人，但是大多數學生卻也很尊敬他。在大多數學生的一生中，他始終是一股忠誠且強大的力量——參加他們的婚禮、為他們的孩子施洗，甚至偶爾到監獄探望他們。（他過去曾擔任年級幹部的一名學生，紐約證券交易所總裁理查・惠特尼〔Richard Whitney〕被判決盜用公款，皮博迪到辛辛監獄〔Sing Sing〕探望他。他帶了一只一壘手手套給惠特尼，讓他可以在監獄的棒球隊打球。）法蘭克・羅斯福總統稱他為「生命中影響我最大的人」。

皮博迪全心投入為大眾服務的理想，將基督徒與貴族風範的觀念灌輸給他的學生。該校的校訓是「Cui Servire Est Regnare」，直接翻譯的意思是「服侍祂便是支配」。這句話取自聖公會《公禱書》（*Book of Common Prayer*），皮博迪給了它一個更微妙的翻譯：「服侍是完全的自由。」他的意思是不只服侍上帝，也要為國家效力。「如果有些格羅頓的學生不深入公眾生活，為我們的土地做點事，」他說，「原因不會是沒有人督促他們。」在該校建校二十週年的慶祝大會上，美國總統西奧多．羅斯福藉著重新詮釋《路加福音》（*gospel of Luke*），為學生總結那個訊息的意義：「你們已經獲得許多，因此我們有權利對你們抱持更高的期望。」

格羅頓中學的確造就了數量超乎預期的公職人員。該校校史指出，格羅頓的前一千名畢業生包括一位總統、兩位國務卿、兩位州長、三位參議員，以及九位外交大使，並據此推算如果美國其餘的人口以相同的速率製造領導人，「就會有三萬七千位總統、三十五萬位外交大使、十一萬位參議員……」格羅頓的畢業生通常避開政治，往往偏好較低調的政府部門，尤其是美國戰略局（OSS）和中央情報局（CIA），只有一些例外，其中最著名的就是法蘭克林．羅斯福。少數人進入行政部門，幾乎沒有人從事藝術工作。為上帝與國家效力的人數敵不過效力財神的人，校史上校友職業選擇最多的一類是「金融、股票、證券等等」。

對大多數在一九〇四年升上格羅頓中學二年級（八年級）的十二歲男孩來說，格羅頓就像一所由一個可怕男人所經營的嚴苛機構。然而就像約翰．甘迺迪在多年後形容艾佛瑞爾時所說的，哈里曼家族是一個「單獨的主權國家」。他們本身就像一個機構，往往比較不怕總統、首相和校長。終其一生，哈里曼都是忠誠公僕與不受約束的外交官的特殊綜合體，一方面盡責地執行各任總統交付的任務，一方面卻不遵守詳細的指示，而以自認合適的方式與外國強權交涉。

艾佛瑞爾在校長身上看到的正直，與他父親相當類似：皮博迪與E. H.哈里曼都強調工作的美德、特權的責任，以及回饋社會的義務。老哈里曼後來甚至參與指導該校的工作；他不滿學校既沒有全職的體育指導員，也沒有輔導老師爲成績較差的學生進行補救教學，於是便設法尋求資金來提供這些職位。學生被要求每個星期日寫信回家；哈里曼的父母還要求他每天晚上寄一張明信片。

艾佛瑞爾在格羅頓中學的起步並不順遂；第一年名列全班倒數前三名。皮博迪在二月分成績單上註明：「英文不佳；有能力在各方面更上層樓。」E. H.哈里曼對此相當重視，因而引發了正面的效果。皮博迪在下一份成績單上寫著：「自您來訪後十分勤奮用功。」到了六年級（高三），哈里曼已經在班上排名中段，而且更重要的是還參加了划船代表隊。皮博迪寫道：「學業表現尚可。其他方面則有穩定進步。」

這樣對他父親來說還是不夠。「你英文成績就不能更好嗎？」他在聖安東尼奧（San Antonio）監督一條通往墨西哥的新鐵路工程時寫信給兒子，「我知道你其他有些科目也可以。你進步這麼多讓人很欣慰，相信你能迎頭趕上，精益求精，做大事，立大業。」

「做大事，立大業」這句話一直留在哈里曼心中；他到了九十二歲依然認爲那是父親留給他的一項遺產。「格羅頓中學賦予我強烈的責任感，」他說，「但家父也是。」

哈里曼獨立的人格特質從他的家書中即可一窺端倪。當艾佛瑞爾的父親擔心羅蘭的成績，要求他「想辦法喚醒他」，艾佛瑞爾回覆：「我認爲整個格羅頓組織都需要覺醒，包括所有教師，以及像羅蘭這樣的學生。」不過他還是一個忠誠的格羅頓人。當皮博迪一如往常，在哈里曼畢業後隔年的生日寄信給他，哈里曼盡責地回覆說，校長的祝福「提醒我格羅頓爲我們做了什麼，格羅頓的精神，以及格羅頓對我們的期許」。

★★★

一八九三年四月十一日，狄恩．艾奇遜出生的那一天，有些朋友帶他們時值青春期的兒子前來拜訪這家人。愛德華．艾奇遜牧師對這個男孩的氣質印象深刻，便問他上什麼學校。聽完對方熱心地介紹當時創立才九年的格羅頓中學後，艾奇遜決定，他剛出的兒子在十二年之後也應該名列該校入學名單上。

在十九與二十世紀之交，格羅頓中學是一個奇特的金錢與地位的大熔爐。工業帶來的大量財富模糊了階級間的界線；格羅頓與新英格蘭其他的高教會派（High Chruch）預備學校一樣，本身變成仲裁者——不只是社會層級的衡量標準，也是社會層級的決定者。它讓波士頓高雅人士與阿斯特夫人（Mrs. Astor）四百大名流☆的孩子和商業鉅子的下一代共聚一堂；某些商業鉅子是新近才致富的。此外，校長認爲另外有一批人應該會是美國權勢菁英的中堅份子，學校特別爲他們留了一個位置。如果能接受新的經費來源，他也渴望接納聖公會牧師的兒子，因爲其中某些牧師相當貧困。

艾奇遜家過得十分優渥，然而跟哈里曼家比起來，他們只能算是一貧如洗。愛德華．坎比恩．艾奇遜（Edward Campion Acheson）的祖先是一個對斯圖亞特王朝十分忠心的蘇格蘭—愛爾蘭氏族，他於一八五七年出生在英格蘭南部，身爲職業軍人並打過克里米亞戰爭（Crimean War）的父親當時駐紮在那裡。在十三歲生日的前夕，愛德華買了一樣禮物送給自己：一本祈禱書；他將它放在自己枕頭下，那麼生日當天書就會在那裡。隔年他跑到倫敦，兩年後獨自移民到加拿大。他在那裡一路苦讀到多倫多大學，在薩克其萬省與女王御用步槍隊（Queen's Own Rifles）打仗，一八八五年在印第安人於切刀嶺（Cut Knife Creek）暴動時獲得金質勳章，接著便開始接受牧師訓練。

加入全聖教會（All Saint's Church）時，愛德華．艾奇遜認識了伊蓮娜．古德罕（Eleanor Gooderham），顯赫的多倫多威士忌蒸餾商與銀行總裁之女。他們的長子名爲狄恩．古德罕．艾奇遜，出生於康乃狄克州密德鎮（Middletown）聖三一聖公會（Holy Trinity Episcopal Church）的教區牧師住宅中，也就是他父親任職的教會。

多年以來，最能軟化狄恩．艾奇遜不時顯得尖酸刻薄的態度的，莫過於在米德鎮拱形榆樹下度過的那些時光的模糊記憶。那是一段無憂無慮，宛如《湯姆歷險記》的童年歲月，把玉米穗當菸抽、打球——那種每講一

☆譯註：阿斯特夫人是十九世紀末的紐約名流，她列出四百名有資格稱為上流社會精英的名單，以維護原本上層階級的排他性。

次就比上一次更顯光彩的日子。

> 童年的黃金時代能夠相當精準地鎖定在特定時間與地點（他在一本早期回憶錄《早晨與正午》〔*Morning and Noon*〕中寫道）。它在十九世紀最後十年以及二十世紀最初幾年達到最高峰，接著便墜入汽車年代與城市生活，奪走了小孩與小狗的自由，讓他們遭到約束，成為成人世界裡受約制的囚犯……沒有人被輾過，沒有人被綁架，沒有人矯正牙齒，沒有人擔心小孩；除了我母親偶爾看到我們踏在冰車的後踏階上，瞬時認為潘墨恰池塘（Pamecha Pond）的碩大冰塊會砸在我們身上。可是那種事從來沒有發生過。

狄恩有一匹小馬（懂得「如何懶散度日」）、一隻名叫鮑勃（Bob）的狗（以五美元購入），還有一群現成的玩伴。與哈里曼不同的是，調皮的小艾奇遜從來不被人認爲擁有超齡的成熟。在教堂與牧師住宅之間的三英畝田野上，他和朋友會重現波耳戰爭以及老羅斯福總統攻上聖胡安山（San Juan Hill）等戰役，鄰居的曬衣繩和花園則成了碉堡與戰場，而生氣的鄰居反擊時他們也不退縮。

每天傍晚，狄恩會走到消防站觀看消防隊員演練，然後及時跑到碼頭看從哈特福（Hartford）出發的船隻抵達。「對我來說，在那艘船的甲板上漫步的那些紳士淑女似乎就是世界上最幸運的人。」他後來回憶說，「夜復一夜地看著他們，我想像自己在開闊大海上破浪前進，有些夜晚是到歐洲，有些夜晚到中國，有些夜晚則到最黑暗的非洲。」

艾奇遜一生對英格蘭的熱愛，是因爲從童年起就受到徐徐教導。他和兩個弟妹是家中僅有的美國公民，其他成員則包括他父母（兩人均是忠誠的維多利亞女王子民）、兩名愛爾蘭僕人，以及一位加拿大女家教。五月慶祝女王生日與聖派翠克節（St. Patrick's Day）及美國獨立紀念日同樣重要：他們會掛上英國國旗，晚餐過後孩子們會拿到一杯稀釋過的紅酒，好跟父親一起向女王舉杯祝賀。

愛德華·艾奇遜經常帶狄恩和他朋友到長島海灣（Long Island Sound）上的小屋或緬因州樹林裡的露營地。他以無比的耐心教導他們如何用假繩釣魚，如何生火。不過基本上他仍是個嚴父，高大威武，別人對他最深刻的印象就是威嚴冷漠。他最嚴厲的懲罰是冰冷的眼神以及不准進家門，就像有一次他逮到狄恩在教會擔任輔祭員時亂丟零錢，便施以這項懲罰。他的兒子學到將道德以及懲罰視為自然的事情，而非形而上的性靈現象。「從樹上掉下來的懲罰是受傷，」他談到童年時這麼說，「與我父親爭執而得到的懲罰往往也一樣。前因以合理的方式帶來後果，因此是可預期的，不過卻沒留下心靈的傷口。」

不過愛德華·艾奇遜卻有一種討人喜歡的幽默感，還擅長模仿。「他有可能靠一口愛爾蘭腔英語表演雜耍賺大錢。」他兒子回憶道。他熱愛大聲講故事，尤其是小說家吉卜林的作品，熱情洋溢地模仿不同聲音。晚上他還對著寵物鸚鵡高談闊論，直到有一天鸚鵡啄他的手指頭為止。艾奇遜好多個星期不願跟鸚鵡說話，儘管鸚鵡多次大聲叫「哈囉」。最後他心軟了，嚴肅地餵牠吃了一塊餅乾。

他也十分擅長營造特殊風格與戲劇張力。他的唱詩班會身穿鮮紅色長袍，在響亮鼓聲中以古諾（Gounod）的聖西西利亞彌撒（St. Cecilia Mass）為禮拜揭開序幕，接著身為牧師的他會大聲朗誦教義：「我相信唯一的天主！」因為他知道每個人都來到鎮上，便跟兒子狄恩走上好小時，不斷停下腳步與跟警察、鐵匠（狄恩就是跟他們學會罵髒話的）、垃圾清潔工以及磨坊主人聊天。所有人都敬重他。有一名猶太裔的商店老闆艾賽克·盧貝爾（Isaac Wrubel）帶兒子來見艾奇遜，學習宗教。盧貝爾說，只要由艾奇遜擔任老師，他不在意教的是什麼宗教。「那好吧，」艾奇遜說，「我來教他們你的宗教。《舊約全書》對我而言就夠好了。」

艾奇遜相信神學無法與世俗之事分隔開來，因此經常宣揚改革之必要，例如工人的補償金，往往使他的保守信眾驚愕不已。他佈道說：「在今年底以前，鍛鐵工廠有四十個人會失去他們的手或壓碎手指。」艾奇遜不像當時的許多教士談地獄裡的磨難，他講的都是關於希望、慈悲以及善行的尋常故事。

艾奇遜太太將住家變成鎮上的接待中心，但是她遠比丈夫關心社會地位。後來成為康乃狄克州參議員的雷．鮑德溫（Ray Baldwin）回憶說：「她在許多方面都是米德鎮的社交仲裁者，也很希望成為貴族。」她穿量身訂製的服裝，喜歡操英國口音，舉止散發王室氣質，但許多人卻覺得有點放肆。

狄恩直到九歲才接受女家庭教師的教導，並前往當地一所小型私人學校就讀。母親生病後，狄恩和妹妹瑪格也變得更愛爭吵，於是他被送到康乃狄克州朋夫雷特（Pomfret）的哈姆雷特寄宿學校（Hamlet Lodge）。那裡距離米德鎮不遠，他父親可以在週末前往探視。某個星期六，喬．羅頓（Joe Lawton）與艾奇遜牧師一同前往。走在通往學校的小路上時，他們遇到一個來來回回前進的年輕人。「我正在接受懲罰。」他解釋說。這位不久之後獲選為康乃狄克主教的嚴厲牧師斥責眼前這個男孩，接著問他是否知道在哪裡能找到自己的兒子狄恩。「在那邊走的那個就是他，」男孩用手指了指，「他也幹了一樣的事。」

狄恩發展出一種過度自信的人格，為人風趣，個性獨立。「他想到什麼就做什麼。」他的朋友羅頓回憶說，「他很會搗蛋，不過非常、非常獨立。」信奉天主教的羅頓上的是教會學校，他記得最清楚的是狄恩小時候絲毫不在意玩伴的社會與階級差異。

狄恩從父親那裡遺傳了承擔的勇氣與責任，從母親那裡遺傳了堅毅與優雅的氣質。他也有一種敏銳的直覺，一旦被喚醒，有時反而會過分敏感。隨著年紀漸增，他的機智與優雅氣質成為朋友眼中吃喝玩樂的好夥伴，而他們也讓他卸下心防，脫掉桀驁不馴的面具。他對權力的規則（有時隱藏不住一絲傲慢）的崇敬使得他所效力以及為他效力的人均對他忠心耿耿。他小時候學到的教訓，後來發展成對於高尚原則以及堅定實用主義的全心追求。儘管偶爾察覺到自己困在這兩者之間，他卻鮮少顯出嚴重疑慮。他擁有的冷靜自信來自於他在成長過程中學會相信，問題應該解決，挑戰應該勇敢面對。

★★★

當進入格羅頓中學的時刻來臨時，狄恩其實不想離米德鎮而去。不過當時他父親已經認識了皮博迪，比以往更堅信十二年前做的那個決定是正確的。於是在一九〇五年秋天，艾奇遜一家人驅車前往麻州北部，讓他進入該校一年級就讀。

格羅頓的嚴格環境就像是對著溫暖的童年歲月潑的一大盆冷水，而比起哈里曼，艾奇遜的感受甚至更為深刻。在《早晨與正午》中，艾奇遜始終沒有提到這所學校的名稱。「從童年無拘無束的自由轉換到青春期寄宿學校的嚴格紀律，可不是快樂的改變。」他寫道，「剛開始透過驚訝、無知與尷尬，後來則漸漸透過任性固執，我強烈反抗權勢菁英與體制。那麼做根本是自討苦吃，結果可想而知，既痛苦且清楚。」

在外人眼中，格羅頓中學畢業生都像是同一個模子刻出來的。不過在一九〇五年以及後來，學生之間出現了深層的社會差異。艾奇遜的出身背景與哈里曼天差地遠，他也缺乏任何社會關係能讓他較輕鬆地度過該校新生總是遭欺侮的過渡期窘境。

艾奇遜身形瘦小，實在稱不上身手矯健的運動員；更糟的是，他很獨立，甚至膽子大。對於這樣的人，格羅頓有時相當殘酷。日後以小說《微笑男孩》（*Laughing Boy*）贏得普立茲獎的奧利佛·拉斐基（Oliver La Farge）終其一生都在同樣的惡夢中驚醒——他還是格羅頓中學的三年級學生。後來成為傑出出版家的卡斯·坎菲德（Cass Canfield），入學時迎接他的就是一名學長對他說：「你就是那個新來的啊。」接著就一拳打在他臉上。知名畫家喬治·畢德痛苦地回想起用來惡整太嫩的菜鳥的懲罰方式「上沖下洗」（pumping）。在校長睜一隻眼閉一隻眼之下，惹到老鳥的新生會從自修教室被拖到廁所，頭被硬推到洗手槽裡，「頭上腳下，水噴灑在他臉上，再用力拉他起來，害他咳嗽、噎住、反胃。」

艾奇遜同樣遭到「上沖下洗」的酷刑，而且經歷的折磨更悲慘。身形單薄又喜歡惡作劇的他被迫像根鋼管一樣站在中間，捉弄他的學生則圍成一圈，叫他「小妖精」。皮博迪也不太喜歡他。「我發現他是非常出人意料的那種人。」這位校長在他最早的一份成績單上寫道，「不負責任，忘記帶書，不記得上課，愛找藉口。」在五月份成績單上，皮博迪只寫：「不成熟。」三年後，艾奇遜變得更加叛逆。皮博迪寫道：「有些老師形容他絕對不是個可造之材。」即使在艾奇遜就讀的最後一年，皮博迪的評語依舊嚴酷：「需要敞開心胸。他充滿了不成熟的偏見。」

在狄恩就讀的第一學年底，皮博迪哀傷地通知艾奇遜夫婦，學校無法將他們兒子教育成一名「格羅頓男孩」。艾奇遜太太決心要讓他留在學校裡，以免他永遠帶著遭學校開除的傷痕。她厚著臉皮告訴皮博迪，他不要學校將狄恩變成一個格羅頓男孩，只要教育他就好，寧願拯救學生而非放棄學生的皮博迪因而態度軟化。

艾奇遜的課業在班上始終接近墊底。在最後的總成績單上，他得到平均六十八分，是同年級二十四人當中的最低分。在體育上，他對強烈效忠團隊這一點感到不屑，與米德鎮那些隨性的比賽天差地遠，因此在最後一學期才首次加入運動隊伍。「我在格羅頓就是覺得不適應，」他後來說，「令我驚訝的是，我發現獨立的判斷不只可能正確，而且做了判斷之後還能活下來。」

儘管在格羅頓過得不自在，艾奇遜還是逐漸形成想要表現堅強的慾望，不希望被人當成軟腳蝦。他在童年家中與寄宿學校培養出來的個人格調十足英式風格，甚至有紈　子弟之風——但絕對不軟弱。經歷過鋼管的羞辱、咬緊牙根撐過上沖下洗的作弄，約瑟夫．麥卡錫（Joseph McCarthy）參議員與其他人的霸凌技倆只是小巫見大巫。

雖然艾奇遜嘲弄皮博迪對宗教的虔誠，但是這位校長的責任感仍多少感染到了他。「在皮博迪的學校就讀，首先灌注了迪恩強烈的服務觀念。」他的同班同學約瑟夫．沃克三世（Joseph Walker III）後來回憶說。畢業之後五年，也就是艾奇遜首次開始認真思考自己人生的角色時，他爲自己不曾返校而寫信向皮博迪道歉。他說，原因「完全是因爲害怕一個地方，我知道自己在那裡失敗過。那裡認識我的老師和學生對我的看法，遠比這個世界整體對我的看法還要殘酷」。當兒子大衛到了就學年齡，艾奇遜也送他到格羅頓中學就讀。

艾奇遜高三那年的校刊《格羅頓人》（*Grotonian*）中收錄了他所寫的文章〈美國勢利鬼〉（The Snob in America）。無論在當時或現在，強力反對勢利行爲都是一種潮流，彷彿迴避勢利行爲就是在實踐寬容。艾奇遜在他辭藻華麗且複雜的文章中正是這麼做。此時他已經在與他往後一生中都將明顯可見的一項衝突搏鬥：深信民主價值的智識信仰，對抗導致他以高傲態度去看「粗俗大眾」的個人菁英主義。那四頁文章的風格與內容顯露出他的個性：

勢利的習俗抵達美國海岸，就像來到一個陌生國度。這並不是說它不會遇到許多夥伴；根本不是。它會在一大群朋友中感到賓至如歸。可是很快地，在使它過時、枯萎、惡毒的氣氛中……勢利不只是自負。自負是讚頌自我，勢利則是屈貶他人。自負者說「我」；勢利者則說「我們」。自負可能給人自信，或許這自信來得莫名其妙，但卻有助於一個人的努力。勢利產生的只有譏笑……在美國，勢利引發的反感比爭搶黃金還來得大。民主的真諦是相信一般人，勢利的真諦則是藐視他們……這種民主的精神很美好，無論何時我們聽到它被大肆批評為太強勢、太激進或太民粹，我們都要記得它裡面存在著一股強大力量，防止我們成為一個勢利鬼國家。狄恩．古德罕．艾奇遜。

★★★

艾奇遜呼應父親的看法，在文章中與那些認爲勞工想組工會是不知感激的人爭論。他覺得，他的同學對於勞工階級的困境應該更敏感。一九一一年畢業時，他接受了自己的建議：透過家人的關係找到一份暑期工作，加入一個工作小組，參與加拿大太平洋鐵路（Grand Trunk Pacific Railway）延伸到加國北部的工程。在前往位於哈德遜灣附近荒野的鐵路營途中，艾奇遜搭上裡面全是臨時工人的貨運車廂，發現即使在鐵路工人之間也有嚴格的階級系統，而那是他過去已經違反過的一種系統。「固定工人，甚至是樵夫，都不跟一般工人同行。」他回憶道，「我已放下階級障礙，儘管是透過無知——但我後來得知，對那個小團體來說，權威是應付一大堆文盲工人的主要因素。」

加入這條鐵路的儀式在某些方面與格羅頓中學很近似：身爲新手的他被帶去坐手推車，其他工人在事先安排好的暗號指示下將車弄翻，讓艾奇遜摔得四腳朝天。「我自己多少是被迫成爲笑柄的。」艾奇遜回憶說。不過他著迷於「明白這就是『生活』的那種陶醉感中」。他穿梭於荒野中的各個營地時，從迎接每位新訪客的那種豪放不拘的款待方式當中——共享湯與硬麵包，獲得了安全感。

艾奇遜最後一個工作地點是稱爲二十五號定點（Residency 25）的前哨站，在那裡感覺十分融入關係緊密的工作小組。那裡的總工程師「獨居，就像個船長那樣。散發著權威感，不動聲色就能指揮若定」。還有個熱心的測量員兼廚師的法籍加拿大人羅林，個性開朗熱情，常自言自語講粗話，哼唱粗俗歌曲。「幾個月後當我上了大學，羅林講過的話和故事讓我變成能言善道的風趣傢伙。」

艾奇遜後來寫道：「這些人賦予我新的渴望，讓我更想去體驗世界。那種簡單外向的生活模式在自然的秩序之間重新燃起一種自由感。他們讓我重拾一種無價的鎮定自若，生活的喜悅。我再也不會失去或懷疑它。」

★★★

位於新罕布夏州康科德（Concord）的聖保羅中學在許多方面都像格羅頓的翻版。該校成立於一八五六年，是親英派的聖公會學校。就像其他新英格蘭的聖公會學校一樣，它拒絕美國私立教育的教學模式（例如安多佛〔Andover〕與艾克塞特〔Exeter〕等校），刻意模仿伊頓公學與哈羅（Harrow）公學。校方禁止棒球多年；學生改打板球。

聖保羅中學令人畏懼且信仰虔誠的校長山繆．杜魯利（Samuel Drury）與恩迪考特．皮博迪不相上下。他宣布：「學校可以立下一項取得文憑的條件：必須有能力背誦《登山寶訓》☆（*Sermon on the Mount*）。」不過，皮博迪強健硬朗，杜魯利則嚴厲倔強。該據該校校史，他「沉默寡言，陰鬱而嚴肅」，認爲美國男孩天性「懶散、拖拖拉拉、思慮不周而且怠惰鬆懈」。他斥責學生房間中使用橫幅標語，因爲他認爲那些東西「有礙藝術美感與衛生」。

☆譯註：登山寶訓的是聖經《馬太福音》第五章到第七章中，耶穌基督在山上所說的格言與教義。

聖保羅中學的規模比格羅頓大（分別有四百名與兩百名學生），吸引的學生較多來自紐約與費城高級地區，而非波士頓的上層家庭。一九二三年，有一百九十九名學生來自紐約，只有二十六名來自麻州。其中一個男孩，查爾斯·歐斯提斯·波倫的家庭在這兩州都住過，在聖保羅中學和他接下來的歲月，大家都叫他「奇普」。

聖保羅、格羅頓，以及新英格蘭其他幾所聖公會寄宿學校，爲那些出生在美國新工業富豪之家的學生，例如哈里曼，敲開了打進美國貴族網絡的入門磚。它們也爲傑出的聖公會牧師的兒子，例如艾奇遜，提供一個進入這個圈子的合適地點。不過同樣重要的是，它們還允許歷史悠久的上流社會階層的兒子維繫他們與權勢菁英的關係。波倫家族可說是屬於這個失去些許光環的美國上流階層，一個具有社會地位但財力較弱的家庭。★

奇普·波倫於一九〇四年八月三十日在家中出生，地點是紐約州克雷頓附近聖羅倫斯河上的格林斯通島（Grindstone Island）。他的父親也叫查爾斯，繼承的遺產儘管不多但還算寬裕，因此得以過著優渥的生活，打獵、騎馬、運動，當個「休閒紳士」。他自認是個溫和優雅的生活家，喜歡品酒、駿馬以及歌劇；雖然他的孩子經常覺得他的生活方式有點令人尷尬，卻每個都受到了影響。有一次和奇普到巴黎旅行，他接到拉克兒·梅耶（Raquel Meller）獨唱〈蘭花女〉（La Violetera）之後所丟的紫羅蘭花束，當下便親吻花朵，然後又誇張地將花丟回台上。

奇普的母親謝莉絲汀·歐斯提斯·波倫（Celestine Eustis Bohlen）古怪、跋扈卻也迷人。出身紐奧良最高貴的家族之一，她從小成長的地方應該是紐奧良花園區（Garden District）最宏偉的豪宅之一。她的祖父原本是麻州的律

★作者註：波倫家族是約翰·波倫（John Bohlen）的後裔；他與哥哥亨利在一七九〇年從德國移民到費城。後來返回德國的亨利有一個孫子娶了德國最富有的女性繼承人貝塔·克魯伯（Bertha Krupp），兩人的兒子亞佛瑞·克魯伯·馮波倫·哈巴克（Alfried Krupp von Bohlen und Halbach）在第二次世界大戰之後以戰犯的身分接受審判。

師，一八二二年遷移到南方，後來擔任路易斯安那最高法院首席法官。父親詹姆斯．畢德．歐斯提斯（James Biddle Eustis）是南北戰爭英雄，也是美國參議員。一八九二年獲派到巴黎擔任美國特使時，由於這個職務當時只由部長級官員擔任，因此歐斯提斯表示職位升等才願意接任。於是他便成爲第一位美國駐法大使。

由於當時喪偶，詹姆斯．歐斯提斯請小名提娜（Tina）的謝莉絲特擔任他在巴黎的官方女主人。她在大使館的工作，加上自己克里奧爾人☆（Creole）的身分，逐漸讓她對法國產生了近乎迷戀的長久鍾愛。她幾乎每年都帶孩子到那裡；奇普記得在往返瑟堡（Cherbourg）與巴黎的火車上，她會指著窗外田野上的牛群說：「你不得不承認，牠們比美國的牛漂亮。」

波倫家在南卡羅萊納州艾肯（Aiken）保有一處冬季住宅；那個地方是當時北方富有人家喜愛的度假地點。奇普十二歲時，他們舉家從克雷頓搬到麻州伊普斯威治（Ipswich），波士頓北方。伊普斯威治的住宅是一座廣大的農舍，四周圍繞著樹林與溪流，波倫太太在那裡重新創造她童年時期的舒適親切氣氛。她的丈夫成爲定期參與麥歐皮亞狩獵俱樂部（Myopia Hunt Club）的紳士。在母親自然的高雅氣質與父親淡然的人生觀之間，波倫家的三個小孩發展出令朋友與長輩均爲之著迷的社交魅力。

這樣的特質在奇普．波倫成爲出色外交官的過程中扮演了重要的角色。在先天資質與後天培養上，他既不是機敏的策略家，也不是深具說服力的倡導者。他的才能來自隨和與迷人的個性；他的成功來自他以國務院備受敬重核心成員的身分，溫和引導不斷改變的美國政策架構。四十年間在六位總統任內持續擔任蘇聯專家，他將會體現主導戰後時期的兩黨共識。

在聖保羅中學，奇普總處於小名巴菲（Buffy）的哥哥亨利．摩根．波倫（Henry Morgan Bohlen）的陰影下；根據學校的習慣，小哥哥一歲的奇普被稱爲「波倫二號」。巴菲在校的最後一年獲得「最傑出智育與體育綜合表

☆譯註：克里奧爾人是指路易斯安那殖民者的後代，尤其是法國與西班牙人的後裔。

現獎」，那年奇普參加美式足球隊第三軍以及廣播社。他的學業成績尚可，對歷史不太有興趣，不過科學和數學成績稍微好一些。十二年級時，奇普終於加入美式足球隊：「他從一個相當平庸的球員蛻變成最有用、最努力的護鋒」是學校報紙給他的小小讚許。

儘管巴菲在校表現優異，私底下其實很痛苦。他大學開始酗酒，畢業後不久便自殺身亡。奇普雖然在聖保羅中學表現不佳，人生卻很早就找到了內在的平衡。他不與巴菲競爭，而是盡情玩樂，培養出一種漫不經心的態度，反抗杜魯利博士的教誨。

在老師眼中，波倫二號具有男學生最糟糕的一項缺點：「態度惡劣」。畢業前兩個月他就發作了。有人看到波倫和幾個朋友拿充氣的保險套當足球，在北邊校區的庭院踢來踢去。一名老師指出波倫是搗蛋的學生，於是他去向杜魯利博士報到。杜魯利有時候會跪下來與即將遭開除的學生一起禱告，可是他沒浪費時間與波倫做這件事，就請他去收拾行李。

艾奇遜、哈里曼與波倫在學生時期的表現不盡出色，似乎顯得有點怪。尤其是艾奇遜，無論皮博迪當時怎麼想，他後來還被視爲格羅頓高材生的代表。但話說回來，邱吉爾在哈羅公學的表現也慘不忍睹。那些在格羅頓和聖保羅中學成爲高年級幹部的人——冷靜嚴肅的男孩、虎背熊腰的美式足球後衛、可靠、沒有疑問、忠心——長大之後往往是受人尊敬的銀行家與虔誠的教徒。眼光遠大、充滿想像力的男孩在高貴的教會學校通常無法適應嚴格要求順從的生活，其實不令人意外。

被聖保羅中學開除對年輕的波倫來說並不是太大的困擾，因爲杜魯利並沒有對他使出殺手鐧——撤回他的大學推薦函。波倫依然可以上大學，而對那個年代的格羅頓或聖保羅學生來說，大學指的就是哈佛、耶魯或普林斯頓等名校。例如從一九〇六年至一九三二年，有四百零五名格羅頓畢業生申請上哈佛，遭拒絕的只有三名。聖保羅的申請紀錄也相去不遠。波倫追隨父親、伯父與哥哥的腳步，也選擇哈佛。

★★★

那年秋天，初雪提早降臨愛達荷州的這座牧場，攀附在班克松的樹枝上，也落在騎馬經過的年輕男孩身上。就像哈里曼家玩的許多運動一樣，騎馬競技也有可能變得很激烈。比賽目標是搶下綁在另一名男孩肩上的手帕，並把他拉下馬來。鮑伯．羅威特後來描述，讓纖瘦的他印象最深刻的是從格羅頓中學回來休假的哈里曼家老大既沒穿外套，也沒穿防水衣。在只有一件大號V領毛衣的保護下，艾佛瑞爾似乎沒注意到掉在脖子上的濕雪和流到胸口的雪融水。

對羅威特來說，哈里曼堅忍刻苦的特質在後來的那些年似乎顯示出一種對周遭世界不以爲意的態度；儘管有部份可能是假裝的。在華爾街成爲合作夥伴，或是一起在艱困的冷戰初期協助塑造美國的角色時，誠實的羅威特會笑固執的哈里曼有辦法讓自己看起來像個元首，而非爲總統效力的國民。可是羅威特想起在愛達荷州牧場的那一天，他從遠處看著哈里曼，只是讚嘆他看似輕鬆的耐力，羨慕他的冷酷。

羅威特被介紹給哈里曼家人認識是在一個十分得體的場合：一九〇三年在德州的一座小型火車站，他父親的私人鐵路車廂連接上E. H.哈里曼的私人火車。南太平洋公司的新老闆要巡視自己的王國，想徵求德州最受敬重的鐵路律師的意見。羅伯特．史考特．羅威特法官（Robert Scott Lovett）是一名成功又有聲望的律師，曾經短時間在德州擔任法官，獲聘來處理哈里曼的股權。不到三年時間，他便搬到紐約擔任哈里曼的首席顧問。

兩人討論正事時，當時八歲的小鮑伯便和鐵路大亨的小兒子羅蘭一起探索哈里曼精巧的私人車廂。發現運動間裡的雙槓時，鮑伯開始展現特技般的靈巧身手，引體向上幾次之後以大翻轉做結尾。E. H.哈里曼進來看著，然後轉身問有點矮胖的羅蘭：「爲什麼你做不到？」

跟艾佛瑞爾的父親一樣，年輕時的鮑伯也是自學。爲了支持家裡的經濟，R. S.羅威特十五歲輟學，在德州亨茨維爾（Huntsville）擔任火車站站長；那條鐵路線最後整合到南太平洋公司的路網中。他的教育大多來自造訪當地一所天主教學校的校長，在那裡非正式接受一位好心牧師的指導。後來他在休士頓一家律師事務所研讀法律，短暫在州法院擔任法官，二十六歲便成爲休士頓著名的貝克與波特斯律師事務所（Baker and Botts）一員。

羅威特法官娶亨茨維爾望族成員，一名來自阿拉巴馬的南軍軍官之女拉維妮亞·奇爾頓·艾伯克朗比（Lavinia Chilton Abercrombie）爲妻。維吉尼亞州藍道夫麥肯學院（Randolph-Macon College）畢業之後，她進入亨茨維爾的皮博迪師範學校（Peabody Normal School）任教，而且在該市努力成爲「南方雅典」的行動中擔任先鋒——雖然這個行動不算完全成功。

他們的獨子出生於一八九五年九月十四日。儘管這家人在他出生後不久便搬到休士頓，羅伯特·艾柏克朗比·羅威特後來還是假裝自己出身德州小鎮，有時甚至在訪客簽名簿和旅館登記簿上將居住地寫成亨茨維爾。他的母親憂心他效法舊南方的騎士精神，給了小鮑伯許多浪漫小說和南北戰爭歷史書。他從母親身上學到厭惡衝突，尊重禮節。爭執應該盡速解決，包括父母在內的其他人都應該稱呼爲「先生」或「女士」。

老羅威特教育兒子注重細節、觀察，善加組織事實。他們一九〇六年搬到紐約之後，鮑伯騎腳踏車往返於中央公園西大道（Central Park West）上的住家與漢彌頓軍事學院（Hamilton Military Institute）的文法學校之間。他的父親也騎單車沿著同一條路線上班，每天晚上問鮑伯沿路看的景象。「有幾匹馬在拉車？」他會問與中城一項工程有關的問題。「車上有幾根縱樑？」「馬如何栓在車上？」根據答案的正確度，鮑伯會獲得或被罰二十五美分。

漢彌頓軍事學院同樣嚴格要求課業上的紀律，其課程包括由前英國女王禁衛軍擔任教練的軍事訓練。儘管受到嚴格訓練（或許也因爲如此），羅威特發展出一種冷嘲式的幽默感。他帶點神祕感卻又溫暖的淺淺微笑，再加上安靜的謙遜氣質，使他備受同齡友人及其父母的喜愛，也構成他日後最大優點的基礎：化解人際緊張的重要能力。

身材高瘦、大眼皮，嘴巴豐滿到近乎女性化，羅威特長得格外俊美。他內心充滿安全感，這種親切溫暖的特質使得他在自處或與他人相處時都很自在。這也讓他很享受獨自一人的輕鬆時刻；與父親一起長途旅行時，他經常在懷俄明州或科羅拉多州停留，享受單獨釣魚一星期的時光。然而，他也和曼哈頓以及伍德佛

（Woodfold）附近的朋友建立起少年情誼；後者是他父母在長島蝗蟲谷（Locust Valley）的鄉間莊園。除了哈里曼家的兒子和其他上流家庭的年輕人，他也是上流社會的童子軍團——充斥著軍階和制服的紐約童子軍（Knickerbocker Greys）的活躍成員。

跟E. H.哈里曼一樣，羅威特法官也常帶兒子進行鐵路巡視之旅。在一趟那樣的旅程中，一名男子揮手要他們停車，請求幫助。他說，他的寶寶正在鐵路附近的一間小木屋裡病著。正當父親還在衡量孩子的情況，鮑伯已經判斷出問題所在，堅持幫他灌腸。這個療法奏效，羅威特因此獲得跟著他一輩子的失意醫生之名：自此他熱切地爲不情願的朋友診斷病痛、開處方，從他旅行時必定隨身攜帶的藥罐中取藥。他本身確定是憂鬱症患者，這種病症有一部份可由他一生中一連串不斷復發的健康問題得到證明。

鮑伯經常和哈里曼家到他們在奧勒岡州克拉馬斯湖（Klamath Lake）的釣魚營地，或是兩家人在愛達荷州買的鐵路牧場（Railroad Ranch）。他也常在週末造訪雅登莊園。對他來說，那個廣大的莊園是一座奇妙的綠洲，充滿了哈里曼家男孩、諾曼．里德（Norman Reed），以及綽號派特的查爾斯．藍姆西（Charles "Pat" Rumsey，後來娶了瑪麗．哈里曼）這些朋友。他特別喜歡的是哈里曼太太，羅威特後來稱她是「魅力與美麗的象徵」。這位彬彬有禮的年輕人和這位氣勢懾人的夫人會一起在雅登莊園的起居室下西洋雙陸棋；鮑伯在曼哈頓放學後也會拜訪她，即使她的孩子不在家也一樣。

E. H.哈里曼於一九〇九年去世之後，羅威特法官不只接任聯合太平洋公司董事長，也處理哈里曼太太的法律事務，並協助艾佛瑞爾接管鐵路事業。每到夏天，哈里曼太太會將全家遷到愛達荷州的牧場。她和鮑伯曾經共同進行一趟橫跨全美的火車之旅，每晚熬夜聊天，打雙人橋牌。途中她買了一樣紀念品給他；那是一大塊石化木，她將它鋸成兩塊，給兩人作爲彼此相合的紙鎮。後來他當上國務次卿以及國防部長時，紙鎮變成辦公桌上一個醒目的部份。

小時候，鮑伯．羅威特往往從充滿敬意的距離看比他大四歲的艾佛瑞爾．哈里曼。無論他們進行什麼比賽，哈里曼不但天生優異，也比較有決心想要表現出色。另一方面，羅威特則勤奮許多。他似乎擁有內在安全感與自信的願景，讓他能真正享受學校教育，在不費盡心力的情況下就能出類拔萃，對自己的成功也不覺僥倖或難為情。他的父母也不認為有必要送他到新英格蘭的那種紀律嚴格、而且可能單調乏味的教會學校就讀，他們選擇的是位於費城附近，課業表現比社交功能優秀的希爾中學（The Hill School）。

希爾中學校長約翰·梅格斯（John Meigs）與皮博迪及杜魯利一樣信仰虔誠，不過他並非牧師；他的專長領域是現代語言，受教師訓練出身。他也沒有大多數新英格蘭校長那種拘謹嚴厲的作風。該校校史指出，他擁有「滿滿的活力、充滿感染力的幽默感，以及尖酸的機智」。羅威特有個同班同學在學校報紙上寫了篇社論，要是在格羅頓中學，這樣的內容可是會被視為異端邪說的：「上星期破除偶像崇拜的種子在基督教青年協會（YMCA）的會議上播下了。時機成熟了。有人抨擊聖經課不活潑，此外也出現不少的爭論，逐漸讓會議更有精神，而非枯燥乏味。」

一度以「傑克」（Jake）當小名的羅威特是班上出色的學生。畢業紀念冊上這麼形容他：「他似乎天生注定成功。」從第一年開始，他的學業表現就在該年級名列前茅，直到最後一年都是如此。成績優異者得以免考期中考，羅威特便利用這樣的機會與父親一同旅行，視察聯合太平洋公司的系統。

他參與的其他活動包括擔任學年紀念冊業務經理、啦啦隊員，也是個身材極瘦但表現優異的體操隊員。身為活躍的悲劇演員，羅威特與別人共同成立該校的莎士比亞戲劇社（他父親為此捐贈了一座劇場），他曾經演過《威尼斯商人》（*The Merchant of Venice*）、《第十二夜》（*Twelfth Night*），以及《仲夏夜之夢》（*A Midsummer Night's Dream*）。一九一四年畢業於希爾中學的八十六名學生當中，超過一半進入耶魯大學，羅威特亦是其中之一。

第二章　會員選拔日「與迅捷者同奔」

TAP DAYS

"To run with the swift"

安娜·梅·史內德·麥克洛伊（Anna May Snader McCloy）出身賓州一個貧窮但驕傲的荷蘭裔家庭，這個意志堅強的女兒在人生中有一項重大目標：確保她唯一存活下來的兒子能成爲有錢有勢的人，那是身爲理髮師的她所仰慕的一種人。她的丈夫於三十九歲因心臟衰竭過世，就在這個兒子六歲生日的前夕；另一個兒子五個月後也因爲白喉病撒手人寰。從那一天開始，她便將大量心力投入兩項任務，因爲敏銳的社交本能告訴她，那樣能確保她兒子的前途：讓他接受良好的教育，並盡量使他認識對的人。

少有母親比她更成功。約翰·麥克洛伊最後被視爲東岸核心圈子的領導者，「美國權勢菁英董事會的董事長。」終其一生，他痛恨自己始終擺脫不了權勢菁英的標籤，一再表示他「出身貧寒」。然而，事實上他是美國社會結構最顯著特色的最佳範例之一：上層階級不只接納天生富貴者，也容許那些渴望接受培養過程、有才華的人加入。

麥克洛伊於一八九五年三月三十一日出生在費城的一個社區，確切地點在市場街北邊，因此也就是費城鐵路的「右」邊☆。但是在當時，北十九街是個了無生氣的勞工階級區域，幾乎沒有一點社會的虛矯氣息。他受洗時被取名爲約翰·史內德·麥克洛伊，這個名字跟他的一個舅舅相同。麥克洛伊既不喜歡那位舅舅，也不喜歡這個名字；多年後要展開自己的事業時，他採用約翰·傑伊·麥克洛伊二世這個名字，以紀念自己的父親。

☆譯註：英文中right side of the track字面上是鐵路右邊的意思，但也指人出身富裕地區——在這裡正好與麥克洛伊的實際狀況相反。

老約翰．麥克洛伊是蘇格蘭與愛爾蘭後裔，也是個堅定的基督長老教會教徒。儘管他在賓州人壽保險公司（Penn Mutual Life Insurance Company）擔任理賠專員十九年，自己死後留下的錢卻極少，也沒有保險。多年後，那家公司的一名辦事員寄了一張他父親年輕時的照片給他，麥克洛伊回覆，「它給了我一種很奇怪的感覺，因為我對他所知甚少。」該公司還寄給麥克洛伊一封信的副本，是他父親寫到某個人因為心雜音而投保壽險被拒的事情。「我母親告訴我，他很努力想在公司投保，卻因為自己的心臟問題而受阻。」麥克洛伊回覆，「當他談到一顆吃力跳動著的心臟發出輕柔低沉的雜音，我很肯定他多少也想到自己，因此才充滿同情地說到那位遭回絕的申請人。」

當時為了避免悲慘的命運降臨在貧困的孤兒寡母身上，安娜．麥克洛伊學會了家庭照護和按摩技術，到鄰居和朋友家兼差賺外快。她也開創自己的理髮生意，就像麥克洛伊常說的「做頭」，一次收費五十美分。她經常帶著兒子去見有錢顧客，包括鎮上的頂尖律師以及他們的太太。為了省錢，安娜和兩個未婚的姊妹一起住；莎蒂（Sadie）靠製作販賣女帽賺錢，年輕的蓮娜（Lena）則負責家務、照顧傑克☆，並用節省下來的零錢帶他去馬戲團和動物園。

最重要的是，安娜．麥克洛伊是個驕傲的女人。她為一名富商的家裡工作，對方特別懾服於她的美貌與毅力。富商的太太過世後，他向她求婚，並承諾收養約翰，讓他成為繼承人。不過有一項條件：約翰必須改姓。安娜說，她寧可繼續「做頭」。

費城街道散發出來的那種無拘無束的氣氛，與艾奇遜在米德鎮所感受到的相去不遠。一九四八年在賓州俱樂部（Pennsylvania Club）發表演說時，麥克洛伊回憶：

☆ 譯註：傑克（Jack）是英文中對約翰的暱稱。

小男孩的生活最有趣。那裡有座水庫，下雪天可以在它非常陡的引道上玩雪橇，只要你有膽子承受高風險，可能撞上科林斯大道（Corinthian Avenue）上的馬車或運冰馬車。釀酒城（Brewery town）就在不遠處，那裡的馬棚裡有釀酒商的高大馬匹。離費爾蒙大道（Fairmont Avenue）不遠處就是公園，那裡有電車、動物園、世紀博覽會（Centennial Exposition）留下的龐貝古城遺跡，以及鐵軌——上面矗立著貨運車廂和其他等著處理的物品。我們偶爾會被所謂的鐵路條子追，那總是比被一般警察追著跑來得刺激。

安娜爲兒子挑選的暑期工作是爲了擴展他的人脈，同時幫忙貼補家用。透過富有的費城顧客，她幫他找到在阿第倫達克山脈（Adirondacks）的時髦度假中心和營地打雜的工作。他的工作內容無所不包，從送乳製品到清理浴室都有。他用扁擔和推車搬運牛奶，逐漸練就出魁梧身材。不久他就在許多營地擔負起維護網球場的責任，也擔任優秀球員的陪練員。

因爲從母親身上學到了一些做生意的秘訣，傑克也開始私下指導他所遇見的家庭的小孩，教他們打網球。費城具有影響力的律師和法官（喬治・華頓・佩博〔George Wharton Pepper〕、馬修・史丹利・奎伊〔Matthew Stanley Quay〕、波伊斯・潘洛斯〔Boise Penrose〕、山繆・潘尼佩克〔Samuel Pennypacker〕）都成爲他心目中的英雄，也是晚餐桌上討論的話題；麥克洛伊在暑假期間盡可能花時間與他們相處，不斷輕聲地詢問他們工作上的相關問題。

對安娜更重要的是兒子的教育。老麥克洛伊從高中休學，不過自學拉丁文，還和一個朋友合作翻譯古羅馬詩人維吉爾的史詩〈伊尼亞德〉（Aeneid）。他最大的遺憾是不懂其他語言。臨終前他告訴安娜：「讓約翰學習希臘文。」他另一個心願是希望兒子能成爲律師。

由於擔心繼續就讀公立學校便得跟姨媽住在一起，無法讓他面對足夠的男性挑戰，安娜存夠了錢，送他到一所學費不高但相當嚴格的貴格會（Quaker）學校梅普伍德（Maplewood），後來又轉到紐澤西州距離普林斯頓大學不遠的佩迪中學（The Peddie School）。麥克洛伊於一九〇七年入學時，佩迪中學仍接受中等收入家庭的孩子，且保留它與浸信會（Baptist Church）的許多傳統關係，不過那裡的氣氛遠比梅普伍德來得自由。麥克洛伊回想說：「我發現原來在這個世界上可以提高音量，大聲說話。」

麥克洛伊成績優異，以鏗鏘有力的寫作風格著稱，也開始著迷於輝煌的古希臘。在他的餘生中，他視從事公職的最終目標是再造一個「伯里克利時代」（Periclean Age）。在校的最後一年，他贏得學校的西蘭姆狄茲希臘文獎（Hiram Deats Greek Prize，獎金五美元）。他也成爲體育教練約翰．普蘭特（John Plant）最得意的門生，普蘭特教導這個矮壯結實但動作敏捷的年輕人在美式足球與網球上有突出表現。普蘭特勸誡他的「與迅捷者同奔」成了麥克洛伊最喜歡的警句之一。「在佩迪中學的日子讓我學到與迅捷者同奔有多麼重要，」他後來說，「與比我優秀的人共事有多麼重要。」

終其一生，對於他稱爲迅捷者的那些人，那些似乎「較爲優秀」、與他共事的人，他都保持著極爲謙卑的敬畏之心。至少在他的心目中，自己本性中總是有一點打雜男孩的心態。後來在大家的眼中，他成爲一個能把事情做好，絕不會引發騷動，可處理過量工作，能促使人們形成共識卻不讓他們感到被操控的人。無論是擔任作戰部高層、駐德國高級專員，或是世界銀行總裁，他在保持低調時感到最自在。他龐大的影響力並非來自直言不諱的意識形態或公開的政治議題，而是他有能力讓與他交手的人以爲每個想法都是他們自己的。由於他擅長爲別人避開麻煩，「值得信賴」這樣的字眼似乎總跟他的名字連在一起。因爲善於傾聽，能夠在不引起內鬨的情形下引導衆人做出決定，傑克．麥克洛伊被視爲絕頂聰明的一代賢哲。

★★★

由於在佩迪中學的學業及運動成績優異，麥克洛伊獲得安默斯特學院（Amherst）的獎學金，並在一九一二年入學。他在那裡展開延續一生、進行「閱讀辯論」的特殊習慣：他會挑選特定主題但觀點各異的書籍，同時閱讀。哲學與歷史是他最感興趣的學科。他是個固執的學生，儘管並非天賦異稟，卻具有冷靜可靠的智慧。朋友將他做學問的方法比擬他在網球場上的球風；他在球場上是個企圖心旺盛、談不上優雅的球員，總是急著想趕到網前。雖然以優異的成績畢業，但令他以及他母親深深失望的是，他只差一點點就能進入全美優等生學會☆（Phi Beta Kappa）。

他最好的朋友是在外聲名放蕩的路易斯・威廉斯・道格拉斯（Lewis Williams Douglas），其父親是在亞歷桑納州採礦致富的「生皮吉姆」道格拉斯（"Rawhide Jim" Douglas）。路・道格拉斯後來成爲國會議員、法蘭克林・羅斯福的預算局局長，以及哈利・杜魯門的英國王室大使。奇妙的是，這兩人十分合得來：道格拉斯有一種迷人的羞怯；麥克洛伊十分想要和別人一樣。麥克洛伊最喜歡的休閒活動是長途健行，經常單獨穿越荷約克山脈（Holyoke mountains）；另一方面，道格拉斯偏好追求史密斯學院（Smith College）的女生，可是卻都不太成功。一九一六年的畢業紀念冊用口語的說法形容兩人追求異性的情形：「傑克・麥克洛伊與路・道格拉斯正好處於天平的兩端。」

史密斯學院有兩個女生常去找道格拉斯，她們是辛瑟（Zinsser）姊妹，佩姬（Peggy，不久便與道格拉斯結爲連理）與艾倫（Ellen，幾年後成爲麥克洛伊的太太）。然而，這兩個年輕女性都不記得在安默斯特學院見過麥克洛伊。道格拉斯加入了高貴的阿法戴塔斐兄弟會（Alpha Delta Phi fraternity）；靠端盤子賺錢的麥克洛伊只有能力參加當時財力遠遠落後的貝塔西塔斐兄弟會（Beta Theta Phi）。不過這兩個年輕人在大學很快成爲好友，直到道格拉斯於一九七四年去世爲止，彼此也是姻親、飛蠅釣魚的釣友，以及事業上的夥伴。

傑克在安默斯特學院就讀時，安娜・麥克洛伊決定擴大兒子人際圈最好的方式就是到緬因州沿岸的富裕度假社區度假。在她的堅持下，麥克洛伊像他在阿第倫達克山脈做過的那樣，敲開那些宏偉莊園的大門，尋求教導那裡的年輕男孩歷史、划船以及網球的工作機會。「母親有一部份的天賦是讓我度過美好的夏天，」多年後他說，「我清楚記得那天她激勵我鼓起勇氣去席爾港（Seal Harbor）按那個門鈴，也就是洛克斐勒莊園（Rockefeller

☆譯註：美國著名的大學生榮譽組織之一，吸收最優秀的學生為成員。

estate），想辦法要當他們小孩的家教。我被拒絕了，不過還是教了他們一點划船技巧。」後來在華爾街擔任律師時，他曾處理過洛克斐勒家族的私人事務。

隨著歐洲的戰爭開打，安默斯特學院的校園也分成「鴿派」與「鷹派」。麥克洛伊與道格拉斯堅定支持後者，在深夜的閒聊中強力主張美國需要做好準備。他們可說是最早加入普拉茨堡運動（Plattsburg movement）的人，也就是設於紐約州普拉茨堡的新進預備軍官訓練營；最後全美遍地開花，各地都有類似的訓練營。「我覺得所有該去的人似乎都去了。」麥克洛伊後來回想說。他在那裡表現出色，成爲神槍手，一九一五年夏天奪得最高榮譽，一九一六年則與道格拉斯同獲最佳成績（滿分四百五十分，兩人分別得到四百四十八分）。

★★★

哈佛法學院象徵安娜・麥克洛伊夢想的巔峰，因此也是她兒子夢想的巔峰。它無庸置疑是當時最頂尖的法學院，院長羅斯科・龐德（Roscoe Pound）自然也是全美最優秀的法學學者。那裡的教學主要採取蘇格拉底法，教授以問題和對話來刺激學生，課程圍繞著個案進行，透過具體的重要案例來探討法律理論。從麥克洛伊的觀點來看，最重要的是哈佛法學院屬於菁英教育，有價值的是成績，而非社會地位。對於一個力爭上游的窮小子而言，那是攀上巔峰的最佳捷徑。

獲哈佛法學院錄取時，麥克洛伊十分得意。他離開普拉茨堡時是陸軍預備少尉，接著便在一九一六年秋季入學。然而，美國加入戰爭之後讓他陷入兩難。他母親深深覺得他應該盡可能完成學業再上戰場，不過先前實在太過投入從軍運動，若不入伍他覺得不太自在。於是他在第一學年結束時離開了哈佛，成爲佛蒙特州伊森亞倫堡（Fort Ethan Allen）的常備陸軍少尉。

他的指揮官是蓋伊・普瑞斯頓將軍（General Guy Preston），一位個性直率的騎兵，曾在一八九〇年打過傷膝戰役（Battle of Wounded Knee），那也是蘇族印第安人（Sioux）的最後一戰。依然精瘦挺拔的普瑞斯頓組織了一個砲兵團，並表示從騎兵轉換過來一點問題也沒有，因爲「我對著校舍牆壁撒尿時，學會了什麼是彈道」。麥克洛伊當初騎馬時削瘦敏捷的身手間接讓他從軍隊中脫穎而出，成爲將軍的輔佐官。「有一天在伊森亞倫堡，你騎完馬之後我走在你身後。我看到你整條褲子上全沾滿了血。」普瑞斯頓後來回想，在給麥克洛伊的信上這麼寫道，「我對自己說，如果有誰忍受那種痛還堅持騎下去，那麼他一定是個好軍官。」兩人一直通信到普瑞斯頓於一九五〇年代去世爲止。

在即將停戰之前，普瑞斯頓與他的野戰砲兵團抵達法國西部前線，此時麥克洛伊擔任首席作戰官。他們駐紮在摩澤爾河（*Moselle River*），耗了幾個星期與敵軍的砲兵進行單獨的小規模戰鬥，一方面準備等戰爭結束便對梅茲市（Metz）發動攻擊。

一九一九年八月返國後，普瑞斯頓試圖說服麥克洛伊接受長期軍職，不過麥克洛伊已經重拾法律書籍了。「有一天晚上麥克洛伊到餐廳來，跟我一起在摺疊桌上用餐。」普瑞斯頓多年後回憶說，「我發現他心事重重。最後他大喊：『將軍，抽象的法律真是一種漂亮的東西！』我看了他一眼，看見他的臉宛如天使的面孔般閃閃發亮。我立刻說：『小麥，我絕對不會再請你留在軍隊裡。你的天命太明顯了。』」麥克洛伊在二十四歲重返劍橋（Cambridge），繼續哈佛法學院最後兩年的學業。

「課程很精彩，重返校園後我迷上了那種感覺，法學院的刺激感。」麥克洛伊後來回想。以民事損害賠償與聯邦稅法教科書聞名的約瑟．畢爾（Joseph Beale）教授給他特別的鼓勵。這位教授指出，他的思慮清晰，但是寫作風格不夠優雅。他的成績在班上名列前茅，不過令他懊惱的是，他的作品差點就登上《哈佛法學評論》（*Harvard Law Review*）。「我必須盡快迎頭趕上，」麥克洛伊回憶，「我竭盡一切力量拚命用功。」

他的母親依然是他生活中一股長相左右的力量；她甚至搬到劍橋，好在他完成法學院學業之際能跟他合住一間公寓★。她當理髮師的積蓄與收入幫忙補麥克洛伊獎學金的不足，他則靠教手球和回力球來多賺點錢。在部隊擔任指揮官一年之後，財務負擔似乎特別沉重。他感覺比其他學生更成熟、更有經驗，因此當然不希望因輕浮的社交活動而分心。

費城的工作機會極少，因此重返費城似乎也不令人期待。他一畢業便前往華爾街。「我知道那裡的步調會很刺激，」他回想，「我明白在那裡才有機會與迅捷者同奔。」

★★★

他是一個行事溫和的害羞男孩，來自中等社會地位的家庭。儘管背景如此，或許也因為如此，喬治·肯楠深深著迷於史考特·費茲傑羅（F. Scott Fitzgerald）筆下那個浪漫的年輕中西部男孩，在二十世紀初捲入舊拿索（Old Nassau）的華麗耀眼漩渦中。「他第一眼就愛上了普林斯頓，」費茲傑羅在《塵世樂園》（*This Side of Paradise*）中這麼寫他筆下的英雄艾莫瑞·布雷恩（Amory Blaine），「它慵懶的美，不太為人所懂的重要性，燈心草在荒涼月光下的狂歡舞動，大型比賽的眾多人群，以及瀰漫於他班上的勤奮氣氛。」在軍校的最後一年，肯楠熱切地閱讀這本小說。即使同校沒有其他男生要上東邊的大學，肯楠一心就想進入普林斯頓，希望藉此闖入權力與名利的世界。

隨著美國進入一個嶄新的競爭時代，在判斷一個人的社會地位時，正確的大學教育變得跟出身或預備學校一樣重要。頂尖的大學，尤其是哈佛、耶魯與普林斯頓，開始被各界（以及它們自己）視為偉大的國家機構，在美國往上爬的重要踏階。進入這些學校就讀的年輕人，尤其是那些預計加入正確的社團者，感覺備受恩寵，彷彿他們已經在人生競賽中脫穎而出。大學精神大鳴大放，讓普林斯頓等歷史名校校友彼此有所聯繫的學校關係，至少跟格羅頓或聖保羅中學的校友關係一樣強大。

與麥克洛伊一樣，肯楠一生都為他所認為的美國菁英著迷不已。如同他在回憶錄中所說的，儘管普林斯頓

★作者註：法蘭克林·羅斯福、伍德羅·威爾遜（Woodrow Wilson）與道格拉斯·麥克阿瑟（Douglas McArthur）的母親也都跟著他們上大學，幫忙照顧他們。安娜·麥克洛伊活到九十三歲，她後來搬到喬治城（Georgetown）與兒子同住，在他事業成功後也經常與他一起到世界各地旅行。

「不盡然是《塵世樂園》中反映的那種經驗」，它還是讓肯楠脫離卑微的背景，日後成爲美國外交單位最受肯定的人物，也是戰後決策菁英中的智多星。

然而與麥克洛伊不同的是，肯楠對於被認定爲美國菁英產生了複雜的衝突感。每次當他似乎就要自在地融入美國權勢菁英階層時，無論是在普林斯頓或華盛頓，他便毅然決然地讓自己扮演局外人的角色，從刺痛與輕蔑中獲得近乎邪惡的愉悅；而這種痛苦原本是既非完全接受、也不完全拒絕菁英階層的人才能感受到的。由於極度缺乏安全感，他時而渴望被接受，時而表現怯懦。他聲稱喜愛局外人的角色，不過對他來說，重要的是作爲一個眞正發自內心的局外人，一個總是認爲自己不斷扮演錯誤角色的人。「就我被權勢菁英那些人接受的這一點來看，是他們決定讓我扮演什麼角色，而不是因爲我實際上是什麼樣的人。」八十歲時，他坐在曼哈頓世紀協會俱樂部的一張皮革扶手椅上仔細回想著，「我也常想，這是我自己的選擇。」

即使在小時候，喬治．佛洛斯特．肯楠就已經感受到孤立感。他於一九〇四年二月十六日出生於密爾瓦基，是科蘇斯．肯特．肯楠（Kossuth Kent Kennan）與佛羅倫絲．詹姆斯．肯楠（Florence James Kennan）的獨子。兩個月之後，他的母親驟逝。當年五十二歲的父親沒有餘力提供愛與陪伴給這個年幼的孩子，身爲稅務律師（他規劃了威斯康辛州的所得稅法，是全美最早的州所得稅法，還寫了兩本相關主題的書），他通常都關在廣大的肯楠住宅中黑暗的書房裡工作。「他有一種翻磨牙齒的動作，所以你能看到肌肉好像在擠壓什麼東西。」喬治在多年後回憶說。父親在他眼中是一個「害羞、寂寞，不太快樂的人」，兩人溝通的方式主要是透過「害羞的斜眼瞥視」。

喬治也沒有從繼母路薏絲．惠勒（Louise Wheeler）身上獲得太多的母愛。她是瑞本學院（Ripon College）的教師，在喬治五歲時嫁給他的父親。「我覺得她沒辦法給人較深的情感。」肯楠後來回憶說。他最早的記憶之一是她嚴厲處罰他，情形是他看到幾個小男孩在廁所尿尿之後，把自己的長褲割出一條縫，因爲那條長褲上沒有拉鍊。從那時候起，在成長過程中即使繼母只是看到他部份裸體，他也會感到極度不自在。雖然他對音樂有興趣，繼母卻禁止他彈家中的鋼琴，然而她卻寵愛自己的親生兒子肯特・惠勒・肯楠（Kent Wheeler Kennan，後來成爲成功的音樂家），讓他上私人音樂課。

儘管後來憂鬱的個性常帶來病痛，肯楠卻是個魁梧的年輕男孩。但是他並不好鬥，事實上還常被指爲娘娘腔。有一次他和另一個男孩發生爭執，大家要兩人到庭院解決。對手和他一樣膽小，他們對峙了許久，卻連一拳都沒有出手，其他男孩最後只好喊停。

肯楠八歲時，父親帶全家人到德國旅行六個月。他們住在卡塞爾（Kassel），老肯楠在那裡撰寫一本稅務書。喬治明顯具有語言天分，離開時已經能說相當流利的德語。他父親比家人提早幾個星期返家，喬治在寄給父親的一封信上揭露了第一個生涯志向。「我長大之後能加入海軍嗎？」他問。

肯楠主要是由三個姊姊扶養長大：珍妮特（Jeannette）、法蘭西絲（Frances）以及康斯坦絲（Constance）。如同他在極其坦白的《回憶錄》（*Memoirs*）中所說的：「我活在一個屬於自己的古怪私密世界裡，幾乎不與其他人分享，甚至也不向他們解釋，尤其是在童年時期，接近中年時則沒那麼嚴重。」

那個童年與哈里曼或羅威特家的安穩世界相去甚遠，似乎會讓人產生極端的情緒。「我的行爲只知道兩種情緒：尷尬的冷漠以及沸騰的熱情。」肯楠在他的《回憶錄》中指出。其實還有更多情緒，更多衝突。他的個性奇妙地混合了自大與不安，傲慢與自憐，敏感與冷酷，自信與羞怯。他後來成爲一個備受折磨的浪漫者，喜歡將自己當成冷酷聰明的務實主義者，就像他後來所寫的，覺得「自己像時代的過客，不屬於自己的家庭」。

★★★

對於自己相互矛盾的個性，肯楠將主要原因歸咎於他的祖先。肯楠在一九四二年寫了一封信，預備在自己過世後留給兩個女兒；他在這封未寄出的信中形容母親這邊的家族「完全欠缺感性」，父親這邊的家族則「感性到讓人覺得可怕」。他說，兩邊家族都屬於「極端分子」，具有「害羞與內向的傾向」。他對於探索族譜充滿興趣，一九六一年寫了一封多達十五頁的信給孩子，詳細說明自己的發現。「沒有人會否認，如今我們之所以是這樣的性格，遺傳扮演了最關鍵的角色。」他告訴他們，「我發現將自己想像成某個傳承的一部份，能從中獲得力量。」

肯楠家族在十八世紀初從蘇格蘭出發，經由愛爾蘭來到新英格蘭。最早抵達的直系祖先詹姆斯・麥肯楠（James McKennan）定居在麻薩諸塞灣（Massachusetts Bay）殖民地，並將自己的姓氏縮短，生了十個孩子。他的後裔大多是農夫或長老教會牧師。如同喬治・肯楠後來在給女兒的信中所寫的：「沒有人便宜行事，把自己當成遭踐踏的人。沒有人想搏得別人的施捨。他們努力維持在出賣勞力的羞辱感與雇用他人的道德不安感之間的那種中庸之道，當我試圖解決馬克思主義的問題時，這一點讓我覺得獲益匪淺。」

喬治的祖父湯瑪斯・雷斯羅普・肯楠（Thomas Lathrop Kennan）搬到西邊的威斯康辛，在那裡買下一塊農地，最後在密爾瓦基當上律師。（他是五月花號乘客的後裔，不過喬治・肯楠告誡他的孩子，不要產生錯誤的傲慢：「每個五月花號上的先人的家族譜系中，應該都能找到上百個不長進的廢物。」）身爲稅務地產律師又涉足房地產，湯瑪斯成爲第一個賺大錢的肯楠家族成員。他在展望街（Prospect Street）上蓋了一棟華麗的石屋，展開維多利亞風格的奢華生活。

著名的匈牙利自由鬥士拉又斯・科速特（Lajos Kossuth）曾於一八五一年的美國之行期間造訪密爾瓦基，肯楠的父親便以他的名字來命名。科速特・肯特・肯楠（Kossuth Kent Kennan）通常被叫作肯特，半工半讀完成瑞本學院的學業，一邊研讀法律，一邊爲威斯康辛中央鐵路公司（Wisconsin Central Railway）工作，並旅行歐洲各地招聘鐵路工人。在歐洲期間，他學會了德語、法語和荷蘭語。他對德國音樂與戲劇大爲激賞，便在密爾瓦基支持相關活動，還精心收藏相關資料，並從中挑選作品，在夜晚花許多時間大聲朗讀給家人聽。

經過沒有孩子的第一段婚姻之後，科速特娶了佛羅倫絲・詹姆斯。她的父親亞佛瑞德・詹姆斯（Alfred James）在十三歲就逃走，搭捕鯨船前往新貝德福（New Bedford）。他當了幾年水手，繞行非洲之角☆（Horn of Africa）兩次，然後回到伊利諾州。他私下將自己的冒險經歷印製成一本皮革封皮的書，留給孫兒們。小時候讀過許多次的喬治認爲，他對海洋的熱愛以及「似乎不時出現在我們心中的叛逆自尊」，都是遺傳自外祖父。

肯楠一生中最具影響力的親戚之一是一個他只見過一次的男人。小時候還在唸書時，他與父親到紐約州的美迪納（Medina）旅行，拜訪喬治的祖父的一個表親，對方也叫喬治・肯楠。老喬治・肯楠於一八四五年出生在俄亥俄州，二十歲的時候便已經爲一家電報公司到阿拉斯加與西伯利亞探險，還寫了一本頗受歡迎的書《西伯利亞的帳棚生活》（*Tent Life in Siberia*）。成爲知名的記者與演說家之後，他於一八八五年出發，造訪西伯利亞的監獄和勞改營。根據採訪過程而寫的文章刊登在《世紀雜誌》（*Century Magazine*），後來集結成一套兩冊的書籍《西伯利亞與流放制度》（*Siberia and the Exile System*）。這些文章揭露俄國獨裁統治的殘酷暴行，使得老喬治・肯楠成爲首位被俄國列入不歡迎名單的人士。一九二三年去世之前不久，他完成了備受好評、共有兩冊的 E. H.哈里曼傳記。

與他這位傑出的親戚同住期間，小喬治・肯楠迷上了俄國。他欣羨地端詳屋裡的各種文物。不過那趟拜訪並非毫無緊張氣氛，小喬治有點任性耍脾氣，尤其是對老喬治・肯楠的太太。她和丈夫膝下無子；他們的獨子也取名爲喬治・肯楠，在襁褓階段夭折。她怨恨小喬治篡奪了這個名字，也擔心丈夫會將某些財產傳給他。兩天之後發生了一場爭執，來自威斯康辛的肯楠父子收到逐客令。

此後肯楠再也沒有見過這位遠房表親，可是他在回憶錄中表示：「我們之間那種心靈相通的奇妙感覺，比我們的遠親關係來得更深。」兩個喬治・肯楠都是獨行俠與懷疑論者，分別以各自的方式對俄國人及其統治者做出非常個人化的論斷。記者哈里遜・索利斯柏里（Harrison Salisbury）說：「兩個肯楠都有喜歡胡思亂想、與外界格格不入的人格特質。」

★★★

☆譯註：非洲之角是指位於非洲東北端的半島，包含現今的衣索比亞、索馬利亞、吉布地與厄利垂亞等國。

肯楠的父親擔心他受家裡的女性影響太大，於是送他到嚴格的聖約翰軍校（St. John's Military Academy）就讀，那是位於密爾瓦基西方二十四英里的一所小型學校。肯楠在那裡十分不快樂，寫信給姊姊訴說那裡的紀律、他的寂寞，以及斯巴達式的生活。「當時我就發現自己不適合軍隊。」他後來回想。他在校獲得的主要榮譽是最後一年擔任「班級詩人」。畢業紀念冊對他個性的評價，如今看起來相當具有洞察力，上面註明：「性格——優柔寡斷」以及「最討厭的事情——多不勝數」。肯楠熱愛閱讀（他假期都在家中閣樓的一個小房間裡看書架上的舊書），英文平均成績有九十分，不過數學與科學成績經常不及格。

不過在校長和費茲傑羅的鼓勵之下，肯楠認為他注定會上普林斯頓。在大學入學考試的數學與拉丁文兩科不及格之後，姊姊珍妮特輔導他準備重考。他抵達普林斯頓之後才通過這兩科考試，是一九二一年秋季最後一名獲錄取的男學生。

由於入學時間晚，肯楠只好安頓在一個距離校園較遠的房間。此外，就像他在回憶錄中所寫的，他感到苦惱，因為「最慢也最後摸熟各種複雜的組織結構。我太羞於發問，始終沒搞清楚」。

在普林斯頓第一週的某次新生指導講座過後，肯楠向另一名男學生問時間。對方吸了一口香菸，把煙吐在肯楠的臉上之後就走開了。「那個小動作把我嚇壞了。」五十多年之後肯楠回憶說。

由於不願意向父親開口要錢好回家過聖誕節，他大一在特倫頓（Trenton）打工當郵差。他在那裡染上了猩紅熱，當時還沒有盤尼西林，嚇壞了的父親把喬治的姊姊趕出他靜養的房子。後來當他在春天重返普林斯頓，同學間都已經建立起友誼和各種社交團體；這個害羞天真的中西部男孩便不由自主地養成獨來獨往的習性。

在普林斯頓，社團完全主導了大學生活。社會地位是由一個人所屬的飲食俱樂部排名來決定，其中最頂級的是常春藤（Ivy）俱樂部——在費茲傑羅令人屏息的描寫中，它「充滿令人屏息的貴族氣息」。常春藤俱樂部一年只招收十一名男性，一名大二學生曾經酸溜溜地抱怨：「連耶穌基督都收了十二門徒。」位於底層的俱樂部則必須硬湊人數，而沒加入任何俱樂部的人根本就是受到眾人排斥。

在肯楠大二那年各飲食俱樂部挑選新成員的那一週，「在虛妄的自尊作祟之下，」他刻意避免出現在校園裡，以免受邀加入俱樂部。最後當一個熟識的朋友請他加入某個尚未額滿的俱樂部，也就是現已不存在的鑰匙與印章（Key and Seal）俱樂部，肯楠哭著接受。他在回憶錄中寫到他「對於這項決定在良心上十分痛苦」，也說他不久之後便退出。事實上，他在當時的信件中透露他的痛苦主要是在金錢方面。「隨函附上你剛寄來的支票的收據，」他在大二那年五月寫信給父親，「希望我能撐完這學期。我當然也加入了一個社團——不過那是爲了社交。」

肯楠擔心如果退出俱樂部，他會讓來自密爾瓦基的表弟兼室友查爾斯．詹姆斯（Charles James）臉上無光。仔細詳列他的各項開支之後（其中包括：學費一百七十五美元；書籍費二十美元；洗衣費二十五美元；旅行支出十五美元；俱樂部費用四十美元），肯楠向父親承認他可能退出該俱樂部，不過也煩惱：「可是我很不希望那麼做，因爲那可能讓查爾斯在朋友面前感到丟臉，因爲他跟一個沒參加俱樂部的人同住一室。」肯楠曾經在該俱樂部擔任「副理」一段時間，意謂他在辦公室工作，好降低開支。最後在錢花光時，他被迫退出，還跟「其他沒加入俱樂部的底層學生」一起在名爲上流階層公共食堂（Upperclass Commons）的餐廳用餐。

對肯楠而言，大學是一段寂寞且傷痛的經驗，尤其他又不是俱樂部成員。這段經歷加深了他的疏離感。除了小他兩歲的查爾斯（安多佛中學〔Andover〕、足球校隊、四方俱樂部〔Quadrangle Club〕）和查爾斯的朋友，他熟識的人少之又少。肯楠依然爲費茲傑羅筆下的浪漫世界神魂顛倒，他在大學時閱讀《大亨小傳》（*The Great Gatsby*），結尾描寫來自中西部的主人翁對時髦東岸的反應，令他潸然淚下。

肯楠自己結交的少數朋友當中，有一個叫康斯坦丁．梅索隆吉帝（Constantine Messolonghitis）的男孩。這個來自俄亥俄州的流浪兒從肯尼恩學院（Kenyon）轉學之後，努力了一年才考進普林斯頓。他說服緊張的肯楠利用暑假遊歷歐洲。在倫敦，當時夢想成爲律師的肯楠經常在坦普爾門（Temple Bar）的皇家法院（Royal Cours of Justice）附近流連；他在義大利染上痢疾，不得不請姊姊法蘭西絲匯錢給他才能返家。

肯楠面對女人時尤其感到忐忑不安。他在聖約翰中學時便開始擔心青春期的同性戀情愫，暗戀籃球隊中一位年紀較大的男生，認爲對方「長得十分好看，外型迷人」。他後來回憶說：「要是繼續待在全是男生的環境裡，我想我們都會發展出同性戀傾向，因爲缺乏其他目標。」大學時期儘管受到女性的吸引，他發現自己還是無法克服痛苦的尷尬感；他很羨慕朋友吹噓他們在性愛上的輝煌紀錄。

他的姊姊法蘭西絲當時已經是個力爭上游的演員，與一群年輕女性在紐約格林威治村（Greenwich Village）過著波西米亞式的不羈生活。肯楠很喜歡去找她們，睡在她們的沙發上。有一天晚上，法蘭西絲帶一個朋友回家，對方有個怪名字「清教徒」（Puritan），「我心想我應該有個女友。」結果事與願違，「我還沒準備好要全力以赴，」肯楠後來在一次訪談中回憶說，「我只是把女人理想化罷了。」後來他寫了一封熱情洋溢的情書給清教徒，對方的回應卻很冷淡。

儘管日後成爲深具遠見的分析家，肯楠卻沒有與生俱來的傲人才智。即使是那些看重他的報告與判斷的人，私底下也經常表示他幾乎沒有展現出多少先天的智慧，事實上有時候還愚鈍得令人意外。他在普林斯頓的學業表現糟透了。該校的學業成績分爲第一（非常高）到第五（非常低）等級，在大一結束時，他的物理與歷史成績屬於第五級，英文第四級，拉丁文與法文則是第三級。

這有部份要歸咎於他第一年不適應，以及在聖約翰中學的準備不夠充分。此外他也實在不善於討好他的教授。「你們大概會收到不及格通知，說我在經濟學三〇二班的成績低於標準，可是不必擔心。」他寫信回家，「我的講師聲名狼籍，大概是學校裡最差的，我有時候忍不住想和他爭辯。」然而肯楠的成績繼續停在第四級，甚至包括大四的歷史課在內。「你們最好等到我知道自己是否通過考試再寄錢過來，」他在校最後一年剛開學時寫信給父親，「這裡把學生退學可是毫不留情的。」

他直到大四才有兩科獲得第一級成績，分別是歷史和經濟。那一年他爲一堂國際法課寫了一篇內容乏善可陳的短篇報告，他將報告寄回家，還註記說它得了高分。這篇報告分析的是指定合法住所的法律，似乎也反映了他自己愈來愈不知該將哪裡當成家的那種不確定感。他向父親形容自己所上的課：「大多數學生都認為唯一的終極國際法是武力，而布朗教授則主張我們研讀的法律絕對受到他所謂的『主權的預期優勢』的認可。」

一九二五年的普林斯頓畢業紀念冊有一項涵蓋了四十七個類別的調查，例如「最好看」以及「最用功」。只要在任何一類當中獲得三票以上就會列在名單上，某些類別就有三十多人上榜。沒有一個類別提到肯楠。「我或許是普林斯頓史上最平凡的學生。」多年後他返回普林斯頓，在高等研究學院（Institute for Advanced Study）工作並擔任該校董事之後回憶說，「我絕對是最沒有人記得的學生。」然而，普林斯頓卻在他身上留下了印記。如同他後來所說的：「有時候是那個情緒化、無法適應的學生，努力想讓自己迎合冷酷的大學社會，他內心發展出理解一個奇異環境的思慮。」

肯楠早期的家書表達了想要繼承父親衣缽、成為律師的渴望，但後來他發覺自己沒有進入法學院所需的金錢和成績。有一年夏天他想到不妨找個戶外的工作，享受在貨船上擔任船員的那種愉悅與孤寂。他考慮的另一種可能是加入奇異電氣（General Electric）這樣的公司。在畢業紀念冊上，肯楠的姓名旁邊沒寫什麼東西，只有他期望的職業是「不明」。

★★★

第一次世界大戰爆發之前的那些年，美國東岸的校園裡瀰漫著毫不掩飾的菁英主義，在耶魯大學尤其普遍。哈里曼與艾奇遜自格羅頓中學、以及羅威特從希爾中學畢業後，都前往耶魯就讀。對於眞正的耶魯學生來說，大學就像一筆生意。你不只是就讀，而是在那裡有一項「事業」；有階梯要攀爬，達到顛峰的人則會獲得崇高的聲望。衡量學生的標準是他們在學生組織、刊物，特別是在運動場上「為耶魯」做出什麼貢獻。

一名歷史學家曾經寫道：「在這個（二十）世紀之初的一段短暫時間，美國上流社會人士封閉緊密的世界因為大學之間的激烈體育競賽而更為牢固，尤其是耶魯、哈佛與普林斯頓，他們浪漫文化中帶著有限但眞實的理想主義。」如同耶魯美式足球教練T. A. D.瓊斯對他的球員所說的：「各位，今天你們與哈佛比賽。你們以後再也不會做這麼重要的事。」

學識成就的重要性反而在其次。「你必須在這裡唸一點書。」在歐文．強森（Owen Johnson）一九一一年的小說《耶魯的史托佛》（*Stover at Yale*）中，一名高年級學生警告迪克．史托佛（Dick Stover），「最好在一年級唸書，在教職員心中獲得好名聲。」

從某些角度來看，耶魯大學服從與表現的壓力不下於皮博迪所給的壓力。耶魯精神就是「沙」。把沙子放在火車頭輪子底下，火車便得以前進。「沙」就是膽量、決心、堅持、可靠。

儘管耶魯以其民主自誇，一九一三年畢業的學生依舊幾乎全是保守富有的白人。該年學生有百分之六十一來自預備學校（直到一九六〇年代，耶魯的大學生大部份都來自私立寄宿學校），約有百分之二十是耶魯男性校友之子。針對一九一二年總統大選的調查，該年級有一百一十一人投給共和黨候選人塔夫脫，七十四人投給民主黨的威爾遜，三十四人支持進步黨的羅斯福。

爲了取得優勢，同時也作爲自我防衛的方法，耶魯男學生加入許多團體。有歌唱社團（例如傳奇的威芬普合唱團〔Whiffenpoofs〕及其六個青年副團）、學術社團、曼陀林社團、機智幽默社團、品酒社團、教徒社團、優秀學生社團。一九一九年的史蒂芬．文森．班尼特（Stephen Vincent Benet）寫了一首歌詞採用疊句的歌：「你想成功嗎？／組一個社團！／你的機會渺茫嗎？／組一個社團！」

加入限定大四生參加的社團是成功的耶魯事業的頂點。其中最悠久、最偉大，堪稱最傳奇的大學社團，就是骷髏會。在那個年代，被骷髏會選爲會員就像是受封爲聖者，而該會的名望又因爲其神秘性而更爲提升。會員由十五名大四學生組成，通常有兩、三名主要體育隊伍的隊長、《耶魯文學雜誌》（*Lit*）的編輯、《耶魯日報》的主席，以及其他類似的重要人物。會員甚至不公開提到該會的名稱，如果非會員膽敢說出來，不可一世的骷髏會會員便會離開現場。低年級學生甚至害怕被人發現自己看著骷髏會的「陵墓」——那是位於高街（High Street）上，沒有窗戶、陰森森的埃及式大樓，碩大的橡木門上還掛著尺寸過大的掛鎖。

骷髏會有許多千奇百怪的儀式，可是卻不是那種輕佻的兄弟會。大樓內禁止飲酒，時鐘調快了五分鐘，象徵骷髏會比他人更具優勢。在稱為「三二二」的內部密室裡，會員一星期有兩個晚上在此聚會，探索其他會員的性格與特質。在光線昏暗的房間裡，某個會員坐著談論自己——他的恐懼、他的性經驗、他的雄心壯志、他的內在自我。其他會員會緊靠著他，強迫自我批評與吐露心聲。（秘密社團能夠在耶魯熬過動盪的一九六〇年代，有一個原因就如同當時一個大學生所說的，因為它們是「坐擁百萬元大樓的心理治療團體」。）其目的是讓會員發展因應日後生活的能力，卸下他們的包袱，使他們獲得新生，擁有身為領導人所需的內在力量。他們假設骷髏會會員將成為領導人，而這項假設並非毫無根據：亨利・史汀生、威廉・霍華・塔夫脫、亨利・魯斯、大法官波特・史都華（Potter Stewart）、威廉與麥喬治・邦迪等人都是大學時期曾經在那個密室中自我揭露的傑出人士。

會員選拔日（Tap Day）是耶魯行事曆上的一項重大活動，一九一五年的畢業紀念冊將之形容為「耶魯學生每年一度揭露寬大胸懷與重要男性氣概的日子」。在五月中的一個星期四下午，三年級生與數百名旁觀者會聚集在舊校區（Old Campus）等待裁定結果。當禮拜堂的鐘敲響五下，人們會大聲呼喊：「第一個人！」一個身穿黑衣、別著金色骷髏胸章的會員會突然現身，如死神之手般無情地直接走向某個顫抖的大三學生。他會抓著對方的肩膀，讓他轉過身來，用力拍打他的背，大喊：「骷髏會員！到你的房間去。」被選中的學生會顫抖著雙腿，踉蹌地穿過自動分開的人群。

在一九一二年五月十六日的滂沱大雨中，艾佛瑞爾・哈里曼成為該年級第一個入選骷髏會的人。這項榮耀與這個冷漠、極為俊美且非常富有的年輕人所懷抱的使命感十分相稱。「它給了我目標，」七十多年後他說，「我藐視哈佛的坡斯廉俱樂部（Porcellian Club），它太自以為了不起。可是如果要進入骷髏會，你就必須對耶魯有所貢獻。」

哈里曼定期回到高街上的「陵墓」，有一次甚至悲嘆他因為擔任越戰巴黎和談（Paris Peace Talks）首席談判代表而錯過了一次同學會。他十分信任骷髏會的保密內規，因此在每年的晚宴上都公開談論國家安全事務。然而，他卻不肯告訴家人關於骷髏會的任何事情。潘蜜拉・邱吉爾・哈里曼（Pamela Churchill Harriman）在一九七一年成爲他第三任太太之後不久，收到一封寄給她的奇怪信函，寄件人的姓名則是用難以辨認的文字拼成的。「噢，那是骷髏會。」哈里曼說，「我總得找時間告訴你那個社團的事。我是說，我不能告訴你。」第二次世界大戰期間，當哈里曼帶著密件往來倫敦與莫斯科之間，他選擇骷髏會的秘密數字「三二二」作爲外交手提箱的密碼。

哈里曼的耶魯事業不足以讓他成爲進入骷髏會的優先人選。他參加過各種組織，可是只擔任過曲棍球隊副理以及印第安棚屋辯論隊（Wigwam Wrangler）隊員等角色，這類職位在會員選拔日通常不佔優勢。在課業上，他的成績處於班上前三分之一的末尾，表現比C稍微好一點。不過他備受尊重。在畢業紀念冊上，他登上了「最受欣賞」、「最完美紳士」、「最英俊」以及「最可能成功」等項目的前十名。

出身自富裕家庭以及格羅頓中學的確有幫助：他很容易就進入了最具聲望的低年級兄弟會籬笆俱樂部（Fence Club），也就是孕育骷髏會會員的溫床。在耶魯的每一年，他都跟格羅頓的校友同住一房，他的朋友往往是高年級生，而且大多是骷髏會會員。大一時，他和傳奇教練之子華特・坎普（Walter Camp）因爲打橋牌贏了學長而聲名大噪。

哈里曼在耶魯最大的興趣是划船。划船在耶魯是一項嚴肅的事，嚴肅到當時的一名學生柯爾・波特（Cole Porter）寫了一首歌來嘲諷：「我想參加划船隊，媽媽！／我就是要參加，媽媽！／那樣在耶魯才能走路有風／屁股上長瘤然後大談特談」。哈里曼大一時身高六呎一吋，體重卻只有一百五十磅，想當優秀的划船手是嫌輕了些。他大二時胖了八磅，不過醫生卻發現他有輕微的心雜音，建議他不要參加划船賽。於是在他的請求下，他成爲大一划船隊的教練，也獲准到牛津大學研習英式划船技巧六個星期。

哈里曼沉默的個性碰上英國人的高傲性格，使得他在牛津獲得的接待多少有點冷淡。藍艇隊隊長揉掉哈里曼的介紹信，對著佇在毛毛雨中的他說：「我們半小時後要往上游划。你可以在曳船路☆上觀看。」哈里曼照做，騎馬沿著河岸前進，並仔細記下複雜的英式划船法：船槳深入水中，划船手慢慢往後仰。最後在某個星期六，划船隊暫停訓練，休息享用香檳晚餐，隊長發出一份正式邀請函給這位每天晚上都在角落獨自用餐的美國人。「哈里曼先生，你願意加入我們嗎？」他問。哈里曼因此成為這支隊伍的成員，而他們知名的教練哈爾科特・高德（Harcourt Gold）還邀請他到他的遊艇上觀看訓練過程。

哈里曼很想多待幾天再離開，以免錯過牛津與劍橋的划船賽，但幸好他重新考慮後放棄了這個想法；要是真的留下來，他就會在下一個星期登上鐵達尼號的死亡航行。接下來他一天花六個小時在紐哈芬港將他所學到的技巧教給大一划船隊，結果這支隊伍後來擊敗了耶魯校隊。

即使大一划船隊輸給哈佛，哈里曼還是在隔年受邀擔任校隊的教練；這是第二次有大學生獲得如此殊榮。他再一次前往牛津大學，並且整個夏天在曼哈頓與耶魯之間通勤，進行下午的訓練。不過校隊隊員也不適應這樣的新風格；他們再度遭哈佛痛宰，哈里曼因此卸下教練職務。

哈里曼最讓同班同學印象深刻的是他表現出來的行徑相當冷靜，近乎孤傲，一點也沒有年輕人的輕佻。他並不傲慢，也不會擺出貴族姿態，可是卻散發成熟穩重的氣質。小時候他總顯得有點冷漠，可是在耶魯他似乎比以往更能主宰自己的世界。最重要的是，他不是耶魯人、不是格羅頓人，而是哈里曼家族的人。

他生活中的這種狀態是可以理解的。就在一九〇九年九月入學之前的幾天，他的父親不幸過世（在一百字的遺囑中將七千萬美元財產留給他的太太）。大一時，艾佛瑞爾被指定進入他父親成立的男孩俱樂部（Boys' Club）的董事會。大二時，他從耶魯搭火車南下，公開將一萬英畝的雅登莊園以及一百萬美元捐贈給紐約州，作為公園之用。大四那年，他獲選為聯合太平洋公司董事，第一次會議他還帶著一本心理學教科書前往。

☆譯註：曳船路（towpath）是河岸邊的道路，讓人可在岸上拖行河上的船隻。

就像他大多數的大學朋友一樣，哈里曼堅信美國必須做好加入歐洲戰爭的準備，而他也支持海軍協會（Navy League）提高海軍預算的主張。不過當美國終於加入戰局，他卻不急著入伍服役。一九一五年，也就是畢業後兩年，他娶了紐約銀行家之女琪蒂・拉尼爾・勞倫斯（Kitty Lanier Lawrence）爲妻。先前她曾被一匹脫逃的馬在曼哈頓的街上拖著跑，他英雄救美。到了威爾遜總統於一九一七年四月宣戰時，他們已經有了三個月大的女兒瑪麗（Mary）；第二個孩子凱薩琳（Kathleen）也在該年的十二月出生。

哈里曼明白，戰爭會開創他爲國效力的機會，同時又不干擾他的私生活或事業。英國訂製新船艦的訂單湧入美國的造船廠，威爾遜也迫切希望增加美國船舶與貨運容量。總統決定中斷與德國的外交關係之後短短幾天，哈里曼便買下費城附近的切斯特造船公司（Chester Shipbuilding Company），並著手擴大它的產量。取得建造四十艘鋼鐵貨船的政府合約之後，哈里曼成立商業造船公司（Merchant Shipbuilding Corporation），並在後來成爲賓州哈里曼市的地方，也就是費城北邊的德拉瓦河邊興建一座新的大型造船廠。政府爲了這些船耗資九千兩百萬美元，然而到了十一月十一日停戰日卻一艘船也沒有交（但最後還是交了）。一名政府稽核員於一九一八年在針對這項作業的嚴苛報告上寫道：「商業造船公司根本沒有領導人能夠激勵員工努力工作，建造船舶。」

後來哈里曼坦承，自己對於不入伍服役的決定感到有點不安。他在將近六十年之後寫的書《特使》（*Special Envoy*）中表示，他「長久以來很後悔家庭與事業因素讓他無法上戰場」。然而，當時他聲稱造船工作是他所能做的最大貢獻。就像他在一九二〇年告訴《富比士》雜誌（*Forbes*）：「在最緊急情況發生時，我覺得其他方式爲國家的緊急需要所做的貢獻都不及一半。」

★★★

當艾奇遜於一九一一年進入耶魯大學時，他已經不再是那個骨瘦如柴、厚臉皮，在格羅頓中學過著悲慘生活的男孩。在加拿大樹林度過夏天讓他變得豐腴，使他更沉穩，磨練了他的談話技巧，也讓他開始蓄鬍；後來他便斷斷續續讓鬍子留長，直到多年後留成像英國衛兵那樣的俐落風格。

耶魯總有位置留給迷人與機智的人。例如，柯爾．波特是一個身材矮小、沒沒無名的中西部男孩，但是他十分聰明。波特被傑拉德．墨菲（Gerald Murphy，他和太太莎拉〔Sara〕學到「好好活著就是最佳的報復」）發掘之後，成爲耶魯廣受歡迎的「聰明菁英」的焦點。艾奇遜正好就在柯爾．波特的人際圈裡，而這個圈子裡也包括詩人兼劇作家阿契博德．麥克列許（Archibald MacLeish），他在第二次世界大戰期間曾與艾奇遜於國務院共事。

他們一起加入研究歌曲與烈酒的社團，例如燒烤室灰熊（Grill Room Grizzlies）、海龜（Turtles）、木條泥屋（Hogans）、摩西根人（Mohicans）等等。艾奇遜也加入了DKE，那是與籬笆俱樂部爭奪最受歡迎男生社團的對手。「我記得最清楚的是狄恩的熱情奔放，他聰穎微妙的機智。」艾奇遜的室友兼好友約瑟夫．沃克三世說，「他是我們這一群裡最機智的人。印象中我沒看過狄恩唸書，不過他一定有。他總是隨時準備好要玩樂，迎接新體驗。」麥克列許後來回憶說：「他是典型的聖公會主教之子——爽朗、優雅、豪邁。他在社交上也比較勢利，具有自大與傲慢的特質。狄恩在耶魯過著迷人的社交生活。」

艾奇遜一入學就被哈里曼招募到新生划船隊，負責划四號位置。儘管在格羅頓中學已經學會了不錯的技巧，艾奇遜還是不足以進入校隊，於是隔年哈里曼便將指導大一划船隊的工作傳給這位老校友。當哈里曼的校隊教練職務遭解除時，艾奇遜也失去了他的工作。「此後我就被開除了，」艾奇遜後來回憶說，「但我從來沒碰過更好的伙伴。」

對這個曾經引頸看著渡輪駛離米德鎮的年輕男孩，外面有個廣大世界等著他去探索，還有一大群人陪伴他。當哈里曼第二次造訪亨利（Henley）時，艾奇遜與幾個划船隊的朋友也跟著前往。不過就當哈里曼聚精會神地觀看訓練過程，艾奇遜一群人多數時間卻都在草坪的派對上喝香檳、吃草莓。艾奇遜以前曾經和父親到過倫敦一次；然而與划船隊同行的那一次他卻發現聖公會牧師留下了許多依然有待體驗的樂趣。夏天艾奇遜和朋友會前往緬因州的一棟小木屋一星期，在那裡喝啤酒、打撲克牌。划船隊隊長湯瑪斯．狄內格（Thomas Denegre）

有一年聖誕節假期帶了一群人南下紐奧良，沃克回憶：「我們在那裡幾乎沒上床睡覺。」

對艾奇遜來說，幾乎沒有時間或動機去好好認眞唸書。那裡只有兩個老師引發他的興趣：昌西・布魯斯特・亭克爾（Chauncey Brewster Tinker）與威廉・里昂・菲爾普斯（William Lyon Phelps），兩人都是有名的英文教授。由於他們的影響，他短暫考慮過成爲作家，花時間琢磨自己的寫作風格。除此之外，他大部份的學業都「沒有意義」，他後來回想說，「你背的東西都是以前在學校早已經背過的東西。」

艾奇遜與柯爾・波特在耶魯的事業因爲獲選爲卷軸密鑰會（Scroll and Key）會員而更上層樓；這個社團是名望僅次於骷髏會的秘密大四生社團。骷髏會極爲嚴肅，相形之下卷軸密鑰會顯得友善而歡樂。酒可以進入它奇特的拜占庭式「陵墓」中，而且屢見不鮮。不過會員資格極受尊崇；對艾奇遜而言，從悲慘的格羅頓中學生蛻變成廣受歡迎的世故大學生就像一趟旅程，而這便是頂點。

艾奇遜與米德鎮的朋友保持密切聯繫。他經常在星期天駕駛打理得光鮮潔淨的諾克斯（Knox）敞篷車去探視家人，與喬・羅頓及其他童年玩伴一起消磨時間。某一個這樣的週末，他妹妹瑪格帶衛斯理學院（Wellesley）的室友愛麗絲・史丹利（Alice Stanley）回家，作爲羅頓的女伴。愛麗絲的父親是加拿大太平洋鐵路在密西根州的律師，她外型高挑可人，個性相當自由奔放。羅頓後來與狄恩原本的女伴在一起，艾奇遜最後則娶了他從朋友身邊搶走的女孩。

大四那一年，艾奇遜獲選爲該年級「最機智」的人之一，而且花了遠超出自己經濟能力的金錢在服裝打扮上之後，他還獲選爲「最擅長打扮」的學生之一。不過，他對自己的人生方向卻毫無頭緒。研究該年級的史家查爾斯・莫茲（Charles Merz，後來成爲《紐約時報》編輯）挖苦這位聖公會主教之子講究生活享受的名聲，在他畢業日大預言的清單上寫道：「狄恩・艾奇遜下週出發，前往英屬東瓜地馬拉傳教。」事實上，艾奇遜已經決定就讀哈佛法學院。在安定下來認眞唸書之前，他和朋友展開告別的放縱之旅，前往舊金山參加世界博覽會，接著又爲了藝伎到日本。

★★★

艾奇遜在哈佛法學院的室友對他唸書並沒有太大幫助。他和柯爾・波特在劍橋租了一間公寓，後者已經從法學院轉到音樂學院；輪流來拜訪和借住的人當中有其他的耶魯男學生，包括阿契博德・麥克列許在內。對艾奇遜而言，法學院似乎變成DKE俱樂部的一部份。結果那段時間成了智識轉換的時間：法律的錯綜複雜與法學院的嚴格激勵了這個漫不經心的年輕人，使他變成一位嚴肅的學者。「那是一個了不起的發現：發現思想的力量。」艾奇遜後來回想，「我不但察覺到一種美好的機制：頭腦，也發現世界上充滿了無限的素材，等著讓人放進頭腦裡。」

艾奇遜在哈佛法學院體認到「傑出很重要——草率的嘗試並不夠」。他開始將自己的心智比擬成焊接槍，正等著進行調整。經過格羅頓的嚴苛試煉之後，他重新建立了安全感，開始在學識上自我督促，對自己思想的敏銳度也感到無比自豪。在格羅頓中學以及米德鎮，懷抱求知的野心被人視爲社交手段，但是在哈佛法學院，艾奇遜發現那卻是提高社會地位的途徑。

艾奇遜浸淫於法律中而發展出來的是屬於邏輯性與分析性的智慧，「從中學習到你不必提前下定決心，問題沒有固定的解決辦法，而決定則是分析事實、努力折衝並設法解決事實之後的結果。」不過法律對艾奇遜來說不止於此：他認爲法律的演變反映出主導一個社群的經濟與哲學力量；他相信，當那些力量改變，法律也應該隨之改變。

此時哈佛已經具有改革實驗室與社會行動主義養成中心的封號。「這所法學院的光環已經在許多人心中點燃了一把無法撲滅的火。」奧利佛・溫德爾・霍姆斯（Oliver Wendell Holmes）說；他督促他的學生參與當時的「行動與熱情」。

最具影響力的教授（至少從艾奇遜的觀點來看）是一名年輕的猶太難民，一八九四年十二歲時從維也納抵達紐約艾利斯島（Ellis Island）。菲力克斯・法蘭克福特（Felix Frankfurter）是該學院知識功績主義的具體化身。「哈佛法學院在我眼中近乎宗教，」法蘭克福特曾經說過，「我認為它是我所知道最民主的機構。」

從哈佛法學院畢業之後，法蘭克福特在紐約擔任聯邦助理檢察官，成為亨利・史汀生的屬下。偵辦針對E. H.哈里曼的反壟斷案時，法蘭克福特開始強烈厭惡企業律師的角色，尤其是對羅威特法官被迫成為哈里曼的走狗更是感到不恥。因此在一九一四年，他接受邀約，重返哈佛擔任教授。他在那裡加入先鋒學者的行列，他們認為法律必須是社會變革的動力，而非阻力。法蘭克福特曾在寫給自己的備忘錄上衡量是否該接受哈佛的教職，談到他希望「法學能迎合當代社會與產業需求」的期盼。一九一五年，也就是艾奇遜進入法學院那年，法蘭克福特告訴美國律師協會（American Bar Association）：「我們必須讓年輕人瞭解法律是一項工具，而非人類社會的目標。」

法蘭克福特的教學風格相當個人化。日後成為傑出紐約律師的法蘭西斯・普林普頓（Francis Plimpton）嘲諷他的公共事業課：「公共事業沒有法律可言／這就是它的迷人之處／但菲力克斯提出了觀點／還有愉悅的對話。」雖然並非出身名門，法蘭克福特卻天生具有上流菁英的細胞，他會尋找氣味相投的同伴，除了最聰明的學生，還有最機敏、最機智，以及社交手腕最熟練的學生。狄恩・艾奇遜在這些方面都是佼佼者；他成為法蘭克福特最忠心的門生，後來也是他最親近的朋友之一。事實上，艾奇遜轉變成嚴肅學者的過程可以回溯到二年級剛開始，選修法蘭克福特第一堂課的時候。

多年後，約翰・麥克洛伊還會開法蘭克福特在法學院的菁英人際圈的玩笑。麥克洛伊回憶，在那裡就讀的第一年他坐在後排旁聽法蘭克福特的課，很羨慕坐在前排、比他大一屆的艾奇遜等人在課後受邀到教授家中喝茶。麥克洛伊進入政府之後，法蘭克福特將他納入旗下，兩人也成為好友。不過在法學院，這位來自安默斯特學院、領獎學金的學生只能遠遠欣賞艾奇遜等人毫不費力就受到矚目。

在法蘭克福特的指導下，艾奇遜開始對法律問題與社經問題之間的關係充滿興趣。他甚至對卡爾・馬克思的作品產生好奇，不過那種好奇是不帶感情的；儘管自己鮮少閱讀馬克思的書，他還是興致勃勃地找人討論馬克思主義。他入選《哈佛法學評論》（*Harvard Law Review*）編輯委員會，隔年以班上第五名的成績畢業。

艾奇遜一離開哈佛便進入海軍服役，在布魯克林海軍造船廠（Brooklyn Navy Yard）擔任少尉。不過在他投入戰場之前，停戰協議就已簽訂，於是艾奇遜重返劍橋，大致上把追求學術生涯當成目標。

在龐德與法蘭克福特的監督之下，艾奇遜寫了一本關於勞工法的書，希望作爲哈佛法學研究叢書的一部份。不過哈佛始終沒有出版這本書，後來耶魯大學出版社（Yale University Press）也加以拒絕。一百四十頁的打字原稿探究了戰時勞工委員會（War Labor Board）爲了規範工會與資方糾紛而研擬的法律概念。「由於它認同勞委會，認爲產業工會是存在的，有些白癡會說它太激進。」他寫信給擔任耶魯大學出版社總經理的朋友喬治・戴伊（George Day）。他解釋說，他的作品只是想證明勞工法可以在調解個人與社會的利益衝突上扮演一定的角色。「對我來說，這些原則對於俄國和美國是同樣適用的。」他告訴戴伊。

艾奇遜與民主黨的關係是在這個時期開始建立。他甚至考慮在勞工運動中發展法律事業，試圖在美國勞工聯盟（AFL）與水管工會裡尋找聯絡人。他也和某些同事討論過當法學教授的可能性。艾奇遜曾寫信給在耶魯與哈佛法學院都與他同班的朋友約翰・文森（John Vincent），開玩笑說哈佛的某些人對他想當老師這件事相當謹慎，想要查出「我的書是否會在莫斯科出版」。

然而，法蘭克福特收到路易斯・布蘭戴斯（Louis Brandeis）想找一個聰明法律系學生的信之後，艾奇遜的方向便塵埃落定了。最高法院大法官布蘭戴斯已經開始雇用畢業生擔任他的書記官。艾奇遜很興奮，卻又擔心書記官職位對他的事業可能沒有幫助。「那是我想做的事，但目前比較不適合，如果硬是花一年去做，那就辜負了與一個偉大人物共事的特殊機會。」他寫信給法蘭克福特，「你的來信大大幫助我排除了的這個疑慮。」法蘭克福特的確排除了那些疑慮，於是狄恩與愛麗絲・艾奇遜不久便離開新英格蘭，前往華盛頓展開新生活。

★★★

相較於哈里曼或艾奇遜，一九一四年進入耶魯就讀的羅威特是一個認眞許多的學生。他入選全美優等生學會，同班同學也票選他爲「最勤奮好學」、「最聰明」以及「最用功」的學生。大一拉丁文課的講師在聖誕節生病時，羅威特接下那一學年剩餘時間的教學責任。

羅威特發誓（一輩子）戒掉體育活動，於是找到其他活動來完成他的耶魯事業。他在大一新生合唱團唱第二男高音，也是畢業舞會委員會的現場經理以及戲劇社的副理。伊莉莎白俱樂部（Elizabethan Club）是耶魯大學高雅的文藝社團，平時均供應水田芥三明治與下午茶；爲了符合進入此俱樂部的資格，他寫了一篇文章，探談莎士比亞作品《哈姆雷特》（*Hamlet*）中的一句對白：「我記得那齣戲不受一般人歡迎；就像拿魚子醬給不懂品嚐的人享用。」羅威特認爲那句對白指涉莎士比亞的另一部作品《特洛埃圍城記》（*Troilus and Cressida*），而許多權威人士認爲它是在《哈姆雷特》之後完成的。☆

羅威特和朋友覺得耶魯的課業以及社交生活有點無聊，於是對美國即將加入的歐洲戰爭益發有興趣。他大二時和十幾個朋友組成海軍預備飛行軍團（Naval Reserve Flying Corps）耶魯分隊，就如同其中一人所說的，離開紐哈芬，「爲了上帝、國家與耶魯」而戰。

組成耶魯分隊是羅威特的朋友楚魯比・戴維森（F. Trubee Davison）帶來的靈感。他在一九一五年離開耶魯，在法國擔任救護車駕駛，回國後帶來許多職責與榮耀的故事。「我挑上鮑伯・羅威特，把那些故事一股腦兒告訴他。」戴維森回憶說，「我們算是達成協議，如果戰爭來臨，我們應該加入飛行。」一年後，當戴維森擔任耶魯划船隊經理，進行訓練行程時，他發了電報給羅威特，討論組成飛行分隊的事。

羅威特很快就接受這個構想，並在長島的蝗蟲谷安排了一座水上飛機棚。他們徵召了其他耶魯的朋友，其中包括：當選美式足球隊隊長的亞特穆斯・蓋茲（Artemus "Di" Gates），他日後成爲海軍航空助理部長；約翰・佛瑞斯（John Vorys），日後成爲孤鳥派的共和黨俄亥俄州衆議員；大衛・英格斯（David Ingalls），日後成爲作戰部

☆譯註：莎士比亞在一六〇〇年左右完成《特洛埃圍城記》，但確切時間至今仍有疑問。

航空助理部長（羅威特最後也擔任這個職位）；以及肯尼斯・麥克列許（Kenneth MacLeish），阿契博德的弟弟。

耶魯飛行分隊的訓練可不是嚴格的新兵訓練營。戴維森的父親亨利是J. P.摩根的合夥人，他大方資助他們，當天報紙則封他們爲「百萬富翁分隊」。他們呈現放蕩不羈的形象，自己也心知肚明；儘管有人認爲他們只是玩玩，年輕的長島女孩看到這些瀟灑的業餘飛行員還是心跳加速，興奮不已。

羅威特與戴維森駕駛的水上飛機在東河（East River）上空故障時，他們緊急降落在第五十九街橋下。這兩位飛行員冷靜地離開現場，在戴維森的遊艇上吃午餐，因爲它剛好停在附近。在前往佛羅里達州朋沙科拉（Pensacola）的一趟行程中，分隊繞到棕櫚灘（Palm Beach），在那裡招搖地放鬆身心。「他們坐著輪椅，由黑人奴隸推著在熱帶花園與椰子樹之間穿梭。」該分隊的史家半開玩笑地寫道，「至於簡單輕鬆的運動，他們學會冷靜地瞥自己的新手錶一眼。」

他們的輕佻行徑與嚴格訓練都是以羅威特爲中心，他成爲這個團隊中最受敬重的飛行員、最具尖銳機智，也是實際上的領導人。「羅威特學得非常快。」戴維森回憶說。他是分隊裡的私人社團風趣人（Wags）的老大，成員一開口都會說「先當風趣人，才能當超人……」他也是團隊的策略家。「觀察——思考——推論，」紀錄他們的史家寫道，「羅威特追求資訊的慾望強烈，喜歡追根究底，也十分擅長運用資訊。」

儘管視他們爲紈褲子弟的人強力批評他們，但是當他們在一九一七年與英國皇家海軍航空隊（Royal Naval Air Service）聯合執行作戰任務時，事實證明羅威特的分隊是大膽又富想像力的戰士。羅威特指出，任何時候百分之八十五的德國潛水艇都停在船塢，他認爲在海上追捕它們遠遠不及攻擊基地來得有效率。他一絲不苟地分析從空中摧毀潛水艇的不同方法的利弊得失，寫了一份長長的備忘錄給海軍部，極力希望組成北方轟炸大隊（Northern Bombing Group）。它的假設是：滲透德國空防系統的唯一途徑是一次鎖定一個基地，持續不斷地夜襲。使用法國境內英軍機場的美國是唯一有資源執行此一戰略的國家。

羅威特以十足的勇氣領導這些攻擊行動。這位用功且有教養的青年運用英國製的漢德利佩季轟炸機

（Handley-Page bomber），完美展現下滑轟炸與俯衝轟炸的技巧。就像他在一份報告中所說的：「由於滿載著炸彈，我們無法攀升超過七千或八千英尺。這使得我們必須在下滑時轟炸，大約在目標上空五千或六千英尺處。我們在這種高度經常被砲彈碎片與強力炸藥的碎片擊中；幸好從未擊中重要位置。」

他後來承認，從駕駛艙往外看的時候他嚇死了。他寫了一份正式報告說明攻擊布魯日（Bruges）的德軍設施三天三夜的情形，看來十分慘烈。

> 它的防禦工事超乎想像。第一天晚上出現了極劇烈的彈幕，由「燃燒的洋蔥」構成——一連串彼此相連的綠色光球，有點像是砲彈碎片與強力炸藥形成的鏈彈。這道彈幕幾乎像個箱子，有層層的強力炸藥和砲彈碎片，以及源源不絕的綠球。由於目標不大……敵人因而獲得極佳的防空密集度。

倖存下來的羅威特中尉成爲中隊指揮官，接著又當上北方轟炸大隊的聯隊代理指揮官，並獲頒海軍十字勳章（Navy Cross）。藉由那次的經驗，他對空中武力的運用有了明確的想法，並在第二次世界大戰、甚至越戰期間予以實踐。間歇或隨機轟炸根本無法打擊敵人的士氣；不持久的攻擊會增強對方的反抗意志。他的口號是「絕不鬆手」。密集攻擊可摧毀敵方的生產設施，但是以隨機方式進行破壞的效率太低。未來的戰爭會仰賴具有高飛彈酬載、能發揮強大攻擊火力的長程轟炸機拿下勝利。

羅威特誠摯的伙伴與耶魯分隊的同事肯尼斯・麥克列許未能生還。羅威特不是鐵石心腸型的軍人，敏感的心思也沒因戰爭而磨損；他在聽到肯尼斯的死訊時放聲大哭，一個星期後寫信給肯尼斯的哥哥時再度哭泣。在信中，羅威特指出肯尼斯之所以喪命，是因爲他爲了留在前線而拒絕晉升爲中隊指揮官。

> 當時整個部隊裡的其他人拼了命也想得到這個職位，我簡直是直接把中隊硬塞給他。後來我收到答覆，

只有幾行，但我永遠都忘不了。開頭是，「鮑伯——如果我不能在想打仗與飛行的時候去打仗和飛行，就別硬讓我當指揮官了。有些人天生會畫畫，有些人天生愛寫作，有些人天生會領導，有些人則就是喜歡自己出去闖。」我相信他是我們最優秀的飛行員，與其要一個好友，我寧可要一個能夠為從軍的理想與榮耀而放棄一切的人。

羅威特從未完成最後一年半的大學學業，他是在出征而缺席時取得文憑。他入選骷髏會的地點不是在舊校區，而是西棕櫚灘的一處海軍基地；他的入會儀式不是在高街的「陵墓」進行，而是在法國敦克爾克（Dunkirk）與加萊（Calais）之間的海軍北方轟炸大隊總部。

戰時的經驗令人成熟、清醒，戰爭結束後，羅威特無意重返校園。然而在父親的堅持下，他同意到哈佛法學院試試。與麥克洛伊或艾奇遜不同的是，他很快就發現法律和法學院很無聊。他後來回想，他覺得麥克洛伊最喜歡的教授約瑟．畢爾既專橫又與現實脫節。法蘭克福特在他眼中是個自大狂妄的社會改革鬥士。羅威特在第二年轉到哈佛商學院，但為時不久，幾個月後他便加入哈里曼與大多數耶魯同學的行列——當時他們已經在華爾街的現實世界中闖出一片天。

★★★

對於一九二〇年代大多數的學生來說，哈佛大學就代表自由。無論當時或現在，校方都放任學生自由發展。查爾斯．艾略特（Charles Eliot）擔任哈佛校長四十年直到一九〇九年，他描述他所留下的傳承是「允許每個人自由思考與行事」。個人主義在那裡獲得重視；即便在那個大學最重視團隊精神的年代，哈佛對學生的「冷淡」也保留了下來。「我們的寬鬆紀律是我們最驕傲的資產。」駐校哲學家威廉．詹姆斯（William James）表示。「異端始終是哈佛的傳統。」約翰．里德（John Reed）寫道；他是俄國大革命的編年史家，著有《震撼世界的十天》（*Ten Days That Shook the World*），也是唯一埋葬在莫斯科克里姆林宮的哈佛畢業生與美國人。

當奇普・波倫自聖保羅中學畢業，於一九二三年進入哈佛就讀時，大約有一半的學生來自私立預備學校，也有大約一半來自新英格蘭，十分之七來自共和黨家庭。然而，他們並非全都是保守反動派：畢業後不久針對一九二六年畢業生所做的詳細調查顯示，百分之三十二的學生表示他們「相當同情」或「有點同情」蘇聯（第二次世界大戰後再對同一批校友進行調查，只有百分之四的人對蘇聯表達同情）。

就像大多數格羅頓或聖保羅中學的畢業生一樣，波倫也認爲哈佛代表著再也不必上禮拜堂，再也沒有品行上的污點紀錄，再也沒有嚴格的校長。聖保羅中學不容許的惡作劇與調皮行徑，卻讓波倫在哈佛大受歡迎。他跟大多數的預備學校好友一樣住在哈佛的「黃金海岸」，也就是哈佛園（Harvard Yard）南邊的那排宿舍。他與另外十一個來自聖保羅與聖馬克中學的朋友搬進位於弓街（Bow Street）九號的黃色木造房屋，內有十三個房間，負責管理的是親切的女房東穆林太太（Mrs. Mullin）。這種大家像哥兒們的氣氛十分符合波倫愛交朋友的個性，而他的室友們也注定成爲他一輩子的朋友。這些人包括塞西爾・里昂（Cecil Lyon），他日後成爲外交官，並在巴黎擔任波倫旗下的使節；以及綽號「達奇」的藍道夫・哈里遜（J. Randolph "Ducky" Harrison），他直到波倫去世當天還因爲政治意見和他發生激烈的爭執。

社團在哈佛的角色與耶魯及普林斯頓不同，主要是爲了出自教會學校的男生而存在。那些不是出自「聖」字輩中學的人，例如沃爾特・李普曼與約翰・里德，雖然覺得有點羨慕，卻發現少了社團一樣能夠功成名就。可是對於黃金海岸的男孩來說，社團階級是哈佛生活的重心。「我們弓街宿舍的每個人在畢業前當然都加入了一個最終社團，」里昂回憶說，「很難想像我們會有人不參加。」

合格者會經過一連串的測試來進行篩選。首先有快速布丁（Hasty Pudding）的選拔，它是一個吃喝玩樂的社團，另外還製作音樂喜劇。接下來則是「等待社團」，例如波倫和朋友負責挑選的SK俱樂部（Sphinx-Kalumet）。整個過程的高潮是「最終社團」的選拔，它是指一個人最後加入、眞正重要的社團，而其中最具份量的莫過於坡斯廉俱樂部。

成立於一七九一年的坡斯廉俱樂部在年輕的上流社會子弟心目中無比重要，有遭拒的大二學生難過到從哈佛休學，因爲大學生活再也沒有值得期待的目標。當希歐多爾・羅斯福總統通知德國皇帝威廉二世（Kaiser Wilhelm），他的女兒愛麗絲（Alice）與後來的眾議院發言人尼可拉斯・朗沃斯（Nicholas Longworth）訂婚的消息時，他表示：「尼可和我可都是坡斯廉俱樂部的會員。」在入選坡斯廉俱樂部超過半個世紀後，贏得普立茲小說獎的歐文・衛斯特（Owen Wister）說，成爲坡斯廉會員是他最大的成就。遭坡斯廉冷落的最知名人物是法蘭克・羅斯福，他並沒有因此休學，可是後來也承認那次落選是一生中最大的打擊。

坡斯廉與骷髏會不同，並不以刻意吹捧成就；血緣與意氣相投才是選拔標準，前者又優於後者。奇普・波倫的父親、叔叔和哥哥都曾是會員，而他的魅力也早已成爲傳奇，因此儘管在學業與活動的表現上並不出色，他還是很自然地入選了。「俱樂部以不用任何功績做判斷標準爲傲。」保羅・尼茲回憶說；他在坡斯廉晚波倫一年，後來兩人也密切合作，研擬戰後美國對俄國的政策。

坡斯廉俱樂部與哈佛園中間隔著麻薩諸塞大道（Massachusetts Avenue），位於一家服裝店樓上，一點也不豪華鋪張，裡面有必備的舊皮椅以及各式各樣的小豬雕像和塡充豬頭玩偶。在波倫那時候，除了靜靜地下棋，俱樂部裡沒人打牌或賭博，也沒人打撞球或從事任何運動。除了早餐，大學生沒有固定的餐食可以享用。波倫和朋友必須到快速布丁或SK俱樂部才能喧鬧地打牌或吃晚餐。

坡斯廉俱樂部的主要活動是喝酒。這件事無時無刻都認眞進行，連禁酒時期也不例外。（禁酒只是讓宿醉更嚴重。波倫和朋友偏愛薑汁汽水加私釀杜松子酒，大部份都是由SK俱樂部的管家製作供應的；那位管家後來用獲利買了艘船，航行到牙買加去。）會員會在一項叫「書籍之日」（The Day of the Book）的儀式中比賽喝酒。比賽在破曉後不久展開，先喝幾小杯杜松子酒，然後享用香檳早餐，接下來每個小時喝一杯馬丁尼，晚餐過後再換成蘇格蘭威士忌。比賽的目標鮮少有人達成，那就是到了午夜還能站得起來。波倫可憐的哥哥巴菲就是挑戰失敗的人之一。奇普雖然從未認眞參賽，但卻在坡斯廉培養出對駐俄國外交官來說極爲寶貴的能力：擁有難得展現的好酒量。

為了繼續在校的事業，波倫做了一個漫不經心的嘗試，成為美式足球員，在新生球隊中擔任第三號擒抱員；這支球隊當年以五十九比零擊敗耶魯大學。不過他從來沒有加入正式校隊。高年級時，他往往限制自己只參加較斯文的回力球、高爾夫以及射擊等運動。他對學業的興趣也不高；儘管閱讀量大，記性也相當好，他主修的歐洲現代史成績卻不甚理想。

波倫擅長的是交朋友，偶爾也會樹敵，有時兩者還是同一人。他熱愛談話與爭論，白天夜晚常喋喋不休。靜默會使他焦躁。當弓街九號裡的對話和緩了下來，他會拿出一本書大聲唸給朋友聽。

他欣賞女人特別有眼光，女人也很欣賞他。儘管禮貌和穿著都嫌懶散邋遢，他卻擺脫了在寄宿學校時的矮胖外型。靠著英俊的臉龐、溫暖的笑容、從容的魅力，以及迷人的氣質，波士頓初入社交圈的女子似乎都覺得他相當難以抗拒。

波倫在哈佛的深夜討論話題開始逐漸圍繞著俄國打轉。雖然他本身不是特別偏自由派，也不熱中政治，卻很投入地閱讀《震撼世界的十天》，並迷上了約翰．里德。里德在波倫進入哈佛的三年前逝世於莫斯科，享年三十二歲，其浪漫的馬克思主義深深吸引了這個生氣勃勃、出身名門，但是資源有限且志向不明的年輕人。他唱俄文歌曲、讀俄國文學，甚至交了個俄國女友。「這是學俄文的正確方法。」他跟朋友保羅．尼茲開玩笑說。

布爾什維克實驗的熱情與能量令波倫興奮不已，於是他試圖在抱持懷疑態度的俱樂部朋友面前為它辯解。這些因為馬克思主義而與達奇．哈里遜及其他人展開的辯論，在不搭調的坡斯廉鑲板密室裡激烈進行到深夜，而大量的私釀杜松子酒讓氣氛更加火爆。最後精疲力竭的波倫會穿著完整的衣服倒在床上，帽子則皺皺地擺在枕頭上。

大四那年即將結束前，俱樂部的朋友發現自己在坡斯廉的討論圍繞著一件比較實際的事：生涯規劃。波倫宣稱他太不正經，無法當律師。另一方面，追隨同夥的其他人到州街（State Street）或華爾街當金融家又讓波倫覺得是「一種不合適形式的束縛」。在沒有其他選擇之下，他和哈里遜受雇在美國鋼鐵公司（U.S. Steel）的一艘貨船上擔任月薪二十七美元的船員，經由巴拿馬運河前往馬尼拉、滿洲以及更遠的地方。

波倫在中國下船，費勁千辛萬苦、花了幾個月的時間抵達加爾各答。當最後重新回到船上，準備返鄉時，他已經有了許多異國冒險故事，也目擊了中國風起雲湧的革命實況。一回到家鄉，有一個親戚便安排他與助理國務卿威廉・卡索（William Castle）見面。波倫回憶說，就是那次的談話，「終於讓我決心成為一名外交官。」

第三章 合資企業 哈里曼與羅威特的華爾街生涯

JOINT VENTURES *Harriman and Lovett on Wall Street*

第一次世界大戰結束後，美國打消了退回孤立主義常態的念頭。伍德羅．威爾遜期望美國參與穩定世界秩序的夢想，因爲參議院於一九一九年否決加入國際聯盟（League of Nations）以及華倫．哈定（Warren Harding）於一九二〇年參選總統而破碎。一般保守民眾與中小企業將重心轉向國內，變得更加孤立。

另一方面，華爾街卻完全不是那麼回事。歐洲的產業面目全非，深陷債務困境；美國則生氣蓬勃，工廠紛紛恢復運作，亟需新市場。這種情況對兩種人來說，時機已經成熟了，一是對於海外投資與貿易有興趣的金融家，另外就是瞭解美國與歐洲的歷史關係、對於它日漸參與全球事務也感到自在的國際主義者，例如哈里曼與羅威特。

在與政府的緊急艦隊公司（Emergency Fleet Corporation）簽訂戰時合約時，哈里曼便已經成了一名造船商。深受父親打造世界性運輸帝國的願景所影響，他於一九一九年開始整合出一個網絡，營運並認購自己的船隻。他創設獨立輪船公司（Independent Steamship Company）、沿海運輸公司（Coastwise Transportation Company），並購入美國—夏威夷輪船公司（American-Hawaiian Steamship Company），以及美國船隻與商業公司（American Ship and Commerce Corporation）。一九二〇年，他將這些持股（包括六十三艘船的所有權在內）整併到聯美航運（United American Lines）這家公司，組成當時有史以來最大的美國商業船隊。

爲了幫海洋證券籌措資金，哈里曼於一九一九年十一月成立了投資銀行W. A.哈里曼公司（W. A. Harriman & Company）。「我深信發展美國航運的責任落在我們肩上，」他在一九二〇年告訴雜誌發行人B. C.富比士（B. C. Forbes），「我認爲那是在體現一個基本眞理，也就是『成爲必要的事物總是成爲最終結果』這句格言。」這一直是他父親奉為圭臬的一句話。

儘管與弟弟羅蘭以及其他伙伴合作航運及金融事業，哈里曼依然是個獨來獨往的人。他擅長授權與分配責任，卻始終不是個善於與人共同合作的人。他認為自己是一個行動者、執行者，十分專注於眼前的每項任務，彷彿帶著眼罩般，對周圍會分散注意力的事物視而不見。

最重要的是，哈里曼的行事作風很務實；與衣官楚楚的政治家不同，商人的目標是排除抽象的裝模作樣，以達成交易。即便在成為外交官之後，哈里曼依舊認為與敵人可以像朋友一樣，輕鬆達成協議。因此他對於與德國進行航運協議並不感到憂慮，即使最後並未簽訂停戰協議，對於蘇聯的採礦權談判也不擔心，就算美國已經斷然放棄與該國的外交關係。

一九二〇年造訪德國期間，哈里曼與漢堡—美國輪船公司（Hamburg-American Steamship Company）的高層展開秘密對談；這家一度勢力強大的公司在戰爭結束時船隻遭徵收。他們很快達成一項協議：如果該公司願意為哈里曼的公司擔任其與德國之間的中介角色，哈里曼這邊就會提供船隻給它。「這項安排讓我們獲得了一些航運界最優秀的人才，」哈里曼表示，「他們在戰前表現出自己有能力發展首屈一指的航運事業。」

某些美國城鎮因為激動的民族情緒尚未平息而禁賣德國酸菜，在中學也不准教授德文。哈里曼便曾當眾受辱。「你覺得自己是否因為各界的批評與咒罵排山倒海而來，有一絲鬆懈的念頭？」一名記者問。「沒有，」哈里曼回答，「幸好我天生具有幽默感，也很有耐性。」（其實他兩者皆缺。）隨著批評聲浪日漸升高，哈里曼只好將他的案子公諸於世，把計畫細節提供給紐約的報紙，並告訴記者：「我們認為這整件事對美國而言是絕佳的機會。」

然而，它並非什麼絕佳的金融機會。利率攀升，物價下跌，出口衰退。新的移民限制阻斷了搭乘三等艙的乘客湧入，禁酒令也妨礙靠美籍船隻運送的酒類的銷售。哈里曼著手進行降低關稅與提高航運業補助的遊說計畫，推動美國需要一隻強大商船隊的運動。他發現，民主黨的接受度遠比孤立主義掛帥的執政黨共和黨高出許多。

即便西方國家刻意對蘇聯進行嚴格的貿易封鎖，即使美國陷入赤色大恐慌，哈里曼和漢堡—美國輪船公司的高層還是於一九二二年與莫斯科展開對話，商討成立一家聯合持股的航運公司：德俄運輸公司（Deutsch-Russiche Transport Company）。同年十一月，該公司展開慘澹的營運工作。「我知道美國國內對我們抱持著什麼偏見，」蘇聯貿易部部長於一九二二年告訴《紐約時報》記者，「可是你得相信哈里曼先生並非如此，因為他與漢堡—美國輪船公司共同投資了一家輪船公司一半的資本，蘇聯則將投資另一半。」

的確，哈里曼與一般美國人不同，他對於蘇聯的意識形態上的疑慮少之又少。他透過W. A.哈里曼公司的柏林辦公室與一家德國銀行合作，以折扣價向一些公司購買用來作為出口貨款的俄國本票。他對於蘇聯信守承諾兌現本票感到印象深刻；哈里曼覺得他們很認真地維護自己的財務誠信。

哈里曼於一九二六年也與一個德國專家團體達成暫時協議，提供四千兩百萬美元的美國債券作為資助蘇聯的長期信用貸款。美國國務院的官員透過媒體報導得知這項協議時大為震怒。駐德大使雅各・古爾德・舒爾曼（Jacob Gould Schurman）召見正在柏林磋商這項協議的哈里曼，強力聲明提供信用貸款給莫斯科有違美國政策。哈里曼主張，這項協議讓蘇聯市場能夠吸納德國出口產品，否則這些產品會被傾銷到美國，因此對美國企業有利。他也堅稱（如同他後來的看法）讓蘇聯經濟孤立並不務實，還會讓該國更難融入國際社會。他告訴心存懷疑的駐德大使說，貿易與貸款可以作為使蘇聯領導人讓步的手段。

哈里曼搭船回到華盛頓，想提出相同的主張，但是國務院早已號召全體內閣達成反對這項計畫的共識。他只跟助理國務卿開了一場毫無建設性的會議，後來決定放棄這項貸款計畫。

儘管華盛頓有所疑慮，哈里曼與蘇聯這項雄心十足的協議還是持續進行。克里姆林宮認為西方科技對其工業計畫至為重要，但是卻沒有外幣可以購買。因此列寧宣布開放外國投資者發展特定產業，項目與過去沙皇核准的產業差不多。一九二四年，哈里曼開始與紐約的蘇聯商業仲介商秘密接觸，討論如何取得喬治亞共和國高加索山區錳礦的二十年開採權。

在俄國大革命之前，這些礦是世界上最大的錳礦供應來源，而錳又是鋼不可或缺的合金。不過那裡的相關設備已經老舊。蘇聯提出了相當嚴苛的要求：哈里曼同意提供新機器、讓產量恢復到戰後的水準，並將港口升級——投資金額最後可能達到兩千五百萬美元。蘇聯每噸錳礦可抽成高達四美元，哈里曼又自己決定支付每噸一美元的權利金給原本的俄國礦區所有人。

這項特許開發只有在錳價大漲時才能獲利，結果錳價卻下跌。非洲發現了新的礦床，蘇聯也在烏克蘭擴大生產。此外，改善鐵路與港口的經費超出哈里曼估計的好幾倍，尤其是在要求給予工人額外福利的新法通過之後。結果哈里曼於一九二六年十二月前往莫斯科，重新協商他的開採權。

共黨總書記史達林當時掌握大權；他成功地讓托洛斯基從軍事人民委員降為特許權委員會主席。哈里曼緊抓住蘇聯內部鬥爭的機會，急著想見史達林，但卻被告知史達林不在莫斯科。結果他與托洛斯基會面了四個小時，一段一段地檢視合約內容。

托洛斯基的想法令這位美國商人印象深刻；他很快就能掌握重點，但是卻絲毫不洩漏自己的情緒。哈里曼發覺，他的沉默來自於對自己人微言輕的恐懼。後來托洛斯基向日後成為外交部長的馬克辛・李維諾夫（Maxim Litvinov）解釋，他懷疑史達林指派他到特許權委員會是為了讓年輕的共產黨員對他產生負面觀感。「已經有人說我拿艾佛瑞爾・哈里曼的錢。」他抱怨說。六個月之後，蘇聯同意適度修改特許權內容，降低權利金，哈里曼也不必負責鐵路升級的工程了。

哈里曼為此第二度造訪俄國時（第一次是一八九九年與父親到西伯利亞），發現莫斯科與列寧格勒的藝術風氣十分興盛。他見到了許多畫家、作家、音樂家以及演員，還特別前往列寧格勒欣賞馬諦斯與高更的作品。然而對一般民眾來說，生活十分不好過。雖然通常他身邊的人都不以為意，但是「流浪兒」（bezprizornye）卻讓哈里曼大為震驚，這些內戰造成的孤兒經常挨餓，冬天時竟然像野獸般在街頭遊蕩。

哈里曼無意為了俄國共產黨員改變自己的生活方式，也不認為真的改了就能獲得他們的尊重。所以從莫斯科到喬治亞礦區的一千五百英里旅程，他回憶：「我決定表現得像個資本家，要求在火車上有一節私人車廂。」那節沙皇時代車廂是他見過最華麗的車廂，到處盡是鍍金渦卷形裝飾與木板鑲嵌。每座車站四處都看得到大批來回遊蕩的俄國農民，身上沉重地背著家當和稻草手提箱。

四天之後，哈里曼抵達提弗利司（Tiflis），當地官員在尼古拉大公龐大的酒窖設宴款待他；那裡已更名為「國家藏酒室」。這場充滿魚子醬的盛宴（席間供應一瓶一八六〇年代的萊茵河葡萄酒、一瓶一九〇六年的波爾多葡萄酒、一瓶拿破崙白蘭地，還有一些當地釀的葡萄酒）帶領哈里曼從此進入許多漫長的飲酒場合，這些場合後來成為他自己和其他外交人員的職業傷害。他回憶說：「直到從酒窖出來時，我們都不感覺痛苦。」

錳礦的工程師強調跟蘇聯官僚交涉時相當困難。滿懷期望來到俄國的哈里曼後來指出，那趟旅程讓他對蘇聯產生揮之不去的懷疑態度。「我開始相信布爾什維克革命其實是一種反動革命，而不是『未來的浪潮』。」一九七〇年他在美國里海大學（Lehigh University）的一場演講上表示，「它否定了我們極為重視的基本信念——個人的權利與尊嚴，以及政府應該表現人民意志的理念。」

然而，那些往事卻被後見之明給美化了。當時他的不贊同混雜了對革命的穩定性的敬意。回國後哈里曼寫信給耶魯畢業紀念冊，信中提到不會出現反革命運動。他表示，即便新經濟秩序需要有所犧牲，農民仍然與沙皇統治時期一樣貧窮，但是他們擁有更多自由。他說，任何改變「都將來自共產黨內部理念的發展」。至於史達林，「就『獨裁者』字面上的意義看來，他不是獨裁者，不過卻是跟坦慕尼協會☆（Tammany Hall）會長查爾斯．墨菲（Charles Murphy）一樣的那種政治老大。」

☆譯註：坦慕尼協會成立於一七八九年，是民主黨的政治機器，控制了紐約市與紐約州的政治局勢，曾捲入操控選舉的醜聞。

終其一生，無論自己變得多重要，哈里曼都喜歡與有名有權的領導人見面。部份原因是他很重視與他們的交談，將之當作調劑其他無聊對話的良方。此外還有一大原因是哈里曼一輩子都有種孩子氣的迷戀，喜歡蒐集與重要人物熟識的交往關係，幾乎就像其他人集郵那樣。（他的朋友後來開玩笑說，每當希特勒的名字一出現，哈里曼就會以近乎渴望的口吻說他從來沒有見過他本人，那種模樣宛如一個獵捕大型動物的獵人，感嘆自己總是缺了一項貴重的戰利品。）

從俄國返國途中，哈里曼見了兩個重要人物。米蘭一群銀行家希望他在美國銷售債券，在他們的催促下，他到羅馬會見墨索里尼。在這位獨裁者用來當作辦公室的偌大房間裡，這位美國金融家主張，除非取消調整義大利貨幣里拉價值的計畫，否則他無法銷售義大利債券。「哈里曼先生，你不瞭解，」墨索里尼的反應頗為強烈，「我必須恢復義大利的國家尊嚴。」

既然提議遭拒，哈里曼便為自己提出問題，希望獲得一點指引。他應該在蘇聯投資嗎？墨索里尼建議，即便他強烈反對共產主義，卻發現適度與俄國人進行貿易是有利可圖的。在法國坎城（Cannes），哈里曼以同樣的問題詢問英國財政大臣溫斯頓・邱吉爾。這位日後的英國首相表示，不要跟蘇聯做任何生意。後來邱吉爾誇口說，他的忠告替哈里曼省下了數百萬美元。

事實上儘管條件重新協商，但哈里曼已經下定決心退出錳礦開採。在一九二八年的一次結算中，蘇聯同意以三百五十萬美元收購哈里曼的投資，並以利率百分之七的十五年債券支付。相對之下，哈里曼必須同意再貸款給蘇聯一百萬美元。《紐約時報》跟大部份的報紙一樣，長久以來對這整個案子都有疑慮，這份嚴肅莊重的報紙不尋常地在財經版上以輕率的語氣報導這件事：「看來病重幾個月之後，哈里曼錳礦確定壽終正寢，享年三歲半。雖然帶著滿滿的期望出生，它始終不是個健康的小孩……」

蘇聯聲稱這個方案是美國給予莫斯科的第一筆貸款，也證明他們信用良好。最後他們履行諾言，支付債券，讓哈里曼斷定他們雖是難纏的生意對手，卻也不負自己的承諾。他後來宣稱靠這筆交易小賺了一筆，不過一名國務院隨員當時估計他投資的每一美元損失了大約三十美分。當然，他的遭遇比起那些試圖留在當地繼續開採更久的人來得好。這不但讓他不至於怨恨俄國，也使他後來得以誇耀自己比其他人更懂得如何與莫斯科進行磋商。

★★★

儘管在泰迪．羅斯福的個人攻擊之後，哈里曼對共和黨的捐助減少，不過他的家人名義上仍舊是共和黨員。然而，艾佛瑞爾的立場不久便開始搖擺。身爲商人，他對政治沒什麼興趣，不過國際談判經驗以及對伍德羅．威爾遜國際聯盟願景的支持都讓他確信一件事：「共和黨的孤立主義，」他告訴一名記者，「會帶來災難。」他覺得航運業面臨的問題有部份源自共和黨無法降低關稅。此外，他逐漸擔心股票市場的投機買賣會陷入「瘋狂」，原因也是共和黨不肯加以管制。

私人關係也是促使他逐漸偏向民主黨的因素。他身爲活動分子的姊姊瑪麗與伊蓮娜．羅斯福成了好友，她在瑪麗成立的少年聯盟所屬的一所社福中心教導柔軟體操。艾佛瑞爾在格羅頓中學與伊蓮娜的弟弟霍爾（Hall）是同班同學；霍爾就學期間成了孤兒，搬進伊蓮娜與法蘭克林在紐約市的連棟房屋，艾佛瑞爾便因此常上門拜訪。由於在絕壁州際公園委員會（Palisades Interstate Park Commission）服務，哈里曼也和紐約州州長艾爾．史密斯（Al Smith）成爲朋友。

史密斯於一九二八年競選總統時，瑪麗．哈里曼透過伊蓮娜．羅斯福宣布，她會投票給他。對她弟弟來說，要跟進並不難：民主黨主席是通用汽車副總約翰．拉斯科布（John Raskob），這位成功的金融家先前脫離共和黨，聲稱他意圖讓民主黨成爲商業黨。股市在隔年崩盤之後，哈里曼變換政黨的決心更爲堅定，因爲那更證實了他對共和黨無力拚經濟的疑慮是正確的。自此，他成爲一名忠貞的民主黨員。

然而，當時他在商業世界以外的主要消遣是馬球，而不是政治。哈里曼經常在下午四點離開華爾街，前往長島的梅多布魯克俱樂部（Meadowbrook Club），在晚餐之前打場馬球。他在俱樂部附近的山德斯岬（Sands Point）

買了一棟房子，又買了一批小馬，而且往往為了一匹馬付出高達一萬美元。

對於一個緊繃、壓力大的（有錢）年輕人來說，那是十分適合的一項運動，對哈里曼更是如此，因為他以做生意的方式來打馬球。「我喜歡需要用到與工作同樣多精力的休閒活動。」他說到一九二〇年開始從事的這項運動，「打馬球時必須雙眼緊盯著球不放，沒有時間或心思去想別的事情。」他幾乎算不上是個優雅的球員，而且遵守嚴格紀律努力練習，成為一名讓球八分的球員（最高是十分）☆，一九二八年在與阿根廷對抗的國際錦標賽中，美國隊獲得的七分裡就有四分是他所拿下。有一份報紙寫道，那場勝利「相當於美國排名第一的球員艾佛瑞爾．哈里曼個人的勝利，他打馬球的風采美得驚人」。

哈里曼在山德斯岬也打槌球，而且和鄰居赫伯特．貝約．史沃普（Herbert Bayard Swope，《紐約世界報》〔*New York World*〕編輯）都成為全美數一數二的槌球高手。身為一絲不苟的戰略家，哈里曼在出手前都會花上二十分鐘仔細檢視球場地形以及每根草的葉片。他的小心翼翼惹惱了朋友，因此每當有人花了太多時間，就會被稱為「艾佛瑞爾」。哈里曼打球的風格透露了他在商業與社交生活中常出現的健忘模式：他有時似乎會忘記自己的球是哪一顆，彷彿搞不清楚比賽的次序，接著便著手執行細心規劃的策略。有一名初學者問他球技如此高超的秘訣，他回答：「我就是繼續打。堅持到底是關鍵。」（他九十歲時曾對一名採訪者怨嘆自己很難找到勢均力敵的對手。「目前還在的優秀槌球手並沒有很多。」他說，「這是種難以捉摸的運動。」）

凱蒂．哈里曼曾陪伴丈夫前往蘇聯錳礦區，有一陣子他們似乎很喜歡一起參與活躍的社交生活。不過兩人都屬於沉默內向的個性，但表現方式不同，而且不久便漸行漸遠。雖然哈里曼不會花太多精神去追求其他女

☆譯註：馬球的讓球制度（handicap）是根據球員的球技將他們分為負二分至十分不等的等級，分數愈高代表能力愈強。通常五分以上的都是職業球員，而能達到十分的球員已屬鳳毛麟角。比賽時，兩隊球員的分數總和若有差異，分數高的隊伍在比賽開始時就必須讓分給分數低的隊伍。

人，他卻花名在外。他與凱蒂在一九二九年離婚，隔年便娶了瑪莉・諾頓・惠特尼（Marie Norton Whitney）；女方當時才跟科尼勒斯・范德比爾特・惠特尼（Cornelius Vanderbilt Whitney）離婚不久。

凱蒂害羞靦腆，瑪莉卻機智而坦率，性子急到會傷人的地步。「噢，別鬧了，艾佛！」每當哈里曼變得太沉悶無趣時，她就會用嘶啞的嗓音加以嘲諷。他們對印象派與後印象派藝術都有興趣，在歐洲度蜜月時收集了數十件梵谷、竇加、塞尚、畢卡索與雷諾瓦的傑作。他們造訪了葛楚・史坦恩（Gertrude Stein）在巴黎的藝術沙龍，當時她需要錢出版平裝本作品集，便將珍藏的畢卡索畫作〈執扇的女孩〉（Girl with a Fan）賣給哈里曼夫婦。瑪莉後來在紐約東五十七街（East 57th Street）成立一家藝廊，他們夫婦收藏的畫作便成為展出的核心。

瑪莉也介紹艾佛瑞爾參加咖啡館協會（café society）。哈里曼連在自己的宴會上都依然當「壁花」，但是他卻發現這些新認識的藝術同好能夠讓他忘掉白天面對的銀行家，帶來一點樂趣。這個團體的核心人物是亞歷山大・伍爾考特（Alexander Woollcott），《紐約客》（*The New Yorker*）雜誌與阿岡昆圓桌☆（Algonquin Round Table）的幽默作家。（他後來在第二次世界大戰期間抵達倫敦時曾說過：「既然現在艾佛瑞爾來了，今後永遠都會有一個英格蘭。」）伍爾考特與瑪莉想出一個點子，感恩節時讓雅登園的所有房間都塞滿賓客——結果這很快就變成每年一度的傳統。為了這些長達五天的瘋狂宴會，哈里曼夫婦將研擬賓客名單的工作交給伍爾考特，參加過的人包括：記者哈波・馬克思（Harpo Marx）、演員海倫・海斯（Helen Hayes）與劇作家查爾斯・麥克阿瑟（Charles MacArthur）夫婦、作家厄尼斯特・海明威（Ernest Hemingway）、記者海伍德・布潤恩（Heywood Broun）、劇作家喬治・考夫曼（George S. Kaufman）、劇作家羅伯特・薛伍德（Robert Sherwood）、傳播圈名人威廉・佩利（William Paley）、劇場導演莫斯・哈特（Moss Hart）、劇作家班・赫特（Ben Hecht）以及記者哈洛・羅斯（Harold Ross）。

宴會的氣氛十分狂熱。設置超大管風琴的龐大迎賓大廳改成一座羽球場，伍爾考特與史沃普在草地上主持

☆譯註：阿岡昆圓桌是紐約知名的藝文團體，成員包括作家、評論家與演員。

極為緊張嚴肅的擲球比賽，布潤恩則掌控室內保齡球場。宴會中還進行趣味遊戲「謀殺」，每位賓客必須為了一場想像出來的兇殺案編造可信的不在場證明；參與籌設美國報業公會（American Newspaper Guild）及其他工會活動的布潤恩曾經贏過一次，他提出的理由是他在廚房裡協調分配哈里曼家傭人的工作。對於廚房在哪裡，瑪莉的概念似乎十分模糊。某場清晨的保齡球賽過後，她帶領一隻探險隊突襲冰箱。大膽穿過迷宮般的地下通道之後，她無意間來到一間大型食物儲藏室。一個女人打開人可以走進去的超大櫥櫃，發現裡面裝滿了貴重的銀托盤、高腳杯、各式餐具、花瓶，以及其他貴重物品。「誰曉得呢！」瑪莉驚叫，「我根本不知道這些東西都在這裡。」

哈里曼的新社交圈往往無法瞭解這個有點冷漠的金融家。儘管他普遍說來頗受歡迎，他四周卻彷彿總是有一層外殼，有一道牆將他和朋友們隔開來。他們有時候不禁納悶，他是不是有任何真正的好友。他為人已經夠親切了，討論到外國事務或金融議題時甚至還相當有趣；不過處於一群敏銳又機智的人當中，哈里曼相形之下黯然失色。他似乎經常心不在焉。即使早在一九三〇年代，當有人臆測艾佛瑞爾可能有聽力問題時，朋友會借用詩人桃樂西・派克（Dorothy Parker）在獲悉柯立芝總統的死訊時所做的反應：「你怎麼看得出來？」

哈里曼的吝嗇也成為許多笑話揶揄的對象。即使他的家族基金會以樂善好施聞名，想要讓他捐獻幾乎是不可能的。沒有人聽過哈里曼付午餐錢或計程車資。事實上，傳說哈里曼鮮少隨身攜帶現金。即使在金錢上，他還是以自己獨特的方式處理。

當然，他是富豪中罕見的節儉者。即使他最大膽的國際性事業不是太成功，哈里曼在快速成長的領域上，例如廣播電台與商業航空，卻以精明的投資眼光創下亮眼的成績。在一九二九年的股市崩盤中，他甚至安然度過，表現比大多數同業都好。不過由於國內經濟與世界貿易前景逐漸瓦解，哈里曼已經準備從他比較冒險的金融交易上收手。他童年與大學時期的人脈提供了現成的機會，讓他持續鞏固自己的事業。

★★★

戰後返回紐約時，羅伯特・羅威特無疑注定要展開華爾街的事業。法學院無法吸引他的興趣。在他父母的曼哈頓住宅以及蝗蟲谷，他面臨的是更加令人陶醉的氣氛。他的父親當時是聯合太平洋公司董事長，也擔任戰爭工業委員會（War Industries Board）委員，成爲經濟權勢菁英的領袖。前來參加他晚宴的人包括戰爭工業委員會的其他委員，例如自封爲華爾街智者的金融家伯納德・巴魯克（Bernard Baruch）。鮑伯傾聽關於工業調動（industrial mobilization）的討論，也提出自己的看法，暢談飛機對國家運輸與國防的重要性。

他甚至執意著手進行一項行動，勸說父親聯合太平洋公司應該成立空中航線。有一天開著時髦的新敞篷車載父親上班時，年輕的羅威特不斷勸父親找人研究這個可行性。幾個小時後，電話鈴聲響起。「你看過早報了沒有？」羅威特法官問，「看看頭版。」上面有一張飛機墜毀在前紐澤西州州長住宅的照片，機尾還從屋頂伸出來。

「喔，這種事一千次可能才發生一次。」鮑伯說。

「一次就夠了。」他父親回答。

這個構想就此無疾而終，等到鮑伯當上聯合太平洋公司董事時，聯邦已經通過禁止鐵路公司跨足航空運輸業的法規。

羅威特經常與哈里曼兄弟以及其他耶魯大學的好友參加詹姆斯・布朗（James Brown）家舉辦的週末派對，地點在距離蝗蟲谷不遠的牡蠣灣（Oyster Bay）。羅威特在上戰場之前就見過了布朗三個女兒中的么女愛黛兒（Adele）。「當他第一次來，我以爲他想見我的其中一個姊姊。」她回憶說，「可是他不斷來我家，我才發現他想見的是我。」愛黛兒對羅威特高瘦的俊俏外表以及嘲諷式的幽默感留下深刻的印象。鮑伯則受到這個女孩亮眼的美貌深深吸引，她初次進入社交圈卻沒有當時常見的浮誇與奉承作風。他們在一九一九年成婚，蜜月時搭乘火車橫跨全美，途中還在哈里曼家的狩獵小屋停留。

羅威特法官亟欲磨練兒子的心智，給了他四冊伊曼努埃・康德（Immanuel Kant）的著作，讓他在蜜月時閱讀。年輕的羅威特以自己機敏又不受教條限制的頭腦自豪，他特別受到《純粹理性批判》中的二律背反（Antinomies）章節打動；康德這位德國哲學家在其中將一對對相互矛盾的論點並置，接著針對每一組論點提供無懈可擊的「證據」。

女兒結婚，又得到羅威特如此優秀的半子，開心的詹姆斯・布朗爲羅威特爭取到在國家商業銀行（National Bank of Commerce）見習的機會。他在那裡上大夜班，檢查每天交易的結餘。一九二一年秋天，他加入布朗兄弟銀行，一開始擔任傳送電報與交易的「跑腿員」。他很快就對歐洲交易產生興趣；受訓期間他爲布朗與席普利公司（Brown Shipley & Company）到倫敦及紐約工作過，那是一家位於利物浦的商業銀行，由布朗兄弟於一八三九年成立。他在一九二六年成爲布朗兄弟的完全合夥人，同年也加入聯合太平洋公司的董事會以及執行委員會。

第一次世界大戰最終打破了新工業富豪（例如老羅威特與哈里曼）、舊社會的貴族，以及藝術家與作家的歡樂咖啡館生活之間的許多社會屏障。羅伯特與愛黛兒・羅威特很輕易地便在新都市生活形態的匯聚地安頓下來，這種生活的特色是富裕、機敏與社交能力。他們在紐約東八十三街（East 83rd Street）蓋了一間連棟房屋，裡面的客廳裝了大教堂天花板，並看得到東河全景。他們在蝗蟲谷的住家位於老羅威特家旁邊，裝潢色調是阿岡昆圓桌幽默詩人桃樂西・派克所說的「可愛肥皂泡沫色調」，牆上還有朋友畫的壁畫。

羅威特最親近的朋友是在耶魯認識的，例如戴維森和蓋茲，不過他和太太不久便打入了一個以作家和藝術家爲主的社交圈子。詩人阿契博德・麥克列許是耶魯中隊隕落的英雄——肯尼斯的哥哥。著有《動物王國》（*The Animal Kingdom*）與《小丑蒞臨》（*Here Come the Clowns*）的劇作家菲利普・貝瑞（Philip Barry）也是耶魯的朋友，而他太太艾倫（Ellen）則是愛黛兒在學校的好友。這個圈子裡的其他人包括幽默作家羅伯特・班奇利（Robert Benchley）、羅伯特・薛伍德、作家莉莉安・海爾曼（Lillian Hellman），以及桃樂西・派克，其中不少人也成爲艾佛瑞爾和瑪莉・哈里曼的朋友。

羅威特最喜愛的消遣是爵士樂、推理小說與電影。幾次一大早到林克斯俱樂部（Links Club）的高爾夫球場打球之後，他開始對運動與戶外活動感到不屑，理由是一連串的病痛；這有部份是眞的，有部份則是自己疑神疑鬼。有時候下午他會偷偷蹺班，到長島上飛行課程，或是偶爾在吹笛岩俱樂部（Piping Rock Club）的海灘上與他認識的一個女人調情一下午。愛黛兒同樣也喜歡自己的打情罵俏社交活動，其中包括與班奇利之間知名的友誼。羅威特夫婦曾經漸行漸遠一陣子；然而他們的婚姻卻維持了下來，並幸福地延續到愛黛兒於一九八六年去世爲止。

在蝗蟲谷的一場宴會上，羅威特從餐桌起身去接電話。「是的，對，沒錯！」他的賓客聽到他大聲吼叫，「給奧地利八百萬美元。」當他回到餐桌上，班奇利和其他人給他「給奧地利八百萬美元羅威特」的封號，而且整個晚上一直問他能不能多施捨個幾塊錢。第二天，他收到其中一名賓客的匿名電報：「你讓我成爲世界上最快樂的小國——奧地利。」

羅威特維持了一些舊風格的傳統，穿硬領襯衫搭配正式禮服，而不是追隨流行的軟質衫。在一群酒鬼當中，他被視爲相當懂得分寸，限制自己在晚餐前喝兩杯馬丁尼或波本迷霧（Bourbon mist），餐後一杯白蘭地。但是大體說來，他很喜歡紐約社交圈散漫與放鬆的態度。因爲擁有一張表情豐富的臉和反諷的幽默感，他堪稱模仿大王，經常模仿偉大的政治家、中國人和俄國人，娛樂晚宴上的賓客。他還會模仿調皮版的艾佛瑞爾．哈里曼，裝出渾厚緩慢的嗓音和呆滯無神的眼睛。

★★★

根據公司裡的傳說，對話是一九三〇年春天在紐哈芬鐵路的一節客廳車廂中開始的，當時這對同班同學剛剛參加完耶魯大學同學會回來。事實上，將有百年歷史的私人銀行布朗兄弟與衝勁十足的哈里曼兄弟公司合併一事在之前已經討論多年，羅蘭．哈里曼在一九二〇年代中期便曾向他在格羅頓與耶魯的好友、於一九一九年加入布朗兄弟的艾勒里．詹姆斯（Ellery James）提過這個可能性。艾佛瑞爾與羅蘭也曾與羅威特談及此事，結果後者成了堅定推動這項計畫的人。

從私人的立場來看，這件合併案十分合理。哈里曼兄弟與他們的兩個最主要合夥人：普雷斯考特・布希☆（Prescott Bush，他們的投資公司：W. A.哈里曼公司的副總）與奈特・伍利（Knight Wooley，他們的私人銀行：哈里曼兄弟公司的管理合夥人）與布朗兄弟四個較年輕的合夥人：羅威特、艾勒里・詹姆斯、勞倫斯・泰伊（Laurence Tighe）以及查爾斯・狄奇（Charles Dickey）都是耶魯的骷髏會會員。他們的友誼在紐約滋長，在那裡合住彼此的公寓，參加許多相同的社交活動，尤其是詹姆斯・布朗舉辦的週末網球派對。

從財務的觀點來看，這件合併案也是合理的。布朗兄弟連續四代管理他人財富的成果聲譽卓著，但有五名資深合夥人即將退休，希望領取他們累積的獲利。哈里曼兄弟兩人擁有龐大的個人財富（當時約有八千萬美元），募集與投資現金的風格也相當積極。「華爾街的老手難得見到比這個結合保守經驗與積極手法的案子還要強的組合。」一名金融專家如此形容這件合併案。

於是在一九三〇年十二月十一日晚上，一群經過挑選的合夥人被召集到柴契爾・布朗（Thatcher Brown）的住宅。柴契爾・布朗是布朗兄弟的資深合夥人，身材高大，貌似學者，連財經媒體都不太認識他，不過記者們卻很熟悉在他紐約公園大道（Park Avenue）住所的圖書室裡站在他身邊的人：艾佛瑞爾・哈里曼。此時的他三十九歲，有點無精打采，香菸一根一根地抽著，面容略顯憔悴，不過身形依舊苗條、結實，架勢十足。布朗唸完聲明之後，記者對他和哈里曼提出一大堆問題，質疑合併是否代表財務出現困難。不過隔天報紙的報導卻是一片奉承，甚至歡慶叫好。在一九三〇年的低迷氣氛中，它是一項受人歡迎的好消息。的確，《紐約時報》頭版的合併新聞旁邊就是美利堅銀行（Bank of the United States）倒閉的報導——這家商業銀行在紐約市有六十家分行。（當天的《紐約世界報》頭版還有兩名銀行家自殺的報導。）

☆譯註：普雷斯考特・布希後來成為美國康乃狄克州參議員；老喬治・布希總統是他的兒子。

新的布朗兄弟哈里曼公司的總部設在華爾街五十九號，也就是布朗家族自一八四三年起的事業基地。在股市崩盤以及與哈里曼合併之前不久，布朗兄弟才在漢諾瓦街（Hanover Street）街角的壯觀大理石大樓旁增建了一棟三十六層大樓。新大樓最醒目的特色是合夥人室（Partners' Room），那是一間裝飾華麗的密室，有深棗紅色地毯與深色鑲嵌木板，全都一起跟著最初的布朗兄弟的雄偉畫像從舊大樓遷移過來。合夥人坐在彼此靠著的一排排捲蓋式書桌前工作，來自英國的樓層服務員則安靜且正確地為他們提供相關服務。

正當全美深陷於孤立主義之中，一批緊密結合的華爾街銀行家與律師（他們大部份在童年時便已遊遍歐洲）在倫敦、巴黎與柏林的俱樂部會面，彼此雖是競爭者關係，卻為了各自的公司利益而友善地整合適當的投資機會。他們從私人營利的角度出發，重建遭戰火蹂躪的歐洲，規模之大與第二次世界大戰這些人當中許多人所執行的馬歇爾計畫不相上下。例如在一九二七年，也就是合併案之前三年，布朗兄弟與哈里曼兄弟共同以二十五萬美元的信貸額度資助柏林一家金屬公司的出口業務。布朗兄弟哈里曼在一九三四年有一則廣告號稱他們的投資遍及四十五個國家。

這家公司資助美國的許多金屬、原料以及糧食進口，並率先建立一套信用狀與銀行承兌匯票系統，這套系統最後吸納了全世界各地超過五千名客戶。這些交易的責任自然落在羅威特身上，他精通複雜的計算，也喜歡進行長途的稽查之旅，觀察其他公司如何運作。布朗兄弟哈里曼合併之後，羅威特接管新公司的國際貨幣與借貸操作。在一年兩次的旅行中，他會開車一次遊歷比利時、法國以及德國六個星期，稽查各個產業並分析他們的財務狀況。他尤其喜愛他們的組織結構圖、管理系統，以及產品與利潤流程的細節。

羅威特的工作主要是屬於營運幹部的角色；哈里曼則仍然是該公司許多較具冒險性的國際交易背後的主要動力。他們似乎分別代表華爾街銀行家的不同典型。在先天與後天條件上，羅威特機智、溫和且圓滑；他擅長讓大家團結一致，以友善的機智撫平爭議，以合議的方式解決問題。哈里曼則比較專橫，或至少表面上如此；在他底下工作比與他合作來得容易。他信奉格言與規範，其中許多都傳承自他嚴格的父親，也經常將這些準則運用在各種情況上。羅威特對哈里曼的智慧有所質疑，對他的固執卻是深信不疑。至於哈里曼則認爲羅威特太過小心謹慎、缺乏想像力，而且往往把他當成部屬。

然而兩人卻合作無間。羅威特依舊比較順從，哈里曼總是有點跋扈。每當分隔兩地，他們就會一天寫一、兩封信給對方，以快遞郵件在羅威特的華爾街辦公室以及哈里曼在華盛頓五月花飯店（Mayflower Hotel）的套房或是落磯山脈的滑雪小屋之間迅速來回寄送。

「我非常希望你與文森・阿斯特（Vicent Astor）的討論不會演變成爭執。」在一九三四年一封以「親愛的艾佛瑞爾」爲始、「鮑伯・L敬上」爲終的信件當中，羅威特用典型的安撫語氣寫道。他們討論的議題是《今日》（*Today*）週刊，一份哈里曼、阿斯特與其他人所發現的呆板刊物，他們想藉以支持新政並增加事業利潤（一九三七年，該刊併入阿斯特的另一項事業，成爲《新聞週刊》〔*Newsweek*〕）。羅威特讓哈里曼相信，《今日》的編輯，也就是法蘭克林・羅斯福過去與日後的智囊雷蒙・莫利（Raymond Moley），將這份刊物變成「個人的刊物，一大部份都是在報導編輯喜愛或厭惡的對象」。羅威特嘲諷地告訴哈里曼，「雜誌目前的標語『公共事務的個人刊物』應該改爲『個人事務的公開刊物』。」

不過一到了正式面對阿斯特的時候，羅威特卻一如往常地對哈里曼不夠圓滑感到苦惱。

> 羅威特寫道：我想非常重要的是，從策略上的觀點來提出一般的批評，然後如果有人要求，只提出特定的實例即可。除非有人提出挑戰，否則我不認為指出特定實例有多大的好處，因為那經常造成語言詮釋上的爭執，模糊了整個批評的重點……實在沒有必要樹敵。

★★★

自從哈里曼與羅威特大學畢業之後，羅威特法官便培養他兒子和他前老闆的兒子去協助治理聯合太平洋的鐵路帝國。艾佛瑞爾在一九一三年唸大四時即獲選爲公司董事，一畢業就開始在奧馬哈（Omaha）的營運總部工作。「羅威特法官急著要我接受訓練。」哈里曼回憶說。雖然艾佛瑞爾是搭乘自己的私人鐵路車廂抵達奧馬哈，不過當時他已經開始擔任卑微的鐵路維修工人，而且他的同事稱呼他「比爾」（Bill）。不到兩年，羅威特法官就升他為副總，負責聯合太平洋公司的所有採購業務。

哈里曼很快就展現出他認真的行事風格。聯合太平洋公司的火車頭一直都是向美國的兩大供應商：鮑德溫（Baldwin）與美國（American）公司購買。鮑德溫在合約上對貨運火車頭的開價總是比較低，而美國公司則在客運火車頭上一向開出最漂亮的價格。二十三歲的哈里曼認為他們私下刻意瓜分市場，他表示：「無論細部內容為何，火車頭的每磅單價實在很高。」於是他為每輛火車頭計算出每磅的合理價位，並請鮑德溫的業務員到他奧馬哈的辦公室。他說，該公司如果不接受那個價格就會失去所有生意。「等一下，我必須先跟我們總經理談過才能答覆您。」那名業務員擔憂地說。哈里曼把電話交給他。「他說我們願意接下這筆生意。」業務員在電話中短暫回報後對哈里曼這麼說。對此美國公司很不滿，可是哈里曼卻為聯合太平洋公司省下了數十萬美元。

一九二〇年代投入自己的航運與投資事業時，哈里曼曾中斷在聯合太平洋公司的工作。不過在適應了布朗兄弟哈里曼公司之後，他又再度積極經營鐵路事業。依然由聯合太平洋掌控的伊利諾中央鐵路（Illinois Central）在一九三一年面臨倒閉危機，於是羅威特法官賦予哈里曼挽救該公司的任務。他的補救方法很激烈：裁撤維修部門、停止購買鐵軌、減少服務車廂，還裁員。「手段相當無情，但是若不如此公司便無法存續。」他後來回想說。可是這些裁撤措施令他很痛苦。當羅威特法官於一九三二年辭世，接任董事長的人選就是他本身在二十三年前接任時的董事長之子——艾佛瑞爾．哈里曼。哈里曼決定以更創新、更有建設性的方式來治理這家公司。

鮑伯．羅威特當時也積極投入聯合太平洋公司，而且已經在一九二六年入選其執行委員會。那並不是經營鐵路的好時機：毛利在一九二九年達到創紀錄的高點，到一九三二年大幅下滑百分之五十，是該公司逾三十年來首度出現淨虧損的一年。哈里曼與羅威特以及羅蘭．哈里曼決定，因應之道不是削減對乘客的服務，而是予以升級。

哈里曼有一天在飛機上遇到羅威特，便指著一名空服員說：「我們需要這種人。」於是，聯合太平洋公司的火車上增加了女性服務員。哈里曼也想到提供物美價廉的餐點給所有乘客的構想。可以想見的是，羅威特反對；根據他的推算，付給每名乘客在當時來說並不算少的兩美元，比起提供相關服務要來得節省成本。但是他的意見遭到否決。爲了擴大觀光客市場，哈里曼決定在愛達荷州的太陽谷（Sun Valley）興建一座滑雪度假中心。這下連瑪莉．哈里曼都投身參與了，她堅持難看的綠色絨布座椅和窗簾必須改裝成紅色和其他鮮豔的顏色。「可是我們始終都是用暗綠色。」一名職員告訴她。「正是因爲如此。」她回答。乘客收益在一九三五年提升了百分之二十一，隔年更達到百分之三十五。

他們最重要的創新是研發一種嶄新的「流線型」火車，運用柴油驅動，擁有光滑亮眼的鋁製車廂。當有三節車廂的實體模型準備公開展示時，哈里曼設想了盛大的揭幕儀式：一趟廣爲宣傳的芝加哥到華盛頓之旅，最後由法蘭克林．羅斯福總統進行視察。同樣地，羅威特還是比較謹慎。他打電話勸阻人在華盛頓的哈里曼，接著當天又寫了一封信給他。「經過一陣喧鬧之後，假設轉轍器失靈，火車撞毀，或是中間出現什麼工程問題，造成整件事徹底失敗。」他寫道，「比較安全與合理的程序是讓它安全駛進華盛頓，把它擦得閃亮亮，細心將它打理得容光煥發，然後再對外宣布。」

即使在下一個星期，也就是火車在密西根州的測試中達到令人驚嘆的七十五英里時速之後，羅威特還是心存疑慮。「我還是害怕展示行駛怕得要死。」他寫道，「儘管那無疑是很盛大的宣傳，我還是在想那樣是否值得。只要出了一點差錯，情況就會被放大，造成負面宣傳，進而可能長期妨礙快速火車的進展。把心中的想法說出來讓我心情輕鬆多了，我不會再拿這件事來煩你了。」

哈里曼沒有這樣的擔憂。一九三四年二月十五日，沙利納城市號（Ciry of Salina）流線型列車抵達華盛頓，哈里曼自豪地與法蘭克林．羅斯福在一節閃亮的車廂的踏階上擺姿勢合照。他們又訂了三輛來提供橫跨北美洲的運輸服務。第一輛在十月展開首度的橫跨全美之旅，總共耗時不到五十七個小時，一舉打破先前的紀錄★。

★★★

哈里曼支持法蘭克林・羅斯福在一九三二年競選，羅斯福獲得提名後不久他便造訪位於海德公園市（Hyde Park）的羅斯福宅邸，而且廣爲宣傳。隔年，他的姊姊瑪麗成爲國家復興總署（NRA）消費者諮詢委員會（Consumers Advisory Committee）的主席。在赫伯特・貝約・史沃普的催促下，哈里曼也接受了國家復興總署的一個義務職，擔任紐約州緊急再雇用運動（Emergency Reemployment Campaign）的主席。這個團體的工作的最高潮是一九三三年九月在紐約市第五大道舉行的藍鷹（Blue Eagle）遊行，共有二十五萬名遊行者和超過一百萬名的觀衆參與，成爲到當時爲止紐約市聚集最多群衆的一場遊行。政治是哈里曼此時尚未涉足的權力領域，而這場遊行令人興奮的感性氣氛讓政治成了他著迷神往的新來源。儘管還沒準備好加入政府，哈里曼卻決定願意挪出部份時間，成爲羅斯福徵召到華盛頓的聽話的商人之一。

一九三四年十一月，哈里曼成爲國家復興總署行政長，於是便從華爾街搬到五月花飯店的套房，一直到六個月後最高法院廢除這個機構爲止。有商人攻擊華盛頓憑什麼規範勞動條件，他在爲《今日》週刊寫的一篇文章中替新政（New Deal）辯護。「如果有人只靠婦女和兒童長時間工作且領取低薪而在競爭體系中佔有一席之地，那麼他就沒有權力生存下去。」哈里曼後來獲選爲企業諮詢委員會（Business Advisory Council）的副總（有一部份算

★作者註：舊紀錄是E. H.哈里曼於一九〇五年從遠東之旅返美時所創下的，當時是為了提早送艾佛瑞爾回家，以免他錯過格羅頓中學的開學日。老羅斯福的大女兒愛麗絲・羅斯福（Alice Roosevelt）正好是E. H.哈里曼私人列車上的乘客；列車橫跨美國時速度極快，因而成為報紙評論的事件。「請關注小女在您列車上的安全。」羅斯福總統發出電報，那也是兩人之間最後的友善對話之一。哈里曼回覆：「您治理國家，我會好好治理鐵路。」

是獎勵他承擔國家復興總署的工作），後來又成為主席。這是一個企業領袖組成的團體，成員包括IBM的湯瑪斯・華生（Thomas Watson）和西爾斯（Sears）的羅伯特・伍德（Robert Wood），他們擔任美國商業部的顧問，並辯護及主持新政的計畫。這些職位讓哈里曼得以繼續他在華爾街的工作，同時參與華盛頓的世界。

另一方面，羅威特對經濟的觀點則比較傳統保守，而且打從心底不贊成哈里曼與民主黨的結盟，在他眼中那是邪惡之舉。一九三三年，羅威特加入銀行家J. P.華寶（J. P. Warburg）的行列，發表公開警訊指出新政的政策有可能讓美國陷入惡性通貨膨脹。四年之後，他在《週六晚間郵刊》（*The Saturday Evening Post*）寫了一篇文章「金邊不安全」（Gilt Edged Insecurity）☆，警告表面上看似妥當的投資其實有可能並不安全。他傲慢地對凱因斯派經濟學表達不屑一顧之意。

羅威特在給他合夥人的便條和信件中，突然開始大力抨擊新政的「恐怖統治」對企業不利。「年輕積極的華爾街投資人已經採取擊垮私人資本管道的第一步措施。」羅威特在給哈里曼的一封信中寫道；他指的是菲力克斯・法蘭克福特的門生們。「政府不應該允許這種情況繼續下去，不應該再被智庫威嚇而不顧企業利益或股市。」但是他們的友誼遠遠超越了政治。在批評羅斯福政策特別嚴苛的一封長達三頁的信件末尾，羅威特表示：「不要因為這封信激烈的言詞就以為我覺得你個人要為這件事負責。」

是的，他們談及哈里曼政府工作的通信內容大多非常實際。就像當時其他許多金融家一樣，哈里曼與羅威

☆譯註：這個標題在玩文字遊戲。gilt edged security是「政府債券」，若照字面直譯也有「金邊安全」之意，改成insecurity便成了「不安全」。

特在公私之間的界線往往模糊不清★。每當哈里曼南下華盛頓，羅威特便常常寫信談論他認為「對政府應該至為重要」的經濟事務。

有些信件相當具體，談論的內容在今天看來會被視為有明顯的利益衝突。「我們收到如雪片般飛來的越洋電報，詢問我們會不會購買黃金。」羅威特在一九三四年寫道，布朗兄弟哈里曼公司可以購買一百萬法郎（六萬三千美元）然後獲利兩千八百美元——如果這些錢能換成美國財政部會購買的黃金的話。不過有個問題，羅威特請哈里曼解釋給他政府的同事聽，那就是黃金重估法（Gold Revaluation Act）免除了財政部購買私有黃金的法律義務。「當然，這使得這些交換陷入高度不確定的狀態。」羅威特寫道，「非常可惜的是，一個如此熟悉市場的人竟然沒有事先警告財政部相關狀況。」由於無法排除所有的不確定性，羅威特在隔天寫道，該公司決定在採取行動之前「原地踏步」。

儘管哈里曼不是太認真看待新政的小問題，但是他和羅威特在華爾街的二十年間主要關心的是其實是民間企業事務。海外發展往往是從財務觀點來看，在羅威特謹慎地引導布朗兄弟哈里曼公司的國際業務之際，哈里曼則慢慢撤回他最冒險的事業，成為強勢金融圈的支柱。

可是到了一九三九年，情況的發展讓眼光超越美國本身的那些人變得十分突出而重要。事前的徵兆令人困惑。短暫結盟的德國與俄國瓜分了兩國之間的波蘭，使歐洲陷入一場剛開始便顯得既險惡又虛假的戰爭。美國國會否決羅斯福修改中立法案的請求；美國民眾似乎意外地贊同查爾斯·林白（Charles Lindbergh）的看法：「我

★作者註：例如，哈里曼在第二次世界大戰期間仍繼續經營自己的事業，也持有蘇聯證券。羅威特在一九四〇年進入政府之後便辭去布朗兄弟哈里曼的工作，不過哈里曼在戰時政府任職時卻仍舊是該公司活躍的合夥人。

們不能被外交宣傳所誤導，以為我們國家的邊界在歐洲。」或許最大的難題是在美國絕大多數的人均毫無所悉的一項發現：尼爾斯・波耳（Niels Bohr）在當年美國物理學會（American Physical Society）於華盛頓舉行一場會議上指出，他在哥本哈根的同事已經靠使鈾原子裂變的方式，生產出兩億伏特的電力。

「對於歐洲和其他的一切，你有什麼看法？」一九三九年三月，哈里曼從太陽谷發給羅威特一封只有這句話的電報。語氣顯得很愉悅，甚至有點油腔滑調。可是羅威特十分瞭解哈里曼，知道他不只是用電報閒嗑牙。這個問題需要認真回答。「我認為捷克斯拉夫的行動是慕尼黑協定（Munich Pact）的必然結果，」羅威特在當天回覆，「在北方，危機看來似乎是如果荷蘭很快遭到攻擊，英國就會參戰……比起其他事情，海外新聞是影響這裡金融市場的最主要因素……大家又開始懷疑國內的綏靖計畫是不是真的……祝安好，鮑伯。」

第四章 世界法庭 法庭上的麥克洛伊與艾奇遜

WORLD COURTS McCloy and Acheson before the bar

華爾街上的克拉瓦斯（Cravath）法律事務所是一間血汗工廠，而約翰·麥克洛伊卻甘之如飴。獲知丹佛與格蘭德河鐵路公司（Denver & Rio Grande Railroad）完全重新改組預計要在隔天早上簽約，所以他與另一位執業律師必須徹夜擬出一大批合約，麥克洛伊竟然樂得搓摩雙手。他最高興的就是有重要人物仰仗他。他的同事唐納·史瓦特蘭（Donald Swatland）叫了兩份牛排晚餐外賣，麥克洛伊又打電話給餐廳，請他們加上一打粗大的雪茄。他們把菸灰輕輕彈進角落的字紙簍裡，在黎明之前趕完了那批文件。沖完澡、換上乾淨的襯衫以後，他們準時在預定的時間抵達舉行簽約儀式的地點。

第一次世界大戰後美國銀行家與商人投資歐洲的熱潮，因爲華爾街的大型律師事務所競相爭取海外業務而引發一陣混亂。法律圈跟金融圈一樣，向來都是美國權勢菁英的重要支柱。一次大戰之後，它提供野心勃勃的聰明年輕人（例如麥克洛伊和艾奇遜）進入那個菁英世界的入場券，而且還不止於此：它給了他們處理國際案件、避開影響了美國其他人的孤立心態的機會，以及讓他們得以成爲最終帶領美國更積極參與國際事務的先鋒部隊。

位於這項國際性任務最前線的是克拉瓦斯、韓德森與狄葛斯多夫法律事務所（Cravath, Henderson & de Gersdorff，即現在的克拉瓦斯、史懷恩與摩爾法律事務所〔Cravath, Swaine & Moore〕），麥克洛伊在華爾街的另一家事務所短暫處理鐵路業務一段時間之後，於一九二五年加入，成爲它的執業律師。這間根源可追溯到一八一九年的事務所，在保羅·克拉瓦斯（Paul Cravath）的改造之下成爲華爾街最早的現代法律事務所之一。他招募哈佛、耶魯與哥倫比亞等校最優秀的法律畢業生，用心訓練他們，並在他們拚命工作了六、七年之後，邀請其中表現最傑出的人成為合夥人。這種作法形成了如今在大型華爾街法律事務所十分普遍的現象：宛如血汗工廠的工作氣氛；執業律師長時間工作，努力想成為合夥人。它也開創了一種菁英領導制度，像麥克洛伊這樣的年輕人，他的韌性比家庭地位更受到重視。

透過在克拉瓦斯的工作，麥克洛伊與羅威特以及哈里曼成了朋友。加入克拉瓦斯事務所之後的十年間，麥克洛伊協助擬定聯合太平洋公司發行債券的法律文件，那些債券價值總共超過七千七百萬美元。後來他進入該鐵路的董事會，加入羅威特與哈里曼的行列。麥克洛伊甚至成為一條鐵路的紙上總經理，不過時間很短。一九二六年，他與史瓦特蘭負責處理芝加哥、密爾瓦基與聖保羅鐵路（Chicago, Milwaukee and St. Paul Railroad）的一項採購計畫；由於技術性的因素，他們必須在德拉瓦州成立一間暫時性的持股公司，麥克洛伊被指定為總經理。第二天，就在這家公司要解散時，各報刊出他青春洋溢、一頭亂髮的照片，說他是美國最年輕的鐵路總經理。

更重要的是，麥克洛伊在處理克拉瓦斯的國際業務過程中面對羅威特與哈里曼。例如，該事務所於一九二五年和布朗兄弟公司聯手為挪威王國發行三千萬美元的債券。當年該事務所也處理蘇聯提供的某些採礦特許權；麥克洛伊與哈里曼密切合作，後者當時考慮投資一家已經獲得某些蘇聯採礦權的英國公司。「我建立的友誼與同事關係，以及我培養出來的工作習慣，都具有長長久久的價值。」麥克洛伊後來回想說，「我知道我能與任何人共事，我知道我能完成任何任務。我可以成為別人仰賴的那種人，而不是必須仰賴別人的人。」

剛搬到紐約時，麥克洛伊在森林小丘（Forest Hills）向一個家庭租了一個房間，那樣便能時常到西城網球俱樂部（West Side Tennis Club）報到。冬天時，他是布魯克林高地賭場（Heights Casino）室內網球場的常客，他曾在那裡贏了網壇傳奇比爾．狄爾登（Bill Tilden）一盤比賽。釣魚的時候，他同樣頑強。夏天和路易斯．道格拉斯外出遊玩時，麥克洛伊會獨自往上游走好幾英里，有時為了理想的毛鉤釣地點而尋找一整天。有一次，一個朋友送給他一根新釣竿，麥克洛伊急著嘗試，便拿到公寓大樓屋頂，開始往底下的街道拋竿。當釣魚線開始纏住一個行人時，麥克洛伊和朋友很快把線剪斷，蹲下來躲在飛簷後面。

儘管過著儉樸的單身生活，麥克洛伊在社交上卻逐漸開始活躍起來。歌劇成爲他的最愛，他喜歡穿著一身全白的正式服裝到大都會博物館（Met）約會，接著再到中央車站的蠔吧（Oyster Bar）享用巧達濃湯。最後，他受邀加入大學（University）、葛羅利爾（Grolier）、垂釣手（Anglers）以及布羅德街（Broad Street）等俱樂部，儘管它們不見得像布朗兄弟哈里曼那幫人常光顧的某些地方那麼高尚時髦，但是卻讓他得以進入嚮往已久的菁英世界。他也變成在長島與威徹斯特郡（Westchester County）舉行的那些宴會的常客，也就是哈里曼、羅威特與他們朋友經常參加的那些派對。

羅威特的父親是保羅．克拉瓦斯在長島的鄰居，因此羅威特很快就與麥克洛伊成爲好友。讓麥克洛伊印象最深刻的，是羅威特勤奮用功卻又好相處的態度與社交能力。他認爲哈里曼遠不及羅威特聰明，野心也有點太大。「大多數在華爾街與艾佛瑞爾共事過的人都覺得，他並沒有盡心盡力，也不是太聰明。」麥克洛伊後來回想，「他會用錢買通政治人物和哈利．霍普金斯☆（Harry Hopkins）那樣的人，希望藉此找到管道打入權力階層。可是他個人在其他方面對金錢相當吝嗇，尤其是在慈善方面。他當時外表稱頭、富有，對別人非常冷漠，結果卻因此深受女性青睞。有一次我參加一場奢華的馬球宴會，感覺自己相當格格不入。他有一種神態，是羅威特絕對不會想要展現出來的。」

麥克洛伊在卡拉瓦斯的前幾年正好是該事務所快速發展的時期。一九二五年剛加入時，所內共有四十一名律師；到了他於一九二九年成爲合夥人時，律師增加到五十九名。大部份的擴張都是來自國際業務。在第一次世界大戰之前，投資資金往往是由歐洲流向美國。自從創所合夥人理查．布雷奇福特（Richard Blatchford）於一八

☆譯註：哈利．霍普金斯是法蘭克林．羅斯福總統身邊的重要幕僚，也是新政的規劃者之一，曾任美國商務部長。

二六年受聘成為英格蘭銀行（Bank of England）的律師以來，卡拉瓦斯法律事務所便經手過不少這類業務。停戰之後，當資本開始往反方向流動，美國銀行家在華盛頓的鼓勵之下積極尋找有助於籌措歐洲重建資金的海外投資機會。外交關係委員會早期的資助者保羅．卡拉瓦斯設法讓他的事務所接下這方面大部份的法律業務。

麥克洛伊加入卡拉瓦斯不久，這間事務所便和J. P.摩根參與了一項借款一億一千萬美元給德國政府的龐大貸款案。接下來幾年，麥克洛伊大部份時間都在歐洲旅行。他有將近一整年的時間住在義大利，因為克拉瓦斯事務所在那裡擔任該國政府顧問。「第一次世界大戰之後出現的狀況是馬歇爾計畫的前兆，」麥克洛伊後來說，「但是當時歐洲的復興是以民間的力量在進行。幾乎每家商業銀行和華爾街的公司，從J. P.摩根到布朗兄弟，都在那裡承辦貸款。我們全都非常看好歐洲，我們的目標就是看到它重建。」

如同發生在其他美國權勢菁英領導人身上的情形，麥克洛伊開始著迷於尚．莫內（Jean Monnet）；他是高級法國白蘭地的繼承人、經濟學家，也是政治家，後來更成為美國外交政策一代賢哲們的幕後軍師。莫內當時是布萊爾公司（Blair & Company）在紐約與巴黎的國際金融家，而麥克洛伊成了他的律師。他們攜手合作幫歐洲一些地方政府發行債券，也共同處理布萊爾併入泛美公司（Transamerica Corporation）的業務。這位壓抑不住滿腔熱情的法國人心裡逐漸形成一幅歐洲經濟統一的藍圖，許多漫漫長夜便在討論這個話題當中度過。

一九二九年的某一天，麥克洛伊到亞歷桑納州出差。當他登上火車準備返家時，卻意外碰上當時擔任亞歷桑那州眾議員的老友兼同班同學路易斯．道格拉斯和他太太佩姬。他們一路同車前往紐約，佩姬的妹妹艾倫在那裡的賓州車站與他們見面；艾倫以前常陪佩姬造訪安默斯特學院。姊妹倆的父母是佛德瑞克．辛瑟（Frederick Zinsser）與愛瑪．舒瓦曼．辛瑟（Emma Scharman Zinsser），成長過程中家裡的母語是德語。辛瑟家在美國和德國都是個大家族（有一個表親嫁給康拉德．艾德諾☆〔Konrad Adenauer〕），從南北戰爭之前便開始在美國投入各種化

☆譯註：康拉德．艾德諾是第二次世界大戰後西德首任總理。

學事業。一八九七年，佛德瑞克・辛瑟在海斯丁哈德遜（Hasting-on-Hudson）成立自己的公司，最後並舉家遷往那裡。

艾倫具有家族裡出名的「指尖感」（Fingerspitzengefühl），也就是一種待人處世的敏銳度。她知道如何面對這位感覺遲鈍但積極上進的年輕律師；至於麥克洛伊，他認爲她正是自己心目中理想的妻子典型。他不到一個星期就打電話給她，一年多之後便向她求婚。不過他以一貫的理智態度來看待婚姻這檔子事，與人討論它的優缺點以及對他事業的影響，一直到整件事變成了他朋友之間的一個笑話。最後是他的事務所逼他做出決定：他被挑中要擔任卡拉瓦斯巴黎辦公室的主管，出發日期是一九三〇年四月二十五日。那天早上他迎娶艾倫，接著兩人一同上船。

抵達巴黎之後不久，麥克洛伊接到紐約辦公室打來的一通電話，改變了他的生涯之路。他奉命前往海牙，該事務所的客戶伯利恆鋼鐵公司（Bethlehem Steel）涉入混合求償委員會（Mixed Claims Commission）的一個複雜案件。該案是有關一九一六年七月的一次神秘爆炸，地點在澤西市（Jersey City）附近一塊小型土地上的軍火倉庫「黑湯姆」（Black Tom）。伯利恆鋼鐵負責生產那批預計運往俄國的軍火，它和其他原告企圖證明那次破壞活動是由德國人一手策劃，並希望從美國持有的德國基金中獲得損害賠償。麥克洛伊出席聽證會後向事務所回報，由於缺乏證據，這場官司會輸。當他的預言成眞後，他又獲派接下這案子，開始爭取重新審理。

結果這項工作進行了十年，充滿了詭異的午夜會議和簡直像廉價恐怖小說情節的證據。有一條線索是以書面訊息的形式出現，用隱形墨水（其實是檸檬汁）寫在一九一七年的某一期《藍皮書》（*Blue Book*）雜誌上。這個訊息寫的是數字，數字指出雜誌中某些頁的文章張裡有針孔會拼出文字。它們似乎顯示，知名的德國破壞分子佛瑞・賀爾曼（Fred Herrmann）與假冒成德國特工的美國人保羅・西爾肯（Paul Hilken）共同策劃了那場爆炸。麥克洛伊一路追查西爾肯，最後找到巴爾的摩的一間出租公寓——他已不見蹤影，但是閣樓裡有一只舊手提箱，裡面的支票存根顯示他與德國特工脫不了關係。

求償委員會於一九三二年再度駁回這件案子，不過麥克洛伊不肯放棄。他協助在國會推動一條法律，賦予美國律師有傳喚證人的權力。他帶著艾倫遊走歐洲各地，尋找更多證據。他們在愛爾蘭見到熱情的勞工領袖詹姆斯．拉爾金（James Larkin），他曾在戰時與德國特工合作過。在德國，麥克洛伊追蹤到行蹤鬼祟的俄國特工亞歷山大．尼里多夫（Alexander Nelidoff），他聲稱握有與案情相關的文件。見面過程中，麥克洛伊伸手要拿尼里多夫的筆，可是這個俄國人卻把筆抓回去，並解釋說那其實是一小罐毒氣。麥克洛伊跟著尼里多夫到柏林，拿到了文件，可是英國情報單位的研究卻顯示那些是假文件，應該是德國特工設的局，試圖破壞這個美國案件的可信度。麥克洛伊也見到了赫爾曼．戈林（Hermann Goering）、魯道夫．赫斯（Rudolf Hess）以及其他的納粹高層領導人（他們在一九三六年奧運會邀請他到他們的包廂），想看看能否協商出解決之道。可是原告與德方都不願意讓步，協商破局。

到了一九三五年，麥克洛伊已經搬到華盛頓，負責指揮為不同原告處理此案的大批律師與官員。他展現了堅強的實力，讓大家擱置自己的競爭關係、直率地分配任務，並協調分類堆積如山的證據。後來出現了重大突破：其中一名律師發現一家德國航運公司官員的信件上的手寫附註，可證明德國特工與爆炸案有關。

處理這個案子又過了三年之後，麥克洛伊躲到奧薩博俱樂部（Ausable Club）口述新的訴狀；他是這個位於阿第倫達克山脈（Adirondacks）的私人社區的會員。一九三九年提出訴狀時，求償委員會的德國代表直接離席。然而，委員會還是做出判決：它判美國原告可獲賠大約兩千一百萬美元，外加利息。又過了兩年的法律爭論後，伯利恆鋼鐵與其他公司才收到支票。

這樣的努力不懈就是麥克洛伊一貫的行事作風，此時他也成了華爾街的傳奇。此外，這個案子使他成為一個熟練的協調者，能夠在引起最少問題的情形下讓眾人完成任務。當時的傑出律師與現在的律師不同，他們以不讓案件及委託人上法庭為第一要務，試圖解決爭端，而不是訴諸對抗與訴訟。麥克洛伊擅長尋求和解與協商共識；他或他的委託人都鮮少上法庭。

這一切的作法讓麥克洛伊避免成為任何人的敵人；事實上，克拉瓦斯法律事務所的歷史也指出，「克拉瓦斯事務所內沒有一位合夥人比麥克洛伊更受歡迎。」他懂得授權（因為明白自己不擅長口頭辯論，他聘請前檢察總長威廉·米契爾〔William Mitchell〕負責這項工作），必要時也能夠擔負重任（為了草擬訴狀，他在一九三八年夏天幾乎日以繼夜地工作）。

有一個人對此特別印象深刻，他曾在外圍參與這個案子，在奧薩博俱樂部的麥克洛伊家附近也有一棟木屋；這個人就是亨利·路易斯·史汀生。這個過去及日後的作戰部長知道，國家亟需熟悉德國間諜活動並值得信任、能完成任務的人，而且這個日子很快就會來臨。

★★★

跟麥克洛伊一樣，狄恩·艾奇遜在離開哈佛法學院之後，用二十年的時間在美國與國際間建立起自己的名聲，證明他是一位手法純熟老練的律師。但儘管艾奇遜建立了許多華爾街的人脈，他卻從一開始就認定華盛頓才是他能發揮的戰場。

一九二一年三月一個晴朗的日子，他和一小群朋友站在華盛頓西北區S街（S Street）的一棟房子前面，看著一個跛腳的虛弱男子在旁人攙扶下通過大門。大多數市民都聚集在此觀賞華倫·哈定的就職遊行，遊行中還出現上面插著一面美國國旗的世界最大掃帚。不過艾奇遜比較有興趣向駝背又疲憊的伍德羅·威爾遜致敬，因為他是以新自由與國際秩序為理想的夢想家。

透過父親的教育與法蘭克福特的教誨，艾奇遜成為一個真誠的自由派，儘管他身在十九世紀的英格蘭（有沙夫茨柏里伯爵☆〔Lord Shaftesbury〕以及《工廠法》〔Factory Acts〕）會比在二十世紀的美國來得自在。他心中還是存在著菁英主義與民主浪漫主義之間的那種拉鋸，也就是他在格羅頓中學的文章中呈現出來的對美國人勢利的

☆ 譯註：沙夫茨柏里伯爵在十九世紀英國下議院領導工廠改革運動，是《工廠法》的重要推手之一。

看法；甚至為勞工的困境說話時，他也為民眾的粗俗感到惱火。此外，儘管支持國際聯盟和工會，對於解放運動當中頭腦比較不清的改革者所散佈的那些烏托邦補救之道以及社會主義願景，他也感到不屑。

簡單來說，菲力克斯・法蘭克福特送艾奇遜去為一個百分之百的自由派人士效勞，而他也成了對方稱職的門徒——那個人就是無比威嚴，結合高尚波士頓人、斯文肯塔基人，以及英國猶太人特質於一身的最高法院大法官路易斯・布蘭戴斯。「我認為大法官對於透過普遍執行普朗姆計畫☆（Plumb Plans）來拯救大眾一點信心也沒有。」法蘭克福特在一九二〇年詢問艾奇遜對於布蘭戴斯的哲學有何看法，他寫信這樣回應，「民眾對於那種事還沒有足夠的智慧。他們只有智慧去經營小型的私人團體，處理他們自己很熟悉的事情。」艾奇遜後來寫道，布蘭戴斯的信念結合了自由主義與個人主義，關心的不是烏托邦社會的「聖杯」，而是排除疊層架屋的制度「在個人追求成就的路上」所構成的阻礙。在後來的歲月裡，艾奇遜會用布蘭戴斯的貶損用語「普朗姆計畫」來攻擊一些浮誇的方案，例如聯合國。

艾奇遜的職責包括協助籌辦布蘭戴斯的家庭宴會，參加的來賓有偉大思想家與華盛頓的社會名流，例如年紀漸長的進步黨參議員羅伯特・拉佛萊特（Robert La Follette）與常參與社會運動的社會評論家諾曼・海古德（Norman Hapgood）。此外布蘭戴斯夫人從精神崩潰中復原的過程中，他也擔任好友的角色，深夜在大法官辦公室與布蘭戴斯交談。「有什麼最新的八卦消息？」哈定政府的醜聞傳開來時，布蘭戴斯不懷好意地問。艾奇遜在日記裡記錄布蘭戴斯的看法。「沒有任何出路了嗎？」憂心的艾奇遜在一九一九年在慘烈的煤礦罷工期間問道。「有，」充滿耐心的布蘭戴斯回答，「他們會找到出路的，只要他們的錢能維持下去，而且西部天氣凍個幾星期。」

☆譯註：普朗姆計畫是葛倫・普朗姆（Glenn E. Plumb）在第一次世界大戰之後提出的計畫，建議將美國鐵路國有化；不過國會並未通過。

更重要的是，艾奇遜協助寫下布蘭戴斯的見解；兩人互相交換彼此的筆記，艾奇遜使用打字機，大法官則用手寫。布蘭戴斯是個嚴厲的老闆。「請記住你的職責是訂正我的錯誤，不是自己發生錯誤。」伊萊休．盧特對美國的禁酒法提出挑戰，當他發現自己反駁盧特主張的草稿中有兩處引用錯誤時，大發雷霆。就像艾奇遜在回憶錄《早晨與正午》中所指出的：「布蘭戴斯大法官對我們的工作是將完美當作基準，特殊情況下還要更好。」

艾奇遜成爲一絲不苟的工匠，用和他師傅一樣的精確度來處理法律與邏輯。布蘭戴斯教他必須務實且重視經驗，以一個狀況的事實爲最高指導方針。然而他也學到，法律不能偏離社會正義的理想。在礦工聯合會（United Mine Workers）控告科隆納多煤礦公司（Coronado Coal Company）一案中，艾奇遜寫過一篇未發表的支持文章，他在草稿的開頭寫道：「事實呈現出一幅披著工業外衣的原始掙扎的景象。」布蘭戴斯贊同感性訴求的部份，不過修改了草稿，以艾奇遜後來所謂的「不經修飾、未加油添醋的事實陳述」提出強而有力的重點。

布蘭戴斯嚴格的分析方法的核心，是避免含糊不清的道德相對論。就跟艾奇遜一樣，這位大法官認爲法律必須反映社會不斷改變的態度。不過他們也都相信，某些超越時空的道德原則依舊是永遠不會改變的——儘管這樣的堅定信念有時候會跟他們務實的直覺發生衝突。艾奇遜有一次帶哈佛大學的曼利．哈德森（Manley Hudson）教授去見布蘭戴斯，哈德森主張道德原則只是將一個時代盛行的習俗加以綜合歸納的結果。「衝突一發不可收拾，比我預期的還要驚人。」艾奇遜後來寫道，「大法官彷彿以賽亞☆上身，嗓音低了八度，眉毛往前突出的模樣十分嚇人，接著他開始傳教。道德是真理；而真理已經由史上的偉大先知與詩人以不斷、連續且一致的方式揭露給人類知道。」

布蘭戴斯與他自己在法庭上的導師奧利佛．溫德爾．霍姆斯（Oliver Wendell Holmes）都嚴格遵守他們的高貴

☆譯註：這裡指的是聖經中的先知以賽亞。

準則；他們的準則是一種沉重的規範，無論如何都切實執行。同樣地，艾奇遜也漸漸認為個人的行為規範以及個人信念的勇氣讓一個人的生命有了終極目標。那是一個有價值的理想，儘管人必須擁有極佳風度才能達到目標又不顯得傲慢。此外，霍姆斯與布蘭戴斯也強化了艾奇遜不能容忍笨蛋的偏差自大心態。就像法蘭克福特後來表示：「霍姆斯擁有知識分子那種刻薄的嚴厲作風，這種東西傳給年輕人不見得是好事。」

不過，從霍姆斯與布蘭戴斯堅守自己信念這一點，可以學到一些寶貴的教訓，當艾奇遜自己的準則後來遭到攻擊時，他因此受益良多。當一九二〇年追捕共黨分子的狂潮出現，檢察總長米契爾．帕瑪（A. Mitchell Palmer）使盡全力查緝時，霍姆斯與布蘭戴斯孤單地抱持著與保守法庭所傳遞的多數人意見相反的看法。有一個案件是布魯克林一名男子因為從公寓發送馬克思主義傳單，而被判重刑。其他大法官對布蘭戴斯與霍姆斯施壓，要他們也表達一致支持這項判決的意見。艾奇遜的同班同學史丹利．摩里森（Stanley Morrison）當時是霍姆斯的書記官，他對艾奇遜描述當他們堅持己見時，其他大法官竟然將霍姆斯夫人列入黑名單。可是布蘭戴斯與霍姆斯均不為所動。「對於真理最佳的試煉，」霍姆斯在他鏗鏘有力的不同意見書中寫道，「就是思想的力量在市場的競爭中使它自己為人所接受。」

艾奇遜的野心與務實的確讓他在面對帕瑪派的意見時較為謹慎，雖然他對它抱持強烈的反感。一九一九年煤礦罷工期間的某一天晚上，他受朋友自由派記者威廉．哈爾德（William Hard）之邀，到他喬治城的住家。他在那裡遇見三名來自西維吉尼亞州的工會幹部，談到礦工的困境。他們說，西維吉尼亞州政府用不正當手段對付他們，他們希望退出該州。艾奇遜的自由派同情心沒延伸這麼遠，他也不想冒險被帕瑪派大軍攻擊。他認為，最高法院書記官顯然不適合來參加這場會面。他指出，這項計畫注定失敗，或許會形成慘烈的攤牌局面。「當他們還在消化這個幽暗的預言時，我說我必須離開了，當時心裡感覺自己完全不是英雄，但也不太像個謀反者。」他回憶說。

「然而，」他補充說，「對我來說，當時工會在那個計畫中的根本角色不再是單純智識上的結論。我通過了一個自由派的測試；那是一種信念。」就像他的父親以及布蘭戴斯一樣，艾奇遜對於勞工階級有一種發自上層階級優越感的同情，這種觀點使得他漸漸支持民主黨。多年後，在國際女裝工會（International Ladies Garment Workers Union）成爲他的客戶之後，作風浮誇的工會理事長大衛．杜賓斯基（David Dubinsky）在工會大會上介紹艾奇遜「不只有律師的聰明才智，不只是知名的進步分子，而且還瞭解我們勞工運動的心」。

然而，他支持工會的情感始終沒有超越他對社會安定的關注。他覺得秩序瓦解是非理性拋棄共同利益，而艾奇遜最重視的就是理性。在一九二一年寫給法蘭克福特的一封信中，艾奇遜討論工會是否應該「自由組成、罷工、警戒、丟磚頭，讓別人的事業倒閉」的問題。他的結論是：「最好的方法或許是直接讓人家倒閉；可是當你的方法用於破壞秩序，可能會被認爲你刻意去破壞合法傳統。」

布蘭戴斯採取一個不尋常的步驟，要求艾奇遜第二年繼續擔任他的書記官。他諷刺地說，將無知程度驚人的他放到法律圈裡很不恰當。最後終於要前進沒那麼崇高的領域時，艾奇遜成了在華盛頓剛創立的科文頓與柏靈法律事務所（Covington & Burling）的九名律師之一；不久它又變成科文頓、柏靈與盧比利法律事務所（Covington, Burling & Rublee）。

哈利．科文頓（J. Harry Covington）是大力支持威爾遜政策的民主黨員，擔任馬里蘭州衆議員以及哥倫比亞特區最高法院首席法官。外號奈德（Ned）的愛德華．柏靈（Edward Burling）則是出身愛荷華州的窮小孩，他上過哈佛大學，接著進入法學院，曾經擔任航運理事會（Shipping Board）法律總顧問，與年輕的哈里曼等人處理過合約問題。後來成爲艾奇遜好友的喬治．盧比利（George Rublee）是格羅頓中學的第一屆畢業生，其出色的體育和學業表現被刻在學校的牆上，艾奇遜和哈里曼在該校就讀時，他依然是個傳奇人物。從哈佛大學及法學院畢業之後，盧比利時而是成功的專業人士，時而是國際社交名流。他加入布蘭戴斯成立聯邦貿易委員會（Federal Trade Commission）的行動，也曾與尚．莫內在第一次世界大戰期間共同籌設聯盟海運委員會（Allied Maritime Transport Council）。

他們在華盛頓成立的法律事務所是爲了搶佔第一次世界大戰結束後迅速激增的國際商業業務。就在華爾街發現了這個新契機之際，一九二〇年代同時也發生了美國貿易與聯邦管制擴大的現象，使得原本像一灘死水的華盛頓轉變成國際法律事務的中心。該事務所至此所接的最大案件是挪威政府爲了戰爭期間遭扣押的挪威財產（主要是已訂購的船隻）向美國索賠一千六百萬美元。這個案件預定在設於海牙和平宮（Peace Palace）的常設仲裁法院（Permanent Court of Arbitration）審理。

他自己所站的宏偉講台，以及國際秩序能夠依據抽象法律原則來維持的概念，都深深吸引著他。不過布蘭戴斯的訓練教導他，影響整個案件的應該是事實，而非理論。回到文件堆積如山的國會圖書館（Library of Congress），也就是他爲布蘭戴斯的草稿做研究的地方，艾奇遜彙整了一系列的判例，顯示美國對於它所沒收的合約的整體價值是負有法律義務的。

面對強而有力的挪威案訴狀，代表美國政府的律師群提出反擊，挑戰合約的合法性，主張合約遭到「污染」，因爲大多是名聲欠佳的挪威人克里斯多夫．漢納威（Christoffer Hannevig）居中協調出來的「純屬臆測」的協議。艾奇遜與柏靈於一九二二年夏天搭船到海牙爲此案辯論。儘管表面上進行順利，「漢納威的玷污」的訴求確實也混淆了整個案情。艾奇遜、柏靈與挪威方的其他律師所面臨的挑戰是逼迫美方亮牌，讓美國承認這項求償有效，只是其價值尚有爭議。艾奇遜被推派爲提出這項論點的代表。

登上和平宮裡的講台時，這名年輕的律師決定放手一搏，正面攻擊美方認爲索賠一事的動機不單純的主張。「有人對這些求償事宜說了些很重的話，」他表示，「那些話在我們看來彷彿與求償的有效性以及買主的動機有關，而且或許在某些個案中，往往也影射了提出這些求償要求的挪威王國。」他挑戰美方代表，請他們釐清這種暗示：「我們覺得有些說法直指我們，我們覺得有些說法直指挪威王國。」

實際上他是在要求自己的政府道歉，主審法官驚訝地注意到這點，艾奇遜也再度加以確認。如果美方決定繼續持合約無效的論點，那麼這整個案子就可能輸掉。柏靈隨手寫了張字條，交給台上的艾奇遜。「閉嘴。」

上面用大大的潦草字跡寫著。可是賭局已經下注，而且奏效。美方不願意讓案子的輸贏取決於求償不合法的這種一番兩瞪眼論點。美方律師勉強承認合約有效，只是其價值還有疑問。此外，雙方也將漢納威的因素納入考量。法院最後判決原告可獲賠一千兩百萬美元。

回國之後，艾奇遜安於成功企業律師的生活。多年後，尚．莫內談到律師在外交政策上所扮演的角色。他表示自己很意外法律對美國的政治家來說竟是如此重要的訓練場域，推測那是因為律師受過訓練，必須同時找出過去的判例以及創新的務實作法來處理複雜的狀況。事實上的確如此，莫內的兩個摯友艾奇遜與麥克洛伊都是來自那樣的背景。

肯楠的看法則正好相反；他經常抱怨守法的外交政策制定者不斷擬出複雜的條約，而這些條約卻從來沒人採用，與權力的現實也相去甚遠。羅威特也這麼認為，他覺得法律訓練所造就出來的是那種善於爭吵、舞文弄墨，但是卻做不好事情的律師。至於艾奇遜，他偶爾會嫉妒政府的律師，並承認他們比較適合接受客戶的指示，不擅長自己擬定決策（他認為科德爾．赫爾☆〔Cordell Hull〕之所以無能到令人發狂，原因就是擔任過律師）；不過艾奇遜也覺得最優秀的政治家都具備了偉大律師的特質，尤其是在情感上不涉入案件、體察雙邊事實的能力。

有一個讓艾奇遜與哈里曼及羅威特開始聯繫的案件，牽涉到理查．惠特尼（Richard Whitney）；他是格羅頓中學畢業生、坡斯廉俱樂部會員，後來當上紐約證券交易所（New York Stock Exchange）總經理，還因證券詐欺遭判刑。哈里曼便是其中一個傻傻地借錢給惠特尼的人（哈里曼借他五萬美元），因為他試圖悄悄彌補他盜用而失去的基金。艾奇遜在此案中代表紐約證券交易所。他也應朋友路易斯．道格拉斯（亞歷桑納州參議員與麥克洛伊的姻親）的要求接下一個案子——後者反對興建胡佛水壩。他主張科羅拉多河無法供船隻航行，因此不能用

☆譯註：科德爾．赫爾擔任美國國務卿長達十一年。

聯邦基金來讓它改道，但是最高法院駁回這個主張，理由是事實上已有少數冒險家在河道上航行。布蘭戴斯從法官席上送了一張安慰字條給他的門生：「恭喜，這是個很棒的論點。」

其實艾奇遜在最高法院辯論的前面十五個案子都打輸了。不過事務所裡的其他年輕律師都很嫉妒他，怨恨他有辦法自我膨脹、讓握有權力前輩刮目相看，而且艾奇遜每次官司一打輸，「優秀法律概念化專家」的名聲卻往往跟著出現。連資深合夥人喬治．盧比利都拿威廉．詹姆斯用以稱讚喬治．桑塔亞納☆（George Santayana）的話來形容這位格羅頓中學的學弟，說他是「來自海中最閃亮的魚」。

「他總是維持冷酷的疏離狀態。」一名執業律師後來回想，「有些律師會很激動，在客戶踏進辦公室十五分鐘之後，就把對方當成全能上帝。艾奇遜總是把客戶當作一個可以解決的問題，如此而已。」有一次他寫了一份複雜的訴狀，讓一位因此印象深刻的客戶在紐約廣場飯店的橡樹酒吧（Oak Bar）找他攀談。「你的訴狀簡直是藝術品，法律思想的傑作。」那位客戶一邊說，一邊緊握著艾奇遜的手。對這樣過度的熱情感到困惑的艾奇遜耐住性子，回答說：「那份訴狀還不差，幾乎說服了我。」就像另一位同事說的：「狄恩對客戶總是抱著一種高傲的態度，就像他對幾乎任何事那樣，每當他揚起眉毛或猛扯鬍鬚時就很明顯。」

他的鬍鬚。終其一生，當朋友試圖形容他時，艾奇遜紅灰色的濃密鬍鬚都會出現在他們的描述裡，彷彿那是他整個人的縮影。在他還是個年輕律師的時候，他的鬍鬚有點不聽話地生長過度，似乎是要遮掩學校時期殘存下來的不安全感，也是一種反抗。艾奇遜不是用蠟來整理鬍鬚，而是猛力拉扯，想讓它向上豎立。隨著年紀漸長，他的鬍鬚也成熟了，象徵他彬彬有禮的優雅氣質。「雖然鬍鬚一度要爬上他的臉頰，就像藤蔓在尋找陽光，不過它現在比較自制也比較溫和了，安靜地知道自己的責任何在。」《紐約客》雜誌在一九四九年的一篇人物側寫中這麼寫道，「雖然還是散發出些許難以捉摸的個性，不過它已經是這個不但征服了自己、也征服了

☆譯註：喬治．桑塔亞納是西班牙哲學家詩人，曾在哈佛大學受教於威廉．詹姆斯。

鬍鬚的男人的裝飾。」

對於自己能夠在各種複雜混亂的事實中理出頭緒，直搗問題核心，艾奇遜相當引以爲傲。不過他沒有哈里曼追根究底的好奇心，也缺乏肯楠的哲學深度。「狄恩樂於尋找謎題的答案。」一名前合夥人律師表示，「謎題的性質對他來說不重要，他不是一個會在思考的模糊地帶徘徊的人。」

艾奇遜在科文頓與柏靈法律事務所的成功（他在一九二六年成爲合夥人）讓他得以過著自己想要的生活。他和愛麗絲以一萬三千美元買下喬治城P街（P Street）一棟建於一八四三年的紅磚房屋，並在後來的那些年陸續增加了一些房間。也是在一九二〇年代，他還買下距離馬里蘭州珊蒂泉（Sandy Spring）十七英里，佔地廣大的一七九五年古老農舍海爾伍德（Harewood）。他和愛麗絲在那裡養馬（包括布蘭戴斯的老馬葛瑞斯爵士〔Sir Gareth〕）、種花蒔草，養育三個小孩。

或許是他的魅力、優雅舉止和機智，還有敏捷的頭腦和迷人的交談能力，艾奇遜在華盛頓的偏僻鄉間顯得特別出衆。無論原因爲何，他就是那種帶著英雄色彩的人，渾身散發引人注目的氣質。即使還是個年輕律師時，他就成爲各種朋友與欣賞者的注目焦點。雖然在他的社會階層中充滿著虛僞造作以及潛在的反猶太主義，影響艾奇遜最大的兩個人：法蘭克福特與布蘭戴斯卻都是猶太人，他的交友範圍也很廣，從諾曼·海古德到辛克萊爾·路易斯（Sinclair Lewis），從詹姆斯·華寶（James Warburg）到阿契博德·麥克列許都是。他也是各種不同社團的中心人物：企鵝（Penguin），自視甚高的自由派討論團體；皇家孟加拉自行車（Royal Bengal Bicycle），活潑的社交組織；紫花苜蓿（Alfalfa），團名是以會將根往最深處生長以尋找水源的植物來命名。他和愛麗絲主辦的小型晚宴以絢爛奪目著稱。當他的耶魯同學慶祝第十年同學會時，這位逐漸成名的年輕律師獲選爲演說者。

艾奇遜和他大多數的朋友一樣，既是親歐派，也是親英派。他認爲貸款給歐洲時還附帶充滿沙文主義的貿易政策與嚴苛的關稅，實是瘋狂之舉，而且使得那些債務難以償還。他相信應該發展有秩序的國際資本流以及自由互惠的貿易協定，這樣的信念是艾奇遜鄙視共和黨的最主要因素。

一九二八年大選之前不久，他登記成爲民主黨員，除了他自己反關稅與支持工會的情感因素之外，艾爾・史密斯的活力也是促使他加入的原因。「將近八年的時間，這個陷入昏迷的國家似乎一直跟著一輛靈車在走。」他寫道，「如今受到這個戴著圓頂禮帽，具有東城口音、開朗個性和敏銳判斷力的王子的影響下，我們甦醒了。」不過他的政黨立場並不堅定：在盧比利的催促下，艾奇遜在一九三〇年到紐澤西州幾個星期，幫共和黨參議員候選人德懷特・莫洛（Dwight Morrow）助選。身爲馬丁尼與蘇格蘭威士忌的愛好者，艾奇遜的一大貢獻是說服這名候選人將廢除禁酒令作爲自己主要的選舉訴求。

艾奇遜於一九三二年與法蘭克・佩吉（Frank Page）和海伍德・布潤恩前往芝加哥，參加民主黨提名法蘭克林・羅斯福的全國代表大會。他發現這場大會是「瘋狂而且非常丟臉的奇觀」，不過他很享受獲邀進入供應烈酒的內部密室，那是糾察長用來招待黨內好友的地方。回到馬里蘭州之後，艾奇遜協助當地的民主黨競選活動，這時他確定了自己厭惡熱情握手與選舉政治活動，大部份時間都在寫宣傳小冊子和意見書。讓他相當高興的是，羅斯福就職後不久他便受邀到白宮，協助草擬一項立法提案計畫，讓他距離政府職務更進一步。

艾奇遜希望跟同樣身爲格羅頓校友的總統給他的職位是副檢察長；法蘭克福特爲了在牛津大學任教一年而婉拒這個職位。不過當法蘭克林・羅斯福向新任檢察總長，來自康乃狄克州的荷馬・康明斯（Homer Cummings）提議艾奇遜，他的反應卻是強烈反對。艾奇遜後來推測，那是因爲他父親畢夏普・艾奇遜（Bishop Acheson）曾經拒絕祝福離婚後的康明斯所追求的一樁婚事。康明斯的朋友說，拒絕的原因主要是由於艾奇遜太傲慢。

情緒低落的艾奇遜隨後和愛麗絲開車前往加拿大旅行。當他回家時，兩位曾在胡佛任內擔任財政部高官並協助移交作業的老朋友，請他與新任財政部長威廉・伍丁（William Woodin）共進午餐。「我還沒回到辦公室，總機就說伍丁部長來電。」艾奇遜後來寫道，「我會成爲副部長嗎？」

十分欣賞艾奇遜的巴爾的摩《太陽報》（*Sun*）列出他適任的條件，其中之一是「冷漠超然，不會損及新職務的使命」。然而，有些批評者認爲他也被自己所認識的那些權勢菁英給影響過頭了。「跟我們可能安排在財務部的任何人相比，艾奇遜先生與伍丁先生一樣也會代表摩根公司的利益。」反華爾街的共和黨籍密西根州參議員詹姆斯・考森斯（James Couzens）在聽證會中挑剔說。

艾奇遜的任職時間並不久。羅斯福有一批由時任農業信用管理局（Farm Credit Administration）局長的亨利・摩根索（Henry Morgenthau）爲首的自由派經濟學家，他們說服總統抬升物價可以減緩經濟大蕭條的衝擊。這意謂著讓美元貶值，換句話說也就是讓黃金價格上漲到國會已經立法制定的價格（每盎司二十點六七美元）以上。艾奇遜的好友預算局局長路易斯・道格拉斯與華爾街金融家詹姆斯・華寶率領了一個較保守的派系，其中有些人認爲美元與黃金價格脫鉤是「西方文明的末日」。因爲伍丁生病而擔任代理部長的艾奇遜認爲，這不是意識形態的問題，而是法律問題。他擬了一份意見書，告訴羅斯福法律禁止他做什麼事；讓艾奇遜惱火的是，羅斯福回應，律師的職責就是設法規避這樣的法律。

當羅斯福決定請檢察總長康明斯提出法律意見書，表明金融重建公司（Reconstruction Finance Corporation）可以用比固定價格更高的價位購買黃金，艾奇遜致電布蘭戴斯，希望徵詢他的意見。這位大法官提出了曖昧的看法：「如果我要法律意見，我寧可找你，而不是荷馬・康明斯。」艾奇遜認爲，這意謂著他應該堅持自己的立場。結果眞的如此。當羅斯福召喚他到橢圓形辦公室，艾奇遜表示他是被要求做一件「有違法律」的事情。羅斯福問：「我說可以，你不相信我的話嗎？」艾奇遜一時脾氣失控，回嘴說他這樣是被要求簽署非法文件。「那樣也可以！」羅斯福大吼。

艾奇遜寫了一封簡短而優雅的辭呈，感謝總統的「許多善意幫助」。羅斯福沒有回應，艾奇遜則從記者那裡得知總統已經接受他辭職，並挑選摩根索爲接任人選。艾奇遜沒有受邀參加摩根索在橢圓形辦公室的就任儀式，不過他還是去了。羅斯福幾乎不承認艾奇遜在場，他對現場人士發表演說，讚揚忠誠之心。演說完畢，現場一片靜默。爲了化解緊張氣氛，艾奇遜走向總統，伸出手，感謝他提供爲國效力的機會。羅斯福將他拉到身邊。「我對你十分生氣，」他低聲耳語，「不過你非常有運動家精神。」多年後，另一名官員呈交了一封怒氣沖沖的辭呈，羅斯福把辭呈交給助理，說：「退回去，請他去問問狄恩・艾奇遜一名紳士應該如何辭職。」

艾奇遜的朋友哈里曼絕對不會爲了原則問題而正面槓上總統；他很可能會悄悄離開衝突現場，自行去解決問題。羅威特應該會達成某種妥協，讓任何再大的爭議突然都變得只是小阻礙而已。忠心耿耿又吃苦耐勞的麥克洛伊應該也會如此；他應該會和波倫一樣，繼續幹下去。肯楠無疑會對辭職感到極爲痛苦，甚至會迷失在哲學沉思中。不過狄恩・艾奇遜自有一套原則，或許不太成熟，但他卻頑固地引以爲傲。

奇怪的是，艾奇遜似乎很喜歡那次爭執。那是他確認自己名譽的機會。不過他採取的立場卻相當不尋常：他內心是個行動派的男人，相信善用總統的權力便能達成社會目標。就像大多數自由派人士一樣，他反對最高法院對新政設下法律障礙。一九三六年在一場對馬里蘭律師工會（Maryland Bar Association）發表的演講中，他批評最高法院蓄意阻撓，主張政府有權採取強制措施補救經濟大蕭條。幾年後，在一個類似的情況中，艾奇遜與哈里曼及麥克洛伊一起規劃一個法律策略，希望規避國會的《中立法案》（Neutrality Act），安排英國使用美國後備船艦。爲哈利・杜魯門效力時，他才比較瞭解忠誠與服從的必要。「對於總統的問題，我思考不夠周延。」他後來承認那場金本位制（gold standard）危機處理得很失敗。

艾奇遜的問題有一部份與他個人對羅斯福的看法有關。「我敬佩他的統御能力，可是我不喜歡他。」他後來在普林斯頓的一場研討會上這麼說。法蘭克林・羅斯福喜歡用恩賜的態度、不拘小節的方式對待其他官員，用綽號叫他們、一大早召喚他們到床邊開會；這對循規蹈矩的艾奇遜來說相當難以忍受。「他用一副給人莫大恩賜的態度對人。」艾奇遜在《早晨與正午》中寫到法蘭克林・羅斯福，「給予總統最大的遵從與敬意對任何平民百姓來說應該都是一大滿足。可是如果總統像個老爺那樣隨便致個意，我們就要卑躬屈膝、打躬作揖回禮，那可令人開心不起來。」

艾奇遜熱愛閱讀英國傳記與歷史，尤其是維多利亞時代，他讚許那個時期皇家海軍統治公海，倫敦的商業銀行擴張資本開發全世界，實現了不列顛和平（Pax Britannica）。他認爲，第一次世界大戰爆發是因爲那樣的秩序崩潰，導致以擴張主義政策來應付經濟限制的獨裁者崛起；如果美國不介入英國衰退後所留下的空缺，戰爭還會再發生。在爭論黃金價格的戰役中，艾奇遜又做了另一次失敗的努力，試圖説服法蘭克林·羅斯福放寬英國償還戰債的期限。

他漸漸覺得，國際聯盟是布蘭戴斯一直有所質疑的那種「普朗姆計畫」。艾奇遜堅信，世界秩序的基礎端賴美國資本的自由流動以及務實的軍事展望。如同他寄給在格羅頓中學就讀的兒子大衛的信中所寫的：「思考國際事務時，重要的不是去做道德判斷或追究責任，而是要瞭解目前發揮作用的各種力量的特質，並據此思考解決之道。」

關於蘇聯，艾奇遜同樣採取類似的務實態度。儘管艾奇遜與法蘭克福特對布爾什維克體制沒有好感，他們卻強烈支持要承認它，因此經常爲了這個主題與其他人進行漫長的辯論。「拒絕承認只會讓它變得難以合作。」艾奇遜對一個朋友表示。

在政府短暫工作一段時間後，艾奇遜回到科文頓與柏靈法律事務所，有些人認爲他似乎是民主黨反對新政的保守勢力的潛在領袖。他有一個主要客戶是一家電力公司，希望禁止公共工程署（Public Works Administration）進行鄉村電氣化。他被視爲「穩當」的人，獲選爲布魯金斯研究院（Brookings Institution，在當時相當保守）以及耶魯集團（Yale Corporation）的資產管理人（後者是取代參議員羅伯特·塔夫脫（Robert Taft））。但是，就像他後來表示的：「我並不是竭盡全力去推動保守主義，對抗有創新構想的人。」國際女裝工會在力爭組織各工廠、捍衛基本工資法時，他擔任積極擁護他們的律師。「我明白你很難將我歸類爲支持或反對新政的人，」他寫信給一個朋友，「我自己也無法歸類。對我而言，從特定的提案是否能實際處理立即問題的角度來看它們，獲得的滿足感強烈多了。」

他在黃金價格戰的盟友路·道格拉斯與詹姆斯·華寶於一九三六年找他加入民主黨員支持藍登（Democrats for Landon）運動，艾奇遜回覆説，沒有什麼事可以這麼蠢。事實上，他決定在給巴爾的摩《太陽報》的一封信中公開支持羅斯福競選連任（該報的編輯收到信時十分驚訝，還打電話向他確認）。關於共和黨的競選手法，最讓他不滿的是操弄恐共情節。「對我來說，以任何方式暗示這次選舉有共產主義因素存在，似乎非常荒唐。」他寫道，「那樣只會引發一種我們過去經歷過的盲從潮流，而結果總是破壞了憲法對自由的保障，無法理性討論公眾議題。」

多年後，艾奇遜發現自己成了恐共言論撻伐的主角。一九三九年，遇上那種困境的是他朋友法蘭克福特。這位教授被法蘭克・羅斯福指派進入最高法院，他聘請艾奇遜擔任一場有參議員派屈克・麥卡倫（Patrick McCarran）參與的同意權聽證會的顧問。法蘭克福特不肯受這位內華達州參議員恫嚇，或捲入馬克思主義的討論。「參議員，」法蘭克福特在過程中回答，「我不相信您比我更服膺美國主義的理論與實踐。我對該證詞的回答到此爲止。」

現場開始騷動。西維吉尼亞州參議員馬修・尼利（Matthew Neely）示意要艾奇遜私下跟他談談。這位參議員警告，法蘭克福特落入陷阱了。他必須調整策略；他必須直接回答共產主義的問題。務實的艾奇遜也同意。他回到證人席，懇求法蘭克福特理智應對。

尼利問了一個友善的問題——「你是共產黨員嗎？或者曾經是共產黨員？」——法蘭克福特也跟著配合。

「從來都不是，現在也不是。」法蘭克福特回答。

「你是說你從來沒有加入共產黨？」參議員又補充問道。

「我的意思不只如此。」法蘭克福特說，「我是說我從來沒入黨過，從來也不具入黨資格，因爲那既不代表我的人生觀，也不代表我的政府觀。」

群眾爆出歡呼聲，艾奇遜也鬆了一口氣。國會的抹紅手法宣告失敗，原則與務實達到了適度的平衡。爲了確保新聞攝影機正確記錄當時的經過，艾奇遜請尼利和法蘭克福特重播好幾次。

「我們回家前去見總統。」滿心歡喜的法蘭克福特事後提議。艾奇遜反對，不過法蘭克福特堅持。他們通過白宮大門，被人帶領穿過總統辦公室的一道後門，羅斯福在那裡像歡迎老朋友一樣迎接艾奇遜。幾個星期之後，總統在一個星期天下午打電話到艾奇遜家。「喂，法官！」總統說。

「你恐怕打錯了，」他回答，「我是狄恩·艾奇遜。」

「完全沒錯，」法蘭克·羅斯福說，「哥倫比亞特區上訴法院的艾奇遜法官。你的提名案早上送到參議院了。」

「可是我不想當法官，」艾奇遜聲明，「你願意嗎？」

「不願意，」羅斯福說，「可是我不會當法官，你會。差別在這裡。」

艾奇遜最後說服羅斯福，他年紀太輕，在法庭的法官席上坐不住。「我寧願跟笨蛋講話，也不願聽他們說話。」艾奇遜表明。他也勸總統不要讓他當公民權助理檢察長，儘管這個具有遠見的新構想顯得非常吸引人。不過艾奇遜感到他的法律工作愈來愈無聊；他嚮往重回龐大的權力舞台。「參與重大政治決策那種令人陶醉的經驗，就像習慣了法國美食。」法蘭克福特表示，「狄恩一旦享用過那樣的佳餚，再回去啃法律的硬麵包是很痛苦的。」隨著歐洲逼近戰爭邊緣，他鍾愛的英國與他的世界秩序之夢似乎受到威脅，重新回到政治圈的渴望開始變得益發強烈。

第五章　高級俱樂部　肯楠與波倫的駐外生涯

PRETTY GOOD CLUB

Kennan and Bohlen in the Foreign Service

喬治・肯楠認爲就讀法學院太昂貴，便在一九二五年前往華盛頓，應徵駐外辦事處（Foreign Service）的工作。他在那裡報名參加一項密集課程，經營者是來自維吉尼亞州的酗酒蘇格蘭人安格斯・克勞馥（Angus Crawford），幫學生準備國務院剛創辦不久的資格考試。依然情緒不穩、缺乏安全感的他，對於新的職業生涯並沒有完全投入的心理準備。「我對通過考試沒有太大信心，」他寫信給父親，「等確定自己沒考上，我也不會繼續留在這裡。」

雖然夏天在貨船上工作讓他身體勞動、與世隔絕，暫時使孱弱的健康有所恢復，肯楠在唸書時還是很擔心自己生病。「希望你看到信的開頭不會受到驚嚇，」他在華盛頓一家醫院的信紙上潦草地寫著，「我大致上覺得精疲力竭。」他繼續過著儉樸的生活，拚命工作，並瞧不起那些試圖跟他搞社交、套交情的人（這些人可能是出於同情，也可能是因爲他有時還挺迷人的）。「拒絕了四個聖誕節晚餐的邀請之後，」他在另一封信中寫道，「我才有辦法好好地唸了點書。」

儘管事前擔心，肯楠卻是一百一十名學生當中通過筆試的十六人之一，不過他的成績差點不能達到百分之八十的門檻。他表現最好的科目是國際法與德文，最差的則是算術（這科他沒寫完）和現代史。在口試時，副國務卿約瑟夫・格魯（Joseph Grew）問第一個問題，他的嗓音突然變成尖銳的假音，不過最後還是通過了這關。他向家人報告說：「我應該相當滿足自己沒有被迫展露出對於西非中部不可原諒的無知，把奈及利亞和黃金海岸弄錯。」他唯一的失敗出現在身體狀況上（除了胃痛，那年冬天他還割除了扁桃腺）。東奔西跑了幾天之後，他總算讓政府的醫生相信他身體很健康。

對於讓肯楠飽受折磨的焦慮，奇普．波倫可說是幾乎完全免疫，他十分享受爲了駐外辦事處考試做準備的那段時光。克勞馥喜歡波本酒、體型勻稱的女人以及民主黨，跟波倫頗爲契合。一九二八年總統大選，赫柏特．胡佛（Herbert Hoover）拿下維吉尼亞州的隔天，波倫回想：「克勞馥醉醺醺地來到班上，發表了一段慷慨激昂的談話，大談『維吉尼亞自治領的黑人羞辱』，然後消失了一個星期。」至於華盛頓的社交生活，波倫的一個親戚指出，他的自傳中最保守的一項說法或許是「身爲一座擁有許多單身女郎的城市中的單身漢，我很享受那些迷人的日子。」

雖然始終缺乏肯楠的深度分析能力，波倫的頭腦卻比較靈活。他認爲筆試很簡單，只是記住事實而已，成績也超過百分之九十不少。他對口試也沒有過度緊張；在一些私釀杜松子酒的幫助下，他抵達面試地點時顯得十分放鬆。有一個問題是當時美國住在農場上的人口比例，他答得並不好（正確答案是百分之二十五，他回答百分之四十），除此之外表現完美無瑕。

然而，有一名口試委員聞到波倫的口氣中有杜松子酒的味道，主張應該以違反禮儀與國家的禁酒令爲由取消他的資格。出面拯救他的是助理國務卿威廉．卡索（William Castle），說服波倫加入駐外辦事處的人就是他。身爲審查委員之一的卡索說服其他委員寬恕那項不檢行爲。

肯楠與波倫加入的駐外辦事處當時正慢慢轉變成一個專業單位。十九世紀，也就是美國沉浸於擺脫歐洲陰謀的孤立狀態，並感到自滿時，外交人員主要是以東部的上層階級人士爲主。他們認爲經歷了工業或金融業的洗禮之後，到東半球舊世界的王室宮廷打發時間或許不錯。獲派出任公使是政治性的酬庸，初級秘書則往往是年輕的外行人，只因爲家庭關係與馬球場上的英勇表現而獲選。大多數充滿活力的美國人都瞧不起他們，認爲他們是無能的「好吃懶做鬼」和「紈褲子弟」。

改革的壓力主要是來自同一批上層階級革新分子的開明菁英，他們試圖根除來自政府其他單位的影響力。位於最前線的是約瑟夫．格魯（出自波士頓後灣〔Back Bay〕、格羅頓以及哈佛等名校）等人，他們提倡一個專業且全心奉獻的駐外辦事處，一個能向全世界展現出國家最佳傳承、文化與進步面的單位。

不過，這些改革的目的其實並非將外交機構民主化；畢竟當格魯於一九〇八年派駐聖彼得堡期間與俄國外交人員見面時，他可是花了一些代價才穿戴上全套的行頭，包括黃金劍和船形帽。在一九一四年至一九二二年所招募的新大使館秘書當中，超過百分之七十五畢業自東部的預備學校，主要是格羅頓和聖保羅中學。「他們具有共同的背景、共同的經驗，也都喜歡陳年酒、正統英文和薩維爾街☆（Savile Row）的服飾。」格羅傳記的作者寫道。套句畢業自希爾中學與耶魯大學的外交官休．威爾森（Hugh Wilson）充滿驕傲的話，駐外辦事處變成「一個挺高級的俱樂部。」

一九二四年的《羅傑斯法案》（Rogers Act）讓駐外辦事處邁向專業的行動又往前跨了一步；事實上對格魯和他的同伴來說，甚至跨得太遠了一點。這項法案整合了外交與領事館人員，提供中等的薪資，並為謀職者制定標準化考試。儘管格羅有所疑慮，這項法案還是通過了，因此他設法確保徵選結果以國務院資深人員的口試結果爲主要依據。他覺得無論新進人員的背景爲何，都應該能夠接受舊成員的價值觀才行。

他們通常可以接受。該處訓練出來最成功的成員之一洛伊．韓德森（Loy Henderson）回憶說：「我們接受使得最優秀的成員出類拔萃的那些包袱，而且是十分熱切地接受。我們喜歡他們的形象，毫不猶豫地想要讓自己變成那個樣子。」菲力克斯．法蘭克福特說，國務院裡有許多人試圖「比上過格羅頓中學的人更像格羅頓畢業生」。除了從事國際法律與國際金融工作之外，外交部門也提供年輕人成爲國家外交政策菁英的機會。

波倫本能上就明白擁有正確人脈的重要性，因此細心培養與威廉．卡索這樣的人的關係。肯楠比較慢才有這樣的體悟，不過卻相當感興趣。沒錯，這位來自普林斯頓的社會邊緣人發現，加入排外的上流社會其實挺誘人的。就在他同學討論自己認識國務院裡的什麼人的時候，他才終於明白大學提供的不只是教育，還有專業與

☆譯註：薩維爾街是倫敦的裁縫街，以訂製高級男士西裝聞名。

社交的人脈網絡。肯楠在普林斯頓班上的班長是個知名的運動員，大學時卻從未跟他說過話；兩人在街上巧遇時，對方邀請他共進晚餐。肯楠興奮地寫信回家：「我開始比以往更加體會到普林斯頓文憑的價值；自從我到華盛頓，它已經幫了我大約十次了。」

肯楠班上關係最好的學生應該是約翰・卡波特（John M. Cabot），他出身波士頓望族，也是格魯的親戚。那年春天，卡波特的母親南下華盛頓，租了一間大房子，準備讓那些人脈派上用場。就在格魯主持的口試前夕，卡波特太太辦了一場向這位副國務卿致意的晚宴。令肯楠訝異的是，他也是五位受邀的學生之一。肯楠回憶說：「我很驚訝自己被邀請，因爲我從來沒見過她，也沒去拜訪過她或與她接觸。」他花六十四美元買了一件新西裝（聽從朋友的建議，挑選細條紋布料），在當年那群充滿希望的年輕人中，給人留下認真學者的印象。「我總以爲我能錄取是因爲受邀參加那場宴會的關係。」他後來表示。

★★★

完成訓練之後，波倫便被外派到布拉格；他在那裡發現駐外辦事處的改革還有一條很長的路要走。使館中有一名人員精神崩潰，將自己鎖在飯店房間裡，只靠生牛肉和啤酒填飽肚子。「當他聽到領事要將他拘留起來的消息，」波倫回憶說，「他便跳上一輛計程車前往喀斯巴德（Carlsbad），一路上撒了大塊牛肉，可能是要分散追捕者的注意力。」波倫的任務往往沒什麼了不起。有一次爲了維護美國國旗的尊嚴，波倫企圖說服一名服裝廠商不要把國旗印在他的產品上。「可是我只把星條旗放在我們的頂級奶罩上面。」這名商人回答說。

波倫在布拉格的日子過得很好，完全浸淫在他對於白蘭地和戲劇的愛好上。不過，他對俄國及其語言的濃厚興趣也令他的上司印象深刻。「看來他才智出眾，如果能夠適度地掌控與發展，似乎會有一段表現優異的職業生涯。」總領事A. C.佛洛斯特（A. C. Frost）在寄給華盛頓的一份評估報告上如此寫道。佛洛斯特表示，波倫是一個認真的學生，但不會賣弄學問。他最大的弱點是：英文寫作。波倫討厭寫作，他的字跡潦草到連自己都看不懂，而且他始終沒學會打字。他也不擅長用組織自己的想法，以書面呈現。

另一方面，肯楠對於自己的寫作風格則十分自豪。他一週寫兩封長信回家，以流暢的手寫或用打字機仔細琢磨內容。有一次他的父親無意間提到，家人覺得他天南地北閒談的書信「很有趣」，肯楠便回信說自己考慮成爲作家。

他的信大多是辭藻華麗的旅行見聞，展現他觀察人群的習慣。他在駐外辦事處的考試之後前往德國旅行，他指出：「德國人前往度假勝地的目的是躺在沙灘上；在木板路上散步；穿著白色法蘭絨服裝與親朋好友結伴搭汽艇（我討厭這種事），從爺爺到臘腸狗都一起上路；坐在露台餐廳喝咖啡，一旁有樂團演奏；最後，某天晚上待在悶熱的飯店餐廳裡喝酒五、六個小時，偶爾穿插一些自以為是舞蹈的動作。」然而，他也經常提出深具洞見的看法：「這裡的學生對於代議政府在德國的長期發展沒有信心。他們預計時間一久，德國將會再次被迫屈服於獨裁者。」

肯楠曾短暫派駐東歐事務處（Division of Eastern Europe Affairs），作爲訓練的一部份。也在該處上班的洛伊．韓德森回憶，肯楠即便在當時就已表露出知識傲慢的跡象。韓德森說，他的意見相當主觀，如果別人要他提出事實加以佐證，他便堅持這些事實從直覺上看就很明顯。這並未讓該處的傳奇處長與嚴厲頭子羅伯特．法蘭西斯．凱利（Robert Francis Kelley）留下好的印象；他堅持學術嚴謹度以及依據具體事實辦事。「他明顯認爲我極爲無知，因爲目前他交給我的任務都是研讀各種與蘇聯有關的教科書。」肯楠抱怨。

不過這個經驗讓他確定，自己對於同名遠房表哥曾探索過的這個國家也很有興趣。「在這裡服務的早期，我就強烈希望學會足夠的俄文，等俄國最後獲得承認時，讓國務院看到既成的事實。」他告訴他父親，「那在某種程度上會是一種家族傳統——前往俄國。」

但首先肯楠必須努力提升自己的位階，從漢堡的一項任務開始。他跟波倫不一樣，並不覺得二〇年代的歐洲狂熱有那麼吸引人，可是卻喜歡嚴謹的外交生活所帶來的安全感。「這個新角色是作爲政府代表（儘管卑微），而不只是我自己，比較痛苦的個人習性與恐懼往往離我而去。」他寫道，「我帶著驚喜的寬心，歡迎這個機會到來，讓我擁有新的個性，而那個舊的內向個性可以退休了。」在美國國慶日的一場宴會上，當肯楠穿著嶄新的燕尾服擔任主持人時，他欣慰地體認到：「我再也不必將自己想成一個赤裸裸闖進人類場合的物種。我有一個角色要扮演，一個有用、有必要、合理的角色，對別人有幫助，不需要理由或歉意。」

直到一九五三年非自願退休爲止，肯楠有二十五年的時間在外交官與觀察家的角色中找到安全感。至少有八次（其中三次是在外交界的前七年），肯楠告訴同事他決定辭職；每次他都會受到安撫、慰問——然後打消念頭。

他第一次決定辭職是在他派駐漢堡時。儘管在回憶錄中肯楠將原因歸於想繼續唸書，但他的動機其實是財務和感情。當時他與名叫伊蓮娜・哈爾德（Eleanor Hard）的華盛頓女孩訂婚，女方的父親是酗酒的知名記者威廉・哈爾德，他堅決反對女兒嫁給一個薪水不高的政府公務員。思考過這件事之後，肯楠寫信給家人說，唯一的解決辦法是「回家，設法改走一條能夠改善財務狀況的路……我想我會在某家大企業從最基層做起」。

二十四歲生日那天搭船返家時，肯楠重新考慮了自己的抉擇。「我最喜愛的事情當中，包含了免於倉促匆忙的自由，那樣才讓人有時間思考，關注自己的發展。」他寫信給他的父親，「這些事情顯然都與目前商界生活的要求背道而馳。儘管大家都不能接受，但我突破這個僵局的唯一方法將是進入新聞或教學等領域。」

肯楠一抵達華盛頓就遭到哈爾德家斷然拒絕。這是駐外辦事處的福氣，或許對新聞界來說也是。伊蓮娜解除了婚約；當肯楠請她歸還原本屬於他母親的那枚戒指，她說她弄丟了。「回去參加宴會、穿華服，當個安全的平凡人吧，」哈爾德先生說，「別讓我們再聽到這些話。」另一方面，肯楠在國務院的上司則再支持不過。他們答應協助他加入一項訓練蘇聯專家的新計畫，其中包括拿政府經費到一所歐洲大學就讀。

這項計畫的幕後推手是肯楠過去在東歐事務處的老闆羅伯特・凱利。凱利是個沉默寡言的高個子單身漢，曾經在哈佛和巴黎索邦大學就讀；他操著一口流利的俄語，而且鍾愛沙皇時代的俄國文化。不過他十分不信任布爾什維克派分子，也就是他口中的「布爾」，堅決反對美國承認這個新的莫斯科政權。

凱利的俄國訓練計畫打造出來的成果幾乎可以肯定具有相同規格。它包含在歐洲的大學就讀三年，接著派駐拉脫維亞的里加（Riga），或是其他波羅的海國家的首都——只要這些國家是美國蒐集蘇聯情報的情報站。肯楠解釋，他的目標是複製「受過良好教育的革命前老派俄國人」的訓練過程。

凱利的反布爾什維克觀點和嚴格的學術態度對加入他蘇聯專家計畫的人產生了巨大影響。這些人大多在某種程度上贊同丹尼爾．尤金☆所稱的里加原則（Riga Axioms），包括凱利對沙皇文化的熱愛，以及他對新克里姆林宮政權的意識型態與手段的鄙視。在凱利最早為此計畫挑選的八名官員中，波倫與肯楠都包括在內。

★★★

不意外的是，波倫選擇在巴黎的國家學院（École Nationale）進行他的蘇聯研究。那裡教學的重點是語言、歷史和文化。波倫回憶說，關於蘇聯政府或其共產黨意識型態的事實「來自我們應該利用自己時間閱讀的書籍，而這些書幾乎都採反共觀點」。他根本沒有太用功，卻總是在班上名列前茅。

由於法國貨幣貶值，在巴黎生活剛開始很輕鬆。波倫和他哈佛的朋友愛德華．佩吉（Edward Page，日後成為莫斯科大使館的一員）住在里爾街（Rue de Lille）的一間豪華公寓裡，上最高級的餐廳用餐，「享受巴黎提供給年輕單身漢的一切。」就在一九三二年聖誕節之前，波倫跟朋友打撲克牌贏了足夠的錢，隨即臨時起意到奧地利的聖安東（St. Anton）滑雪度假。

然而在一九三三年，國務院減薪，美元大幅貶值，迫使波倫放棄他的公寓，上的餐館也降級。他在信上對父母說：「減薪百分之十五之後緊接著美元又貶值，對我們自然是一大打擊。」他的父母也正面臨財務問題。

☆譯註：丹尼爾．尤金（Daniel Yergin）是曾獲普立茲獎的美國作家，著有《石油世紀》。

當他獲悉他們想保住伊普斯威治（Ipswich）的住家卻有困難時，便主動提議寄部份薪水回家。「我知道情況很不好過，」最後不得不賣掉房子時，他安慰父母說，「可是木已成舟，就讓它過去吧。」

波倫對俄國的一切產生濃厚的興趣，事實上更可說是一種迷戀，他熱情地吸收各種微小的事物，並將它們保留在自己淩亂的記憶裡。在塞納河左岸的咖啡館裡，他和朋友在夜裡耗上長時間爭執他們對於俄國及其統治者的理論，討論每一項能蒐集到的細瑣資訊，即使那是一個他們從未親眼見過的神秘國度。

然而，就算對俄國如此著迷，波倫對於布爾什維克主義和它的目標卻非常沒有意見，也不加思考。某一天晚上他站在協和廣場（Place de la Concord）上，隔天晚上又站在里沃麗街（Rue de Rivoli）上，看著右派、然後是左派領導的抗議行動演變成暴動。他對於如此堅定信念的展現感到好奇，甚至困惑。不過肯楠在漢堡第一次看到共產黨示威時所產生的不祥預感，他完全沒有感受到。看過「一排排臉部表情緊繃、不安的邋遢人群」之後，肯楠寫道，他「突然感動落淚，因爲體認到他們洶湧的熱忱」。

肯楠決定進入柏林大學的東方神學院（Oriental Seminary）就讀；該校由俾斯麥所創立，秉持日後成爲肯楠個人信念的現實政治觀點。因爲再度發燒、感冒，還有渾身疲憊，他一抵達柏林就住進一所療養院，在那裡閱讀托爾斯泰的《戰爭與和平》當消遣。

肯楠的教授們大多是沙皇時代的專家，而他的私人家教則是具有高度文化素養的俄國流亡者。他會和家教花好幾個小時，大聲朗誦俄國經典名著的內容。他認爲這些老派的俄國人十分幸運，懷抱豐富的浪漫情懷。他最親近的俄國朋友是一名新銳作家、作家會彈鋼琴的妹妹，以及他們的母親——一名身無分文的難民。「他們全都相當不切實際而且無助，」肯楠回憶說，「對他們隨興所至的熱情，我感到很尷尬：沒有事先約定便前來拜訪、精心挑選他們根本負擔不起的禮物……我分擔他們的悲傷與哀痛，感覺自己也像個俄國人了。」

直到抵達柏林之後一年，肯楠才首次見到眞正的蘇聯官員——一名來訪的貿易代表團團員。由於對蘇聯的懷疑已經根深蒂固，因此對於這名官員所說的話，他大多會打個折扣。「我預計隨時都會看到報上的消息，報導他被帶回莫斯科，在日出時遭槍決，只因有人看見他搭乘具有強烈中產階級與資本主義色彩的汽車前往貿易代表團的總部。」肯楠在一封家書中這麼說。他也描述了一位他在當週稍後見到的蘇聯政府女性公使：「非常聰明，但也非常強硬；外表看起來很老、很疲憊，就是許多蘇聯人呈現的那種模樣：彷彿他們承受了多年的巨大壓力——事實也是如此。」

儘管與蘇聯的接觸不多，肯楠強硬的態度到一九三〇年底的時候便已相當確立。當威嚴的《國家》（*The Nation*）雜誌編輯奧斯瓦德·加里森·維拉德（Oswald Garrison Villard）於十二月造訪柏林時，肯楠這位新進的蘇聯專家跑到他的飯店去爭論承認蘇聯的事。肯楠堅持，美國自由派人士應該是最不想要與克里姆林宮有所牽扯的人才對，因為它讓進步的社會主義信條變成笑話。雖然還沒看過維拉德旅行俄國各地的書，肯楠卻輕蔑地稱之為「從車窗看出去的景觀」。他帶著知識分子的傲慢對一個朋友說：「聽到他談俄國的時候，我開始猜想自己知道的或許比他更多，或者懂得比他多。」

肯楠認為，跟維拉德爭辯沒有意義。「我無法讓他接受我對共產主義的諸多感受，而且他也沒有感覺。」這位當時二十六歲，而且還沒到過蘇聯的資深駐外辦事處官員寫道，「如果我能讓他接受，那只會讓他不安，讓他困惑。還是讓他輕輕鬆鬆地回家比較好，繼續保有我並不苟同的那些自我安慰的想法。」

雖然在歷史學家眼中，冷戰早期肯楠與其他駐外辦事處官員的反蘇聯態度是由於他們在莫斯科服務時幻想破滅，但是很清楚的是，對他們大多數的人而言（尤其是肯楠，以及程度較輕微的波倫），這種態度從他們在遠方研究俄國時就已經生根了。肯楠後來主張，馬克思主義主要是一塊「遮羞布」，其目的是為蘇聯領導人的鎮壓手段以及俄國過去的擴張主義辯解。最後他成為現實主義與緩和政策的倡導者。不過在一九三〇年代早期（之後也是，只不過較為低調），他十分強調蘇聯與美國的體制之間無法調解的差異。他有「一個堅定且完整的信念」，他在一九三二年一月的一封信中寫道：

> 蘇聯目前的體制與我們的傳統體制絕對是互相對抗的，兩者之間不可能有中間地帶或折衷方案，如果試圖以恢復外交關係或其他方式來尋找這樣的中間地帶，注定無法成功。這兩種體制根本不能同時存在於同一個世界，除非在其中一個的周圍佈置經濟封鎖線，那麼不出二、三十年，不是俄國變成資本主義，就是我們成為共產主義。

由同情蘇聯的美國人：安娜・路易絲・史壯（Anna Louise Strong）擔任主編的一份莫斯科英文報紙，特別讓肯楠感到惱火。他寫信回家：「像這個女編輯一樣認同蘇聯政府到這種程度的人，竟然可以保有護照，看來眞是不可思議，因爲他們遠比大多數親英派人士和遭詆毀的外交官更加去美國化。」在他一九三一年編纂的第一份正式報告中，肯楠提倡將散布反美宣傳的美僑的美國公民福利撤銷。他還附上一份三十多人的名單，他認爲這些蘇聯境內的美國人都是「同情共產黨者」。

在另一份分析德國與蘇聯之間貿易的文章中，肯楠與爲了經濟理由而提倡美國承認俄國的商人進行爭論。他說，共產主義原則「與世界其他地區盛行的原則完全背道而馳，因此世人仍然廣泛懷疑，在蘇聯與認可私人經濟活動權利的國家之間，互利的商業關係是否能夠長期存在」。

在柏林待了兩年之後，肯楠急著重返戰場。里加的公使所寄的一封信暗示，他可能要肯楠掌管那裡的俄國分處。「我認爲那個想法好極了，」肯楠告訴他父親，並補充說他擔憂「肯楠泡沫」不可避免會破掉。果然它很快就破了：凱利決定派他到里加，可是讓肯楠最討厭的是他在那裡的職務只是領事館的一個「三等秘書」。

然而在轉調之前，肯楠還有一件私事要辦。在家書中，他只有不經意提到一個在柏林工作的「挪威女孩」。「我曾經有半年多的時間讓你們誤以爲我要結婚，」他解釋，「我決定下次如果有類似的事情懸而未決，我會耐住性子，直到眞正確定日期再說。」安娜莉絲・索倫森（Annelise Sorensen）當時二十一歲，父親是來自挪威南端克里斯提安桑（Kristiansand）的傑出商人。正如肯楠向父親形容她時所說的：「她具有眞正斯堪地那維亞的簡潔個性，平常不會浪費太多唇舌。她能優雅地保持安靜，這一點相當難得。我從來沒有見過她因爲情緒問題而發脾氣，甚至我根本不會讓她緊張。」

肯楠告訴家人不必特意前往參加婚禮。他的伴郎是柏林領事館的一個朋友，兩人搭船前往挪威迎娶。婚禮簡單隆重，在鎮上的十六世紀石造教堂舉行。新郎指出，安娜莉絲「幾乎瀕臨淚崩邊緣，我瞭解新娘在婚禮這個階段一般都是如此」。在接下來的正式婚宴上，他們唸了幾十封電報，敬酒次數甚至更多。「新郎新娘保持清醒的原因永遠都是個謎，但是新郎真的很清醒，因此維持了美國的光榮。」肯楠向自己的父親吹噓說。午夜過後許久，這對已經有點茫然的新人搭乘渡輪前往丹麥，並將婚禮的胸花丟入基爾運河（Kiel Canal）。

★★★

俄國專家所面臨的最大障礙是他們無法前往俄國，結果他們瞭解那個國家的窗口卻是中世紀港口城市里加和塔林（Tallinn），拉脫維亞與愛沙尼亞的首府。這兩座城市都興起於一二〇〇年左右，五個世紀之後遭彼得大帝征服，被俄國人一直統治到第一次世界大戰之後，當時波羅的海諸國暫時獲得獨立。

對波倫與肯楠來說，這兩座城市讓他們得以一窺俄帝國的生活，充斥著歡樂的夜生活和沙皇時代的文化風貌。更重要的是，和他們成爲朋友的流亡人士是布爾什維克革命後逃離的白俄羅斯人。他們對克里姆林宮新統治者的態度，影響到了和他們一起唸書、住在他們家中的年輕美國人。

波倫堅持以舊名雷維爾（Revel）來稱呼塔林，他在那裡寄宿於一個革命前是俄國富有木材商的家。他回憶說：「那個家庭充滿了好奇心，而那正是革命前俄國知識分子的特點，他們也著迷於深奧與不切實際的哲學概念。」波倫最大的抱怨是：塔林僅有的酒類是伏特加、啤酒和當地的白蘭地。「那意謂著比起我能拿到好酒，我喝的酒會少很多。」他告訴他的母親。然而，不久他便培養出喝伏特加的喜好。「俄國人實在非常熱情又好客，長此以往或許會讓人吃不消，不過到目前爲止都很好。」他在另一封信中寫道，「只要有歌舞表演和伏特加，就熱鬧得不得了。」

波倫的夏天大多在納爾瓦約埃蘇（Narva Joesuu）度過，這座愛沙尼亞的濱海小城曾經是聖彼得堡菁英階級的主要避暑勝地。當地居民對於自己與俄國佔領者的對戰歷史十分自豪，從一五五八年的恐怖伊凡（Ivan the Terrible）延續到一九一九年的紅軍（Red Army）。波倫所住的寄宿公寓是由一對流亡姊妹經營，她們「強烈反對布什維克，滿心期望有一天惡夢會過去，她們能夠返回舊俄國，還有恢復沙皇與貴族」。

在家書中，波倫將納爾瓦約埃蘇的日子描述成如田園生活一般，白天在森林裡尋找蘑菇，夜晚則充滿了白蘭地與歡愉的對話。他指出：「他們說話時都會用盡力氣大喊：『我的天啊』、『老天』，還有『不會吧』，少了這些感嘆詞，俄國人就說不出五個字。」有一天晚上，大夥圍在茶壺旁討論哲學、朗誦詩詞，他說：「你絕對不敢相信，簡直就跟契訶夫（Chekhov）的戲劇一模一樣。」

一個哈佛的朋友前來拜訪時，波倫第一次瞥見俄國。他們兩人到邊界探險，沿著一條塵土飛揚的路一直走，直到看見守衛塔上的蘇聯哨兵。拍了一些照片之後，波倫靜靜地凝視那片廣袤大地，直到朋友最後將他拖走爲止。

或許你已猜到，波倫對於俄國在知識上的好奇心根本壓抑不住他想要玩樂的慾望。這個年輕單身漢最喜歡的地點是天體海灘。「我根本抵擋不了一群赤裸的愛沙尼亞美女映入眼簾的那種刺激感。」他說，「愛沙尼亞人是具有斯堪地那維亞血統的一個美麗種族——高挑、金髮，與俄國人相較之下體型更美。」

即使波倫與其他年輕的蘇聯專家一樣蔑視俄國革命，他還是練就了一身與俄國人相處的本領。與其他大多數學生不同，他學會像當地俄國人一樣講話、一樣喝酒，有時候甚至連思考模式都一樣。他的魅力有一部份來自於他能夠帶著使人卸下心防的微笑，表達直率的意見。他吸引他所見到的俄國人的那種魅力，就像俄國人吸引他的魅力那般強烈。

在柏林唸書的前後都被派到塔林與里加的肯楠，並不像波倫那麼從容自在。在率直做自己的情況下，他可以散發憂鬱的魅力，可是他往往只是憂鬱而已。一九二八年夏天第一次搭船到里加時，看到在陽光下閃耀的低矮尖塔，立刻讓他想起沙皇俄國失落的榮耀。「這個地方儘管已經不是俄國了，但至少十年前還是。」他在給父親的信上寫道。令波倫興高采烈的事情，在肯楠看來卻是「一種懷舊、絕望、無盡的感傷」。

彷彿杜斯妥也夫斯基筆下的人物，肯楠喜歡身爲超然觀察者的那種疏離感。「通常陪伴我的是風景，而不是人。」他後來寫道。他最好的朋友是自己養的可卡獵犬。有一次當地的美國領事邀請他造訪他的週末小屋，肯楠回憶說：「我再度出現在學時最糟糕的那種神經質反應，行爲嚴重缺乏社交敏感性，自此便在小小的外交領事圈遭到排斥。」那年聖誕節，他在蘇聯邊界附近的一所修道院「靜養」。他一個人徒步走過雪地，來到邊界上的有刺鐵絲網，拍攝遠處有榔頭與鐮刀圖案的守衛塔的照片。「這是漫長的五千英里當中的第一個四分之一英里。」他在給父親的信中這麼寫道。

在里加的時候，肯楠與另外兩個美國單身男子合住一間有八個房間的公寓，裡面有兩名傭人、滿架的美國罐頭食品，還有一間收藏了兩百瓶酒的酒窖，從香檳到炒熱深夜辯論共產主義的氣氛的蘭姆酒都有。肯楠的世界觀反映了迅速興起的現實政治觀點：他主張儘管波羅的海諸國看似獨立，它們還是俄國的一部份，就像紐澤西州是美國的一部份那樣，而且它們勢必會再次提供俄國在波羅的海的暖水港口。

不過肯楠並不常參與政治清談。由於飽受帶狀皰疹復發之苦，大部份的夜晚他寧可一個人度過，偶爾自己大膽地到俄文劇院看戲。夏天他在海邊租了一間鄉間別墅，但是不像波倫跑去看人裸體做日光浴，肯楠從「白天泡在海水裡，接著晚上沉浸在神奇、且對我而言十分誘人的暮光中」得到感官的愉悅。

肯楠完全缺乏波倫那種作爲外交官的從容優雅。有一個星期，他授命負責掌管里加辦事處，發現外交郵袋被撕開又被人搜過。他相當焦慮，花了一整天時間登記袋中物品的內容、展開調查，並傳送加密訊息到華盛頓。在激動的情緒影響下，他忘了自己應該代表美國出席法國公使舉辦的年度晚宴——對方個性高傲，對這種失誤不會等閒視之。

當肯楠隔天早上打電話致歉時，這位法國人拒絕接電話。「在那時候，」肯楠寫信回家說，「我的蘇格蘭血液開始憤怒地急速沸騰。」這件事成爲外交圈的八卦話題。「我幾乎不敢在社交圈出沒了。」肯楠說。他再一次出現辭職的念頭。「身爲外交官，我既不能對自己誠實，也無法對別人坦誠，我最好離開。」他寄信給表哥時這麼寫道。

完成柏林的學業、返回里加之後，他對這座城市的看法甚至更加晦暗。思鄉又孤單的他將自己無法成爲俄國辦事處主管歸咎於「心胸狹窄者的嫉妒」。安娜莉絲的出現只是讓情況更糟糕。「從一個沒有家累的單身漢眼中看來，這裡的生活充滿迷人的幻象……然而當你準備將年輕妻子帶進來，這種幻象就突然消失了。」他後來寫道，「你瞬間瞭解到，那些每天在官方與社交場合稱兄道弟、輕易就產生的交情，其意義其實貧乏到可悲的地步。」

剛開始，肯楠夫婦還請得起一名廚師兼管家在他們龐大的住家服務。不過駐外辦事處減薪之後，很快就讓財務面臨窘境，於是他們搬到一間較小的公寓。婚後共度的第一個聖誕節，肯楠認爲到挪威旅行比較好，只因爲他計算過那樣比在里加買食物和聖誕樹的花費還要便宜。第一個孩子葛莉絲（Grace）出生時，肯楠灌了一瓶威士忌慶祝。不過他很快就決定，最好送女兒到挪威與外公外婆同住，因爲里加的公寓實在太擁擠了。「就我個人的生活而言，」他寫信給父親，「我也可以待在西伯利亞。」

隨著肯楠的學術專業日益精進，他在知識上的傲慢也漸漸提高，尤其是對於自己在直覺上的判斷。當公使館的參事問他一份報告的來源時，肯楠回答：「可是我就是來源。」這種態度後來造成尤金・羅斯托☆（Eugene Rostow）輕蔑地稱呼肯楠是「一個印象派主義者、詩人，但不食人間煙火」。

契訶夫依然是他酷愛的興趣。肯楠希望幫這位偉大的十九世紀作家撰寫一本傳記，於是讀遍了他的三十冊作品和六冊「無法仿效的」書信。「在革命前俄國的氛圍中，不可能有更好的學習方式。」他後來表示。他主

☆譯註：尤金・羅斯托是知名的法律學者，曾在詹森總統任內擔任負責政治事務的副國務卿。

動將一篇名為「安東・契訶夫與布爾什維克」的文章寄給《耶魯評論》（*Yale Review*）期刊。負責審核文章的國務院官員說：「如果耶魯能夠接受，我也可以。」顯然耶魯無法接受。

肯楠提出他想研究契訶夫作品的想法，申請在一九三二年夏天造訪莫斯科。國務院駁回了這項請求，宣稱這位年輕的俄國專家應該在擔任可以去俄國的適當職位時再前往。「我非常想家，也受夠了美國的外交工作，」肯楠聽到這項消息時寫信回家，「如果經濟好轉時你們聽到什麼好工作，記得通知我。」

★★★

蘇聯專家面對的最重要問題是美國是否應該重建與俄國的關係。伍德羅・威爾遜總統在一九一七年不但不承認新的布爾什維克政權，還在隔年下令美國進行有限的軍事干預，以維護美國的利益。然而，包括哈里曼及其他人的重大投資案在內的經濟關係依然興旺。到了一九三〇年，美國成為蘇聯的最大進口國。儘管貿易量在一九三〇年代早期下滑，擴大市場的期望依然是承認蘇聯的主要推力來源之一。就像克里夫蘭《公論報》（*Plain Dealer*）的社論所說的：「美國非常需要龐大的俄國市場，俄國也需要美國銷售的工業產品。兩國合作是一個很自然的過程。」

在國務院一九三二與一九三三年的兩項研究中，肯楠預測，承認蘇聯並不會拓展貿易前景，因此他開始積極搏取政壇長官的注意，後來這變成一段漫長的職業生涯。一九三三年，他也寫了一份篇長篇報告，警告說蘇聯只要能達成目標，隨時都會違反條約。不過他無視於邏輯上的矛盾，還是主張西方國家與莫斯科之間現有的條約在用字遣詞上不夠斟酌。例如，由於馬克思主義將這個世界分成不同階級，而非不同國家，因此保障在俄國的外國人權利的條約就必須字斟句酌。

美國駐里加公使於一九三三年八月召集他的蘇聯專家，徵詢他們對於承認蘇聯政權的正式意見，肯楠率先發言。「我們不應該與他們有任何關係，」他說，並指出蘇聯誓言擴大共產革命。「目前沒有確實的根據能相信他們有改變心意的跡象。」他在他的信件中甚至說得更直率：「承認蘇聯這件事一直盤旋在我們腦中，就像隨時都可能爆發的危機。」他在當月的家書中如此寫道。

國務院大多數的蘇聯專家，從凱利與韓德森以降，都抱持與肯楠相同的看法。「俄國的共產黨領袖不願意放棄他們與美國有關的革命目標。」凱利警告新任國務卿科德爾·赫爾。在未出版的長篇回憶錄中，韓德森寫道：「東歐司☆（Eastern European Division）的人認爲，不管蘇聯政府的特使可能做出怎樣的承諾，蘇聯的統治者都會繼續努力打倒美國政府——有必要的話會使用武力。」

然而，法蘭克林·羅斯福上任之後不久便開始尋求建立外交關係。當時這個構想獲得大衆普遍的支持。羅斯福傳送了秘密訊息給克里姆林宮，表示他歡迎使節前來，並會與之展開對話。於是在一九三三年十一月，蘇聯外交人民委員☆☆馬克辛·李維諾夫抵達美國。

不意外的是，會談進行時肯楠與波倫正好都在華盛頓。波倫設法從巴黎的研究抽身，直接返國到會談地點。肯楠的麻煩則大一點；國務院一直延後他排定的假期。最後他請他在里加的長官發出一份電報，解釋說他的父親健康不佳，急著想看出生不久的孫女。不過當肯楠的船在十月抵達紐約之後，他立刻前往華盛頓，而不是密爾瓦基。他在那裡向家人致上歉意：「由於李維諾夫同志正趕來這裡，東歐司那些遊手好閒的人肯定會有很多工作要做。」

是沒錯，不過對於推動這些對話的政治考量來說，波倫與肯楠準備報告的那些深夜其實並不太重要。羅斯福總統想要承認俄國，他和李維諾夫在八天之內便達成了協議。

波倫開心極了。在他看來，這兩個新興的世界強權官方保持緘默的時候已經過去。他覺得，有一個特別重要的考量是因爲有必要打擊正在崛起的歐洲法西斯主義和遠東的日本軍國主義。

☆ 譯註：東歐司是當時國務院裡處理東歐事務的單位。

☆☆ 譯註：人民委員（Commissar）是一九四六年以前蘇聯對於部長的舊稱。外交人民委員即外交部長。

另一方面，肯楠則飽受折磨。雖然他情不自禁感到興奮，但是自己提出有必要明確保障在蘇聯美國人的權益的警告遭到漠視，卻令他難過。在回憶錄中，他懷疑羅斯福到底知不知道他針對這個議題所提出的報告。（事實上，有一份備忘錄提到肯楠的研究交給了總統，可是當李維諾夫對於納入其中所提的保證有所猶豫時，羅斯福便放棄了。）肯楠認爲羅斯福的做法純屬政治動作。他說，「美國各階層的意見，以國會意見爲首，政治人物紛紛急著迎合它，」這是其影響力所帶來的「許多教訓中的第一個」。

更重要的是，波倫認爲承認蘇聯在策略上是行得通的，但肯楠並不認同。「我在當時或後來，始終都不把蘇聯當成美國實際或潛在的盟國或伙伴。」他在回憶錄中如此表示。

羅斯福任命曾經協助和李維諾夫協商的威廉．蒲立德（William Bullitt）擔任新的大使。身爲第一次世界大戰結束時在凡爾賽的美國代表團成員，蒲立德曾經前往莫斯科會見列寧，努力協商美國與布爾什維克之間的停戰協定——結果他的成果卻被威爾遜總統公開推翻。蒲立德認爲一九三三年的這場會面將是證明他早期的夢想並非虛幻泡影的機會，於是著手爲他的莫斯科之行徵召最優秀的蘇聯學者。

他最早挑選的人當中就包括波倫在內。「你不是典型的駐外辦事處官員，」蒲立德說，「所以我要你。」這位新任大使繼續抱怨那些資深的外交官似乎都穿上了「束縛衣」。他們失去了衝勁和想像力。波倫聽了大笑，並答應絕對不會讓那種情況發生在自己身上。

當天稍晚，意氣風發的波倫因爲在國務院走廊遇見肯楠而收斂了一點。儘管他們當時只不過是一般交情的朋友，肯楠卻一股腦地傾吐他對承認蘇聯這件事的不祥預感，也透露自己再次決定辭去駐外辦事處的工作。波倫試圖幫這位情緒十分緊繃的同事打氣。他說，新的簽證即將開放，而他們注定會是搶先取得簽證的少數幸運年輕人。那天晚上，他們在一起聊天喝酒。再一次，肯楠打消了辭職念頭，一段宛如冤家、延續一生的伙伴關係於焉展開。就像後來肯楠聲稱他和波倫的關係是：「這是對我意義最重大的一段友誼。」

波倫與韓德森希望確保肯楠獲選爲新的莫斯科大使館工作人員，因此隔天下午帶他去見蒲立德。這位新任大使丟了一堆與俄國及其經濟有關的問題給他。肯楠對於蒲立德如此充滿好奇心感到印象深刻，蒲立德則對肯楠面面俱到的回答刮目相看。

「你瞭解俄國嗎？」蒲立德問道。「是的。」肯楠回答。「我星期一要前往莫斯科，」蒲立德說，「你能及時準備好一同前往嗎？」

肯楠回憶說，頓時那個房間彷彿在他四周劇烈搖晃。他爲了去俄國已經準備五年了，他在日記上表示，那項提議「來得就像一道幸運的雷擊」。在一陣興奮感中，他對於承認蘇聯的疑慮煙消雲散。不到一個星期之後，還來不及前往密爾瓦基，他和家人就搭船橫渡大西洋。途中他收到威廉・菲利普斯（William Phillips）發的電報，通知他父親過世的消息。

★★★

美國代表團登上哈定總統號（President Harding）汽輪，全團都感染了歡樂的氣氛，而那也是他們到莫斯科頭幾年的心情寫照。根據肯楠的說法，蒲立德「年輕、英俊、彬彬有禮，充滿了魅力與熱情」。壓抑不住興奮心情的蒲立德教導船上的管弦樂團一些新曲，讓那些夜晚都活潑了起來。《紐約時報》特派記者華特・杜蘭蒂（Walter Duranty）的尖酸嘲諷態度也被這種興奮情緒給軟化了，在船上高級白蘭地的催化下，開心地和人交談。待在一旁寫著日記的人則是肯楠。

當火車停在波蘭的一座小車站時，與美國人同行的李維諾夫追憶起他在附近一座村莊度過的童年，透露他一度發願要成爲圖書館員。「我們頓時明白，或至少我明白，與我們交手的這些人其實也是與我們沒兩樣的平凡人。」肯楠表示，「他們在某個地方出生，和我們一樣童年時也有一些志願。有那麼一個短瞬間，我們似乎能破突破藩籬，擁抱這些人。」

一九三三年十二月十日，美方一行人抵達明斯克（Minsk）附近的蘇聯邊界。肯楠負責翻譯蘇聯外交辦公室代表的演說內容；對方十分緊張，透露出這個場合的重要性。接著在車站餐廳舉行宴會，那是無數類似場合的第一次，蘇聯廚師烹調山珍海味，加上滿桌的魚子醬和伏特加，可是卻難過地發現並不符合美國人的胃口。

將美方一行人從邊境載到莫斯科的老舊俄國臥舖車廂，車簷上掛著冰柱。興奮得睡不著的肯楠在每個轉換站看著俄國工人將熱水打進列車的客房裡。「俄國，俄國——骯髒落後的迷人俄國，爲自己的落後感到如此羞愧，像東方人一樣決心靠著高明的騙局來隱瞞我們。」他在自己的日記上寫道，「我永遠都將記得你——悄悄地、感動地，但也一邊困惑地大喊——在十二月一個清晨，充滿霧氣的黑暗中，將熱水打進我們的臥舖車廂裡，只爲了不讓我們知道，只爲了我們可能不明白，自己來到一片多麼原始的土地。」

蒲立德和肯楠抵達莫斯科的國家飯店（National Hotel）時，獲得在大廳與馬克思見面的殊榮——哈波·馬克思。這位喜劇演員當時正好造訪俄國，他神奇地從李維諾夫的口袋裡變出叉子，爲其中一場接風宴增添了不少活潑氣氛。加里寧總統（President Kalinin，美方一行人後來稱呼他「老爹」）將肯楠拉到一旁。加里寧透露，他和他的同志在還是年輕激進學生的時候，經常閱讀老喬治·肯楠針對西伯利亞的經歷。讓肯楠驚訝的是，他說那些書是早期布爾什維克分子的聖經。

哈波與肯楠同樣都對契訶夫有興趣，於是他們帶了一群人去莫斯科藝術劇院（Moscow Art Theater）觀賞《櫻桃園》（The Cherry Orchard）的演出。哈波整場「獨自爆出毫無節制的陣陣笑聲」；肯楠則得以與契訶夫的遺孀妮波契可娃（Knipper-Chekova）見面，商討他撰寫契訶夫傳記的計畫。

在克里姆林宮的盛大儀式上，蒲立德向蘇聯政府呈遞他的到任國書，成爲德威特·柯林頓·普爾（DeWitt Clinton Poole）於一九一九年去職之後，莫斯科第一位正式的美國外交使節。他也爲美國大使館挑選了地點：由一名糖業大亨於一九一四年興建的洞穴狀灰泥豪宅史帕索大宅（Spaso House）獲選爲大使的官邸；位於克里姆林宮對面、莫科瓦亞街（Mokhovaya Street）上正在施工中的一棟七層辦公大樓，則將成爲新的大使館大樓。在莫斯科待了十一天之後，蒲立德返國招募其他的代表團成員，留下肯楠籌備新大使館的相關事宜。

肯楠在國家飯店的一間客房辦公，這家飯店就在大使館預定地隔壁。當安娜莉絲在角落的一個裝威士忌的條板箱以及電爐上做菜時，她丈夫則與人數極少的工作人員見面，並受到莫斯科官僚的保護。蘇聯人並不想幫忙。史帕索大宅找不到壁爐架可以裝設壁爐，政府便從外交辦公室拆一個過去。不過問題不勝枚舉，有各路俄國人秘密地居住在史帕索大宅裡，從外交副人民委員到來路不明的過客都有，這些人都必須趕走。擬租約、換貨幣還有找家具這些挑戰全都糾結在一起；問題看起來愈小，就愈難解決。

幸好，肯楠抵達後不久就在飯店酒吧遇到「一個美國年輕人，對方頂著一頭亂髮的，說話時有濃重的費城慢吞吞語調，交談不久就展露出高度幽默感」。他是查爾斯・塞耶爾（Charles Thayer），日後成為備受敬重的外交官，也是駐外辦事處的開心果。

塞耶爾出生於賓夕法尼亞州維拉諾亞（Villanova）的一個郊區上流階級家庭，比波倫晚一年進入聖保羅中學就讀，後來成為西點軍校學生。他在西點的學業成績很高，但是不受拘束的行事作風也讓他被記的缺點數量甚至更高。塞耶爾明白自己不適合軍旅生涯後辭去軍職，並研讀俄文，希望加入駐外辦事處。唯一的阻力來自一名古怪的騎兵軍官。「軍方才剛讓你完成教育，現在你卻想退出，成為該死沒出息的外交官，而且還挑上俄國。」喬治・巴頓（George Patton）上校大吼，「你是布爾什維克分子嗎？」然而，塞耶爾最終還是說服了巴頓和其他人，他最好離開軍隊，然後獨自啓程前往莫斯科，等待美國承認蘇聯。

在蒲立德返美充實他的代表團陣容之前，塞耶爾巧妙地謀得一份工作。肯楠立刻讓他上場，協助大使館的籌備工作，不過這項工作再怎麼做也很難做得完美。到了蒲立德和部屬在一九三四年二月底回來時，只裝好了一批壁鐘。可是漸漸地，儘管肯楠焦慮、塞耶爾古怪，大使館與辦公室卻開始成形了。

蒲立德大使取道巴黎要返回莫斯科時，波倫加入了他的行列。當他們在俄國邊界等待，準備換火車時，波倫突然聞到肯楠和塞耶爾早就對之既愛又恨的一股味道。「潮濕羊皮外套、散落在地板上吸收了濕氣的木屑、消毒劑、廉價肥皂、人類的汗水，還有廉價俄國菸草馬合煙（Makhorka）的氣味——對我來說它至今仍是蘇聯的味道。」他後來回想說。

波倫與蒲立德的列車駛進莫斯科時，肯楠和塞耶爾正在車站等著迎接他們。美國代表團注意到月台上有一支樂隊，於是準備面對一場盛大的歡迎儀式。結果，那些樂手是爲了歡迎婦女節慶祝大會的代表。對蒲立德而言，蘇聯的首席協議代表只跟他握了一次手，那是他注定要遭遇許多該死的預期事件中的第一件。

波倫隨即投入大使館的籌備工作。在史帕索大宅第一天早晨的早餐上，蒲立德的法國廚師突然衝進來宣布：「房子裡什麼東西都沒有！沒有！我向你們保證。」塞耶爾看著肯楠，低聲抱怨了起來；他們已經花了好幾個星期的時間，努力讓這間宅邸可以住人。廚師繼續說，廚房裡沒有香料，臥房裡沒有衣架。於是塞耶爾硬是向他房東女兒的男朋友借用有邊車的哈雷機車，他騎上機車，毛皮帽的耳罩一邊隨風飛舞，搖搖晃晃地騎過莫斯科的泥濘街道，尋找相關補給品。香料不好找，不過波倫搞清楚了俄文的衣架（veselka）怎麼說，爲大使館找到了一些木質衣架。

「有一些夜晚，」肯楠在日記中表示，「我們下屬的工作人員聚集在我的飯店房間裡，鬱悶地啜飲威士忌汽水（highball），看著老鼠沿著踢腳板玩捉迷藏，感覺我們被擊敗了，無能到連共產主義與資本主義之間的那些基本矛盾都不能連結起來，然後很快我們就只能放棄，然後害羞地偷偷溜走，成爲歐洲的笑柄。」不過到了七月，大使館人員終於能搬進莫科瓦亞街的辦公室，開始工作。搬遷那一天，一名頭髮灰白、擔任大使館參事的生涯規劃輔導員站在幾乎空無一物的房間之間，對著驚嚇的肯楠宣布：「喬治，我想該是把波羅的海互不侵犯條約的消息傳送出去的時候了。」

不過，華盛頓不太可能要求聽取晦澀的互不侵犯條約的報告，因此讓這些莫斯科的年輕官員有很多時間玩樂。蒲立德鼓勵他們盡可能出外旅行，結果肯楠全心全意遵照這項命令，投入程度之深令他的同事感到好笑。他單獨搭火車出發，到處去畫中世紀教堂的素描，尋找與契訶夫相關的事物。波倫和塞耶爾則利用這個機會到高加索山區巴庫（Baku）附近獵捕野豬，讓暗中監督他們的秘密警察相當驚愕。

蒲立德也強調與人有親密關係的必要。「身爲單身漢，」波倫回憶說，「我熱切地遵照他的指示。」波倫爲莫斯科芭蕾舞團安排一場電影放映會之後，女性芭蕾舞者開始經常成為大使館午宴的座上賓，他表示：「還促成了許多露水姻緣。」他和肯楠受邀成為當地改編查爾斯．麥克阿瑟與班．赫特作品的劇作《頭條新聞》（*The Front Page*）的顧問。年輕的蘇聯演員對於美國社會有他們自己的概念。例如，市政新聞主編戴著一頂大禮帽、身穿燕尾服，因為導演認定那是資本主義社會中正常的主管打扮風格。

俄國人似乎很熱切地培養這份友誼。在蒲立德的指示下，波倫提議在當地一座公園內教他們打棒球，於是一個團隊便很盡責地出現了。然而，當其中一人的頭部遭到快速球擊中之後，他們原本就不怎麼濃厚的興趣更是進一步冷卻。「顯然，」波倫後來寫道，「他們是奉命來打球的。」

有一次，塞耶爾在一場宴會上為蘇聯國防人民委員擔任翻譯時，拐彎抹角地介紹馬球。蒲立德用英語說：「問問人民委員，最佳的夏季度假勝地在哪裡。」塞耶爾用俄語說：「大使想知道……（停頓）……蘇聯人為什麼不打馬球。」蒲立德還沒搞清楚怎麼回事，塞耶爾已經安排大使館人員教導俄國人打馬球了。蒲立德又好氣又好笑，但仍同意擔任裁判；結果那場馬球氣氛熱烈，好不熱鬧。

波倫與肯楠同樣對於蘇聯體制缺乏好感，不過這份厭惡因為他們第一年感受到的溫暖而暫時化解。尤其，莫斯科的知識分子似乎特別急著與他們新的美國盟友交朋友，而他們的太太也對巴黎時尚和美國化妝品深感興趣。看來他們對外來事物的接受度不算太低。「我的記憶中留存著那個愉快的冬季，」肯楠滿懷希望地表示，「那是在其他情境之下，美蘇關係可能的面貌的一個範例。」

波倫抱持的想法甚至更加樂觀；他覺得，自由與民主是正牌馬克思主義的固有特徵，而他看見了它們可能有辦法出現的徵兆。「年輕的俄國人就像剛接觸一種新信念的新手，」他在給母親的信上寫道，「我認為莫斯科的人看起來並不是非常心力交瘁，飽受折騰。」他對俄國人產生一份深刻的愛。「我不認識任何來過俄國的人，不管他們對這個政權抱持何種態度，根本沒有人對整體的俄國人有一點鍾愛。」他後來寫道，「韓德森、肯楠和我發現，我們抵達莫斯科的時間恰到好處，因為一九三四年可能被視為蘇聯歷史上最樂觀的一年。」

這感覺良好的一年的高點出現在一九三四年史帕索大宅的聖誕派對上。爲了炒熱氣氛，塞耶爾和同伴從莫斯科馬戲團找來三隻受過訓練的海豹。牠們在指定的時間從一條滑道滑進史帕索大宅呈洞穴狀的挑高三層樓舞廳，鼻尖上還頂著一棵聖誕樹以及香檳酒托盤。表演的最高潮是海豹用口琴吹奏一曲聖誕頌歌。

然而就在這時候，牠們的訓練師在這場慶祝活動上玩過頭，竟然昏倒在舞廳地板上。「接下來十五分鐘所發生的事，出現了好幾種版本的說法。」塞耶爾寫道。有一隻海豹衝進廚房，一名德國廚師試圖拿煎鍋制服牠。另一隻海豹表演了一連串未經排練的絕招，讓舞廳裡的來賓驚奇連連。美方人員揮舞著掃把和死魚，終於設法將所有海豹趕上卡車；途中牠們又有一次脫逃獲得短暫的自由，最後才終於平安返回馬戲團。

★★★

爲逃避這些事情和沉悶呆板的莫斯科生活，大使館較年輕的工作人員在離市區大約二十英里的地方租了一棟鄉間別墅，固定成員包括波倫、塞耶爾、肯楠、洛伊・韓德森、艾爾布里吉・杜布洛☆，以及愛德華・佩吉。這棟兩層樓的別墅小屋只有四間臥房，可是很快就成爲許多西方外交人員的社交中心。它冬天可讓人滑雪，春天出產可製作薄荷朱利酒（julep）的薄荷，夏天可當作棒球場，全年還有三匹疲累的棕色馬供人騎乘。他們將這裡稱爲集體農場（kolkhoz），那麼蘇聯當局才會賣有補助的燕麥給馬吃。唉，動物在這樣的環境下似乎長得不太好，或許是因爲他們的俄國老馬伕，一個有著O形腿的前沙皇騎兵軍官，靠著轉手販賣飼料中飽私囊的緣故。

在這樣的氛圍中，連肯楠似乎都改變了他悶悶不樂的個性，或至少勇敢地擺脫它。「我學會騎馬，」他回憶說，「變成熱中於滑冰、滑雪、打網球、打橋牌，儘管技巧稱不上出色。」杜布洛的家庭影片顯示，肯楠穿著三件式西裝躺在臨時權充的棒球場上，拿著吉他彈俄國民謠。安娜莉絲甚至更擅長交際，在週末的歡樂派對

☆譯註：杜布洛（Elbridge Durbrow）後來在一九五〇年代晚期擔任美國駐南越大使。

上會完全拋開冷漠的態度，而她的丈夫則在角落跟一、兩個同事熱烈討論蘇聯的生活。

肯楠偶爾會努力娛樂他的同伴，像他父親從前那樣大聲朗讀，包括吉朋的《羅馬帝國衰亡史》（*The History of the Decline and Fall of the Roman Empire*）與契訶夫的劇本。酒過三巡之後，安娜莉絲必須稍微刻意地提醒他，不是每個人都有興趣聽這些朗誦。沒錯，儘管肯楠努力與人交際，他的舉止還是往往讓同事覺得不快。當他開始抽菸斗，其他人就笑他故做學者樣；當他大量寫長篇備忘錄和電報，別人則會翻白眼。後來，他大半的名聲都來自這種愛寫長電報的傾向。

「幾乎每個人剛開始認識肯楠之後，都會被他惹得很煩。」韓德森後來說，「他十分專注於自己的想法，總是學不會贊同別人或與人相處。在莫斯科半年之後，蒲立德個人就已經不太喜歡喬治了。然而，他確實相當尊重他的想法。我們對喬治的想法的重視程度，都比不上喬治本人，不過我們知道總有一天人們都必須重視。」

可以理解的是，波倫遠比他受人歡迎。「他有一種討人喜歡的個性，強烈的幽默感，談笑風生的天賦，還有不由自主的快樂氣質。」韓德森說。波倫幾乎在每個方面都與肯楠相反。「奇普很友善，」韓德森回憶說，「他酒量好、善交際，從來不會一副勢利鬼的樣子。最重要的是，他有一種讓人想開口跟他說話的特質。」從他總是設法取悅掌權者這一點來看，他是個非常優秀的駐外事務處官員。他從不質疑政策，除了在私底下，我認為他是試圖讓大家都認為他贊同他們。」

儘管有所差異，或許也是因為這些差異，波倫是莫斯科少數能眞正與肯楠相處的幾個人之一。他們經常一起參加演講和音樂會，而波倫在跑完一整晚的派對之後，也常到肯楠的房間去，坐在他的床上進行午夜閒聊。他會責備這位朋友於公於私都太憂鬱，以及過度專注於批評政策，因此自己無法以專業的方式來執行政策。波倫曾經說過，肯楠具有「優良的美國道德傳統」，結果卻很難「將自己內心的感受與他的知識及事實分開來」。

對肯楠而言，他與波倫在莫斯科培養出來的關係是「一段延續一生的知識親密關係的開端，具有獨特的範疇與強度，至少我是這麼以爲」。這個關係有時候也可能很猛烈。「在無數的言辭交鋒中，無論是當時或接下來的幾十年，我們會斷然且無情地說出彼此的一致性與差異性，有時候衝突白熱化的程度讓旁觀者以爲我們會就此絕交。」不過，這些「痛苦卻愉快的」爭執鮮少涉及意識形態的差異。「我們意見不合的地方是構想應該以何種方式轉爲政策，」肯楠在大約五十年之後回憶說，「奇普往往非常效忠當時的美國政策，即使那是他不贊同的羅斯福樂觀主義。他不喜歡對抗主流趨勢，我都叫他『盲目的堅定支持者』。」

★★★

莫斯科第一年的高度期望因爲一起兇殺案及其嚴重的後續效應而成了泡影。一九三四年十二月，列寧格勒的共黨領袖謝蓋爾·基洛夫（Sergei Kirov）遭人槍殺。雖然後來史達林親自下令刺客行兇的事實逐漸明朗，他卻利用此一事件展開一連串的表演性審判和整肅運動，恐嚇俄國老百姓。從那時候起到第二次世界大戰爆發，也就是波倫和肯楠交替在莫斯科以及國務院蘇聯小組工作的期間，整肅運動主導了他們與蘇聯的協商。就如肯楠在私人日誌中所言：「已經開始向西方伸出一隻手的俄國，又再一次無法找到最終的自信來完成這個動作。」

基洛夫遇害之後幾天，肯楠的一種定期腸疾發作。就在其他官員和他們的蘇聯賓客（還有海豹）參加聖誕慶祝活動之際，肯楠卻病奄奄地躺在床上。當同事來到病榻旁描述瀰漫於莫斯科且逐漸升高的恐懼與仇外心態，肯楠的疏離感又猛然浮上心頭。「我感受到同一種輕微的優越感，相信高雅的鬼魂對於那些依然困在紅塵俗世裡的人，也是有這種感覺。」他寫道。

有一個朋友發現了革命前聖彼得堡美國使館的一些舊書信，帶來給肯楠。「這些人走火入魔了，」一名公使在一個世紀之前寫道，「他們有種奇怪的迷信，以為他們注定會征服整個世界。」對肯楠來說，這些舊文件使他更深信俄國的困境原本就存在於其文化中，而不僅僅是共產主義意識形態的產物。「那上面所寫的東西大部份在一九三四年來看都是正確的，就像一個世紀之前那樣。」他表示。

肯楠爲國務院將這些舊信件整合在一封越洋電報裡，在附加說明它們已有一世紀之久之後，蒲立德同意發送出去。「我們覺得必須從長期觀點來看待俄國，而它們是很棒的佐證。」肯楠在他的日記上寫道，「吵嚷著革命的布爾什維克主義並不是歷史上的轉捩點，它只是俄國從模糊起源通往模糊命運的那條揮霍且痛苦的路上，另一個名詞、另一個里程碑。」

肯楠日漸輕視共產主義，有一部份是源自他相當神經質的菁英主義。有一次單獨在黑海邊的度假勝地索奇（Sochi）停留時，飯店裡「無趣、思鄉的無產階級勞工」令他感到厭惡。「革命的先輩是否眞正想像過，一旦上層與中產階級被趕出這些海邊療養勝地，無產階級那些人會搬遷過來，繼續優雅而有品味地進行休閒活動嗎？」他在日記裡思索著，「他們眞的無法預見這種頭腦簡單的人其實會將飯店和別墅變成豬圈，不懂得欣賞藍天白雲、新鮮空氣，以及山水美景嗎？」

另一方面，波倫發現自己的感觸是困惑多於憤慨。「將反差最大的事物並置在一起，根本不可能看出眞正精準的面貌。」他在一封家書中寫道，「無論世人寫過什麼秘密警察的手段，全都是眞的。我個人就知道發生過一些恐怖的事情。話說回來，我認爲執政當局的作法成功了，而對未來的希望以及對勞動的眞實讚頌是讓這個國家與衆不同的兩個因素。就我們所瞭解，這種樂觀的精神與對個人自由的完全打壓是聯手共同運作的。」

最令波倫苦惱是令人失望的具體事實。史達林曾答應提供一塊河濱的土地給新的美國大使館使用，可是他與李維諾夫洽談租約時卻碰到了問題。一開始，李維諾夫說無法提供那個地點。蒲立德與波倫施壓之後，李維諾夫的態度才軟化。不過難以克服的障礙很快又出現：每棵樹木都必須獲得許可才能砍伐，營建材料必須以不合理的匯率採購，不提供住宿給美國工人。這項工程不久便不得不停擺。「蘇聯人是我見過最難做生意的民族，」波倫寫信回家，「他們想佔盡你的便宜。」

波倫認爲蘇聯不屑妥協的原因是他們向來就不是一個貿易國家。「俄國人始終專注於奪取土地、攻佔與保住領土，」他後來寫道，「這樣的關係無法產生妥協精神。」他推斷，這種文化傾向因爲「布爾什維克思想的獨斷與偏執特質」，以及認爲妥協「等於投降或背叛」的思維而更形鞏固。對高明的外交官波倫而言，妥協的能力是一種最重要的優點。

比起大多數男人，波倫更喜愛個人自由的那種無拘無束，他也怨恨蘇聯無所不在的秘密警察。六月的一天晚上，他和蒲立德決定到莫斯科河（Moscow River）上划船，經過莫斯科年輕人做裸體日光浴的河岸。他們很高興地發現跟蹤他們的幹員不會划船。那些警察焦急地對著無線電大喊。最後，就在這兩個美國人即將離開視線範圍時，一艘警用快艇前來繼續監視任務。

對於蒲立德在一九三五年驟然改變看法，部份原因是肯楠與波倫的反蘇態度。「蘇聯體制逐漸讓波倫和我感到氣餒，我們幫助蒲立德擺脫他的樂觀看法。」肯楠日後在一個訪問中回憶說，「那沒有花太大力氣。主要是蘇聯政府本身讓蒲立德失去信心，打消他錯誤的期望。」

一九三五年春天，波倫短暫調回華盛頓，在東歐司工作。就在離開俄國邊界時，他的興奮之情或許比他抵達時還要強烈。「那就像從一個氧含量足以維持生命、但不足以產生任何心理或精神振奮的房間，走到外面呼吸到清新的春天空氣。」

與他同行的人是查理・塞耶爾。這兩個無法壓抑且不受控制的男子在莫斯科一直是室友，塞耶爾的妹妹愛薇絲（Avis）曾經去拜訪過他們。多年前，波倫曾經跟他在聖保羅中學的同班同學喬治・塞耶爾（George Thayer）到維拉諾亞度假，當時愛薇絲才九歲，而波倫幾乎沒有注意到她。不過當她在一九三四年造訪莫斯科，波倫發現自己被她的清新之美與溫柔的風趣深深吸引。在返回華盛頓的途中，波倫停留在維拉諾亞迎娶愛薇絲，查理也因此成爲他的大舅子。

波倫在東歐司提出的報告都是激烈地反蘇。其中一份關於克里姆林宮採取恐怖統治的報告指出，布爾什維克分子誓言，只要他們不掌權，就會放棄這種手段，可是一旦執政，就會將之視爲「一種完全合法的階級戰爭利器」。在莫斯科，肯楠提出的批評甚至更嚴厲，當然量也更多。從此他展開一段漫長的寫作生涯，產出大量的長篇報告，不過它們注定大部份都無人閱讀，而更長的個人備忘錄則只能停留在他自己的檔案裡。

其中最驚人的是一九三六年一篇名爲「美蘇關係的一些基本原則」的文章。肯楠在文章中提出一種歷史決定論，而這種論點後來他也堅持了一輩子。他主張，國與國之間的關係「總是長期受到因地理與歷史條件而形成的某些相對固定性的基本因素左右」。他斷定，因爲如此，「除了雙邊一連串的誤解、失望和交相指責之外，美蘇關係幾乎沒有未來可言。」

肯楠發出的第一次正式急件訊息是一九三七年一月一份關於卡爾．拉迪克☆整肅審判的報告。它呈現的分析有點模糊，後來觸怒了希望從他這邊獲得明確答案的官員。「即使這個案子的所有事實都具備——現在當然沒有這些事實，以後也不會有——但是西方人的頭腦是否能夠推測有罪與否、是眞是假的問題，還是個疑問。」他寫道，「如同杜斯妥也夫斯基所呈現的，俄國人的頭腦不懂得節制；它有時將眞實與虛假帶到無窮的極端，最後在太空中交會，就像平行線一樣，再也不可能區分它們。」

★★★

堅信未來很有可能與俄國保持友好的關係的羅斯福總統，讓約瑟夫．戴維斯（Joseph Davies）取代失去信心的蒲立德；戴維斯是民主黨政客，也是羅斯福童年時期的朋友，對蘇聯實驗的立場搖擺不定。肯楠大吃一驚，他認爲羅斯福總統犯了一個無可饒恕的罪，竟然將莫斯科大使的職位視爲「只是另一個政治肥缺」。有一次深夜在洛伊．韓德森的房間開會時，資淺的官員們紛紛發洩自己氣餒的情緒，肯楠再一次談到他想辭職。

戴維斯抵達之後不久，他對蘇聯無比的信任和肯楠及同事毫不掩飾的懷疑爆發了衝突。例如有一個秘密麥克風的案例，剛開始是肯楠與塞耶爾在史帕索大宅的撞球間發現一些隱藏的電話線。由於竊聽器還沒有完全連

☆譯註：卡爾．拉迪克（Karl Radek）是在第一次世界大戰之前活躍於德國與波蘭社會民主運動的馬克思主義者，俄國革命後成為國際共產主義領袖。

接完成，他們策劃了一項計畫要揪出歹徒。他們與杜布洛輪流躲在閣樓裡，並帶著一把沒裝子彈的槍和一支手電筒。過了幾個寒冷又毫無所獲的夜晚，監視行動取消，改成佈置一個草草拼湊的陷阱，也就是用絲線連到一個警鈴。可惜警鈴有賴於正常規律的供電；就在這三名警衛睡覺時，有人關掉了房子的電源總開關。到了早上，他們發現麥克風已經被移走了。

戴維斯對於自己的部屬疑神疑鬼很不高興。在根據他的書《出使莫斯科》（*Mission to Moscow*）所改編的電影中，呈現出他責罵一個初級官員，因爲對方指出蘇聯可能在進行竊聽。塞耶爾在自己所寫關於那個時期的一本書《魚子醬裡的熊》（*Bears in the Caviar*）中，尖銳地指出：「有一張那個麥克風的照片存檔在國務院裡，以備好萊塢有人有興趣。」

肯楠不知道的是，戴維斯決定建議讓他轉調。在一封寄給國務院的信件中，這位大使讚賞肯楠的工作表現，不過卻補充說他待在莫斯科「實在太久了」，鑑於他的健康狀況，讓他調走會是「一件很人道的事」。一九三七年夏天，派他到耶路撒冷的決定中途夭折之後，肯楠被告知取代波倫，到華盛頓擔任俄國專家。

肯楠轉調正值國務院經歷一場大改組。羅斯福總統決心與俄國培養友好關係，導致波倫服務的單位東歐司瓦解，降爲新成立的歐洲事務司（Division of European Affair）裡面的兩個小組。

儘管這次重新改組有部份是了組織瘦身，不過波倫與肯楠有理由相信，其目的是要剷除凱利所栽培的那群態度強硬的蘇聯專家。波倫說：「我國人也參與了對抗凱利的行動。」他們兩人私下都懷疑伊蓮娜・羅斯福要負部份責任。「的確有蘇聯影響的跡象，或是在政府高層裡強烈支持蘇聯的勢力的影響。」肯楠判斷說。

不過依照習慣，波倫也能理解總統說「國務院需要一番新氣象」的用意，並同意掌管新的俄國小組到肯楠回國爲止。可是「年高德劭官僚組織更新方案」最讓波倫困擾的是拆散舊單位頗具價值的研究資料，內容涵蓋早期的《眞理報》（*Pravda*）到美國境內的革命分子檔案。於是他暗中用牛皮紙將最重要的資料包起來，藏在國務院舊大樓如洞穴般的閣樓裡。「保存這些無價的革命文件是我的首要考量。」

在九月抵達華盛頓時，肯楠嚇壞了。「那就像俄國大整肅，」他回想，雖然講得有點誇張，「白宮有人因爲反對我們對蘇聯的務實態度，就把一座美麗的圖書館給毀了。」波倫回莫斯科之前的某一天晚上，這一對朋友在波倫搬空的半個小隔間裡一起喝幾杯。接著他們爬進閣樓，拯救藏起來的書籍和文件。肯楠將最重要的資料藏在他的新辦公桌附近，波倫則打算把其他的部份收藏在國會圖書館的一個特殊區域。「我們都同意，」肯楠回憶說，「讓相信蘇聯體制客觀分析的人的熱情延續下去，是我們責任。」

在蘇聯小組工作的那一年，肯楠大部份時間都與美國商人合作，其中包括有興趣提高與蘇聯的貿易量的哈里曼。比起當時政府裡的許多華爾街大亨，肯楠小心謹慎的清教徒性格讓他對於利益衝突更爲敏感。有一家密爾瓦基的機器製造商要求他發揮自己的影響力，幫忙贏得一紙蘇聯合約，肯楠回覆說，美國政府的角色不是「推動個別的交易」。

國務卿科德爾・赫爾召見肯楠時，都是爲了一個案子——有些美國共產黨分子在莫斯科神秘失蹤。這位年輕的分析家還在爲保障蘇聯外國人權益的條約用字不夠嚴謹而難過，於是給這個狀況做了與他典型風格一樣複雜的分析。「我猜，在簡短的面談結束時，他可能認爲我跟俄國人一樣精神錯亂，因爲我一直試圖解釋俄國人的行爲。」肯楠表示。

在一篇探討「美國駐莫斯科大使的立場」的文章中，肯楠詳細列舉了蘇聯對外國人的態度以及莫斯科大使館人員面臨的問題。肯楠在接下來的許多備忘錄中寫道，爲了抗議「普遍的懷疑氣氛以及缺乏合作」，當戴維斯的任務結束時，華盛頓應該延後指派接替他的人選。一如他的許多強硬建議，這項意見同樣遭到忽視。

雖然同事們經常不耐煩地笑看肯楠主動提出的種種意見，他還是慢慢地爲自己在外交政策菁英之間塑造出哲學家的形象；他開始被視爲一個深奧、具直覺力的思想家（當然他自己也這麼想），能夠揣測蘇聯的行動的複雜性。在他給蒲立德的備忘錄中所提到的地理與歷史決定論，逐漸演變成一種條理分明的哲學，後來更形成第二次世界大戰後界定圍堵政策的那些重要電報與文章的基礎。

這套理論最早的清楚表達出現在肯楠於一九三八年五月在駐外辦事處學校（Foreign Service School）發表的演說中，題目為「俄羅斯」。他在演說中貶低馬克思主義意識形態在指導克里姆林宮行動上的角色，而是比較強調俄國國家性格的「固有特性」。肯楠舉出幾年前他從沙皇尼古拉一世時期美國大使急件文書中所發現的趨向，主張俄國在革命前後都有一種「鮮明的個性」，其中包括「持續擔憂外國入侵，歇斯底里地懷疑其他國家」。

肯楠提出一個理論，這種徹底的國家性格有部份源於俄國的地理環境，那是一片廣袤而寒冷的陸塊，鼓勵的是「極端主義」而非界限感，其不安定的邊界讓居民無法就「有限且清楚界定的領土」的角度來思考。歷史也扮演了一個角色：幾世紀以來遭到「亞洲遊牧民族」侵略，因而產生一種「東方專制」與仇外的體制。此外，還有拜占庭教會的影響，其特色是「偏狹、陰險與專橫的政治體制」。

肯楠的結論中的決定論幾乎就像佛洛伊德學說：「國家跟個人一樣，主要是環境的產物；它們的特點、它們的擔憂和恐懼，以及它們的能力，有許多都取決於所謂童年初期的印象。」那是一幅陰鬱的景象，認爲俄國與西方之間的友誼幾乎沒有未來可言。

肯楠的菁英主義已經讓他藐視馬克思主義無產階級的虛僞。返回美國後，他對於一九三八年的期中選舉感到不安，因爲他們的外交政策辭令資訊不全。他的菁英主義再一次令人側目，而這一次鎖定的目標是民主。當波倫介紹他給報紙專欄作家約瑟夫・艾爾索普（Joseph Alsop），肯楠表示：「這個國家的問題在於我們是民主國家，我們應該改由貴族統治才對。」艾爾索普回憶說：「我感到十分噁心。」

肯楠認爲，美國的開國元老們並無意建立眞正的民主國家。早在一九三〇年給朋友的一張字條上，他就提出這個問題：「如果他們反對讓以白人、新教徒、英國人爲主，面臨的問題也相對簡單的一批人施行民主，那麼光想到民主原則要用在一千多萬名黑人以及數量更多的南歐人身上，難道他們不會激動得從墳墓中爬起來嗎？何況那些人根本不知道民主原則爲何物。」

一九三五年因腸道疾病在奧地利休養時，肯楠就對維也納「特別獨裁」的政權處理社會問題的方式印象深刻。「沒有煽動行爲、沒有凡夫俗子公開爭辯、沒有針對大衆的情感與貪婪所做的訴求。」他在一九三九年完成的一本私人日誌上如此寫道。他斷定，比起民主，「仁慈的專制較有可能帶來好處。」「在接下來的那些年，也就是動盪的一九三六到一九三九年，我們國家掀起『獨裁與民主』議題的激烈辯論；我始終無法忘掉那些印象。這種想像出來的議題無法令我感到興奮。我搞不懂爲什麼硬要將獨裁山羊與民主綿羊區分開來。」

一九三八年，肯楠開始撰寫一本怪書，鼓吹一個由美國菁英治理的獨裁國家。他只完成了兩章，並未交付出版，在自己的回憶錄或其他地方也從未提過這本書的計畫——而這對他的聲譽來說無疑是件幸運的事。在這本書中，肯楠提出美國應該走「一條透過修憲成爲獨裁國家的路」。

第一章「首要條件」（The Prerequisites）是以潦草的字跡寫成，無意中比肯楠平常的工整筆跡洩漏了更多情緒。根據在奧地利的觀察心得，他主張民主與獨裁主義之間並沒有道德上的差異。他提議，美國應該由「開明的菁英」治理。他並未回答如何挑選這群人的問題，只說其中的成員「以個人是否適合權威爲基礎來選擇」。

更爲驚人的是肯楠在第二章所提的「擴大限制國家事務的投票權」。他解釋說：「對於聯邦政府面臨的複雜問題，這個國家有成千上百萬人連最基本的是非觀念都沒有。」在他的規劃中，不該獲得投票權的人包括：婦女，肯楠稱她們輕佻不穩重；黑人，他覺得他們應該受到國家管束；還有移民，他們已經比「眞正的」美國人實行更多政治權力了。

這本書的初稿充斥了對各種族群毫無根據的羞辱。其中包括：「較新的」美國人（主要是天主教移民）無法理解美國原則，他們「當順從的公民會比較快樂」；比起其他國家的婦女，美國的女人往往比較「容易激動、不滿足、胸部平坦、聲音扁平」，如果她們回歸「家庭野餐、小孩的派對和教會活動」，生活就會更有意義；至於黑人，如果「公開依賴」社會的「善意」，日子會過得比較好。「少了選舉權，可以讓黑人比現在獲得多一點保護。」肯楠主張。

即便是這種最開明的人，作品中無疑還是隱藏了一些相當奇怪的觀念。問題是，這種毫無根據的想法是否反映了他們眞正的品格，還是暫時的失控言論。肯楠的書稿就算對他自己而言都有點極端，不過的確也反映了他性格中黑暗的一面。他與波倫有許多共同的知識性觀念；但是波倫充滿自信的自我認知讓他的觀點顯得比較樂觀，而肯楠對這個世界的不安全感讓他對人類的看法顯得晦暗。

在整個公職生涯中，肯楠始終痛恨屈服於公衆壓力的政治人物。他批評第二次世界大戰前後要幫助猶太難民的「政治壓力」，也總是對於民主國家實行一致性的外交政策的能力感到絕望。「國內政治由握有發言權的少數人主導，而我們在外交事務上的行動，便是政治人物對於國內政治的痙攣反應。」他在一九四四年的日記上寫道。即使到了人生後期，肯楠還產生菁英領導的觀念。「我們應該創設一個由五百至一千名具有專長的人所組成的專家小組，」他告訴一名訪問者，「任命小組成員的工作應該由超然且嚴格的權威人士來執行，例如最高法院。」他主張，國家的領導人應該從這一群人當中挑選產生。

★★★

波倫與肯楠交換職務之後，於一九三八年一月回到莫斯科。他再度聞到了那種味道。「又是那種四處瀰漫的氣味。」他寫道。就像他太太愛薇絲指出的，唯一的差別是多了俄國女人開始擦在身上的恐怖廉價香水味，外國人稱之爲「史達林的口氣」。蘇聯警察國家的緊迫盯人手法同樣也沒有消失：有關當局拒絕讓波倫帶他的四十一本書入境，其中有一些是他和肯楠從舊的東歐司圖書館中搶救下來的。這是第一次有美國駐外辦事處官員的私人物品遭禁。

波倫不久便發現，戴維斯對於蘇聯體制的樂觀看法和自己的意見相左。回到莫斯科之後兩個星期，波倫拜訪最高蘇維埃（Supreme Soviet），觀察它採行的改革措施，這些改革的目的是希望將共產黨政治局（Politburo）的決策功能與各種國家機構的行政職責分開來。波倫的報告很正確，黨與國家都體現了一個人的意志：史達林。

「從民主這個字眼爲人所接受的內涵以及一般立法機關的程序來判斷，」波倫在越洋電報上指出，「最高蘇維埃整個運作的過程是一場鬧劇。」然而他也表示，有一個笑得齜牙裂嘴、名叫尼基塔．赫魯雪夫（Nikita Khrushchev）的矮胖男子「馬屁拍得沒那麼明目張膽」。

波倫對整肅風潮的最初反應，還是一樣很務實。就像在曼哈頓找公寓的人會看報紙訃聞一樣，住在莫科瓦亞街的大樓的兩名俄國人被逮捕之後，他到蘇聯外交辦公室協商，想要承租他們的房間。「我覺得自己像隻禿鷹，」他回憶說，「可是我們需要辦公空間。」

波倫獲派要報告最近的一場大型表演型審判，受審對象是最初始的布爾什維克分子之一尼可萊．布哈林（Nikolai Bukharin）。肯楠不贊同戴維斯大使對於整肅審判抱持無比天眞的看法，因而運用複雜的說法來說明對於俄國人思想中固有的矛盾，而波倫的簡單反應則顯示了自己的能力有限。

「嗜血」檢察官安德烈．維辛斯基（Andrei Vishinsky）讓波倫相當反感，而他也發現證據與供詞都很「荒誕而不可信（確實也是如此）。「看似殘酷虐待狂」的法官興味盎然地宣讀判決結果：「槍決，槍決，槍決。」波倫回想說：「我覺得自己的頭頂都要炸掉了，將近一個月無法好好睡覺。」他私底下揶揄戴維斯的天眞。「他有個令人遺憾的傾向，把審判中呈現出來的東西當作純正無誤的眞相。」波倫寫道，「想到他發出的某些電報，我還會覺得臉紅。」

然而，波倫卻發現自己無法寫出這個案件的分析報告，那是他四十年的職業生涯中唯一無法完成的任務。「我無法將審判中的事實與虛構部份區分開來。」他回憶說，「我知道審判本身是騙人的，可是卻沒有辦法證明；我只能夠暗示它與事實無關。我眞的努力過，而且努力了一個多月。我就是無法呈現一個具有說服力的案件。」

指派這項任務給他的洛伊．韓德森在評估波倫的動機時很嚴厲。「他說他寧可不要寫報告。」韓德森多年後回想，「他知道蘇聯多少都會操控案情，而他可能讓自己成爲他們永久的敵人。他也知道羅斯福與戴維斯並不想看到對蘇聯的負面報告。他渴望能取悅每個人，絕對不會說出可能讓自己惹上麻煩的事情。」

現在回想起來，波倫與肯楠對於史達林及其體制的敵意顯得相當不起眼，可是當時它卻跟美國官方的想法相差十萬八千里。戴維斯和他的大使館武官都是美蘇友誼的熱情提倡者，羅斯福總統、哈利・霍普金斯和國務卿赫爾也是如此——不過表現得比較克制。甚至是美國大衆，儘管有深入人心的反共浪潮，卻還是著迷於將俄國描述成潛在貿易伙伴與盟國的媒體報導。

肯楠在思考自己的抽象理論之際，波倫也在發展一種對於蘇聯的行徑更直接坦率的觀點。他同意肯楠的看法，俄國人在歷史上始終是擴張主義者。此外，波倫覺得他們的新國際階級鬥爭意識形態促使他們干預其他國家。不過他逐漸相信，蘇聯外交政策的主要決定因素是克里姆林宮領導人想要鞏固他們自己在國內的掌控，以及保護其國家安全的慾望。他們相信資本主義世界對蘇聯有敵意，正好也用來爲他們自己的鐵腕統治辯解。在一九三〇年代的討論中，波倫用這些想法來測試肯楠，而肯楠後來變成它們最有力的擁護者。

> 波倫分析之後的結論是，對蘇政策的基礎如果將他們的自我利益排除在外，那就太傻了。克里姆林宮與別人的任何結盟關係都是暫時且帶著懷疑眼光的，只莫基於短暫的需求，而非真正的瞭解。如同他在一九三八年的一封越洋電報上所言：「克里姆林宮並不設想與資本主義政府建立永久性的真誠關係，只當作那是暫時性的權宜之計。」

波倫的洞見使他提前領悟到一項驚人的轉變：史達林可能放棄與英、法兩國合作維持的集體安全，而與希特勒的德國簽署互不侵犯條約。他針對這起重大事件提出報告，而過程中同樣受益於他在建立外交人脈時的自在態度，以及他的好運。

最先引起波倫注意的是李維諾夫於一九三八年六月發表的一場演說。「如果迄今蘇聯政府想合作的國家不依照它的意願來制訂政策，」這位外交部長表示，「即使是小型的合作也可能撤銷。」英國首相內維爾．張伯倫（Neville Chamberlain）在慕尼黑企圖採行姑息主義之後，波倫更是提高警覺，因爲他知道這樣的舉動會讓蘇聯更加擔心「資本主義包圍」。然而他還是一樣小心謹慎：「目前至少克里姆林宮傾向於等待進一步發展。」

即使史達林在一九三九年三月宣布俄國不會開戰，「爲別人赴湯蹈火」之後，波倫還是不情願（或許太不情願了）冒險發表意見。當李維諾夫被莫洛托夫取代時，波倫正確地指出，這項人事異動「可能是遠離集體安全原則，邁向與德國建立關係的一步」，不過接著他又補充，那可能只是向英國施壓的一個計謀。蒲立德從他當時派駐的地點巴黎打電話給波倫，討論李維諾夫去職對法國的影響，但即使是他都無法誘使自己過去的部屬提出更大膽的預測。爲了擾亂竊聽者，蒲立德用棒球術語交談，他想知道他的「朋友們」是否可能面臨「完封」。波倫小心地回答，他發現要預測「代打者」會怎麼出棒並不容易。

然而跟肯楠不一樣的是，波倫的報告能力比他對自己見解的信心來得強。在莫斯科附近的美國鄉間別墅，有一名常到訪的賓客是德國大使館優雅的年輕職員強尼．何瓦爾斯（Johnny Herwarth），他暗中對希特勒的暴政感到惶恐。一九三九年五月，何爾瓦斯與德國大使出差回來後，跟波倫一起騎上別墅的跛腳老馬。他告訴波倫，德國大使被召回柏林，「有事發生了。」波倫立刻將這個消息傳回華盛頓，說他對這個訊息「有十足的把握」。

令波倫訝異的是，何瓦爾斯似乎願意讓他知道後續發展。那個星期稍後，兩人回到別墅，何爾瓦斯透露了柏林發生的事情細節。在一封詳盡的長篇越洋電報中，波倫報告說德國大使已經被告知「要十分謹慎地向蘇聯政府傳達德國對它毫無敵意的訊息」。

波倫與何瓦爾斯的對談仍持續下去，有時候在德國大使館，更常在鄉間別墅。波倫逐漸確定何瓦爾斯的舉動是出於友誼，沒有不良的動機。靠著驚人的記憶力，波倫不記筆記都還記得何瓦爾斯所說的所有細節。後來，因爲他不會打字，也擔心口述會被竊聽器攔截，他一回到大使館便親手寫下他的報告。速記員努力辨認了他的潦草字跡之後，這些訊息便轉譯成電碼傳送出去。

八月中在德國大使館的一場正式舞會上出現了重大變化。當波倫走進會場時，何瓦爾斯告訴他，德國大使正在克里姆林宮裡與莫洛托夫會談。他保證一旦有任何消息透露出來，就會讓波倫知道。希望保持頭腦清醒的波倫，只能小心有節制地喝酒。半個小時之後，德國大使出現在舞會上。波倫回憶說：「他是彬彬有禮、面帶微笑的主人，絲毫沒有顯露出剛剛完成了現代外交史上最成功會談之一的跡象。」當他們坐在角落啜飲香檳時，何瓦爾斯一五一十告訴波倫會談詳情。

國務院對於波倫的越洋電報感到懷疑。「我認為，這份懷疑象徵國務院十分相信蘇聯領導人非常服膺其反法西斯觀點，但卻不夠瞭解他們維持蘇維埃體制的目標勝過所有其他考量。」他後來寫道。不過，國務卿赫爾召集華盛頓的英、法兩國公使，將這個訊息轉達給他們。多年後，曾任英國外相的安東尼．艾登（Anthony Eden）告訴波倫，由於有一名共產黨的叛徒在外交部電訊室工作，那項訊息一直到公諸於世才傳到英國領導人耳中。

最終協議十分保密，隔週德國外交部長約阿希姆．馮．里賓特洛甫（Joachim von Ribbentrop）飛到莫斯科與莫洛托夫及史達林會面時才對外宣布。何瓦爾斯打電話給波倫，請他到德國大使館。當里賓特洛甫在樓上睡覺時，何瓦爾斯告訴波倫條約中的附加秘密協議，協議中同意俄國與德國一起瓜分波蘭。兩人都明白結局會是納粹進攻波蘭，或許還會爆發一場全面性的戰爭。依然是民族主義者的何瓦爾斯回到德國，加入他過去的陸軍軍團（戰後他成為西德第一任駐英大使）。同時，波倫能夠在德國大使館培養一位新的聯絡人，協助他監控兩個獨裁政權之間的合作情形。

一九四〇年初，波倫決定帶身懷六甲的愛薇絲到巴黎，好讓她飛回家，在美國生產。在柏林的時候，他有一個機會與肯楠共度漫長的夜晚，因為後者又被派駐到那裡。肯楠的心情比平常鬱悶，因為受到納粹準備進攻法國的影響而感到恐慌。他也告訴波倫，他不相信納粹會不顧一切解除他們與蘇聯的邪惡結盟關係；結果這個懷疑並不正確。

當波倫於當年稍後再次經過柏林時，肯楠才剛完成一趟行遍納粹佔領國家的長途旅程，因此又向國務院提出一份長篇報告。肯楠表示，那趟旅程更強化了他的信念——對於大部份東歐國家，俄國的威脅比納粹德國來得大。特別是在斯堪地那維亞半島和東歐，莫斯科引起更多的恐懼。肯楠補充說，德國人的士氣正高昂。為了讓波倫看看這種到處瀰漫的振奮精神，肯楠帶他到一處德國音樂廳，老顧客在那裡大聲歡呼，一杯拿著啤酒乾杯，一邊高唱〈我們去英格蘭〉（Wir fahren nach England）。

肯楠的態度並不是出於對納粹的同情或是他們的侵略性政策。事實上他在一九四〇年寫了一份報告，主張防止德國掌控歐洲的唯一方法就是摧毀納粹政權。不過，他認為希特勒「的行徑是遵循德國民族主義的最佳傳統」，而軟弱無能的西方自由主義助長了這種情操。

肯楠在一九三九年與一九四〇年從布拉格和柏林提出的報告，最特殊以及最令人困惑的是他對於受到納粹恐怖支配的人的困境麻木不仁。有一個猶太舊識曾經與美國人工作多年，納粹佔領時他跑到肯楠在布拉格的住處。肯楠無法幫助他逃走，令他十分絕望，於是考慮自殺。「安娜莉絲在接下來的幾個鐘頭不時懇求他不要選擇那條路，」肯楠寫道，「不是因為她或我對於他未來幸福的機會抱持非常樂觀的態度，而是一方面這是盎格魯薩克遜人的原則，一方面我們也希望家裡不要發生這種不愉快的事。」

被調到柏林之後，肯楠抱怨工作量太大，其中有一部份原因是他必須處理德國猶太人的危急處境。「由於要釋放德國猶太人、並將他們送往美國的壓力龐大，我們的負擔更形沉重。」他寫道，「這些壓力往往是祖國強大的國會圈造成的。」

隨著歐洲逼近戰爭邊緣，蘇聯研究退居二線，比較迫切的美國議題才是關注焦點。在駐日大使約瑟夫・格魯的要求下，波倫調往東京。肯楠則繼續留在柏林。一直到戰爭開打許久，各方注意力開始轉往戰後的世界將呈現何種局勢的問題，這一對好友才會再度獲派到那個既令他們著迷、也讓他們憤怒的國家。

第六章 戰時任務 為國挺身而出

ON ACTIVE SERVICE Enlisting in a noble cause

狄恩·艾奇遜有一次曾經寫道，美國對於世界的態度始終「受到兩個相互對立而且同樣不實際的想法」所左右。一方面是喬治·華盛頓（George Washington）傳世的告別演說（Farewell Address），當中告誡美國人避免捲入歐洲的紛爭。用二十世紀的角度來看，其主旨包含濃烈的本土孤立主義傾向，以及提倡「美國優先」。另一方面則是一種烏托邦夢想——以國際法爲基礎的世界秩序。它表現在威爾遜總統的理想主義、國際聯盟，以及最極端的形式——一廂情願的世界大同主義。

在二十世紀的大部分時間中，處於這兩個極端之間的還有一群理性而務實的國際主義者。他們往往來自紐約的華爾街和州街，因而相當瞭解繁榮開放的世界經濟有多麼重要，以及美國在這樣的世界中所扮演的角色。對他們而言，理想的國際秩序是南北戰爭與第一次世界大戰之間所達成的那種秩序，貿易繁榮興旺，英國皇家海軍造就了擴及全世界各地的不列顛和平。這些國際主義者自詡爲政治家，而非政治人物，他們發展出一種無黨無派的外交政策傳統，其基本理念是政治紛爭應該止於國內，對外應該團結一致。

這類政治家的原型是伊萊休·盧特，他是優秀的華爾街律師、威廉·麥金利總統的作戰部長、西奧多·羅斯福總統的作戰部長以及後來的國務卿、伍德羅·威爾遜總統的俄國特使、美國參議員、外交關係委員會的第一任榮譽主席，以及一九一二年的諾貝爾和平獎得主。他具有傲人的機智與魅力，不重視大衆輿論在外交政策中所扮演的角色。

盧特努力確保美國在西半球的勢力範圍，並積極擁護貿易與投資的門戶開放（Open Door）政策。集體安全與其他普遍主義的論點在他看來都是無可救藥的白日夢；他主張透過務實的對等結盟、利益範圍，以及強力的軍事威懾，才能眞正維護世界秩序。在爲國際聯盟辯論的那段期間，他既非孤立主義者，也不是理想主義者；他是所謂的「保留主義者」之一，這批人提出保護美國單方利益的修正建議，破壞凡爾賽條約。

亨利．路易斯．史汀生繼承了盧特的優點，同時也是他最傑出的門徒，其父親則是一名人脈關係良好的外科醫生及康乃爾醫學院教授。史汀生畢業自安多佛中學、耶魯大學（骷髏會會員）以及哈佛法學院，一八九七年成爲盧特的華爾街法律事務所的合夥人；在他的整個職業生涯中，他一直保留著師父的肖像，也把他的著作收藏在辦公桌後方。

一九〇三年，史汀生騎馬穿過華盛頓的岩溪公園（Rock Creek Park），當時正和西奧多．羅斯福總統一同騎馬的盧特從遠處跟他打招呼：「史汀生！美國總統透過他的作戰部長要求你立刻向他報到。」史汀生聞言便將馬調頭，直接涉過上漲的冰冷溪水，來到他們身邊。這樣與衆不同的舉動深得羅斯福總統的心，他很快喜歡上這個年輕律師，於是便聽從盧特的意見，在一九〇六年任命他爲紐約南區的聯邦檢察官。

史汀生一度涉入選舉政治，一九一〇年在羅斯福的強力支持下競選紐約州州長，結果慘敗。他的顧問一直督促他挑戰坦慕尼協會的民主黨老大，尤其是他們的會長查理．墨菲。但是在巡迴演說時，緊張又拘謹的史汀生頂多只願意說他「懇求與墨菲先生辯論」。有鑑於史汀生如此努力，塔夫脫總統隔年任命他爲作戰部長。一九一七年，史汀生加入陸軍，晉升爲上校，負責指揮法國的一個野戰砲兵營。在卡爾文．柯立芝（Calvin Coolidge）總統任內，他擔任尼加拉瓜特使，調遣海軍陸戰隊監督他下令進行的一場選舉，也擔任過菲律賓的總督。一九二九年，赫伯特．胡佛總統任命他爲國務卿，他頑固強硬的國際主義者的名聲不脛而走。史汀生在國際事務上十分投入於兩黨傳統，在法蘭克林．羅斯福當選之後，他和接任自己職位的科德爾．赫爾成爲朋友及槌球伙伴。他經常投書《紐約時報》，指責共和黨的同黨同志怎可批評新政府的外交政策。

身爲紐約最著名家族的成員之一，史汀生並沒有隱藏自己高貴的出身：一九三〇年某一期《紐約客》雜誌上的人物側寫指出：「他相當富有，而且毫不掩飾。」他在華盛頓的住宅伍德利（Woodley）距離岩溪公園不遠，是一座佔地廣大的莊園，在一九二〇年代以八十萬美元購入。一般咸認它是「華盛頓最豪華的莊園」，曾經供四位總統作爲夏季白宮之用。他的週末假期從星期五早上延續到星期二，都是在長島的住宅海侯德（Highhold）度過。

舉止穩重、外表威嚴的史汀生高度重視自己與其他人的榮譽。「紳士不會看別人的信件。」一九二九年有人提議撥經費給國務院添購解碼設備時，他這麼表示。他人生的座右銘是「讓一個人值得信賴的唯一方法就是信賴他」。他經常說，那是在他還是骷髏會會員時所學到的教訓。

在世界充滿危機的時代，來自盧特—史汀生傳統的國際主義者自然會挺身而出。他們有一點假裝基於國家責任而勉強承擔權力。隨著法西斯主義在歐洲及亞洲大獲成功，這些視史汀生爲前輩的國際主義者當中有許多人均大力鼓吹美國要重整軍備。「除了席捲全美、宛如鴕鳥心態的孤立主義浪潮這個錯誤理由之外，已經沒有藉口了。」史汀生在一九三七年十月寄給《紐約時報》的一封信上如此表示。

史汀生與盧特協助領導鼓吹徵兵的活動，那也形成史汀生一九四〇年六月在耶魯大學畢業典禮上演說的主題。他在演說中同時呼籲結束美國虛僞的中立立場。隔天晚上在一場廣播演說中，他宣稱：「我認爲我們應該讓我們的人民準備好，在這個飽受威脅的世界中善盡自己的責任，邁向勝利、自由與重建。」

隔天，史汀生在他的律師辦公室接到法蘭克林・羅斯福總統的電話。菲力克斯・法蘭克福特認爲讓自己所欣賞的人匯聚一堂是他畢生的職責之一，因此協助規劃了內閣改組的工作。羅斯福總統詢問史汀生是否願意再次挺身而出，擔任作戰部長。史汀生回答，這種情況需要眞正的兩黨合作。羅斯福同意，並表示他打算任命曾經是阿爾夫・藍登一九三六年競選搭檔的共和黨籍報紙發行商法蘭克・那克斯（Frank Knox）擔任海軍部長。那克斯以前曾經是聖胡安山戰役義勇騎兵（Rough Riders）的一員，西奧多・羅斯福總統有一次派他去見史汀生，介紹信上只簡單寫著：「他就是我們要的人！」

史汀生喜歡這個構想，不過也表示他已經快滿七十三歲了。羅斯福說他明白這一點：史汀生有權挑選他的部屬。他的任務之一就是教導一批年輕人向他看齊。

★★★

第一次與約翰．麥克洛伊見面時，史汀生擔任國務卿，他試圖說服麥克洛伊撤銷伯利恆鋼鐵公司的訴訟，也就是推斷德國人破壞黑湯姆的軍火倉庫一案。「你已經上過法庭了，麥克洛伊先生，其他原告會說你不應該繼續下去。」初期的一次判決之後，史汀生如此主張。「國務卿先生，」他回答，「如果您願意，我可以證明這個案子給您看。」幾年後，也就是一九三九年秋天，麥克洛伊和太太在他們位於紐約州阿第倫達克山脈奧薩博俱樂部的小屋附近散步。「傑克．麥克洛伊，」一個人的聲音隆隆傳來，「我是哈利．史汀生★。」這位高大挺拔的紳士不須多作介紹；他在附近也有一棟小屋。麥克洛伊久仰其名。後來他們的話題轉到麥克洛伊打贏的黑湯姆案。「身為一名律師，」史汀生說，「我明白當自己的政府成為你的反方時，要贏一個案子有多麼困難。」

隔年年底，史汀生被任命為作戰部長之後召集麥克洛伊到華盛頓，擔任德國間諜活動的特別顧問。接下這項職務六個月之後，麥克洛伊憑著自己的努力步步高升，成為作戰部助理部長，負責政治與軍事事務。「他的精力非常充沛，樂觀的態度幾乎無法遏制。」史汀生後來寫道。麥克洛伊將華盛頓的門路摸得一清二楚，導致部長經常在想，城裡是否還有任何人沒跟「麥克洛伊交談過」。

★★★

羅伯特．羅威特為布朗兄弟哈里曼公司進行的最後一趟歐洲之旅，時間在一九四〇年五月，也就是德軍瞄準法國的裝甲師之時。在米蘭的飯店酒吧喝酒時，他開始與一些德國飛行員攀談。他們聲稱，希特勒打算「讓英格蘭嚐嚐驚恐的滋味，使過去的戰爭看起來只是輕鬆的演練」。這些飛行員還吹噓，跟美國比起來，德國的軍備實力有多堅強。羅威特心裡知道美國準備不足；他在耶魯飛行分隊的同僚楚魯比．戴維森與大衛．英格斯

★作者註：哈利（Harry）是亨利的暱稱。

在一九二〇年代曾擔任作戰部的空軍助理部長。羅威特與另一位朋友，出版商卡斯・坎菲爾德（Cass Canfield）搭乘一艘擁擠的難民船返回紐約，他下定決心要積極鼓吹美國重整軍備。

六月抵達紐約之後，羅威特接到艾佛瑞爾・哈里曼從華盛頓打來的電話。他們的談話公私交雜，討論美國財政部和布朗兄弟哈里曼公司可以如何處理法國的國外資產。羅威特敘述他聽到的一些傳言——英國可能試圖與希特勒達成協議。羅威特說，預計會發生的情況很恐怖，令人難以置信。不過爲了以防萬一，他查過布朗兄弟哈里曼公司的英國帳戶，確保有足夠的現金支付無擔保貸款。

接著他們的對話轉向一件私事：法蘭克・那克斯和其他人正設法聘請羅威特到華盛頓上班。一直擔心自己健康的羅威特告訴哈里曼，他並不確定他的醫生會不會准許他那麼做★。不過更重要的是，由於自己的觀念，羅威特有所保留。那克斯和史汀生都大膽宣布美國願意幫助英國，比總統本人的正式立場更進一步。對個性謹愼的羅威特而言，這樣的言論愚蠢而躁進。「我們應該閉上嘴巴，輕輕地往前走，直到自己得到了支持我們聲明的力量爲止。」他當天下午寫了一封信給哈里曼，延續他們的對話。「那克斯上校和史汀生先生的公開言論在我看來是在下戰帖。我們需要時間，很多時間。」

「我已經準備好了，也渴望盡一切努力協助這個國家武裝起來、充實軍備，做好打仗的心理準備。」羅威特繼續寫道。不過他又補充說，他不能盲目支持史汀生與那克斯的說法，至少不能立刻就支持。依照平常的作風，他認爲自己能夠做的最佳貢獻就是準備一份仔細的說明，詳述美國飛機廠的能力。於是他結合了聯合太平洋公司的一趟視察之旅，以及他自己私人前往東西兩岸的飛機承包商拜訪的過程。

★作者註：終其一生，每當有人提供政府職位給他，羅威特都會有好幾天的時間苦惱著真實或想像出來的病痛，並且看好多個醫生。他的朋友經常開玩笑說，有必要趕快pin down，否則不久他就會有一封來自十幾名專科醫生的信，說他不應該冒任何風險。結果他一直活到一九八六年春天，享年九十歲。

羅威特對自己的所見所聞感到難過，他寫了一份詳盡的報告，說明這個產業的架構以及作戰部並沒有給予多少指導。「我獲得的印象是，現有或規劃中的工廠的飛機生產問題，政府都不會討論。」他斷定。廠商都專注於生產訂製產品；過程中應該導入汽車工業的模式，以學習生產線的技術。「這是一場量的戰爭，」他表示，「目前為止飛機工業都是著重於品質。」

羅威特將他的報告拿給長島的一個好友兼鄰居看：詹姆斯・文森・佛萊斯特（James Vincent Forrestal）。華爾街有些大亨將獲邀進入政府服務視為國際危機升高的徵兆，佛萊斯特便是其中之一。他出生於紐約州哈德遜谷（Hudson Valley）一個富裕的愛爾蘭移民家庭，熱情地進入了盎格魯撒克遜白人新教徒菁英階層。在普林斯頓念大學時，他是《普林斯頓日報》（*The Princetonian*）主席、小屋俱樂部（Cottage Club）會員，並以壓倒性票數獲選為「最可能成功的學生」。在華爾街，他從瑞德投資銀行（Dillon, Read）的一名債券業務員一路晉升，一九三七年成為該公司總裁。三年後他被任命為海軍部副部長，法蘭克・那克斯於一九四四年辭世之後隨即升為部長。與其他多數來自金融界、進入政府服務的人不同，佛萊斯特並沒有過度自信的個性。他不像羅威特是務實的溫和派，而是一個想法常被誇大的思想家。儘管事業成功，他在社交上卻有輕微的不安全感。他的內心也有較黑暗的痛苦根源，而這些痛苦最後造成毀滅性的結果。

個性積極的佛萊斯特認識許多人，他堅持一律只用名來稱呼他們，不連名帶姓，不過其中親近的好友卻非常少。然而，他跟鄰居羅威特倒是很親近。他們的兒子經常為蝗蟲谷那些廣大的豪宅耙平草坪，賺取外快，然後再以一袋二十五美分的價格販賣他們所收集的玫瑰花瓣。羅威特的觀察十分敏銳，看得出佛萊斯特具有強烈的責任感與誠實性格。佛萊斯特也欣賞羅威特的無私，羨慕他內心的冷靜自持。

看過羅威特的報告之後，佛萊斯特立刻安排讓史汀生過目；當時史汀生正在與商業民航業較勁，後者堅持不讓民間合約的資源被搶走。史汀生當場決定聘用他。這次羅威特沒有猶豫，他走遍全國的旅程已經使得他渴望為國效命。他在十二月報到，不就之後便成為作戰部空軍助理部長。「我愈瞭解他，」史汀生在羅威特開始上班那一天的日記上寫下，「就愈喜歡他。」

★★★

在反對孤立主義的運動中，狄恩・艾奇遜是最具有說服力的倡導者之一。他活躍於援助盟軍保衛美國委員會（Committee to Defend America by Aiding the Allies），該會領導人是《恩波里亞日報》（*Emporia Gazette*）總編輯威廉・艾倫・懷特（William Allen White）；他也參與世紀集團（Century Group），成員包含了紐約商業菁英階級中最熱切的一些干預主義者。一九三九年十一月，也就是史汀生在耶魯大學演講之前七個月，艾奇遜就已經在他之前來到母校，在演說中提出重整軍備的請求了。哀嘆不列顛和平世界秩序衰落後，他敦促台下聽眾設法「自立自強，迎接黑暗而晦澀的未來」。

隔年六月，在國際女裝工會的大會上致詞時，艾奇遜激勵他的聽眾。他指著現場的一條橫幅標語：「獨裁毀滅勞工，勞工毀滅獨裁」，提出一項尖銳的挑戰：「如果你們是認真的，就把它當作反抗信念的宣示。如果它不是反抗信念，那就毫無意義可言；它只是一些寫在棉布上的文字，掛在看台上而已。」

儘管羅斯福總統希望幫助英國，提供當時閒置的五十艘老舊驅逐艦，不過他還是擔心國會難免因此出現一陣騷動（不過一九四〇年大選過後，他的確提出了租借計畫〔Lend-Lease〕）。艾奇遜的態度與自己在一九三三年黃金危機期間的立場大相逕庭，他決定避開國會。這位努力不懈的民間律師與羅斯福總統的法律顧問班哲明・柯恩（Benjamin Cohen）合作，協助草擬一份法律意見，聲明總統有權以驅逐艦交換進駐英國海軍基地的權利。

艾奇遜與法律事務所合夥人喬治・盧比利取得另外兩名傑出檢察官的支持，共同簽署這項法律意見。接著他聯繫當時擔任《紐約時報》編輯主任的耶魯大學同班同學查爾斯・莫茲，將它完整刊登在社論版上。這項意見受到極大的矚目；後來司法部長很快就批准驅逐艦交易，並由總統拍板定案。

艾奇遜寄了一份意見副本給麥克洛伊，後者當時正要進入史汀生旗下工作。「我不敢相信，」麥克洛伊在他曼哈頓的法律辦公室做出回應，「我們竟然無法勇於冒險，爲了替自己辯護而採取更迅速而有效的行動。」麥克洛伊接著譴責一九四〇年大選的兩邊候選人，批評溫德爾．威爾基（Wendell Willkie）反對這項驅逐艦交易，還有「羅斯福這個人」刻意迎合工會。「人們理所當然認爲這種事肯定是民主程序，」他指出，觸及了他知道自己與艾奇遜都抱持的菁英主義觀點。「如果是，管他的——咱們想點不一樣的辦法吧。」

十月底，法蘭克福特再次扮演中間人，羅斯福請艾奇遜加入白宮一些政治顧問的行列，參與大選最後幾個星期的討論。在他樓上的書房裡，辦公桌上擺著一盤雞尾酒，法蘭克林．羅斯福總統被艾奇遜所謂的「一則十分悲慘的不幸故事」大肆攻擊。悲觀的政客說，威爾基似乎迎頭趕上了，因爲他將自己塑造成最能夠讓國家避免戰爭的人。

爲了扭轉令人擔心的選情評估，法蘭克林．羅斯福向始終異常沉默的艾奇遜求援。以「不好意思反對這些令人佩服的政治專家」當作保持沉默的理由之後，艾奇遜（從來沒人聽說他不好意思反對專家的意見）稍爲坦白地補充說，「如果再來一杯雞尾酒，給他多一點勇氣，」那就太好了。於是在喝酒壯膽之後，他主張總統唯一的危機是他似乎處於守勢。新政所確保的大幅度自由必須連結到法西斯主義對自由帶來的威脅。艾奇遜宣稱，總統必須發表一場振奮人心的演說，強調美國國內的理想與全球各地的理想之間密不可分的關係。羅斯福聽了很高興，請他提出一份草稿。艾奇遜徹夜完成，隔天早上便送給哈利．霍普金斯。「我們相信民主的人，」文中的結論指出，「才剛開始要奮戰而已。」羅斯福不斷反覆強調這句話，結果效果相當成功。

大選之後幾個星期，羅斯福邀請艾奇遜加入政府。國務卿赫爾提出正式的職位：經濟事務助理國務卿。赫爾說，在政府周邊工作了這麼久，如今是正式投入的時候了。艾奇遜要求多給他一些時間考慮，不過他會怎麼做的答案已經呼之欲出。他一直想要重回戰場。宣誓就職典禮於一九四一年二月在布蘭戴斯大法官的公寓舉行，在場見證的人包括法蘭克福特與麥克列許。

★★★

一九四〇年五月，哈里曼已經前往華盛頓，而此時羅威特則踏上歐洲的旅程。身爲哈利·霍普金斯口中「聽話的商人」之一，哈里曼獲得一個年薪一美元的職位，在國防顧問委員會（National Defense Advisory Commission）擔任交通顧問。雖然仍待在聯合太平洋公司的董事會中，哈里曼推動的第一項任務卻是請政府協助提高美國的鐵路貨運能力。一如往常，哈里曼的心中幾乎不擔心這件事對他有好處，以及他可能與對國家最有利的事情有利益衝突。

當其他高層官員因爲充當委員會辦公室的房間凌亂不堪而感到無助慌張，哈里曼還是以平常的積極態度投入工作。不久，他便渴望參與更多。一九四一年一月，在羅斯福總統宣布他即將派哈利·霍普金斯出一趟個人任務，前往會見邱吉爾，消息傳出後不到一小時，哈里曼就從他在太陽谷的滑雪小屋中打電話。「讓我幫你提行李，哈利。」他懇求對方，「我已經見過邱吉爾幾次，對倫敦也很熟悉。」

自從一九三三年因爲一次機會在火車餐車上認識之後，霍普金斯和哈里曼就成了朋友，後來他們經常到赫伯特·貝約·史沃普位於長島山德斯岬的槌球草坪上打球。霍普金斯喜歡將世界上的人分成「空談派」與「行動派」兩類，而他認爲自己和哈里曼正好屬於後者。雖然他拒絕了哈里曼同行的要求，卻說返國後想和他見面。霍普金斯透露，總統可能有個更重要的職位要給他。

哈里曼猜測可能與羅斯福總統已經在十二月宣布的租借計畫有關。當霍普金斯返國時，焦急的哈里曼已經在紐約的拉瓜迪亞機場（La Guardia Airport）等候了。他們回到霍普金斯在羅斯福飯店的套房，討論英國急切的需求。然而，霍普金斯完全沒提到哈里曼的職位。

法蘭克林·羅斯福的顧慮有部分是因爲哈里曼毫不掩飾自己的野心。在付餐廳帳單或是慈善捐款時，他小氣的名聲衆所皆知，可是如果能夠接近權力，他花起錢來可是毫不手軟。在一九四〇年大選之後的一次對話中，羅斯福開玩笑地對威爾基說：「溫德爾，艾佛瑞爾偷偷捐了兩萬五千美元贊助我的競選活動。」這位共和黨參選人回答說：「法蘭克林，他也偷偷捐了兩萬五千美元給我。」（哈里曼後來表示，他只捐給威爾基一千美元，而且是捐給他的提名初選，不是全國普選。）

跟艾奇遜以及史汀生一樣，哈里曼也積極參與反對孤立主義的行動。一九四一年二月在紐約耶魯俱樂部（Yale Club of New York），爲了激勵台下的聽眾，他唸了一份校友名單——狄恩・艾奇遜、羅伯特・羅威特、亨利・史汀生、阿契博德・麥克列許，這些人「放棄私人職業，進入政府服務，因爲他們十分關切英國或希特勒德國是否會贏得戰爭」。當月稍後，羅斯福總統終於提供他加入他們行列的一個機會。「我要你去倫敦，」總統說，「然後提出除了戰爭以外任何我們所能做的事情，讓不列顛群島不至於沉沒。」

那是一個十分適合哈里曼的工作：一項擁有廣泛權威的重要任務，個人能夠接近最高領導人，而且幾乎沒有官僚制度的牽絆。他會直接與邱吉爾及其生產大臣☆交涉，提供給總統一個與唐寧街（Downing Street）溝通的私人管道，繞過國務卿科德爾・赫爾以及羅斯福覺得非常累贅麻煩的國務院管道。「我猜你們會問到關於他的頭銜，所以我就想來創造一個。」羅斯福總統在宣布哈里曼的任命案時告訴媒體，「我們認爲稱呼他『督促特使』是一個相當不錯的主意。」

哈里曼有條不紊地爲這項任務做準備。他諮詢的對象當中包括同學艾奇遜，而艾奇遜坦承赫爾決策過程的雜亂無章令他感到很挫折。他和羅威特討論軍方不願意放棄他們日後可能想要的軍備。史汀生在他位於岩溪公園的喬治王時代風格豪宅伍德利裡吃午餐時，重申華爾街菁英的信條：儘管重新改組的美國第一委員會成員☆☆必然會反對，而且已經開始推動一項「亞洲優先」（Asia First）策略，史汀生說，美國還是必須先專心贏得歐洲戰爭的勝利。哈里曼也同意這項看法。

★★★

☆ 譯註：英國在第二次大戰期間的內閣中有生產部（Ministry of Production），部長即生產大臣。

☆☆ 譯註：美國第一委員會（America First Committee）是孤立主義者所成立的團體，反對美國介入國際戰爭。

一九四一年十二月七日星期日，艾佛瑞爾・哈里曼與溫斯頓・邱吉爾一同待在後者的鄉間別墅契克斯（Chequers）。晚餐過後，管家拿來哈利・霍普金斯送給首相用來收聽BBC廣播的一台收音機。「消息剛剛已經傳出來了，」播音員說，「日本戰機突襲美國在夏威夷的海軍基地珍珠港。」受到驚嚇的哈里曼只是重覆那句話：「日本突襲珍珠港。」邱吉爾猛然關上收音機，從椅子上跳起來，打電話給羅斯福：「總統先生，日本他們是怎麼回事？」羅斯福回答：「是真的。如今我們同在一條船上。」哈里曼心想，無可避免的事情終於發生了。

那個星期天，狄恩與愛麗絲・艾奇遜夫婦在他們馬里蘭州的農場海爾伍德野餐，在他們身邊的還有阿契博德・麥克列許和他的太太艾達（Ada）。在啓程離開、開車前往華盛頓幾分鐘之後，麥克列許猛然將車子開回車道，跑到草坪上。「日本人攻擊珍珠港了，」他大喊，「快打開收音機。」艾奇遜開車到國務院，人們一群群地聚在走廊上交換消息。

約翰・麥克洛伊坐在作戰部的辦公桌前，即使星期天他通常只上班半天。他一直在關注「神奇」★（Magic）攔截日本電報的密碼解譯結果，感覺有事情正在醞釀，可是卻沒有預料到日本會發動如此大膽的襲擊。一名助手衝進他的辦公室。「有報導說他們攻擊珍珠港了。」他說。「別開玩笑，」麥克洛伊回答，「或許他們攻擊的是更西邊的地方，像是新加坡，他們才不敢攻擊珍珠港。」

消息終於經過證實之後，麥克洛伊的第一反應是確保總統受到保護。他去見海軍部長那克斯，與他同行的有負責戒護華盛頓的尤里西斯・格蘭特三世（Ulysses Grant III），以及負責陸軍反情報作業的薛曼・邁爾斯（Sherman Miles）；邁爾斯是威廉・特庫塞・薛曼（William Tecumseh Sherman）的外甥，南北戰爭英雄尼爾森・邁爾斯（Nelson Miles）之子。「整個北軍都來了。」那克斯聲稱。他們一起下令，將海軍陸戰隊員部署在白宮周圍，形成一條封鎖線。當天晚上，麥克洛伊開車到史汀生家，看描述受創慘況的越洋電報。最後在清晨三點鐘到家時，他來到

★作者註：「神奇」是第二次世界大戰期間同盟國的密碼解譯計畫。

寶貝女兒的嬰兒房。麥克洛伊將她從床上抱起，露出當天的第一個笑容，沉重的壓力暫時從他的臉上消失。

羅伯特與愛黛兒．羅威特夫婦當時正在電影院觀賞《俄宮豔使》（Ninotchka）。兩人已經看過這部片，不過他們有個習慣，每個星期天都上同一家電影院，不管那裡在放映什麼片子。何況，羅威特記得，他非常想要再看看嘉寶（Greta Garbo）的微笑。當他們走出電影院，街上每個人都在談論那則消息。「莫名其妙，」羅威特告訴太太，「誰會做出轟炸珍珠港這種蠢事？」可是當他們開車經過日本大使館時，工作人員竟然在庭院裡焚燒文件。羅威特先送太太回家，然後前往作戰部。等他到達的時候，工作人員已經在辦公室裡架設行軍床和毯子，準備長期抗戰。

喬治．肯楠在他柏林的公寓裡透過短波廣播的微弱訊號聽到這個消息。他打電話給所有能夠通知到的美國使館人員，接著大家在大使館集合，思考他們的處境。接下來幾天，他們與世界其他地方通訊的線路無法運作。星期二夜晚，他們決定燒掉密碼和秘密文件。一個星期之後，在美國與德國正式交戰之際，蓋世太保（Gestapo）護送肯楠和他的同事離開大使館，將他們無限期軟禁在法蘭克福附近，巴德瑙罕（Bad Nauheim）郊區的一棟房子裡。

查爾斯．波倫與另一位官員從他們公寓搭車到東京的美國大使館。司機說他聽到英國與日本在太平洋開戰的報導。「應該不是真的，」他補充說，「只有東京廣播上這麼報。」接近目的地時，他們向一個搖著鈴的報童買了份報紙。報紙號外上指出，英、美與日本船艦已經開打。在大使館的庭院，美方人員忙著焚燒文件。在日本護衛的保護之下，波倫集合其他的美方人員，帶他們到拘留所。

第七章　美好雙胞胎　麥克洛伊與羅威特的作戰部歲月

HEAVENLY TWINS McCloy and Lovett at the War Department

他稱呼他們是自己所擁有過最優秀的部屬；他們則稱呼他「上校」，因爲那正是他在前一次世界大戰時的軍階。七十三歲的亨利・史汀生已經因爲年紀而動作遲緩，可是他卻十分擅長將忠誠與奉獻的特質循循灌輸在他的部屬身上。經過一輩子的軍旅生涯之後，史汀生學到，一次專注於一、兩個重大議題即可，至於細節則交給他所信賴的四個助手處理。

爲了幫陸軍添購設備，他聘用羅伯特・派特森（Robert Patterson）。派特森是律師，曾經擔任聯邦法官，身上繫著他在第一次世界大戰期間殺死的一名德國軍人的腰帶，以不斷提醒自己他的工作性質有多重要。至於個人助手和副官，史汀生挑選哈維・邦迪，一位格外聰明、謙虛又謹慎的波士頓律師。邦迪畢業於耶魯大學（也是骷髏會會員）和哈佛法學院，曾經於一九三〇年代初期擔任史汀生的助理國務卿。他娶了出身自波士頓普特南（Putnam）與羅威爾家族（Lowell）的凱薩琳・羅倫斯・普特南（Katharine Lawrence Putnam），兩人生了三個兒子。其中兩個，威廉（William）與麥克喬治（McGeorge），後來成年後成爲史汀生傳統的傳承者。

不過，他的部屬中眞正精力充沛的是史汀生稱爲「美好雙胞胎」的兩個人——他偶爾發脾氣時則稱呼他們「撒旦的小鬼」——傑克・麥克洛伊與鮑伯・羅威特。「每一件別人都處理不來的事情，麥克洛伊正好都能夠處理。」史汀生在他的回憶錄《戰爭與和平的軍旅生涯》（*On Active Service in Peace and War*，與麥克喬治・邦迪合著）中如此表示。麥克洛伊回憶說：「我的工作就是組織表上沒人負責的所有事情。」羅威特的責任是「攸關空軍的所有大小事」。某一天有人質疑羅威特享有特權，史汀生知人善任的能力從他給羅威特的指示上展露無疑。「下次有人問你有什麼權力，」史汀生說，「你就告訴他們，作戰部長有什麼權力，你就有什麼權力。」

麥克洛伊與羅威特從一九四〇年至一九四五年在作戰部服務，當時年近五十歲，而這段期間的工作為他們在美國的國家安全權勢菁英中取得了難以取代的關鍵位置。他們首先贏得亨利·史汀生接班人的名號，接著也靠著自己的努力成為強勢決策者。更重要的是，他們抱持的態度以及他們採取的行事風格協助建立了戰後時期的兩黨政治基調；這段期間，他們和許多在戰爭開始時便進入政府服務的朋友自認為塑造和平是他們的責任。

麥克洛伊與羅威特同時擁有在華盛頓難得一見的資產：因為能夠親自處理複雜的任務，而非依賴別人幫他們做事，所以私生活中他們都相當成功。「你可能會認為這是小事一樁，」羅威特後來說，「但是如果聽到傑克和我在華盛頓碰過從來都學不會自己處理任何事情的人有多少，你可是會嚇壞的。」

史汀生逐漸將他的美好雙胞胎視為親生兒子一般看待。他們經常與太太在晚上造訪伍德利，和上校聊聊八卦，與史汀生夫人開她丈夫火爆脾氣的玩笑。麥克洛伊經常陪史汀生打甲板網球（deck tennis）。發誓不再做運動的羅威特有一次態度軟化，跑到伍德利打一場草地滾球（lawn bowl）；事後他全身酸痛了一個星期，便告訴史汀生，從今以後運動是他唯一會拒絕的任務。

在辦公室裡，史汀生會用一個通話盒來召集羅威特和麥克洛伊。總是被機械玩意兒搞得不知所措的史汀生會開始說話，把背靠在椅子上，然後放開按鈕。接著兩個雙胞胎便衝上走廊，趕到他的辦公室，聽聽他在說什麼。「結果走廊上經常上演骨頭互碰的相撞事件。」羅威特回憶說。

有一次當他們衝進辦公室時，史汀生發揮調皮的幽默感，堅持他沒有叫他們。「回去工作！」他大吼。出去之後，他們停留在陸軍參謀長喬治·馬歇爾（George Marshall）位於隔壁的辦公室。過了不久，史汀生大步跨進來，斥責他們竟然沒有回去工作。羅威特後來開玩笑說，那是第一次有人被召喚之後才一分鐘就被趕出兩間辦公室。還有另一次，羅威特信步走進史汀生的辦公室，當時史汀生正陷入沉思，便把怒氣全發洩在他身上。退回走廊上，他碰見另一個撒旦小鬼。「史汀生現在想見你。」他告訴麥克洛伊。

在外人眼中，羅威特與麥克洛伊一定很像小童子軍，是老師的一對寵兒。然而，作戰部裡希望把事情做好的人很快就發現，和藹可親、從華爾街闖進來的這兩個人掌控了大局。這兩個人之所以成為深具影響力的局內人，並不是因爲他們的職位，而是他們所構成的非正式社交網絡。麥克洛伊在喬治城的小書房變成不可或缺的小道消息的交流中心。因爲無法從自己的海軍官員那裡得知內線消息，詹姆斯・佛瑞斯托也是仰賴麥克洛伊的許多人之一，佛瑞斯托每天打電話給他安排午餐或網球之約（獲勝的總是麥克洛伊），或只是打探消息。菲力克斯・法蘭克福特則彷彿想彌補在哈佛時忽略他的罪過，採用麥克洛伊擔任他非正式的戰時內閣成員，當時成員中已經囊括了艾奇遜和羅威特。當艾奇遜的女兒瑪麗嫁給哈維・邦迪的兒子比爾時，主持婚禮早餐的人正是傑克與艾倫・麥克洛伊夫婦。

羅威特夫婦會在他們俯瞰著岩溪公園的露台上舉辦私人晚宴，波倫、麥克洛伊和哈里曼等夫婦都經常受邀。更重要的是，羅威特因此學會與媒體建立關係。《華盛頓郵報》老闆尤金・邁爾（Eugene Meyer）辦了一連串的宴會，將羅威特夫婦介紹給華盛頓各界。羅威特最親近的好友包括耶魯的老同學、《紐約時報》編輯主任查爾斯・莫茲，以及《時代週刊》的亨利・魯斯。

羅威特毫不猶豫便動用這些關係。當《新聞週刊》提出日間轟炸德國的效果問題，羅威特寫信給在倫敦的哈里曼，請他想想辦法。應朋友文森・阿斯特的要求而投資該雜誌的哈里曼設下一條編輯守則，請他的弟弟羅蘭嚴格執行。「告訴羅蘭我十分認眞，不容許任何妥協。」哈里曼在一九四三年寫信給羅威特，「我支持《新聞週刊》十年，幫助它度過重大難關，並不代表准許我們所聘用的人利用雜誌來發表他們狹隘、無知或陰險的想法……我充分授權給羅蘭，運用他認爲有必要的任何強硬措施……其他主管如果不配合，也有可能被要求辭職。」

羅威特再次被要求挑選他見過最優秀的協商者，他毫不遲疑就選了麥克洛伊。沒錯，麥克洛伊似乎具有在混亂中讓大家凝聚共識的神奇能力。他先天就充滿了毅力與耐性，可以在辦公室聚集互有爭議的一群人，先讓他們提出的不同主張，然後溫和但堅定地帶領他們往達成協議的方向走。他具有敏銳的觀察力，心裡明白可以將每個人逼到什麼地步。他有一項策略叫「黃色筆記本」，也就是仔細地在筆記本上列出他希望在會議中達成的目標；引導與會者凝聚共識之後，他會拿出他的筆記，而上面寫的「似乎就是大家的意見」。

羅威特不像麥克洛伊有用不完的精力，不過思緒敏銳，深具說服力。他能夠同時顯得既害羞又指揮若定，處世圓滑卻又從不屈就身段。他的幽默與親切偶爾夾雜一點髒話，有時令人容易卸下心防，不過也擁有要求甚高且令人信服的才智。「華盛頓沒有比他更受尊敬，當然也沒有比他更受喜愛的人。」軍工生產委員會的一名官員表示。外號「哈普」的美國陸軍航空隊（Army Air Forces）指揮官阿諾將軍（General "Hap" Arnold）指出，羅威特的優點在於「他的商業背景與飛航背景，再加上良好的常識判斷力」。

羅威特十分痛恨官僚的推諉搪塞。當他問部屬問題，得到的是「所有能做的都做了」這種老套的回答時，羅威特會將他平常懶散的瘦長身軀伸展開來，抬起下垂的眼皮，要求他們提出大量的統計數據和確實的證據。接著他會仔細鑽研那些數字，挑出各種細節問題，將它們記住，稍後再拿來當作攻擊的武器。

羅威特與麥克洛伊不同，他不欣賞商議與建立共識的藝術；相反地，他是個行動派，擅長達成任務與採取行動。「管他的，」陷入糾結難解的情況時，他會這麼說，「我們快脫離這個困境。」面臨意見不一的狀況時，他試圖降低意識形態的差異。他堅持思考解決方案時必須權衡事實與數據。就像馬歇爾將軍所說的：「羅威特擁有世界上最出色的一種能力，處理棘手問題之餘又不觸怒任何人：他很能解決問題。」

羅威特與麥克洛伊都為了年薪只有一萬美元的政府工作而放棄獲利豐厚的事業，他們表面上是共和黨員（就跟史汀生和邦迪一樣），可是兩人在政治上既不活躍，也缺乏野心。「我沒有任何政治事業，完全不懂政治，也從來沒接觸過。」羅威特向一個記者自誇說，「我過去的事業是銀行業，現在則是航空業。我只是一個普通的政府雇員，為了薪水而工作。」麥克洛伊有一次造訪白宮，羅斯福總統接聽一通電話，於是便開始毫不避諱地大談競選策略。「總統先生，別忘了我是共和黨員。」麥克洛伊有點尷尬地插話。「該死，」羅斯福說，「我老是忘記。」

雖然瞧不起黨派，他們兩人面對國會時卻都顯得駕輕就熟。麥克洛伊在爭取租借法案時貢獻了一己之力，甚至還幫忙想出它的主要標語。有一次與法蘭克福特交談時，他用到借自尚・莫內的「民主兵工廠」一詞。「先不要用到這些字眼幾個星期。」法蘭克福特說；接著他到白宮告訴羅伯特・薛伍德，在他爲羅斯福撰寫的演說稿當中使用這個詞。在參議院爲了租借法案進行辯論時，麥克洛伊跟跑腿的男孩一起坐在地板上，那樣他才能掌握辯論的狀況，並請跑腿男孩將議員的意見傳達給民主黨黨鞭吉米・拜恩斯（Jimmy Byrnes）。

擔任作戰部助理部長時，羅威特往往很討厭必須面對沒完沒了的預算聽證會，可是他經常以令人意外的坦率回答和大量的確實資料，打消提問者的敵意。雖然他稱呼國會的疏忽是「五角大廈的圈套」之一，戰後羅威特還是說了他問亞伯特・施佩爾☆（Albert Speer）德國爲什麼無法生產更多梅塞施密特（Messerschmitt）戰鬥機的故事。「元首告訴我們，利用這種噴射機的材料來生產戰鬥轟炸機。」施佩爾說。對羅威特來說，這顯示少了民主的約束，獨裁者很容易愚昧又冥頑不靈。

擔任過投彈手以及砲兵軍官的羅威特特別喜歡前線的視察之旅。在對義大利的地中海島嶼進行空襲時，羅威特前往北非，爲他鍾愛的轟炸機隊加油打氣。搭乘B-17轟炸機飛越阿特拉斯山脈（Atlas Mountains）時，他坐在機上與機員聽著BBC廣播裡的搖擺舞音樂。他們聽到一首歌，熱愛搖擺舞音樂的羅威特正確聽出那是厄爾斯金・霍金斯（Erskine Hawkins）的歌曲（〈燕尾服總站〉〔Tuxedo Junction〕）。「我覺得那位部長還挺時髦的。」無線電操作員後來說。「是啊，」一名槍手回答，「那個禿頭佬是我第一個碰到懂一點東西的華盛頓官員。」

戰爭結束前，麥克洛伊在德國前線發現十九世紀的城市羅騰堡（Rothenburg）即將受到砲擊。麥克洛伊的母親曾經造訪過這座城市，並帶回一些蝕刻畫；他知道它是古老的德國文化中心。「這是歐洲僅存設有大型城牆的城市之一。」他告訴美軍指揮官。麥克洛伊建議，或許可以引導它和平投降。這座城市後來果真投降，戰後

☆譯註：亞伯特・施佩爾是希特勒最喜愛的建築師，後來擔任納粹德國的軍備暨戰爭生產部長。

還選他為榮譽市民。

史汀生經常派麥克洛伊去處理惹麻煩的指揮官，其中包括喬治・巴頓在內；他在諾曼地登陸日的前夕公開發牢騷，抱怨自己的角色沒有好好發揮。麥克洛伊叫他保持緘默。巴頓擺出不可一世的模樣，身上配戴著有象牙槍柄的手槍，他聲稱：「你在戰爭前夕竟然大費周章跑來這裡，摧毀一個人的自信。」麥克洛伊回答：「聽好，喬治，如果我認為自己能夠用我說的話來摧毀你的自信，我就會請艾森豪將軍將你免職。」巴頓於是不再盛氣凌人，態度也和緩了下來。

★★★

麥克洛伊後來指出，那個決定「事後看來是令人遺憾的」。一九七五年，他向〔CBS電視台的新聞記者〕艾力克・謝瓦賴德（Eric Sevareid）承認：「他們沒有獲得足夠的補償。」然而在當時和接下來的那些年，麥克洛伊發現，戰時他最重大的行動之一：監督大約十一萬名日裔美國人（其中大部份為美國公民）從西岸強制遷移到內陸深處的拘留營，具有複雜的道德問題，而要處理這些問題並不容易。

「我們遵照總統的命令遷移他們，」麥克洛伊回憶說，「對於珍珠港事件以及我們的第一防線失守，他感到十分激動。只有他才能簽署命令讓這些人遷移。身為作戰部助理部長，我連一個士兵都不能動，更何況是公民。」此外，麥克洛伊指出，遭遷移的家庭所受到的待遇並沒有那麼恐怖；他們得到適當的津貼，許多人也獲准在拘留營以外生活與工作，只要遠離敏感地區即可。

麥克洛伊記憶中有不少事情都有正當理由。比起上戰場的其他許多美國人，那些日裔美國人所受的苦遠遠少了許多。可是這位史汀生鍾愛的年輕人在這件事當中所扮演的角色，絕對不只是遵守命令而已。

在一九四一年轟炸珍珠港以及強制遷移日裔美國人的命令之間的十個星期，民眾日益擔憂一種國內的敵人，其中又以加州為甚。《洛杉磯時報》曾在珍珠港事件的隔天發表社論「我們切勿驚慌」，不過它在一月卻宣稱「戰爭情況嚴峻，應該妥善拘留日裔人士，讓他們立刻離開危險地點」。加州參議員里蘭・福特（Leland

Ford）堅持，「所有日本人，無論公民與否，都應該安置於內陸的集中營。」到了二月初，連備受敬重的專欄作家沃爾特・李普曼都強力譴責「華盛頓不願針對那些嚴格說來是敵人的僑民採取大規模撤離與拘留的政策」。

這些恐懼大多可以理解，至少在那種緊張不安的時代可以。西岸已經在爲可能的突襲做準備，加州外海偵測到有日本潛水艇出沒，還有報告指出日本居民用車前大燈和無線電爲近海船隻打信號。直到六個月後的「中途島奇蹟」（一九四二年的中途島戰役）之前，美國海軍在保護太平洋時似乎顯得力不從心。

聯邦調查局有系統地展開行動，逮捕數百名被認爲具有潛在威脅的日本僑民。可是這項行動後來擴大爲全體撤離，不但包括僑民，也涵蓋了身爲合法美國公民的第二代移民在內，即所謂的Nisei。領導這項行動的是西區司令部（Western Command）的約翰・狄威特將軍（General John De Witt），以及陸軍的高階憲兵軍官。抗議這種全面性手段的包括移民與歸化局（Immigration and Naturalization Service）的愛德華・埃尼斯（Edward Ennis），以及至少反對了一陣子的司法部長法蘭西斯・畢德（Francis Biddle）。

十二月底，約翰・麥克洛伊奉命爲兩邊陣營謀求共識。他很快就設法協調出一項協議，賦予狄威特廣泛的權力，讓日本僑民登記註冊（公民則不必），將他們逐出特定的指定地區。可是不久之後狄威特便開始屈服於軍中的壓力，對象擴及了所有日裔美國人。陸軍的憲兵司令主張，美國出生的第二代日裔美國人其實比未歸化的移民更危險，因爲後者往往年紀較大。

麥克洛伊在二月初安排了一連串的會議，希望打破僵局，第一場是在畢德住家召開的星期天會議，氣氛熱烈，最後一場則在史汀生的辦公室進行。將雙方的主張詳細列在日誌裡以後，史汀生做出結論：大規模撤離並不正當。他表示：「我們不能根據種族血統而歧視我們的公民。」

在轉達史汀生的決定給狄威特將軍時，麥克洛伊提出一個折衷的建議：「或許最佳的解決辦法是限制撤退到某些禁區。」然而，狄威特開始針對大規模撤退施加壓力。如同他告訴麥克洛伊的：「現在對這些人來說，日本人就是日本人。」

在此同時，畢德的抗拒態度開始軟化。與總統共進了一場典型沒有結論的午餐之後，這位司法部長向羅斯福的三名至交求助：班哲明・柯恩、奧斯卡・考克斯（Oscar Cox），以及約瑟夫・饒伍（Joseph Rauh），懇請他們提供外界的法律意見。「在國家的危急時刻，」他們寫道，「任何合理的懷疑都必須排除，以利於保護國家安全的行動。」急著讓自己擺脫麻煩的畢德寫信給史汀生說：「我個人認為任何行動都應該由作戰部來進行，而不是司法部。」

史汀生自己對於不准大規模撤離的決定則開始動搖了。在麥克洛伊告訴他狄威特的要求愈來愈急迫之後，史汀生致電白宮，向總統提出這個問題。態度依然曖昧不明的羅斯福告訴他的作戰部長，儘管依照他「認為最好的方式」去做。

史汀生再一次將事情交給麥克洛伊去協調。然而，麥克洛伊並沒有去應付司法部的反對意見，而是立刻致電人在加州的狄威特。總統雖然未做決定，麥克洛伊的說法卻是最後結果傾向於大規模撤離。「就總統的立場，我們獲得全權委託去做我們想做的事。」他這麼告訴狄威特將軍。一如往常，麥克洛伊認為自己的角色是協調者，而非決策者。可是由於每個人都想避開制定政策的責任，這項決定便透過協調的方式來演變。

狄威特和他的軍方顧問開始籌備一份詳盡的撤離建議方案。「日本人是敵人，」他們寫道，「儘管許多第二代與第三代日本人在美國出生，擁有美國公民資格，已經『美國化』了，但是種族的血統卻沒有改變。」

軍方提出的建議是完整規模的拘留。就在他們完成此方案之後，麥克洛伊便將之帶到畢德的住家，與司法部官員再開一次會。埃尼斯又一次譴責這個構想，可是這次畢德卻暗中捅他一刀。他說，他們應該好好做，將這個計畫發揚光大。史汀生同意了拘留令之後，總統在二月十九日簽署。啟動該計畫的立法程序隨即在參、眾兩院通過，反對票只有一票：俄亥俄州的孤立主義者羅伯特・塔夫脫。

第二次世界大戰期間，麥克洛伊開始對改善遭拘留者的生活條件產生興趣，經常探視他們，偶爾還協助那些通過忠誠度測試的人找工作或進入東部的大學就讀。他也協助第四百四十二步兵團（442nd Infantry Regiment）成立，那是一支志願部隊，完全由第二代日裔美國人組成。他們英勇地爲美國而戰，在義大利遭遇慘重的傷亡，是美國軍事史上獲頒最多勳章的部隊。麥克洛伊後來說，他希望成立軍團這件事能夠刻在他的墓碑上。

與這項計畫有關的道德困境到一九八一年都還是沒有定論，當時卡特總統指派一個委員會對那件事進行檢討。當年八十六歲的麥克洛伊對於該委員會的偏見頗有微詞，最後被傳喚作證時，他變得相當容易動怒。他聲稱，當時發生的「是一個遷移計畫，不是拘留」。這番話導致現場聽眾噓聲連連。麥克洛伊反常地對一名日裔美籍的委員發脾氣，指稱該計畫是「日本攻擊珍珠港的報應」。該委員會最後判定，強制遷移是「種族偏見、戰時歇斯底里，以及政治領導無方」的結果。

「我認爲，麥克洛伊比任何人都相信這個計畫。」畢德在一九六八年的一次訪談中回想。「這件事他絕對有責任。」其他人則比較仁慈。「麥克洛伊因爲一些問題而感到困擾，心煩意亂，我想他的根本動機是想要保護他的老闆亨利・史汀生。」畢德與羅斯福的助手詹姆斯・羅伊（James Rowe）告訴歷史學家彼得・艾朗斯（Peter Irons）。麥克洛伊去世之後不久，羅伊在另一次訪談中表示：「我想麥克洛伊的主要動機是試圖討好那些將軍，讓史汀生的處境能輕鬆一點。」

羅伊的看法應該是最接近事實的。在扮演務實的協調者，凝聚他覺得已經在自己周圍形成的共識時，麥克洛伊卻沒有考慮其中牽涉的道德問題。不過提出道德考量卻不盡然是麥克洛伊的職責，當然也不是他的風格。「當時對此並沒有眞正的辯論，」麥克洛伊說，「鑑於珍珠港攻擊事件的邪惡本質以及我們所面臨的危機，我們全都同意那是很謹愼的一步。只有在事後的安全環境中，人們才會忽視當時的實際狀況。」

★★★

在作戰部的任期之內，麥克洛伊爲了捍衛基於實際考量的共識而對抗從道德觀點出發的挑戰，日本人遷移行動不是唯一的一次。一九四四年六月，當第一批自納粹集中營脫逃的人揭露了猶太大屠殺的完整恐怖內幕時，英格蘭與美國的猶太領袖請求同盟國轟炸奧許維茨（Auschwitz）的毒氣室和火葬場，希望能夠因此減緩可怕的集體屠殺。他們向總統顧問山繆・羅森曼（Samuel Rosenman）和哈利・霍普金斯以及戰時難民事務委員會（War Refugee Board）的委員施壓，結果這些人轉而請麥克洛伊研究這樣的轟炸在軍事上是否可行。

麥克洛伊幾乎沒有展現同情心。他已經幫忙拒絕過戰時難民事務委員會一九四四年一月的一項計畫，也就是讓陸軍協助援救納粹壓迫的受害者。「戰爭仍在進行，我對陸軍介入這件事格外謹慎。」他在提案上潦草地寫著。接到轟炸通往奧許維茨的鐵路的要求時，麥克洛伊向作戰部的戰爭行動處尋求建議。接著陸軍總參謀部的兩名成員準備了一份備忘錄，他們的結論與英國總參謀部在邱吉爾提出類似要求時所提出的答案是相同的。他們說，攻擊奧許維茨的「效果令人質疑」，也會分散攻擊重要工業目標的武力。

當時軍方渴望將可用的空中武力集中在諾曼地是情有可原的，因為同盟國努力要在登陸日之後突破海灘的侷限。麥克洛伊將這個消息回報給白宮。根據他的記憶，霍普金斯和羅森曼並沒有反對。「他們主要是希望我幫他們的老闆解圍，要我寫那些信。」他回憶說。

麥克洛伊後來針對那些攻擊奧許維茨的請求寫了一連串的回覆信函。他採用來自戰爭行動處和總參謀部備忘錄中的說法，主張他們所建議的轟炸並不實際，而且「可能引發德國更激烈的報復行動」（一種難以想像的可能性）。麥克洛伊的信件中有一封目前在奧許維茨博物館展出。

麥克洛伊對這件事最後的回應是一九四四年十一月向戰時難民事務委員會的約翰・裴爾（John Pehle）所提出的說明。「採用來自英國基地的重型轟炸機，必須在無人護送的情形下來回飛行大約兩千英里，」他表示，「那樣便無法達成我們的戰略性轟炸目標，得到的結果也無法彌補可能造成的嚴重損失。」事實上，根據歷史學家大衛・惠曼（David Wyman）與記者莫頓・明茲（Morton Mintz）的說法，當時有美國戰機駐紮在距離奧許維茨六百英里的義大利南部，它們正在大舉轟炸距離集中營只有十三英里的煉油廠。麥克洛伊說他不記得為什麼沒有考慮從那裡派飛機去攻擊奧許維茨，而是從英國。

麥克洛伊堅稱，那項決定並不是基於他個人的感覺，而是根據實際的軍事考量。「如果羅斯福總統要調動飛機，我們就會那麼做。」他表示，「沒有理由相信那樣做會有很大的好處。幫助那些人最好的辦法就是盡快打贏那場戰爭。」戰後，麥克洛伊其實非常努力協助顛沛流離的猶太人，也積極說服西德總理康拉德・艾德諾提高給以色列的賠款。

★★★

麥克洛伊大多數行爲的爭議性遠比前述這些事低了許多。擔任資深砲兵時，他有一項得意的計畫是利用輕型飛機去偵察砲台。他獲得艾森豪的大力支持，不過陸軍航空隊的哈普・阿諾將軍卻認爲很難挪出多餘的飛行員來執行這項任務。羅威特建議麥克洛伊去學開飛機，讓阿諾知道一般的軍人就能駕馭偵察機，不必找訓練有素的航空隊飛行員。結果麥克洛伊眞的去學了。當他將這項計畫呈給阿諾，將軍回答：「那樣不行！我飛機給你，千萬別要我跟你飛上去。」

麥克洛伊也負責五角大廈的興建工程，它後來被稱爲「麥克洛伊的瘋狂建築」。他最大的困難之一是讓自認是業餘建築師的羅斯福總統同意這項計畫。最後他採取「勒索」的手段。羅斯福總統陷入一個尷尬的處境，他過去在哈佛的同班同學普齊・漢夫史坦格（Putzi Hanfstaengl）是德國難民，不過已經回到祖國，有一陣子是希特勒的朝中弄臣。羅斯福認爲可以透過漢夫史坦格取得有用的情報，便將他從囚禁地英格蘭送到美國。結果，漢夫史坦格根本是個笨蛋，羅斯福很想擺脫他。麥克洛伊告訴白宮的一名職員，如果羅斯福總統核准五角大廈的藍圖，他就幫漢夫史坦格在德州的一座陸軍基地找一個安全的閒差事。結果這一招奏效。在隔週的一場內閣會議上，羅斯福找上麥克洛伊，對他大叫：「你勒索我！」

麥克洛伊擔任史汀生對外國領袖的私人使節，於一九四三年造訪倫敦，催促透過跨英吉利海峽的入侵行動來建立第二前線，以實現同盟國對蘇聯的承諾。堅持改爲進行北非戰役的邱吉爾帶麥克洛伊參觀慘遭戰火蹂躪的倫敦，最後在午夜來到被轟炸過的國會大廈（Houses of Parliament）。「當我看著這棟大廈的採光井，」邱吉爾說，「我看到一些應該在這裡的面孔。我其實只是一個平凡人，因爲我這一代的人大多死了，他們死在帕斯尙爾

（Passchendaele）或索姆（Somme）☆。我們無法承受又一個英國世代大量滅絕。」

艾森豪聽從史汀生的建議，在北非與維琪法國的領導人尚·達爾朗（Jean Darlan）形成一個臨時的伙伴結盟關係，結果卻陷入了政治的困境，麥克洛伊因此被派去協調那個平民政權。回國之後，他與史汀生力促羅斯福總統捐棄個人對夏爾·戴高樂（Charles de Gaulle）的厭惡，承認他是自由法國的領袖。白宮的內閣室（Cabinet Room）有一本那個時期的筆記本，上面看得到哈利·霍普金斯潦草寫下的一段註記：「麥克洛伊要是再跟老闆講一句與戴高樂有關的話，他就別想混了。」

到了戰爭結束時，麥克洛伊一流調停者的名聲已經不脛而走。這位個子矮小的助理部長似乎能夠踏入敏感地帶，但在走過的路徑上卻不留下足跡或敵人。他渾身散發出智慧與能幹的氣質；最重要的是，他備受信任。有一天，就在美國部隊挺進德國之際，羅斯福將麥克洛伊叫進他的辦公室。「Heil hoch Kommissar für Deutschland!」他用德語宣布。麥克洛伊一臉疑惑。「我任命你爲德國高級專員。」羅斯福解釋說。「你不覺得爲時過早嗎？」麥克洛伊問道，「我們還沒打贏戰爭，你應該找一位軍政長官。」他建議的人選是盧修斯·克雷（Lucius Clay）。麥克洛伊認爲，他不但能夠指揮部隊，也是個懂得如何處理後勤問題的工程師。「噢，麥克洛伊，我累得不想跟你爭辯。」羅斯福回答。當時是一九四五年三月，麥克洛伊突然驚覺，總統看起來的確是十分疲憊。

★★★

正當麥克洛伊忙著處理各式各樣的任務時，羅威特則專注於一項重大工作：建立美國的空中武力。一九三八年，陸軍航空隊擁有一千七百七十三架飛機與五百名受過訓練的飛行員。一九四二年，它建造了四萬七千架

☆譯註：這兩個地方在第一次世界大戰期間都曾經發生過慘烈的戰役。帕斯尚爾位於比利時，索姆則是法國的一條河流。

新飛機，訓練了三萬名飛行員。到了隔年，飛機更是以一個月八千架的速度暴增。

爲了達成目標，羅威特小心地經營與白宮的關係。一九四一年二月，羅威特一上任就拜訪羅斯福總統的強勢顧問哈利・霍普金斯，與麥克洛伊一起尋求他的支持。羅威特的目標並不算高：讓總統答應將飛機的產量加倍。「我不會誇口說光是靠空中武力就能打贏戰爭，」他在給霍普金斯的便條上寫道，「但是我要說，少了它就無法打贏戰爭。」

霍普金斯感到印象深刻。不過善於談判的他在羅威特處理完飛機生產的事，又立刻提出另一件事。霍普金斯表示，他最近一次前往英格蘭拜訪時，邱吉爾提到他無法從戰役中調派飛行員，駕駛美國提供的飛機飛越大西洋。是不是有什麼辦法呢？於是羅威特去請泛美航空（Pan Am）總裁、同時也是他耶魯大學的朋友胡安・崔普（Juan Trippe）幫忙，提供民航飛行員協助那項任務。霍普金斯接著便同意向總統勸說空中武力的問題。

羅威特擔心羅斯福總統和那位前社會工作者☆兩人飄忽不定的行事風格，於是繼續施壓。「很可惜，我們飛機的孕育期大約是人類懷孕期的兩倍，」他寫信給霍普金斯，「如果想在一九四二年年底以前從產量增加而獲得好處，我們就必須盡快下定決心。」總統被說服了。他傳話給羅威特，請他草擬一份總統指令，大幅提高轟炸機和其他飛機的生產量。

一九四〇年的私人視察之旅使羅威特相信，想要生產這些新飛機，就必須將生產線技術應用在飛機工業上。他瞭解有必要不斷改善設計。「讓兒童三輪車飛上天有什麼用呢？」他表示。不過爲了簡化生產過程，他只指定了幾家工廠進行新機型的實驗；其他工廠則盡快大量製造標準機型。「飛機製造廠就像一大堆裁縫師，

☆譯註：「那位前社會工作者」是指霍普金斯。霍普金斯在進入政壇以前曾經在紅十字會等一些社會福利機構工作。

我們的任務是讓他們在一夜之間全都變成哈特馬克斯☆（Hart Schaffner and Marx）。」他在一九四三年告訴一名記者。

羅威特也採用更大膽的方法。「我有一個讓生產更加快速的辦法，就是在合約簽訂或預算撥款之前就告訴那些公司開始生產。」他回憶說，「我會給他們意向書。要不是當時正在打仗，我最後恐怕會到列芬沃斯☆☆（Leavenworth）報到。」結果這個方法奏效。事實上，有一家工廠在政府與他們簽下生產契約的那一天，就送出八十五具製造完成的飛機引擎。

工作上與羅威特密切合作的佛瑞斯托在擔任副海軍部長時也採用相同手段。羅威特在耶魯飛行分隊的同事兼紐約的前室友亞特穆斯・蓋茲擔任海軍航空助理部長時，這個方法也有幫助。到了一九四一年三月，也就是佛瑞斯托上任六個月之後，海軍所簽的意向書應付帳款就有四十億美元。

當佛瑞斯托與羅威特想要在南美洲設立基地，作為美國飛機飛往非洲的中途站時，國務院卻表示沒有辦法。佛瑞斯托決定請他們在泛美航空的共同朋友協助解決這個問題。崔普同意挪用羅斯福總統掌控的一筆秘密應急基金，由他的航空公司來興建基地。「吉姆，你冒的風險很大。」總統在司法部的心腹詹姆斯・羅伊說，「如果美國沒有加入戰局，你可能要坐牢。」佛瑞斯托回答：「我相信我們會加入這場戰爭，也需要這些基地。我願意冒險一試。」

★★★

執行突然暴增的戰機生產量只是羅威特最具體的一項成就。同樣重要的還有在改變軍方的思維，以及帶領美國進入嶄新的空中武力時代這些事情，他所扮演的角色。羅威特說，當他上任時，還有軍官「依然認為飛機

☆ 譯註：哈特馬克斯是美國知名的高級男裝品牌。

☆☆ 譯註：列芬沃斯位於美國華盛頓州，全美最大的聯邦重罪監獄之一就在那裡。

是相當危險的新發明，飛機上如果有螺栓掉下來，會嚇壞他們的馬匹」。當然，人們不太瞭解空中武力可能不只附屬於地面作戰，也不清楚它除了支援步兵與砲兵攻擊以外還能發揮許多功能。對於「戰略性轟炸」（strategic bombing）的觀念，利用飛機進行長程進攻，一般人都毫無所悉。

第一次世界大戰之後，同盟國部隊的空軍統帥表示，飛機「最重要也最深遠」的貢獻是它們的觀察力；美國陸軍一九二〇年的正式教科書指出，「戰略性轟炸是一種奢侈品。」單獨對抗這種思維的只有傳奇人物比利・米契爾將軍（Billy Mitchell）的少數追隨者；米契爾大力倡導空中武力，一九二五年因為攻擊陸軍最高統帥而接受軍法審判。他們在麥斯威爾空軍基地（Maxwell Air Force Base）形成一個小集團，致力於推廣戰略性轟炸可以改變現代戰爭進程的觀念。

在羅威特身上，他們終於發現了一個具有影響力的倡導者。透過他個人與耶魯飛行分隊於第一次世界大戰期間在布魯日的經驗，這位作戰部助理部長已經見識過持續不斷的戰略性轟炸會產生多大的效果。納粹採取這種策略所獲得的成功，更進一步強化了他的信念。

美國有一批政策制定者最早預期，有效運用轟炸機可能會使得壕溝再也無用武之地，羅威特就是其中一人。他幫助美國進入一個新時代，長程轟炸機的任務不再是提供地面部隊支援，而可以像陸軍部隊或海軍船艦一樣有效地發動進攻。「空中武力具有作為一種獨立進攻武器的完整潛力，不過這種想法還沒有進入砲兵和戰艦的領域。」曾經擔任紐約新學院（New School）董事長的強納森・范頓（Jonathan Fanton）寫道，「讓與技術本身一樣現代的空中武力觀念進入大家的集體意識中，變成了羅威特的責任。」羅威特的概念，尤其是他堅信持久轟炸可以摧毀敵人的士氣，其詳情或許沒有經過充分地說明；可是他對戰略性轟炸的信心注定會改變美國參戰的方式；至少一直到越戰時代為止。

他打破他稱為「壕溝思維心態」的第一項任務，就是說服史汀生，空中武力並不只是供地面部隊使用的一項武器。宣誓就職之後不久，羅威特獨自找時間向部長說明，強調空中武力代表的是一種全新的戰爭型態，而且應該獲得組織自主性，效法英國對皇家空軍的作法。「歷史上每隔一段時間，」羅威特告訴過去擔任砲兵上校的部長，「總有某種發展會賦予戰爭藝術不同的面貌，改變各民族以及世界的命運。」

羅威特表示，陸軍空中部隊的架構「四不像，宛如一碗義大利麵那樣雜亂無章」。飛機生產與人員訓練是航空隊的責任，飛機的實際用途則是由空軍總部管控。他主張，爲了發揮空中武力的潛力，這些任務應該統一由他們自己的司令部指揮。

史汀生被說服了，不過他在自己的日記中表示：「我擔心馬歇爾和他的副手們還是認爲它只是一種附屬部隊。」於是他要求羅威特專程去向馬歇爾說明。「目前，我們的空軍是在一個組織底下運作，而該組織的指揮與掌控主要是爲了確保地面部隊獲得直接支援，不是以整個空中戰事的戰場爲考量。」羅威特指出，「武器必須在一個嚴密且具有彈性，並且與它們本身同樣現代的組織內控制與利用。」

馬歇爾提出一項條件：如果羅威特能抵抗來自國會與其他地方的壓力，建立獨立的美國空軍，成爲單獨的軍隊體系，他就會支持陸軍航空隊擁有更大的自主。羅威特同意。「即使是那些……贊成最後創立獨立空軍的人也同意，空中部隊在能跑之前必須先學會走路。」羅威特在給國會的備忘錄中寫道，「無論這個構想在理論上有什麼優點，它還是脫離不了一般人普遍認同的那條規則，也就是好的構想如果在錯誤的時間執行，也會變成壞主意。」

在爭取新戰機的經費時，羅威特特別強調重型轟炸機計畫：B-17飛行堡壘轟炸機（B-17 Flying Fortress）以及B-24解放者轟炸機（B-24 Liberator），他希望能藉此證明長程戰略性攻擊的價值。他也和哈普·阿諾及其他人合作，將重型轟炸的角色整合到羅斯福於一九四一年年中所要求的作戰計畫AWPD-1當中。該計畫主張進行六個月的集中戰略性性轟炸，削弱德軍戰力，以利一九四三年的入侵行動。羅威特估計，四千架重型轟炸機可以摧毀納粹領土上的一百五十四處重大設施，例如發電廠、油庫，以及鐵道。

不過羅威特認爲，戰略性轟炸還有一個更重要的角色。德國百姓必須親自感受到戰爭帶來的痛苦，而這種情況在第一次世界大戰並沒有發生；只有轟炸能夠好好懲罰他們，打擊他們的士氣。羅威特告訴紐約大學俱樂部的聽眾，在破壞他們作戰能力的過程中，「德國人可以在他們至今尚未受損的祖國中心獲得第一個慘痛的教訓，那就是犯罪並不會得到好處。這樣應該會降低他們的戰鬥意志。」

一九四二年初，羅威特收到一份搜刮來的德國文件，上面強調要大舉轟炸盟軍的設施。這更促使他將自己對於戰略性轟炸的想法付諸文字。就像他從自己在第一次世界大戰期間的突擊行動所學到的，最重要的事情是空中攻擊必須集中且持續不斷。將空中火力分散在許多前線上沒有多少效果。「使用這種武器要成功，有賴於持續並積極地集體運用。」他寫道，「我們的主要任務是把戰爭帶到對抗我們的人的土地，盡量使他們的工作條件難以忍受，破壞他們的工廠、他們的電力來源、他們的通訊系統。」

獲悉跨英吉利海峽的侵略計畫延後到一九四四年時，羅威特很難過，因爲那意謂著許多參與轟炸歐陸的同盟國空中部隊會調動。艾森豪要求飛機轉移到北非使用，羅威特請史汀生提出反對。爲了支持自己的案子，羅威特號召媒體的朋友，尤其是《生活》雜誌，刊登文章展現炸彈對德國造成多大的損失。那些報導讓因爲盟軍進展緩慢而感到挫折的國會與大眾有了一個發洩怒氣的出口，然而美國第八航空軍（Eighth Air Force）大部分還是部署到了北非。

一九四三年一月卡薩布蘭加會議（Casablanca Conference）前夕，羅威特前往白宮向總統推銷自己的看法。他也迅速地給長期伙伴哈里曼上一課，介紹地毯式轟炸的理論，並說服他在卡薩布蘭加倡導這個概念。日以繼夜不斷轟炸德國的策略獲得羅斯福與邱吉爾正式採用，代號是：POINTBLANK。哈里曼寫了一封長信給羅威特，爲這項進展喝采。「現在大家認爲轟炸是我們佔領歐陸的主要前奏。」他說，「如果未來還有少數人搞不清楚其中的要義，你也不用擔心。」

隨著戰爭結束，羅威特也希望透過他所籌劃的美國戰略性轟炸大調查（U.S. Strategic Bombing Survey）來記錄空中武力的重要性。那是一項規模龐大的計畫，共有超過一千五百名專家試圖將轟炸機對於德國工業、交通、石油供給、城市以及人民士氣所造成的傷害加以量化。掛名的領導人是法蘭克林・狄歐里爾（Franklin D'Olier），和藹親切的前美國退伍軍人協會（American Legion）指揮官以及保誠保險公司（Prudential Insurance Company）董事長。不過主要的推手則是芝加哥律師喬治・鮑爾（George Ball）；他在擔任倫敦的空軍評估委員會（Air Force Evaluation Board）委員時便已單獨提出進行大規模轟炸調查的相同構想，而且呈交給史汀生與羅威特。鮑爾聘雇了他的兩個朋友：保羅・尼茲以及經濟學家約翰・肯尼斯・加爾布雷斯（John Kenneth Galbraith），他們三人率領各組工作人員進入解放後的德國，訪問許多軍事專家與平民，並首次大規模訊問希特勒的生產部長亞伯特・施佩爾。

他們的調查結果並沒有完全證實羅威特的預期。加爾布雷斯發現轟炸幾乎沒有妨礙坦克與其他裝甲武器的生產。一九四二年的每月平均生產量是五百一十六輛；一九四三年密集轟炸開始之後，每月生產量暴增至一千零五輛，隔年又上升到一千五百八十三輛。一九四四年二月盟軍集中突襲德國的飛機製造廠，同樣也沒有太顯著的效果。攻擊過後那個月所生產的戰鬥機與轟炸機，比轟炸前那個月更多。施佩爾還告訴鮑爾，某些針對城市的轟炸其實是讓勞工離開受損的工廠，到地處偏遠的軍火廠工作。整體而言，德國在一九四四年的武器生產量是戰爭剛開始時的三倍。尤其無效的是藉由轟炸來打擊德國士氣；沒有跡象顯示有這種現象發生。

話說回來，有證據顯示攻擊鐵道與油庫大大減緩了德國部隊的移動速度，削弱了他們的訓練成果。轟炸逼使德國飛機留在空中，因此也有助於消耗納粹的空中武力。針對漢堡所進行的大型火暴式突襲確實打擊了那裡的士氣，至少有一段時間是如此，可是由於攻勢沒有延續下去，所造成的衝擊也就減弱。轟炸魯爾（Ruhr）的效果或許是最好的，它摧毀了當地的交通系統，導致工業停擺。

經過成員之間的許多爭論之後，集結而成的最終總結報告可想而知混雜了不同意見。不過鮑爾、加爾布雷斯以及尼茲個人所做出的結論則是抱持懷疑的態度，並留存在他們心中多年。「歷史與未來的政策都出現更嚴重的錯誤，」加爾布雷斯後來談到調查的最終報告時指出，「沒想到我們在韓國和越南又花了更多錢，進行無謂的轟炸。」當林登・詹森總統在一九六六年一月考慮恢復轟炸越南，鮑爾提出反對。「我想到我從事戰略性轟炸大調查的經驗，」他說，「並指出調查結果發現，在歐洲和日本『密集轟炸都無法打擊警察國家人民的意志力。』」

羅威特不贊同。他覺得某些調查結果令他對戰略性轟炸更有信心，而且他對高度質化的結論並不滿意。轟炸的效果難以量化，羅威特對於無法量化的東西也感到不放心。他獨自前往德國，與戈林、梅塞施密特（梅塞施密特戰鬥機的主要設計者）以及施佩爾會談。梅塞施密特告訴他，由於缺乏原料，飛機生產已經受阻。他到各個地方都看到德國工業被盟軍轟炸得面目全非。他聽到的是他想聽到的，回國時他確信那項調查低估了美國長程轟炸的重要性。

一回到美國，羅威特便組成一個任務小組，針對空軍所有人事與武器的狀態提出詳盡的報告。他們向保誠保險公司以及政府統計部門借用計算機器。「我每天早上都要知道我們空軍的精確狀況。」他回憶說。

羅伯特・麥克納馬拉（Robert McNamara）是在這項任務中羅威特最信任的年輕分析師之一，兩人都同樣熱中於事實與統計數字。麥克納馬拉畢業於哈佛商學院，曾經爲陸軍航空隊估算過轟炸目標。戰爭過後，羅威特在佛羅里達州荷布灣（Hobe Sound）過冬時，他的鄰居亨利・福特二世（福特汽車創辦人亨利・福特的孫子，當時擔任該公司總裁）提到他公司戰後要擴大規模，需要新血加入。羅威特推薦了一些「聰明小子」，其中最優先的就是麥克納馬拉。

第八章 莫斯科任務 哈里曼、艾奇遜、波倫及肯楠與狂人過招

MISSIONS TO MOSCOW

Harriman, Acheson, Bohlen and Kennan wrestle with a biting bear

哈里曼是個大忙人，而且是以自己閒不下來為傲的那種大忙人。然而在一九四一年八月的一個炎熱週末，他卻發覺自己在長島山德斯岬的住家悠閒地打槌球，苦惱著無事可做。

身為支援英國的「督促特使」，他飛到北非視察補給運輸路線，接著再到華盛頓報告他的發現。哈里曼便說服羅威特和其他人相信，儘管美國尚未參戰，但是也應該承擔運作某些補給運輸線的責任；然後他決定延後返回倫敦。邱吉爾正要航越大西洋，首度與羅斯福會面，哈里曼希望自己也能在場。

然而，當這位特使向羅斯福詢問邀請函時，總統卻抱怨參加的人太多、空間太小。哈里曼簡直無法想像，從山德斯岬的岸邊眼睜睜看著總統的遊艇向北航行，自己卻不在船上。於是他透過哈利・霍普金斯以及其他人，堅決表達希望出席的立場。羅斯福總統覺得哈里曼的舉動相當好笑，最後態度終於軟化。他請同為格羅頓中學畢業生的副國務卿桑姆納・威爾斯（Sumner Welles）到山德斯岬接哈里曼，參加在前往紐芬蘭（Newfoundland）途中所進行的總統宴會。

就在麥克洛伊和羅威特協助執掌美國的軍事大政之際，他們的同事則各自在不同的外交職位上有出色的表現。哈里曼在倫敦協調租借計畫的船艦運送事宜，艾奇遜擔任經濟事務助理國務卿，兩人一開始的出發點都是提供援助給同盟國。在德國拘留了五個月之後，肯楠獲派到葡萄牙，接著又到倫敦短暫參與歐洲諮詢委員會（European Advisory Commission）的戰後規劃工作。遭拘留了六個月的波倫則被送回華盛頓，擔任國務院俄國事務處的助理處長。到了最後，隨著戰爭持續進行，隱約出現和平的曙光，他們全都漸漸關注在同一項議題上，一項與他們的戰後觀點有直接關聯的議題：美國與盟友蘇聯風起雲湧的關係。

邱吉爾與羅斯福的會面催生了《大西洋憲章》（Atlantic Charter），這個充滿理想色彩的宣言展望一個擁有自由貿易與自由人民的威爾遜主義世界。它宣稱，各國應該擁有自決權，軍事力量不應該用來左右領土改變或勢力範圍。羅斯福此後（至少在公開場合）便宣稱，《大西洋憲章》是美國外交政策的基礎，尤其是反對勢力範圍的那一點。它有一部分是政治上非做不可的表態：美國人比較有可能支持一場為理想原則而戰的戰爭，而不是列強為了分割波蘭這種不幸國家而進行的戰爭。此外，理想主義者羅斯福也相信這些原則。不過務實的羅斯福後來十分願意私下悄悄做出現實上的讓步，以求和蘇聯維持戰時的結盟關係。最後，在羅斯福宣稱（甚至對他最親近的顧問也這麼說）的原則以及史達林（他其實並不太相信《大西洋憲章》的自由資本主義理想）相信羅斯福默默做出的讓步之間，出現了衝突。

對哈里曼而言，大西洋會議有一項更切身的意義：他獲選陪伴邱吉爾內閣中脾氣暴躁的生產部長、也身兼報紙發行人的畢佛布魯克勳爵（Lord Beaverbrook）出訪莫斯科，提供援助給希特勒最新的敵人。同盟國警告，德國打算廢除一九三九年的互不侵犯條約，但是蘇聯沒有注意到這項警告，因此慘遭一次大規模攻擊所害，而攻擊的開端與一百二十九年前拿破崙入侵俄國的日期是同一天。

抵達倫敦為莫斯科任務做準備不到幾小時，哈里曼與麥克斯・畢佛布魯克（Max Beaverbrook）彼此攤牌，預告了西方領導實力的變化。在戰時內閣地下會議室舉行的聯合代表團會議上，畢佛布魯克要求哈里曼宣布美國願意提供的援助總金額，暗示英國會決定如何分配給英蘇兩國。

哈里曼與他意見相左，堅持兩個代表團應該共同決定如何分配。儘管尚未參戰，美國卻不願意再讓英國主導歐洲事務。邱吉爾支持哈里曼。「我知道他有多麼難搞。」邱吉爾這麼說他的軍需部長（畢佛布魯克勳爵）。隔天晚上，哈里曼對畢佛布魯克提出一些基本規則。「今天的晚餐和昨晚與首相共進的晚餐比起來，眞有天壤之別，」哈里曼的小女兒凱薩琳・哈里曼（Kathleen Harriman）寫信給她的姊姊，「一個是紳士，另一個則是流氓。幸好父親兩種語言都會說。」

在從阿干折（Archangel）出發的飛機上，畢佛布魯克命令飛行員不必遵照蘇聯在樹頂高度飛行的規定。結果他們在莫斯科附近遭到蘇聯高射砲射擊，飛機俯衝而下，洩漏了自己的身份。有一次對代表團團員發表演說時，哈里曼明白指出這一趟行程的目的：「付出、付出再付出，沒有獲得任何回報的期待，沒有對價關係。」

在他們抵達莫斯科的深夜，哈里曼與畢佛布魯克被召進克里姆林宮，進入位於宮內深處的會議室。那是哈里曼第一次造訪那間內部密室，裡面擺了一張長長的會議桌，掛著馬克斯、列寧以及恩格斯的大幅肖像。在接下來的那些年，這個房間以一種獨特的方式變成哈里曼恢復活力的來源。每當他在家鄉的影響力衰減，他就會設法重返這裡，受邀回來與掌權者在會議桌上見面，而房間裡的權力就會幫助他再度充實自己的權力。

比哈里曼的想像中矮壯的史達林，在第一天晚上顯得坦率而友善。他承認，情勢幾近危急，不過蘇聯能夠也願意保住莫斯科。雖然他們亟需美國的武器，不過他答應會避免「提出天文數字般的要求」。

然而隔天晚上，這位蘇聯獨裁者一邊來回踱步一邊猛抽菸，心情不一樣了。「他質疑我們怎麼那麼有信心，」哈里曼回憶，「他似乎在暗示，我們想看到希特勒摧毀蘇聯政權。」史達林堅稱，同盟國提供的條件根本不夠，「美國一個月怎麼能夠只給我一千噸的裝甲鋼板來生產坦克？貴國的產量可是超過五千萬噸。」哈里曼糾正他，美國一個月能夠生產六千萬噸，可是境內的需求量大，而且蘇聯要求的是一種特殊的鋼材。史達林固然直率，但哈里曼也不遑多讓。

畢佛布魯克對於這樣的對峙感到氣餒，不過哈里曼卻他要沉得住氣。檢視了蘇聯提出的七十項要求清單之後，他們做了一些修正。隔天晚上他們發現史達林顯得比較平靜，嘴上抽著菸斗，看來對於自己拿到最有利的條件感到相當滿意；他心不在焉地在筆記本上畫了一些狼，背景則塗上鮮紅色。當他們終於敲定租約計畫的細節之後，這位立場堅定的獨裁者露出了微笑。「這下我們要贏得戰爭了！」李維諾夫開心極了。

哈里曼覺得自己學到了一課，對於蘇聯領導人激烈的情緒轉變有了一些認識；他們可能原本親切優雅，下一分鐘卻突然暴怒，一旦發現自己已經竭盡所能達成目標，又顯得十分熱情。哈里曼接受史達林的要求，將雙方的協議寫成正式的議定書，儘管這已經超出他所獲得的權責範圍。

哈里曼刻意將美國大使羅倫斯・史坦哈特（Laurence Steinhardt）排除在協商之外，因為他在莫斯科就任期間已經變得相當痛苦。這種醒悟對美國使節來說是一種職業性危害。在一次「半開玩笑」的討論中，史達林與哈里曼分別表達了對於對方國家大使的關切；哈里曼將這份擔憂轉達給羅斯福知道，而兩位大使不久便遭到替換。霍普金斯邀請哈里曼接下駐蘇聯大使的工作時，他堅持自己繼續擔任特使才能更有所發揮。他表示，在莫斯科擔任外交官的生活處處受限，「顯然對任何一個想法活潑積極的人來說都難以忍受。」結果這個職位由海軍上將威廉・史丹德利（William Standley）接任；他曾經擔任海軍作戰部部長，大力反對援助蘇聯。

當時，對於公職人員財務披露以及利益衝突的標準不及後來嚴格。戰時在倫敦與莫斯科進行協商談判期間，哈里曼依舊是布朗兄弟哈里曼公司的積極合夥人（羅威特則不然），還保留他個人的商業利益，甚至繼續悄悄進行他的俄國投資。在一九四一年七月，這些項目當中包括了用來償還一九二八年錳礦合約、價值五十六萬美元的蘇聯政府票據。哈里曼在一九四三年寄給助理J. D.鮑威爾（J. D. Powell）的一封「機密」信件中詢問各種俄國持股的狀況。他收到的消息是，其中有價值十四萬兩千美元的帝俄政府證券（Imperial Russian Government Certificates），以及一九二〇年代獲得的俄亞合併公司（Russo-Asiatic Consolidated Company）五萬兩千五百股股份。與華佛布魯克前往莫斯科時，哈里曼帶了美國紅十字會的官方代表亞倫・華德威（Allen Wardwell）同行。華德威是傑出的華爾街律師，曾經協助哈里曼與蘇聯協商錳礦特許權。

哈里曼知道，他在莫斯科提出的十億美元承諾，其中包括每個月運送五百輛坦克這種事，很難讓一心提防著布爾什維克政權、而且隱約還希望美國能夠避開歐洲戰事的美國大眾所接受。於是他毅然決然用自己的錢買下CBS廣播時段，說明政府的用意。「我關心的不是那些正在對抗希特勒的人的社會與經濟理念，」他告訴他的聽眾，「我們關心的是，我們的行動方針顯然是受到別人的慘痛經驗和我們自己的私利支配。」

★★★

哈里曼擔任租借計畫督促特使的職務範圍相當廣泛，這個角色比較需要建立權威，而不是遵循權威；他在返回倫敦之後，甚至讓這項任務更加廣泛。除了協調對英國的援助之外，他還接下讓莫斯科對於其新援助者感到滿意的任務。橫越大西洋就已經夠困難的了；為了運送一些郵袋，他被迫讓出位置，結果打通電話給胡安・崔普又讓他有座位可坐。除此之外，煩惱的哈里曼也打電話給羅威特，堅持建立一支經常橫越大西洋的常備軍。然而，正在等著他的蘇聯問題遠比這些都更難解決。

美國一加入戰局，史達林便開始催促英美兩國跨越英吉利海峽展開入侵行動，好將進攻蘇聯的德國部隊引開。在史汀生與馬歇爾的支持下，羅斯福總統提出一些安撫性的承諾。不過邱吉爾反對。就像帶麥克洛伊參觀那樣，邱吉爾在深夜帶哈里曼參觀空蕩蕩的國會殿堂，強調除非有絕對的必要，否則他提不出送另一代英國男孩上戰場的正當理由。

缺少第二前線讓史達林十分憤怒，因此他對租借計畫的援助不太領情。儘管美國誠意十足，卻無法將哈里曼答應蘇聯的材料運送過去。美國採購官員辦事不力，而以麥克洛伊、羅威特和佛瑞斯托為首的軍方權勢菁英可想而知卻又急著累積自己的實力。另一個更大的阻礙是盟軍護送材料的困難度極高，因為倖存的德軍會在他們繞過挪威北端、經過北極海到阿干折的途中發動攻擊。

蘇聯不願意提出替代的護送路線，例如經過伊朗或西伯利亞，因為它們需要比較高的國內運輸成本。他們反而懷疑起同盟國的動機，抱怨英國船艦膽怯以及西方國家的行動缺乏誠意。「為了提供俄國補給，我們累得人仰馬翻。」霍普金斯在一九四二年如此寫到焦急的哈里曼。不過運送時程比原先的計畫落後，夏季又讓日照時間變長，往俄國北部的護送路線沿線傷亡也比較慘重。在三月、四月與五月，盟軍在那條路線上的所有船艦有四分之一遭德國潛水艇擊毀。

邱吉爾於六月帶著哈里曼飛到華盛頓，告知羅斯福他打算暫停護送任務，直到秋季夜間時間較長，安全性提高為止。此外，邱吉爾也堅持一九四二年可能沒有跨英吉利海峽的侵略行動。

返回英格蘭之後不久，哈里曼開車到邱吉爾的鄉間別墅查特威爾（Chartwell），參加一場私人晚宴。邱吉爾表示他決定前往莫斯科，告訴史達林暫停護送與延後第二前線的決定。史達林固然會震怒，但是或許親自說明可以緩和他的怒氣，讓他相信盟友的誠意。

邱吉爾動身去莫斯科之後的那個週末，哈里曼認為美國人跟隨前往應該合情合理。一方面他希望史達林瞭解，邱吉爾並非單獨行動；另一方面當然也是他個人渴望參與其中。不過當他發出越洋電報請示，羅斯福總統卻拒絕。於是哈里曼求助於當時中途停留在開羅的邱吉爾。邱吉爾極為樂意代表哈里曼居中協調。「您能夠讓艾佛瑞爾與我同行嗎？」他發電報給羅斯福，「我這趟任務可不輕鬆。」羅斯福態度因而軟化。「我收到前海軍人☆發的電報，」他發電報給他行事急切的特使，「他說他認為你幫得上忙。」英國當晚有一班飛往開羅的軍機為了哈里曼延後起飛，令機上另一名乘客頗為惱火——高傲的自由法國領導人夏爾．戴高樂。

與邱吉爾及哈里曼見面時，史達林又重現他激烈的情緒搖擺模式。第一天晚上他似乎接受邱吉爾的計畫，以進攻納粹在地中海「脆弱的下腹地帶」取代跨英吉利海峽的立即入侵行動。「首相畫了一隻鱷魚的圖，指出攻擊肚子跟攻擊嘴巴的效果一樣。」哈里曼向羅斯福報告。然而當晚稍後，他們見識到這位蘇聯領導人延遲發作的怒氣，他簡短地唸了一段措辭嚴厲的聲明，指責英國軍方懦弱膽怯，美國違背提供補給的承諾。

儘管哈里曼保證情況在第三次會議會好轉，惱怒又沮喪的邱吉爾還是把他留在身邊聊到接近破曉。「史達林昨夜採用的技巧十分接近畢佛布魯克和我本人用過的方法。」他在發給羅斯福的電報上指出。結果沒錯，這趟行程在友善的氣氛中結束。「莫斯科之行原本很可能變成同盟國的一場災難，結果卻讓我們與俄國的戰時關係提升至一種互相理解的新層次。」哈里曼後來表示。

☆譯註：前海軍人（Former Naval Person）是邱吉爾與羅斯福通信時所用的自稱；他擔任首相之前曾經是英國海軍大臣。

★★★

波蘭是英國加入戰局最近的原因。一九四三年四月大家才首先瞭解到，關於波蘭戰後命運的爭論會危及未來的和平。德國陸軍相當得意地宣布，他們在卡廷森林（Katyn Forest）發現一座集體墳場，那個地區在一九三九年納粹與蘇聯互不侵犯條約簽訂之後遭蘇聯紅軍侵佔。德軍指控，一萬名波蘭軍官已經被俄國人直接處決。莫斯科方面自然宣稱，是納粹在一九四一年佔領該地之後進行了那場大屠殺。哈里曼不知道誰說的對，當時也不太在乎★。令他困擾的是，這場爭執突然威脅到〔美英蘇〕大同盟可能從戰爭中成形的希望；這個聯盟的成員對解放後的歐洲在戰後如何治理都有共識。

暫駐倫敦的波蘭流亡政府隨即請紅十字會調查德方的說法。表面上，這個舉動看似可以理解，甚至很溫和，然而就這個流亡領導階層在戰後與俄國的關係來看，它卻深具破壞性。哈里曼在倫敦拜訪波蘭總理，並直接斥責他。哈里曼說，無論德國的指控是眞是假，波蘭的聲明肯定都會觸怒莫斯科。果然沒錯，克里姆林宮立刻中止與流亡政府的關係，並在莫斯科組成它自己的殘存領導階層，稱爲波蘭愛國者聯盟（Union of Polish Patriots）。爲了修補雙方的關係，挽救波蘭表面上的主權，哈里曼花了兩年多的時間，東西方的關係在這兩年多也出現裂痕。

當年五月，邱吉爾搭乘瑪麗皇后號（Queen Mary）再度造訪華盛頓，同行的還有哈里曼與畢佛布魯克。航行期間，畢佛布魯克支持史達林對波蘭流亡政府的激烈反應。哈里曼則大力反對他所稱的「綏靖政策」，他對邱吉爾表示：「我深深覺得當他們的行爲與我們的想法互相矛盾時，我們態度必須友善、坦白但堅定，否則就是

★作者註：一九五二年，美國國會有一個委員會經過九個月的調查之後提出報告指出，卡廷森林的屠殺事件「毫無疑問」是由蘇聯秘密警察所為，後來歷史學家所做的研究也支持這個發現。多年後被問起這件事時，哈里曼表示：「我猜是俄國人幹的。」

在爲未來找麻煩。」

瑪麗皇后號上的討論透露出哈里曼對於俄國的想法出現了一個重大轉變。鑑於他所說的「因爲波蘭而產生的不祥裂痕」，以及克里姆林宮針對租借計畫所展現的低劣態度，他已經開始拋棄美國應該「付出、付出再付出……不期待對價關係」的信念。抵達華盛頓與羅斯福見面時，哈里曼便開始鼓吹他所謂的「友善但堅定」路線，也就是抱著堅定不移的立場，以務實企業家的態度和莫斯科周旋。哈里曼態度的改變後來對美國政策形成重大的影響，有一部分原因就是他持續鼓吹自己的看法。

過去一度堅定支持無條件援助蘇聯的史丹德利大使，此時態度也出現了類似的轉變。個性合群的他曾經希望透過交換情報資訊以及發行華特・迪士尼（Walt Disney）電影這樣的善意，與俄國人交好。可是一到了莫斯科，他就跟蒲立德與史坦哈特一樣，開始因爲不斷的「個人不適」以及蘇聯當局造成的「隔離」而感到不悅。他逐漸認爲，美國任何的援助都應該建立在「協商基礎」上，並警告羅斯福，毫無附帶條件的禮物似乎會「令東方人對我們的動機產生懷疑，而非建立信心」。

史丹德利告訴美國駐莫斯科的特派記者，蘇聯人對於美國的援助不知感激，結果掀起軒然大波，不過哈里曼表示支持。「這裡有一種感覺愈來愈強烈，如果我們任憑自己被俄國人粗暴對待，就是在爲未來找麻煩。」哈里曼在從倫敦發給霍普金斯的電報上如此表示。他對當時擔任租借計畫管理人的愛德華・史泰提紐斯（Edward Stettinius）表示：「我的經驗是，俄國人對我們殘酷而坦率，我們大可以其人之道還治其人之身。」

一九四三年五月回到華盛頓之後，哈里曼獲知史丹德利已經遞出辭呈。羅斯福與霍普金斯再次請哈里曼接下這個職位，而他也再次表達不願放棄自由之身的態度。經過不斷討論之後，哈里曼於六月底返回倫敦，依然還是沒做出決定。「您也知道，我對我們與俄國的關係抱著堅定樂觀的看法，因爲我確信，如果有機會能得到，史達林就希望與您和美國能夠達成互相理解。」他在七月寫信給羅斯福，「莫斯科大使真正的成就是一場賭局，成功機率不高，然而賭金卻很高。」

這件事一直到八月才塵埃落定，當時哈里曼前往加拿大參加羅斯福與邱吉爾第一次的魁北克會議（Quebec Conference）。與霍普金斯在那裡的一座湖上釣魚時，哈里曼揣度著各種可能性，最後終於得到一個結論：如果擔任大使，他可以協助蘇聯擺脫種種疑慮。不過，他也擔心羅斯福有些想法太天真。回到白宮，羅斯福總統在一場午宴上充滿信心地預測，他可以向從未謀面的史達林解釋，如果戰後波蘭或巴爾幹半島國家沒有自由選舉，會導致不利的反應出現。「他似乎不瞭解，一旦俄國人佔領一個地區，公民投票結果幾乎肯定會依照他們的意思走。」哈里曼後來表示。

不過哈里曼也懷抱著一些希望，而這些希望或許也沒比羅斯福的期待來得實際。沮喪的史丹德利上將正好投宿在五月花飯店，也就是哈里曼過去在華盛頓的固定落腳處。哈里曼邀請他的前任到套房享用私人晚餐。談論俄國直到深夜之後，史丹德利起身離開。「我並不羨慕你，艾佛瑞爾，」他說，「這是一項很艱困的任務。」

「謝謝你，上將。」哈里曼勉強擠出一點微笑說，「我知道不容易，可是那些俄國人不過是人。史達林可以應付的。」

史丹德利從走廊走出去，一邊搖頭。十八個月以前，他的想法差不多也是如此。哈里曼後來承認：「西方有許多人自認爲懂得如何與史達林交涉。我承認自己的腦中不免也有這種想法。」

★★★

哈里曼與艾奇遜跟他們大多數務實的朋友一樣，對於「普遍施行普朗姆計畫」沒抱持過度的信心。不過，兩人都同意羅斯福提供戰後貸款給蘇聯和歐洲其他國家的目標。對哈里曼而言，這樣可以獲得跟克里姆林宮談判的一些籌碼。此外，他和艾奇遜也看到一旦戰爭結束，協助發展穩定經濟具有多少價值。邁向這個目標最早的暫時性步驟，就是英國與俄國以不同型式向美國提出的成立聯合國善後救濟總署（United Nations Relief and Rehabilitation Administration，簡稱UNRRA）的提案。

艾奇遜被指定爲代表美國擔任UNRRA委員會的四名委員之一；各委員於一九四三年一月開始在華盛頓開

會。蘇聯的代表是馬克辛・李維諾夫，肥胖、口若懸河且已經西化的布爾什維克分子，一九三三年擔任外交部長時曾參與承認蘇聯協議的協商工作。

在該委員會為期六個月的工作期間，俄國首次出現、後來很快便見怪不怪的態度：李維諾夫堅持，主要國家對所有決議必須具有否決權，而任何在俄國境內的計畫都必須由克里姆林宮單獨監督。最重要的是，蘇聯似乎很注重避免外人滲入他們的孤立體制，即使是提供援助的國際性組織也不例外。「我們是帶著充滿正義感的熱情說，救濟必須遠離政治。」艾奇遜後來回想，「這個想法令李維諾夫覺得好笑。」蘇聯沒有什麼事情逃得了政治，送往該國的援助都必須由克里姆林宮完全掌控。「可以說，我們親自見證了那種模式的創造過程。」艾奇遜表示。

到了六月，已經達成一項協議，可是艾奇遜又面臨另一個棘手的挑戰。用艾奇遜的話來講，參議員亞瑟・范登堡「剛剛從他孤立主義的蛹破繭而出，還沒學會如何使用自己的新翅膀」。這位來自密西根州的共和黨籍參議員憤怒地抗議參議院並未獲得徵詢，這項計畫「答應將我們所有資源都提供給世界各地毫無限制的各種善後救濟計畫，而自以為能預知未來的新政班底覺得應該由他們來決定如何行動方針」。

或許因為自己也同樣敏感，艾奇遜發現了范登堡的弱點：虛榮。艾奇遜在受人質疑的階段依舊保持耐性（不像國務卿赫爾奪門而出），他修改了UNRRA的條文，將國會的考量納入。然而，他主要只是安撫范登堡，向他解釋救濟組織的重要性，以及他在該組織成立上所能扮演的歷史性角色。

儘管「懷疑」，范登堡還是決定宣告獲勝，歡呼「憲法程序的大勝利」。艾奇遜後來表示，那是范登堡「進入我們時代的漫長旅程」的開端，而旅程的最高潮就是一九四五年一月他在參議院戲劇性地「坦承」孤立主義的錯誤，他體認到「我們的海洋已經不再是能自動保護我們堡壘的護城河了」。

羅斯福在一九四三年十一月簽署UNRRA協議，第一次會議，也就是聯合國成立的前奏，隨即在大西洋城的克雷里吉飯店（Claridge Hotel）召開。艾奇遜獲選為主席。儘管會議進行順利，有一件事卻預告了後來的阻礙。

就在會議即將結束之際，俄國人要求放映一部東方前線戰爭的影片。艾奇遜勉強同意。令他毛骨悚然的是，那是一部宣傳影片。片中波蘭人歡喜地擁抱解放波蘭的蘇聯人，而且根據俄語旁白的說法，也欣然接受他們所帶來的共產主義教條。事後，波蘭流亡政府的大使向艾奇遜提出嚴正抗議。

★★★

「我們發現你是個很難對付的人。」哈里曼於一九四三年十月剛就任駐蘇聯大使，打了一通正式的禮貌性電話給莫洛托夫時，對方這麼說。

「我是以朋友的身分前來。」哈里曼回答。

「噢，我知道。」莫洛托夫說，「我的話其實是讚美。」

哈里曼瞭解，蘇聯不見得會將圓滑的協商者視為朋友，也不一定會把強硬的協商者當成敵人。那天晚上他在筆記本上記下，他告訴莫洛托夫，他們有許多歧見，可是都可以「靠坦率的私人關係」來解決。

由於夫人瑪莉．哈里曼留在紐約，女兒凱薩琳便擔負起女主人的角色。在莫斯科的前幾個月，哈里曼和凱薩琳發現那裡的氣氛並沒有他們所擔心的那麼冷。在哈里曼擔任租借計畫督促特使的期間，蘇聯的國營媒體將他吹捧為同盟國合作的象徵。氣質高雅的他大受俄國人歡迎；對於資本主義大亨，俄國人著迷的成份遠遠大於害怕。事實上，他在俄國成了名人，一言一行都是人們好奇關注的對象。

凱薩琳也吸引了民眾的目光，尤其是她高超的滑雪技巧。她甚至受邀參加俄國女子曲道滑雪賽，最後不但勇奪第三名，還躍上莫斯科的報紙版面。她利用父親的契斯特菲爾德（Chesterfield）香菸以及大使館廚房的點心與俄國年輕人交朋友，或至少是那些對秘密警察的監視比較不在意的人。

哈里曼偶爾會在星期天跟她一起到列寧山（Lenin Hills）的雪坡上滑雪，讓跟監他的秘密警察有點苦惱。第一次的「突襲行動」，他登上麻雀山（Sparrow Hill）山頂，也就是多年前拿破崙看著莫斯科燃燒的地點，然後快速順著斜坡滑下。他來自蘇聯秘密警察組織（NKVD）的「隨扈」英勇地試圖跟蹤，結果卻在半途中撞上一個雪堆。「他眞是不幸，」這位不動聲色的大使寫信給他在紐約的太太瑪莉，「他的技巧不太好。」從那時候起，每當哈里曼去滑雪，一名前俄國滑雪隊隊員就會加入跟蹤他的秘密警察小組。

哈里曼家成員獲准接觸特定的莫斯科人士，範圍以藝術圈爲主。抵達莫斯科幾個月之後，哈里曼寄了一封信給波倫，請他向瑪莉拿「我最新的燕尾服和長褲」，然後寄給他。大使館爲了慶祝聖誕節或哈里曼生日等重要時刻而在史帕索大宅舉行盛大宴會時，這位薪水一萬七千五百美元的新任大使就會自掏腰包，從國外購買火雞和一箱箱的波本酒等商品。

他警告部屬和美國記者，留意蘇聯人在每場宴會都會聯合進攻一個外國人，把他灌醉。哈里曼自己通常都把持得住，唯一一次破功是在一九四四年初的紅軍節（Red Army Day），莫洛托夫和一群將軍在一場宴會上圍攻他。凱薩琳試圖解救父親，結果他卻揮手叫女兒走開，說：「我沒事。」最後他不得不被人扛回家。《時代》雜誌報導：「隨著夜色愈來愈深，哈里曼的醉意也愈來愈嚴重。」

哈里曼家最親近的蘇聯朋友是劇作家亞列克塞・托爾斯泰（Alexei Tolstoy），知名大文豪列夫・托爾斯泰（Leo Tolstoy）的一名遠親。凱薩琳覺得他是「非常可愛的那種人」。托爾斯泰有一次邀請哈里曼父女到他的鄉間別墅享用豪華晚餐（顯然是靠政府的幫忙），當天美饌佳餚之豐盛，讓多數俄國人平常獲得的少量食物配給以及戰時歐洲其他地區的飲食看起來簡直像笑話。席間他暢談各種不同的話題，有一次甚至暗示克里姆林宮的恐怖統治不只是史達林或共產主義的造成的。「想要瞭解今天的克里姆林宮，」他對哈里曼說的這番話應該會讓肯楠很開心，「你就必須了解恐怖伊凡以及彼得大帝的克里姆林宮。」

史帕索大宅空間寬敞，有十三個房間，可是卻很寒酸。「艾佛瑞爾的浴室大約有我紐約的公寓那麼大，」凱薩琳在寄給姊姊的信上寫道，「他的臥室裡有全屋唯一的壁爐。蒲立德顯然插手過室內裝潢，我因此會恨他一輩子。」通常一天都工作十六個小時的哈里曼，將臥室壁爐旁邊的空間變成一個舒適的會議區。每天清早他身穿深色絲質睡袍，腳踩紅色的摩洛哥拖鞋，在那裡與助理以及記者們見面。若要運動，他喜歡去砍屋後花園裡不健康的灌木，剷除走道上的積雪。這讓俄國職員相當不解，他們不懂這麼有錢有勢的人爲什麼要把那些事情當作休閒活動。

哈里曼曾經跟國務卿赫爾一起到過莫斯科，後者是去參加在那裡舉行的第一次外交部長會議（Foreign Ministers Conference）。赫爾透露他其實並不想去，可是又擔心如果自己猶豫不決，羅斯福就會讓桑姆納・威爾斯取代他。赫爾大部分時間都在確保四強發表的《普遍安全宣言》☆（Declaration of General Security）能順利簽署；這份文件的價值令人懷疑，內容略嫌誇大，理想主義派的赫爾宣稱它能促進一個「不需要勢力範圍」的世界。

哈里曼發現自己比較關心的議題都是赫爾認爲較爲次要的，最明顯的就是想促成一項關於波蘭的協議，以免莫斯科硬在那裡安排一個傀儡政府。「會議期間他們並沒有透露出有意擴張蘇聯體制的跡象，」哈里曼寫信向羅斯福報告會議的結論，「對此我持保留意見。」

戰爭結束之前，美國與蘇聯注定會對許多其他議題有歧見。但是套句哈里曼的話，波蘭「會成爲蘇聯在戰後世界的行徑的試金石，史達林對他弱勢鄰國的態度的第一個測試」。它代表雙邊帶入戰爭的不同看法之間難以避免的衝突：一邊是在《大西洋憲章》中發表、爭取自由與自決的盎格魯—美國理想主義，另一邊則是史達林的現實主義觀點，認爲蘇聯在邊界上需要一圈「友好」國家，而且它們絕對不會再次形成敵對的「緩衝地帶」，或是西方侵略的走廊。

哈里曼認爲，將波蘭議題拖到紅軍佔領該國之後再處理，就幾乎不可能進行經過協商的安排。因此他希望羅斯福於一九四三年十一月在德黑蘭提出這件事，那是戰時領袖終於首度齊聚一堂的三方高峰會。然而，羅斯福總統比較有興趣的是軍事計畫、戰後處理德國的方案，還有闡述他的聯合國組織願景。藉由在某些邊界議題上暗中讓步給史達林，以及拖延戰後如何保證波蘭主權的問題，羅斯福（至少哈里曼是這麼認爲）讓史達林認

☆ 譯註：《普遍安全宣言》一般稱為《莫斯科宣言》，由中、美、英、蘇四國共同簽署。

定，《大西洋憲章》反對勢力範圍的理想主義宣言主要是為了國內的政治消費，不會用來防止蘇聯在周圍強行建立「友好」政權。

哈里曼認為克里姆林宮無意併吞波蘭，因為它自己的多元種族帝國已經出現了消化不良的跡象。他在一九四四年一月告訴莫斯科的美國記者，他也覺得莫斯科並不想將共產體制強加於波蘭。就他看來，它的目標是確保戰後的波蘭能對俄國友好，而在倫敦主要由流亡貴族組成的獨立波蘭政府並沒有做到這一點。因此哈里曼判斷，強硬協商可能帶來妥協，倫敦波蘭政府裡的溫和派會加入支持蘇聯的波蘭人，在戰後創建一個聽話但自由的政府。然而他擔心如果沒有任何妥協，史達林會覺得波蘭難以掌控，最後認為有必要在華沙強行建立一個由紅軍支持的穩固政權。

蘇聯部隊在一九四四年中「解放」波蘭之際，哈里曼警告，除非波蘭流亡政府重新恢復，否則蘇聯會建立自己的「解放委員會」。不過，羅斯福還是不願意面對這個議題，於是他獨立思考的大使哈里曼便在二月自行去見史達林，想設法改善蘇聯與倫敦波蘭政府的關係。史達林暗示了一個解決辦法：蘇聯政府可以接受他們的領導人史丹尼斯洛·米科拉依奇克（Stanislaw Mikolajczyk），不過倫敦其他的波蘭人大多是強硬的反共人士，必須放手不管。

「又是波蘭人，」哈里曼在隔月回到莫斯科時，史達林大吼。這位蘇聯領導人說「那個流亡政府」提出不可能的要求。他堅稱，波蘭人民會歡迎作為解放者的紅軍。但是哈里曼感到懷疑。他沒把自己的想法說出口，那就是蘇聯只會被視為另一群入侵者，也將採行警察國家的掌控模式。

當哈里曼提到美國的大眾輿論問題，也就是羅斯福經常無法善加運用的那一點，史達林請他不必擔心「蘇聯的大眾輿論」。

「您知道如何處理貴國的輿論。」哈里曼說。

「一個世代之內已經發生三次革命了。」史達林回答。

當時，哈里曼覺得這個問題可以溫和地協調。「史達林堅信在倫敦那一個控制團體的領導下，波蘭不可能成爲友好的鄰居，他也不願意讓紅軍幫助他們重新建立權力。」他在三月的一份備忘錄上寫道，「我認爲他的想法基本上沒錯。儘管推測正好相反，卻沒有證據顯示他不願意讓獨立的波蘭出現。」哈里曼不久之後就改變了這個看法。

★★★

莫斯科在一九四四年六月底發生了一件事，幾乎比蘇聯做的任何事情都更堅定哈里曼的強硬立場：喬治・肯楠抵達大使館擔任參事。

哈里曼急著尋找一個專業的蘇聯專家擔任副手，剛開始找的是奇普・波倫。拘留在東京六個月之後，波倫在國務院蘇聯事務處工作，其職責之一是於一九四三年底在莫斯科以及德黑蘭的會議上擔任翻譯與顧問。對於德黑蘭會議上透露出來的訊息，波倫的看法比哈里曼悲觀，他在給大使的便條上表示，蘇聯似乎打算讓歐洲其他地區淪爲無能的附庸。「我瞭解蘇聯的眞正本質，」他回想當時自己抱持的態度，「它的領導人所秉持的原則，不但與民主政府所代表的一切格格不入，而且絕對充滿敵意。」

即便如此，哈里曼相當佩服波倫對於俄國及其語言的認識。更重要的是，多少有點拘謹的哈里曼欣賞波倫親切友善的個性，他覺得那樣很吸引人、令人感到自在，甚至很神奇。爲了要求波倫指派到他旗下，哈里曼寫信給國務院說：「我們曾經共事過，對於政策有明確的共識。」

可惜的是，哈利・霍普金斯也認識並欣賞波倫。一九四二年底，他們在華盛頓一場晚宴上有點不祥的情況下相遇。霍普金斯問（波倫記得是「魯莽地」問），他是不是屬於國務院裡的反蘇陣營。事實上，波倫支持「現實主義派」路線，而那也是他的老闆洛伊・韓德森以及一九三〇年代大部分駐莫斯科人員的立場。「蘇聯事務處還是很提防俄國人，」波倫後來寫道，「從韓德森以降，專家們都一致認爲即便現在已是盟友，蘇聯還是必須嚴密監控，因爲它的終極目標與美國互相衝突。」

儘管偶爾喜歡與朋友辯論，波倫卻不習慣挑戰華盛頓主流支持蘇聯的態度，也不喜歡與抱持那種態度的代表性人物霍普金斯爭吵。他回答，他不知道國務院裡有那樣的反蘇集團。霍普金斯接著開始大談俄國人在戰爭中的表現有多優秀。沒錯，波倫同意的確如此，可是不應該忘記蘇聯還有其他面向，尤其是他們反對自由。

德黑蘭會議之前，波倫與霍普金斯在開羅時又繼續他們之前的對話。讓霍普金斯印象深刻的不是波倫對蘇聯的見解，甚至也不是他爲個人觀點辯解時小心翼翼的態度，而是他與人相處時那種心胸開放的風格。霍普金斯與羅斯福都同意，這位年輕的外交官正是他們在國務院需要的人。對於不派波倫去莫斯科，他們給哈里曼的正式理由是，他只是個四級官員，指派他擔任參事必須讓他晉升兩級。其實哈里曼已經發了一封電報表示，即便無法升遷，他都要波倫加入，讓參事的職位空著。

一九四四年初，波倫成爲國務院蘇聯事務處的處長。他在華盛頓的一家水岸海鮮餐廳發起一連串非正式的週末聚會，讓來自各部門的官員討論蘇聯政策（這些聚會不久便有了「炸魚薯條」的名稱）。到了年底，他擔任國務院對白宮的官方聯絡人，正式進入權力核心。

在此同時，哈里曼還在尋找副手。霍普金斯同意幫他徵詢肯楠的意見。

在德國拘留獲釋之後，肯楠於一九四三年十月被派到里斯本，奉命去那裡捍衛美國對於亞速爾群島（Azores）上葡萄牙海軍基地的軍事權利。結果那整件事演變成一場外交大混亂，肯楠發出的電報沒人看，或是電報因爲同時來回而錯過；他向國務院解釋，在提出任何要求之前，美國有必要對葡萄牙殖民地的主權做出保證，可是國務院無法接受。在五角大廈的堅持下，肯楠被召回華盛頓參與磋商。最後他坐在亨利・史汀生辦公室裡的角落，參加一場最高階會議。肯楠說明情況之後，史汀生問：「這個年輕人是誰？」經人告知肯楠是駐里斯本的臨時代表，因爲那裡的大使過世，史汀生嚴肅地表示：「我們是應該有一位正式資格的大使了。」肯楠對自己獲得的待遇感到受傷，華盛頓官方對待葡萄牙的麻木不仁也令他難過，因此他決定直接向總統報告這件事。讓肯楠非常驚訝的是，他沒有大費周章就讓羅斯福聽到他的意見。總統寫了一封私人信函給葡萄牙總理安東尼奧・薩拉查（Antonio Salazar），協助釐清了這件事。

新大使終於在一九四三年底抵達葡萄牙之後，霍普金斯成功取得羅斯福的同意，讓當年三十一歲的肯楠獲派到莫斯科，成爲大使館的第二號人物。可是罹患癌症的霍普金斯當時病情復發，忘記將這個訊息傳達給國務院，而肯楠也不知道應該這麼做。結果國務院將他派駐到新成立的歐洲諮詢委員會，那時他們正在倫敦不是很認眞地討論解放後地區的未來。

哈里曼心急如焚。他提議用他的兩個人：外號湯米（Tommy）的盧威林・湯普森（Llewellyn Thompson）與麥斯威爾・漢彌頓（Maxwell Hamilton）來交換肯楠。眼看著就要達成協議，渾然不知這些周折的肯楠竟然在倫敦因爲潰瘍而住院，讓相關的安排更加複雜。絕望的哈里曼及時獲得通知。

身體康復之後，肯楠捲入了歐洲諮詢委員會內部關於蘇聯在德國佔領區的預定邊界的爭端。他再度因爲華盛頓的命令而感到沮喪，便飛回美國要求再與總統會面。羅斯福對肯楠的毅力感到莞爾，很快就把事情釐清，讓這位焦慮的外交官安心。

肯楠在他的回憶錄中寫道，當他在一九四四年五月回到華盛頓，「我認爲國務院並不清楚要怎麼安排我的工作。」事實上根本不是如此。哈里曼又繼續努力爭取讓他派駐莫斯科；當肯楠無所適從地在華盛頓遊蕩時，哈里曼大使正好造訪這座城市。

波倫和哈里曼親自處理這件事。波倫帶肯楠到五月花飯店，介紹他給大使認識，三人便在哈里曼的套房內共進晚餐。肯楠回憶說，他「極力強調我對蘇聯政策的看法不盡然與政府相同」。哈里曼並不在乎。事實上，他自己的看法也已經不再與政府高層完全一致了。他們都同意肯楠在六月底上任。

啟程之前，肯楠與他最親近的好友爲了蘇聯政策發生一次爭執。在波倫家的漫長晚餐上，他們一致同意蘇聯體制的所有缺點。不過對肯楠來說，結論是即使與克里姆林宮周旋都沒有用。他說，羅斯福想要成立大同盟的政策天眞無比。如果有些地方可以迫使蘇聯遵照美國的意思，就應該去努力；在美國使不上力的領域，就應該收手不管。波蘭便屬於後者。

幾杯黃湯下肚之後，波倫鼓起勇氣攻擊他的同事。雖然他不是那種會在政府裡興風作浪的人，但卻一向喜歡與朋友進行爭辯。他指控肯楠完全不懂權力與政治的現實，一頭栽進抽象概念的迷霧中，導致自己無法面對眞實世界。波倫原本以爲這段談話就像大學生的辯論比賽，結果後來卻演變成一場尖酸刻薄的私人爭執。他帶著怒氣與醉意上床。而對於自己原本欣賞的人所做的攻擊，肯楠的感受更是敏感許多，他眼中含著淚水，穿過華盛頓的黑暗街道走回家。

★★★

哈里曼與肯楠在個性與作風上截然不同。哈里曼臉皮厚、商人作風，幾乎不注意他覺得不値得關注的事情，肯楠則自認是個痛苦敏感的知識分子，眞實與想像出來的輕蔑與失望都折磨著他。

哈里曼喜歡運用權力，接近權力，試圖藉由認識對重大事件握有決定權的重要人物來理解這些事情。另一方面，肯楠則覺得他能透過超然觀察、學術研究，以及直覺式的個人思考來瞭解蘇聯。他全神貫注於他同名表哥所寫的作品。令他訝異的是，老喬治．肯楠曾經爲哈里曼的父親寫過兩冊經授權的傳記，哈里曼卻始終沒有提過這個驚人的巧合。

多年後，奇普．波倫寫了一封信，信中試圖描述哈里曼當主管的風格。「他不喜歡一件事，就是聽到太多反駁的話，」波倫寫道，「不過他倒是很喜歡精彩的討論。最重要的是，不要講什麼俏皮話或做任何有點模仿他言行的事情……我想要描述艾佛瑞爾對待部屬的態度，最好的形容就是『封建』。如果他們對他完全忠心耿耿，他就會以完全的忠心耿耿回報他們。」

對肯楠來說，哈里曼的粗心大意與冷酷個性令人費解。「他對於優雅有一種古怪的藐視，只有有錢人才會那樣。」肯楠後來寫道，「我經常在想：我對他來說想必是一大考驗，腦袋裡整天都是哲學式的沉思，對什麼都有興趣卻唯獨對工作例外……老是給他一些詞藻華麗的文章，相信他一定認爲裡面探討的東西是總統的事，與他無關。」

這樣的不安全感很合理：哈里曼的確對肯楠有所不滿。他稱他副手的論點「無病呻吟」，而且認為許多都沒有意義。「可想而知，他往往專橫獨斷，」肯楠後來這麼寫哈里曼，「他不會喝斥你，因為他從來不大吼；可是他有辦法蔑視別人主動提出的建議。有上百次當我們一同工作之後，離開時我都捫心自問一個問題卻找不到答案：『為什麼我還喜歡這個人？』」

有一個答案是，哈里曼對肯楠儘管有種種不滿，可是卻真心尊重他的思想，而且發覺自己受到他的想法所影響。「我在每個可能用得上他的場合都盡量藉助他的長材，」這位大使後來回想，「每個議題我都徵詢他的意見。他有很出色的直覺，是個瞭解俄國但卻不瞭解美國的人。」

這一對粗魯企業家和敏銳的分析家會在哈里曼家的壁爐旁熬夜交談，肯楠一邊抱怨著蘇聯的輕蔑態度與種種行徑。如同肯楠後來表示的：「不久之後從他正式的行動來看，對於引起我擔憂的那些誤會，他其實都清楚。」

★★★

肯楠抵達莫斯科之後不久，波蘭局勢來到了緊要關頭。在羅斯福與哈里曼的協助之下，米科拉依奇克與他波蘭流亡政府裡的一些同事設法取得了一份可見到史達林的邀請函。就在他們從倫敦出發的途中，克里姆林宮宣布他們承認波蘭國家解放委員會（Polish Committee of National Liberation），一個在解放後的盧布林（Lublin）成立且對蘇友好的政府。當米科拉依奇克一行人抵達克里姆林宮時，史達林表示他們此後必須與盧布林的波蘭政府交涉。

哈里曼問肯楠，對於倫敦波蘭政府的未來有什麼看法。肯楠自然不意外地持悲觀態度。他說，蘇聯「將會充滿信心，他們可以在沒有重大阻礙的情況下隨心所欲處理東歐事務，不會討好波蘭人或我們」。

肯楠認為最好不要向哈里曼提到自己所懷疑的一件更不堪的事情：肯楠覺得，史達林想在波蘭有一個傀儡團體，主要原因之一是避免卡廷森林大屠殺的眞相曝光。蘇聯展示納粹是元兇的證據，大張旗鼓地請記者到卡廷森林採訪。記者團當中包括了凱薩琳．哈里曼在內，她本身也曾經當過記者。蘇聯的某些證據表面上看似具有說服力，不過也有明顯的跡象顯示很多是經過僞造的。凱薩琳承認她對於眞相感到有點困惑，但是肯楠卻沒有這樣的懷疑。他認爲，紅軍進行那場大屠殺是爲了遏止未來波蘭人反抗蘇聯操控的任何可能★。因此，克里姆林宮絕對不會允許波蘭有一個可能揭露事件眞相的政府。

即使只是看著在美國大使館出沒的那些不幸的倫敦波蘭人，肯楠都覺得尷尬。「在我眼中，他們是一個注定失敗的政權氣數已盡的代表。」他回憶說。他們當中有一個人問肯楠，他認爲他們收復祖國的機會有多大，他給了一個不太樂觀的答案。「可是我警告他，我通常抱持悲觀的看法，建議他把這一點列入考量。」

肯楠爲這個議題寫了一篇文章，歸入自己的檔案，文章一開頭就像平常一樣引用十九世紀描寫俄國過去如何對待波蘭的說法。「克里姆林宮善妒又偏狹的眼睛到最後只能分辨附庸與敵人，而俄國的鄰國如果不希望成爲其中一者，就必須甘願成爲另外一者。」他這麼斷定。哈里曼想幫忙協調出一個獨立的、而且在莫斯科心目中是夠友善的波蘭政府，如今看來是希望落空了。肯楠認爲，美國在這件事情上做任何努力都是「自討沒趣」，美國人應該有「高雅的品味和判斷力，悄悄地鞠躬退場」。

米科拉依奇克造訪莫斯科期間，發生了注定失敗的華沙起義。一九四四年八月一日，隨著紅軍接近納粹佔領的華沙，波蘭地下鬥士在來自莫斯科的秘密廣播號召下起義。當時紅軍停止前進，拒絕援助起義行動。蘇聯堅稱主要是因爲他們還沒有足以一路挺進、越過維斯杜拉河（Vistula River）的補給品。可是還有另一個連史達林自己都承認的原因：領導華沙起義的鬥士效忠的是倫敦的波蘭政府，而不是盧布林及莫斯科這邊的政府。克里

★作者註：雖然歷史學家贊同蘇聯人有責任，不過那場大屠殺是不是克里姆林宮為了確保蘇聯在戰後能掌控那個地區而策動的，抑或它只是戰場指揮官下令的一項單獨暴行，目前依然不明朗。

姆林宮希望看到的是讓納粹與波蘭愛國人士在浴血戰役中打得你死我活，那麼將來兩邊都不會與蘇聯對抗。

哈里曼寄給克里姆林宮一封信，要求美國與英國戰機有權在俄國陸地降落，如此才能前去援助波蘭反抗軍。蘇聯副外交部長維辛斯基在回應中指稱那場起義「純粹是冒險之舉，蘇聯政府無法插手」。哈里曼要求親自到克里姆林宮說明。「那是我與蘇聯官員進行過最困難的一次談話。」他後來指出。維辛斯基再度拒絕提供必要的降落權。「來到莫斯科之後，這是我第一次認真擔心起蘇聯政府的態度，」情緒起伏通常不大的哈里曼大使當晚發越洋電報給羅斯福，「他們的拒絕是基於無情的政治考量。」

隨著德軍部隊進入華沙，時間拉長的起義行動變得更加血腥，哈里曼堅持要見維辛斯基的長官莫洛托夫。哈里曼發現，規勸莫洛托夫「毫無用處」，他只是奉命行事。肯楠回憶，哈里曼「晚上很早」就回到史帕索大宅，「為了那次經驗感到萬分沮喪。」凱薩琳寫信給姊姊說，他「開始呈現出飽受沉重壓力的模樣」。

哈里曼的憤怒反映在他發給華盛頓的電報裡。「我深深覺得應該讓俄國人明白我們對他們行為的不滿。」他在八月二十一日發出電報。四天之後，他寫了一封措辭更嚴厲的信，但是後來決定不寄出。「在這樣的情況下，」上面寫道，「我很難看出波蘭問題有什麼和平或可接受的解決方案。」

最後在九月初，史達林自己回心轉意。蘇聯和他們的西方盟邦開始援助華沙起義，不過紅軍依然沒有挺進，加入對抗納粹的戰役。史達林對哈里曼承認，他誤判了起義領導人的動機，並保證竭盡所能提供援助給起義行動。可是這一切來得太少又太遲，當時華沙已成一片廢墟，屍橫遍野。全城四分之一的人口都已喪命。

如今回想，哈里曼當時是姑且相信史達林。歷史學家亞瑟・史勒辛格二世在一九六七年主辦了冷戰起源的研討會，在未列入記錄的討論中，哈里曼說那次起義「是倫敦的波蘭政府認為，他們能夠藉由佔領華沙來欺騙俄國人」。哈里曼事後說，紅軍沒有進駐華沙並非無情政治陰謀的一部分（事發當時他的說法正好相反），而是受軍事現實左右的結果。「儘管當時我情緒非常激動，」他於一九七〇年的一次口述歷史訪談中表示，「我猜是軍事現實」讓史達林沒有前去援助華沙叛軍。到了人生中的那個時期，哈里曼已經公開支持民主黨的自由派系，對蘇聯的看法也較爲成熟。然而在華沙起義的那時候，整起事件令他的幻想徹底幻滅。「我們與蘇聯的關係在過去兩個月期間出現驚人的轉折。」他在寄給霍普金斯的私人信件上寫道。

我們或許會猜測，肯楠對於史達林無情本質的眞實案例有更嚴厲的批判。「此後我便一直認爲，那個時候應該與蘇聯領導人進行全面且現實的攤牌。」他在自己的回憶錄中寫道。他告訴哈里曼，美國應該考慮中斷給予蘇聯的所有軍事援助以及支持。哈里曼不發一語猶豫著，不過肯楠開始寫大量關於這件事的意見給他。

在一九四四年上半年，哈里曼已經做出不能再提供軍事援助給莫斯科的決定，就像他曾經宣稱的，「沒有獲得任何回報的期待」。一月份他曾寫信給邱吉爾：「俄國熊要求很多，卻還咬了餵牠吃東西的那隻手。」大使館的武官約翰．狄恩將軍（General John Deane）無意中發現，有一次蘇聯又要求了五十具美國柴遊汽艇引擎，可是前一年送給他們的九十具引擎當中卻只裝了三具。盟軍原本可以在諾曼地登陸日的進攻行動中好好使用這些引擎，結果它們卻有許多都被放在碼頭上生鏽。

狄恩與哈里曼開始促請華盛頓要強迫蘇聯，未來任何的要求都必須提出正當理由。「他們很強硬，也期待我們強硬。」哈里曼主張。更堅定的態度會讓蘇聯「更加尊重我們」，他發電報給霍普金斯，「讓交易的氣氛進入我們的協商中，凌駕了戰爭互助的初衷，是令我最反感的。」這位前金融家向擔任過社會工作者的霍普金斯解釋，「可是蘇聯似乎只懂得交易的語言。」

★★★

儘管措辭愈來愈強硬，哈里曼依然支持提供貸款給蘇聯，讓他們進行戰後重建工作。他認爲這樣的舉動有許多優點：在戰前經濟大蕭條仍有可能捲土重來的時候，可以爲美國產品打開廣大的俄國市場；它們也會讓莫斯科有本錢維持和平時期的經濟秩序；最重要的是，它們還會提供談判籌碼，讓美國用來影響克里姆林宮的行動。

蘇聯貿易部長阿納斯塔斯．米高揚（Anastas Mikoyan）在一九四四年二月首度向哈里曼提出具體的提案，建議以百分之一點五的利率貸款十億美元。哈里曼反對，並同時向華盛頓與莫斯科提出自己的非正式建議，以一般市場利率貸款五億美元比較合理。哈里曼大使發電報給國務卿赫爾指出，貸款提供「我們可掌握的最有效武器之一，能以我們希望的方向去影響歐洲的政治事件，避免蘇聯發展涵蓋東歐與巴爾幹半島的勢力範圍」。

當時，強森法案☆（Johnson Act）禁止提供蘇聯任何非軍事貸款，而直接的戰後援助有一年完全沒有被認真考慮。不過贊成美國提供貸款給蘇聯重建的人在一九四四年初想出一個聰明的權宜計畫：在租借法案中有一個名為3(c)的條款指出，戰爭結束之後到一九四七年中為止，設備能夠以賒帳方式運送過去。狄恩·艾奇遜被指定為與蘇聯協商此計畫之下擴大貸款的人選，當時他剛完成代表國務院出席成立國際貨幣基金的布列頓森林會議（Bretton Woods Conference）的工作。

哈里曼擔心如此重大的工作沒有幫手，因此說服原本不太情願的國務院允許他在五月飛到華盛頓，詢問過去學校老友的意見。他們在艾奇遜的辦公室見面，很快就擬出一份給總統的備忘錄。他們說，美國一開始應該提議在戰爭結束時將蘇聯所有的債務「一筆勾銷」，並放寬援助蘇聯重建的條件。

愛德華·史泰提紐斯在華盛頓擔任租借計畫管理人時曾與哈里曼發生爭執，成為副國務卿之後仍舊繼續與他有所爭吵。他對哈里曼大使的自以為是感到困擾。他告訴艾奇遜的助手尤金·羅斯托，哈里曼與艾奇遜的計畫「膚淺」，還尖銳地補充說：「一個大使不該跑去找老爸講這種事。」不過，哈里曼的確帶著這項計畫去找羅斯福，艾奇遜則將經過稍微修改的版本交給蘇聯。

為了談貸款計畫，從一九四四年七月開始，艾奇遜幾乎天天與蘇聯方面的人見面。艾奇遜記得舊國務院大樓「令人幾乎無法忍受的熱」；不過隨著華沙起義爭端的反應傳到華盛頓，「就連我們房間裡的熱都溫暖不了

☆譯註：強森法案是參議員西蘭姆·強森（Hiram Johnson）於一九三四年發起，內容包括禁止貸款給不履行還款責任的國家。

盟邦之間的寒意。」雙邊對於利率和其他細節都缺乏共識。艾奇遜若想向對方謀求一點彈性，「只是得到蘇聯人同樣遲緩與囉唆的回應。」

艾奇遜是根據過去划船隊教練的指示行事。一九四一年哈里曼和畢佛布魯克出使莫斯科，在一場芭蕾舞表演的中場休息時間，維辛斯基曾經告訴他絕對不要因為俄國談判代表態度缺乏彈性而不快，因為他們一定要收到來自克里姆林宮的指示才能做出讓步。結果，哈里曼勸告艾奇遜，試圖與俄國談判代表爭辯或說服他們幾乎沒有用。唯一能夠讓他們向莫斯科回報、徵詢新指令的方法，就是提出至少看起來像是經過修改的提案，然後暫時休息。「這樣才讓他們有時間打電話給莫斯科，獲得指示。」哈里曼說。艾奇遜在八月嘗試這個策略幾次，但效果十分有限。

當時，哈里曼對蘇聯的措辭已經十分強硬。「我希望原則上不會再有進一步的讓步。」他在電報上表示。艾奇遜自己也做出了相同的結論。九月中，他提出最後的條件，並告訴蘇聯代表，如果他認為自己無法簽署，不妨回國請示長官。會議就此結束，俄國代表卻再也沒有回來。

★★★

當這個議題在一九四四年秋天到達緊要關頭時，重點不是從東西方的觀點來看。它被視為一個直截了當的問題，什麼對所有盟邦的和平與繁榮才是最好的：應該允許德國重建，還是應該剝奪它的工業基礎？

美國倡導德國復興的主要人物是華爾街的商業大亨，一群堅定支持歐洲、國際主義和自由貿易的人。他們的私人事業都在進行國外交易，多邊的商業體系早已融入他們心中的世界秩序理念。這種理想跟海約翰（John Hay）的「開放門戶」觀念一樣久遠，而它在二十世紀的說法就是伍德羅・威爾遜總統十四點原則（Fourteen Points）中的第三點：「盡一切可能，排除所有經濟障礙。」它相信貿易限制會造成國內市場供過於求、失業，還可能導致極權主義的情緒興起。話說回來，活躍的世界經濟則會帶動繁榮、和平以及民主。

羅斯福總統的第一任國務卿科德爾・赫爾是這個目標最熱情的倡導者。他表示，自由的世界貿易會終結

「孕育出戰爭的經濟困境」。亨利．史汀生也贊同。「長久和平的根基必定是經濟。」他宣稱。

主流的共和黨人士排拒這些想法，讓艾奇遜與哈里曼成爲民主黨員的意願更爲堅定。哈里曼於一九二八年總統大選投票給艾爾．史密斯，主要是因爲史密斯認爲有必要降低關稅。艾奇遜支持民主黨的傾向同樣也是源於自由貿易議題，他認爲「極權軍事國家」的崛起是因爲十九世紀不列顛和平經濟秩序瓦解之故。

思考如何對待戰敗的德國時，抱持國際主義經濟觀點的人（最知名的有史汀生、麥克洛伊、羅威特、哈里曼，以及艾奇遜等人）認爲，摧毀該國的工業等於是拿掉歐洲經濟的「火星塞」（這是當時很流行的比喻）。德國具有出口製造業產品以及進口原料的能力，在世界貿易的體系中可以扮演關鍵的角色。當然，德國的生產有一部分應該作爲戰敗的賠償；可是全面掠奪它的工業基礎只會造成世界經濟蕭條，屆時美國反而更需要補貼歐洲其他地區。

麥克洛伊開始撰寫一份名爲JCS 1067的指令，提供軍方指揮官管理佔領區域的指導方針，也因而涉入了這個議題。在諮詢的過程中，他和史汀生於一九四四年八月邀請財政部長亨利．摩根索到作戰部共進午餐。儘管國務院的規劃單位做了大量研究，對於如何管理被佔領的德國卻還沒有定論。當時也沒有任何實際的跡象顯示，這個議題會同時在羅斯福政府內部，以及戰時聯盟內部英、美與莫斯科之間引發爭論。

摩根索是一名活躍於政治的成功曼哈頓地產開發商之子，但是他職業生涯一開始是在紐約州北部當農夫。他在那裡與鄰居法蘭克林．羅斯福成爲朋友，也積極支持羅斯福的政治事業。身爲財政部長，他與作戰部培養出良好的工作關係；身爲重要的猶太領袖，有人指控麥克洛伊針對奧許維茨以及難民議題發表強硬言論，是「猶太人壓迫者」時，他也挺身爲他辯解。

摩根索剛從歐洲返國，在共進午餐時向史汀生與麥克洛伊提起他「移除德國所有工業，讓他們淪爲農業民族」的計畫。作東的兩位主人都還沒有好好想過長期如何對待德國的問題，而史汀生在他的日記中寫道：「那是一次令人非常滿意的談話。」可是過了幾天，仔細思考這件事情之後，史汀生表示摩根索反映了「一種充滿仇恨的意向，他個人怨恨的是整個德國民族，而非犯下暴行的人，我非常害怕那將會導致我們採取大規模報復行動」。

史汀生向總統說明他的想法。「現在顯然比以往都更需要恢復生產力的好處。」他寫道，「如果我們希望避免歐洲出現危險的動亂，重建的速度就很重要。」然而，摩根索比較有興趣向總統推銷他的計畫，不久羅斯福就宣布他願意將德國的工業區「田園化」，讓它的人民靠「食物救濟站」過活。

一如往常，麥克洛伊試圖扮演調停者。他的主要考量是給軍方足夠的餘裕，好讓他們採取最適當的行動，而他也引導摩根索相信他們的想法「相當接近」。財政部長摩根索在日記中表示，麥克洛伊聲稱已經建議史汀生「修改」他的立場。然而在此同時，麥克洛伊也警告史汀生注意摩根索的動作。

事實上，麥克洛伊背著摩根索展開一個殘酷的行動，想破壞後來所謂「摩根索計畫」的名聲。每天下午他和羅威特會聚在一起想些讓德國田園化的荒謬方法，再透過華盛頓官僚體系把他們的諷刺語言傳出去。美好雙胞胎想出一個方法，想捉弄摩根索幫所有會議錄音的習慣，於是兩人私下討論的事情便搞得眾人皆知了。有一天，麥克洛伊把一台間諜照相機帶進在摩根索辦公室舉行的一場會議，錄音機開始錄音之後變開始拍照。後來摩根索中斷會議，詢問發生什麼事，麥克洛伊回答：「既然你始終未經我們同意就自行錄音，我想你也不會介意我這麼做。」辦公室裡的其他人大笑，摩根索卻氣得七竅生煙。

為了提出摩根索計畫的替代方案，史汀生思考著讓德國的魯爾及薩爾工業區接受國際管控。在與華爾街最喜愛的法國人：金融家尚・莫內共進午餐時，他與麥克洛伊討論這個構想。史汀生與莫內都同意，這個計畫既公平又安全，有助於滿足英、俄，以及歐洲其他地區的需求。可是麥克洛伊卻首次提出一個在如何處理德國的考量中還沒被想到的問題。史汀生在他的日記中指出：「讓我很意外的是，麥克洛伊擔心這會給俄國額外的權力。」

與摩根索的爭論在一九四四年秋天公開化之後，麥克洛伊和史汀生開始尋求朋友的支持。法蘭克福特前來晚餐，史汀生表示：「雖然他跟摩根索一樣是猶太人，可是探討這個話題時卻十分超然，也提供很大的幫助。」與史汀生在一個週末前往紐約時，麥克洛伊去看許多華爾街的老同事，懇請他們支持。然而，摩根索的處理手法更高明。他受邀到魁北克參加羅斯福與邱吉爾的高峰會。兩位領袖在那裡簽署一項協議，呼籲「將德國變成一個以農業田園為主要特色的國家」。史汀生和麥克洛伊發現之後相當憤怒，他們認為那都是摩根索和邱吉爾的科學顧問查威爾子爵（Lord Cherwell，即F. A.林德曼博士〔Dr. F. A. Lindermann〕，人稱「教授」）在背後搧風點火；史汀生稱之為「猶太人的瘋狂復仇」。

協議的細節很快外流，造成各界譁然。麥克洛伊為史汀生擬了一份備忘錄，上面引用三年之前大西洋憲章會議所宣稱的目標。「在《大西洋憲章》之下，」麥克洛伊主張，「勝利者與失敗者都一樣有權免於經濟匱乏。」羅斯福依照他平常的作風，立刻開始見風轉舵。「沒有人要讓德國再度變成一個完全的農業國。」他在九月底宣布。十月，他不願進行任何進一步的討論。「鑑於我們尚未佔領德國，」他有點不合邏輯地說，「此時此刻我無法詳細說明我們想要什麼樣的德國。」

接著麥克洛伊便開始進行他最拿手的事：研擬一個適合他目標的模糊妥協政策。他與財政部及國務院合作，著手修改JCS 1067。這條原本是作為軍事佔領者「臨時」指南的指令表示，應該「不能有任何旨在恢復德國經濟的步驟」，不過它也有一個大漏洞，指出為避免流行病或嚴重內亂，必須有必要的「物品及服務的生產或維護」。

該向德國索賠多少的爭論暫時擱置，日後這件事才會回來困擾戰時聯盟。不過，因為缺少明確的政策決定，再一次證明麥克洛伊等人協調與處理這個議題的方式與最後的決定一樣重要。當盧修斯・克雷找到時機執行這條指令時，「他完全根據作戰部的要求，」麥克洛伊後來表示，「他根據經驗逐一將JCS 1067當中無法執行的條款剔除。」兩年後到邱吉爾的鄉間別墅拜訪時，麥克洛伊提起摩根索計畫。「他連忙撇清關係，」麥克洛伊在他的日記中寫道：「該死的摩根索和教授，他說他們真是冷酷無情。」

★★★

直到一九四四年秋天，也就是克里姆林宮對華沙起義做出無情回應以及德國敗相畢露之前，哈里曼都認為蘇聯是個有點精神分裂的盟邦，很容易莫名其妙地從友善變得偏執憤怒，然而為了和平起見，它還是伙伴。不過，波蘭問題以及肯楠的刺激開始迫使哈里曼的看法產生大幅改變。他漸漸覺得，蘇聯不只是一個難纏的伙件：它是一個目標與動機基本上都與西方國家相互衝突的國家。

在九月份寄給霍普金斯的一封信上，哈里曼解釋，蘇聯似乎已決定將自己的意志強加在弱國上，而不是共同創造集體和平。「除非我們不贊同目前的政策，」他寫道，「否則所有跡象都顯示蘇聯將變成一個世界惡霸。」他主張，美國大方的態度在莫斯科看來是軟弱的象徵，應該改為「堅定但友好的對價關係模式」。

當赫爾要求莫斯科大使館提供蘇聯態度的分析報告時，哈里曼請肯楠準備一份草稿。「我想了昨天晚上我們談的問題，」肯楠在隔天將他的筆記交給哈里曼時說，「這些是結果。」就當他們在準備給赫爾的回應時，肯楠第一次眞正有機會塑造哈里曼的信念。儘管上面是哈里曼大使的簽名，他們發出的兩封電報裡大部分的想法都純粹屬於肯楠的觀點。

電報中指出，美國不知道蘇聯用字遣辭往往與眾不同，他們低估了史達林希望邊界上有「友好政府」的意思。近期的事件隱約透露出克里姆林宮的秘密作戰目標：受到莫斯科確實掌控的東歐勢力範圍。一年以後，一半由莫斯科主導的分裂歐洲看來就不是那麼令人意外的想法了；但是在一九四四年九月，這個想法卻令人震驚。「我認為他們的意圖是在他們西方的鄰國擁有一個發揮正面影響力的勢力範圍。」哈里曼的報告指出。

肯楠一直主張，這當然沒錯，可是美國不能也不該去防止蘇聯控制東歐。這是哈里曼與肯楠唯一相左的重大意見。在電報上，哈里曼提起肯楠的看法只是為了加以批評。「固然可以主張不必考慮美國的利益，」哈里曼說，「然而令我害怕的是，當一個國家開始在安全理由的偽裝下依靠強大武力的方法來擴張勢力，很難瞭解要怎麼劃分界線。如果我們接受蘇聯為了安全理由就有權利滲透到鄰國，那麼在某個時間滲透到下一個鄰國也是同樣合理的。」

肯楠在他被拒絕的草稿中說明容許蘇聯發展勢力範圍的主張。如果克里姆林宮繼續對西半球美國的行為「保留道德評價」，他們當然會期望在付出龐大代價而贏得的東歐安全帶上自由行動。肯楠表示，在波蘭提倡自由選舉既愚蠢又無益。重要的是「與英國共同決定一條界線，不准俄國人超越那條線，肆無忌憚行使權力」。蘇聯大概還沒有決定要將勢力擴及多遠，可能也在等著「看看我們對他們的擴張行動有何回應」。美國與英國必須「友善但堅定地」劃清那條界線。肯楠認為這些想法「很實際」。後來它們被典型化，成為所謂的圍堵政策。

★★★

前往莫斯科之前受到波倫嚴厲指責，造成肯楠懷疑自己對蘇聯體制的強烈反感是否正確。他心想，或許情況已經改變了。他回想說，他「準備好暫時不做評斷，直到我親自證實」。然而，他親眼所見只是讓他的態度更加堅定。外國人遭孤立的情形變得更嚴重，肯楠還發現美國外交官「受到的待遇彷彿我們感染了某種瘟疫」。他甚至對德國囚犯表達同情，因為蘇聯陸軍將他們帶到紅場上遊行示衆。

九月底，他將自己的想法寫成一篇長達三十五頁的私人文章「俄羅斯，七年後」，延伸他向哈里曼表達的主張。「我從來沒有那麼文思泉湧，一股腦地寫出我所瞭解的俄國。」肯楠在他的回憶錄中表示，「比起兩年半之後寫的所謂X文章（X-Article），這一篇文章寫得比較好，視野比較廣、比較平衡，也比較具體；X文章有一部分是根據相同基礎寫成的。」

肯楠寫道，蘇聯關於集體安全的保證只是為了進一步達成其統治東歐的終極目標而提出的計謀。這種動機與馬克思主義意識形態幾乎沒有關係。「俄國在這個地區所做的努力只為了一個目標：權力。」他寫道，「一個地區是否『施行共產主義』，對莫斯科來說無關緊要。如果不考慮其他因素，莫斯科或許寧願看到它共產化，儘管這一點還可以爭論。不過重點是它應該服從莫斯科的勢力。」肯楠後來會漸漸認為意識形態在蘇聯的外交政策上扮演了一個角色，不過此時此刻他眼中的史達林（這看法應該很正確）只是一長串的俄國國家主義者之一，追求擴張政策以強化其個人權力，並保護帝國免受充滿敵意的外界侵害。

帶著自憐又自負的複雜心情，肯楠斷定充滿矛盾的俄國對美國人來說永遠都會是一個謎。「將會有很多人大談有必要『瞭解俄國』；可是不會有空間容得下眞正願意承擔這個棘手任務的美國人。」他寫道，「那個人他能期待的頂多就是一種孤寂的喜悅，他一個人終於站上寒冷又荒涼的山巔，那裡少有人去過、少有人能跟隨，也極少有人會願意相信他去過。」

肯楠將他的文章交給哈里曼，並註明他在十月回到華盛頓的旅途中「可能想瞄一眼」。肯楠在回憶錄中表示，他從來不知道大使是否看了。事實上他看了。「鮑伯，我在回家的路上絕對想看看這文章。」他在潦草地寫給助理羅伯特・米克爾強（Robert Meiklejohn）的信上這麼說。哈里曼接著將文章交給哈利・霍普金斯，催促他看一看。受肯楠之託，米克爾強也將一份副本轉交給波倫，畢竟這篇文章可說是他激勵出來的。

★★★

相對於威爾遜對自決所抱持的「理想主義」，有一個人則深信「現實主義」的勢力範圍政策，那就是溫斯頓・邱吉爾。這位英國首相一直悄悄地與蘇聯合作，分攤希臘、羅馬尼亞以及巴爾幹半島其他地區的責任。羅斯福沒有徵詢國務院的意見，便暫時同意那樣的安排。可是他依舊感到不安。羅斯福堅持，任何協商都應該只適用於短期的軍事事項；最重要的是，不應該藉機爲了戰後的勢力範圍奠定基礎。

儘管接到種種警告，羅斯福還是默默接受巴爾幹半島的軍事範圍，讓史達林相信《大西洋憲章》大致上只是樣板門面。羅斯福的顧問們可不這麼想，於是這升高了在他過世後發生的衝突。可是無論羅斯福眞正的用意爲何，邱吉爾還是於一九四四年十月擅自決定前往莫斯科，協調更多特定的行動範圍協議。

比較大的問題是美國是否會加入這類的協議，而邱吉爾就在問羅斯福是否能讓哈里曼同行時，提出了這個議題。「我們絕對歡迎艾佛瑞爾的協助。」邱吉爾在電報上說。羅斯福總統希望迴避這個議題，便冷淡地回覆，同意讓哈里曼參加。在邱吉爾起程的前夕，羅斯福寫了一封含糊不清的信，只祝邱吉爾「好運」。

「奇普，趕快給我過來這裡。」霍普金斯在電話上對著波倫大吼。霍普金斯攔截了羅斯福總統漫不經心的「好運」電報，他擔心它是在暗示華盛頓不打算再插手歐洲事務。同樣驚慌的波倫也同意，羅斯福的電報給人的印象是美國會袖手旁觀，任由邱吉爾與史達林對於戰後歐洲的命運隨心所欲做出任何協議。

波倫很快寫了兩封電報，一封給邱吉爾，另一封給史達林。兩封電報都強調，這些談話不會關係到美國的重大利益，而且也不會出現「軍事或政治的問題」。哈里曼可以擔任觀察員，可是他無法代表美國進行任何協議。羅斯福發了電報以及一封私人信函給哈里曼，特別強調這一點。哈里曼後來回想，他「對總統的態度相當不滿」。他原本希望在美國的同意下，史達林與邱吉爾能夠談出一些實在的協議，至少與波蘭有關。

其實邱吉爾心中還有更多想法，不過哈里曼一直到一個驚人的協議敲定之後三天才發現。那個秘密協議在邱吉爾與史達林於克里姆林宮的一場深夜會議上出現（邱吉爾在他的回憶錄中講錯，說哈里曼在場）。安排讓米科拉依奇克受邀到莫斯科參加新一回合的波蘭問題會議之後，邱吉爾提議，「我們來處理巴爾幹半島的問題。」邱吉爾首相公然劃分勢力範圍，直截了當在一小張紙上寫下倫敦和莫斯科在每個國家的影響程度：俄國掌控百分之九十的羅馬尼亞，英國掌控百分之九十的希臘，俄國掌控百分之七十五的保加利亞，南斯拉夫與匈牙利則是兩國各佔一半。

史達林拿起那張紙，停頓了一下子，用藍色鉛筆在上面打了一個大勾，然後還給邱吉爾。「如果我們這麼輕鬆就處理了這些攸關幾百萬人命運的議題，人們會不會以為我們只是為了自己的利益？」邱吉爾問，「我們把紙燒了。」

「不，你留著。」史達林回答。

第二天與兩名領導人共進午餐時，哈里曼隱約嗅到怎麼回事。在那天晚上發給羅斯福的電報上，他警告說，邱吉爾「會設法和俄國談出某種勢力範圍」。可是一直到兩天之後，哈里曼才發現發生什麼事。那天早上當他走進去時，邱吉爾正在床上口述備忘錄。邱吉爾讀了一封給史達林的信件草稿，概述他們的協議內容。驚訝不已的哈里曼回答，羅斯福總統不會接受。當英國外相安東尼·艾登進入房間時，邱吉爾告訴他：「艾佛瑞爾認為我們不應該寄出這封信。」後來邱吉爾同意，「維持現況比較明智。」

然而，艾登還是繼續與莫洛托夫一起研商勢力百分比的協議，在數字上做了一些讓步，以迎合蘇聯的心意。儘管後來邱吉爾否認，英國與蘇聯卻都明白協議的意義不只是決定暫時的軍事範圍。史達林會認定美國不到場是默許將獲解放的國家劃分為不同政治範圍的構想嗎？哈里曼很擔心。「邱吉爾一直使用『勢力範圍』這個不受歡迎的名詞。」他在給羅斯福的電報上說。他解釋，英國尋求的是針對巴爾幹半島問題「務實安排」相關責任，而「他們向史達林以及莫洛托夫解釋，他們無權為我們表態」。哈里曼繼續強調，那個計畫不應該被視為將東歐劃分成不同範圍的先例。「他們將波蘭歸在一個完全不同的項目裡，因為波蘭問題需要我們全體共同提出特殊解決方案。」

哈里曼發電報告知華盛頓關於邱吉爾協議的消息時，波倫也相當震怒。「除了諷刺之外，那項安排也不實際。」波倫後來寫道。相信俄國人會忍受權力共享的方案，是很可笑的事。「一個非共黨首相搭配一些共黨部長，根本就是天方夜譚。」

另一方面，肯楠則告訴哈里曼，美國不應該插手巴爾幹半島的事。既然美國「缺乏有效影響」該地情勢的辦法，就應該認定對那裡的情況沒有「道德責任」。肯楠補充說，美國人「原本希望蘇聯政府會進入國際性安全組織。如今我們有了指望，可以讓國人從這個幻覺中醒悟。」

邱吉爾的莫斯科之行促成同盟國對外表現應有的友誼。史達林感激地從哈里曼手中接下一尊羅斯福的半身雕像，還小題大作地嚷嚷應該將雕像展示在他偌大辦公室的什麼地方。在一次慶祝場合上，哈里曼與李維諾夫夫人共舞，對方直率地透露「美國一定記得態度要堅定，別想在國際協議上八面玲瓏。」她身為前外交部長的狡猾丈夫後來問一個美國人，哈里曼是不是真的有一億美元財產。這位老布爾什維克分子還補了一句話：「一個擁有一億美元的男人怎麼看起來這麼哀傷？」

當然，哈里曼平常就已經是面無表情，一副鬼鬼祟祟的模樣。可是在一九四四年十月，他顯得特別惆悵。他已經決定應該返國說服華盛頓，美蘇之間合作的前景十分渺茫。即使是後來成為發言最激動強硬者之一的詹姆斯·佛瑞斯托，當時也還懷抱著在哈里曼看來是天真到危險的希望。「我們這裡非常欣賞俄國人，我想大家也真的很希望能與他們和解，即使在所謂的『資本主義區』也一樣。」這位海軍部長在給他的朋友哈里曼的信上寫道。

★★★

哈里曼抵達華盛頓時，小心翼翼地不在羅斯福對上湯瑪斯·杜威（Thomas Dewey）的總統大選前夕激起輿論的討論。這位大使自己花錢買下廣播時段，代表羅斯福發言。「在世界的歷史上，」他說，「從來沒有一個國家擁有如此絕佳的機會，能夠扮演一個影響歷史進程的關鍵角色。」在未列入正式紀錄的記者會上，他刻意淡化波蘭的危急情勢。他表示，俄國希望在邊界上擁有「友好」國家的考量很「實際」，又補充說他認為在莫斯科的談判「就我們瞭解有希望」帶來「一個獨立的波蘭，選擇自己的政府」。

對於長談了五次的總統，哈里曼更坦白地說出他的擔憂。在他看來，問題不是共產主義，而是史達林式的體制。「我試圖對總統強調，我們在東歐主要關注的是別讓蘇聯建立在蘇聯體制底下由秘密警察支持的傀儡政府。」他在那次拜訪的筆記中如此寫道。羅斯福似乎不擔心。哈里曼寫道：「我認為我並沒有說服總統，充滿警覺的堅定政策有多麼重要。」

有一個人對哈里曼的說法感到震驚，那就是對戰後合作充滿信心的史汀生。哈里曼大使在星期一早上來到作戰部長辦公室，說明蘇聯如何建立秘密警察部隊，掌控他們表面上解放的國家。最重視個人自由理想的史汀生展開一項漫長天真的運動，而且後來影響到他對原子武器控制的態度。他告訴哈里曼，我們成功與蘇聯周旋的基礎是說服他們放棄鎮壓式的警察國家制度。哈里曼回答，他認為這對蘇聯本身來說不可能，但是或許可以預防克里姆林宮將這種制度引進他們所佔領的國家。

當天下午，史汀生通知麥克洛伊到他辦公室討論這個議題。史汀生闡釋他的導師伊萊休．盧特的話，說採用秘密警察是政府破壞個人自由「最可惡的手段」。隔天晚上麥克洛伊宴請史汀生與哈里曼兩家人，哈里曼大使被盤問蘇聯秘密警察手法的細節。「在政府使用秘密警察來掌控人民的國家，沒有自由存在的餘地。」史汀生在日記中表示，「德國用的蓋世太保（Gestapo）與俄國用的歐格別烏（OGPU）之間沒有優劣之分，都是一丘之貉。☆」

★★★

由於紅軍已經佔領東歐大部分地區，哈里曼覺得要防止莫斯科強行移植它的體制，唯一方法就是美國運用某種形式的制衡力量。於是他繼續支持貸款給蘇聯進行戰後重建。一九四五年一月，哈里曼返回莫斯科之後不久便被莫洛托夫召進克里姆林宮，並收到一份慷慨大禮：蘇聯願意接受六十億美元的貸款，幫助美國避免戰後的經濟蕭條。「身為銀行家，我聽過許多貸款的要求，」哈里曼回想說，「可是莫洛托夫的要求是最奇怪的。」

然而，哈里曼認為這件事開啓了許多可能性。「我覺得我們應該完全忽略這份文件不符慣例的本質，」他發出越洋電報給華盛頓，「把它當成不懂一般商業程序的結果。」他補充說，應該對俄國表明清楚，美國的援助有賴蘇聯在波蘭及其他地方做出負責的行為。

二月初，三名戰時領袖在克里米亞半島的度假城市雅爾達（Yalta）舉行第二次高峰會時，大家很快便發現一筆貸款的誘惑顯然不足以使蘇聯讓步。第一夜陷入僵局的討論結束之後，羅斯福總統要求波倫寫一封信給史達林，指出他們的軍隊正要會合，如果盟國領袖無法同意要承認哪一個波蘭政府，將會出現可怕的後果。結果各方歧異並沒有解決，反而被掩蓋了起來。「目前正在波蘭運作的臨時政府應該在更廣大的民主基礎

☆譯註：歐格別烏即蘇聯國家政治保安總局，是蘇聯秘密警察組織的舊稱。

上獲得承認，包含波蘭當地以及國外波蘭人的民主領導人。」最終的公報如此表示。它還補充，新政府「保證會盡快舉行自由無限制的選舉」。

這些話聽起來令人放心，可是卻需要棘手的協商才能生效。最終問題的一個徵兆或許在這個時候出現了：邱吉爾告訴史達林，波蘭第一次選舉必須乾乾淨淨，無可挑剔，「就像凱撒大帝的太太一樣☆。」史達林回答：「是這麼說沒錯，但事實上她自己也有罪。」

哈里曼被指派回到莫斯科，與莫洛托夫以及英國的阿奇博德・克拉克（Archibald Clark，後來成為殷福契蒲勳爵〔Lord Inverchapel〕）展開使協議生效的艱難任務。

波倫與哈里曼強烈懷疑關於波蘭的會談最後會失敗。「當時我們在大使館有一種說法，跟俄國人做買賣，同一匹馬你必須買兩次才行。」哈里曼後來寫道，「我對波蘭協議就有這種感覺，也跟波倫這麼講。」兩人依然相信可以避免勢力範圍形成。在會議的一次休息時間，波倫告訴維辛斯基，美國人絕對不會允許小國的權利遭到否決。這位俄國人刻薄地回答，美國人應該學會服從他們的領袖。「你應該到美國來，想辦法把這句話告訴民眾。」波倫反駁。

對於波倫在雅爾達協助撰寫的「獲解放歐洲宣言」（Declaration on Liberated Europe）以及羅斯福希望在戰後俄國與西方之間建立聯盟的偉大設計（Grand Design），肯楠到十分不屑。對波蘭的協議在他看來是「最卑鄙的一種模稜兩可」，而雅爾達協議的內容送到莫斯科時，肯楠在自己寫的評論中不禁自問，與德國的「妥協和平」不知道是不是更為可取。

最重要的是，肯楠對於波倫隨遇而安的態度感到難過，竟然寧願作為「暫時的黨派支持者」，接受主流政策，而不是堅持自己的原則。雖然兩人已經不再冷戰，可是肯楠依舊對幾個月之前的爭執感到痛苦，於是他打

☆譯註：凱撒不容自己的太太犯任何錯誤。這裡用來強調選舉必須公開公正。

了一封信，釋放心中的感受，寄給他在雅爾達的這個朋友。

「我們爲什麼不能好好做個決定性的妥協，直率地將歐洲劃分成不同的勢力範圍；不要插手俄國的勢力範圍，也別讓俄國插手我們的？」他問道。他將這個提案與圍堵蘇聯策略連結在一起。「我們已經拒絕爲俄國的擴張與責任設下任何限制。」

波倫用幾乎難以辨認的潦草字跡匆匆寫了憤怒的回應。「你提出的『建設性』建議實在十分天眞，」他寫道，「從理論上來看或許極爲理想，可是要作爲實際的建議根本行不通。在民主國家不能制定那種外交政策，只有極權國家才能提出並實行那種政策。」他主張，試圖強迫俄國人進一步提出保證根本無濟於事。「無論我們的朋友是否有意自我限制。」他寫道，「我認爲，就像英國人說的，答案尙未明朗。不過目前明朗的是，蘇聯會留下來，成爲世界上的重要國家之一。與他們爭吵會非常容易，不過我們未來隨時都可能必須面對。」十分信服羅斯福的樂觀看法的波倫，還不認爲有必要出現那樣爭吵的世界。

★★★

雅爾達會議之後的那幾個星期，在莫斯科針對波蘭問題進行的會談並不順利，哈里曼也感到愈來愈悲觀。「我們正碰上俄國常用的手段，試圖把我們累垮。」他告知華盛頓。蘇聯極力將含糊不清的協議擴大解釋，堅持盧布林的領導階層可以否決參與會談的其他波蘭人選。肯楠翻譯了許多個鐘頭（無聊又噁心）的詭計，哈里曼也愈來愈明白蘇聯和他盧布林的顧客頂多只會允許米科拉依奇克以及他在倫敦的同事擔任一些象徵性的職位。「我們開始明白，史達林所用的語言與我們不一樣。」他後來回憶說，「他心中『友好鄰邦』的意涵與我們完全不同。」

哈里曼發回華盛頓的越洋電報顯得愈來愈不滿。「我無比憤怒，」在三月與莫洛托夫開過一次會之後，他告訴羅斯福。他在四月二日的電報上表示，除非美國準備站穩立場，「否則蘇聯政府會開始相信，他們能夠強迫我們接受他們在所有事情上的任何決定，而且想要阻止他們咄咄逼人的政策也將愈來愈困難。」隔天他提出報告，波蘭會談已經到達「臨界點」，他要求准許回國。

接替科得爾．赫爾擔任國務卿的史泰提紐斯拒絕接受哈里曼態度強硬的預測。他指示哈里曼大使留在莫斯科，設法挽救雙方的關係。不過，哈里曼的越洋電報已經開始在華盛頓發酵。由麥克洛伊擔任主席的國務院、作戰部與海軍三方會議大多在討論那些話題，海軍部長佛瑞斯托四月的日記中有三十頁都是哈里曼的正式電報內容。

哈里曼寫了但是決定不發出去的電報內容更加不滿。「我覺得我們改變對蘇聯政府的整體態度以及與他們交涉的方法，時候已經到了。」他在三月二十一日的一封信中表示，他決定將電報留著，直到親自送至華盛頓為止。「除非我們希望接受這場二十世紀的歐洲野蠻入侵，以及繼續延伸到東方的後續發展，否則就必須設法阻止蘇聯跋扈的政策。」在長達八頁的備忘錄末尾，他下了結論：「如果我們現在不直接面對這些議題，歷史將會把下個世代的那段時期稱為蘇聯時代。」

四月十日，哈里曼在一些大使館信紙的背面寫下另一封他後來決定不發出的電報。「我們的對外關係已經來到重要的關口，用半吊子的辦法都沒有用。」上面寫著，「我以最強烈的措辭建議，希望你們提供給我一些具體的證據，讓蘇聯官方明白他們與我們作對的粗暴行動已經影響了他們的重大利益。我們等得愈久，情況就愈難處理，那麼我們必須採取的行動就會更激烈。」

為了強化西方阻止蘇聯侵略的手段，哈里曼正在研究一個新策略，這個策略在日後接受度會逐漸提高，兩年之後在馬歇爾計畫中一鳴驚人。他首先在三月二十一日未寄出的信中提出概要。「因此我大力提倡進行全面考量，協助提升西歐民眾的福祉。」哈里曼寫道，「這個政策可以說是戰時的措施，可是從贏得和平的角度來看，它無疑十分重要。所有合理的努力都應該去增強法國、比利時、荷蘭、希臘，甚至是義大利的國力。」

哈里曼全力否認這項計畫會造成一個盎格魯——美國勢力範圍或是歐洲分裂，雖然那的確是合理的結果。「我提出的不是勢力範圍的概念，而是一個支持與我們有相同觀點與生活概念的那些人的有力政策。」他在未寄出的電報上寫道，「有一次史達林親口告訴我，共產革命在資本主義經濟崩解中找到繁殖力旺盛的種子。一旦有秘密警察撐腰的共產獨裁政權站穩腳步，個人自由與我們心目中所認知的民主就走到盡頭了。再也無法回頭。」

兩個星期之後，哈里曼終於將他對於重建西歐的看法寄到華盛頓。「除非我們願意生活在一個受蘇聯勢力宰制的世界，」他在越洋電報上寫道，「否則我們就必須運用經濟力量盡一切努力去協助那些支持我們理念的國家。阻止蘇聯滲透的唯一希望，就是在這些國家發展健全的經濟。」美國政策應該「以照顧我們的西方盟邦及其他地區爲優先責任，行有餘力才顧及俄國」。他提出要著手進行這項計畫的理由，措辭十足強硬直率：「我們必須清楚明白，蘇聯的計畫是建立極權主義，如我們所知將會終結個人自由與民主。」

《紐約時報》特派記者C. L.蘇茲柏格（C. L. Sulzberger）在四月初造訪莫斯科時，發現哈里曼深感困擾。他面容憔悴，而且右眼抽筋，彷彿在眨眼似的。波蘭局勢的僵局似乎無解，而哈里曼已經開始表達肯楠一些圍堵的構想。「艾佛瑞爾說我們必須告知俄國人，有哪些事情我們不會准許他們做，」蘇茲柏格在日記上寫道，「否則就會產生麻煩。」

在任的最後兩個月期間，有跡象顯示羅斯福逐漸接受哈里曼的立場。在瑞士伯恩的一次德國媾和試探中，史達林對於沒有受邀加入美國陸軍的討論，反應相當粗暴無禮，因而激怒了羅斯福。三月底，就在溫泉市用完午餐要離去之際，他收到哈里曼的越洋電報。當時在場的安娜．霍夫曼☆（Anna Hoffman）回憶，總統用拳頭猛捶輪椅，表示：「哈里曼說的對，我們不能與史達林談條件。」哈里曼後來回想說：「我想他完全注意到了他們沒遵守協議這件事，對此他相當不滿。我覺得他吃了秤砣鐵了心，再也不想任史達林擺佈了。」

☆譯註：安娜．霍夫曼是當時美國的上流名媛，也接任過不少政府職位，包括戰時人力委員會（War Manpower Commission）的區域主任。

就在死前，羅斯福態度還是搖擺不定，對於剛打贏戰爭的大同盟可以克服和平問題依然抱著希望。羅斯福總統於四月十二日從溫泉市發出他給哈里曼的最後一封電報，他在電報中拒絕哈里曼的建議，也就是關於伯恩協商的事情上，對史達林採取更強硬的態度。「我希望將伯恩的事件當成一場小誤會。」他說。

當時哈里曼對俄國人的態度，並不比羅斯福總統對俄國人的態度來得明確。與肯楠不同，哈里曼大使的絕望並非因爲他認爲與莫斯科協商沒有用。其實幾乎正好相反：精明務實的商人哈里曼深信，達成可行的非正式協議是値得嚮往的。他極力提倡強硬的政策，不是因爲他認爲美蘇合作必定失敗，而是他覺得這樣的策略成功機率最高。「儘管最近的發展如此，」他在四月六日拍發一份長篇報告給國務院，「我還是很滿意如果在現實的基礎上與蘇聯談判，我們可以及時讓彼此的關係獲得一個可行的基礎。」

雖然在第二次世界大戰最後一年，哈里曼對克里姆林宮的看法產生巨大的轉變，不過在他的建議中還是有一個不斷出現的主軸：美國的態度必須「堅定但友好」。這位華爾街企業家認爲，只要給他正確的談判籌碼，他就能達成適當的協議。這也就是他繼續支持戰後貸款給蘇聯的原因，「不過我們應該時時表明，我們的合作取決於蘇聯政府在其他事情上的互惠合作態度。」

這就是他急著親自與羅斯福總統討論的平衡性作法。可是羅斯福永遠都沒有機會回覆哈里曼關於蘇聯貸款的電報，或是請他到家裡諮詢。他在電報發出當天晚上辭世。

羅斯福的死最後給哈里曼一個重返華盛頓的機會，並使大家原本對於如何面對那隻俄國大熊的模糊共識凝聚起來。這個任務如今變得較簡單，也更加重要，因爲自認對外交政策駕輕就熟且充滿自信的羅斯福，其繼任者是一個第一次世界大戰期間因爲擔任砲兵軍官才有了唯一一次出國經驗的人。

第二部 創造

我在歐洲與亞洲的戰爭於一九四五年結束之後，橫亙在他們所有人眼前的艱鉅任務才慢慢浮現。結果的確如此，剛開始它看起來的可怕模樣只比《創世紀》第一章中所描述的情景稍微好一點；那就是從一片渾沌之中創造出一個世界。我們的任務則是從相同的原料當中創造半個世界，自由的半個世界，而且在過程中不能讓整個世界炸成碎片。

——狄恩・艾奇遜，《見證創造》

第九章　淺顯易懂的語言　教育哈利・杜魯門

WORDS OF ONE SYLLABLE

The education of Harry Truman

除了擔任參議院議長☆之外，哈利・杜魯門十分清楚，當法蘭克林・羅斯福的副總統其實沒有多少工作可做。何況，這位堪薩斯市（Kansas City）的資深法官其實很喜歡參議院；比起不常到訪的白宮，參議院對他來說感覺比較有家的親切感。在一九四五年四月十二日下午，曾經是男裝用品商的杜魯門穿著雙排扣西裝、打著白色圓點領結，在參議院內主持一場用水條約的辯論會。在議場的紫羅紅大理石柱對照之下，他坐著的身影顯得矮小。「親愛的媽媽與瑪麗，」趁著場上有人在發言時，他潦草地寫著，「明天晚上在你們那裡的時間九點半打開收音機，你們就會聽到哈利向全國發表傑佛遜紀念日演說。」在那個年代，信件還是隔夜才會送到。

杜魯門已經爲他心中的一個完美夜晚做好了準備。首先，他會到山姆・雷伯恩（San Rayburn）在國會山莊眾議院的藏身處停留，這位眾議院議長就是在那裡主持定期舉行的「教育委員會」會議。立法程序官☆☆路易斯・德施勒（Lewis Deschler）已經擺好了威士忌與冰塊。稍後在杜魯門一位老友下榻的飯店房間裡將有一場撲克牌局，這位朋友是杜魯門在第一次世界大戰時野戰砲兵連的同袍，正好來華盛頓造訪。沒有什麼正式的官方業務要擔心的；事實上，自從兩週前羅斯福總統前往溫泉市以來，他還沒跟總統說過一句話。

「議長先生，」就在杜魯門道爲自己倒了一杯酒，然後坐在黑色皮椅的椅臂上時，德施勒說，「副總統不

☆　譯註：美國副總統同時兼任參議院議長一職。

☆☆　譯註：立法程序官（Parliamentarian）是美國國會中熟悉議事規則及程序的官員。程序官協助立法程序，包括將提案適當分配給相關委員會。

是應該致電白宮嗎？」噢，對，雷伯恩想起來了。羅斯福的新聞秘書史帝夫・厄爾里（Steve Early）一直設法聯絡他。

杜魯門的電話接通之後，厄爾里的聲音聽來似乎很緊張。「請立刻趕過來。」他說。副總統聽了臉色發白。「我的老天啊！」他掛上電話時脫口而出。「各位，千萬別傳出去。肯定出事了。」

杜魯門的司機在交通尖峰時刻的車陣中穿梭，賣報小販叫賣著最後一版的《明星晚報》（Evening Star），標題大大地寫著「第九軍團跨過易北河」。杜魯門擔任副總統才八十三天，並未受邀前往雅爾達開會，關於波蘭的問題，或總統隱瞞著大眾的美蘇關係不和，也沒有人向他簡報。還沒有人告訴他原子彈的事。因此，可以想見伊蓮娜・羅斯福告訴他的消息「就像一堆乾草」落在他肩上。「我可以為您做什麼嗎？」停頓許久之後，他問。「我可以為您做什麼嗎？」她回答，「因為現在有困難的是您。」

在這樣的時候接掌大權就已經夠困難了，可是杜魯門接替的是一個已經成為總統同義詞的人物所留下來的職缺，負擔更是重大。華盛頓一家廣播電台的二十四歲新聞編輯大衛・布林克利（David Brinkley）撕下新聞快報（「快訊——華盛頓——法蘭克林羅斯福去世」），然後衝進錄音室。不久之後，人們開始在街上攔下陌生人、跳上公車、衝進酒吧和辦公室，問的都是同一個問題：你聽到廣播上的新聞快報了嗎？「我哪需要收音機？」一名紐約布朗克斯（Bronx）的家庭主婦回答，「消息都寫在每個人的臉上。」

狄恩・艾奇遜正在國務院的辦公室裡，讓來自渥太華的尤素夫・卡許拍照。他往窗外望去，看見大批群眾聚集在白宮前面。「他們不知所措地站著。」他指出。在格羅頓中學，學生在晚餐前獲知一名一九〇〇年畢業的學生與世長辭，便放下餐點，前往禮拜堂禱告。

麥克洛伊到巴黎評估戰爭損害，一名助理衝進飯店房間叫醒他，告訴他這個消息。「根本不可能去想到這件事背後的意涵。」麥克洛伊潦草地在日記上寫道。在德國的第三軍團總部，喬治・巴頓將軍準備就寢時，注意到他的手錶停了。打開BBC想聽聽時間，他聽到了新聞快報。個性嚴謹的他又等了兩分鐘，直到播音員報出正確時間，才去叫醒他的長官，艾森豪將軍與布萊德利將軍。在距離不太遠的一座柏林碉堡裡，約瑟夫・戈培爾（Joseph Goebbels）喋喋不休地說：「我的元首！恭喜你！羅斯福死了！」希特勒狂喜不已：「我一直期待的奇蹟終於出現了。誰說的才對？這場戰爭我們沒有輸！」

在比利時，一名年輕士兵跑過部隊駐紮的校舍。「羅斯福死了！」他大喊。「嘿，華萊士現在是總統了☆。」另一名士兵說。「不，」一個老兵說；他是部隊裡少數還記得總統不是羅斯福的時候的人，「杜魯門參議員才是。」他的同伴不可置信地看著他。

其他人同樣對這項發展感到意外。每個人都喜歡杜魯門這位來自獨立市☆☆（Independence）的樸實自耕農，可是他似乎太沒有總統的架勢了。只有少數幾個人瞭解他的潛力。就在羅斯福死前，艾奇遜正好與杜魯門開了一次時間頗長的會議，討論立法議題。他喜歡眼前的這個人。「他個性直率、果斷、簡單，十分誠實。」艾奇遜在寄給兒子的信上寫道，「我認為他會學習得很快，也會培養出自信。」在杜魯門宣誓就職的當天晚上，艾奇遜夫婦與海軍上將亞倫・寇克（Admiral Alan Kirk）及他的太太莉迪亞（Lydia）一起坐在他們喬治城自宅的花園裡。莉迪亞抱怨，想到接任羅斯福的竟然是一位男裝用品商，實在令人難過。不過艾奇遜不認同。「杜魯門是一個優秀的小個子。」他堅稱，而且沒有貶損的意味。

艾奇遜直覺上認為，杜魯門對於總統一職有很深的敬意，甚至比羅斯福有過之而無不及，而且他也會堅持別人要展現同樣的敬意。當杜魯門進入白宮的追思會現場，沒有人想到要為起立迎接他，他也顯得不以為意。不過，起立致意當然是獻給伊蓮娜・羅斯福。但是這位第一次世界大戰的砲兵上尉逐漸開始確立他的新權威。

☆ 譯註：亨利・華萊士（Henry A. Wallace）是羅斯福總統第三任期的副總統，不過因為表現不佳，羅斯福在第四任改提名杜魯門。羅斯福在第四任開始不久便辭世，因此在海外作戰的士兵以為副總統仍是華萊士。

☆☆ 譯註：杜魯門出身密蘇里州傑克遜郡（Jackson County），獨立市與堪薩斯市都位於該郡內。

當他通知傑西・瓊斯（Jesse Jones）他為一個聯邦機構挑選了新主席，這位前商業部長問：「這是總統在生前指定的嗎？」杜魯門回答：「不，總統剛剛才決定的。」

杜魯門可能是美國歷史上在就任總統時最缺乏準備的人。他從來沒有進入過地圖室（Map Room）——白宮西翼的關鍵神經中樞，羅斯福每天都到那裡監控軍事與外交訊息。他一生中從來沒有跟一個俄國公民說過話；自從第一次世界大戰因服役而在法國的壕溝待過之後，他再也沒到過歐洲。「我知道總統與邱吉爾及史達林會面過許多次，」杜魯門在四月十二日的日記上寫道，「我對這些事情都不熟悉，真的需要好好思考。」

杜魯門對於外交事務的理念頂多能說是模糊不清。就在希特勒入侵蘇聯之後，杜魯門參議員無意中對一名《紐約時報》記者提出他的看法：「如果我們看到德國即將獲得勝利，就應該幫助俄國，如果俄國快要打贏，就該幫助德國，那樣會讓他們盡可能殺死更多人。」當上總統之後不久，他在日記上表示：「我對任何極權國家都沒有信心，無論是俄國、德國、西班牙、阿根廷、義大利還是日本。他們一開始的前提都錯了——撒謊無所謂，而只要結果令人滿意，過程中的手段便無關緊要。」

儘管不時冒出這樣的言論，杜魯門根本上其實是贊同羅斯福的大同盟策略。他遊說各界延長蘇聯與英國租借計畫的援助，當上副總統之後則在雙邊意見勢均力敵的情況下投下關鍵票，讓此案過關。就任後他強力實行羅斯福與俄國合作的政策，以贏得戰爭，保障和平。

杜魯門與羅斯福的差異主要在行事風格。精明狡猾的羅斯福有時充滿控制慾，縱容別人與輿論，杜魯門則是個性坦率，直言不諱。羅斯福總是給人冷漠高傲的感覺，他踏實的繼任者則剛烈正直，非常容易義憤填膺。

此外，羅斯福往往會延遲做出重大決定，他一邊輕鬆看待人與想法，一邊讓核心決策圈之內形成一種創意上的緊張氣氛。杜魯門相較之下十分一板一眼：疲憊的羅斯福前朝官員很快就感到雀躍，因為杜魯門會傾聽他們的意見，表達衷心的贊同之意，然後興致勃勃地，甚至直率地宣布他的決定。「你可以帶著一個問題進入他的辦公室，」哈里曼讚嘆道，「然後帶著他所做的決定出來，速度比我所認識的任何人都還要快。」

不過最大的差別或許是羅斯福都親自決定外交政策。他可以尊重哈里曼那樣的人，但同時也與他的某些意見維持模糊的距離。他可能縱容或忽視肯楠、或波倫，甚至是艾奇遜那樣的人。無論是在德黑蘭、雅爾達，或白宮的地圖室，羅斯福不依賴國務院的簡報，甚或是國務卿；愛德華．史泰提紐斯的影響力甚至不及他不切實際的前任國務卿科德爾．赫爾。有霍普金斯擔任他的左右手，羅斯福都是親自擬定政策。

杜魯門無意蕭規曹隨。「我或許沒有那般傲人的才智，」上任之後不久他告訴一名內閣閣員，「但是我有足夠的能力找到優秀的人才，並給他們機會來擔負起我們的責任。」

這樣的協助在他就任的前三十天肯定有必要，因為他會發現自己面臨連最有經驗的政治家都難以招架的一連串事件：

- 莫洛托夫從莫斯科前來，要求美國承認蘇聯在華沙成立的傀儡共黨政府。
- 蘇聯與西方同盟國之間的裂痕在舊金山舉行的第一次聯合國會議浮上檯面。
- 一批二十二英磅重的濃縮鈾從田納西州橡樹嶺（Oak Ridge）運到新墨西哥州洛斯阿拉摩斯☆（Los Alamos），被置於一個鯨魚形的外殼中，科學家與軍方指揮官正在等待只有總統才能做的決定。
- 歐洲史上破壞力最強的戰爭即將結束，帶來立即出現的問題包括如何對待被征服的敵人，以及是否繼續援助非常虛弱的同盟國。
- 美國必須決定是否還要蘇聯參與對抗日本的戰爭，如果要，必須付出什麼代價。

☆譯註：洛斯阿拉摩斯實驗室是美國研發首枚原子彈的科學機構。

簡而言之，那個月會成為現代史上的重大分水嶺之一：由歐洲盟國所界定的一個國際體系結束，由兩大新超級強權之間的較量所主導的一個全球體系崛起。隨著杜魯門就任，美蘇兩國部隊也達到史上軍事合作最偉大的功績。到了五月中旬，因為戰爭而結合的聯盟將因一種複雜的冷和平而潰散，而這種和平需要一個傳統上保持沉默的國家提出前所未見的新承諾。

為了面對不斷出現各種事件與危機的這三十天，哈利．杜魯門召集了一批顧問，至少他個人認為這些人能夠協助他執行法蘭克林．羅斯福所提出的政策。這一小群人於公於私都具有協助美國參與國際事務的經驗，他們都願意、甚至渴望加入這個陣容。他們以在商業上或在駐外辦事處處理蘇聯事務的背景，帶來了某種強硬且務實的國際事務觀點。新總統有賴他們的輔佐，美國要擔任戰後平衡的保護者這個角色，也要靠他們來塑造。如同艾奇遜後來所寫的，他們見證了整個創造的過程。

★★★

艾佛瑞爾．哈里曼與女兒凱撒琳於四月十二日晚間在史帕索大宅所舉辦的宴會，是一個非正式的社交活動。一群關係緊密的同事共聚一堂，舉杯歡送大使館一位即將離職的職員。肯楠一如平常提早離開，可是當領事館的值勤人員在凌晨一點打電話來時，現場依然有相當多人。

在隔壁房間接完電話之後，凱撒琳請人去叫她父親。「不久之後大使就出來了，看起來非常清醒。」他的助理羅伯特．米克爾強回憶說，「大家一起叫我關掉唱機，送所有人回家。」哈里曼沒有宣布什麼事，不過他請幾個最親近的助理，也就是那些他稱為史帕索大宅職工的人，一起到他的臥室裡商討法蘭克．羅斯福的死，以及他們幾乎一無所知的新總統就職。

就像哈里曼所熟知的，克里姆林宮一向挑燈夜戰。由於經常在午夜過後被召進宮裡，他毫不猶豫便立刻致電莫洛托夫，告知這個重大消息。當時是凌晨三點，可是這位過去與美國談判時從未展露過一絲溫柔面的外交部長卻堅持前往大使館表達哀悼之意。他緊緊握住哈里曼的手，細訴羅斯福在贏得戰爭與謀求和平上所扮演的角色。哈里曼向他保證，杜魯門將會繼續執行故總統的政策。莫洛托夫回答，蘇聯政府對此有信心，因爲他是羅斯福挑選的副總統人選。「我從來不曾聽過莫洛托夫說話如此眞誠。」哈里曼在發給華盛頓的電報上表示。

哈里曼在三個星期當中第三次要求返國。事實上他比以往都更焦急，幾乎是宣布隨即就要回國。「我打算星期一早上離開莫斯科，」他發電報給國務卿史泰提紐斯，「回去與您和總統面談，除非您另有指示。」史泰提紐斯在三週當中第三次拒絕。「現在這時候我們正需要你留在莫斯科。」回覆如此寫道。

如果羅斯福固執的國務卿堅持把他留在半個地球以外，他要如何向缺乏經驗的新總統報告蘇聯的威脅？不肯袖手旁觀的哈里曼想出一個計畫。羅斯福一直非常希望請莫洛托夫參加預計月底在舊金山舉行的聯合國成立大會，如果哈里曼能夠說服史達林改變原本拒絕派外交部長出席的命令，那等於是蘇聯表達的高度善意。莫洛托夫的美國之行可以提供一個絕佳的機會，讓哈里曼本人順便返國。

隔天晚上，哈里曼被帶進克里姆林宮的內部密室時，史達林默默抓著他的手將近一分鐘，然後才請他坐下。他看起來十分難過。羅斯福是怎麼死的？哈里曼就自己所知描述當時的情形。史達林說，政策不會有所改變。這句話比較像聲明，而不是問題，哈里曼也隨即表示同意。杜魯門是史達林會喜歡的那種人，就像哈里曼說的，「是起而行，非坐而言的人」。「羅斯福雖死，但是他的理想必須繼續。」史達林插話說，「我們會全心全意支持杜魯門總統。」

「我想提出一個建議。」哈里曼大膽建言。他說，蘇聯展現善意最有效的方法，就是派莫洛托夫參加聯合國成立大會。在前往舊金山之前，他甚至可以在華盛頓停留。此外還可以安排羅斯福前往雅爾達所搭的那架飛機讓他搭乘。

這場滿臉愁容的外交官與嚴厲獨裁者之間的會面，並不適合搞幽默，可是哈里曼卻做了一次非典型的嘗試。他開玩笑說，要是史達林眞的想要，美國也會在飛機上漆上一顆紅星。史達林回答，綠色的會更好。哈里曼很快補充說，整架飛機都可以漆上綠色。

莫洛托夫並不覺得好笑，因為他擔心會錯過即將到來的最高蘇維埃會議。「時間，時間，時間。」他在一旁等待時嘀咕著。然而，史達林被說服了。跟他的外交部長率直地說了幾句話之後，他宣布會安排這趟行程。就任五天之後，杜魯門在他的第一次記者會上明白表示，他會堅持來訪的蘇聯外交部長必須給予他適度的尊重。「您期望在莫洛托夫先生到舊金山之前見到他嗎？」一名記者問道。「是的。他會在此停留，向美國總統致意。」杜魯門堅定地說，「他應該的。」《時代》雜誌報導：「白宮的記者已經許久不曾為總統的答覆歡呼，可是他們鼓掌、大笑、叫好長達整整一分鐘。」

即使是在杜魯門說話的時候，哈里曼還在急著趕回華盛頓。「史達林改變決定，」史泰提紐斯終於發出電報，「自然也改變了我們不同意你在這時候返國的考量。」莫洛托夫堅持飛行較遠的路線，往東飛越蘇聯領空，通過白令海峽。哈里曼急著搶先在他之前到華盛頓，以便有一天左右的時間在重要會面以前指導新總統。他搭乘自己的私人B-24飛機貝琪號（Becky），於四月十七日清晨五點離開莫斯科。中途在卡薩布蘭加、亞速爾群島以及愛德華王子島（Prince Edward Island）短暫加油之後，他在隔天晚上當地時間下午十一點三十分抵達華盛頓的國家機場（National Airport）。全程歷時四十九小時又十八分鐘，是這樣的行程當中耗時最短的，而且提早許多小時到達。

★★★

身為國務院對白宮的聯絡人，查爾斯．波倫一直與羅斯福及哈利．霍普金斯密切合作，關係甚至比國務卿史泰提紐斯來得更為緊密。一名助理將通訊社的新聞快報交給波倫時，他立刻打電話給他正在梅約診所（Mayo Clinic）接受癌症治療的前輩導師。電話那端沉默了許久。「我想我最好到華盛頓一趟。」霍普金斯終於回答說。這時臉色慘白的霍普金斯躺在喬治城住家的床上，接下來幾天都在徵詢朋友的意見，包括波倫與哈里曼。霍普金斯告訴一名訪客，神聖的羅斯福還在世時，情況相當輕鬆。「無論我們想到什麼事情，無論我們覺得應該做什麼，都可以把想法告訴他。」他說，「如今——他已經不在了，我們必須自己想辦法處理。」

適應力強的波倫與羅斯福相處融洽，可是卻始終無法眞心喜歡他。「在與他共事過的人心中，」波倫回想說，「對他是眞的有感情，不過卻不是個人打從心裡的那種敬愛感。」羅斯福總統做事缺乏細膩度，尤其是與蘇聯領導人交涉時，這一點令波倫怨恨難消。「我認爲羅斯福根本不瞭解布爾什維克分子與非布爾什維克分子的思想差異有多大，尤其是與美國人之間的差異。」他寫道，「他覺得史達林看世界的角度與他自己沒有太大差別。」

在羅斯福去世之前，波倫從來沒見過杜魯門，只將他視爲「隱匿的副總統」。然而不久他就會成爲重要顧問。事實上，杜魯門在就任隔天早上便要求史泰提紐斯提出一份背景報告，簡述美國所面臨的重大外交問題。準備這樣的報告是波倫的責任。當天下午，他和史泰提紐斯被引領到橢圓形室（Oval Room，總統辦公室當時的稱呼），手上拿著完成的報告。

以往羅斯福總是將國務院的警告視若無物，這時國務院急著要抓住新總統，搖醒他。波倫的報告列舉出世界上的麻煩地點。波蘭值得特別關注，蘇聯一直無視於他們在雅爾達所提出的保證，在波蘭建立全國性統一的政府並舉行自由選舉。此外，報告上還補充說，他們「不斷破壞哈里曼大使」試圖提出解決方案的努力。

「我們三人一頭栽進令人煩惱的波蘭問題，」杜魯門後來寫道，「以及因此造成的面對蘇聯領導人的困難。」他已經摸熟了某些問題，當天早上看過近期發自莫斯科的越洋電報。克里姆林宮無禮又挑釁的態度觸犯了他的正派感，更嚴重的是，惹到他老派的美國脾氣。

對杜魯門而言，道德議題很清楚。他告訴波倫，莫斯科堅持要承認波蘭的「傀儡政權」，而西方則想看到波蘭成立一個代表全民的政府。長期面對羅斯福模稜兩可的態度之後，聽到如此直率的看法讓波倫開心地鬆了一口氣。

★★★

華盛頓準備攤牌了。杜魯門當然已經有所準備，看過雅爾達會議之後所發出的越洋電報，他斷定外交的優雅其實並不是那麼美好。哈里曼也同樣就緒，他「堅定但友好」公式的後半段至此效果不是太好，而他認為前半段幾乎還沒有嘗試過。或許最重要的是，情勢在一九四五年春天已經成熟了：同盟國內部出現深深的裂痕，而在戰爭幾乎要獲勝之際，已經不太需要遮遮掩掩了。耿直的總統與沉默的大使都是個性直率的人，他們都缺乏羅斯福閃避這類問題的機靈頭腦。

哈里曼在四月十八日抵達華盛頓，這一天也是歷史上保羅．列維爾（Paul Revere）騎馬夜奔的日子☆。隔天晚上在共進晚餐時，他對佛瑞斯托強調，此時比以往更需要堅定立場。蘇聯決定在他們的邊界沿線上，甚至邊界以外建立傀儡國家。「他說共產主義向外擴張的野心並未消失，」海軍部長佛瑞斯托寫下，「我們很可能必須面對與法西斯主義或納粹主義同樣強大且危險的意識形態戰爭。」這個警告讓佛瑞斯托感到很有道理。關於馬克思主義的不祥預感已經在他心頭盤旋，而且可能繼續加深；他一直非常認真地在閱讀這個主題的書籍。

隔天，波倫與副國務卿約瑟夫．格魯為國務院高層官員舉辦了一場研討會，與會人士從狄恩．艾奇遜到〔助理國務卿〕尼爾森．洛克斐勒都涵蓋在內。哈里曼在三月所寫但並未發出的電報，如今由他親自以冷淡的單調聲音唸出來。「我們一向都是以直接、公正且完全坦率的方式來處理。」哈里曼告訴全神貫注的聽眾，「這是習慣於懷疑與陰謀氣氛的俄國人所不瞭解的。此外，他們無疑是將我們的態度視為軟弱的象徵。」

哈里曼解釋，在這樣的緊張關係底下，存在著一種「蘇聯與美國之間相互對立的基本目標差異」。他逐漸相信，史達林需要鄰國要有「友好」政府可能只意謂著一樣東西：完全在莫斯科掌控之下的政權。蘇聯追求安全的強烈慾望促使克里姆林宮盡可能將其體制擴張得愈遠愈好。隨著擴張出現的便是「秘密警察與其他恐怖統治及不民主的方法」。

☆譯註：一七七五年四月十八日，保羅．列維爾在夜間冒險騎馬通報英軍即將進攻萊辛頓的消息，因而成為美國家喻戶曉的愛國人士。

如同史汀生與其他人所建議的，如果爲了降低蘇聯的安全顧慮而容許他們發展有限的勢力範圍，是不是說得過去？哈里曼和許多因爲慕尼黑協定而得到教訓的同事們都覺得，任何一種對於蘇聯擴張主義慾望的姑息都只會更刺激克里姆林宮宰制其他地區的野心。「蘇聯一旦控制了鄰近地區，就會企圖繼續深入旁邊的鄰近國家。」他告訴國務院的官員們，「我們應該盡力解決這個問題，因爲蘇聯目前已經挺進其周邊地區了」★。

討論結束後，哈里曼在波倫與格魯的陪同下走到對街，首次與他最重要的學生見面。杜魯門學習慾旺盛。他問，莫洛托夫抵達的時候，他應該採取什麼步驟？哈里曼直言，美國對於重要議題採取堅定的立場，並不會有任何損失。美國不再需要紅軍協助擊敗搖搖欲墜的德意志帝國，可是俄國卻亟需戰後重建的援助。杜魯門插話，向哈里曼保證他不受這個頑固的盟邦恐嚇。他斬釘截鐵地說：「我們需要俄國人，但他們更需要我們。」

哈里曼沉重訊息的重點是一個說法，來自他前一個月寫好卻未發出的一封電報：他告訴杜魯門，世界面臨著一個「遭野蠻入侵的歐洲」。哈里曼並非這個赤裸裸描述的創始人。威廉・蒲立德，一長串幻想破滅的蘇聯大使中的第一位，幾個月之前在《生活》雜誌的一系列文章裡發展出這個主題，它和其他事物代表該雜誌創辦人魯斯眼中的世界已經發生了巨大轉變。可是現在說出這個概念的是這位令人畏懼的大使；至少對杜魯門而言，他體現了羅斯福在戰時建立大同盟的用心。

哈里曼迅速趕回華盛頓，有部份動機是他想維持局內人的身分。杜魯門對他的越洋電報那麼熟悉，令他受寵若驚。哈里曼大大鬆了一口氣，因爲他「不必教育一個菜鳥」。會議結束後，他將總統拉到一旁，自我吹噓

★作者註：美國政治人物已經開始發展出一系列形容共產擴張主義的譬喻。哈里曼使用洋蔥做類比，因為一層腐壞之後很快就會感染到下一層。艾奇遜兩年後則提到桶子裡的爛蘋果。記者約瑟夫・艾爾索普讓骨牌理論普及化之後，艾森豪於一九五四年用它來為援助南越辯護：「你擺了一列骨牌，」他在一場記者會上表示，「碰倒第一個，接下來到最後一個就會發生得非常快。」

了一番。「發現您全都看過，而且我們看法一致，我大大鬆了一口氣。」他說。不是每個人都欣賞哈里曼的自以爲是。「我很不滿哈里曼最近表現出來的行事作風，」國務卿史泰提紐斯幾天之後抱怨，「他不通知我們一聲就去見總統，也沒有告知任何人會談的經過。」

儘管說了些重話，哈里曼依舊是個非常務實的人，而不像跟他一樣擔憂蘇聯行徑的某些人，逐漸感染到反布爾什維克意識形態的歇斯底里症。這位在克里姆林宮裡與俄國人周旋了二十年的企業家兼外交官告訴杜魯門，他對於要達成一個與俄國人談判的「可行基礎」並「不悲觀」——只要拋棄理想主義的幻想。不過新總統瞭解哈里曼的警告中有哪些危險的面向。他說，美國當然不應該期待從蘇聯那邊得到百分之百的正面回應，可是對於重大事項應該得到百分之八十五。杜魯門補充說，波蘭問題必須遵循雅爾達會議達成的協議來處理，「我打算用最淺顯易懂的語言來告訴莫洛托夫這一點。」

莫洛托夫抵達之後，接踵而來的對峙成爲冷戰★（Cold War）的第一座重要里程碑。正如波蘭出現的狀況，無法協調的衝突在世人眼前爆發：緊鄰蘇聯的弱國無法如雅爾達會議參與國所希望的，既「友好」又「自由」。如果他們有政治自由，至少是西方所理解的那個概念，他們的人民就可能組成對克里姆林宮的掌控懷有敵意的政府。既然蘇聯無意讓這種情況發生，那麼強權的團結只能靠犧牲《大西洋憲章》中極力推崇的自由與自決的理想才能達成。

除了依舊宛如荒野中一股陰鬱之聲的喬治・肯楠以外，美國人還沒有準備好去想像一個分裂成東、西敵對集團的歐洲。沒錯，華盛頓少數抱著在東歐給予蘇聯有限勢力範圍的想法的那些人，這麼做正是爲了相反的理由：肯楠對於與俄國合作或影響它在其控制地區的行爲，早就不抱任何希望，而史汀生卻相信尊重彼此的勢力

★作者註：公關人員赫伯特・貝約・史沃普在私下閒聊時使用「冷戰」這個詞。他後來在為金融家伯納德・巴魯克撰寫的演說稿當中也採用這個詞，日後則是專欄作家沃爾特・李普曼將它發揚光大。

範圍可以形成一個國際合作體系。「我們各自的勢力範圍在地理上並沒有抵觸，」哈里曼離開莫斯科的前一天，史汀生在日記上寫道，「我認爲整體上我們應該可以在未來避免互相衝撞。」

這對哈里曼來說是一派胡言。給予蘇聯在鄰國「有限」的勢力範圍，且只以安全利益爲考量，必然會導致俄國完全主宰那些國家。哈里曼覺得，莫斯科或許不見得試圖將它的鄰邦「共產化」，可是它的安全考量根深蒂固，因此它務必會堅持警察國家的體制，而且完全掌控它新附庸國的政治與商業。一旦完成這個目標，蘇聯必然會謀求另一層的「友好」國家，將他們的極權體制更深入推向一個被征服的虛弱歐洲。他說，如果波蘭及其鄰國落入蘇聯的勢力範圍內，下一批國家還可能有多遠嗎？

儘管蘇聯堅決要實現在歐洲邊界建立一條安全帶的長期需求，不過後來的事件會顯示他們深入那個地帶以外的地方時，多多少少是比較猶豫的。這個體認最後成爲圍堵蘇聯政策的基礎。然而，哈里曼或大多數其他指導新總統的人當時都不願意指望，在波蘭問題上讓步就能滿足蘇聯對安全的渴望。

此外，不放棄波蘭當然還有道德上的理由。就在蘇聯加入戰局，想避免邊界上出現可能成爲西方入侵走廊的敵對緩衝地帶，英國也加入戰局，以保護波蘭的獨立性。除了來自六百萬名波蘭裔美國籍選民的切身壓力之外，美國領導人也跟英國領導人一樣，深信拋棄波蘭人民，使他們遭外國統治就是不對。

★★★

哈里曼返美之後五天，也就是四月二十三日星期一的下午，他們齊聚在白宮。這場會議的目的是幫助杜魯門總統準備他與莫洛托夫的會面；然而，實際發生的狀況奠定了新政府蘇聯政策的基調。除了哈里曼之外，來自國務院的波倫與史泰提紐斯帶來消息，莫洛托夫始終堅持蘇聯支持的華沙政權對於其他想進入內閣的任何波蘭人都有否決權。來自海軍部的佛瑞斯托，因爲與哈里曼的一番話而感到十分振奮。代表作戰部的則是史汀生，他擔心自己尚未向總統說明過的一種可怕武器，還有陸軍參謀長喬治・馬歇爾將軍，他急於確保蘇聯會參與對抗日本的戰爭。

杜魯門整個週末都在熬夜看雅爾達的條約，十分訝異於其中所用的語言如此含糊不清。不過他告訴他的顧問們，哈里曼發自莫斯科的越洋電報讓他相信，與蘇聯的協議「至今都是單向溝通」。這種情形不能再繼續下去。他補充說，如果蘇聯在舊金山不想合作，「他們可以下地獄。」就此定調之後，他開始徵詢各方意見。

史汀生率先發言。克里姆林宮採用秘密警察與鎮壓手段令他驚恐，他也經常鼓吹採取較堅定的政策。他說，可是蘇聯不太可能在波蘭這樣對其安全如此關鍵的事情上屈服。結果他的主張是謹慎。他警告，美國硬要在其實是俄羅斯帝國一部份的波蘭問題上攤牌，可能會「步入非常危險的水域」。他補充說：「俄國人對於自己的安全或許比我們要來得務實。」

馬歇爾將軍支持作戰部長的觀點。與蘇聯決裂的可能性「非常嚴重」，因為或許會因此在對抗日本的戰役中失去蘇聯的支持。另一方面，佛瑞斯托完全接受逐漸形成的強硬共識。他說，如果俄國人在控制東歐的態度上毫不退讓，「那我們最好現在就跟他們攤牌。」

輪到哈里曼發言時，他提出一個史汀生曾經問過的蘇聯動機問題。哈里曼大使解釋，克里姆林宮認定自由的波蘭選舉會導致它「親手挑選的班底」遭到人民排斥。如今的問題是美國是否「應該參與蘇聯控制波蘭的計畫」。

杜魯門會採納哪個意見，答案並不難猜。沒錯，史汀生表示，他的謹慎言論似乎令總統失望。會議之後，史汀生與軍事顧問被要求離開。哈里曼、波倫與史泰提紐斯則留下來等待莫洛托夫抵達。

杜魯門開門見山告訴莫洛托夫，他很遺憾得知雅爾達協議並未執行。這位蘇聯的外交部長連忙插話，表示他也很遺憾。杜魯門繼續說，為了尋求解決方案，必須集結波蘭所有的民主元素，組成一個全國統一的政府。莫洛托夫再次抗議。蘇聯期望能合作，事關榮譽，他們堅信所有困難都能克服。杜魯門說他接受，否則他也不會安排這次對話。目前的問題是蘇聯是否願意執行雅爾達協議。杜魯門總統以一個固執農夫的堅持口吻表示，如今只剩下「史達林大元帥實踐自己的諾言」。

波倫回憶，莫洛托夫「臉色變得有點蒼白」，試圖將話題轉移到對日戰爭上。杜魯門打斷他。「就這樣，莫洛托夫先生。如果你能將我的看法轉達給史達林大元帥，我會十分感激。」

「這輩子從來沒有人這樣跟我說話。」莫洛托夫抗議。他在史達林底下工作很長一段時間，因此肯定有人這樣對他說話過。

「執行你們的協議吧，」杜魯門大吼回去，「那麼就不會有人這樣對你說話。」

「翻譯那些話眞是一大樂事，」波倫後來回憶說，「它們大概是戰爭期間美國總統對蘇聯高級官員第一次說過的重話。」波倫認爲，杜魯門做的只是羅斯福如果還活著也會做的事。「羅斯福的技巧會不一樣，」波倫後來寫道，「他的作法可能會多運用一點外交手腕，稍微溫和一些，可是我最後一次看到他，也就是他去世前幾天，他根本無法接受蘇聯進一步違反雅爾達協議。」

至於哈里曼，他記得杜魯門的「強力」攻擊令他「有點措手不及」。並不是哈里曼不贊同他的觀點，他只是擔心那會讓莫洛托夫有藉口告訴史達林，羅斯福的政策被推翻了。

要是羅斯福的路線事實上眞的被拋棄了呢？從某個角度上來說是的。雖然堅持在嘴巴上要大談民主理想，羅斯福卻沒有表達美國對波蘭的直接「興趣」。史達林在雅爾達告訴他，波蘭對俄國人來說「不只是榮譽問題，也攸關安全」。詭計多端的羅斯福瞭解，爲了達成戰後合作，有必要在現實政治上讓步；從某方面來說這是他正直的繼任者杜魯門永遠都做不到的。根據地域性和安全，羅斯福暗中看出蘇聯在波蘭的某些優勢。不過，他對於權力政治的務實態度當然與公開宣示的威爾遜理想主義互相衝突。在生命的盡頭，連機敏的羅斯福都難以改變這些矛盾。

新總統不願意也無法應付這項議題，便徵詢哈里曼與波倫等專家的意見，如何達成羅斯福眞正的目標。「杜魯門必須仰賴國務院的顧問，而相較於羅斯福，這些人比較不支持與蘇聯合作。」杜魯門的傳記作者羅伯特・唐納文（Robert Donovan）寫道，「他尋求的是達成與美國對雅爾達會議的詮釋一致的協議，就像羅斯福首席顧問向他說明的那樣。」

有一件事是肯定的：羅斯福的語氣已經被拋開了。不過就算羅斯福能夠避免與莫洛托夫如此正面交鋒，他也很難將美國的理想與俄國的安全利益之間的衝突掩蓋太久。「選擇溫和語言或直率語言，」唐納文寫道，「在解決目標的衝突時都不太可能形成根本上的差異。」

堅定派勝過友好派的消息很快傳開來。「這是多個月來最好的消息，」范登堡歡呼，「羅斯福姑息俄國的日子結束了。」邱吉爾寫信給艾登：「我很激賞新總統不受蘇聯所威嚇。」

對一般美國人而言，得知這樣交惡的消息多少有點意外，多數人還沉浸在美國與它「英勇盟邦」成功的歡欣氣氛中。即使在莫洛托夫離開華盛頓時，記者與攝影師都還在報導美蘇合作高峰的象徵：在德國托爾高市（Torgau）附近，一座橫跨易北河、遭攻擊且扭曲變形的金屬橋上，分別來自寇特尼・霍吉斯將軍（General Courtney Hodges）第一軍團以及伊凡・科涅夫元帥（Marshal Ivan Konev）第一烏克蘭戰線（First Ukrainian Front）的兩名偵察兵相遇、相擁，拍打彼此的肩膀，對著春季的天空揮動他們疲累的手臂。在易北河沿線的其他地方，來自東、西方的巡邏隊躍入水中，打開酒瓶，爲了即將戰勝共同敵人而盡情跳舞。

★★★

在哈里曼的心中，無論戰後友誼多麼吸引人，對它抱著厚望都是不切實際，甚至是危險的。如今總統已經認同他的看法，哈里曼接下來的任務就是警告媒體與大眾。於是他飛到舊金山向參加聯合國大會的美國代表團說明自己的顧慮，更重要的是，向主要的報紙編輯與評論家提出一連串的背景簡報。「我在那裡，」他說，「是要讓大家了解，各種跡象均顯示蘇聯不會履行他們的戰後協議，我會向所有人說明我們即將面臨的情況。」

波倫在他身邊，麥克洛伊也專注聆聽，哈里曼告訴美國代表團，俄國正在東歐建立一層友好國家。「我們的任務是阻礙它這麼做，因爲建立一層國家就意謂著可能進一步建立另一層，層層相疊。」范登堡本身支持愈來愈多人認同的強硬路線，當他提到過早向大眾宣告蘇聯背信可能引起不必要的輿論反應時，哈里曼打斷他。

「我恨不得民衆群起抗議。」

舊金山擠滿了記者，正式登記的人數就高達一千六百名。社會專欄作家艾爾莎・麥斯威爾（Elsa Maxwell）也在場，寫到俄國人是怎麼樣的「一群高大猛男」。另一名八卦專欄作家厄爾・威爾森（Earl Wilson）也在，他在一場記者會上問莫洛托夫「伏特加」的正確發音，造成對方憤而離場。有些其他較嚴肅的媒體界人士受哈里曼之邀，到他位於費爾蒙飯店（Fairmont Hotel）頂層廣大的閣樓套房。他在那裡繼續表達關於蘇聯的嚴肅談話。「我們必須體認我們與克里姆林宮的目標是互相對立的。」他告訴他們。接著他補充說，地球是個「小行星」，美國在態度堅定之餘必須兼顧友誼，不過隨時都得保衛自己。

這些報告引起一陣慌張，其中大多將矛頭指向哈里曼。當時的報紙編輯意見跟一般的輿論意見一樣，還是同情蘇聯。專欄作家沃爾特・李普曼與廣播評論家雷蒙・葛蘭・史溫（Raymond Gram Swing）氣得離開一場簡報會。李普曼回到他在皇宮飯店（Palace Hotel）的房間寫了一篇專欄文章，譴責那些「斷然表示想用這個國際組織作爲監督蘇聯的方法的人」。史溫在廣播評論中表示，對於與莫斯科的外交關係不再有信心的政策制定者應該靠邊站。

在許多大衆的心中，美國在聯合國的角色是擔任致力於掌控歐洲的兩大強權：帝國主義英國與擴張主義俄國之間的調停者。他們認爲，美國沒有必要捲入歐洲權力政治的紛爭之中。「羅斯福在世時，」記者I. F. 史東（I. F. Stone）寫道，「美國算是英國與俄國之間的中間人。但自從他去世之後，英國卻可以……在我們和蘇聯之間挑撥離間。」《紐約時報》的C. L. 蘇茲柏格擔心「盎格魯　美國陣線對抗莫斯科的印象」，李普曼則指出，「在舊金山這裡，美國調停者的立場已然暫時消失。」這樣的擔憂促使一批國會議員刊登一封公開信，批評華盛頓在邱吉爾與史達林的爭執當中選邊站。

哈里曼是不反對與英國結盟的其中一人，事實上他衷心認同這件事。他和大多數的朋友自然而然支持英國，這也相當可以理解，因爲那裡是他們極爲重視的啓蒙價值觀的搖籃。有一部份原因是文化傳承：從寄宿學校到家中的家具擺設，親英國的態度早已滲透到他們的生活當中。更重要的是，那是一種哲學觀點：根本的道德與政治原則深植於兩國共同擁有的盎格魯撒克遜禮教傳統中。

美國的其他人也開始採納那種觀點。一九四五年二月，接受調查的多數美國人都表示，他們預測戰後美國與英國的問題會比與俄國來得嚴重。到了一九四五年五月，這個情況卻逆轉。

★★★

哈利．杜魯門經常吹噓，他的頭一碰到枕頭就能睡著。即便如此，他在五月七日晚上能夠呼呼大睡還是令人意外。那是他在白宮度過的第一夜；那天有二十輛卡車幫伊蓮娜．羅斯福搬走她的家當，卻只有一輛卡車幫杜魯門一家人將他們的物品搬進白宮。那也是他六十一歲生日的前夕。不過最重要的是，終止歐洲戰爭的投降書終於簽署，他預計在隔天上午九點鐘與邱吉爾及史達林同時發表正式宣言。「這是不是很棒的生日禮物呢？」他在寄給九十二歲的母親的信上寫道。

邱吉爾試圖說服杜魯門總統下令美軍部隊盡量往東挺進，別管已經與蘇聯建立的作戰地帶，並盡可能讓紅軍無法接近的土地愈多愈好。在艾森豪將軍的建議下，杜魯門拒絕。接著邱吉爾又設法勸他別理會與史達林的協議，並比預定時間提早宣布歐洲戰爭勝利。杜魯門再度拒絕。總統告訴他的母親，邱吉爾「氣急敗壞」。

在當初大家同意的時間，杜魯門清晰而沉穩的聲音透過數百萬台收音機播放出去。「這是個莊嚴但光榮的時刻……」就像有人拉下一根控制桿似的，全國各地頓時釋放出大量的紙花與歡欣鼓舞的情緒。儘管遠東地區的戰爭還在持續，美國已經讓自己大大鬆了一口氣。男男女女在紐約時報廣場、波士頓公園、芝加哥環區（Loop）、華盛頓國家廣場，以及其他任何有空間慶祝的地方跳舞擁吻。大家都想讓美國軍人從烽煙四起的歐洲大陸返鄉，離開這片很快就要充滿長期設限的消費品的土地。「是的，他們回來了。」香菸貨架上的標語這麼寫著，指的既是軍人，也是菸屁股。

然而在這輕鬆的氣氛中還隱約混雜著一股嚴肅感。教堂一早就擠滿了人，即使那天是星期二。杜魯門總統的演說最後談到了未來，那是根植於正義與法律的和平。「我們唯有努力、刻苦、勤勉地工作才能建立那樣的和平。」他說，「如同在戰時那樣，在和平時期也與盟邦互相瞭解及合作。」

美國人幾乎沒有努力、刻苦、勤勉工作的心情。助理國務卿艾奇遜的職責現在又納入了國會關係，他發現自己面對了愈來愈多要求讓軍人返國的政治聲浪。然而以帶領美國進入戰後世界爲己任的那些賢哲之士，已經非常清楚他們國家即將面對的挑戰在哪裡。

五月九日早晨，即使以歐戰勝利日爲頭條標題的報紙已經在街上叫賣，史汀生仍在盡力向一個新成立的顧問小組說明一種武器，而他對這種武器的科學基礎與歷史發展都不甚瞭解。哈里曼那天則在舊金山，由於對抗希特勒的戰爭結束，他正在設法逐漸減少租借計畫運到俄國的貨物。也在舊金山的麥克洛伊正針對建立美國佔領德國政策的命令進行最後的修潤。此刻在五角大廈的秘密藏身處遠離外交騷動的羅威特，則準備前往歐洲，要決定哪些空軍分隊可以重新部署以對抗日本。所有的這些議題——炸彈、蘇聯、德國未來的待遇、對日戰爭，都意謂著歐洲的勝利並不會讓美國對世界事務的參與結束。

★★★

儘管拒絕太早宣布德國投降，杜魯門最後還是搶先比史達林提早一天多宣布這個消息。喬治・肯楠在哈里曼不在時接掌駐莫斯科大使館，他在越洋電報上提出他的懷疑，認爲始終小心翼翼的俄國統治者刻意對人民隱瞞這個消息，唯恐它只是默許德國繼續在東邊抵抗的資本主義伎倆。

直到五月十日，消息才逐漸傳出，街上的擴音器開始播放「國際歌」（Internationale）以及「星條旗之歌」（The Star-Spangled Banner），歡欣鼓舞的莫斯科居民湧上街頭慶祝。看見美國國旗在美國大使館陽台上揮舞著，群眾自動自發聚集起來，展現友好。「杜魯門萬歲！」他們大喊，「羅斯福萬歲！」借用肯楠的說法，大膽加入慶祝活動的美國人「被熱情地拋上空中，在群眾頭上被一雙雙友好的手傳著，最後在混亂的狂歡氣氛中消失」。

事實上那種感覺十分瘋狂，連肯楠都感染到了，他派一名職員爬過大使館屋頂，到隔壁的國家飯店拿一面蘇聯國旗。這面國旗出現在陽台上的美國星條旗旁邊，再度引起群衆發出認同的歡呼聲。群衆這次不顧警察與黨工的告誡，衝過路障來到大樓前方。

有點意外的，肯楠突然產生一股想發表演說的衝動，他從大樓出來，爬到大使館一根大柱子的杜腳上。「恭喜勝利日，」他用俄語大喊，「所有光榮都歸盟邦蘇聯！」群衆爆出贊同的呼喊聲，將一名蘇聯士兵抬到杜腳上，他親吻一名受驚嚇的美國中士，然後將他推向底下一隻隻高舉的友好之手。此時肯楠逃回大樓裡。

不過你或許會預料到，肯楠找到了用憂鬱來沖淡喜悅的理由。「這樣是不是很棒？」當他和一名支持蘇聯的英國記者從二樓窗戶看著持續不散的慶祝人潮，對方這麼問。再次感受到自己無可救藥的疏離感，肯楠回答，的確是，不過他也因此覺得哀傷。世界上充滿了各種問題，和平不可能是這些人夢想中的那樣。這名記者後來報導，這位孤獨的美國外交官的結論是：「他們認爲戰爭已經結束，可是其實它才正要開始。」不過肯楠否認他說過這句話。

身爲代理大使，肯楠有權將已經被束之高閣的想法主動寫成備忘錄，歸入大使的檔案。哈里曼在四月中旬一離開，他立刻寫了大量的書信。

令他感到苦惱的主要是波蘭。某個程度上來說，他自己的態度並不一致。身爲最早提倡將世界分成不同現實勢力範圍的人之一，肯楠覺得至少在理論上，華盛頓應該鬆手不管蘇聯干涉東歐而造成的問題。可是堅決認爲應該對克里姆林宮採取強硬態度，本身又是長老教會衛道人士的後裔，他幾乎難以忍著不去挑戰蘇聯在波蘭的所作所爲。

他收到來自華盛頓的第一封越洋電報是杜魯門要給史達林的訊息，上面堅持波蘭的傀儡政府要重組。肯楠自作主張延後傳達這個訊息，而且在回覆的電報上建議華盛頓將內容再予以加強，因爲莫斯科已經和華沙政權簽了一項新的軍事協定。國務院回覆說，那封電報必須以「最緊急」的速度立刻轉達。

第二天，關於美國對紅軍把東德部份地區轉給波蘭政權的問題，肯楠將蘇聯副外交部長維辛斯基的回答傳給華盛頓。他忍不住附上自己的意見。「我希望指出，這些點全都無法實現。」他開始洋洋灑灑反駁，寫的內容長度是維辛斯基的說明的五倍。

國務院直接略過肯楠的分析，回信請他表達美國「歡迎」蘇聯的保證。肯楠很洩氣。在給老同事艾布里吉·杜布洛（Elbridge Durbrow）、後來又轉到蘇聯事務處的私人信函中，肯楠抗議說，「這項指示會令我執行起來相當苦惱。」他認為美國應該抗議。肯楠承認，就算這樣的動作不太可能改變什麼，可是也會「給俄國人上遲來的一課」。

副國務卿格魯終於給了肯楠許可。他應該忽略先前的指示，告訴維辛斯基美國無法將蘇聯的解釋與事實連結起來。肯楠顯然很樂意報告說，維辛斯基「對這次溝通明顯感到困窘」。然而，蘇聯並未改變他們的方向。肯楠過去曾經遭漠視，這也不是他第一次承認感到「相當苦惱」。不過，突然出現一位了總統眞的會看發自莫斯科的電報，而且對國務院的建議沒有偏見。研究過肯楠探討蘇聯動機的電報之後，杜魯門憂鬱地表示：「我太明白這封信上隱含的意義。」

★★★

「我必須盡快與您談一件高度機密的事，我認為這非常重要。」杜魯門知道他的作戰部長寫的這張字條代表什麼意義。羅斯福在過世前不久的一次拍照記者會上稍微提及原子彈，而在杜魯門宣誓就職，並小心翼翼地說到「一種破壞力幾乎難以想像的新型炸藥」時，史汀生很快就來追問杜魯門。第二天，南加州政治人物、前戰爭動員局（Office of War Mobilization）局長，也是杜魯門內定為國務卿的吉米·拜恩斯，又提供給他一些細節。他的科學顧問范內瓦爾·布希（Vannevar Bush）同樣提供了一些，不過當時耿直的海軍上將萊希（Admiral Leahy）嗤之以鼻：「那枚炸彈絕對不會引爆，我是以炸藥專家的身分發言。」

事實上，杜魯門對於原子彈計畫的熟悉（或者不熟悉）要回溯到一九四四年三月，當時他參議院的軍事生產委員會開始視察一些看似花了很多錢但產出極少的神秘工廠。「我不能告訴你那是什麼，」史汀生告訴當時的杜魯門參議員，「不過它是世界歷史上最偉大的計畫。」杜魯門在回憶錄中回想自己告訴史汀生：「我相信你的話。」史汀生在自己的日記中記錄了一段比較不友善的過程。「他威脅我會有可怕的後果，」這位作戰部長在當時寫道，「我告訴他，我必須承擔那些後果的責任。杜魯門是個麻煩人物，一點也不重要。他口齒伶俐，行爲惡毒。」

當史汀生在四月二十五日中午抵達，也就是杜魯門與莫洛托夫攤牌之後兩天，他身上帶著一篇文章，談的是「人類史上所知最恐怖的武器」深遠的意涵。拜恩斯已經告訴杜魯門，那枚炸彈可能會讓美國在戰爭結束後掌握極大的優勢。可是史汀生對於歷史發展的興趣高於軍事發展。「世界目前的道德實踐狀態，」他說，「最後會受這樣的武器擺佈。換句話說，現代文明可能被完全摧毀。」

爲了符合這種「道德責任」，史汀生提議成立一個名爲過渡時期委員會（Interim Committee）的特別小組，探索這種新武器的含義。除了史汀生、拜恩斯與布希，這個小組及其科學成員還包括哈佛大學董事長詹姆斯・布萊恩特・柯南特（James Bryant Conant）、麻省理工學院董事長卡爾・康普頓（Karl Compton），以及研發原子彈的總科學家羅伯特・奧本海默（J. Robert Oppenheimer）等人。

過渡時期委員會很快便展開其包羅萬象的任務。不過這種可怕的新武器如此迫切，立即引發了某些超乎委員會專業與權限的外交問題。新武器能讓確保蘇聯加入對日戰爭的重要性下降多少？這種預計在七月中進行測試、威力難以估計的武器，其發展會影響杜魯門、邱吉爾與史達林預定會面的時間嗎？

還沒完全受到哈里曼那番警告言論所影響的史汀生相信，允許莫斯科在東歐擁有「有限的」安全勢力範圍可以避免美蘇對峙。儘管抱持自由人民與自由貿易的信念，這位老派的政治家覺得，強權在其境內有十足的理由維護他們的安全利益。美國已經根據門羅主義（Monroe Doctrine）在西半球建構這樣的一個體系。蘇聯在東歐也擁有相同的權利才合理。這樣的安排最終可能帶來一個唯有透過繁榮與安全才會出現的自由蘇聯社會。

在史汀生的同意下，麥克洛伊已經前往舊金山，主要是爲了確保新成立的聯合國不會竄奪華盛頓在西半球的安全特權。在闡述自己的世界觀時，史汀生與麥克洛伊都相當坦率而眞誠，甚至有點過分單純。兩人都不會有意識形態上的苦悶或地理政治的扭捏姿態。「有些美國人急著緊抓住誇大的門羅主義觀點，同時插手中歐出現的每個問題。」史汀生在出發前告訴麥克洛伊。他又補充說，美國與蘇聯各自的勢力範圍能夠「在沒有太多摩擦的情況下」並存。

自己在舊金山發現「蘇聯與美國對峙的氣氛愈來愈濃」時，麥克洛伊似乎有點驚訝。不過跟史汀生一樣，他覺得任何爭端都可以在「類似商業模式」、尊重彼此利益的基礎上來解決。「這是兩個明顯具有最強大政治與軍事力量的泱泱大國，」他在日記上寫道，「不難想見當它們成爲……兩個最大強權，它們應該會在競技場上繞一下，展現氣勢。」當下的挑戰是不跟氣量狹小、粗魯無禮的蘇聯一般見識，以智慧解決爭端。「目前的情況是自然的人性過程，」他判斷，「因此驚恐並沒有好處。」

在從舊金山撥出的電話中，麥克洛伊概述他所謂的「魚與熊掌同時兼得」策略：聯合國應該准許美國維持它爲了保護西半球而做區域性規劃，同時也允許它插手歐洲事務。「這個要求並不過分。」史汀生也贊同。不過俄國同樣必須獲准擁有某些勢力範圍。就在麥克洛伊於五月九日晚上搭機返回華盛頓之前，史汀生在電話中向他解釋：「這件事應該解決，我們才不會落入我過去所說的歐洲地方麻煩事。」麥克洛伊說他同意，史汀生又補充說：「俄國認爲它周圍那些國家非常有用，你不認爲它會放棄在那些地方單方行事的權利吧？」麥克洛伊回答，不，它不會。

當晚從舊金山搭另一架飛機返家的還有哈里曼與波倫。在途中，他們討論著美蘇關係的惡化，讓人有不祥的預感。即使他花了許多心力創造出目前的氛圍，哈里曼也開始擔心他的堅定政策被熱情擁戴得可能過了頭。在莫斯科，他和肯楠一直在抵擋一種搖擺的態勢；它如今似乎搖擺得太過火，不少人傾向通融蘇聯的要求，無論他們的要求有多大或行爲有多過分。由於新總統強烈傾向直率作風，哈里曼如今發現鐘擺盪到了另一邊，或許已經有點不祥了。肯楠後來也有這種感覺，不過那至少是兩年後的事。

哈里曼告訴波倫，恢復雙邊關係的最佳辦法是提早安排一場高峰會。他的用意並非引起對立，剛好相反。身為商人與外交官，哈里曼相信堅定、友善與手段全都是缺一不可的元素，其終極目標是達成彼此滿意的協議，而非阻礙它們。至少在將這件事列為其第一要務的哈里曼心中，這個過程的關鍵是私人外交，由能夠解決爭端的那些人進行面對面的會談。

波倫的看法介於史汀生與哈里曼的觀點之間。儘管強烈懷疑蘇聯的動機與策略，他還是接受了羅斯福的說法，對於莫斯科在東歐的正當安全利益必須做一些讓步。波倫曾經極力指責他的朋友肯楠鼓吹美國應該放棄任何合作的希望，不要介入將歐洲變成東西兩大敵對陣營的過程。不過他比較傾向默默接受有限的勢力範圍；後來他稱之為「開放性勢力範圍」，基本上同時符合蘇聯的安全需求以及美國推動政治與經濟自由的期望。

最能具體實現羅斯福路線的是健康欠佳的哈利．霍普金斯。波倫認為，與其提早舉行高峰會，請霍普金斯出使莫斯科一趟或許是讓美蘇關係恢復一點平衡的最佳方法。要對飛機上坐在他身邊的人提出這個想法，波倫有點猶豫。哈里曼領導政府內部反對羅斯福的安撫政策，而且他應該在莫斯科代表美國，告訴他這個構想可能是一種冒犯。可是當波倫試探性地提出他的建議，哈里曼卻「興奮不已」。

波倫與哈里曼不知道的是，杜魯門本身已經想了這件事一陣子，而且在羅斯福總統葬禮過後不久便向霍普金斯提過。不過霍普金斯顯然不太願意，至少在當時是如此，而杜魯門自己對這個想法也不太有把握。現在有待波倫和哈里曼將計畫付諸實行，並確保國務卿史泰提紐斯會同意。

★★★

從舊金山返回華盛頓的那一天，哈里曼與麥克洛伊和史汀生部長在五角大廈共進午餐。「非常機密地，」史汀生向哈里曼大使說明原子彈的相關消息。史汀生主張，這項新武器會使得蘇聯在東歐的行動較不具威脅。他試圖說服哈里曼，所以安排高峰會的事並不急迫，可以等到原子彈測試之後，美國手上擁有外交王牌再說。

然而，史汀生並不認同拜恩斯的看法，也就是原子彈可以成為與蘇聯攤牌時用來勒索的工具。相反地，他覺得讓他們在研發與控制原子彈上扮演一個角色，或許能引導他們在其他事情上進行合作。他認為，它可以是一項重要的談判籌碼，誘使莫斯科進入文明國家的陣營。他在骷髏會學到的一句格言是這麼說的，要贏得某人的信任，唯一的方法就是信任他。

撇開蘇聯人與骷髏會會員是否相似不談，史汀生在午餐上問哈里曼的關鍵問題是，是否有任何跡象顯示蘇聯已經準備開放他們的社會。史汀生表示，哈里曼的反應「令人沮喪」。哈里曼堅稱，自由主義的種子並不存在於俄國。

關於原子彈的消息並沒有改變哈里曼提早召開高峰會的心意，也沒有讓波蘭問題的急迫性稍顯舒緩。然而，它卻使得美國為了讓蘇聯支持對日戰爭應該做出什麼讓步的問題，增添了一個新的考量因素。他明白，原子彈使得紅軍參與的必要性下降。回到莫斯科之前，哈里曼想知道華盛頓是否依然認為值得付出這代價。「我試圖刺激國務院去思考停止要求蘇聯加入戰局，以及結束因此而為他們擔負的任何義務。」他後來回想說。

於是在五月十二日星期六的清晨，哈里曼、麥克洛伊、波倫、格魯以及佛瑞斯托齊聚國務院。哈里曼提出他的問題。鑑於莫斯科明顯違反在雅爾達的保證，也就是在解放後的歐洲會舉行自由選舉，美國為了讓紅軍參與對日戰爭而在雅爾達所做的讓步（包括滿洲港口的權利與庫頁島控制權），是不是應該重新檢討？對於蘇聯支持的需求有多麼急迫？「我們對史達林的行動，」他告訴在場所有人，「顯然會大大取決於急迫的程度。」

他們決定哈里曼與波倫應該寫一份備忘錄，正式提出這些問題，格羅則會將此寄給作戰部、國務院以及海軍部，請求他們正式回覆。他們寫出來的兩頁內容非常明確。不過它的重要性不在於與對日戰爭有關的狹隘問題；只要蘇聯願意，他們無疑會加入太平洋戰爭。這份備忘錄真正的重要性在於它會在接下來的星期一與星期二引發所有人的關注，讓大家正式討論美國對蘇政策方向的改變。

★★★

哈里曼從舊金山一抵達華盛頓，美國政府在援助蘇聯的問題上就遭遇重重阻礙。對英、蘇兩國的租借計畫原本應該隨著戰爭結束而終止，國會也已允諾將如此。可是德國在五月初投降之後短短幾天內，輸油管線突然停止供油，驚人的抗議聲浪隨之四起——尤其是來自蘇聯。他們認爲這樣的舉動是想要恫嚇他們的政治性威脅。

這場糾紛不盡然是哈里曼的錯。他長久以來都認爲援助蘇聯應該作爲一種制衡手段，可是也知道那只有在巧妙的操作下才能行得通。他建議租借計畫應該明快刪減時曾強調這一點，只有運往興建中工廠的貨物以及可能有助於遠東戰爭的物資可以例外。它也不盡然是杜魯門的錯。他幾乎沒有看到哈里曼與其他人已經同意、用字含糊不清的終止令。

包括哈里曼與杜魯門在內，幾乎所有人最後都將接踵而來的騷動怪在過度熱心的官僚頭上。他們下令，即使是已經啓航前往蘇聯港口的船隻也要立刻回頭，積極程度的確是比原本的預期來得高。哈里曼趕回白宮，想扭轉這種拙劣的處理手法。可是這個事件卻變成了一個具有象徵意義的里程碑，代表兩大強權之間的戰時合作畫下休止符。

對於他的顧問們在四月堅持提出的強硬說法，杜魯門也因此而感到愈來愈懷疑。杜魯門傾吐心事的對象中，有一位是他說話最溫和的老牌友約瑟夫．戴維斯。戴維斯將他在一九三〇年代擔任駐蘇聯大使的歷程寫成回憶錄，並命名爲《莫斯科任務》（*Mission to Moscow*），波倫與肯楠卻給它取了一個「歸順莫斯科」（Submission to Moscow）的封號。五月十三日，與菲力克斯．法蘭克福特爲了美蘇關係的方向苦惱一整個上午之後，戴維斯決定拿起電話，致電白宮。

他立刻受總統之邀一起喝波本酒，享用週日晚餐。總統請他不必擔憂，並將責任怪罪給國務院提供的「強硬」意見以及「該死的」報紙扭曲事實。戴維斯接著唸了一封他在前一天寫給杜魯門但未寄出的信。「我發現每當以大方及友好的態度與蘇聯接觸，他們的回應甚至會更大方。」他說，「『強硬』路線會引來迅速而尖銳的回應，而且比他們認爲有敵意的人『更加強硬』。」

「這是一個很艱難的責任，」杜魯門在討論結束時哀嘆，「而我是最不適合承擔它的人。」杜魯門可能是忘記了要派霍普金斯到莫斯科的念頭，或試圖予以暫緩，這時他向戴維斯建議，或許他可以出使莫斯科一趟。戴維斯對此猶豫不決。

他與戴維斯的對話並未造成政策臨時大轉彎，不過杜魯門的確變得更加懷疑所謂的哈里曼強硬路線。杜魯門對羅斯福的女兒承認，「強硬」政策始終是個錯誤，還提出一個藉口，聲稱「我所有的顧問」欺騙了他。這個說法有一部份只是杜魯門非常希望告訴聽者他認為他們想聽的話，可是也代表了他真的很憂慮。杜魯門不知道的是，哈里曼與波倫都擁有相同的擔憂。他們擔心華盛頓將務實的堅定態度與徹底的敵對態度混淆了：前者當然有正當理由，而後者只會帶來不良後果。這就是為什麼他們傾向派霍普金斯到莫斯科，以及希望杜魯門、邱吉爾與史達林的三方高峰會能夠盡快舉行，以共商波蘭與其他問題的解決方案。

當然，史汀生也傾向降低緊張氣氛，結果麥克洛伊也一樣。五月第三週的前幾天，主要的爭論點在於時機：美國在什麼時候會立於最佳的談判位置？

哈里曼與相關的強硬派人士傾向盡快開會。他們與邱吉爾都主張美國手上最好的武器就是出現在中歐的士兵，而他們當中有許多人不久就要復員返鄉。此外，隨著時間一週週過去，克里姆林宮對其佔領的地區也就掌握得愈緊。如同搭船在波多馬克河（Potomac）上航行時哈里曼告訴佛瑞斯托的話：「從現在起，我們在面臨外交決策時都必須意識到，歐洲有一半、甚或全部，到了明年冬天結束時可能都成為共產國家了。」

另一方面，史汀生則傾向於延後高峰會時間。他知道，最重要的因素是原子彈，而華盛頓要等到七月中才會知道它是不是有用。如今他眼前的任務是扭轉杜魯門的態度，認同他的看法：原子彈會是強有力的說服工具，而克里姆林宮如果知道自己有可能成為掌控它的伙伴，或許會因此向世界敞開大門。或許是順應總統最喜愛的消遣活動，相關人士在爭論美國什麼時候會擁有最佳優勢時，都開始以撲克牌的比喻來表示。

五月十三日，當戴維斯在白宮喝著波本酒時，史汀生則剛從他佔地廣大的長島莊園海侯德度完週末回來。

麥克洛伊在他抵達華盛頓時和他碰面，將哈里曼、波倫與格魯準備的問題交給他，也就是對日戰爭是否需要俄國的支持。如同史汀生部長當晚在他的日記中所表示：「這些問題的層次非常深，我認為它們與S-1有很大的關聯。」這個代號是作戰部取的，英國人稱它「合金管」（tube alloys），洛斯阿拉摩斯的科學家則稱為「小機件」（the gadget）。

思考一夜之後，史汀生認為，在新武器完成之前，強行決定與蘇聯有關的任何議題都是愚昧之舉。他在星期一打電話給麥克洛伊，討論另一件事。「我告訴他，現在是我們手上真正握有所有好牌的時候。」史汀生在他的日記中寫道，「我稱之為同花大順，這時候牌要怎麼打千萬不能輕忽。」他補充說，如今重要的是「不要陷入任何不必要的紛爭」。

史汀生與麥克洛伊在星期二早上與哈里曼、佛瑞斯托以及格魯見面。討論主題應該是俄國與對日戰爭，可是史汀生表示，他認為此刻回答這些問題「時機過早」，便將討論範圍擴大，納入舉行高峰會的時機。「或許有必要跟俄國好好談談，」他在日記中表示，「任何這類的討論，S-1機密都會是主角。」因此最好等到原子彈測試之後。「如果手上沒有王牌，用這麼大的賭注來賭博似乎是件很可怕的事。」

套句史汀生的話，結果這次討論是「相當火辣的一場會議」。哈里曼依舊對任何延期抱持懷疑態度，可是他同意將他返回莫斯科的日期延後，直到他們有更多時間考慮要採取什麼方向。

當天稍晚，哈里曼與波倫及格魯去見總統。哈里曼告訴杜魯門，他與他同樣擔心現在又急著去挑戰蘇聯，可能會造成無法彌補的裂痕。「我們與蘇聯之間關係的問題，是世界未來的頭號大問題。」哈里曼大使警告，「目前雙方是漸行漸遠。」他建議舉行一場高峰會，並極力主張將會議時間安排得早一點，以免屆時已有太多美國部隊撤離歐洲。「如果高峰會是在我們大多數部隊撤出歐洲之前舉行，」他提議，「成功的機會就會提高。」

杜魯門接著問波倫。總統說，蘇聯目前的印象是美國與英國正在「聯手對付」他們。如果杜魯門答應邱吉爾的要求，在前往參加三方高峰會的途中造訪倫敦，是不是會使這種印象更加惡化？對波倫來說，這種想法是庸人自擾。「俄國人認為英國與美國非常親近是很符合邏輯的事。」他回答。杜魯門與邱吉爾在事前會面「可能正好相反，會產生有利的效果，讓史達林變得更為講理」。

隔天輪到史汀生。他告訴總統，重新部署歐洲的美軍部隊需要耗時許多個月，因此能「比我們著急的朋友所瞭解的，提供更多時間給您擬定必要的外交策略」。最重要的是，他認為任何高峰會的舉行時間與原子彈第一次測試如果同步，將會是一個優勢。「我們後續所掌握的好牌應該會比現在更多。」他說。

儘管有哈里曼與波倫所提出的意見，杜魯門依然唯恐形成英美聯合對抗俄國的印象。在完成新的預算案以及知道更多原子彈的進展之前，他也不願意離開華盛頓。最後他決定將高峰會時間延後到七月中旬，而且不理會邱吉爾想在中途與他私下會面的要求。

恐懼日益加深造成許多人驚慌討論，近乎歇斯底里地擔憂美蘇之間的緊張關係會導致最後的對決。隨著聯合國會議繼續爆發一連串爭論，外交政策協會（Foreign Policy Association）的薇拉・米雪兒・狄恩（Vera Micheles Dean）在一場廣為公開的演說中表示：「在那場會議上最令人焦慮的一項發展是，愈來愈多人相信美蘇之間的衝突變得愈來愈無可避免。」《時代》雜誌的說法相較之下顯得十分不含蓄。「上週在飽受經嚇的世人眼中，發生第三次世界大戰的可能性愈來愈高。」它報導，「有人將民主資本主義的美國與極權共產主義的俄國之間的戰爭視為『無法避免』，如今已不再是新聞。」

或許在華盛頓的核心權力圈當中，最憂鬱的人是副國務卿格魯。在國務院待了四十年，輔導過波倫、肯楠以及其他在里加受訓的蘇聯專家，如今因為杜魯門指定拜恩斯接任國務卿，他即將被撇在一邊。經過無法成眠的週五夜晚之後，這位挺拔的老派外交官在清晨五點來到他的書桌前，將心中的想法寫下來。一到了哈里曼和波倫醒來的時間，格魯就打電話給在前一週的辯論期間一直與他站在同一陣線的兩人，邀請他們過來聽聽他寫的東西。

格魯預測，即將結束的戰爭結果將只是極權獨裁與權力從德國與日本轉移到蘇聯而已，而後者在未來將與過去的軸心國一樣，對我們是一大威脅。他說，對蘇聯的誠意「不管存著什麼」信心，都具有毀滅性。「未來與蘇聯之間的戰爭，與世上任何可以確定的事一樣，都避免不了。」

波倫和哈里曼有許多擔憂與這位前輩相同。然而，絕望並非他們的風格。有一個問題有待解決，有一項平衡必須恢復，他們下定決心要完成。事實上就在那一天，他們讓霍普金斯出使莫斯科的計畫正式獲得通過。

即使在波倫與哈里曼提出建議之前，杜魯門就短暫考慮過讓霍普金斯前往莫斯科，但是要讓計畫得到成果，有必要由霍普金斯兩個門生進行敏感的穿梭外交，極力奔走。霍普金斯儘管依然因為罹癌而身體孱弱，可是當哈里曼與波倫造訪他喬治城的住家，在病榻旁開口提出這個構想時，他再也不會不願意承擔這趟任務。「雖然他的病情看起來嚴重到連起床走過N街（N Street）都有困難，」羅伯特・薛伍德報導，「僅僅是通知他可以搭飛機到莫斯科，就讓他變身為聽到警鈴聲的傳統救火快馬，頓時生龍活虎。」

霍普金斯說，他唯一擔心的是杜魯門可能不再支持。沒錯，總統的態度搖擺不定，對這個想法時而滿意、時而抗拒，有時又想尋找其他替代方案，例如改派戴維斯前往。哈里曼後來回憶，當他第一次向杜魯門建議派霍普金斯前往莫斯科，「他相當反對。」杜魯門總統最後在五月十九日決定同意，並在他的行事曆上草草寫下這項計畫「在與哈里曼先生討論之後」策劃了一段時間。他還寫到自己下的開拔令。「我告訴哈利，他可以使用外交辭令，也可以使用球棒，如果他認為那是對待史達林先生的適當方式的話。」

高明的調停者霍普金斯顯然偏好前一種方式，隔天哈里曼、波倫與佛瑞斯托來訪時他說的差不多也是這些話。「他認為有一件事非常重要，」佛瑞斯托寫道，「我們不要被操縱，陷入與英國同一陣線對抗俄國的處境。」

★★★

從巴黎飛往莫斯科的途中，他們往下看著一片焦黑的土地，痛苦地回想起要面對遭戰火蹂躪的世界有多困難，以及無法維持新和平的可怕後果。在這種心情下，霍普金斯、哈里曼與波倫來到克里姆林宮史達林偌大房間裡鋪著厚羊毛氈的桌旁，心中各自懷抱著不同程度的期望，盼美蘇合作能夠恢復。他們一連串表現出色的六場會議一路進行到六月初，代表的或許是挽救搖搖欲墜的結盟關係最後的奮力一搏。

霍普金斯向史達林強調，波蘭已經成爲一個「我們解決問題能力的象徵」。他並沒有試圖向這位獨裁者解釋，爲什麼一個自由獨立的波蘭對美國的理想很重要，而是提出有關安撫輿論的議題。一如往常，史達林對這個意見充耳不聞。可是當霍普金斯談到莫斯科的安全利益時，史達林便豎起了耳朵。霍普金斯承認，蘇聯有權利在其邊界上擁有「友好國家」，杜魯門也跟羅斯福同樣明白這一點。「這麼說的話，」史達林表示，「有關波蘭的問題我們很容易就能夠達成協議了。」

就像霍普金斯用象徵性的字眼來提出問題，史達林的讓步主要也是象徵性的。他提出哈里曼以前就曾聽過的個人保證，蘇聯的體制「不輸出」。他承諾，並沒有將其他國家集體化的打算。如果波蘭人想要議會政體，那就照他們的意思。他再次保證，米科拉依奇克還有另外大約四名非共黨人士可以加入新組成的華沙政權。

霍普金斯將這樣的解決方案擺在心中，決定徵詢一個人的意見，此人他只短暫見過，可是對方的公文急件卻相當知名。肯楠被召進史帕索大宅，讓這位充滿不安全感的外交官頗爲困惑。雖然他十分渴望表達自己的意見，可是卻也很遵從階級制度，擔心自己的魯莽會可能惹惱哈里曼。可是哈里曼大使對這種事並不以爲意，他似乎根本不放在心上。

肯楠長久以來始終認定，直接放棄整個毫無希望的波蘭問題對美國是最好的。「在這緊要關頭，我們絕對不會有自由波蘭這種東西。」他幾個星期之前就已經在一封長長的私人電報中告訴哈里曼，「如果我們加入俄國的行列，編造一些門面政府來遮掩秘密警察的控制，」他繼續說，「我們就會悄悄地獲得同意了。」

肯楠剛完成他的另一篇定期文章，名爲「俄國在對德戰爭結束後的國際地位」。這篇文章以肯楠常見的華麗文體寫成（文章開頭寫道：「和平宛如春天，終於翩然降臨俄國」），抨擊那些認爲與蘇聯合作是值得嚮往或可行之道的想法。它提倡應該「針對雙方重大利益的領域追求務實的理解」。

霍普金斯拿到肯楠文章的一份副本，可是在徵詢他對於如何處理當時出現的波蘭問題有何看法之前，並沒有先看過。霍普金斯問，肯楠認爲美國可以做得更好嗎？肯楠回答，不，他不認爲。那樣的話，他認爲華盛頓應該同意那些條件嗎？肯楠再度表示，他不認爲。

「那麼你認為那就是罪，」霍普金斯問，「我們應該反對？」

「可以這麼說。」肯楠回答。

「我尊重你的看法，」這位使節前輩說，「但是我無法接受。」

於是霍普金斯著手暫時處理（如果不是解決）波蘭問題，也就是美蘇關係的「試金石」。與其他任何議題相較起來，它是破壞兩大強權之間脆弱友誼的第一大殺手。哈里曼兩年來堅守民主與自決立場的努力儘管值得讚賞，卻也證實沒有效果，而在俄國守護其脆弱歐洲邊疆的慾望更加強烈時，或許還造成不良後果。史達林開出的空頭支票，包括自由選舉以及米科拉依奇克與其他非共黨人士在華沙可佔有一席之地，並沒有避免波蘭無情地落入蘇聯的勢力範圍裡，而是遭遇與東歐其他地區相同的命運。自由選舉根本沒有發生，而米科拉依奇克不久也展開流亡。

當霍普金斯問史達林，莫斯科是否會信守承諾，加入對日戰爭，史達林的回答顯得很不耐煩。「蘇聯一向言出必行。」巴甫洛夫（Pavlov）翻譯說。就在這段對話要繼續下去時，波倫插話。「我相信還有，巴甫洛夫。」他說。這位俄國翻譯才不甘願地含糊說出史達林後面加上的修飾語：「……除了極爲必要的情況以外。」

一如往常，這些會議都伴隨著蘇聯式的澎湃熱情。霍普金斯的夫人路易絲（Louise）令蘇聯最高統帥史達林著迷不已，當她無意中表達想帶一些禮物回家，隔天史帕索大宅前就停了一輛卡車，送來寶石以及狐狸和貂的毛皮。然而，她的丈夫斷然禁止她接受任何貴重的東西；她只留下一顆小小的烏拉山石頭，其餘全部退還。

哈里曼的內疚感則比較少。在某一場晚餐上播放新聞影片時，這位平常會打馬球的外交官稱讚銀幕上的其中一匹馬。為了炫耀，史達林宣布將那匹駿馬送給他。馬匹在不久之後送抵史帕索大宅時，還包括了另外一匹要送給凱撒琳的馬。這兩匹馬讓哈里曼父女得以懷念派駐在莫斯科的時光，牠們的晚年也在哈里曼的雅登莊園度過，奔騰於那裡的田野上。

肯楠與波倫都不相信迎合討好世界領袖是影響政策的方法。他們是專業的駐外辦事處官員，而就肯楠來說，他還算是個知識分子。可是哈里曼是商人，他和他的朋友——羅威特、麥克洛伊、艾奇遜，甚至是霍普金斯，都認為歷史是偉大人物的行動與決定，而非龐大力量必然發展的結果。他們的行事方式，尤其是哈里曼，便是與掌權者交涉。

曾在里加受訓的那些蘇聯專家對於文化的著迷，對哈里曼而言似乎不太恰當。他認為，讓他在克里姆林宮那些金碧輝煌的房間裡待上幾分鐘，歷史就可能改變。就像哈里曼的許多個人意見一樣，這個看法自私、偶爾虛幻——往往正確。在歷史力量的緊要關頭，在房間裡做決定的那些人足以左右歷史。哈里曼讓自己能夠進入那些房間。

「哈利的來訪甚至比我原先希望的還要成功。」他發電報給白宮，表達一種毫無來由的樂觀態度，認為華沙的臨時政府會對莫斯科「友好」，但最後並不會完全臣服。雖然長久以來一直努力想讓波蘭問題獲得重視，但哈里曼現在卻大膽指導總統有必要從蘇聯的角度來看整個狀況。「史達林的所有行為都顯示他是個現實主義者，」他解釋，「他很難理解為什麼我們想要插手蘇聯對波蘭這種國家的政策，而他又認為波蘭對俄國的安全十分重要，除非我們有某種不可告人的動機。」

然而，霍普金斯的任務雖然被認為成功，卻沒有解決勢力範圍政策可能要往何處去的問題。包括史汀生在內的樂觀者認為，如果華盛頓和莫斯科能夠坦白承認彼此的安全利益，就可以迎接一個全球和諧的新時代。以肯楠為代表的悲觀者則覺得，跟世界大部份地區一樣，歐洲走向分裂成兩個敵對陣營就是無可避免的一步這個歷程將需要美國支撐自己的勢力範圍，並遏制敵人的勢力範圍。

這時候，美國人意外地接受蘇聯在他們的地理區域之內自由行事的想法。回想起來，相信妥協可以帶來獨立的波蘭和自由選舉，似乎顯得天眞。史達林後來並沒有那麼仁慈，益發升高的東西方緊張情勢也讓蘇聯領導人認爲，他們必須嚴格控制其勢力範圍之內的國家。不過，當時任何解決惱人波蘭問題的方案，甚至是一種對抗最終的共產統治但後來卻顯得不堪一擊的防禦對策，對廣大美國人來說都是一種令人愉快的解脫，因爲他們誠摯地希望能避免與蘇聯對峙。霍普金斯任務結束之後，國務院進行的一項民意調查指出：「相當多人認爲有必要建立一個能夠與蘇聯和睦相處的波蘭政府，甚至是一個至少在某些部份屈從蘇聯的波蘭政府。」

事實上，杜魯門也持相同看法。他告訴一群報紙編輯：「我不希望與俄國爲了他們希望身邊有一群友好的人而失和。」此時棘手的波蘭問題已不是問題，眼看著又有機會拿一手「同花大順」的好牌，更讓杜魯門總統高興的是，史達林已經同意參加預定七月中旬在柏林市郊波茨坦（Potsdam）舉行的一場高峰會。就像哈里曼往往將蘇聯領導人視爲狡猾的商人，杜魯門則認爲他們是爲了私利操縱政黨活動的政客，等於是他在密蘇里州的前輩湯姆・彭德蓋斯老大☆（Boss Tom Pendergast）的共產黨版本。杜魯門總統學到，對他們必須態度強硬，不過有些時候，他認爲還是有可能維持一個可行的聯盟。「我不怕俄國，」他在他的日記中寫道，「他們一直以來都是我們的朋友，我看不出有任何原因他們不應該永遠都是。」

波倫根本沒那麼樂觀。在從莫斯科返國的途中，他又有一次與霍普金斯長談，情況與第一次類似。波倫說，蘇聯體制的本質會妨礙正常國際關係的發展，即便是與美國這般強大的國家也一樣。雖然其他人顯然都將他的任務視爲一次成功的出擊，但霍普金斯似乎第一次同意波倫的看法。

中途在德國暫時停留時，波倫也與盧修斯・克雷討論了這個情況；後者被派來監督德國佔領行動。克雷將軍提出史汀生的格言，要獲得蘇聯的信任，美國就必須信任他們。「我告訴克雷在幾個月之內，或者頂多一

☆譯註：湯姆・彭德蓋斯是當地的政治角頭，給勞工工作、幫助政治人物競選，自己也從中獲利。

年，他就會成為美國政府當中最大力反對蘇聯的官員之一。」波倫回想說，「任何一開始對蘇聯存有太多幻想的人，最後幻想都會徹底破滅。」

第十章　各分東西　德國分裂與原子彈

LINE DOWN THE MIDDLE
Splitting Germany and the atom

一九四五年四月，當約翰・麥克洛伊聽到羅斯福總統的死訊時，他剛結束在受盟軍佔領德國的旅程，於是便縮短行程。他對於親眼所見的「幾近無政府狀態」感到驚恐：城市完全被燒毀、大批飢童在街頭遊蕩、不時爆發流行病、貨幣與基本的物流系統皆無法幫助恢復基本的商業運作水準。基於他與這個國家的關係，還有他太太的血統，因此當個性睿智、說話通常十分謹慎的麥克洛伊告訴史汀生，那「應該是世界上發生過最悲慘的事情」，也就不足為奇了。

麥克洛伊與史汀生原本約定在四月二十四日要晉見總統，不過當杜魯門召見史汀生與其他人，想徵詢他們對他即將與莫洛托夫的會面有什麼意見，那場約定便臨時取消。結果，麥克洛伊在當週稍晚以書面呈遞自己的想法。當時他已經想出一個歷史性的類比。「中歐目前正發生經濟、社會與政治的完全大崩潰，嚴重程度在歷史上堪稱空前，唯有羅馬帝國瓦解差堪比擬。」他寫道。看過這份備忘錄之後，杜魯門派人去請麥克洛伊前來，想親耳聽聽他的見解。麥克洛伊向他報告，「如此災難般的景況」可能造成「大規模的真實飢荒」。

不到一年之後，許多人認為必須鞏固德國與西歐的實力，以對抗蘇聯的擴張。然而，在他於一九四五年四月交給總統的備忘錄當中，麥克洛伊卻強調合作。「我們必須與俄國人建立一種務實的關係。」他表示。在日記中，麥克洛伊總結當時他與史汀生進行的一番談話：「我們與俄國之間的地理情勢，以及我們在世界上的位置，都讓兩國十分有可能和平共處，沒有戰爭。」

不過這兩位出身華爾街的律師有一個共同的看法，那也是在第一次與第二次世界大戰之後相當普遍的意見，亦即經濟的不穩定為布爾什維克主義的擴張提供了肥沃土壤。史汀生在五月告訴杜魯門總統，重建德國的工業很重要，因為歐洲的經濟慘況「之後緊接而來很可能是政治革命以及共黨滲透」。麥克洛伊回憶，他和史汀生對這種主張為人所接受的程度感到印象深刻。「提到蘇聯的威脅時，人們都會全神貫注傾聽。」他後來說。這件事給他上了寶貴的一課：要確保一個觀點受人注目，有一個辦法就是將它與抵抗共產主義擴散扯上關係。如何對待德國的爭論還沒有陷入東、西對決，部份原因是各國官方還在思考會有聯合佔領的問題，亦即美、英、蘇在一個未統一的德國政府中合作。在政策決定者開始接受歐洲必然分裂、德國也可能分成兩個競爭集團之前，幾乎沒有什麼理由去強調對蘇聯擴張主義的擔憂是決定西方佔領區域是否重新工業化的一個因素。

★★★

喬治·肯楠是少數預見到歐洲會分裂成東、西兩大敵對戰營的人之一。哈里曼返美宣揚強硬政策時，肯楠在駐莫斯科大使館坐鎮，並不斷警告國務院，美國本身必須致力於重建德國以及在西方控制之下的歐洲其他地區，準備迎接將來與蘇聯集團的競爭。

肯楠對德國的看法有點奇特。例如，在針對某些國務院政策方案所主動提供的意見當中，他強烈反對「建立民主政府」這樣看似無害的建議。這位強硬的反理想主義者寫道：「德國有秩序與人道的政府唯一能獲得合理尊重的傳統，其實是來自於強勢君主政府的傳統。」

比較有說服力的是肯楠不斷強調的論點，那就是政策制定者必須面對歐洲不久便將出現兩個敵對陣營的可能性。「與俄國人聯合治理德國的想法是癡人說夢。」他在一篇文章中寫道，「我們別無選擇，只能帶領我們佔領的德國區域——我們與英國已經承擔起責任的地區——邁向一種十分繁榮、安全、優越的獨立狀態，讓東方陣營無法威脅。」在當時，這是一種頗為激進的構想。「無可否認，這是解體。」他承認。可是對肯楠來說，它反映了嚴峻的現實。「西方國家在分裂的德國至少能夠扮演面對極權主義力量時的緩衝，總比一個統一的德國再度將那些力量帶到北海來得好。」

儘管這個觀點一直要到即將來臨的波茨坦高峰會才被大多數的美國官員採納，不過有一位世界領袖大聲疾呼的警告與肯楠的看法相當接近。「俄國會發生什麼狀況？」溫斯頓・邱吉爾在五月發電報給杜魯門。這位英國首相第一次使用了一個後來相當知名的驚人譬喻，他繼續說：「他們前方立了一道鐵幕。我們不知道後面發生了什麼狀況……在此同時，我們各民族的注意力會集中在嚴重受創、滿目瘡痍的德國身上，這會在非常短的時間內為俄國人打開一扇大門，如果他們選擇北海與大西洋水域進攻的話。」

★★★

史汀生、麥克洛伊、肯楠以及其他人紛紛基於略有不同的理由，做出了相同的結論：德國（或至少是西方國家控制的部份）應該重建。與其將這個國家田園化，或讓它的居民挨餓，倒不如讓它成為世界貿易體系復甦後的關鍵要角，或許還可能成為對抗布爾什維克主義擴張的堡壘。如此一來，美國也不會被迫支付戰後和平所需的成本。受不少美國自由派人士支持的蘇聯領導人則另有想法。他們認為德國工業應該為了賠償而拆解，用來重建蘇聯與其他盟國的經濟。這個議題注定取代波蘭，成為美蘇摩擦的主要來源。

在雅爾達，各國曾經達成一個模糊不清的協議，大量的德國設備與未來生產要由勝利者接收。在蘇聯的堅持之下，美國接受將兩百億美元的數字作為「討論的基礎」，而其中一半會歸蘇聯所有。不過那是許多個星期之前的事，時間早在二月，在東歐問題看似無解、哈里曼從莫斯科帶來警告訊息之前。突然間，拆解魯爾的大型工廠、將其中一半打包運往俄國的構想，似乎不再是個好主意。

哈里曼與肯楠從莫斯科不斷向華盛頓提出各種理由，反對俄國對西方佔領的德國地區提出的賠償要求。哈里曼在四月初表示，美國應該遵守的「政策應該是以優先照顧我們的西方盟國和其他地區為責任，可能行有餘力才顧及俄國」。

讓哈里曼特別不高興的是，俄國人不等任何有關賠償的協議產生，「就已經毫不愧疚地忙著從德國移除他們認為對自己有好處的任何東西。」或許是因為一直在幫哈里曼撰寫電報，肯楠在哈里曼返美與新總統會面之後從莫斯科寄出的書信中，所運用的語言幾乎一模一樣。

杜魯門輕易地就被說服了。正當哈里曼在華盛頓巡視時，總統指定保守的石油商人、也是民主黨贊助者艾德溫·鮑萊（Edwin Pauley）擔任協商賠償事宜的美國代表。杜魯門表示，他是「一個可以跟莫洛托夫一樣強硬的人」。美國的目標已經不是犧牲德國來重建戰勝的盟國；如今的目標是堅定對抗蘇聯的要求。《美國新聞與世界報導》（*U.S. News & World Report*）指出，鮑萊的任命案是「這個國家對俄國的態度逐漸改變的證據」。

在華盛頓，有一個委員會負責撰寫給鮑萊的指示，羅伯特·羅威特接下委員會中的作戰部代表一職。一直主張德國應該「田園化」的財政部長亨利·摩根索想要盡快展開拆解德國工業的行動。羅威特認爲，延遲這類行動是避免大規模賠償的最佳途徑。他主張，在有關德國經濟及其可能方向的「完整調查」完成之前，不應該採取任何行動，調查結果出爐之後才能決定應該移走什麼設備。如此言之成理的作法，很難說其邏輯有何可議之處，連摩根索似乎都能接受。

肯楠很慢才知道自己的看法被接受，獲悉鮑萊在六月將與一批由三十個人組成的代表團前往莫斯科展開會談時，他表達了「痛心」。再一次，他拍發一封私人電報給哈里曼。肯楠主張，美國不必認眞看待莫斯科的要求，試圖將一個計畫量化，而是應該正視蘇聯會從他們自己的區域掠奪任何自己想要的東西這項事實。美國與英國應該從魯爾和其他西部地區運送多餘的設備給他們，以交換蘇聯願意交換的食物及產品。「到最後，就是一場精明算計的討價還價。」他預測，「我們打算從自己佔領的地區提供多少東西給俄國人？我們會要求什麼代價？」

哈里曼知道，鮑萊與其團員（其中不少人只是去湊熱鬧而已）一開始會送出價值一百億美元的設備，而這個數字的風險微乎其微。「鮑萊獲得的指示是堅定立場，」他從華盛頓發電報給他焦急的參事，「我並不擔心我們會屈服。」然而，哈里曼其實並未懷疑肯楠預測的正確性，也就是到頭來仍是一場精明算計的交易。幾乎每個美國政策制定者都還是相信，德國會維持分裂狀態，而盟國管制理事會☆（Allied Control Council）在施行任何經濟政策時均會以整個德國爲對象。

凱撒琳．哈里曼擔任招待整個龐大代表團的女主人，她父親和肯楠則始終緊盯著整個過程。鮑萊與其團員從六月底到七月初在莫斯科進行了一連串毫無成果的賠償會談。鮑萊立刻改變在雅爾達所提議的兩百億美元，而且事實上是根本完全拋開固定數字。他堅持以百分比來處理：無論從德國拿走多少東西，蘇聯都可以得到百分之五十五。不過他堅稱，任何東西是否可以移除，必須由每個區域的指揮官來決定。

由於美方逐漸認為德國應該獲得合理的生活水準，甚至是一些工業復甦，因此用美國的公式來計算，蘇聯能拿到的百分之五十五似乎很可能只有一點點。莫洛托夫有一次總算發現自己不得不退讓，他主張必須設定某個數字，否則百分比便沒有意義。如果給俄國一百億美元太高，他可以接受九十億美元，甚至八十億美元。可是鮑萊堅守立場。他願意讓一、兩個百分點，但是不會設定一個固定的總數。當盟國領導人在柏林市郊波茨坦舉行高峰會時，留給他們解決的只剩下這一個僵局——如果他們還能解決的話。

★★★

到了一九四五年六月十七日，經過十個星期的浴血奮戰，道格拉斯．麥克阿瑟將軍的部隊剛贏得沖繩島之役，那是位於硫磺島與日本本土之間的一座小島。約有四萬九千名美軍傷亡，四百艘船隻遭神風特攻隊擊中。在那個悶熱的星期天，哈利．杜魯門與幾名好友搭船在波多馬克河上航行，他不怎麼喜歡被他稱為「當家花旦先生，高級將領，五星麥克阿瑟」的那個男人。就像杜魯門總統在自己日記上寫的：「他比卡伯特家族（the Cabots）以及羅吉家族（the Lodges）的人還要糟糕——他們在指使上帝怎麼做之前，彼此至少還會講個幾句

☆譯註：盟國管制理事會是第二次世界大戰之後同盟國佔領德國時的最高軍事統治單位，成員包括美、英、蘇，以及後來加入的法國。

話☆。」然而，讓杜魯門更擔心的是一個無法再延宕下去的決定。「我必須決定對日戰略，」他寫道，「我們應該直接侵略日本，還是加以轟炸並封鎖？這是我到目前為止最困難的一項決定。但是等我掌握所有事實，我就會做出決定。」

同一個星期天，開了一整夜的會議之後，羅伯特．奧本海默完成了他最終版本、最高機密的「核子武器建議用途」。過渡時期委員會的民間委員與科學家已經做出決定並加以再度確認，在「盡可能最快的日期」轟炸日本，沒有警告，也不會企圖進行可能威脅那些高階將領、迫使其投降的試爆。

在五角大廈一個通風不良的房間裡，保羅．提貝茲上校（Colonel Paul Tibbets）正在研究地圖和空拍照片。他是第五〇九混合部隊（509th Composite Group）的指揮官，曾以母親的名字將他的B-29超級堡壘轟炸機（B-29 Superfortress）命名為愛諾拉蓋伊號（Enola Gay）。寇帝斯．李梅將軍（General Curtis LeMay）即將從關島飛過來，提貝茲準備展示他如何利用某些水道找到他在廣島的特定目標。

約翰．麥克洛伊在那個星期天也想到炸彈和日本。與太太的家人在海斯丁哈德遜度過一個週末，返回華盛頓之後，他接到史汀生的來電。史汀生部長想要討論總統安排在第二天進行的一場會議，主題與入侵日本本土的計畫有關。

「如果我們沒想到在不造成進一步傷亡的情況下結束戰爭的那種可能性，那麼腦袋就該去檢查一下。」麥克洛伊表示。他補充說，美國立於具有強大軍事優勢的有利位置。現在是修改無條件投降的條件，並提出讓日本保留其天皇的時候了。他補充說，這項訊息或許也可以納入一項明確的警告，表明美國已發展出一種破壞力

☆譯註：卡伯特家族以及羅吉家族都是屬於傳統波士頓上流社會的名門望族，這些家族最初搭乘五月花號來到波士頓，成為當地的文人雅士階級，具有獨特的高尚氣質與生活風格。這裡藉由他們來諷刺麥克阿瑟目中無人。

強大的新型原子武器，日本若是繼續掙扎，美國便會使用這種新武器。

在五月底的一場會議上，曾經擔任駐日大使的副國務卿格魯強力要求史汀生與麥克洛伊，向日本提出允許他們保留天皇的想法。可是，史汀生在當天的日記中稱爲「將支配整體情況的眞正主題」的炸彈議題卻沒有被提起，部份原因是格魯並不清楚這個秘密的全貌。格魯離開之後，麥克洛伊和馬歇爾討論炸彈可以如何運用。馬歇爾建議，第一個目標應該是一處海軍設施。「如果從中無法獲得完整的結果，」麥克洛伊在他的筆記中寫著，「他認爲我們應該指定一些大型的製造業區域，那裡的人們可以收到警告而離開。」

大家並不太清楚這枚原子彈有多麼特殊。事實上，史汀生曾經告訴過渡時期委員會，他「並不認爲它是一種新型武器，而是人與宇宙的關係的一項革命性變革」。其實史汀生的確是將原子彈視爲一種武器。連科學家都不完全瞭解它所釋放出來的輻射會有什麼效果，當然更沒有向史汀生或其他官員強調，有一種神秘的落塵可能會使得它成爲遠比毒氣或化學武器更邪惡許多的武器。最主要的是，杜魯門和他的顧問認爲他們所面對的是一種具有無比威力的炸彈——洛斯阿拉摩斯實驗室的魔法師羅伯特．奧本海默估計，它的爆炸威力相當於兩萬噸的TNT炸藥，比兩千架裝滿彈藥的傳統B-29轟炸機所具備的轟炸威力還要大——但是比起李梅將軍用來讓大半個東京陷入火海的大型燃燒彈突襲行動，在道德上不見得比較低劣。史汀生後來指出，原子彈「與現代戰爭中任何其他致命性的轟炸武器一樣正當」。

於是使用原子彈轟炸日本的計畫獲得了屬於自己的動力。從杜魯門與史汀生以降，美國的政策制定者都認爲，如果它能夠縮短戰爭，拯救美國子弟兵的性命，那麼不運用這種新武器在政治與道德上肯定都是錯誤的。在拜恩斯與奧本海默的鼓吹之下，過渡時期委員會做了明確的決定，認爲就這麼處理。不過，最高層的美國官員還有機會考量麥克洛伊向史汀生提出的議題。是不是應該先向日本提出政治性的解決方案？是不是應該對他們提出關於這種新武器的預警？

當麥克洛伊與史汀生在六月十七日討論這件事時，後者的主要考量是設法避免侵略日本本土。然而他的確告訴麥克洛伊，這些選項全都應該在隔天與總統會面時提出來。史汀生補充說，因為自己飽受偏頭痛之苦，麥克洛伊有可能必須獨撐大局。

那個晴朗的星期一，華盛頓洋溢著興奮之情：光榮返國的英雄德懷特．艾森豪在賓夕法尼亞大道（Pennsylvania Avenue）上遊行，受到華盛頓史上人數最多的群眾夾道歡迎。在杜魯門滿檔的下午行程當中——午餐與晚餐以及其他表揚艾森豪的儀式之間——擠進了討論對日戰略的會議。

儘管身體違和，史汀生那一天還是出門上班。他與麥克洛伊討論到惱人的通話盒，又和羅威特以及馬歇爾一同參加在五角大廈庭院為艾森豪舉行的晨間歡迎會。然而，史汀生部長仍然要麥克洛伊在當天下午參加與總統的會議，於是麥克洛伊與白宮的哈利．范恩☆（Harry Vaughan）聯繫，確定史汀生可以帶他前往。

在白宮的會議上，杜魯門向史汀生、佛瑞斯托以及參謀長聯席會議盤問進攻日本本土的計畫，麥克洛伊則退居二線，靜坐一旁。輪到史汀生時，他表達自己贊成那些戰略，但也補充說自己多少「還是希望透過其他方法達到一些成效」。

麥克洛伊很驚訝，史汀生完全沒有提到他們在前一天所談的任何選項。正當大家在收拾著自己的文件時，杜魯門注意到麥克洛伊似乎有心事。「麥克洛伊，你沒有發表意見。」總統說，「每個人都要起立發言才能離開這個房間。」麥克洛伊瞥了史汀生一眼。「有話儘管說。」史汀生部長鼓勵他。

「我認為您別無選擇。」麥克洛伊開始發言。他重覆前一天的對話，列舉政治解決方案的條件，其中之一是「我們允許他們選擇自己的政府形式，包括保留日本天皇在內」。

「嗯，這也是我最近一直在思考的。」杜魯門說。他要求麥克洛伊將自己的想法寫成書面報告。史汀生補充說：「我非常高興有人提出這個主題。」

☆譯註：哈利．范恩將軍是杜魯門執政期間的白宮武官。

可是麥克洛伊還有更多話要說。「我認爲如果針對炸彈給他們某種警告，我們的道德立場會更站得住腳。」他主張。多年後，他回憶那個場景：「我一提到『炸彈』這個字　原子彈，即便是在特定的那一小群人之間，還是頗爲震撼。你不能大聲地提到炸彈，那就像是在耶魯的上流社會提到骷髏會一樣。就是不能說出口。」

房間裡唯一的骷髏會會員史汀生以及在場的其他人，都不打算支持麥克洛伊。有人問他，如果原子彈無效，會發生什麼結果？麥克洛伊堅持，這個風險值得一試。接著他稍微做了點讓步：「如果不提到炸彈，至少用一般的說法提及它的威力有多大。」

杜魯門再次要求麥克洛伊針對這個主題寫一份備忘錄。「我們會好好研究。」總統保證。一段相關的折衝過程於焉展開，最後在經過多次重大的修正之後，產生了對日本政府喊話的《波茨坦宣言》。

★★★

接下來兩個星期，麥克洛伊、史汀生、格魯和佛瑞斯托通力合作，依據總統要求的原則，撰寫一份解決日本問題的提案。然而，他們的焦點並不在原子彈上。有一個原因是，極爲謹慎的麥克洛伊與史汀生對於那個秘密計畫不願意談太多，尤其是在代理國務卿、預計接替拜恩斯的格魯面前。此外，他們也覺得沒有特別必要急著避免使用原子彈；在他們心中，沒有理由讓這件事變成優先目標。提案中的主要議題是避免美國侵略日本本土，因此他們提出的宣言核心是讓日本人知道，他們如果投降就能保住天皇。

事實上，在麥克洛伊撰寫備忘錄到午夜之後，這四個人在六月底的一個星期二見面，他們依然認爲可能在投下原子彈之後發出「警告」。「我立刻提出，」史汀生在他的日記中寫道，「在日本可能被S-1有效重創之後，可以對它提出一個警告，試圖逼它投降。」他說，主要的優先事項是確定「每一項努力都是爲了縮短戰爭」。第二天，史汀生部長飛到他位於長島的莊園，留下麥克洛伊撰寫提案。

在六月十八日與總統的會議上，麥克洛伊雖然有意激發大家討論原子彈，以及使用它之前是否必須警告日本，可是當其他人無意跟進時，他也沒有繼續推動。事實上，就算是一開始質疑已經爲人所接受的想法，對他來說都想當罕見，尤其是針對道德面的部份。無論如何，麥克洛伊並沒有持續關注，或再度提起這件事。當史汀生在長島度假時，他忠心的助理部長開始在幕後有效塑造一種共識，而且並未挑戰國家的基本方向。

當週稍晚，麥克洛伊以急件將一個宣言提案的版本遞送給史汀生，他本人也在星期六抵達海侯德。宣言的草稿指出，戰後的日本政府「可以在現有朝代之下容納一個君主立憲政府」。然而麥克洛伊提出的「警告」中，或是隨提案附給總統的備忘錄裡，都沒有提及原子彈。原子彈第一次測試於訂在七月中旬，就在兩個星期之後，而提貝茲上校已經在天寧島（Tinian）上籌備八月初的一項任務。

再一次，這次略而不提有部份是因爲謹愼之故。知道S-1的人原本就極少，因此很難在一份可能廣爲流傳的文件經核准或發佈之前就提到它。結果，實際上沒有人決定這份宣言提案的確實目的。它的部份用意是避免使用一種可怕的新型武器嗎？這似乎是麥克洛伊在兩個星期之前所暗示的。或者，它只是意在防止一場入侵行動？如果是這樣，那麼投彈之後再發表可能更有效。由於這個秘密的重要性可想而知，因此關鍵議題——是否應該向日本提出明顯的警告，並在核子時代駭人的新武器首度上場之前給予他們一次投降機會——由過渡時期委員會決定，可是卻從未經過美國最高政策制定者的充分討論。

此宣言與原子彈之間模糊不清的關係，從史汀生隨著草案交給總統的一封私人信件中便可明顯看出來。「您會注意到，這份提案沒有明確觸及任何新武器的運用。」他表示，「當然，如果預計要發出警告，那麼它就必須進行改寫，以反映這種武器的效能；而如果要使用原子彈，肯定是要配合進行這件事。」史汀生並未解釋這種「配合」的明確性質。

然而，史汀生的確特別提出一件事。他沒有受邀到波茨坦。是因爲總統擔心他的健康嗎？杜魯門笑著回答說是，但是卻沒有立即提出邀請。史汀生在日記裡思考，他面臨了「從我到這裡以來所碰過最重大的兩個問題」，也就是「努力縮短對日戰爭」以及「建立新德國的基礎」。第二天晚上，他再度向總統提起這兩個議題，最後並提出另一項要求，希望能前往波茨坦並「帶著麥克洛伊一起去」。杜魯門簡單扼要地說了「好」，邀請他們同行。

★★★

艾佛瑞爾・哈里曼是最早抵達波茨坦，參加大同盟第三次、也是最後一次高峰會的人之一。他又一次對於自己是否受邀感到焦慮。「我相信總統和你希望我出席。」他在六月有點哀怨地發電報給史泰提紐斯。到了七月初，他還沒有收到回覆，而史泰提紐斯也不再是國務卿。哈里曼與詹姆斯・拜恩斯不熟，也不喜歡他所認識的那一面。於是他發了一封私人電報給奇普・波倫，請他把事情搞清楚，並特別指出英國駐莫斯科大使已經獲得邀請了。「如果你迅速回覆的話，我會十分感激。」他補充說。波倫在當天就發電報回覆表示，他已經向拜恩斯確認過，沒錯，他們非常歡迎哈里曼參加。

儘管霍普金斯已經促使雙方妥協，哈里曼明白還有棘手的波蘭問題有待解決。蘇聯已經拒絕撤銷他們將一小部份的德國轉移給波蘭的作法，這個舉動早在兩個月之前就造成肯楠痛哭。莫斯科認為它已經在戰時獲得同盟國同意，削減波蘭的一小部份，再將德國的一部份加到波蘭西邊疆界，進而讓波蘭往西「移動」。可是蘇聯在其他罪行之外又出現這種單方面強行改變邊界的舉動，導致德國賠償的計算方式更加複雜。

對於整個賠償的構想，哈里曼始終看不到太多合理性，或許頂多可以將它當成與莫斯科進行談判的籌碼。往柏林的那趟飛行甚至使他產生更多懷疑。從飛機上向外凝視慘遭戰火蹂躪的土地時，他突然因蘇聯大規模掠奪的跡象感到震撼。「親眼看到那種情形之後，」他回想說，「我認定雖然我們根本無法阻止俄國人從他們佔領的地區奪走他們想拿的東西，但是也不應該給他們西方佔領區的任何東西。」

七月十五日星期日，當麥克洛伊降落在波茨坦機場時，哈里曼在現場與他見面。其實哈里曼是去迎接總統的，他的飛機預計大約在相同時間抵達。他們兩人與蘇聯大使安德烈・葛羅米科（Andrei Gromyko）以及大批旁觀者，一起等待杜魯門抵達。

與總統同行的人當中，包括自覺多少遭到核心決策圈排拒的奇普・波倫在內。在撲克牌桌上，沒有人比得上波倫的高雅與魅力，可是他並沒有受邀加入重巡洋艦奧古斯塔號（Augusta）上晚間經常舉行的總統牌局。哈利・范恩、詹姆斯・瓦達曼（James K. Vardaman）、馬修・康納利（Matthew Connelly）、查理・羅斯（Charlie Ross）：這些牌友大多是密蘇里州人、彼此熟識的老粗，他們不盡然是波倫所欣賞的類型，反之亦然。在德黑蘭與雅爾達，波倫的正式職務主要應該是翻譯，可是實際上擔任的卻是顧問。在前往波茨坦的途中，他發現自己現在主要只是被當成翻譯來看待。

讓波倫感到最受排拒的人是吉米・拜恩斯，至少在剛開始時是如此。這位新任國務卿在擔任南卡羅萊納州參議員時有錢有勢，羅斯福曾經任命他為最高法院大法官，後來擔任戰爭動員局局長時實際上就等於是一位「助理總統」。可是在一九四四年，羅斯福卻略過了他，沒提名他擔任副總統。獲選的黑馬杜魯門後來原本答應提名拜恩斯擔任副總統；當杜魯門就任總統時，拜恩斯似乎一直擺脫不了登上大位的人應該是他的感覺。杜魯門也隱約覺得自己對拜恩斯有所虧欠。一方面不欣賞史泰提紐斯，又考慮到國務卿在憲法上是接任總統的第二順位人選，所以杜魯門很快就提供這個職位給拜恩斯。

七月就任國務卿之後，拜恩斯隨即告訴波倫，國務院不再需要一名與白宮溝通的「聯絡人」；此後拜恩斯自己負責所有與總統溝通的事宜。後來在他再度成為最高政策制定者之後，厚道的波倫漸漸認為拜恩斯友善而且「受到低估」，可是別人可沒這麼仁慈。「拜恩斯先生心思並不細膩，也不缺乏自信。」艾奇遜挖苦地表示；他自己只有後面這項特質。艾奇遜隨即決定辭職，而且只有升官才能讓他打消辭意。

同樣不高興的哈里曼也做了離開政府的打算。「我不喜歡自己和拜恩斯的關係。」不習慣聽命於國務卿的哈里曼大使回憶說。「拜恩斯認為身為自由派的哈里曼對他有成見，」同時認識兩人的赫伯特・費思☆（Herbert Feis）表示，「而哈里曼則認為拜恩斯堅決反對他進入最高核心決策圈。」真正的問題是這位新國務卿不太願意聽取他人意見。「他極少徵詢我的看法。」哈里曼抱怨道。

麥克洛伊指出拜恩斯並不支持他們所擬的對日宣言，對此感到不悅的史汀生，同樣也覺得自己受到排擠。「他給我的印象是，他在這場會議裡把事情都緊抓著不放，」史汀生在日記裡寫道，「而我通常都受人歡迎的助理部長則受到嚴格的限制。」多年以後，麥克洛伊和哈里曼依然記得，拜恩斯明白表示他們三個人所扮演的角色微乎其微之後，他們常坐在史汀生位於波茨坦的別墅外頭的情景。「拜恩斯把我趕出來。」哈里曼抱怨說。麥克洛伊心有戚戚焉：「實在很可悲。」

參加會議的代表團團員投宿在湖邊的一處灰泥房屋群裡，那裡曾經是德國電影工業的集中地。總統下榻的「小白宮」是一棟黃色的三層樓莊園，過去住過一位傑出的德國出版商，波倫與拜恩斯住在一樓。哈里曼下榻在同一條路上的一棟平房裡，隔壁是賠償協商者艾德溫．鮑萊，史汀生與麥克洛伊同住的「樸素不起眼」的房屋也在附近不遠。

每個人都同意，除了有蚊子之外，住宿環境相當舒適，不過那裡的氣氛卻困擾著這些美國代表。柏林位於紅軍佔領的德國區域內，如同波倫回想的，「大多數的警衛都是戴著綠色帽子、長著東方臉孔的蘇聯邊境部隊。」史汀生對於他們強制實行的嚴格管控尤其感到不快。「俄國人很清楚地讓我們知道，那是他們的地盤。」他一抵達就開始發牢騷。史汀生抱怨說，他們的衛兵在美國代表住宿區周圍嚴密巡邏，「我們只要一走出去就會被攔下來。」

另一方面，美國佔領區內的氣氛則顯得祥和而輕鬆，事實上甚至比起華盛頓更有過之而無不及。美國車隊一抵達，非正式的互動就開始了。哈里曼和麥克洛伊在午餐時討論波蘭的情勢，後來當天下午又和史汀生坐下來談遠東局勢。波倫與總統及兩名助理提早用晚餐，接著哈里曼和鮑萊又過來談補償的問題。

☆譯註：赫伯特．費思是美國作家，曾擔任國務院國際事務處的經濟顧問。他撰寫的一本關於波茨坦會議的著作曾榮獲普立茲獎。

有這樣的機會利用兩個多星期研討世界上的問題，美國代表團，尤其是沒有困在每日會議行程中的那些人，開始形成一項共識，而這項共識日後也成為美國在戰後世界所扮演角色的基礎。正當拜恩斯專心在波茨坦協商談判且頗為成功之際，麥克洛伊、史汀生及哈里曼也有時間思考一些更大的問題，包括其中最重要的一個：如何處理新的原子彈。

★★★

星期一早晨，當杜魯門與其他大部份的人正在等待遲到的史達林時，麥克洛伊與作戰部的同事哈維．邦迪一起與史汀生坐在他們別墅的花園裡，將他們的想法付諸文字。他們開始撰寫給總統的一份備忘錄，重申必須發出「給日本的警告」。麥克洛伊與史汀生當時認為，這份宣言絕對應該在使用原子彈之前提出，可是對於是否應該特別提到原子彈，依然猶豫不決。事實上，他們建議稍後或許可以再提出內容較明確的第二份宣言。「如果日本堅持下去，」他們寫道，「我們就應該施展新武器的所有力量，那麼當然也就應該發出更新、甚至更嚴重的警告。」

就在麥克洛伊與史汀生撰寫備忘錄的同時，有一群科學家和技術人員已經聚集在新墨西哥州阿拉莫戈多（Alamogordo）附近的一處偏遠沙漠，當地接近黎明時分。突然間，從遠處一座鋼塔的方向有一道藍綠色光柱射向天際，升騰成一團蘑菇狀火球，其溫度高達太陽表面溫度的一萬倍。即使在距離二十英里外的地方，它刺眼的光芒也亮得彷彿「中午出現了好幾個太陽」。從艾爾帕索（El Paso）、阿布奎基（Albuquerque）到聖塔菲（Santa Fe）都看得見☆，一百二十五英里以外甚至有一扇窗戶因而破裂。

科學家先前預測熾烈燃燒的煙雲會高達一萬七千英尺，結果他們瞠目結舌地看著它衝入兩倍高度的副平流層（substratosphere）。有些科學家大跳吉格舞，根據《紐約時報》記者威廉．羅倫斯（William Laurence）的形容，「就

☆譯註：阿布奎基與聖塔菲都位於新墨西哥州，艾爾帕索則是接近新墨西哥州邊界的德州城市。

像在火祭上跳舞的原始人。」流亡的德國物理學家克勞斯・福克斯（Klaus Fuchs）獨自直挺挺地靜靜站在一旁。羅伯特・奧本海默想到印度教經典〈薄伽梵歌〉（Bhagavad-Gita）中有一段描寫毗濕奴（Vishnu）轉變成破壞化身的過程：「我成為死神，世界的破壞者。」其他人則只是低聲咕噥說：「我的天啊，成功了。」

「今天早晨進行作業，」那天晚上送到史汀生下榻別墅的加密訊息說道，「詳細分析報告尚未完成，不過結果看來令人滿意，而且超出預期。」麥克洛伊在他的日記中寫道：「部長高興得跳了起來，並急忙去告訴總統與吉米・拜恩斯這個消息。」第二天還有更多關於這個「高大」小男孩的消息：「從這裡到海侯德都能看見他眼中的光芒，我從這裡到我的農場都聽得見他的尖叫聲。」史汀生明白那代表什麼意義：兩百五十英里以外都看得見爆炸，它的轟隆巨響則傳了五十英里遠。

原子測試的消息明顯鼓舞了杜魯門總統在會議上的表現，讓他宛如拿了一手同花順好牌般篤定。麥克洛伊指出，取得洛斯阿拉摩斯實驗室的報告之後，杜魯門和邱吉爾前往下一場會議時「就像身上藏了一顆大紅蘋果的小男孩」。然而對麥克洛伊來說，這種情況充滿了他常說的「無法估量的因素」。「我希望它不是在預告現代文明毀滅的開端。」他在日記中寫道，「在這種毀滅的氣氛以及人類與其領導者的麻木不仁之下，整件事情顯得很不祥。」

到了那個星期結束時，洛斯阿拉摩斯的完整報告已經以急件送到波茨坦。華盛頓提出最後一項要求：「病患進步快速，將準備好在八月第一個適當時機進行最後的手術。複雜的準備工作進行得十分迅速，如果計畫有任何改變，最晚應該在七月二十五日得知。」

★★★

會議第一週的星期四，當麥克洛伊、邦迪以及史汀生坐下來討論原子彈與蘇聯的問題時，中午的熱氣已經逐漸開始消退。他們討論的焦點並非是否應該投下原子彈。過渡時期委員會已經決定這種武器準備妥當之後就該使用；由於沒有明確決定替代方案，這個過程已蓄勢待發。史汀生將焦點放在下一個階段：一旦戰爭結束，美國與蘇聯亟須設法控制這種新型的原子怪物。

史汀生依舊相信對蘇聯的信任可以是雙向的。可是哈里曼令人沮喪的報告，以及他親眼所見俄國鎮壓的證據，都開始讓他擔心。「雖然俄國士兵與美國士兵在見面時似乎都喜歡對方，」他在日記中寫道，「必須與俄國官員交涉的人卻有不同的感受。」

在史汀生看來，東西方在原子武器合作上的基本障礙是，「一個體制上依賴言論自由以及所有自由元素的國家，就像我們，無法確定能夠與一個言論受嚴格控制，且政府採用秘密警察鐵腕手段的國家長期和平共處。」史汀生覺得，不可能與一個依賴鎮壓警察手段的國家共享原子武器的控制權。可是美國原子研究的「最初期」在結合了克里姆林宮的「參與慾望」之後，或許可以用來當成一種手段，迫使俄國社會的壓迫本質產生基本的變化。

麥克洛伊往往認為史汀生有一點天眞。他自己的評估是，與俄國人相處會很困難；他們的觀點與美國人十分不同。可是他並不確定關於蘇聯的自由這種抽象的擔憂是否就是問題的核心。「就我個人來看，」他表示，「我認為他們有自己的政治信仰，我們有我們的。」

然而他們兩人都同意，與俄國形成一種穩定關係有其必要。「我們絕對不可以接受目前的狀況是永久性的，」當晚他們在備忘錄上寫道，「否則結果將幾乎必然是一場新的戰爭。」基於保密考量，他們在提及原子彈時相當愼重。「上述的情況與控制重大革命性的——有密切的關係。」

第二天下午，史汀生與麥克洛伊邀請哈里曼過來看看他們最新的文章。他們以前已經討論過同一個題目許多次，最近一次是在五月，當時哈里曼堅持，要解放蘇聯內部體制，能夠做的非常少。這次他又提出這個主張。哈里曼大使同意，他們觸及了問題的核心，可是他並不認為拿核子伙伴關係來吸引蘇聯，就會導致他們改變自己漠視自由的情形。哈里曼說，俄國人與我們不一樣，原因不只是他們的金錢或自由比較少。

哈里曼特地在史達林一抵達之後就去見他。哈里曼禮貌性地表示，打了四年的慘烈戰役之後，來到柏林一定感覺很高興。這位獨裁者猶豫了一下，想到其他俄國帝國主義者曾經往更西邊挺進，便回答：「沙皇亞歷山大前進到巴黎。」重述這個故事時，哈里曼評論道：「不需要什麼高人智慧也猜得出來他心中在想什麼。」

哈里曼告訴史汀生，雙方或許可以維持一段可行的關係，但是它所需要的是堅定的立場，而不是如夢幻般不切實際的互信。「如今他在俄國已經待了將近四年，對情況顯然愈發感到沮喪與困擾。」史汀生在他的日記中寫道，「我跟他針對這件事談了很久，鑑於他如此聰明能幹，他有這麼絕望的看法令我感到十分憂慮。」

第二個星期一開始，他們繼續討論，哈里曼向史汀生與麥克洛伊提到原子測試成功的報告引發「愈來愈強的歡喜之情」。可是蘇聯再也不溫和了，他們不但堅持在波蘭邊界爭議以及承認東歐附庸政府上我行我素，還不斷催促在土耳其設立基地。對歷史深具興趣的麥克洛伊完全瞭解這種要求在策略上所具有的威脅性，他決心反對到底。

當史汀生帶著他關於原子彈控制的備忘錄給杜魯門看時，他發現總統大致上是支持的。不過當時杜魯門十分滿意他手上那張強而有力的新王牌。史達林的要求愈來愈多。史汀生指出，杜魯門「告訴我，美國要堅定立場，他顯然相當依賴有關S-1的資訊」。

麥克洛伊與史汀生深深覺得，杜魯門應該在使用原子彈之前就告訴史達林這件事，畢竟他表面上還是盟友。出其不意恐怕會破壞未來原子合作的任何機會。經過多次來來回回討論，過渡時期委員會也建議採取這樣的作法。

杜魯門贊同，可是他打算走輕鬆路線。他決心降低這項資訊的重要性，避免被迫洩漏任何細節。在七月二十四日當天會議的末尾，杜魯門信步走向史達林。通常都跟在他身邊負責翻譯的波倫奉命與他保持距離，由巴甫洛夫來翻譯。「他不要讓人覺得好像有什麼特別重大的事。」波倫回憶說。

杜魯門表示，美國已經研發出「一種破壞力異常驚人的新型武器」，但刻意避免提及原子彈。波倫從房間的另一端仔細觀察史達林的表情。身為撲克牌玩家，他和總統驚訝於俄國人能夠表現得一派輕鬆。波倫其實並不確定史達林是不是完全瞭解杜魯門告訴他的事情。「他只說，」杜魯門後來表示，「他很高興聽到這件事，希望我們會好好運用它來對抗日本。」

使他顯得如此自鳴得意的，不只是老布爾什維克分子的冷酷風格。美國人不知道的是，單獨默默觀察著阿拉莫戈多測試的物理學家克勞斯．福克斯已經七度將原子彈作業的詳細情報提供給莫斯科。麥克洛伊與史汀生如此盡心盡力保守秘密，努力防止是否及如何使用原子彈的訊息洩漏出去，結果卻完全沒有瞞過蘇聯。美國願意分享原子彈的控制權，盼能鼓勵蘇聯更加開放、更合作，但是福克斯的背叛行徑也顯示這個期望恐怕要落空了。如同蘇聯指揮官格奧爾基．朱可夫元帥（Marshal Georgi Zhukov）後來在他的回憶錄中所透露的，史達林在當天拍發了一封電報回莫斯科，下令在俄國研發那項武器的人加快腳步。

★★★

遊走在柏林滿目瘡痍的街道上時，麥克洛伊看見極度艱困的重建挑戰。希特勒在舊奧運體育場的包廂已被炸毀，麥克洛伊還是個年輕熱血律師時，曾經在黑湯姆案協商期間和太太艾倫坐在裡面。街上到處都是赤腳的生還者，漫無目的地走著，婦女在瓦礫堆裡挑撿東西，蒼白的男子聚在一起交換粗劣的物品。有一次搭車，路上有一匹死馬。回程途中，他看到婦女和兒童徒手一點一點地撕扯著那匹馬的肉。「那是個令人十分難過的景象，顯示出人類的瘋狂性格。」他如此描述柏林，「這些人的未來十分悲慘，我還是會繼續同情他們。」

麥克洛伊與一位美國將軍共同說服大使館附近一名看守希特勒碉堡的哨兵，讓他們參觀神秘的碉堡內部。他們拿著手電筒，經過防毒面具和氧氣筒，來到希特勒的書房以及伊娃．布勞恩☆（Eva Braun）「壯觀」的臥房。兩名憲兵奉將軍之命，從布勞恩的房間搬出一張椅子，贈送給麥克洛伊。「我覺得自己好像搶匪。」他在自己的日記中寫道。不過將軍也帶走另外兩張椅子，麥克洛伊找到了藉口：「我覺得沒那麼內疚了。」

☆譯註：伊娃．布勞恩是希特勒的長期女友，兩人在死前才結婚。

有一次，麥克洛伊看著一名年輕的德國女子試圖將一些布賣給「一個體型豐滿的俄國女兵」。兩人都聽不懂對方說的話，不過俄國女兵顯然想買那些布，麥克洛伊表示，「德國女子不知道討價還價時應該多強硬，因為她擔心對方如果生氣，會直接把布搶走。」

麥克洛伊漸漸認為，美國必須更積極為自己的理想增添活力。他在日記中寫道：「俄國人儘管是以最完整的形式實行極權主義（甚至在我們自己的媒體上撇清！），但事實上卻儼然一副『民主主義者』的模樣。」反對共產主義不見得需要對峙；美國能夠以身作則，採取積極參與國際經濟的政策而取得優勢。「我們如果無法妥善建立自己的體制，」他表示，「相形之下就是協助創造一個俄國路線最具優勢的真空世界。」

麥克洛伊之所以提議重建德國，主要動機是希望幫助這個國家，至少一開始是如此。然而，他與史汀生已經開始瞭解到，如果他們的想法與阻擋蘇聯擴張的目標連結，就會獲得更多注意。漸漸地，兩年之後在馬歇爾計畫中獲得成果的那些構想，便開始從西方世界的策略利益來作為出發點。

在波茨坦的第一天，麥克洛伊協助史汀生草擬一份備忘錄，主張摧毀德國工業可能造成「渲染效應，也許會徹底破壞我們在歐洲鼓吹民主思想與實踐的希望」。一個星期之後，他們力促「採取一項完整協調的計畫，以利歐洲整體的經濟復甦」。他們強調，惡劣的環境條件只會引發革命。另一方面，「經濟穩定的歐洲加上它給自由思想的刺激，是我們希望獲得的安全與和平的最大保障之一。」

當然，這種觀點造成麥克洛伊與史汀生強烈反對在賠償議題上讓步。「俄國對於在德國東部爭取戰利品的政策是充滿東方色彩的。」他們聲稱，「它必然會迫使我們讓德國西部的經濟與柏林維持密切合作。」在他和克雷將軍與總統共進晚餐時，麥克洛伊提出自己的想法，認為蘇聯的舉動可能會迫使英、美兩國在自己佔領的區域採行不同的路線。這種說法對杜魯門而言並不新鮮，哈里曼與鮑萊也曾經提過，甚至更加強力鼓吹。

史汀生與麥克洛伊完成第二篇探討德國的文章之後的那個早晨，拜恩斯去見莫洛托夫，身邊只帶了波倫。波倫對於這位前參議員在參議院內的談判手段感到十分讚嘆。拜恩斯告訴蘇聯外交部長莫洛托夫，補償議題似乎無可避免會和波蘭邊界問題糾纏在一起。他提議，如果蘇聯不想在波蘭問題上讓步，或許最好的解決辦法是讓每一邊分別在各自的區域處理賠償問題。

接下來的整個星期，莫洛托夫一直催促美方提出生產設備的一個固定金額，尤其是魯爾工業區。可是拜恩斯拒絕。西方的指揮官會自行決定他們的區域內有什麼設備可以分出來，而蘇聯會得到一定的百分比。如果他們還要更多，可以用他們區域內的農產品進行交換。

到了會議尾聲，拜恩斯已經將所有方案整合成一個有條理的包裹計畫，讓最狡猾的多數黨領袖也會覺得很有面子。美國願意在波蘭邊界議題上讓步。至於蘇聯想要讓他們在東歐的友好政權獲得承認，雖然英國強烈反對，但是根據波倫的會議紀錄，拜恩斯說可以安排「他的英國與蘇聯朋友商討折衷方案」。至於莫斯科，它必須接受美國的賠償計畫。這三大元素整合成一個包裹；蘇聯必須全盤接受或放棄。美方人員已經準備返國。在沒有多少選擇的情況下，史達林接受了這項協議。

波茨坦的這項包裹協議徹底改變了戰後世界的面貌，遠超出當時參與國家的想像。當盟國軍隊在不到三個月以前抵達柏林時，人們還以為聯合掌控一個統一的德國會是長久和平的基石。然而，為了賠償目的而將德國分割成不同區域的決定，卻是邁向為其他相關經濟議題而分裂德國的第一步。

西方盟國會展開重建他們手中佔領區的計畫，蘇聯則連在波茨坦談妥以農產品交換工業賠償的有限協議都不願意或不能夠遵守。此外，克里姆林宮就像對波蘭問題的態度一樣，堅持他們要完全掌控那些區域。歐洲幾乎是勢不可擋地要被分割為彼此敵對、而非相互合作的集團。結果，美國將會發現自己面臨一項影響深遠的新承諾，要重建與保護已經在有意或無意間成為它新全球勢力範圍一部份的地區。

與大多數美國人一樣，麥克洛伊原本認定德國會被當成一個統一的國家。但是他很快就開始同意實際上的分裂。「這種情況，」他認為，「比起因為俄國人待在我們的佔領區域內，而讓美蘇雙方不斷產生懷疑和衝突的情況來得好。」他非常清楚箇中意涵。一聽到最後的結果之後，他在日記上寫道：「我們逐漸趨向要在德國中間畫出一條線。」

沒有一位政治人物能夠提出德國分裂以外的替代方案，這令麥克洛伊感到沮喪。「在討論當中，顯然沒有一個充滿智慧的想法出現。」他抱怨。哈里曼與波倫在會議接近尾聲時的一天晚上造訪他下榻的別墅，他對他們透露自己的絕望之情。他們一起觀賞以勃朗特姊妹☆為主人翁的電影《魂牽夢縈》（Devotion），並討論為何無法達成長久的互信互諒。在出發前往法蘭克福與慕尼黑視察之前，麥克洛伊寫下他在波茨坦的悲苦感受。「這個地方的悲情以及東西之間的衝突，」他寫道，「一直在你心中盤旋不去。」

哈里曼向在會議結束前不請自來的佛瑞斯托透露自己的恐懼。「艾佛瑞爾對於俄國深入歐洲感到非常不安，」佛瑞斯托在自己的日記上寫道，「他說希特勒最大的罪行就是他的行動導致東歐的大門對亞洲敞開。」這位個性緊繃的海軍部長往往會將問題過度誇大，尤其是對於與俄國有關的事情。但即便如此，哈里曼的心情之沉重仍屬前所未見。

波倫也拋棄了他承襲自羅斯福的樂觀態度。他與在波茨坦協助翻譯工作、同樣身為蘇聯專家的朋友盧威林・湯普森一起搭機返美，討論到原子彈是否有助於讓莫斯科態度軟化。「在我們看來似乎很明顯，只要是在蘇聯軍隊所到之處，採高壓極權控制的蘇聯體制都會生根。」波倫回憶說，「我們認清了一個事實，除了危及國家安全的措施之外，蘇聯不會對任何事情做出回應。」

只有史汀生似乎不得不抱著情況會好轉的希望。離開德國的前一天，他第一次與史達林私下見面。他們兩國「沒有發生爭執的理由」，史汀生說，「他們的自然目標是一致的。」一如某些人的預期，史達林表示贊同。史汀生與他的年輕同事一樣對蘇聯的邪惡感到不滿。事實上，在深層道德的層次上，他或許是最真誠關注美蘇

☆譯註：指英國文壇著名的三姊妹，包括夏綠蒂・勃朗特（Charlotte Brontë）、艾蜜莉・勃朗特（Emily Brontë）以及安妮・勃朗特（Anne Brontë）。

體制之間明顯差異的人。但是在他的心中，還有一個逐漸浮現的新因素，影響力比所有意識形態差異和邊界紛爭都來得更大，其本身就應該能確保兩國從此沒有發生爭端的理由。

★★★

七月二十五日早晨，也就是史汀生離開會議的那一天，他批准了執行投下原子彈計畫的正式命令。杜魯門總統與他在波茨坦的政策制定者對這個議題並沒有經歷過痛苦的討論，甚至連一次最終的高層決策也沒有。就像史汀生後來所解釋的：「沒有人努力，也沒有人認眞思考只要投降、不要使用原子彈的方案。」回顧起來，至少當時很明顯還有其他方案。在華盛頓，羅威特正在準備他認爲可以終結戰爭的一項傳統策略。他雖然知道有原子彈，卻未參與是否該使用它的決策過程，也不認爲那有多麼重要。在他於六月底爲馬歇爾所準備的評估報告中，可以靠著「砲擊與封鎖」的綜合戰略來避免登陸日本本島。他的構想是「將日本本土轟炸得暗無天日」，並利用戰機投下水雷封鎖航運路線。那樣就會「擊潰他們，直到他們求和爲止」。

此外，莫斯科如果立即宣戰，便可能加速日本投降，排除投下原子彈的必要性。到了波茨坦會議的時候，美方從攔截的電報中得知，溫和的日本內閣閣員焦急地尋找能光榮結束戰爭的方法，也請求蘇聯擔任調停者。蘇聯領導人不斷重申他們在雅爾達所提出的送部隊進入滿洲以及對日宣戰的要求。杜魯門總統在公開場合以及寄給太太的信件中都表示，確保蘇聯提供協助是他在波茨坦的主要目標。當史達林在波茨坦再次申明紅軍到八月中旬會進攻時，杜魯門在日記中寫下：「到時候就能終結日軍了。」

不過，針對被佔領歐洲的激烈爭端，以及莫斯科在遠東的明顯意圖，都讓美國對於與俄國進行另一次軍事合作愈來愈失去興趣。既然德國必定分裂的態勢明顯，而蘇聯佔領區域與西方佔領區域將是競爭而非合作關係，聯合佔領日本的可能性看來是站不住腳了。隨著波蘭的情勢日漸明朗，只要是紅軍進駐的地區便難以擺脫克里姆林宮的掌控。

阿拉莫戈多測試的最終結果更進一步降低了美國尋求蘇聯協助的渴望。拜恩斯在他的回憶錄中寫道：「獲悉測試成功的消息之後，總統和我都不急著讓他們加入戰局。」史汀生似乎也贊同。「來自阿拉莫戈多的消息使得美國人清楚知道，」他後來寫道，「進一步透過外交上的努力，期使俄國加入太平洋戰爭，大致上沒有什麼意義。」有一天晚上，他和麥克洛伊與馬歇爾在他們的別墅討論這項議題。「馬歇爾覺得，」史汀生在日記裡這麼寫道，「如今有了新武器，我們征服日本就不需要蘇聯的協助了。」波倫後來主動補充自己的看法：「我們不應該讓自己處於哀求俄國人協助的立場。」

隨著會議即將結束，莫洛托夫要求美國「正式向蘇聯政府請求加入戰爭」。杜魯門反對。最後，美國寫了一封語意含糊的信，援引當時尚未經過核可的《聯合國憲章》（United Nations Charter）中關於蘇聯的義務。在哈里曼的堅持下，有關雅爾達會議中爲求蘇聯援助所做的讓步，美國與中華民國在最後有爭議細節的協商當中採取堅定的立場。

美國領導人並不是將蘇聯加入戰局視爲避免使用原子彈的一個途徑，他們似乎將原子彈當成避免尋求蘇聯援助的方法。他們拒絕讓蘇聯幫忙結束對日戰爭的意願，比拒絕使用原子彈的意願還要強烈。

下令執行使用原子彈計畫之後的第一天，杜魯門提出史汀生和麥克洛伊撰寫了超過一個月的對日宣言。可是杜魯門沒有聽採納兩人的建言，而是同意參謀長聯席會議的看法，不應該直接提出要保留天皇，以免呈現任何示弱的跡象。

更重要的是，宣言中沒有加上最後通牒是與即將使用原子彈有關的警告。過渡時期委員會於六月提出建議之後，這個議題又再一次沒有經過最高層官員的充分討論。史汀生和其他人認爲，日本軍國主義者想必對神秘的新原子武器一無所悉，因此不會理睬任何相關的警告，除非可以安排令人信服的武器展示。然而過渡時期委員會的科學顧問已經勉強做出結論表示，除非有一個眞正的轟炸目標，否則他們想不出還有什麼方法能夠那樣公開展示，而且令人信服地證明它的完整威力。何況，它也有可能是一枚無效的啞彈，那樣反而會刺激日本展開更猛烈的攻擊。

無論是否展示武器，提出明確的警告也會讓原子彈失去它最強而有力的特點之一：震撼性。史汀生表示，爲了讓日本投降，「必須出現無比震撼的效果。」他補充說，馬歇爾將軍「在他的主張中特別強調新武器的震撼性」。有些人建議美國如果對轟炸目標城市的居民提出原子彈威力的警告，在道德層面上比較說得過去，但軍方的主張並未顧及這種立場。如同一位將軍問一名擔憂的科學家：提出這種警告之後，你願意駕駛B-29轟炸機嗎？日本無疑會全力擊落那架飛機，而且他們還可能將大批的美軍囚犯送進潛在的轟炸目標地區。

結果，波茨坦宣言當中唯一關於原子彈的模糊線索是提到「難以估量、更大的」武力，以及一句結論「對付日本的替代方案是立即徹底摧毀」。這實在很難算得上是明確的警告。的確，連狄恩·艾奇遜都不知道它所指的是什麼。在華盛頓的國務院，他和阿契博德·麥克列許採取被視爲「自由派」的說法，力圖做最後的掙扎，反對這項宣言。艾奇遜後來有一次難得坦白，寫到他的反對「相當錯誤」，他說那麼做是因爲自己並不知道那是對美國原子武器的警告。「上面沒有提到這個，」他寫道，「我和世界上其他的人都不知道宣言的作者在說什麼。」

哈里曼在後來同樣也認爲那個最後通牒頂多只能算模糊。「有理由懷疑日本人瞭解那個可怕的替代方案，」他寫道，「暗示毀滅性武器比擊敗德國的武器『大得難以估量』，可能過於隱諱。」

不過，麥克洛伊和史汀生都不主張提出較明確的警告。事實上，麥克洛伊表示他很滿意最後的宣言內容，稱呼它是作戰部「眞正的成就」。即使在投下原子彈之後，麥克洛伊對於其中的用字遣詞也沒有疑慮，正好相反：他在自己的日記中將這份曾經被含糊地認爲是關於一種強大新武器的「警告」的文件記上一筆功勞，認爲日本那麼迅速投降與它不無關係。「當然，原子彈扮演了一個重要角色，」他補充說，「可是它是整個計畫的一部份，所有環節全都相互搭配。」

面對既沒提到天皇、也沒論及原子彈的最後通牒，日本政府表示會「默殺」（mokusatsu）它，大致上的意思是「置之不理」。儘管在政府溫和派的督促之下，日本天皇樂於授權媾和，可是軍國主義者似乎依然大權在握，而且有兩百多萬大軍正在進行部署，準備為了捍衛祖國奮戰到底。那天在天寧島上，一個重達三百英鎊、裝有濃縮鈾核心的鉛筒被搬到保羅．提貝茲上校的第五〇九混合部隊總部。

有些修正主義歷史學家（以及官方的蘇聯歷史學家）大膽表示，美國領導人不但願意使用原子彈、不想依靠蘇聯的協助，而且事實上更急著投下它，作為威脅蘇聯的手段，以期待它在東歐及其他議題上更順從。因此他們根本不希望日本投降，美國也就沒有機會展示它可怕的新軍事與外交武器。

這種詮釋只能算得上牽強。實際上，美國的動機並沒有那麼邪惡，可是也不是太有正面意義。打造那枚原子彈始終是一項艱難而且所費不貲的科學奇蹟。它提供了拯救人命（包括美國人與日本人的性命）以及結束燃燒彈轟炸的機會。它可能省去侵略日本本土的可怕行動，避免有必要與蘇聯組成新的軍事聯盟。如果突然決定放棄這種造價二十億美元的新武器，在政治上將很難自圓其說，在道德上或許更難。無論後續戰死沙場的士兵是四萬人，或一百萬人也罷，總統該如何向他們的家屬解釋這樣的決定？對於在波茨坦的美國高層官員而言，要讓避免使用原子彈成為美國政策的主要目標，似乎沒有令人信服的充分理由。「我將這種原子彈視為一項軍事武器，」杜魯門在他的回憶錄中寫道，「從來就沒有懷疑過應該使用它。」

即使一度擔心釋出這樣的新武器會造成歷史性的衝擊，麥克洛伊和史汀生就是覺得沒有非常必要去重新檢視最後下令使用原子彈的一連串決定。整個過程自有其動力，沒有人認為非得要在最後一刻退縮，重新思考無法估量的因素，也沒有人覺得必須去懷疑人類即將因此進入什麼樣的新時代。如同史汀生一年半之後在一篇文章中所解釋的：「在我們這種職位、擔負我們這些責任的人，如果手上握有可能結束戰爭、拯救人命的這種武器卻不使用，事後將沒有一位能夠面對自己的國人同胞。」

第十一章 光芒刺眼的黎明 原子時代的外交

HE BLINGING DAWN

Diplomacy in an atomic age

沉重的B-29超級堡壘轟炸機轟隆隆向著日本飛行已經將近五個小時，此時對講機傳來隊長保羅・提貝茲上校的聲音。他說「我們機上運載著全世界第一枚原子彈。」。副駕駛羅伯特・路易斯（Robert Lewis）輕輕吹了一聲口哨，幾名隊員倒抽了一口氣。他們已經聽過簡報，知道他們所攜帶的武器具有多麼可怕的威力，不過這是第一次在飛機上有這麼多人聽到「原子」這個字眼。那是日本時間一九四五年八月六日，剛過上午八點，提貝茲下令：「戴上護目鏡。」

接著出現了一道極爲明亮的閃光，有那麼一刻甚至照亮了整架飛機。機尾射擊手現身，他對著通話記錄器說，看起來好像「遠方某個行星的光環脫離了它，向著我們這邊過來」。提貝茲以無線電向基地回報：「可見目標遭轟炸，結果良好。」副駕駛路易斯比較克制不住情緒。「你看！你看！」他大喊，一邊搥打提貝茲的肩膀。「我的天啊，看看炸彈的威力！」可是當他準備寫飛行日誌，記錄他們的成果時，路易斯腦中想得到的字眼與阿拉莫戈多的科學家脫口而出的話一模一樣。「我的天啊，」他寫道，「我們到底做了什麼？」

在五角大廈，他們正在討論宣布攻擊行動的新聞稿上是否應該宣稱廣島已經完全遭摧毀。身爲作戰部航空助理部長的羅伯特・羅威特是負責做決策的文人，他建議謹慎爲宜。他提醒諸位將軍，他們已經不止一次宣稱摧毀柏林。「大約過了第三次，就變得相當尷尬。」他正經地表示。然而他們寫的消息很快便引起記者的注意。「那是一枚原子彈，」聲明上表示，「它運用的是宇宙的基本力量。」

在羅馬，有一名將軍聽到消息便立刻提出問題：「這有表面上看起來那麼厲害嗎？」「沒錯，」約翰・麥克洛伊回答；當時他正在從波茨坦返國的途中進行視察。「它比你所想過的任何東西還要大。」當晚在華盛頓，狄恩・艾奇遜寫了一封信給他的一個女兒。「原子彈的消息是目前爲止最嚇人的，」他說，「如果不能成立某種由強權們共組的組織，我們就毫無指望了。」

慢慢地，人們試圖瞭解那個消息所代表的意義，宛如在刺眼的光亮中摸索前進。如同史汀生冷靜地宣稱：「這個世界改變了，該是認眞思考的時刻了。」

「人類歷史在昨天開啓了另一章，」漢森・鮑德溫☆（Hanson Baldwin）在《紐約時報》上寫道，「在這一章裡，詭異、奇怪、可怕的事物變得平庸而明顯可見。」《時代》雜誌在下一期裡推出一個新單元「原子時代」（The Atomic Age）。作家詹姆斯・艾吉（James Agee）受邀彙編封面故事。他寫道：

> 經歷過巨大創傷之後，人類在他們的所言所為當中，依然顯得困惑，而且表達得不太清楚，無論他們是軍人或科學家、偉大的政治家，抑或最單純的人。不過在他們腦中與心中的黑暗深處，有龐大的形式自行移動，悄悄地排列整隊：巨人試圖在混亂中開拓新局，然而這個時代的勝利已經像街頭的孩童吶喊聲般，真假難辯。隨著原子在人的掌控之下分裂，早已極度複雜化與分裂的人類無可避免地被帶入一個新時代，那個時代中的所有思想與事物都分裂——根本不受控制……
>
> 目前為止，在雅爾達與波茨坦所做與原子彈有關的所有決定，只是跨越在支流小溪上不重要的水堤。當原子彈劈開宇宙，揭露無盡驚奇的未來，它也揭露了最古老、最簡單、最普遍、最受忽視，以及最重要的事實：每個人永遠且首先必須為自己的靈魂負責……
>
> 上次的大震盪帶來蒸汽與電力，並隨之出現一個混亂與爭戰的年代。幽暗的民間神話裡保留著一則關於偉大進展的故事：普羅米修斯（Prometheus）得到了火，但付出的代價是肝臟被宙斯（Zeus）的有翼犬扯

☆譯註：漢森・鮑德溫長期在《紐約時報》擔任軍事編輯。

去☆。這個世界已經準備好往前踏出新的一步了嗎？它從來沒有準備好。事實上，它依然在摸索著蒸汽與電力時代的答案。

人類已經進入另一個千禧年的開端。如果人類堅強而誠實，想像原子時代可能的樣貌，是一件美好的事。但剛開始它卻是個奇怪的地方，充滿了詭異的象徵以及死亡的氣味。

★★★

八月九日，美國第二件、也是僅存的原子武器落在日本長崎的那一天，史達林傳喚哈里曼到克里姆林宮。事情發展得很快，日本隨時可能投降，而史達林想要在事前表達自己的意見。不過在哈里曼的指示之下，中國自從波茨坦會議結束之後便一直拖延與蘇聯領導人的對話。莫斯科認為加入戰局之後可以在中國得到的好處，相關細節還是沒有敲定。

史達林告訴哈里曼，蘇聯不願意繼續等待下去，因此已經宣戰。當時它的部隊正往日本佔領的滿洲移動。當然，這並不是哈里曼想聽到的，但他表面上必須假裝很高興，美國與蘇聯再一次結盟對抗共同的敵人。

史達林心中還牽掛著另一個話題，不過他刻意不流露出自己過於關注的心情。「他對於原子彈表現出很大的興趣，」哈里曼指出，「說那可能代表戰爭與侵略要結束了，不過必須善加保守這個秘密。」依舊在莫斯科為父親扮演女主人角色的凱撒琳在寄給姊姊的信中寫道：「爸爸剛剛帶消息回來，俄國與日本開戰了。不知道有多少人會認為原子彈是其中的原因。」

當日本在隔天晚上提出有意投降時，莫洛托夫將哈里曼召回克里姆林宮，討論投降條件的方案。陷於戰火的日本唯一要求的讓步是希望有權保留天皇。莫洛托夫表示，蘇聯很懷疑。他們的部隊仍繼續往滿洲前進，畢竟沒有理由勉強接受不完整的投降協定。

☆譯註：在希臘神話中，普羅米修斯偷了火給人類使用，宙斯便派野獸去吃他的肝以作為懲罰。

午夜過後，討論還在進行當中，肯楠帶著一項訊息闖進來。他聲稱，華盛頓想要立刻接受日本投降，並尋求莫斯科的同意。莫洛托夫答應他的政府會在隔天準備好做出回覆，哈里曼卻說那樣太遲了，必須在天亮之前做出決定。

在史帕索大宅等待了兩個小時之後，哈里曼被召回克里姆林宮，與莫洛托夫開一場黎明前的會議。蘇聯願意一起接受日本投降，可是他幫史達林帶來的訊息還有第二句話。上面說，盟國應該共同「達成一項協議」，決定應該由哪一位或哪些指揮官掌控佔領行動。

哈里曼很憤怒。他心想，俄國已經打仗整整兩天了，最高指揮官無疑會是麥克阿瑟將軍。即使蘇聯接受這個選擇，他們對這項決定應該也沒有權利表示意見。儘管沒有來自華盛頓的任何指示，他知道回應會是、或應該是什麼。「我代表我國政府拒絕。」哈里曼大使嚴肅地宣布。一個小時之後，莫洛托夫打電話回來說，史達林已經同意撤回共同決定應該由誰指揮佔領行動的要求。

多年後，麥克洛伊讚揚哈里曼親自處理這件事。麥克洛伊透露，他在沒有徵詢華盛頓的情況下便決定採取強硬立場是一件好事，因為美國十分渴望結束戰爭，原本蘇聯要求的任何事情幾乎都會接受。哈里曼後來回憶說，他始終堅定拒絕蘇聯的要求，「因為我知道那樣會導致俄國人對日本的未來擁有主導權。」

幾天晚上之後，當對日戰爭勝利日的最終宣告傳到史帕索大宅時，那裡為艾森豪將軍舉行了一場熱鬧的宴會。「宴會結束之後，」卡薩琳寫道，「我們花了好大一番力氣才將喝醉的蘇聯賓客送走。」

「我立刻就喜歡上了朱可夫元帥。」凱撒琳向她姊姊描述這件事時補充說。艾森豪的到訪令大眾激動的情緒傾瀉而出，讓哈里曼印象十分深刻。在一個足球比賽場上，當現場介紹盟軍兩大指揮官艾森豪與朱可夫時，歡呼聲之響亮「超越我聽過的任何聲音」，哈里曼如此形容。艾森豪是美蘇合作活生生的象徵，哈里曼感受到，就算領導人反應冷淡，可是民眾非常熱情地渴望它能延續下去。

這種精神感染了艾森豪，他向哈里曼擔保，他的朋友朱可夫（他都稱呼艾森豪「艾克」）會接替史達林的職位，並迎接一個友好關係的新時代。艾森豪解釋說，他和朱可夫不斷一起舉杯祈求和平。哈里曼大使感嘆，這種希望「不實際」。他發現，最不明白戰時合作的時代已經結束的就是軍方領導人。他知道，期望愈大，最終的幻滅也愈大。「就跟馬歇爾將軍一樣，」他後來寫道，「艾森豪很慢才瞭解共產黨在蘇聯制定政策時佔有多麼重要的地位。」

★★★

八月十二日，史汀生抵達奧薩博俱樂部的那天早晨，他開始打電話給在華盛頓的助理部長，談論原子控制的問題。醫生囑咐這位老上校必須好好休息，所以他才來到這個位於阿第倫達克山脈裡的私人度假中心；他和麥克洛伊在這裡都擁有避暑小屋。不過他心中一直想著原子彈，每天都會打電話跟麥克洛伊談論它，說他不斷重新思考自己對蘇聯的看法。史汀生承認，我國的極權主義體制依舊令他反感，可是他已經開始贊同麥克洛伊的意見：必須先與克里姆林宮在控制原子武器上合作，才能考慮到迫使那個政權解放其嚴格壓抑的社會。

最後，麥克洛伊飛到奧薩博俱樂部，協助撰寫控制原子彈的建議文。他們兩人都深深相信，華盛頓第一步應該向莫斯科釋出分享科學知識的善意。可是麥克洛伊帶到山上小屋的消息卻令人氣餒。麥克洛伊悲嘆，拜恩斯準備前往倫敦，與莫洛托夫以及其他盟國的外交部長召開第一次戰後會議，「希望將原子彈的潛在威脅當作談判籌碼。」

戰爭期間，麥克洛伊養成一星期工作七天的習慣，有許多次還工作到午夜以後。現在他覺得自己應該休假，希望和太太小孩在阿第倫達克山脈待上一段時間，在那裡釣魚。可是，他發現要享受一段平靜的假期並不容易。太太艾倫不小心在岩石上滑倒，有一條腿嚴重扭傷。此外，史汀生急著在拜恩斯前往倫敦之前完成他們的備忘錄。他們在勞動節之前的那個星期進行修潤，可是史汀生焦急的心情讓麥克洛伊無法和家人共同度過長週末。他被派回華盛頓向拜恩斯說明這項計畫，並通知他史汀生打算直接向總統提出。

那個星期天早上抵達國務卿辦公室時，麥克洛伊強調，他在奧薩博俱樂部與史汀生共同研擬的原子控制提案，並不代表要向蘇聯揭露任何技術程序。可是他對於拜恩斯最擔心的事情卻發生了，這位國務卿依然堅決反對任何形式的原子合作。拜恩斯解釋，俄國人「只對力量敏感」，尤其「他們明白這枚原子彈的威力」。麥克洛伊在他的日記中指出：「手上握有原子彈這張王牌，他覺得自己極具優勢，確實可以達到一些成就。」

從阿第倫達克山脈回來的那一天，史汀生在白宮的走廊上巧遇拜恩斯，才發現麥克洛伊的悲觀是有道理的。正當拜恩斯帶著他的核子籌碼，準備搭船到倫敦與莫洛托夫攤牌，灰心的史汀生遞出自己的辭呈。不太願意接受的杜魯門有一個要求：請他再多留兩個星期，好向內閣提出他對戰後原子時代的想法。

接下來的那個星期，麥克洛伊熬夜趕工，將在奧薩博俱樂部寫的文章擴大成美蘇原子武器控制「盟約」的第一份正式提案。後來這件事情進行了四十多年卻沒有成果。這項由史汀生簽署並於九月十二日帶到白宮的建議提案，重點是美國應該以一項「控制並限制原子彈使用」的計畫與蘇聯協商。華盛頓保證「停止研發」原子武器，並「保管目前我們所擁有的原子彈」。這項提議應該直接向蘇聯提出，而不是透過聯合國。「對於任何由國家組成國際性組織的舉動，」他們寫道，「蘇聯都不會嚴肅看待。」

其他的替代方案都不理想。「除非蘇聯自願提出成為伙伴，」他們警告，否則接下來就會出現「一場孤注一擲的秘密軍備競賽」。原子彈「基本上凌駕了」其他外交議題。「如果我們現在無法向他們提出這項計畫，而只是繼續協商，一邊卻招搖地炫耀這種武器，那麼他們對我們目的與動機的懷疑及不信任將會繼續提高。」另一方面，控制原子武器的盟約則會是「世界歷史上十分重要的一步」。因此，早在武器競賽展開之前，麥克洛伊與史汀生就已種下了控制核子武器的種子。

這種作法背後的基本理由以及它的哲學基礎都包含在那篇長長的備忘錄當中的一句話裡。史汀生在其中再度引用他最喜愛的骷髏會格言。「長久以來我學到最重要的一課就是，」他說，「讓一個人值得信任的唯一方法就是去信任他。」

史汀生一段一段解說了文章內容之後，杜魯門總統衷心表示贊同。「我們必須將俄國視為知心盟友。」他說。在下一次的內閣午餐會，也就是非正式爲即將離職的作戰部長史汀生踐行的聚會上，杜魯門也提出這項大膽的提案，並宣布它將是下一次內閣會議唯一的討論議題。杜魯門問，史汀生會多待幾天，最後一次貢獻他的智慧給內閣嗎？「我會到場，」史汀生回答，「如果我兩隻腳能夠走路的話。」

★★★

九月二十一日星期五是五角大廈忙碌的一天。那天是史汀生的七十八歲生日，他所到之處似乎都會出現生日蛋糕和生日快樂歌。那也是他在職的最後一天，他的飛機正在機場等待，準備最後一次飛往海侯德（Highhold）。可是最重要的是，那個星期五是舉行特殊內閣會議的日子，杜魯門已經指定要討論單一主題，也就是這位年邁戰士要推動的最後也最關鍵的運動。

那天下午總統來訪的時候，史汀生臨時起意開口說話，一路滔滔不絕。他主張，想要避免毀滅性武器的競賽，唯一的方法就是直接向蘇聯提議雙方共享原子彈控制權。他說，俄國人「傳統上始終是我們的朋友」，時間最早可以回溯到南北戰爭以及出售阿拉斯加時。並沒有什麼「秘密」面臨危險，那些科學原理都是一般的知識。他再一次分享他個人的信念，帶來信任的方法就是信任。

討論在會議桌上進行時，內閣的意見紛歧。最強力反對史汀生計畫的是海軍部長佛瑞斯托，他對布爾什維克主義擴張的擔憂不斷加深。俄國人「思考方式根本上是屬於東方的，」他表示，「我們應該努力去接受他們的理解和同情嗎？這似乎令人懷疑。我們曾經對希特勒試過一次。姑息是得不到回報的。」他堅持，原子彈「確確實實是美國人的資產」。

另一個極端則是商業部長亨利．華萊士。他在擔任副總統時不受羅斯福總統青睞，只擔任一屆副總統；在依然相信美蘇有可能發展友誼的人當中，他是最過度樂觀的一個。就像他指出的，問題在於美國「要走的是悲苦路線」還是「和平路線」。原子武器的秘密並不是專屬於美國的資產，而試圖隱瞞俄國人更會讓他們成爲「一個刻薄怨憤的民族」。無論聽到什麼事情都會大驚小怪的佛瑞斯托在自己的日記中指控，華萊士「完完全全、持續不斷且全心全意地贊成要將它交給蘇聯★」。

如果華萊士是他唯一的堅強盟友，史汀生可能會帶著希望幻滅的心情到海侯德退休養老。然而，他卻發現了一個新的鼓舞人心的支持力量。由於拜恩斯遠在倫敦，用拿不出手的武器參加一場顯然無法達到任何成果的會議，國務院在內閣會議桌上的代表便由狄恩．艾奇遜來擔任。

★★★

渴望重拾私生活的艾奇遜已經提出助理國務卿的辭呈，而杜魯門與拜恩斯也早在八月九日便「勉強」接受，也就是投下原子彈的第二天。他與太太愛麗絲接著搭火車回到紐約州薩拉納克（Saranac），他們的女兒瑪麗因為結核病在那裡休養。接下來他們的行程是一趟等待許久的旅行，與朋友同遊加拿大的偏遠地區。瑪麗還記得她向自己的父親提到，國務卿拜恩斯整天試圖打電話聯絡他。

結果，原來拜恩斯與杜魯門是被原子彈以及日本投降的事搞得心神不寧，其實他們根本無意接受艾奇遜辭去助理國務卿一職。艾奇遜向他困惑的朋友法蘭克福特解釋：「大法官吉米用飛機帶我回華盛頓，跟我說我提出辭呈的時機正是他專注力較弱的時候，那根本不是他的本意。我還沒有逃走，也不准逃走，如果我反抗，總統會根據某某條款徵召我。」艾奇遜不但沒有離職，反而晉升為副國務卿，取代與他同為格羅頓中學校友的約瑟夫．格魯。

艾奇遜剛開始猶豫不決，他擔心的其中一個因素是金錢。正值五十二歲的他已經培養出優雅的行事作風，

★作者註：其他內閣閣員大部份似乎都有點困惑。財政部長佛雷德．文森（Fred Vinson）說，他看不出美國如何能夠「洩漏」某些秘密又企圖保守其他秘密。司法部長湯瑪斯．克拉克（Thomas Clark）也表示贊同。郵政部長暨民主黨全國代表大會主席羅伯特．韓尼根（Robert Hannegan）表示，這個議題對他來說太過複雜，不過他尊重並相信史汀生的智慧。

渴望安於他自己目前的生活方式。他在喬治城的住家已經擴充成一處大小恰到好處的小型豪宅，海爾伍德農場也已經整修並改裝為簡單舒適的模樣。這次升官只會讓他的薪水從一年九千美元增加到一萬美元，跟他在事業蒸蒸日上的前公司科文頓與柏靈法律事務所擔任資深合夥人能賺到的收入比起來，只是九牛一毛。何況，他也不是特別喜歡拜恩斯。

另一方面，他敏銳地知曉自己可能在其中扮演一個角色。這份新職會讓他處於權力中心，這是皮博迪與布蘭戴斯的門生們無法輕易抗拒的誘惑，而且也會賦予他一個機會，親自見證一個全新時代的創造過程。

在太太的建議下，艾奇遜花了一個晚上假裝他已接受這項職務，第二天晚上又假裝自己已回絕。「這項實驗沒有幫助，」他指出，「兩種假設都令我沮喪。」不過拜恩斯的讚美讓艾奇遜相當感動，也發揮了臨門一腳的效果，他終於決定接受這個職位。「反正我意志力不堅定，」他寫信給法蘭克福特，「尤其是對於像大法官在我眼中這麼迷人的人，更是毫無招架之力。」

在他自己和其他人眼中，艾奇遜依然是個傳統的「自由派」人士，屬於對美國的全球性角色深具信心、也認為必須與俄國維持良好關係的法蘭克福特等新政幫的其中一員。I. F.史東在《國家》雜誌中寫道，艾奇遜「對蘇聯友善」，代表「目前為止副國務卿的最佳人選」。

然而，即使艾奇遜依然認為與蘇聯相當有可能發展友好關係，不過因為老友哈里曼在國務院以及喬治城晚宴上的討論中，均不斷強調友好之餘不能失去堅定立場，他的立場也開始動搖。皮博迪校長的格羅頓中學沒有培養他們要軟弱。艾奇遜認為，讓自己受到欺壓肯定不是讓美國贏得蘇聯尊重的方法。

他的思考模式在上任的前幾個星期便清楚展現：儘管是鼓吹與蘇聯合作的頭號人物，不過當布拉格與莫斯科要求美軍部隊撤出捷克斯拉夫的時候，他還是明顯動怒。他力挺杜魯門，表示這是對華盛頓的決心的一項考驗，絕對不能畏懼或退縮。這位新任的副國務卿表示，美國軍隊的出現是「我們重視恢復穩定與民主最具體而有力的證據」。杜魯門與國務院後來決定，美國部隊會留下，直到他們達成蘇聯部隊也同時撤出的協議為止。

艾奇遜的看法形成的主因，並非他認爲蘇聯邪惡，至少他還不是那麼想；主要是受到他本身反對孤立主義的直覺所影響。在戰後的世界，英國本身陷入困境，因此美國必須擔任維護秩序的勇士，美利堅和平（Pax Americana）的強力捍衛者。甚至在他確定就任之前，艾奇遜就已經進入一場與道格拉斯・麥克阿瑟之間的意志競賽；後者建議遣散軍隊的動作可以加快。就在其他官員精明地無視於麥克阿瑟將軍的意見時，艾奇遜卻召開記者會，譴責愈來愈多人提出「讓子弟兵返家」的心態，並提醒麥克阿瑟，政策是由華盛頓來制定。因此，雖然大多數自由派人士都支持他，艾奇遜卻發現最嚴厲挑戰他這項提名案〔擔任副國務卿〕的是過去美國第一委員會的那批人。這些以往的孤立主義者對於麥克阿瑟以單邊手法處理美國在亞洲的利益鼓掌叫好，對於東岸權勢菁英出身的歐洲國際主義者則抱持懷疑的眼光。

艾奇遜是個非常務實的人，不喜歡進行遠大的規劃。他認爲，聯合國可以扮演一個有實際作用的角色，可是根本不必寄望它能夠維護各大強權之間的和平，就像布蘭戴斯對於「普遍執行普朗姆計畫」的看法一樣。艾奇遜表示，聯合國的憲章「不實際」。唯有各大強權攜手合作，才能夠維持和平。這也就是他認爲對於蘇聯必須拿出某種權宜之計的原因。

這種務實態度也是艾奇遜永遠看不出來，以民主和自決等理想主義口號掩飾美國在海外的利益到底有什麼意義的一個原因。美國在伊朗、土耳其與希臘等地（都稱不上是選舉啓蒙的模範）有重要的戰略以及經濟利益，而這些利益不應該被艾奇遜所說的「全球救世主蠢話」給遮掩了。面對那些深信世界政府與普世民主、輕視強權外交的人所散發出來的「福音傳道般的熱情」，艾奇遜都會引用安德魯・傑克遜（Andrew Jackson）在紐奧良戰役☆（The Battle of New Orleans）中所提出的告誡：「各位弟兄，把槍舉得低一點。」

☆譯註：一八一五年一月，安德魯・傑克遜少將率領美軍擊敗企圖佔領紐奧良的英軍。傑克遜後來成為美國第七任總統。

不過有跡象顯示，艾奇遜的個性中出現了少許新的溫和感。並不是他自己不確定，然而他覺得不需要堅持他的自信。這有一部份是他擔任助理國務卿的結果，因爲這份工作必須與國會交涉，安撫亞瑟．范登堡那樣的人。或許更重要的是，他女兒在薩拉納克因結核病靜養的恢復期拉長。他十分疼愛瑪麗；瑪麗在戰時曾擔任解碼員，嫁給了哈維．邦迪的兒子威廉。每天晚上他都會寫長長的信給她，天南地北什麼都聊，從國家政策到他秘書的小缺點都有。「瑪麗的病是狄恩人生中的一大危機，」一位朋友說，「碰到困難的問題時，他變得甘願接受緩慢、不完美的答案。」

少了一些自以爲是之後，艾奇遜的聰明才智變得更有力量、更優雅。模糊不清的抽象概念會困擾他。儘管外界認爲他是個複雜的人，他在處理問題時其實態度相當簡單。「他的方法是，」瑪麗在多年之後的一次訪問中回想，「過濾所有的複雜因素，然後找出解決問題的途徑，而不是讓它變得更複雜。如果問題就是無法解決，他會有所體認，然後盡力而爲。」他採納兩個朋友最喜歡的格言：羅威特的「管他的，咱們想點不一樣的辦法吧。」以及馬歇爾的「不要對抗問題，要做決定。」

副國務卿的新職位爲艾奇遜帶來眞正的權力。拜恩斯往往無視於國務院的存在，而是將自己當成機動性的紛爭解決者，處理某些重大問題，他九點三十分的院務會議則委派艾奇遜做日常性的決定。在職的五百六十二天當中，拜恩斯有三百五十天在外參加外交部長會議或其他行程，留下艾奇遜擔任代理國務卿。事實上，甚至在艾奇遜確認到職前，拜恩斯就已經前往倫敦參加外交部長會議了。

所以，當亨利．史汀生致電國務院，想爲重要的九月二十一日內閣會議定下基調，主張直接向蘇聯提議共享原子武器控制權時，代理國務卿正是下定決心謀求歷史定位的艾奇遜。

★★★

這個主題對艾奇遜而言已經不陌生了；他與麥克洛伊合作了將近一個月，致力於立法成立一個新的美國原子能機構。在艾奇遜喬治城住宅的舒適書房裡討論這項議題直到深夜，他們兩人的結論是，要讓國內議題與國際議題脫鉤處理實在不容易。

聽過史汀生在電話中說明他的提案之後，艾奇遜表示不太願意向拜恩斯提出那個提案，因為他知道拜恩斯反對與蘇聯進行任何協商。然而這位新任副國務卿十分認同史汀生的觀點，便要求看看他給杜魯門的備忘錄。「艾奇遜顯然大力支持我們。」史汀生當天晚上在自己的日記中寫道。

九月二十一日，當內閣會議上輪到艾奇遜發言時，史汀生發現自己絕對寫不出比那更出色的講稿。艾奇遜說，分享原子情報給俄國「沒有其他替代方案」。他無法「設想我們對自己的盟邦隱瞞著軍事機密，尤其這個優秀盟邦」，我們與它的合作對「世界未來的和平」十分重要。情報交換必須在「互惠」的基礎上進行，可是最重要的是大同盟必須保持完整——尤其是在原子武器這方面。

那個星期五早晨的內閣會議進行總結時，總統要求艾奇遜與羅伯特・派特森提出有關原子控制的備忘錄。曾任法官的派特森與麥克洛伊、羅威特及邦迪一同在作戰部服務，即將接任史汀生的部長職位。派特森交出的成果就是重述史汀生構想的要點，只是內容鬆散模糊。然而，艾奇遜決心要用他流利而優雅的論述讓總統留下深刻印象。他做到了。

艾奇遜寫道，外界皆知原子武器背後的理論，所以認為可以將它當成「秘密」處理，根本沒有意義。任何想將蘇聯排拒在外的企圖，都會被視為「英美聯手對抗他們的證據」。莫斯科很快就會具備製造原子彈的能力。「在這種競賽中取得領先，」他表示，「還不如不要有這種競賽。」

艾奇遜承認，美國與蘇聯的緊張關係日漸升高。「不過我看不出兩國的基本利益為什麼會互相衝突。」他提出的建議與史汀生及麥克洛伊所提的相近：美國不必透過聯合國，應該直接與蘇聯磋商，提出一項按部就班的計畫，分享科學資訊，並採用可檢驗的預防措施，防止任何國家製造原子武器。艾奇遜警告，如果合作失敗，「將不會出現有組織的和平，只有武裝的停戰狀態。」

杜魯門對於艾奇遜、麥克洛伊與史汀生三人強而有力的立場十分印象深刻，於是要求副國務卿艾奇遜負責籌備向國會報告的總統咨文，在其中提出國內與國際原子能控制的關聯性。艾奇遜與助理赫伯特．馬克斯（Herbert Marks）整理出一份聲明，在十月三日送到國會。艾奇遜利用史汀生關於「一種革命性太強、無法以舊思維思考的新武器」的說法，寫出響亮的號召，呼籲「放棄原子彈的使用與發展」，以及一種「合作可以取代原子武力領域競爭」的體制。

然而，在說服蘇聯接受這樣的計畫之前，必須先說服國會。兩黨領袖對總統咨文的反應都帶著懷疑。「我認為我們應該盡可能保留技術性的知識。」保守派的民主黨籍喬治亞州參議員理查．羅素（Richard Russell）表示。共和黨籍的亞瑟．范登堡補充說，應該保留美國的獨佔性，直到「全球各地都有絕對自由的深入檢查權為止」。一項以六十一名國會議員為對象的調查顯示，有五十五名反對與任何國家分享原子彈的知識。根據國家民意調查研究中心（National Opinion Research Center）的一項調查，有百分之八十五的民眾希望美國盡可能單獨擁有這種武器。

★★★

認為將原子武器控制權分享給俄國人是一項愚蠢之舉的，還有肯楠；因為哈里曼在歐洲各地出差，他再度暫時主掌莫斯科大使館。令他特別難過的是，相關提案在華盛頓流傳的消息是一個前來拜訪的美國國會議員代表團告訴他的。他們的到訪不但讓這位情緒容易波動的外交官想起華盛頓多麼不瞭解蘇聯，也讓他更加瞧不起政治與政治人物。

肯楠很意外自己能夠為代表團爭取到訪問史達林的機會，他緊張地在指定會面地點等待國會議員結束莫斯科地鐵系統之旅。然而，這些訪客正在莫斯科地下深處的某個地方接受招待，享用豐盛的傍晚下午「茶」，還暢飲常見的伏特加酒。將近下午六點，也就是預定的訪問時間，喝得心滿意足的一群人終於出現。

就在他們搭乘兩輛豪華禮車前往克里姆林宮時，團員開始發起酒瘋。「這個史達林是什麼東西？」一名喝醉的議員大吼，還威脅要跳車。「你不能做這種事，」肯楠嚴厲斥責。「要是我在那個老傢伙的鼻子上揍一拳呢？」喝醉的議員大叫。

肯楠覺得十分丟臉。「我的心跳都要停了。」他回憶說。不過到了最後，訪問進行得相當順利，但是肯楠表示那位喝醉的團員「眼睛斜斜地對著那個困惑的獨裁者眨呀眨」。

就史達林來說，他展現了自己最迷人的一面。當佛羅里達州參議員克勞德・派柏（Claude Pepper）問到蘇聯的意圖，史達林大元帥回答：「我們的人累了，他們再也不能受人誘導，去對任何人開戰了。」後來，他將肯楠拉到一旁說悄悄話。「告訴你的同伴，不必擔心那些東歐國家。」這位蘇聯獨裁者告訴心存懷疑的外交官肯楠，「我們的部隊會離開那裡，不會有事的。」

肯楠後來寫道，有許多小事情「讓我對於人與人接觸的絕對價值產生深深的懷疑」，而那些有如脫韁野馬的國會議員來訪便是其中一件。此外，肯楠對於國內政治侵犯外交政策的蔑視又更上一層樓。然而，最困擾他的是當時大力鼓吹美蘇友好的派柏參議員告訴他，美國正在考慮將原子武器的控制權分享給克里姆林宮的計畫。

他交給華盛頓的報告是他至此最慷慨激昂的一份。「在蘇聯政權的歷史上，沒有任何事情——我重複，沒有任何事情，」肯楠表示，「能讓我們相信俄國領導人在運用這種武器時會有所遲疑，只要他們認為那麼做能大大提升他們自己在世界上的權力地位。」基於其他假設的提案「會構成對我國人民重大利益的嚴重損失」。

肯楠意識到，這個世界並不是由依照上流社會互信禮教過日子的史汀生派紳士們所治理的。克里姆林宮肯定不是。所以肯楠決定提議一件事，而這件事協助奠定了現今中央情報局的基礎：成立一個新的情報機關，以監控蘇聯的原子設施。

肯楠談到分享原子機密之愚蠢的文章，還附加了一份某位大使館職員的報告，推斷蘇聯製造原子器的可能性。「我國政府應該充分並及時獲知這個議題的資訊，這對美國的安全十分重要。」肯楠極力主張，「充分的資訊根本無法透過正常的管道取得。」他的結論用字謹慎，但非常清楚。「因此朝這個方向進行大規模的特別努力是很正當的。」他說，「我認爲這是政府各個不同利益單位的明確職責，華盛頓應該立刻決定我們政府應該採取什麼方法，取得蘇聯在原子研究上的進展的相關資訊。」

這項訊息實在太重要，甚至不適合讓大使館的解碼單位知道。肯楠將他的文章交給狄恩將軍，請他親自帶回華盛頓。在給哈里曼的附加說明上，肯楠補充了一項個人的請求，「希望盡一切可能獲得蘇聯在這些方面進展的相關訊息。」

看到肯楠的備忘錄時，艾奇遜刻意不考慮將蘇聯納爲原子控制伙伴有多危險的部份，但是關於情報蒐集體系的提案令他眼睛爲之一亮。肯楠提到，他認爲自己的意見並不是「詳盡建議」的適當「媒介」，但是補充說他有其他的想法願意與人討論。在這些話旁邊的空白處上，這位代理國務卿潦草寫了一個附註：「到時候再請教你。D. A.☆。」

由威廉・唐納文（William Donovan）擔任局長的戰時情報機構戰略情報局（The Office of Strategic Service），已經在九月底由杜魯門宣布解散。當時沒有特定的單位負責監控蘇聯。一年之後當中央情報局成立時，肯楠剛從莫斯科返美不久，他悄悄地受雇一個月，擔任新任的中央情報局局長霍伊特・范登堡將軍（General Hoyt Vandenberg）的「特別顧問」。

★★★

倫敦的外交部長會議結果對拜恩斯來說是場災難。美國、蘇聯與英國甚至無法對於一份有關歐洲戰後政府的公報形成共識。拜恩斯的「口袋中的炸彈」所引發的頂多只是一個笨拙的蘇聯字謎遊戲。在漫長的宴會結尾，看起來有幾分醉意的莫洛托夫起身敬酒：「敬原子彈。我們也有。」一名助手抓住他的肩膀，迅速將他帶離現場。

☆譯註：D. A.是狄恩+艾奇遜的縮寫。

拜恩斯粗魯地駁回哈里曼希望來倫敦商議的請求。在與莫洛托夫的會面開始之前，他會忙到無法見哈里曼。這對哈里曼來說不只是個人的羞辱，也是貶損他身爲駐莫斯科大使的職責。哈里曼想要討論他自己的辭呈，而這種缺乏尊重的舉動只是更強化他的決心。於是哈里曼還是前往倫敦，在十月初那場會議結束時，兩人終於有機會共進晚餐。

「現在我們碰到了困境，」拜恩斯說，一語雙關，「你必須等待，讓火車回到軌道上。」

事實上哈里曼的確在考慮回到自己的軌道，也就是聯合太平洋公司。但是說實話，他並不是那麼急著離開他日益精進的工作，回歸紐約的平民生活。他喜歡自己在歐洲各處知名度愈來愈高，還有在俄國各地旅行時身爲名人的驚喜感。

儘管和聰明又迷人、稱職扮演史帕索大宅女主人的女兒凱撒琳非常親近，哈里曼卻顯少見到住在紐約的太太瑪莉。他曾在倫敦任職，搬到莫斯科之後也常造訪那裡，很享受當時與潘蜜拉·邱吉爾的友誼，或至少是八卦專欄作家關注的那一段關係。

潘蜜拉是英國第十一代狄格比男爵（Baron Digby）的女兒，在戰爭開打之後不久便以十九歲之齡嫁給溫斯頓·邱吉爾的兒子藍道夫（Randolph）。擁有聰明頭腦與亮眼美貌的她，在大約一年之後和剛出生的兒子溫斯頓二世（後來成爲英國國會議員）登上《生活》雜誌封面。可是這段婚姻很快就變了調，一九四六年她訴請離婚，指控藍道夫「似乎比較偏愛單身漢的生活」。她的名字接下來與許許多多知名男士連在一起，其中包括阿里可汗（Ali Khan）、飛雅特汽車（Fiat）繼承人喬凡尼·阿涅利（Giovanni Agnelli）、艾里·狄·羅斯柴爾德男爵（Baron Elie de Rothschild）以及新聞記者愛德華·默羅（Edward R. Murrow）等人。艾佛瑞爾·哈里曼特別吸引她的注意。「他是我所見過最美的男人，」她在四十年以後回想說，「他長得眞是好看，好看極了，有一頭烏黑的頭髮。他眞是令人爲之神迷★。」

比起艾奇遜，拜恩斯發現要再度徵召哈里曼稍微容易些，不過結果證明只要適當予以安撫，其實請兩人出馬都沒那麼困難。哈里曼想要再有一次機會直接與史達林面對面談判，於是拜恩斯答應給他一封杜魯門的信，讓他親自送交給史達林，作爲會面的基礎。安排妥當之後，哈里曼在回到莫斯科的途中先造訪了德國與東歐。即將與他同行的是他的朋友麥克洛伊，後者已經展開一趟爲期六個星期的環球之旅，那是他身爲作戰部助理部長的最後一項官方活動。兩人在外交部長會議結束時於倫敦會合，討論了彼此對於拜恩斯、原子彈以及蘇聯的憂慮，然後一起出發前往歐陸。

在維也納，哈里曼與麥克洛伊受邀參加一場豐盛的宴會，設宴款待的主人是奧地利的蘇聯軍隊指揮官伊凡・科涅夫元帥。對於與蘇聯的關係，美國軍方較樂觀的觀點再一次明顯展現。在他當時的筆記裡，哈里曼嘲笑美國軍方，說他們賦予「相當小的議題」上所得到的合作「過度誇大的重要性」。哈里曼指出，外界「認爲政治人物讓他們的工作變得更加困難」。

麥克洛伊發現自己夾在哈里曼與軍方中間。他們所到之處，俄國官員都顯得十分友善，不吝稱呼他們爲同志。從艾森豪以降的美國官員都向麥克洛伊擔保，只要有機會，雙方就有可能合作。然而他卻擺脫不掉那些較悲觀的談話以及對蘇聯動機的擔憂，不只是哈里曼那麼說，幾乎每次與外國官員和美國外交官交談，他也都聽

★作者註：潘蜜拉在一九六〇年嫁給劇場製作人李蘭德・海華（Leland Hayward，作品包括《南太平洋》〔*South Pacific*〕、《風流貴婦》〔*Call Me Madam*〕）。一九七一年，在海華與瑪莉・哈里曼去世之後不久，七十九歲的艾佛瑞爾便與五十一歲的潘蜜拉舉行小型的結婚儀式，當時的見證人包括了羅伯特・甘迺迪（Robert Kennedy）的遺孀艾瑟・甘迺迪（Ethel Kennedy）。潘蜜拉後來成為民主黨重要的募款人以及活動分子，兩人在結婚十五年之後依然幸福恩愛。

到相同的意見。

那是一個深奧的謎，不過留給較有深度的人去解決或許比較好。於是麥克洛伊只在筆記本上記錄這個謎，說解開它是政治人物的「第一要務」。麥克洛伊不擅長將事物概念化，他是執行者。在他的心目中，煤礦分配與通訊服務的問題更爲急迫，而這些是他可以使得上力的事情。

有一件事情是哈里曼與麥克洛伊眞心贊同的：美國無法避免伴隨著勝利而來的全球性參與。布達佩斯的破壞程度令他們深感震撼，那個一度是多瑙河畔明亮珍珠的城市慘遭延續數週的街頭戰役蹂躪。可是當他們抵達的時候，城裡卻有慶祝活動：蘇聯佔領者允許他們進行自由選舉，反共的小農黨（Smallholders Party）意外贏得多數席次。

就在麥克洛伊與哈里曼要前往美國大使館時，卻發現被歡騰不已的匈牙利人擋住了去路。「有大批群衆在美國國旗底下慶祝勝利，」哈里曼回想說，「我體認到這些人有多麼仰賴美國來維護他們的自由，那讓我感到非常謙卑。」群衆湧向他們的汽車歡呼，令兩人心生敬畏，甚至對於這樣的角色所需擔負的責任感到有一點害怕。「這是世界的希望，」麥克洛伊記得當時心裡這麼想，「美國國旗。」

環顧身邊的群衆，哈里曼與麥克洛伊都同意，對於美國人打算打道回府、解散部隊，鬆手不管歐洲的紛爭，像他們這樣的人，也就是那些同樣瞭解美國應該與必須扮演什麼角色的人，一定相當抗拒。抱持孤立主義觀點的美國大衆在上次戰爭之後拋棄了全球性的責任，現在他們不能再一次逃避。

那次經驗讓哈里曼認爲不能放棄東歐的決心更加堅定。「我就是無法接受我們應該一走了之，讓俄國人擁有其勢力範圍的觀點。」他在回想那個事件時說。哈里曼認爲，肯楠或許會提倡這樣的路線，但那只是因爲他對於無助國家人民的困境感覺遲鈍。

對麥克洛伊而言，那起事件有「嚇人」的地方。它顯示歐洲未來的穩定十分仰賴美國。「我們給那些人對抗俄國恐懼的希望。」他在交給華盛頓的長篇報告中指出。他自己親眼所見終於讓他相信哈里曼長期堅持的論點：蘇聯展開一項「充滿決心」的政策，要主宰紅軍所控制的經濟與社會。在一項本來可能由哈里曼撰寫的提案中，麥克洛伊力促美國暫時不要提供東歐貸款與重建援助，直到蘇聯的勢力從那裡撤退爲止。此外，美軍部隊應該留在奧地利，等待蘇聯撤離。「只要我們出現，對抗俄國壓力的人就會獲得鼓舞。」

★★★

麥克洛伊繼續前往遠東，哈里曼則回到俄國，決心要直搗黃龍，判斷蘇聯真正的目的爲何。哈里曼大使帶著杜魯門的信拜訪莫洛托夫，要求與史達林會面。

莫洛托夫表示，史達林度長假去了，並已交代可以由他轉交信件。「他在哪裡？」哈里曼問道，「我可以去找他。」莫洛托夫覺得這個提議有點不可思議，便說他會看看是否有可能。消息很快就傳了回來，據說哈里曼受邀到史達林位於黑海度假勝地加格拉（Gagra）的僻靜鄉間別墅，證明他在蘇聯果然具有特殊的地位。

在哈里曼看來，基本問題在於蘇聯是否想要採行國際合作的政策，包括與西方國家擬定某種形式的「集體安全」措施，或者它是否已經決定追求單邊政策（在蘇聯經常被稱爲「孤立主義」），爲了達到自己的安全目標而需要積極的擴張主義。他發現史達林對這個問題似乎猶豫不決，不過已經漸漸傾向後者。

史達林迎接哈里曼來到他的白色灰泥別墅，帶領他進入鑲有桃花心木板的辦公室，兩人十月底就在那裡談了兩天。史達林在第一天似乎暗示，國際合作依舊不無可能，可是必須是雙向的。他說，美國人要求在東歐由蘇聯主導的控制委員會裡有發言權，然而卻始終堅持拒絕讓蘇聯對於佔領日本發表意見，而日本在歷史上對他們始終是一個威脅。

哈里曼對於反對史達林在東京投降當晚提出的要求感到驕傲，因此不急著允許蘇聯在日本有立足之地。不過他的確認爲他們應該有發表意見的權利，只要願意聽從麥克阿瑟將軍的最終權威，而且這樣還可以強化美國在巴爾幹半島與東歐的主張。「我們不能就這樣不理不睬。」拜恩斯在倫敦會議拒絕討論這個議題時，哈里曼曾寫字條這樣對他說。拜恩斯最後終於同意讓哈里曼與波倫草擬一份備忘錄給莫洛托夫，表示美國在會議結束之後願意討論日本佔領的問題。

雖然自己沒有權力，哈里曼卻向史達林保證，可以在麥克阿瑟的職權底下安排一個盟國管制理事會或委員會。就如同哈里曼對華盛頓指出的：「日本已經有兩個世代的時間在遠東對俄國形成威脅，蘇聯如今希望免除這個威脅。」

然而在第二天面談時，哈里曼發現史達林變成十分反對。這位蘇聯領導人說，或許在日本發生的狀況並不是非常要緊。他表示，自己從來就不贊成單邊政策，但是現在卻可能勢在必行。「或許，」史達林補充說，「它並沒有什麼不對。」哈里曼判斷，史達林已經認定戰後與西方國家合作對他們並沒有好處。他後來推測：「蘇聯領導階層已經討論過，擬定了一項新的戰後時期政策，那就是要提升戰鬥精神與獨立自主的能力。」

即使長期以來都推動強硬政策，但是合作可能完全破局還是令哈里曼感到難過，還有華盛頓對於在日本成立一個聯合管制委員會都顯得緊張慌亂，同樣讓他覺得苦惱。儘管國務院不願意著手處理，哈里曼還是立刻與莫洛托夫展開一連串的討論，希望能讓蘇聯對於合作有部份發言權，以期換來美國能參與更多東歐事務。

★★★

哈里曼並不知道，杜魯門和他的顧問們也捲入了管制日本議題的協商中——協商對象不是莫斯科，而是他們自己在那裡的專橫指揮官，道格拉斯．麥克阿瑟。戰前反對美國插手歐洲事務的孤立主義者，有許多人都已經逐漸變成「亞洲優先」政策的支持者，提倡美國採取強勢的單邊行動來控制太平洋。他們的新英雄就是麥克阿瑟將軍，他不希望他的太平洋戰區與蘇聯有任何牽扯，也不太關心這樣會在中歐造成什麼效應。

爲了駕馭霸道的太平洋指揮官，杜魯門政府做了許多努力，首先就是派遣約翰．麥克洛伊去與麥克阿瑟協商。當他的環球之旅在最後一段來到東京時，麥克洛伊發現麥克阿瑟親切地開車兩個小時，來到機場與他見面。可是在接下來三天一連串漫長的會議當中，麥克洛伊讓蘇聯在控制日本議題上有發言權的主張可是觸發了將軍的火爆脾氣。「他變得非常憤怒，」麥克洛伊在自己的日記中寫道，「他談到我們在東方有大好機會，目前在這裡具有天賜的權威，歐洲情勢一片混亂，還有俄國人的威脅。」

文雅而冷靜的作戰部助理部長麥克洛伊發現，即使要插上話都不容易。「當時的局面變成一種吼叫比賽，」他指出，「我告訴他必須從全世界的觀點來看待我們與俄國的關係。我們在歐洲中部有龐大的利益。我們不能在太平洋採取單邊立場，卻依然在世界其他地方硬是要求令自己滿意的解決方案。」

麥克洛伊利用電傳打字的電報與華盛頓的艾奇遜及波倫討論麥克阿瑟的固執態度。艾奇遜一開始主張，讓蘇聯在佔領日本的議題上有發言權的「挽救面子」方案，對於華盛頓與莫斯科之間「未來的合作可能會有決定性的影響」。艾奇遜補充說，哈里曼正在與史達林討論這個議題，所以與麥克阿瑟的爭執必須趕快解決。

麥克洛伊在回覆的電報上說，他和麥克阿瑟可能找到了「一項令人滿意的安排」。可以邀請包括蘇聯在內的盟國代表參加「政治顧問理事會」（Council of Political Advisers），然後由該會向麥克阿瑟建議處理佔領日本的政策。

波倫問，將軍會願意擔任「理事會」的成員，而不只是把它當成一個外界的顧問小組嗎？「就像波倫所說的，」麥克洛伊回傳，這個構想「代表麥克阿瑟希望避開」。他說，將軍只願意接受一個會給他建議的「顧問」小組。艾奇遜回覆：那甚至比俄國同意美國官員待在巴爾幹半島的人數還要少。

最後，蘇聯並沒有獲得實權。哈里曼在他與史達林的對話中發現，這或許是最好的結果：克里姆林宮目前顯然已決定採取主張自己權力的單邊政策，不顧慮國際合作的問題。他認爲，美國對於這個新的現實必須自行調整心態。

★★★

當麥克洛伊返國時，他第一次覺得需要發表意見。他再也無法只是擔任史汀生的構想執行者：史汀生已經去職，人們期待麥克洛伊發表自己的洞見。他的連襟路易斯．道格拉斯當時是互惠人壽保險公司（Mutual Life Insurance Company）總裁，後來當上駐英國大使；道格拉斯請他在紐約的政治科學學院（Academy of Political Science）的年度晚宴上談談自己的世界之旅，NBC電台也提供他時段談類似的主題。

麥克洛伊完全缺乏艾奇遜的無礙辯才。即使有一天晚上熬夜到凌晨一點鐘撰寫演講稿，他的談話內容依然顯得像是閒聊。不過他想表達一個關鍵重點，而且極為努力想讓人理解：「美國領導階層有必要再度將這個世界帶向某種酷似平衡的狀態。」世界各地的人都期許美國「成為一股具有穩定作用的影響力」，能夠維護他們的自由。「當他們聽到要求我們部隊撤離的聲音愈來愈大時，不禁全身發顫，因為他們認為那是我們要放棄在他們那些地區的利益。」

麥克洛伊強調，緊接著上一場戰爭而來的孤立主義使得與民主作對的力量得以恣意發展。這次美國在軍事或政治上都不應該撒手不管。「除非我們說服世人，否則他們不會相信我們有實現和平的決心。」

麥克洛伊也觸及另一個困擾著他的主題：蘇聯。「無論到什麼地方，這個主題都會有人提起，」他表示，「對俄國野心的擔憂、它會做到什麼地步、如何與它交涉。」他沒有提出論斷，也沒有提出解決方法，只有一個告誡：「相當明顯的是，這是世界上的政治家必須努力解決的頭號任務。」

如今麥克洛伊面臨了一項重大的個人決定：在這項頭號任務當中，他會扮演什麼角色？在此戰爭結束之際，他當初離開獲利豐厚的事業、加入戰時政府工作的朋友，紛紛考慮重回民間生活。艾奇遜試圖離開華盛頓，不過三天之後就被勸了回來。可是艾奇遜比麥克洛伊更樂於面對大眾的目光；他也在當律師時存了比較多的積蓄，此外他太太也擁有一些財產。同樣地，哈里曼也咕噥著要離開，並堅持還打算在不久的將來就走。

結束環球之旅返國之後，麥克洛伊意外收到拜恩斯提供的職缺。國務卿表示，既然哈里曼說要辭職，麥克洛伊就是總統心中的下一位駐莫斯科大使人選。「那真是讓人備感榮幸，卻也令我十分不安，」他在他的日記中寫道，「沒有人能夠否認眼前的挑戰相當艱鉅。」另一項職缺的邀約來自安默斯特學院，他們希望他擔任下一任的董事長。

整個秋天，麥克洛伊都在煩惱自己的未來。他寫道，「重新回到平凡的生活」會相當困難。不過他十分需要再賺錢，好讓家人過更好的生活；或許是童年時期貧窮造成的陰影，麥克洛伊似乎總是在擔心錢不夠用。華爾街一些頂尖的法律事務所提出收入極爲豐厚的職缺給他，其中包括米爾班克、特威德、何普與哈德利法律事務所（Milbank, Tweed, Hope and Hadley）提出讓他成爲掛名合夥人★。他想多花點時間陪伴兒子和女兒。「現在戰爭結束了，」小強尼有一天晚上在晚餐桌上說，「可以把我爸爸還我嗎？」

最後他決定推辭成爲史帕索大宅下一任大使的機會，重返法律界執業，將他的名字加入米爾班克、特威德法律事務所的合夥人陣容；他們的客戶包括洛克斐勒家族以及大通銀行（Chase Bank）。「我們正處於一個歷史上風雨飄搖的時刻，」他在自己的日誌上寫道，「儘管政治很有趣，我還是必須再次養家活口。」但是他發誓，他會遵循盧特與史汀生等人的傳統，自認在民間工作，但同時也持續接受政府部門的徵召。

這種仿效的舉動是相當自覺性的。那年九月，史汀生頒發傑出服務勳章（Distinguished Service Medal）給麥克洛伊，他注意到掛在部長辦公桌後方的肖像上「伊萊休・盧特沉著的凝視」。「我感覺到盧特散發出一股電流，透過史汀生傳到我身上。」他在日記中寫道，「他們都是巨人。」

於是麥克洛伊在重新回到民間生活之餘，也幾乎不意外地積極參與外交關係委員會。這個備受敬重的組織創立於一九二一年，由頂尖律師、銀行家與政治人物組成，可說是體現盧特與史汀生傳統路線的正式組織。在戰爭期間，麥克洛伊與羅威特經常翻閱該會的名冊，想找出一些人的名字，請他們加入政府單位服務。如今正好可以作爲他自己的特殊人才庫。

外交關係委員會並不適合那些想要宣揚意識形態的人；它其實是一個可以形成穩定兩黨共識的地方，能進

★作者註：克拉瓦斯法律事務所也希望他回鍋任職，不過卻沒有提出讓他成為掛名合夥人的條件。麥克洛伊對於資深合夥人羅伯特・史懷恩（Robert Swaine）的態度相當不滿，對方認為他在作戰部服務的資歷並不符合升遷的條件。

行幕後的談判，謀求明智的決策。這種氣氛正好能讓麥克洛伊好好發揮所長。他缺乏艾奇遜的聰明，沒有肯楠的概念性眼光，沒有哈里曼身為頂尖談判者的膽識，也沒有佛瑞斯托對哲學的熱情。儘管只是個即將離職的助理部長，麥克洛伊卻因為其謹慎的意見、紮實的智慧，以及可靠的穩定性而受人敬重。

在歐洲之旅的尾聲，麥克洛伊受邀參加該委員會在新大樓舉行的正式晚宴。那棟建築物位於紐約公園大道上，是建於一九一九年的復古英國文藝復興風格大理石大樓。他在那裡擘畫自己心目中，美國在逐漸成形的全球時代裡應該擔負的正當任務。「目前為止我們與俄國處得相當好。」他在回答一個問題時這麼表示。蘇聯絕對沒有希望趕上美國在世界上的經濟與道德力量。「如果我們有魄力與遠見，能看見自己在世界上的位置，」他論斷說，「俄國的構想與成績在我們面前將會相形失色。」

★★★

羅伯特・羅威特與麥克洛伊同時由史汀生的手上收到傑出服務勳章。儘管伊萊休・盧特眼神沉重，那其實是個歡樂的場合，兩個「撒旦的小鬼」回憶著過去的事蹟，開開他們即將去職的恩師的玩笑，還不停擺姿勢拍了許多照片。羅威特知道自己的表現出色，而政府少了他依舊能運作如昔，所以當時對他而言離開公職並不需要猶豫。他已經安排妥當，準備恢復自己在布朗兄弟哈里曼公司的合夥人地位。

羅威特獲得的傑出服務褒揚令由史汀生親自撰寫，上面提到「他很早便預見空中武力的龐大可能性」。羅威特的貢獻遠遠超過一名能幹的行政官員，他代表一種重要卻難以定義的無形特質，史汀生在讚美他的「外交機智與聰明決策」時所暗示的那種特質。

由於內心具有強大的安全感，羅威特似乎沒有個人的野心或不可告人的動機。他謹慎與無私的行事風格被其他人視為理想表率，當作某種公務人員的標竿。那是一種長期以來使人聯想到史汀生的標準，如今在報紙上與談話中則以羅威特為其代表性人物。「問題在於要讓這樣的人在承平時期與戰時都留在政府服務。」《紐約時報》在那年十一月談到羅威特去職時如此寫道，「政府在承平時期較平凡的任務也需要具有知識、勇氣與遠見的人，而羅威特先生徹底展現了這些特質。」

比起行事較為果斷的人，例如哈里曼或艾奇遜，「一流局內人」的影響通常比較難以量化；「一流局內人」是記者大衛．哈伯斯坦（David Halberstam）後來幫羅威特取的封號。不過在特定的圈子裡，羅威特已經被視為一個具有龐大影響力的人。相較於任何一位同事，他已經被華爾街與華盛頓權勢菁英當成安全可靠的標準。由於他的信用與動機無懈可擊，得到他支持的人和政策都等於獲得了正式認可。當羅威特召集一批人，便讓人不由自主有一種無法言喻的感覺，認定他們就是正確的選擇，我們可以相信，這些人會為了國家利益而拋開個人或黨派考量。結果到了一九四五年，他在華盛頓的重要性有一部份來自於他成為一批銀行家、律師、記者以及政府官員信賴的焦點，而這些人又自視為無黨派外交政策菁英的中堅分子。

羅威特依照戰爭結束當天他給太太的承諾，及時搬回紐約過感恩節。就像某些病痛一樣，長久以來每週工作七天所累積的疲憊感，對他自稱的「玻璃內心」造成了真實與想像上的傷害。那年冬天他進行膽囊手術，接著在他位於佛羅里達州荷布灣的度假別墅休養了一個月。

在他終於回到布朗兄弟哈里曼公司合夥人室的掩蓋式書桌辦公之後，羅威特習慣了傑出華爾街銀行家的舒適生活。他擔任聯合太平洋與紐約人壽等公司的董事，也是卡內基基金會以及洛克斐勒基金會的受託管理人。他參加的社團包括世紀協會、紐約的林克斯俱樂部，以及蝗蟲谷的克里克（The Creek）俱樂部。不過，他發現自己的意見在華盛頓還是相當受重視，經常在艾奇遜或哈里曼的要求下前往那裡，偶爾也受總統之邀。他明顯沒有重返政府服務的意願，卻讓那些希望他最後能回來的人覺得他更加不可或缺。

★★★

「我能夠用三句話描述現今所『流行』的對於外交政策的態度，」艾奇遜在一九四五年十一月告訴馬里蘭歷史學會（Maryland Historical society），「一，讓士兵回家；二，不要當聖誕老人；三，不要任人欺壓。」

對於前兩點，艾奇遜自己的態度很清楚：他反對急著遣散軍隊，也認為美國參與重建一個繁榮的歐洲對於本身的經濟與政治都有好處。然而對於第三點，他的看法依然有點模糊。他反對在美國部份地區日益高張的粗暴反共浪潮，不過當然也反對美國被欺壓。麥克洛伊認爲的「頭號任務」，也就是認清蘇聯的目的，對這位新任的副國務卿來說依然是個相當惱人的難題。

當艾奇遜同意在美蘇友誼協會（Soviet-American Friendship Society）十一月於紐約舉行的一場會議上發表演說時，他體會到這項議題多麼具有爆炸性。他準備了適合在研討會發表的演講稿抵達麥迪遜廣場花園（Madison Square Garden），卻發現現場是一群擁擠喧鬧的群眾，準備接受激勵。結果他們果然受到了激勵：管弦樂隊演奏革命進行曲，群眾踏步高唱，後來成爲蘇聯公民的優秀男低音歌手保羅．羅布森（Paul Robeson）以低沈的聲音演唱「老人河」（Ole Man River），歌詞內容在抗議中逐漸增強，最後以輕蔑口吻作結。坎特伯里紅衣主教休里特．詹森（Hewlet Johnson）也獲得如雷的掌聲。「他像個滑冰選手一樣在場內走動，」艾奇遜指出，「他的雙手緊握在頭上方，就像職業拳擊手在行禮。」

艾奇遜在表達他對蘇聯安全目標的同情時，相當具有說服力。他說，想要瞭解他們，美國人必須想像如果德國侵略美國，破壞了從紐約、波士頓到匹茲堡等工業中心，摧毀大部份的中西部產糧地區，並殺死三分之一的人口。對艾奇遜而言，這案例令人信服，讓蘇聯至少得以在東歐擁有某種形式的勢力範圍。「我們瞭解也認同他們，」他說，「在它的邊界沿線擁有友好政府，對於蘇聯的安全以及世界的和平都是很重要的。」

不過情況並不是一面倒。雖然爲了順從觀眾，艾奇遜淡化了他對蘇聯的警察國家手段愈來愈深的憂慮，可是也沒有完全省略。「在進行利益談判時，」他說，「可以設法說服，態度堅定，但不該變成強制，否則那就像警察晚上敲門，令男男女女感到驚恐的情形一樣。」現場出現愈來愈多的噓聲和喝倒采，艾奇遜加快演說的速度，並引用莫洛托夫和史達林的說法，希望觀眾被他所引發的憤怒情緒可以冷靜下來。「可是我展現了自己的眞實本色，」他後來寫道，「那些支持共產主義卻不追求自由與平等的人，還是沒有安靜下來」。

演講結束時，一名警察碰了碰他的手臂。「過來，」他說，「我可以帶你從安靜的路線走到你的車子那邊。」

在一個朋友的家中，有一杯威士忌正等著他。艾奇遜學到了寶貴的一課：面對美國觀衆時，無論他們對這項議題的態度爲何，如果少了具有說服力且令他們滿意的清楚答案，那麼解決蘇聯難題的困難度相形之下都變簡單了。那天晚上來自左派的噓聲後來與右派的噓聲不相上下。事實上諷刺的是，他出現在麥迪遜廣場花園集會這一點在麥卡錫時代竟然被拿來引用，作爲他對共產主義態度軟弱的證據。「對我而言，」他後來沉思道，「這似乎印證了林肯所提出的看法，你不可能永遠愚弄所有人，也難以永遠討好所有人。」

★★★

艾奇遜試圖表達的，而且確實也是他所相信的，就是奇普．波倫所研擬的國務院新路線。身爲國務院的蘇聯專家，波倫一直在推敲讓東歐成爲蘇聯勢力範圍的想法。他還是不接受肯楠認爲那個地區應該完全交給蘇聯的看法。波倫和其他人眞心相信，蘇聯保護自由與鼓吹民主理想可以獲得道德上的利益。然而他就跟史汀生與哈里曼這些官員一樣，已經接受蘇聯堅持保護其邊界上的安全利益，也是有某些優點。

波倫認爲，從這個角度來看，儘管《大西洋憲章》陳義甚高，莫斯科還是有資格獲得某些勢力範圍，在鄰近地區也應該能有「友好」國家。問題在於「友好」的定義是什麼。

就波倫看來，當克里姆林宮堅持其勢力範圍內國家的「內外生活各方面都必須由蘇聯完全宰制」，困難就出現了。如此警察國家式的壓迫不僅對於美國人，對於所有地方具有原則且思想自由的人來說都是無法容忍的。何況，這種完全宰制（即使克里姆林宮不這麼想，至少波倫是這麼看）對於蘇聯追求的安全目標並非必要。不過他認爲，一定有一個方式能讓在東歐成立的政府對蘇聯「友好」，卻又不必依靠史達林式鎭壓策略才能掌權。

因此波倫提議區分出「開放性」勢力範圍與「封閉性」勢力範圍。對於前者，蘇聯對於與其安全有關的事務可以發揮「正當的影響力」，至於後者，「在主導與控制的方向中可以有相關利益的合法延伸。」他在一九四五年十月交給拜恩斯與艾奇遜的一份備忘錄中解釋這個概念。「美國不應該、確實也不能協助，甚或默許蘇聯以完全宰制的方式，在中歐及東歐建立獨佔的勢力範圍。」他寫道，「另一方面，我們絕對也不應該試圖對蘇聯否認一個強權對於地理上鄰近的小國所具有的正當特權。」

拜恩斯立刻接受這種區分方式，將之視爲美國政策的新定義，並在一次紐約的重要演說中宣布。杜魯門也發表同樣的看法，艾奇遜亦在麥迪遜廣場花園提出相同的聲明。

然而，這項政策有一些棘手的問題。首先，美國要如何說服蘇聯，紅軍所建立的政權應該允許人民擁有一些個人自由的表象？當波倫寫道，美國「無疑應該讓蘇聯政府瞭解施行封閉式勢力範圍會自然出現的必然結果」時，他並沒有提供多少答案。那似乎就是後來一些失敗措施的作法，例如在兩年之內讓四名樣板部長進入波蘭內閣，暫時裝點門面。

另一個缺點是，波倫的雙管齊下政策很難讓美國民衆接受。在麥迪遜廣場花園那些同情蘇聯的群衆面前，它的效果顯然不好。拜恩斯已經受到參議院裡保守派的批評，認爲他根本是要將巴爾幹半島以及東歐拱手讓給蘇聯，同時還奉送原子彈。沒錯，這種中間路線吸引不了左右兩派，也無法打動威爾遜路線的理想主義者，甚至連肯楠這樣的務實派也不青睞。

最棘手的問題是哈里曼過去的骨牌式困境。就算有了友好勢力範圍（無論是「開放性」或「封閉性」），蘇聯會不會將腦筋動到下一層的國家？包含俄國的巴爾幹半島鄰國在內的勢力範圍，會不會很快就併吞希臘？波倫的中間路線根本沒有回答頭號問題：蘇聯要多少，他們打算做到什麼程度？

對於克里姆林宮堅持對其社會和勢力範圍內的國家施行嚴格控制，哈里曼與肯楠有強烈的反感，因此他們的強硬態度也更加堅定。依然希望美蘇友誼更進一步的官員，例如艾奇遜與波倫，以及尚未釐清複雜問題的人，例如麥克洛伊與羅威特，同樣很快便發現有必要採取更堅定的立場。對他們而言，當中的催化劑便是有證據顯示莫斯科覬覦其軍隊在戰時解放的國家以外的區域，也就是對西方具有明顯戰略重要性的區域。

★★★

十一月底的某天晚上，哈里曼在莫斯科的劇院與蘇聯前外交部長馬克辛・李維諾夫有一段沮喪的對話，後者哀嘆自己被擠出克里姆林宮的核心圈子，還有他曾經大力提倡的合作政策也無疾而終。哈里曼問，雙方關係破裂應該如何修補，這位前外交部長沉重地回答：「毫無辦法。」

在一封發給國務部的電報中，哈里曼談到他與李維諾夫的對話，並概述從他在黑海與史達林見面以來所累積的證據，顯示蘇聯正在追求單邊擴張主義政策。他指出，他們對保加利亞與羅馬尼亞的態度愈來愈強硬，而中國共產黨已經受紅軍之邀進軍滿洲。更麻煩的是，他們正打算滲透到其他地區。他說，他們煽動伊朗北部的起義，又對土耳其施加新的壓力，要求在達達尼爾海峽（Dardanelles）建立海軍基地。

問題在於爲什麼。當哈里曼靜下心來思考蘇聯決定一意孤行的原因時，他開始將焦點放在一個重要的新因素上：原子彈。在交給華盛頓的一份長篇分析報告中，他說明蘇聯領導人應該比以往都覺得更安全。「勝利讓他們對於紅軍的力量以及在國內的掌控權產生信心，第一次賦予了他們安全感。」那是發生了什麼事呢？「突然間原子彈出現了，」哈里曼寫道，「這肯定勾起了他們過去的不安感……結果似乎讓他們回到以往透過侵犯與陰謀來達到目標的老路。」即使莫斯科愈見頑固的態度與原子彈之間的關聯看似有點薄弱，不過肯楠與哈里曼長期以來都相信，偏執與不安全感是蘇聯擴張主義傾向的主要原因。

哈里曼並沒有什麼建議要提出來。他表示，他想傳達的訊息只是「原子彈對蘇聯領導人行爲造成的心理影響的部份解釋」。可是它卻在非常關鍵的時刻傳到華盛頓。

十一月中旬，在哈里曼寄出他的分析報告之前不久，杜魯門與英國及加拿大首相舉行了一場高峰會，這兩國是美國發展原子彈的伙伴。與史汀生力促的作法相反，也與艾奇遜和波倫提議的方向相反，三名領導人決定將原子控制的議題交付聯合國，而不是先提出計畫與莫斯科協商。

可是到了該月稍後，連拜恩斯都體認到，最好在舉行任何聯合國會議之前，直接找蘇聯討論這件事。他向莫洛托夫提議，十二月底在莫斯科舉行一場美、英、蘇三國的外交部長會議。原子彈將是第一項議題，接下來再討論東歐、日本以及其他地區的問題。

為了仔細討論美國的原子控制提案，也就是史汀生、麥克洛伊和艾奇遜於九月所提倡的意見，各國特別成立一個委員會。波倫與艾奇遜的助理赫伯特·馬克斯被指定擔任國務院的代表。他們建議，應該要求蘇聯共同支持聯合國成立原子委員會的方案。透過一連串相關的步驟，就能達到控制的目的，包括交換科學資料、分享鈾等天然資源的數據，以及建立防護措施，避免任何國家單獨生產核子武器。

有一項重要的因素是，接受可檢驗的防護措施以及分享資料的時機之間，並沒有確實的關聯。這對佛瑞斯托而言太過份了。「提議的討論基礎太過份了。」他打電話給拜恩斯說。除非能保證防止任何國家製造自己的原子彈，否則不應該分享任何資料。當這項計畫最後呈給參議院領袖時，他們的反應甚至更憤怒。「我們反對洩漏任何的原子機密，」參議員范登堡表示，「除非蘇聯準備接受聯合國監督。」拜恩斯啓程前往莫斯科，顯示他不把他們的憂慮放在眼裡。

即使在拜恩斯搭機升空之後，驚恐的參議員還是要求與總統見面。有點莫名其妙要負責應付范登堡的艾奇遜，被召進白宮來進行協調。杜魯門深信蘇聯合作非常重要，對於那些步驟細節的爭論沒有興趣。可是在參議員范登堡攤牌之後，他指示艾奇遜將參議員的憂慮轉達給拜恩斯。

令人意外的是，這整個議題似乎引不起蘇聯的興趣。事實上，莫洛托夫堅持原子控制要放在外交部長會議最後討論。他甚至試圖在一場宴會上譏諷原子彈，不過史達林斷然制止他。「這件事非常嚴肅，不能拿來開玩笑。」他說，「我舉杯向美國科學家以及他們的成就致意。現在我們必須攜手合作，讓這種偉大的發明用在和平的目標上。」

在沒有太多爭辯的情況下，蘇聯接受了一項含糊的提案，在聯合國成立一個原子控制委員會。沒有人討論應該以什麼順序採取什麼步驟。蘇聯唯一的要求是這個委員會報告的對象應該是蘇聯擁有否決權的聯合國安理會，而不是聯合國大會；美國與英國都接受這項要求。

蘇聯更有興趣的是讓西方國家承認他們在東歐的「友好」政權。當各國外交部長在這項議題上無法達成協議時，史達林便邀請拜恩斯、哈里曼與波倫到克里姆林宮，希望謀求解決之道。這位蘇聯領導人表面上提出的讓步，正好反映了他認爲美國在蘇聯參與日本佔領行動時所做出的那種象徵性讓步。史達林說，爲了交換西方的承認，保加利亞和羅馬尼亞政府裡可以加入幾位非共產黨員。

急著將某種協議帶回國的拜恩斯立刻接受這個提案，可是波倫和哈里曼都不認爲那有什麼了不起。哈里曼後來表示，史達林的讓步「並未改變蠻橫的事實，或是減輕他對東歐的一絲掌控。」他們也瞧不起史達林對伊朗的傲慢態度。美方警告，如果蘇聯部隊繼續挑起伊朗北部的動亂，這件事就會在聯合國被提出來，史達林不在乎地回答：「這一點不會讓我們臉紅。」

正當同事們在克里姆林宮裡時，肯楠也緊張地來回踱步，等待他們抵達莫斯科大劇院（Bolshoi Theater）。那裡安排了一場謝蓋爾·普羅高菲夫（Sergei Prokofiev）的新芭蕾舞劇《仙履奇緣》（*Cinderella*）的特別演出，爲了等待這些美國人出現，時間已經延遲了。就在肯楠準備打電話到大使館時，一名很清楚肯楠爲何焦慮的蘇聯秘密警察告訴他，一行人正在趕來的途中。

肯楠從來沒有感覺如此受到排拒與忽視。他已經將他關於分享原子機密愚蠢之處的備忘錄交給拜恩斯，可是對方對他的觀點似乎不感興趣。「他的主要目的是達成某種協議，」肯楠在日記中表示，「他不太在乎是哪種協議。」肯楠聲稱，正在研擬中的關於東歐的條約是「民主程序的遮羞布，想要掩蓋史達林赤裸裸的獨裁」。

不專業的政治人物自認能夠處理外交，讓肯楠感到氣餒，於是他開始擬定一連串與俄國人交涉的規則。「不要與他們故做友好，」他開始寫道，「不要假定與他們目標一致，那並非事實。不要做出善意的愚昧舉動。」在一場與亞歷山大·賈德幹（Alexander Cadogan）及其他英國代表團團員共進的午宴上，當這個議題被提起時，肯楠與波倫透露了他們的共同看法。肯楠表示：「我認爲他和我對於與蘇聯政府交涉的技巧的觀察，震撼了沉著的賈德幹。」

哈里曼在安撫他所跟隨的總統時一向小心翼翼，他很訝異拜恩斯宣布不打算定期拍發電報回華盛頓。「我無法信任白宮可以不把消息外洩出去。」這位國務卿表示。當波倫提起同一件事時，拜恩斯語帶尖銳地說，他知道什麼時候有必要報告，什麼時候不必。「我被教訓了一頓，」波倫回想說，「而我一直沒忘記這件事。」拜恩斯不明白的是，艾奇遜在華盛頓正面對著氣惱的總統和一些不高興的參議員，而他們認為該被教訓的人應該是拜恩斯才對。

★★★

參議員范登堡看了報紙才發現拜恩斯在莫斯科做了什麼。更糟糕的是，杜魯門也是如此。兩人都不太高興。針對原子能的模糊協議並沒有包含分享資料的承諾在內，直到聯合國設法訂出一套檢視與控制的系統為止。不過范登堡決心讓這一點更為明確，在拜恩斯根本還沒返國之前便對艾奇遜大吼抗議。兩人前往白宮，再聽一次杜魯門的保證。這次參議員范登堡要他們寫下來。杜魯門請他與艾奇遜回國務院，於是兩人協商出一份可接受的澄清說法。上面強調，一項聯合原子控制的計畫「每個階段都必須有完全與充分的安全」。感覺有點受辱的杜魯門同意發出這項聲明。

因此當艾奇遜不得不更進一步惹惱總統時，他的心情自然不好。拜恩斯自認為獲得了一些重大突破，心情十分雀躍，對華盛頓的情緒不以為意，他發電報回國安排上廣播網的時間，想要告知國人他的勝利成果。心思敏銳的艾奇遜知道有必要對總統表現適度的尊重，尤其是杜魯門這樣的總統，對於有人怠慢總統辦公室這種事十分敏感。拜恩斯正在大西洋上空某處時，副國務卿艾奇遜在沒有事先徵詢他的情況下便向總統建議，廣播可以延後一天。當時搭乘遊艇威廉斯堡號（Williamsburg）在波多馬克河上悠閒航行的杜魯門，完全接受這項意見。像往常一樣易怒的海軍上將萊希以及當時逐漸嶄露頭角的白宮助理、圓滑的密蘇里州律師克拉克・克里福德說服杜魯門，應該命令拜恩斯一返國之後就立刻到遊艇上來，向總統報告。

艾奇遜並不樂意在機場與拜恩斯碰面，告訴他計畫生變，然後溫和地轉達總統的不悅。關於發生在威廉斯堡號上的嚴厲斥責情節，拜恩斯與杜魯門分別對艾奇遜以及在各自的回憶錄中提供了不同的說法。不管是不是如總統所聲稱的那般嚴厲，對於蘇聯在東歐的勢力範圍，杜魯門顯然再也沒有興趣謀求中間立場。「我不想再縱容蘇聯了。」杜魯門告訴拜恩斯。在下一次的記者會中，杜魯門總統強調，除非舉行自由選舉，否則他並不打算承認羅馬尼亞或保加利亞的政權。

對於莫斯科種種行徑的原因，因為缺乏一致的理論，杜魯門和他的最高政策制定者在一九四五年花了許多時間揣度各種狀況，對莫斯科的態度也搖擺不定，一路跌跌撞撞採取不少新的策略和路線。不過，強硬或友好似乎都對俄國人發揮不了作用。他們私底下的動機、他們的目標，以及他們行為的源頭，全都依然是個謎。

因此，一九四六年的任務是：建立一個可以解釋蘇聯行徑的新架構。唯有如此，美國才能夠找出方法，回應每個挑戰。唯有如此，美國才能判斷什麼樣的信任要素可以納入原子彈控制計畫當中。

第十二章　圍堵　對武力邏輯敏感

CONTAINMENT　Sensitive to the logic of force

哈里曼回家的時候到了。他確保與蘇聯進行戰時合作的任務早已完成許久，後續對於有必要執行強硬政策提出警告的任務也已經達成——或許就像他有時候的感覺，似乎顯得太成功了點。哈里曼知道，他最擅長的角色是私人調停者，可以與高層應對是他的優點。如今應該是研究分析報告時候，冷靜細心地解讀蘇聯行徑的深層意涵。哈里曼覺得，那是其他人的職責。

一九四六年一月，哈里曼拜訪史達林，向他告別，卻發現自己還是跟以往一樣並不確定蘇聯行動的真正動機。這位蘇聯獨裁者堅持，儘管兩國的社會體制有明顯的差異，他們「還是可能找出共同點」。他們甚至討論到戰後貸款的可能，並回憶起哈里曼過去拿到的錳礦特許權。然而當哈里曼離開克里姆林宮時，他卻對這位殘暴布爾什維克分子的謎樣性格以及他的政策感到困惑不解。他後來坦承：「史達林依然是我所認識過最深不可測與充滿矛盾的人物。」

「那些強調單邊行動甚於集體安全的人，都是來自蘇聯政府的高層。」哈里曼在他的告別演說中告訴大使館的同仁。他們想利用紅軍，盡可能掌控最大的區域範圍。新的情勢需要務實地瞭解蘇聯的目標，以及美國對抗他們時所扮演的角色。「我並不灰心，」哈里曼表示，「可是我想我們眼前有一段漫長的艱困道路要走。」

他繼續說，美國人愈來愈厭倦對全球的責任，最希望做的事就是能夠「拋開我們與俄國的差異，然後去看電影，喝可口可樂。」必須要讓他們理解，「與俄國之間的關係沒那麼簡單，這是一件會不斷持續下去的事。」事實上，有些跡象顯示已經有人開始瞭解這個情況。哈里曼說，很有趣也令人振奮的是，拜恩斯被批評爲安撫對方過了頭。「即將回國的士兵不希望再發生戰爭。」

離去之際，哈里曼在大使館將他極為認眞的參事拉到一旁。「現在由你當家作主了，」他告訴肯楠，「你可以盡量發電報。」

哈里曼和他在華爾街時代結交的朋友，例如麥克洛伊、羅威特以及艾奇遜，對於與莫斯科交涉的最佳策略偶有歧見。不過他們確實抱持相同的觀點。首先，他們都是務實的商人和協談者，覺得只要找了對的人在對的時機達成互惠協議，就能談成交易、解決問題。在這樣的氣氛當中，直截了當的堅定態度會帶來尊重，而試圖用讓步來買到友誼則往往會被當成懷疑的理由。不要受到欺壓是很重要的。

他們也都是多邊理想的信徒。他們相信，自由活絡的世界貿易體系會帶來更大的繁榮與更高的長久和平的機會。他們在背景與血緣上的自然關係都與英格蘭及歐洲有關，他們也都十分清楚，舊世界的文化與商業無論多麼衰敗，還是他們本身傳承的基礎。

他們也堅定地認為，在即將從第二世界大戰的灰燼中崛起的全球化年代裡，美國不應該自第一次世界大戰之後對於自由的追求與奮鬥中退縮。在空中武力與核武的時代中，安全無法靠領土控制或是浩瀚的海洋來維護。美國與世界安全的最佳保障將是在各地建立民主代議政府，這些政府的本質就是愛好和平，而非好鬥侵略。

此外，他們內心懷抱著一種特殊的使命感，對於美國及他們本身的角色都有所期許。原子時代的安全將需要某種美利堅和平，而美國必須接受領導的責任。像他們這樣瞭解美國必須具備決心並參與其中的人，也必須起身領導。麥克洛伊喜歡談古希臘的「伯里克利時代」，當時具備無私理想的偉大國家就是由具備同樣無私動機的偉大人物所領導。

這種觀點非常眞誠，十分正直也值得讚許。也正因為這樣的看法，導致哈里曼、艾奇遜或麥克洛伊想要瞭解史達林為何顯得如此難以相處時，便特別不容易。

然而，蘇聯卻有截然不同的看法。他們並不嚮往自由貿易帶來的繁榮，而是將這個目標視為美國經濟帝國主義的陰險面。某些美國人對於英國人以及其他歐洲人自然而然的喜愛，似乎成了西方聯盟滿懷敵意地包圍蘇聯的證據。美國領導和平的憧憬，彷彿威脅著原子外交。而在美國人眼中不證自明的政治理想，在克里姆林宮眼中與其安全利益是對立的。由於經常遭侵略，俄國往往將盡可能宰制與佔領更多領土視爲保障安全的手段。

有些人明白這當中存在的固有矛盾，他們包括肯楠等保守派，警告不要假定美國與莫斯科是「利益共同體」，還有李普曼與華萊士等自由派，極力敦促美國人試圖從蘇聯的角度來看事情。可是對於大多數的美國政策制定者而言，莫斯科好戰態度的根本原因依然是個謎。因此，史達林於二月九日在莫斯科大劇院所發表的演說才會引發那麼大的騷動。

在最高蘇維埃投票前夕的一場選舉集會上，史達林爲了支持新的五年經濟發展計畫，在正統馬克斯主義信條之內加入了一些勸誡之詞。他聲稱，第二次世界大戰是由資本主義的固有矛盾所引起的。他承認，蘇聯與他們「熱愛自由」的西方盟邦始終爲了一個共同目標而奮鬥：終結法西斯主義。但是在西方引起最多注意的是他提及「充滿敵意的」國際體系和「資本主義的包圍」。他預先警告，共產主義與資本主義之間水火不容可能導致另一場戰爭。

美國的反應從迷惑到驚恐都有。大法官威廉．道格拉斯（William Douglas）告訴佛瑞斯托，那場演講是「第三次世界大戰宣言」。評論家艾瑞克．薩瓦瑞德（Eric Sevareid）表示：「如果你能無視於史達林二月九日的演說，那麼你就比我還要勇敢。」《時代》雜誌形容那場演說「是對日戰爭勝利日以來，任何高層政治人物所發表最有戰爭意味的宣言」，不過該刊也指出，史達林發表那場演講的目的或許「純粹是爲了俄國本身的理由」。

當記者問剛從莫斯科返國的哈里曼如何評估，他認爲那場演說沒那麼重要，其「主要直接」訴求的對象是蘇聯民衆。「他們現在要求人民支持另一項五年計畫，而那項計畫將意謂著辛苦工作。」他知道，美國人已經意識到蘇聯的威脅，沒有理由再進一步激怒他們。可是哈里曼向海軍上將萊希透露，他本人沒有那麼樂觀。他說，克里姆林宮的政策首要目標是將共產主義意識形態擴張到世界其他地區。

有些人對那場演說的反應很強烈，其中之一就是保羅・尼茲。父親是芝加哥大學的羅曼語教授，祖父是巴爾的摩與俄亥俄鐵路（Baltimore and Ohio Railroad）的銀行家，尼茲本身同樣表現出衆，在哈佛大學與波倫一樣是坡斯廉俱樂部的成員，在華爾街則與佛瑞斯托同屬於瑞德投資銀行的工作團隊。他和佛瑞斯托曾經加入哈里曼與羅威特的陣容，處理派拉蒙（Paramount）出售哥倫比亞影業（Columbia Pictures）一案。克雷倫斯・狄倫（Clarence Dillon）在最後一刻退出，因爲他不想屈居於布朗兄弟哈里曼公司底下，不過這兩家金融機構之間的合作關係依然友好。在戰時，尼茲恰巧在往紐約列車上的餐車碰見喬治・肯楠。他們談論到彼此的朋友，尤其是波倫，肯楠也透露了自己對於蘇聯的強硬看法。「我眞的能領會他所說的話。」尼茲後來回憶說。

讀過史達林的演說內容之後，當時在國務院擔任中階官員的尼茲立刻去五角大廈見佛瑞斯托，告訴他那段演說是「對美國宣戰的延遲宣言」。佛瑞斯托當然不需要說服，不過他請尼茲去見艾奇遜，他也眞的去了。副國務卿艾奇遜說，這樣的恐懼「全都無聊透頂，保羅」。

然而，再次涉入控制原子問題的艾奇遜卻因爲這場演說和其引發的騷動而感到沮喪。他對於蘇聯合作的希望渺茫感到茫然憂慮，促使他要求波倫針對這個主題提出一份備忘錄。此外，他指示國務院應該尋求該領域專家的意見，像是喬治・肯楠這些人。

波倫試圖爲這個問題找出新的解決辦法，可是卻碰到了阻礙；創新的策略思考並非他的強項。在給艾奇遜的備忘錄中，他列出三個替代方案：坦白承認蘇聯與西方的勢力範圍、採行軍事強硬政策以挑戰蘇聯擴張主義，還有在涉及每個國家的自由與自決權利時，實行以《聯合國憲章》所體現的理想爲基礎的威爾遜「普遍主義」路線。

波倫指出，這些選項中的前兩項缺乏國內的支持。如同聯合國所宣稱的，遵守國際法原則，尤其是直接與蘇聯協商任何議題，必然是最明智的作法。至少如果美國捲入任何的爭端，那「會是針對清楚的道德議題，而不是強權之間國家利益衝突的結果，後者在世界上往往會引發不同的看法」。

波倫坦承，這種方法有一個困難，「那就是將世界合作及國際道德的原則，整合到幾乎完全以促進蘇聯國家利益爲宗旨的獨裁政策裡頭。」當然，這不是個無足輕重的問題。事實上，這是整個問題的關鍵。

克里姆林宮對於國際合作就是沒有興趣。波倫的架構混合了威爾遜與羅斯福的路線，但是並沒有解釋史達林的演說爲何懷有明顯的敵意。華盛頓許多人也實在無法理解，蘇聯爲什麼不渴望與促進國際合作與自由貿易的機構合作，例如世界銀行或國際貨幣基金。

鑑於這樣的困惑，有兩個問題被發送到莫斯科，一個出自國務院，另一個出自財政部。它們被送到了一個人的辦公桌上，這個人心裡充滿了壓抑多時的意見，剛剛才獲得抒發的機會；這個人比任何人都更贊成波倫提出的前兩項方案；這個人的心裡並沒有被一些善意的假設所蒙蔽，以爲俄國多多少少與美國具有相同的價值觀或目標。

★★★

華盛頓對於蘇聯的錯誤態度令喬治．肯楠感到沮喪，於是他再次宣稱要辭職。同樣地，波倫再一次求他「不要做傻事」。更令肯楠難過的是身體突然發作的一陣小病痛（流行性感冒、鼻塞、牙疼），讓他不得不在莫科瓦亞街的大使館房間裡的床上躺了好幾天。因此不難理解，當最新的一些天眞疑問送到他的臥室裡，套句肯楠自己說的話，只是讓他陷入「一層更深的絕望」。

然而，肯楠並沒有辭職，而是決定放下他灰心的想法。「漫長的十八個月，我幾乎什麼都沒做，只是在點醒別人，試圖讓他們明白。」他後來回想說，「目前爲止跟華盛頓官方的溝通，簡直就像是對牛彈琴。」

那天是華盛頓總統日☆（Washington's Birthday），因爲假日而關閉的大使館安靜而冷清。不過拒絕「以幾

☆譯註：為紀念第一任總統華盛頓的誕辰，美國將每年二月的第三個星期一訂為總統日，也是全國的法定假日。

個固定句子打發問題」的肯楠受到了刺激，決定採取行動。他已經針對蘇聯的行爲主動提出了許多解釋，不過大部份都不被人欣賞，流落到哈里曼或其他人的檔案裡，如今他的意見終於正式獲得青睞。「他們來問我的意見了，」他心想，「天啊，現在他們要接受了。」

他打電話給他的秘書，找來兩名使館武官，請他們到大使館樓上他的臥室集合。他整理了自己的想法，像清教教義般將它們分成恰好五個部份，結果口述了一份多達五千五百四十字的分析報告，成爲所謂的「長電報」（Long Telegram）。它的目的是喚醒與啓迪，希望引起華盛頓官員的注意，最後傾聽焦慮的作者所要表達的看法。在嚴肅的語調底下，呈現的是相當驚慌憂慮的詮釋。肯楠的分析報告透過它的內容以及詮釋的方式，日後將成爲美國駐外辦事處史上最具影響力的一封電報。

是什麼導致蘇聯在國際事務上呈現那樣的行爲模式？肯楠的報告指出，根據他們的馬克思主義宣傳，他們宣稱是受到一個信念的激勵，也就是資本主義固有矛盾會造成西方國家發動對抗蘇聯的「干預戰爭」。當然，這樣「毫無根據又已證明是謬誤」的基本理由「自是不正確」。事實上，「蘇聯的黨的路線並非基於俄國邊界外情勢的任何客觀分析。」肯楠主張，眞正提供俄國統治者動機的是一種「有數百年歷史」的觀點：「在克里姆林宮神經質世界觀的源頭，是俄國傳統根深蒂固的不安全感。」

那麼，意識形態扮演了什麼角色？馬克思主義主要是俄國當前統治者的「遮羞布」，用來將警察國家手段、封閉社會，以及擴張主義的野心予以合理化。「在這套以利他爲基本目的的教條中，他們發現了一些理由來解釋他們對外界根深蒂固的恐懼，也爲他們只懂得用獨裁方式來統治的作法辯解。」肯楠解釋，「這就是爲什麼蘇聯的目標總是必須莊嚴地用馬克思主義的象徵符號來掩飾，也是爲什麼誰都不應該低估蘇聯事務中主義教條的重要性。」肯楠主張，馬克思主義不是蘇聯擴張主義的起因，不過「它加了蜜糖的承諾」使得傳統的俄國觀念「比以往更加危險而狡詐」。

這對克里姆林宮的外交政策來說代表什麼意義？肯楠預測，「他們會設法努力將蘇聯勢力的正式界限往外推。」這種擴張主義最早的徵兆將出現在鄰近地區，例如伊朗和土耳其。此外，有一個國際共產網絡會滲透到「工會、青年聯盟、婦女組織、種族社會……自由派雜誌、出版社等等」，企圖瓦解西方的意志。

肯楠的結論很可怕。他表示，蘇聯認為有必要「摧毀我們的傳統生活方式」。因此，美國應該如何面對這種挑戰的問題，「無疑是我們的外交至今面臨過最重大的任務，未來恐怕也不會碰上比這更重大的責任。」

在外界聽到他的警告並嚴肅看待之後不到幾年，肯楠抱怨他其實無意讓他的蘇聯「圍堵」理論（後來被冠上的名稱）被詮釋為主要是一種軍事反應。然而在「長電報」中，那卻是他討論的第一項策略。他寫道：「蘇聯的權力是不受理性邏輯所影響的，不過對武力邏輯卻是高度敏感。」當克里姆林宮「在任何時候遭逢強大的抵抗」，便很可能退縮。蘇聯的敵人「鮮少」必須使用武力，只要「表明自己準備使用即可」。

當肯楠的預警式分析報告送抵華盛頓時，他提倡的其他附加策略——更佳的宣傳計畫、努力建立西方的經濟與精神活力——並沒有獲得多少注意。他的訊息中屬於「鼓勵性」的部份也沒人關注：蘇聯領導人基本上很謹慎，馬克思主義理論並沒有要求對資本主義國家發動戰爭，西方的實力也可以嚇阻軍事衝突。肯楠渴望讓人聽見自己的意見，因此用警告式的文筆來掩飾他的想法，所以在一九四六年二月看到「長電報」的人認為其中傳達了兩項訊息：美國必須強力設下界線，防止蘇聯的勢力進一步擴張，還應該為了這個目的大膽地與英國及其他西方國家結盟。

使得「長電報」影響力如此龐大的並不是肯楠所說的話（他過去便經常說相同的話），而是華盛頓願意聽的部份。「如果我先前寫的文章表面上都沒有引發他們的一點迴響，」他表示，「這次令我驚訝的是迴響極大，而且震盪不斷。」

為了美國對蘇聯的溫和態度所帶來的危險，他無謂地苦惱了十年。然而，接下來三年之內他苦惱的則是美國軍國主義的危險性。不過有一段短暫的關鍵時期，肯楠的觀點正好與美國官方的思考不謀而合。他的說法恰巧與華盛頓日益升高的不安感不謀而合。肯楠終於有了一次愉快的經驗。「我建立了自己的名聲，」他說，「現在我的聲音傳達出去了。」

「這封喬治・肯楠從莫斯科發出的電報不得縮短。」一名國務院助理在將它交給拜恩斯與艾奇遜時如此寫道。一份「精彩的分析」，拜恩斯回覆時如此寫道。一九三〇年代早期在里加與莫斯科受訓的那些資深蘇聯專家特別高興。「它眞是一針見血。」洛伊・韓德森表示。「這對奇普和我，還有其他長期接觸俄國事務的人來說，看到人們能從正確的角度來思考這件事，」艾爾布里吉・杜布洛指出，「令人感到非常愉快。」

對於與莫斯科交涉的難處，波倫與哈里曼長久以來都與肯楠擁有相同的基本信念。不過他們反對他的粗糙說法，認爲世界要分裂成敵對的勢力範圍。他們本身的強硬態度之所以面臨危險，主要是因爲莫斯科對於自決與自由所表現出來的輕視，尤其是在波蘭這樣的地方。憤慨的長老教會長老喬治・肯楠無疑可能對蘇聯的極權主義產生道德上的憤怒，就像哈里曼與波倫那樣；可是俾斯麥路線的現實主義者喬治・肯楠並不關心威爾遜路線的理想主義，而且完全準備好要承認波蘭以及其他不幸落入蘇聯勢力範圍的地方。

「長電報」帶來了一項重要的結果，那就是它統一了不同強硬路線支持者的思路。唯有在波倫與哈里曼等人開始採納肯楠的觀點，也就是將蘇聯與其附庸國家視為一個敵對的權力集團，一個絕對拒絕接納西方民主理想的集團，那麼強硬路線的態度才有可能演變成一種圍堵政策。

對於自己最近沒有提出備忘錄而感到不安的波倫，熱切支持肯楠「詳盡而出色的分析」。在給艾奇遜的一份備忘錄中，這位國務院的蘇聯專家聲稱肯楠的電報意謂著「沒有必要更進一步檢視目前蘇聯政策的動機或原因」。波倫補充說，蘇維埃社會主義共和國聯盟是「一個逐漸擴大中的極權國家」，而世界正分裂成「兩個相互對立的敵對陣營」。他建議，美國「應該窮盡各種方法」對抗蘇聯。

從前見識過肯楠如此眞情流露的哈里曼，發了電報給他的這位前助手，「恭喜你的長篇分析文章引發熱烈反應。」更重要的是，他也寄了副本給他朋友佛瑞斯托。既然你「對當今蘇聯領導人的哲學有興趣」，哈里曼寫信給海軍部長佛瑞斯托，肯楠的文章「非常值得一讀」。

肯楠電報傳到之前一個月，佛瑞斯托寫信給沃爾特．李普曼指出，美國面臨的根本問題是，它所對付的到底是個傳統的民族國家，還是一個狂熱的宗教。佛瑞斯托傾向於相信，俄國屬於後者。他深信自由世界正受到國際共產主義的圍攻，克里姆林宮的行徑可以用它服膺共產教條來解釋，所以十分認眞研究關於馬克斯、列寧，以及布爾什維克革命的哲學小冊子。

在肯楠的電報中，佛瑞斯托認爲他發現了自己熱切追尋的知識性的肯定訊息。因此他誤解的不只是「長電報」的細微之處，還有它的許多基本要點。佛瑞斯托看肯楠電報的方式，確認了他自己的強烈信念，那就是馬克思主義是蘇聯擴張主義的原因，以及終止國際共產主義的擴散可能需要訴諸武力。

佛瑞斯托其實不知道肯楠是誰，可是卻開始像個福音傳播者一般宣揚他的理念。他將「長電報」抄錄在自己的日記裡，發送大量副本，還把它定爲部屬以及高層官員的指定讀物。佛瑞斯托將肯楠納入自己旗下，確保他的意見能大聲地被人聽到。然而在擴音的過程中，肯定會出現部份失眞的情形。

★★★

田納西河谷管理局（Tennessee Valley Authority）局長大衛．李連塔爾（David Lilienthal）抵達狄恩．艾奇遜的國務院辦公室時，電報已經放在艾奇遜的桌上了。這兩個人負責研擬美國要交給聯合國的原子控制計畫，而李連塔爾在三月初的那個早晨走過拉法葉公園（Lafayette Park），想要檢查他們隔天將呈給整個委員會的草稿。不過他發現自己的同事心不在焉，情緒幾乎有點焦慮。超過九十分鐘的時間，艾奇遜飽受外交政策問題的折磨，便將肯楠的「長電報」交給李連塔爾閱讀。看完那封電報的內容之後，李連塔爾說：「原子彈將是眞正測試我們是否瞭解蘇聯問題最早的測驗之一。」

艾奇遜同意。但是他已經開始瞭解到，這項任務會比他和李連塔爾原本所期望的更爲困難，它需要更加著重在防衛措施上，仰賴信任與信念的程度則會降低。對於艾奇遜務實的作風來說，肯楠的電報實在太過抽象，而且當中提出的建議對於一個行動取向的政策制定者而言也沒有多少幫助。不過它的警告引人共鳴。艾奇遜在思考原子能和其他各種問題時，開始慢慢能領悟肯楠的不祥預感。

艾奇遜與李連塔爾坐下來閱讀肯楠的電報的那天早晨，也就是一九四六年三月六日星期三，是各種事件與想法表面看來相互衝突的時刻之一：

・就在他們會議開始前幾分鐘，美國駐大不里士（Tabriz）的領事傳來一封電報指出，伊朗北部出現「異常大量的蘇聯部隊移動」。在附近的一間辦公室，有人正在準備一張大地圖，上面有紅色箭頭從俄國向下侵襲德黑蘭與土耳其邊界。

・報紙的頭條標題是前一天在密蘇里州富爾頓（Fulton）發表的一場演說，演說中警告，歐洲各地正降下一道「鐵幕」。原本已經在擔心英國提出原子能事務關稅優惠待遇的艾奇遜，決定國務院必須與溫斯頓・邱吉爾的求戰呼聲保持距離。可是他擔心這位英國前首相的評估事實上可能相當符合現實——他確知它反映了華盛頓日益升高的一種情緒。

・報紙頭版也包含了加拿大間諜醜聞的最新消息。二十二名科學家與技術人員被捕，因爲他們屬於一個情報集團，涉嫌提供原子機密給蘇聯，而莫斯科根本沒有否認相關指控。甚至在艾奇遜思考如何分享原子控制權時，都傳言有間諜活動延伸到了美國。

・前一週突然出現一些演說——包括吉米・拜恩斯、亞瑟・范登堡以及約翰・佛斯特・杜勒斯（John Foster Dulles）——呼籲美國對蘇聯應採取更強硬的路線。每場演說都包含希望與聯合國更密切合作、並遵循聯合國理想的說法，不過它們的基本要點均與肯楠的電報相同：世界正分裂成敵對的東西陣營，美國必須強力防止蘇聯勢力進一步擴大。

這些情形是艾奇遜那天早晨思考的整體情勢中的新因素。他告訴李連塔爾，這個變化迅速的環境注定會影響他們試圖擬定的計畫的觀點。

艾奇遜已經在一月初回來參與控制原子武器的計畫。就在拜恩斯要前往倫敦參加聯合國會議時，他發現艾奇遜因流行性感冒而臥病在家中床上。這時從杜魯門、范登堡到史達林，每個人都同意華盛頓應該交一份原子發展的提案給聯合國，於是便成立一個委員會以草擬提案。艾奇遜即將擔任主席，於是國務卿拜恩斯在電話上通知他。

艾奇遜抗議，他對於這個主題的技術面一無所知，但是沒有人理睬。拜恩斯說，委員會將有許多人襄助：哈佛大學董事長詹姆斯·科南特（James Conant）；杜魯門總統的前科學顧問萬尼瓦爾·布希（Vannevar Bush）；曼哈頓計畫的指揮官萊斯里·格羅夫斯將軍（General Leslie Groves）；以及與史汀生一同出席波茨坦會議，並在阿第倫達克山脈撰寫第一份原子控制提案的約翰·麥克洛伊。拜恩斯說，他們全都是好人，與他們合作會很有意思。艾奇遜又試著稍微抗議了一下，不過拜恩斯說他必須趕飛機去了。艾奇遜回想（這或許有一點誇張），他在康復之前體溫上升了華氏六度。

當這群人開始工作時，麥克洛伊是最樂觀的其中一人，認為可以擬出一項為蘇聯所接受的計畫。在他看來，自己的任務之一是將史汀生傳授給他的知識繼續傳承下去。他熱情地接受這項任命案，從紐約搭機南下，並答應艾奇遜的邀請，在他家暫住。

艾奇遜與麥克洛伊決定的第一件事就是這個委員會需要一個技術顧問團的協助。艾奇遜挑選李連塔爾擔任這個團體的主席，他是來自哈佛法學院的布蘭戴斯－法蘭克福特那幫人的成員之一。艾奇遜解釋，如果少了這樣的專家小組，情況就會像是叫一個南太平洋島民去處理乳牛被輾死在鐵軌上的問題：無論那個島民多麼好心，只要他不知道乳牛或鐵路是什麼，就根本無能為力。

這個小組的明星是洛斯阿拉摩斯實驗室的首腦羅伯特·奧本海默，焦慮不安的原子彈之父。他也借住在艾奇遜家。每天晚餐過後，艾奇遜的書房裡就會架起一塊借來的黑板，擁擠的牆上除了掛著一張史汀生的肖像，還有艾奇遜的家庭照片，並擺著他在耶魯大學新生划船隊贏得的銀盃。熱情的物理學家奧本海默在那裡幫艾奇遜與麥克洛伊上課，教導他們原子彈內部運作的原理。

「他畫了小小的人代表電子、中子和質子，」艾奇遜回想說，「它們彼此衝撞，互相追逐、分裂，通常是以難以預測的方式繼續。」麥克洛伊和艾奇遜不斷向奧本海默提出問題。「沒希望了，」他們的老師偶爾感嘆，「我真的認為你們兩個以為中子和電子的確是小人。」艾奇遜表示：「我們可沒承認。」

整個二月——史達林發表演說，肯楠分析，蘇聯部隊遷移，邱吉爾飛越大西洋——李連塔爾和奧本海默的專家小組也獨自展開行動，飛到橡樹嶺及其他實驗室，蒐集資料，拼湊控制原子能計畫所需的細節。他們的提案充滿創意、振奮人心、面面俱到——不過，或許也有點天真。

李連塔爾與奧本海默斷定，沒有合作性的國際體系能夠僅僅靠著一批原子警察執行規定，像禁酒時期的治安官一樣在世界各地巡視。相對地，應該成立新的國際原子發展管理局（International Atomic Development Authority），並賦予它積極正面的角色。它可擁有及開採世界上有限的鈾礦及釷礦，為較小的發電廠提供「變性」的原料，並獨立運作所有可能具有危險性的原子設施，地點可設於世界任何地方。這個機構在實質獨佔的情況下，可以輕易地發現是否有任何國家企圖進行自己的獨立武器計畫。如此一來其他國家就能得到充分的警告，在必要時採取強力措施。

這是李連塔爾在三月六日帶給艾奇遜的計畫，艾奇遜也要求他隔天在敦巴頓橡樹園（Dumbarton Oaks）向整個委員會報告。那棟喬治城豪宅裡的會議室，提供了一個足以與該計畫的歷史宏偉性相稱的環境，三層樓高的房間雕樑畫棟，牆上覆著價值連城的織錦。燈光透過法式雙開門上的玻璃照到花園，也照亮了艾爾·葛雷柯（El Greco）的畫作《聖訪》（*The Visitation*）。

科學家輪流閱讀計畫內容。當李連塔爾看完最後的章節，他突然誇張地將報告放在桌上，宣布：「各位，這是我們提出適用於原子能世界的安全計畫。」在長桌的另一端，艾奇遜放下手上的報告，摘下他的眼鏡。「這是一份出色而且深刻的文件。」他以溫和低沉的語調宣布。

不過他還是有疑慮，委員會其他成員也是一樣，因爲他們愈來愈擔心俄國的動機。於是，委員會成員和專家開始分別或共同研究這項計畫，在艾奇遜的細心引導下辯論著如何修正，時間長達一個多星期。科學家被告知，必須多加強調檢查以及有清楚步驟的時間表，那麼如果俄國不守信用，美國才不會透露太多訊息。這些科學家並沒有看過莫斯科與德黑蘭的電報，或是苦惱於蘇聯的動機，因此不太願意。不過他們最後還是照辦。

麥克洛伊以及艾奇遜是對於整體計畫最熱情支持的兩個人。計畫中堅定的語調超越了麥克洛伊和史汀生過去所能想像的程度，不過麥克洛伊重視行動，也喜歡解決難以理解的問題，因此這個計畫十分吸引他。他強調，絕對不能有所延遲。美國不能一邊推動自己的原子武器工廠，一邊又試圖阻止其他國家那麼做。他表示，這項計畫令人如此欣賞的是它可以讓蘇聯以及其他所有人接受。它非但可行，而且並不愚蠢。

然而在麥克洛伊的想法背後，有一個曾經打動史汀生的概念。如果蘇聯仍舊是一個封閉社會，那麼任何計畫都不可能完全成功。這項宏偉的計畫無疑代表著那個國際機構會在蘇聯境內建造原子工廠。或許這可以作爲一個誘因或手段，讓克里姆林宮對它的警察國家社會鬆綁。甚或分享美國的原子獨佔狀態，可以帶來一項大型的解除武裝計畫。

艾奇遜對他朋友的天眞感到有點驚奇，於是很快壓下這個概念。他說，「追逐虛幻的鬼火」沒有用，妄想一舉解決蘇聯問題也是天方夜譚。如果美國希望蘇聯逐漸步向「文明」，就需要時間與耐心。

經過九天密集的工作之後，艾奇遜通知他的委員會和他們的顧問在週日早晨到敦巴頓橡樹園召開最後一次會議。他與麥克洛伊都急著想讓計畫盡快完成，擔心有什麼事件會出來攪局。（同時也有一些個人考量。麥克洛伊在南下之前曾經發電報給艾奇遜：「如果我不能到普羅維登斯〔Providence〕參加小道格拉斯的婚禮，後果之可怕會超過原子彈。」）

不過委員會成員還在爲了細節問題爭吵。赫伯特．馬克斯當時的秘書安．威爾森（Anne Wilson，後來成爲他的太太）傳了一張字條給艾奇遜，上面說喝咖啡休息一下或許可以抒解緊張壓力。果眞如此。艾奇遜在成員之間周旋，希望找回折衷方案，確保協議的用字遣詞無誤。當所有人重回座位之後，艾奇遜提出一個問題：應該通過這項計畫嗎？全體一致贊成。

爲了避免又陷入爭辯，趁著其他人外出吃午餐，艾奇遜親自撰寫轉送函。所有關於時機、階段與防衛措施的協議都字斟句酌，再巧妙地穿插整合在一起。「我們感到印象深刻，」艾奇遜寫道，「一個國際性機構擁有先發制人的力量，極具優勢，也有檢驗行動的權利。」

下一個星期。在CBS電台的一次訪問中，艾奇遜被問到這項計畫是不是「像一張公路地圖，上面顯示一條通往國際控制的安全的國家公路？」艾奇遜回答：「對，只不過這並非度假旅遊。它極爲嚴肅，我們必須立刻啓程。」

然而，拜恩斯與杜魯門覺得有需要找一位更具名望的駕駛。獲選在聯合國報告這項計畫的是伯納德．巴魯克，七十五歲的「總統顧問」，自詡爲路邊哲學家，也是個退休的股市投機客。艾奇遜大加反對：巴魯克個性浮誇，素來以擅長靠政治獻金賺錢，以及靠公關赫伯特．貝約．史沃普美化形象而聞名。李連塔爾宣稱他本人「相當受不了」任命這位「愛慕虛榮」的自我吹噓人物。

麥克洛伊曾經幫忙勸艾奇遜不要公開發表那份報告，主張應該作爲聯合國代表的基本資料，讓他自由運用。可是在巴魯克獲任命之後，艾奇遜覺得有一點衝動，要將計畫保密。他希望有公開辯論，確信那樣會展現他們所整合出來的一套計畫有多麼紮實。於是他提供副本給參議院的一個委員會，而不意外的是，它的精華出現在第二天的報紙上。國務院接著便正式發表這份文件。

讚賞之聲意外來自各種不同的領域，從自由派評論家到保守派參議員都有。《紐約時報》和《華盛頓郵報》都在社論中認可這項計畫，參議院也立刻做成一項正式決議，讓它成爲協商的基礎。（I. F.史東是少數的反對者之一，他批評說，作者當中唯一「思想進步的人是艾奇遜」。佛瑞斯托寄了這篇文章的副本給麥克洛伊，並開玩笑說他「很高興指出，你沒有資格進入艾奇遜進步主義學校」。）

巴魯克認為自己地位崇高、經歷豐富，便宣稱他年紀太大，不適合擔任「傳訊信差」，並要求他有權利自行決定修改內容。麥克洛伊和艾奇遜都與他密切合作，希望能保留該計畫的基本原則。可是巴魯克堅持的一些元素，套句艾奇遜的說法，「幾乎肯定會破壞俄國接受的可能性」。這些元素包括自動懲罰任何違反最終協議的國家，以及蘇聯或其他成員沒有否決權。

巴魯克帶著自己的替代方案到白宮，威脅說如果艾奇遜的計畫獲選，他就要辭職；結果他如願以償。在聯合國，他成功挑起聽眾的情緒，以史沃普為他寫的一句話開場，順利取得宣傳上的勝利：「我們在這裡是要在生死之間做一個抉擇。」蘇聯大使安德烈．葛羅米科也以蘇聯所提完全禁止核子武器的提案取得宣傳上的優勢。然而，兩邊所提出來的計畫都沒有機會為對方所接受。

麥克洛伊和艾奇遜肯定會發現他們的計畫難以被蘇聯所接受。史達林幾乎不可能接受一個允許美國人檢查蘇聯境內相關設施和礦場的計畫，還同意每個邁向聯合控制的步驟。而成立一個原子管理機構，讓它在各個國家擁有礦場，而且由國際性官員來運作，如此展望宏大的計畫也並不是非常務實的作法。現在回顧起來，我們也清楚知道，蘇聯曾經秘密決定自行監控與建造原子武器，也很可能為了自己憤世嫉俗的目的而充分利用任何協商結果。

然而在當時，儘管機會不大，但這項計畫似乎還是有可能為國際合作建立一個有效的架構，成為瘋狂失控的毀滅性原子武力競賽的替代方案。這正是史汀生傳承給麥克洛伊、艾奇遜以及許多人的真摯夢想，一個如今已慢慢消逝的夢。

★★★

狄恩．艾奇遜對於與蘇聯交涉的態度轉變為強硬立場，或許是戰後美國政治人物中最戲劇性也最重要的一個。在三月初，他還對可以實現一個原子合作的體系抱持著高度期望。但是在那些希望破滅之際，艾奇遜認爲可以和美國失去的盟友維持友好關係的信念也跟著瓦解。態度堅定、觀點強硬、願景清晰——這些都是艾奇遜權威（有人說是專橫）作風的一部份。對蘇聯舉棋不定的態度，並不適合他，也沒有困擾他太久。如同他後來說的：「一九四六這一年大致上說來學到的就是，克里姆林宮的想法跟喬治・肯楠當初預測的非常相近。」

艾奇遜與哈里曼、波倫及肯楠等人不同，他的態度不是因爲個人經歷了克里姆林宮領導人背信欺騙或接觸到蘇聯社會的缺點而形成的。他也不像肯楠那樣容易因爲歷史與意識形態的力量而遭受到心理上的折磨。影響布蘭戴斯這位得意門生的是確鑿的證據以及具體的情況。即使控制原子的謀略正在進行中，早春的日子還是提供了兩個這樣的教訓。

在十二月，當艾奇遜剛開始處理美國給英國的貸款，這項行動並不被視爲英美合力對抗蘇聯勢力。事實上，艾奇遜和波倫及哈里曼一樣都懷抱著希望，接下來就是貸款給莫斯科；在一九四六年初始，他們全都依然相信經濟援助可以用來作爲對付克里姆林宮的手段，甚至還有助於促使俄國逐漸變成世界社區中樂於合作的一員。在規劃貸款給英國三十七億五千萬美元的計畫時，艾奇遜主要著眼於獲得倫敦的讓步，希望降低大英帝國的關稅障礙，推動全球自由貿易的目標。

或許確保這項貸款納入東西方談判條件的，是溫斯頓・邱吉爾在三月初以平民身分造訪美國的那趟行程。在參議院預計要考量這項措施的時間之前不到兩個星期，邱吉爾在密蘇里州提出他的「鐵幕」宣言。然而，引發最大爭議的不是他如何描述問題，而是他提出的解決辦法：英、美兩國大膽結盟對抗蘇聯。「我深信他們最欣賞的就是實力。」這位前英國首相以低沉的聲音說。接著他又補充，而這需要「英語民族發揮兄弟情誼」。

結果造成了兩極化的騷動。美國與英國一樣，依然是蘇聯的正式盟邦。杜魯門總統覺得有必要遠離與他共享同一個舞台的人，便提出一個站不住腳的說法，表示自己事前並沒有看過演說內容。「我認爲那是有點好處，」他寫信給自己的母親，「可是我還沒有準備好爲邱吉爾先生的演說背書。」克勞德・派柏與其他幾名參議員發出一份聲明，指控邱吉爾無法將自己的想法「與隆隆鼓聲以及大英帝國國旗的飄動區分開來」。亨利·華萊士與沃爾特·李普曼等自由派人士再度指責英、美結盟，他們聲稱那樣只會使得蘇聯的不安全感以及敵意升高。

演說當晚，艾奇遜夫婦正好舉辦一場晚宴，李普曼、華萊士以及波倫均受邀參加。現場發生了激烈的爭辯。艾奇遜與平常一樣辯才無礙，咄咄逼人，主導了整段對話。他說，邱吉爾說的有道理，該是強硬面對蘇聯的時候了。波倫瞧不起蘇聯擔心受包圍；採取攻勢的是他們，不是美國。另一方面，華萊士則警告這可能會導致戰爭。「這個嘛，奇普，」李普曼夫人告訴波倫，「我只能說在你的戰爭裡，我不會當護士的助手。」她的丈夫大多靜靜坐在一旁，可是在他隔天寫的專欄裡，他警告：「不應該將大英帝國的利益與美國的重大利益看成一模一樣。」

波倫將這樣的觀點轉達給莫斯科那位與他看法相同的朋友肯楠，後者的回應仍是一如往常的「擔憂與驚恐」。肯楠在發回給華盛頓的電報中舉出李普曼和華萊士的名字，重申他的論點：莫斯科的世界觀不是奠基於事實，而是內部的需求。「完全解除武裝，將我們的空軍與海軍部隊送到俄國，以及將政府的權力交給美國共產黨員，甚至會使得問題變得更嚴重。」他在電報上寫道，「即使我們相信——這不是開玩笑——莫斯科會察覺到有陷阱也一樣。」簡言之，英國與美國應該攜手合作，不必擔心蘇聯會如何詮釋這件事。

哈里曼基本上也認同他朋友前英國首相的看法。富爾頓的演說過後幾天，兩人在華盛頓私底下有一段長談。邱吉爾說，俄國人會嘗試闖入一間房子裡的每個房間，進入沒有上鎖的房間，碰到無法闖進去的房間時，他們會退出來，然後在同一天晚上親切地邀請你共進晚餐。哈里曼在思考與口才上遠遠不及邱吉爾厲害，他對邱吉爾言辭之犀利以及觀點之悲觀同樣到印象深刻。

在華盛頓的英國大使館，艾奇遜自己也有機會與邱吉爾共進晚餐。他同樣折服於這位英國人的直率魅力。對於邱吉爾的政治家風範和畫作，愛麗絲·艾奇遜幾乎壓抑不住自己的讚賞之情。本身是傑出畫家的她，對於邱吉爾畫作中的用色與色調是否太過鮮明，不符合他的藝術風格，有一段激烈但友善的辯論。「尊夫人是個相當有說服力的女子。」邱吉爾對艾奇遜這麼說，於是贏得了他長期的好感。

儘管與華萊士發生爭執、對邱吉爾有好感，艾奇遜卻擔心美國政策是不是應該與英國如此緊密相連，對抗莫斯科。聽了國務院同事的建議之後，他決定不參加在紐約爲邱吉爾舉行的歡迎宴會。當參議院展開有關英國貸款的聽證會時，艾奇遜盡量小心拿捏。

艾奇遜試圖表明，這筆貸款象徵美國支持自由的原則，但是不應該被視爲打擊共產主義擴張的作法。他宣稱：「我們對於一種作爲我們生活基礎的經濟體系有興趣——自由獨立企業的體系。」然而，范登堡參議員比較有興趣的是戰略上的意涵。「如果我們不當領頭羊，」剛剛轉爲支持國際主義的他表示，「某個強大的國家就會利用我們的未來而得利。」

在參議院驚險過關之後，這個計畫送進白宮，結果證明那裡甚至需要用到更多反共的言論。來自麻州、備受敬重的共和黨籍國際主義者克里斯欽．赫特（Christian Herter）衆議員解釋說：「經濟的主張整體上而言比較無法令人信服，感覺上這筆貸款可能是要讓我們緊抓住一個我們可能極度需要的國家，以因應即將逼近的俄國問題。」來自德州的民主黨籍衆議院議長山姆．雷伯恩（Sam Rayburn）補充說：「我不要西歐、英國和所有其他國家向我所瞧不起的一種意識形態靠攏。」

艾奇遜斷定，要贏得外界對英國貸款計畫的支持，反共言論有其必要。當然，那也意謂著要放棄貸款給蘇聯的任何計畫。在三月份的一項調查中，民衆被問到「美國的對蘇政策太軟弱還是太強硬」。結果與先前的調查呈現大逆轉，百分之六十回答「太軟弱」，只有百分之三表示「太強硬」。艾奇遜也已經逐漸深信一樣的答案。同樣重要的是，他體會到這樣的情緒可以用來匯聚民氣，支持美國在一個變幻莫測的危險世界中肩負起重大責任。

★★★

在關於英國貸款與原子能的辯論期間，艾奇遜的觀點中有一項關鍵因素是同一時間來到緊要關頭的伊朗危機。它生動呈現了讓美國人最害怕蘇聯的所有手段。與幾個月之前的協議相反，莫斯科拒絕實現原本的承諾，讓紅軍在三月二日的最後期限從其戰時在伊朗佔領的區域中撤退。它也鼓舞了伊朗北部亞塞拜然省（Azerbaijan）一場共產黨領導的分離運動——有助於在那裡強制施行蘇聯式的秘密警察制度。最後，莫斯科似乎在德黑蘭涉入了推翻伊朗總理的行動，讓一個背景不明的人取而代之，而此人至少有一段時間的表現十分同情蘇聯。

最糟糕的是，這件事並非發生在東歐，否則俄國便可以它建立一條安全帶具有正當利益。唯一合理的解釋是莫斯科的行動是公然的擴張主義。對艾奇遜以及其他從歷史得到教訓的人來說，這個危險地區對於西方的經濟與戰略利益十分重要。

《紐約時報》刊出一篇力道十足的社論，提出如今似乎每個人都在問的問題：「俄國要什麼？」文中承認蘇聯有其安全需求，接著列舉出自從第二次世界大戰結束後「遭併吞」的地方。整個範圍從東歐延伸到滿洲，總面積達二十七萬三千九百四十七平方英里。「對安全的追求在何處終止，」該社論問道，「擴張又從何處開始？」

伊朗危機在三月中爆發時，拜恩斯名義上雖為國務卿，但實際上是艾奇遜在負責國務院大部份的日常行政工作。他所召集的委員會做出結論指出，這項挑戰不得低估：蘇聯部隊持續佔領伊朗北部，代表不久之後它就會成為西方將要面對的一項既成事實。

艾奇遜的委員會將紅軍移動的地圖當作有預警意味的背景，他們剛開始決定勇敢正視蘇聯違反一九四二年簽署的一項條約，當時他們保證伊朗擁有主權。不過奇普．波倫反對：他指出，這項經過英國協商的條約，美國並不屬於其中的一分子。

然而，更令艾奇遜擔心的是他反對美國遣散軍隊的那場戰役已經快輸了；任何沒有武力支持的威脅都可能被稱為虛張聲勢。他判斷，目前最佳的作法是向克里姆林宮抗議，可是如果它不想攤牌，「就留一條優雅的出路。」國務院一名官員，時任特殊政治事務辦公室（Office of Special Political Affairs，肯楠與尼茲後來領導的政策規劃小組〔Policy Planning Group〕的前身）主任的艾爾格．希斯（Alger Hiss）爲艾奇遜撰寫這份文件；接著它被寄給肯楠，再轉交給莫洛托夫。

杜魯門明白，這個危機代表英國傳統上作爲西方在伊朗的利益守護者的角色已經產生關鍵變化，轉移到美國身上。這是一個必須極度謹慎處理的轉移過程。他決定，哈里曼可以幫忙。

在前往白宮的計程車上，剛退休不久的前駐莫斯科大使整理著自己的思緒，想著要如何婉拒懸而未決的駐倫敦大使任命案。哈里曼的考量有些是專業性的：他沒有意願爲一個他稱爲「該死的笨蛋」的國務卿效命。有些考量則是個人因素，他與瑪莉剛剛在佛羅里達州的荷布灣與愛戴兒及鮑伯．羅威特度過了愉快的幾個星期，當時鮑伯動完膽囊手術在那裡休養，也準備重新加入布朗兄弟哈里曼公司。不過從另一邊用力拉扯他的，是他與邱吉爾及其媳婦潘蜜拉之間愉快的友誼。抵達橢圓形辦公室時，他反抗的態度軟化了。

「我要你去英格蘭，」杜魯門說，「有一個非常危險的情勢正在伊朗發展。」他解釋，俄國人拒絕依照當初他們對英國的承諾，將部隊撤離。「這可能會導致戰爭，」總統表示，「我在倫敦必須有一個瞭解英國人的人，一個我能信任的人。」

「您要我什麼時候去？」哈里曼回答。

到最後，哈里曼能做的不多。美國政策制定者認定伊朗的情勢過於嚴峻，因此儘管英國對於自己在其歷史勢力範圍中的角色十分敏感，卻可以不予理會。

肯楠從莫斯科發出的電報描繪了一幅可怕的景象。他說，蘇聯對整個地區都有設計。「蘇聯的目標不只是在伊朗北部取得優勢地位，」他在電報中談到那場危機的嚴重性，「還有實質上征服、滲透以及宰制整個國家，對巴林與科威特也是一樣。」他補充說，從土耳其與其他鄰國一直延伸到印度，沒有一個國家能夠躲過俄國追求「對整個亞洲大陸進行終極政治控制」的慾望。

蘇聯的確打算控制部份的伊朗。可是正如肯楠在「長電報」中所預測的，在面臨強烈反抗時，他們便不願意太過強力壓迫。確保自己在伊朗協議中獲得某些重要的聯合石油開採特許權之後，莫斯科在三月底同意撤出部隊。

然而美國卻堅持，這個議題必須維持在聯合國層次，直到部隊確實撤離為止。這促使安德烈・葛羅米科第一次上演從安全理事會退席的戲碼；一長串的相同動作後來又陸續出現。不過持續施壓也有助於確保部隊實際動身，他們到了五月眞的開始撤離。

雖然聯合國恰好成為道德支持的來源，但是情勢已經很清楚，它永遠不可能如同某些創建者所夢想的，本身成為反侵略的力量。艾奇遜和其他人相信，造成莫斯科撤退的是美國的決心。為了回應發生在伊朗的攤牌，以及看似在土耳其醞釀中的另一次攤牌，美國已經派出密蘇里號（Missouri）戰艦，在地中海東部展現國威。此外，華盛頓不久也開始提供援助與支持的保證，以鼓勵德黑蘭捍衛自己對亞塞拜然省的控制權。

比起任何的「長電報」，伊朗危機成功的結局更清楚地向艾奇遜證明了強硬面對蘇聯入侵行為的重要性。莫斯科明顯會受到軟弱的引誘，只有武力才能嚇阻他們。由於英國已經無法保護伊朗這種地方的傳統西方利益，這個責任如今無可避免地落入美國手中。

這是美國角色的大膽新展望，對一個受保護的國家來說並不容易接受。但是像艾奇遜這樣的人知道，那是有必要的。那年六月，在波倫以及其他朋友的催促下，艾奇遜有幾天深夜坐在家裡的書桌前，身邊擺著一杯蘇格蘭威士忌，撰寫名為「隨機採收」、內容散漫的演說稿，後來他在波士頓的哈佛俱樂部發表這篇演說。「我們給問題取的名字很重要，」他的結論指出，「如果稱它們為頭痛，吃藥粉就好了。我們一直在談論的疼痛卻不是那樣，它們會跟著我們一直到死。我們必須了解在我們一生中，危險、不確定，以及警覺、努力、紀律的必要，都將落在我們身上。這對我們是新的體驗，對我們來說不容易。」

演說技巧略顯遜色的麥克洛伊在那個月於安默斯特學院的畢業典禮上，也以相同的主題發表演說。「沒有戰爭能夠終結所有戰爭，」他告訴台下的學生，「沒有戰爭能讓世界永遠安全。為了自由而奮鬥的人只能獲得延續和平時期的機會，並努力在那段時間維護及促進自由。」

★★★

「當事實對他來說似乎應該改變的時候——在蘇聯的案例中，他似乎認為現在時候到了——他就用事實去轉換。」一九四六年夏天，詹姆斯．雷斯頓（James Reston）在《紐約時報雜誌》（*New York Times Magazine*）漫長的艾奇遜人物側寫中如此寫道。當時艾奇遜當然有事實可以繼續，而且這些事實指向一個清楚的結論。蘇聯和他們的附庸國家可以用做生意的方式來應付——或許連波蘭都可以取得靠煤礦來取得財政援助——可是任何侵略步驟，任何入侵新區域進行掌控的作法，都必須以強硬的態度處理。

如果喬治．肯楠的思想就跟清教徒長老一樣，因幾段零碎的痛苦經驗而幻想出痛苦的感受，那麼狄恩．艾奇遜的思想則可以比擬為優雅地披著斗蓬的聖公會主教長。迴盪在其以拱壁支撐的高聳教堂裡的是道德確定性，穿著「榮譽」與「責任」等正義字眼的外衣，還有從歷史證據中演繹出來的教訓，例如慕尼黑協定的姑息失敗以及蘇聯在伊朗的口是心非。

他的世界秩序一度是由戰時同盟的需求所塑造，如今已經靠著一組新的前提而成形了。其中最主要的前提包括一種以肯楠的理論以及具體事件為基礎的體認：蘇聯下定決心要向外擴張。戰後的世界如果要有秩序與平衡，以及復興的商業體系與繁榮，美國就必須承擔英國過去擔任的角色。這需要一個自滿於退回自己境內的民族做出深具遠見的承諾。事實證明，足以激勵他們的一件事就是對共產主義擴張的恐懼。將對抗蘇聯的權力鬥爭比擬為對抗共產主義的聖戰，艾奇遜包裹計畫的所有元素便緊緊地結合在一起了。

於是，當艾奇遜在八月初收到蘇聯的一份照會函時，這次沒有猶豫，沒有遲疑。這份照會函是寄給土耳其，副本則寄給美國與英國，要求在達達尼爾海峽與土耳其海峽（Turkish Straits）建立一個蘇、土聯合防禦體系。駐外辦事處、國務院人員以及作戰部人員都理解蘇聯的要求意謂著要讓莫斯科在那些海峽擁有軍事基地，以及在地中海東部有一個重要據點。

這個條件本身或許可以接受。蘇聯表達了一個令人信服的重點：在戰時，缺乏防禦能力的土耳其政權准許德國戰艦進入黑海。在波茨坦會議上，同盟國同意治理這些海峽的《蒙特勒公約》（Montreux Convention）需要修訂；英國與美國提出一項大方的提案，在戰時給予蘇聯船隻特殊優先權。可惜的是，這整個議題卻與杜魯門的一個得意想法糾結在一起——將歐洲所有的內陸水道國際化，但其他同盟國對此不予理會。

蘇聯提出的要求問題在於，在一九四六年八月，外界已經不再只考慮這要求本身的意義。莫斯科已經粗暴地對土耳其政府施壓長達一年，紅軍在保加利亞與伊朗的行動看來有部份是以土耳其邊界爲目標，而《眞理報》在重要版位刊登蘇聯戰略專家的說法，指出蘇聯有權統治土耳其東北部的領地。俄國想在那裡建立基地的主因似乎是控制那個處境危急的國家，而非防衛達達尼爾海峽。此外，蘇聯在一個新月形地帶造成了一連串危機，從的港（Trieste）延伸到德黑蘭，發動小規模的局部戰爭，使得他們擴張主義的動機顯得相當明顯。

由於拜恩斯遠行，艾奇遜主掌國務院。在仔細研究地圖時，他對蘇聯的目的了然於胸。歷史提供了許多案例，新興的強權經常會進入衰落強權已經失去影響力的區域。蘇聯認爲將勢力延伸到整個中東地區的時機成熟了，因爲英國日漸衰敗，而美國也已表達對該地區沒有戰略上的「興趣」。一九四六年，對於莫斯科，甚至是某些西方人來說，俄國注定要成爲那裡的霸權，似乎是十分可以想像的事。

對懷抱著戰略願景、對蘇聯的企圖也有了新理解的艾奇遜而言，這明顯可能導致俄國主宰一個對西方具有關鍵重要性的廣大地區。如果英國在地中海以及中東地區再也無法發揮它的傳統影響力，那麼美國就必須挺身而出，第一次主張它在那個區域具有戰略利益。

艾奇遜召集佛瑞斯托與一些高層武官到國務院，研商一個強力的回應方式。剛開始，他們都同意蘇聯的要求並非出於防禦的需要；在戰時，蘇聯的空中武力可以輕易地捍衛黑海入口。這個步驟顯然意在掌控土耳其，達到昔日沙皇自由進入公海的目標——這個目標無論多麼容易理解，最終都會導致從愛琴海、直布羅陀海峽到紅海均感受到蘇聯的壓力。

在爲杜魯門撰寫的會議備忘錄中，艾奇遜直率地總結出始終困擾著哈里曼的骨牌效應恐懼。「爲了全球的利益，」艾奇遜寫道，「如果我們不願意看到西歐與遠東地區的其他堡壘快速崩解，就必須保住土耳其。」在這些話的警告下，最早的具體步驟於焉展開，催生出不久之後所謂的「杜魯門主義」以及圍堵政策。

在艾奇遜或佛瑞斯托的心中，當然不會幻想光靠外交壓力就動搖蘇聯的立場。「唯一眞正能夠嚇阻蘇聯併呑土耳其與中東的計畫的，」艾奇遜在會議上主張，「將是讓他們確信執行這樣的政策將會導致與美國發生戰爭。」他大膽補充，這種危險的路線會檢試肯楠預測蘇聯不願意爲了達成目標而開戰，是否正確。他表示：「我們將得知蘇聯政策是否包括現在肯定可以開戰在內。」

八月十五日，隔天下午三點三十分，他們齊聚在杜魯門的辦公桌周圍，提出自美國部隊在二十六年前退出西伯利亞之後，對付蘇聯最強而有力的提案。站在艾奇遜身邊的是佛瑞斯托和五角大廈的高層軍官。「我們的看法是，」艾奇遜向總統報告，「蘇聯在達達尼爾海峽建立基地，或是以其他藉口將蘇聯軍隊引進土耳其，都會導致希臘和整個近東及中東地區，包括地中海東部在內，落入蘇聯的控制當中，而那些地區也會因此與西方世界隔離。」

十六個月之前，哈里曼也站在同樣的地點，敦促杜魯門與莫洛托夫將話說清楚。如今哈里曼長期以來的同事堅持光是談話還不夠。「唯一能夠嚇阻俄國人的事情，」艾奇遜嚴肅地告訴總統，「將是讓他們確信美國已經準備好，如果有必要會以武力來處理侵略行動。」

「我們可能也會發現，」杜魯門回答，「俄國人是否已經決定征服世界。」總統贊同前一天艾奇遜與佛瑞斯托達成的結論，表示最好現在就找出答案，而不是五年或十年以後。他說，因此他準備好要「徹徹底底」執行這項政策。

其中有一名將軍在艾奇遜耳邊輕聲問了一個關鍵問題。他是不是已經清楚表明，這項政策可能導致戰爭？

艾奇遜還沒能回答，總統便問他們在說什麼。聽了那個問題之後，杜魯門打開辦公桌的抽屜，拿出一張那個地區的大地圖。當艾奇遜和其他人擠在總統肩後看那張地圖時，現場一片靜默。接著，這位來自密蘇里州獨立市、自學的歷史愛好者當場開講，談論地中海東部的戰略重要性以及它有多麼需要避免遭蘇聯掌控。

「當他說完的時候，」艾奇遜回想說，「我們沒有一個人不相信他完全瞭解我們提案的所有意涵。」這兩個人的教育背景差異極大，但是杜魯門對於歷史的認識與理解令艾奇遜十分佩服——他告訴一個朋友，他感到「敬畏」。總統嚴肅認眞的作風也很動人：艾奇遜認爲，他明白採取果決行動的必要性。

密蘇里號戰艦已經在伊斯坦堡。經過總統同意後，由新的超級航空母艦法蘭克林羅斯福號（Franklin D. Roosevelt）所率領的特遣部隊奉命加入其陣容。在艾奇遜準備交給蘇聯的照會函中，美國正式宣布土耳其海峽攸關它自己的戰略利益。《蒙特勒公約》可以修訂，但是土耳其對於這條水道的主權不容妥協。美國駐安卡拉大使奉艾奇遜之命告知土耳其政府，「在回應蘇聯時必須理性但堅定。」

在佛瑞斯托的建議之下，艾奇遜對十八名具有影響力的記者進行背景簡報。艾奇遜告訴他們，蘇聯「企圖控制的不是海峽，而是土耳其」。他也召開了一場記者會，談論一個被視爲有關的議題：南斯拉夫擊落兩架偏離航道的美國飛機。艾奇遜稱之爲「無法無天」的行爲，諷刺地指出：「沒有人會把在雲朵之間迷路而且試圖回家的飛機擊落。那不是他們所熟悉的一般導航措施。」

美國突然企圖支持英國的傳統勢力範圍，而連英國都發現華盛頓的強硬措辭令自己感到氣餒。殷福契蒲勳爵前往國務院告訴艾奇遜，這種緊張氣氛已經在他的大使館和倫敦導致「相當多的激動情緒」。美國的葫蘆裡在賣什麼藥？眞的準備訴諸戰爭了嗎？殷福契蒲大使雖是朋友，但是艾奇遜以正式的說法回答他。他表示，美國「完全明白這件事的嚴重性，鑑於這樣的體認，已經準備以適當的方式處置」。

強硬路線奏效。收到土耳其對其要求的回應之後幾個星期，蘇聯又寄回另一份照會函，是請已退休的李維諾夫執筆。這份函被認爲「格外溫和」，儘管蘇聯並未放棄取得海峽部份軍事控制權的慾望，但他們願意暫時擱置這項議題。南斯拉夫的狄托元帥（Marshal Tito）甚至更進一步：他眞的爲了南斯拉夫攻擊美國飛機道歉。

艾奇遜覺得，他已經學會如何與蘇聯交涉；同樣重要的是，他也發現如何取悅與他具有相同行動風格的那個人。此外，當其他人開始輕視杜魯門——這種事在喬治城的晚宴上常發生——這位循規蹈矩的格羅頓中學畢業生會勇敢地爲他辯護。

艾奇遜有時可能態度高傲，可是對於總統辦公室或嚴格要求他人尊重其權威的嚴肅總統卻不然。拜恩斯有一次在艾奇遜面前在電話上稱呼總統「哈利」，艾奇遜後來溫和地責備他。「國務卿先生，」他說，「除了杜魯門夫人之外，任何人都不該稱呼他哈利。」拜恩斯不理會他的忠告，不過艾奇遜始終都稱呼杜魯門「總統先生」，也因此正合他的心意。

★★★

奇普·波倫與不少人都建議這件事：既然肯楠已經從莫斯科回國，他應該到全美各地散散心，好好認識一下這個在他眼中經常顯得陌生的國家。在這個過程中，他或許能提供大眾所亟需、與蘇聯威脅相關的知識。肯楠已經花了幾個星期時間與新成立的中央情報局商討在蘇聯的情報蒐集，此外拜佛瑞斯托之賜，他也預定在九月成爲華盛頓國家戰爭學院（National War College）外交事務副校長。他同意，中間夏天的那幾個月是進行全國巡迴演說的好機會。

從肯楠上次回國到現在，美國的態度改變了不少。《生活》雜誌沒有刊登「英勇」俄國盟友激勵人心的跨頁照片，而是刊出共和黨籍的約翰·佛斯特·杜勒斯分成兩部份的長篇文章，警告國際共產主義擴張的可怕威脅。剛從戰場上回國的一種新類型政治人物，找到了操弄一種強烈新情緒的方法。曾經在太平洋擔任內勤轟炸分析師的巡迴法院法官約瑟夫·麥卡錫（Joseph McCarthy）打出競選口號「威斯康辛州在參議院需要一位機尾射擊員」。在海軍服務過一段時間之後又重返國會的林登·詹森宣稱：「我們必須有軍事力量來實現我們對世界的道德責任。」另一名前海軍軍官約翰·甘迺迪在波士頓初試啼聲，他發現選民對於他談論美國新的領導責任似乎反應熱烈。在南加州，理查·尼克森也發現當國際共產主義的威脅升高時，這些含糊的情緒便可能成爲焦點並被挑起。

即使遣散軍隊以及「讓爸爸回家」的輿論壓力不減，美國人依然支持這項新挑戰。史達林、莫洛托夫、伊朗、土耳其、共黨間諜、鐵幕、馬克思主義威脅之謎：這些加起來構成了一種逐漸增長的焦慮，激起一種美國全球性角色的新意識，而且更大程度上造成與其相關的激昂言論傾巢而出。

肯楠開始覺得自己已經身陷其中，猜不出接下來會有何發展，他小心翼翼地同時注意著他聽衆裡狂熱的反共者以及天眞的同情蘇聯者。他尤其急於將社會主義與蘇聯主義（Sovietism）區分開來，後者才是眞正的危險。他解釋，有必要「將眞正進步的社會主義與採取並濫用社會主義口號的外國政治機器對手區分開來」。

在行程結束後交給國務院的報告中，肯楠感嘆學術與科學界似乎特別天眞，還抱著與蘇聯合作的希望。「在試圖向他們解釋的過程中，我感覺自己像個粉碎了稚嫩青春單純夢想的人。」他表示，「可惜的是，我說的很多話他們都不相信。」

在另一個極端，肯楠發現怒氣沖沖的反共人士滔滔不絕地大談這種陰險狡詐的意識形態正從每一張床底下偷溜出來。他指出，有太多人「從合作的一開始便支持一種錯誤的希望，如今他們從錯誤的破滅幻想中得到錯誤的結論」。

到國家戰爭學院就任時，肯楠在長達六頁的演說稿當中大力強調「更清楚、更有希望一點的觀點」。對於「華萊士先生等」覺得美國態度更友善可鼓勵俄國人更合作的自由派人士，提出荒謬可笑的扭曲意見，他依舊不假辭色。他說，我們必須記住，統治俄國的「狂徒繼承了舊沙皇時期的許多傳統」，掌權之後「對整個資本主義世界充滿痛恨、憎惡與難以消弭的敵意」。他主張，嘗試姑息只會換來「更進一步無恥的讓步要求」。

肯楠補充說，然而，這種天眞的自由派言論只是影響大衆想法的「兩種謬誤」之一，「我個人不知道兩者的哪一種比較危險。」正如他所解釋的：「另一種謬誤甚至有更多美國人陷進去，那就是直接認輸，抱定與俄國之間難免一戰的想法。」

俄國人會滲透到弱勢地區，可是面對堅定的反抗力量時，他們可不會硬打侵略戰爭。肯楠提出不久之後便迅速揚名的一種主張，他在戰爭學院的演說中斷定：「理論上，如果在每個重要轉折點都堅定且客氣地面對俄國人，我們沒有理由無法永遠遏制他們。」

儘管後來反駁說自己的理論無意作爲軍事信條，肯楠在一九四六年的演說還是相當強調這個要素。他舉出當時美國與南斯拉夫之間的衝突，表示比較好的作法是，「針對的港未來的協商，我們以默默但有效增強在那個地區的軍事與空中力量作爲基礎。」

肯楠在演說中解釋，「只要擁有優越的武力，」要對付蘇聯的勢力範圍是有可能的。作法必須雙軌並行：「這是我們的政治與軍事力量操控的問題，要讓俄國人永遠面對的是優越的實力。」對駐外事務處官員演說時，他談到蘇聯領導人：「他們雖然是政治賭徒，面對軍事力量的現實時就不敢賭了。」

肯楠逐漸瞭解到，由於原子彈之故，全面戰爭的概念（無條件擊敗並佔領敵國）已經不合乎現實了。未來的戰爭規模必須更侷限，由具有彈性的小型突擊部隊進行，以達成有限的政治目的。進行嚇阻時需要核子武器，但是在軍事對峙時不可考慮將之當成可用的工具。美國應該清楚表明，使用原子彈絕非第一考量，也必須重新調整其軍事戰略，將這一點納入。肯楠覺得自己不擅長這個主題，所以當時並沒有強力推廣這些觀點。可是經過多年，這些理念逐漸爲人所接受。

在這個時期，肯楠對國家政策最直接的參與是他對於克拉克．克里福德籌備的一項最高機密報告所做的貢獻。克里福德身爲密蘇里鐵路高層主管之子，本身是個斯文又具有說服力的律師，此時才展開他漫長的政治生涯，剛打入美國外交政策權勢菁英的核心圈子。戰時在海軍預備隊服役之後，他獲聘成爲杜魯門白宮的海軍武官。憑藉流利的文筆以及聰穎的基本能力，克里福德很快便從軍職轉換成演說撰稿人、法律顧問，以及多重功能的政治顧問。

為了進行一場反映美國新強硬路線的演說，杜魯門在一九四六年夏末要求克里福德準備一份蘇聯違反過的國際協議的清單。克里福德請他自己的助理喬治．艾爾西（George Elsey）協助，後者認為這份報告應該擴大為探討蘇聯行徑以及其動機。不意外的是，他研究的起點是肯楠的「長電報」。

的確，艾爾西最終完成的報告有許多地方是彙整自肯楠的電報與備忘錄，再加上波倫與哈里曼的某些文章。「我們應該準備好加入英國及其他西方國家，以期建立我們自己的世界，」報告中指出，「並體認蘇聯勢力範圍是一個獨特實體，與他們並非注定發生衝突，而是無法追求共同的目標。」

這些肯楠可以同意。不過，這份報告代表讓肯楠的構想擺脫含糊理論的第一小步。「軍事力量的語言是權力政治的信徒所瞭解的唯一一種語言。」克里福德與艾爾西合寫的報告強調。美國必須準備好「進行原子與生物戰爭」，建立一套全球性原則，「以支持與協助所有受到蘇聯威脅與危及的民主國家。」

或許是因為看到自己曾經在荒野中吶喊的聲音如今正式被接納而感到欣喜，肯楠對於想要更進一步延伸自己構想的那些人並沒有提出反對。「我認為大致上文筆很出色，沒有發現什麼缺點。」艾爾西在九月將草稿寄給他時，這位備感光榮的分析者說。他只建議做些許修改：成功的圍堵可能會讓蘇聯的體制改善，使用原子武器則需要根據當時普遍的情勢「仔細考量」。艾爾西與克里福德隨即修改了這些小地方。

「這份報告你有多少份副本？」杜魯門看完之後問克里福德。

「十份。」克里福德回答。

「我全部都要。」總統下令，「到你的辦公室去拿。」杜魯門解釋，它們必須鎖起來保管好，否則任何試圖與蘇聯合作的努力都不可能成功。「這要是傳出去，就會在白宮造成騷動，也會在克里姆林宮造成騷動。」

★★★

艾佛瑞爾．哈里曼正與邱吉爾在鄉間別墅查特威爾共進午餐時，管家宣布有一通來自白宮的電話找新任大使。就在他們等待電話完全接通時，這位前英國首相問，總統可能有什麼事？

哈里曼猜測，可能是與亨利．華萊士在演說中指責「強硬對付俄國」的政策，造成近期的混亂有關。華萊士主張要務實承認勢力範圍的問題，但是卻達成與肯楠意見相反的結論，他指出：「我們愈是強硬，俄國人也會更強硬。」拜恩斯與其他人要求開除華萊士，杜魯門對於自己是否同意那場演說則含糊其詞，最後華萊士被迫辭職下台。

哈里曼說，杜魯門很可能要他接掌華萊士在內閣的職位。他應該接受嗎？

「當然應該，」邱吉爾說，「權力的中心在華盛頓。」

這種意見對於哈里曼有特殊的吸引力，因爲他自己已經開始懷抱著政治野心。當總統的電話接通，也向他提出預期中的職位，這位周遊列國的外交使節淡淡地回答：「您要我什麼時候到？」

「你似乎沒聽懂，」困惑的總統說；他以爲必須費一番功夫才能說服對方。「我要你擔任商業部長。」

「是的，」哈里曼說，「我瞭解。您要我什麼時候到？」

「只要你方便，愈快愈好。」杜魯門高興地回答。不到兩個星期，也就是到了十月初，哈里曼就返國了。跟肯楠一樣，哈里曼也開始有點擔心鐘擺效應。並不是他覺得對蘇聯的態度要放軟：史達林本人已經表達得很清楚，克里姆林宮選擇單邊政策，而那就意謂著更進一步的擴張，西方不得不反抗。然而，哈里曼也開始擔憂反共的歇斯底里熱潮沒有實際上的用處。畢竟地球並不大，美國還是必須設法與俄國人共處。而哈里曼一向認爲，那需要採取務實的商業式作法。

哈里曼返國後不久去拜訪佛瑞斯托，後者注意到了這個轉變。「他並不是過度樂觀」是佛瑞斯托在自己的日記中小心翼翼的說法。「他說他不相信俄國人會在短期之內引發戰爭，不過有機會找到和解之道，而那將是和平的基礎，只要他們明白我們不會做出一連串無止境的讓步。」

連強硬派中最強硬的佛瑞斯托都提出幾個徵兆（至少偶爾），顯示鐘擺可能會失控。「三年前你我都覺得情勢擺向支持俄國那一邊太多了，」他寫信給哈里曼表示，「我有點擔心，現在擺向另一邊的力道似乎太強了。」

他補充說，「以非黑即白的角度來看事情」的傾向，是「美國人很明顯的一種特質」。

如此溫和自省的時刻對佛瑞斯托來說非常難得。在對共產主義擴張愈來愈執迷之際（其實到最後已經陷入偏執），他認爲蘇聯的威脅愈來愈是意識形態上的，一種馬克斯列寧式的毀滅性危機。不過他和哈里曼在專業上都知道如何對付競爭者與敵手。至少對哈里曼而言（對佛瑞斯托偶爾也是），這可以提供蘇聯問題的脈絡。

事實上，這是兩人吸引肯楠的特點之一。天性保守又善於內省的肯楠欣賞能夠適應工商業界的人。他談到自己的全美巡迴之旅時表示，「陽剛的商人族群腳踏實地、思慮周密，受過辯證式的訓練；這種訓練允許你去對抗競爭者，卻不認爲有必要（甚至渴望）摧毀他。」因此他們都有獨特觀點，「能夠瞭解美蘇之間的對立可能很嚴重，卻不必以戰爭來解決。」

在肯楠眼中，哈里曼主要的缺點是他不善於反身自省。他鮮少以有深度的方式清楚表達自己的哲學理念，少數那麼做的其中一次還是幫忙肯楠的時候。從英格蘭返美之後不久，哈里曼在肯楠國家戰爭學院的課堂上擔任客座授課，那個臨時非正式的一小時談話，難得切實地說明了他的觀點。

哈里曼的基本論點與肯楠類似。「蘇聯已經對我們宣告展開意識形態戰爭。」他說。不過至少在目前，他們「無意涉入眞槍實彈的戰爭」。哈里曼表示，合作的希望之所以破滅，是因爲克里姆林宮刻意決定採行單邊政策，而那或許也「無所謂」。否則美國可能已經被蘇聯看似講理的表象給「哄騙過去」了。「美國人民心中對俄國人那種溫暖感就會帶來各種結果，大筆貸款、政治協議。」結果就會是西方國家後來必須面對「嚴重許多的狀況」。

在討論如何面對蘇聯擴張的「威脅」時，哈里曼認爲第一優先是採用軍事力量。「最重要的是我們要堅稱，也讓俄國人知道，我們維持著強大的軍隊。」他說。羅威特呼應這個說法，強調「最有效的」軍事工具是大型的「空中突擊部隊」，可以「滲透到他們的工業中心」。美國必須具有「足夠的膽識去面對」必須發展原子彈的「事實」。「目前並沒有跡象顯示，」他表示，「我們把原子彈交給俄國會比交給希特勒來得安全。」

哈里曼展現了他自己與肯楠相當不一樣的一個面向：他專注在人的行動，而不是歷史的力量上。肯楠可以（也經常）無止盡地分析一個情況卻完全沒提到任何一個人的名字，而習慣藉由提到名人來彰顯自己的哈里曼，在說話時則常常加上「當我和邱吉爾一起去見史達林時」以及「就像李維諾夫告訴過我的」等句子。

更重要的是，哈里曼比肯楠更敏銳地意識到，具有眞正價值觀的人類的生活碰上了危機。肯楠對於歐洲分裂的悲觀現實主義觀點，如今普遍爲美國政策制定者所接受。然而，哈里曼在解釋美國爲什麼對這種結果不應該輕鬆以對的原因時，口才達到罕見的一流水準。「我十分堅信，」他表示，「人類注定不該生活在共產獨裁之下，而應該生活在自由社會中。千百年以來人類奮力爭取的自由，不會被這些人推翻。」這可能會給蘇聯在東歐造成嚴重的問題。「他們在那些國家有很多困難，尤其是如果我們讓他們心中一直抱持著希望的話。」

應該在美國境內採取「某種制止共產主義的方法嗎」？一名學生問道。哈里曼回答，問題不在於有人受到「理論性共產主義教條的人道面」吸引，眞正的威脅只來自那些效忠莫斯科的共產黨員。蘇聯爲什麼決定放棄合作政策？哈里曼解釋說，這樣的政策「不符合他們的利益。畢竟追殺獵物的收穫太豐厚了。」

從此開始，對於美蘇合作爲何失敗，或者更廣泛來看，冷戰爲何開始，爭辯不斷。史達林與蘇聯代表欺詐、危險的擴張主義威脅嗎？還是他們主要受到情有可原的安全考量所激勵，促使他們試圖掌控在歷史上一直是入侵走廊的鄰國地帶？他們在波蘭、伊朗、滿洲和其他地方的行徑是侵略的表現，還是他們對於西方集團一邊炫耀原子彈，一邊企圖施加自己的影響力而做出的反應？

那些與蘇聯直接交涉過的人（最著名的是哈里曼、肯楠以及波倫），他們到一九四六年時的評估大體上都一致。「那不是智慧的問題，」哈里曼告訴肯楠班上的學生，「而是曾經暴露在疾病中的問題。」目前的危機不只是傳統民族國家之間的權力敵對狀態。哈里曼表示：「問題是自由社會對抗獨裁統治。」

有些人認爲，哈里曼與肯楠的觀點是他們在莫斯科受到輕蔑與不便所導致的，但事實上他們的感受遠遠眞實且深刻許多。他們發現蘇聯在基本道德面上與美國不一樣，也覺得這個因素太常被想要尋找冷戰怪罪對象的冷漠政治人物以及修正主義歷史學家所忽略。對於自己的人民以及那些不幸的鄰國，克里姆林宮運用秘密國家警察部隊的恐怖統治手段，殘暴地在生活、思想以及言論等各方面施加嚴格的控制。

對於哈里曼和其他在莫斯科及東歐服務過的人而言，「可怕的敲門聲」的恐懼是他們近距離所見之事。爲了施行政黨控制、剷除異議、殺害或流放任何反對者而採用的無情手段也是一樣——無論是在波蘭、保加利亞，或是俄國本土。

有些美國左派人士主張，蘇聯原本企圖與西方合作，在東歐成立容忍代議制民主的政府。哈里曼與肯楠的觀點比較頑固，而從後來曾與這些政權有關的那些人所出的回憶錄來看，往往也證明他們是對的。「無論他們在鄰國的哪裡掌握控制權，」哈里曼在當時表示，「紅軍的殘酷以及政府採用的秘密警察方法都讓幾乎所有人異化疏離。」

曾在莫斯科服務過的美國人，觀點並非完全一致。肯楠相信世界分裂成互相敵對的勢力範圍無法避免，而哈里曼與波倫則堅定認爲美國在努力過程中應該還是要對東歐的自由懷抱希望。哈里曼與波倫曾經對於史達林與羅斯福在雅爾達所簽署的崇高公開保證有信心，他們也將冷戰的原因歸咎於一九四五年初蘇聯刻意決定不顧那些協議，採行擴張路線。另一方面，肯楠根本不屑追究冷戰的原因；他覺得，戰後緊張情勢升高的來源，與戰前或美國拒絕承認布爾什維克政權的那十六年期間就已存在的緊張關係的原因，並無不同——或者，其實跟俄國革命前就存在的緊張關係的原因也無二致。

不過這些人，以及大多數與他們共同在莫斯科服務過的人，在一九四六年都同意一個根本要點：由於他們親身瞭解蘇聯的本質、它狂熱的意識形態甚至更狂熱的獨裁者，因此它不會是個適合西方的盟友，實際上反而會是個危險的敵人。

★★★

與哈里曼一樣，詹姆斯·佛瑞斯托也在競爭激烈的華爾街世界中嚐到成功的滋味。如此強悍的性格是肯楠欣賞的特點之一。雖然佛瑞斯托的觀點容易走極端，不過他老早就意識到蘇聯的威脅，也讓肯楠印象深刻。可是最重要的是，肯楠認爲佛瑞斯托擁有一項特質，正好是哈里曼所缺少的：願意認眞思考各種想法。「佛瑞斯托不是個喜歡沉思、具有細密智慧的人，」肯楠在給一位朋友的信上解釋，「不過他卻能欣賞別人身上的這些特質。」

那幾乎算不上是一種客觀的恭維。讓這種特點如此吸引肯楠的原因是，佛瑞斯托在一九四六年秋天開始格外喜愛他的「細密智慧」。這位海軍部長將肯楠納入旗下，支持他到國家戰爭學院任職，熱心地分送他的電報及演講稿的副本，還安排他與高層政策制定者在五角大廈共進午餐。

結果，如此令人受寵若驚的恩惠讓這位一度深感孤獨疏離的外交官甚至更加努力去討好他。事實上，肯楠後來承認，有一篇他爲佛瑞斯托寫的文章成爲他生涯中最著名也最重要的文章，但其實裡面出現嚴重的缺點——他說那些缺點之所以產生是因爲「我覺得那是佛瑞斯托先生當時的需求」。

佛瑞斯托渴望徵求肯楠的意見，肯楠也希望有人終於能重視他的看法。有一次兩人悠閒地搭乘海軍遊艇紅杉號（Sequoia）順著波多馬克河而下，與奇普．波倫共度一個夜晚，討論蘇聯的動機。肯楠後來變得經常造訪佛瑞斯托的辦公室，並曾受邀參加在部長喬治城住宅舉行的一場晚宴。

肯楠在喬治城的晚宴上感到有些格格不入，而他與佛瑞斯托始終也沒有發展出社交關係。儘管他們的知識興趣相近，個人作風上卻不是如此。佛瑞斯托進入普林斯頓大學就讀時是個愛爾蘭裔天主教徒「局外人」，後來下定決心努力攀上校園生活的最高階層。肯楠在九年之後入學，同樣也是個局外人，但決心維持原狀。身爲羅威特、波倫以及麥克洛伊的好友，佛瑞斯托已經在華盛頓的社交圈掙得顯著的地位。他娶了活潑、愛喝酒的前《時尚》（*Vogue*）雜誌時尚編輯約瑟芬．奧格登（Josephine Ogden），但兩人的婚姻並不幸福。另一方面，肯楠夫婦則合組了一個親密的家庭，經常回到他們的賓州農場度週末，偶爾也帶客人同行；這些倒楣的客人後來私下抱怨，在那裡只能做做農務工作，聽聽抽象的地緣政治演說。

華盛頓其他人都在揣度蘇聯的動機，佛瑞斯托卻沒有因爲任何理論上的細微差異或是懷疑而感到苦惱。陰險、狡詐、邪惡的馬克思列寧教條被用來破壞資本主義世界，除非對其強力檢視，否則它就會得逞。他尋找過能揭露共產主義「完整眞面目」的文件，認爲自己已經在他熱切閱讀過的「長電報」中找到了。現在他想要徵求肯楠作爲他在這項行動中的哲學副官。

儘管肯楠很樂意接受如此擁有權力的支持者給他的恩惠，但是他卻面臨一個問題。他與佛瑞斯托一樣強烈鄙視蘇聯的體制，對於俄國擴張主義的威脅也感到恐慌。不過，他卻不認爲共產主義教條是危險的主要來源。意識形態很重要，它解釋了一些事情，也成爲幫其他事情合理化的「遮羞布」。可是共產主義並不是眞正的敵人，俄國才是。新的布爾什維克沙皇盜用馬克思主義教條，進而煽動且增強俄國原本即已存在的剛愎自用偏執狂以及歷史擴張主義。

這種差別有一部份是屬於學術性的，不過它會產生特定的後果。肯楠與哈里曼一樣，並不相信與蘇聯之間的戰爭勢不可免。因爲他們國家的安全優於全球性共產主義運動的考量，克里姆林宮的領導人不太可能進行魯莽的侵略戰爭。強化自由世界的經濟與軍事，可以抑制蘇聯的擴張主義。

佛瑞斯托似乎從來沒有掌握這些細微的差別，而受到他支持而充滿感激的肯楠似乎也不太願意去強調它們。然而，當佛瑞斯托送來他在當年稍早委託別人進行的一項研究時，肯楠確實藉機提出他一些的觀點，儘管其談論的方式並無意去撼動佛瑞斯托的信念。

在努力尋找能解釋共產主義威脅恐怖本質的文章時，佛瑞斯托將這個主題分派給史密斯學院的教授愛德華・威列特（Edward Willett）。最後完成的報告長達四十三頁，名爲「辯證式物質主義與俄國的目標」，內容著重在意識形態的角色。「共產主義的基本哲理，」這位教授寫道，「不只會促成共產主義與資本主義民主之間的最終衝突，也的確需要這樣的衝突。」

肯楠寄了五頁的詳細評論意見給佛瑞斯托。「如果我們能夠維持一種情勢，讓試圖粗暴地推翻我們社會體制的機會相當渺茫，」肯楠主張，「那麼或許就不會有人想做這樣的嘗試。」不過肯楠也承認，圍堵可能包含軍事攤牌。「我認為這個政府有可能應該採用武力，捍衛西半球以外國家的政治獨立性。」

肯楠的分析中最有遠見的部份是，他體認到莫斯科真正的威脅不是馬克思主義的意識形態，而這是威列特、佛瑞斯托或許多其他人所沒看到的。他表示，克里姆林宮所追求的不是更多共產主義，而是更多蘇聯的控制，建立「會順從他們本身的影響力與權威的政府」。他們「無意」看到各國往社會主義體制移動，「除非在承認莫斯科權威的那些人的指導之下」。肯楠指出，即使在美國發生共產主義革命，「克里姆林宮那批人唯一的反應也會是將它歸為一種法西斯主義，」除非那場革命是由他們所控制的人領導的。

溫和地糾正一位教授的錯誤可不是什麼具有啓發性的工作，因此肯楠問佛瑞斯托，他是否「介意我用自己的方式寫相同的主題」。肯楠將最後完成的文章命名為「蘇聯外交政策之心理背景」，文中試圖概述「意識形態與環境」之間的微妙關係，說明克里姆林宮領導階層「獨特的狂熱風格」。

文章中大多是肯楠過去寫過的內容：蘇聯對外界充滿敵意的信念原本是受到馬克思主義意識形態以及「俄國強大的歷史與傳統」影響下的產物，如今卻被領導人利用，因為他們發現「有必要藉由強調外國資本主義的威脅來維持其獨裁統治的正當性」。儘管有共產主義教義，我們也沒有理由相信莫斯科會採行「不成功便成仁的計畫，在某個時間推翻我們的社會」。肯楠解釋，「資本主義最後必會垮台的理論有一個幸運的言外之意，那就是時間並不急。」

雖然他再一次強調，必須將蘇聯視為「敵人而不是伙伴」，不過肯楠也提出一個與過去比起來較有希望的說法。蘇聯是「一群疲累而沮喪的人」，經濟癱瘓，面臨嚴重的領導問題，或許它正在衰退當中。對西方來說，它的力量肯定不會太難反擊。

這個任務可以藉由「堅定而謹慎的圍堵」來達成。肯楠以前在演講中曾經用過這個字眼，可是在為佛瑞斯托撰寫的文章中，他卻重複用了三次。要完成圍堵必須使用的「武力」確實性質為何，他含糊帶過，不過他表達這個想法的方式，對行動派的海軍部長來說卻具有難以抵擋的吸引力。肯楠說，目標是「一種強硬圍堵的政策，其目的是每當有跡象顯示他們侵犯和平穩定世界的利益時，便以堅定不移的反擊力來面對俄國人」。

這種政策的前景在肯楠心中引發罕見的興奮感。「在一連串不斷變化的地理與政治點上謹慎運用反擊力，」將涉及龐大的全球性承諾。不過肯楠聲稱，這應該不會造成「思慮周詳」的美國人抱怨才對。「美國人會相當感激上帝的眷顧，提供美國人民這項艱鉅的挑戰，讓他們整個國家的安全仰賴他們自己團結一致，並接受歷史顯然要他們承受的道德與政治領導責任。」

佛瑞斯托當然欣然接受這種理想，他印製了肯楠文章的副本，在全市各處發送。他還是沒注意到某些細微差別。「想要瞭解俄國，就一定要瞭解列寧宗教式哲學不容改變的方向。」佛瑞斯托在隨文章附上的一封信上向過去的長官克雷倫斯・狄倫解釋。不過佛瑞斯托非常瞭解肯楠的基本構想：有必要在世界各地強力圍堵蘇聯的滲透。

外交關係委員會有一個研究小組一直試圖解決蘇聯議題，卻成效不彰。他們邀請肯楠於一月初到紐約帶領討論。藉著剛完成的文章，肯楠解釋引發蘇聯行動的因素的「多樣性」。意識形態、文化傳統，以及俄國統治者的不安全感全都扮演了一個角色。不過他補充說，以「非挑釁的方式來遏制蘇聯的力量」是「完全有可能的」。

有一名委員會的成員問，有什麼理由相信圍堵政策可行？「他們在軍事方面非常謹慎，」肯楠回答，「絕對不允許他們的承諾超出他們的能力。」蘇聯會接受一項國際原子能控制的計畫嗎？肯楠說，說不定會，只不過速度非常慢，因爲檢查違反了「他們最根深蒂固的禁忌」。他補充說，蘇聯「沒有任何使用原子彈的意圖」，因爲他們知道原子交換會使他們的所有目標失敗。「在這方面，他們比我們來得聰明。」

討論結束之後出現的一個問題，後來變成最重要的問題。委員會的官方雜誌《外交事務》（*Foreign Affairs*）編輯漢彌頓・費雪・阿姆斯壯（Hamilton Fish Armstrong）問肯楠是否有演講稿的副本。肯楠回答，沒有，不過有一篇他為佛瑞斯托撰寫的文章，內容秉持的是同樣的觀點。

獲得佛瑞斯托的同意，也經過國務院委員會點頭之後，肯楠寫信告訴阿姆斯壯，他很樂意讓他刊登。不過有一項條件：由於他即將成為國務院一個新的政策規劃小組負責人，他希望文章能夠匿名發表。阿姆斯壯回覆，那不是問題，他會將那篇文章安排刊登在七月號的雜誌上。於是肯楠刪掉了自己的名字，用一個「X」來代替，然後將文章寄往紐約。

第十三章　從混亂中恢復秩序　「宛如桶中的蘋果」

ORDER FROM CHAOS "Like apples in a barrel"

在柏林，一九四六年秋天地面結冰以前，行事講究方法的德國人爲他們到春天會餓死的鄰居挖掘數千個墳墓。到了一九四七年二月，有超過一萬九千名柏林人接受凍瘡治療；有人在炸毀的國會大廈（Reichstag）牆上塗鴉：「往生者比較幸運，因爲他們的手不會受凍。」

溫斯頓・邱吉爾說：歐洲成了「一堆瓦礫，一間藏骸所，一個瘟疫與仇恨的溫床」。僥倖逃過同盟國轟炸的德國工廠遭俄國人洗劫。在歐洲各地，運河堵塞，橋樑斷裂，鐵路線支離破碎。農民食用自己的農產品，城市的工人只能挨餓。

在倫敦，一月六日的氣象預報是「寒冷或非常寒冷」。到了一月二十六日，英格蘭幾乎因暴風雪而癱瘓，是自從一八八一年以來最嚴重的一次。電力只在每天早晨供應幾個小時。工廠關閉，失業人口飆升，糧食配給量下降到戰時的水準以下。

飽受兩次世界大戰蹂躪之後，英國開始放棄其帝國所統治的殖民地。二月十四日，英國政府將巴勒斯坦的爭端交給聯合國處理。二月十八日，它宣布印度統治即將結束。二月二十一日星期五，英國尋找它維持希臘與土耳其穩定的傳統責任的接班者，這項任務需要一年五億美元的財政援助，以及派駐四萬名部隊官兵。它向美國求助。

★★★

那個灰暗的星期五，基層人員以及秘書們在美國國務院堆著凌亂打包箱子的走廊上四處走動，擬定週末的計畫，也抱怨這項行動。國務院規模日益成長，位於白宮旁邊的維多利亞風格大理石大樓已經不敷使用，即將搬遷到幾個街區以外、位於霧谷（Foggy Bottom）的一棟新大樓。詹姆斯·雷斯頓在《紐約時報》上表示，新大樓「差不多跟洛杉磯的口香糖工廠一樣沒個性」，而大多數的國務院官員也都贊同。他們會懷念舊國務院大樓的挑高房間、護牆板與精美的裝飾嵌條，還有戴著白色手套、在走廊的旋轉椅上打瞌睡的信差。

由於對舊國務院大樓的加熱與冷卻系統不滿，狄恩·艾奇遜並不會太懷念它。他的辦公室在冬天通風太好，而在華盛頓悶熱的夏天裡又像個蒸氣浴室。至少新大樓裡有空調。

接近正午時，艾奇遜收到英國大使館傳來的消息，表示大使殷福契蒲勳爵希望送來「一張藍色的紙」，也就是外交術語中的重要訊息。他獲悉，那份備忘錄與希臘有關。然而，有一項外交禮節的問題：大使只能由國務卿接見，而馬歇爾將軍已經離開（辦公室），準備在週末於普林斯頓大學兩百週年校慶上發表演說。

艾奇遜覺得自己無法等到星期一才行動，便想出了一個小手段：他讓訊息的副本先送來給他，好讓「幕僚作業」可以開始進行。不到一個小時，英國大使館一等秘書H. M.西契爾（H. M. Sichell）就已抵達，帶來裝有兩份文件的公事包。它們「令人震驚」，艾奇遜後來寫道。其中一份聲明：「英王陛下政府鑑於自己的情形，認爲不可能提供希臘更進一步的財政援助，」因此宣布英國將在三月底之前退出希臘，也就是在不到一個月之後。第二份文件與土耳其有關，但內容相同。

據艾奇遜所知，希臘政府腐敗、獨裁，而且無能。它也在一場內戰中瀕臨瓦解邊緣，而艾奇遜相信發動戰爭的叛軍是由蘇聯在背後提供資源以及掌控。這是與艾奇遜一樣畢業自格羅頓中學的美國駐希臘大使林肯·麥克維（Lincoln MacVeagh）告訴他的；國務院派出一個代表團前往視察，他們在二月十八日，也就是那份備忘錄送達之前三天，回傳電報表示：「蘇聯認爲希臘是熟透的梅子，幾個星期之後就會落入他們手裡……在伊朗亞塞拜然省以及土耳其遭到制止之後，蘇聯發現希臘出奇容易下手……目前情勢已經過了探查階段，如今它要全力進攻。」

六個月前的土耳其海峽危機更堅定了艾奇遜對於蘇聯意圖的看法。他認爲克里姆林宮對於自己在東歐的勢力範圍並不滿足，就算無法征服全歐洲，它也要掌控地中海東部。長時間反覆思考了麥克洛伊的「頭號任務」之後，艾奇遜做出一個簡單的結論，甚或有點過分簡化。他認爲俄國的表現就像一個典型的帝國：向外擴張、貪得無厭，只能藉由武力來控制。

如今英國放棄了這塊領域，無法繼續實現其扮演了數百年的角色，維持歐洲的權力平衡與對抗大陸侵略者，這件事讓艾奇遜毫無保留地認爲美國必須挺身而出接下這項任務。在戰前，他期望出現「英美和平」，但如今共享領導權根本已經不可能了。艾奇遜並不算親英派人士，大英帝國的衰落不至於令他感傷。他知道，「不列顛和平」的終止意謂著「美利堅和平」的開端。

世界大戰到目前爲止讓美國成爲最強大的西方國家；的確，它是唯一沒有瀕臨飢荒與破產的強權。艾奇遜堅信，美國坐擁廣大的天然資源，對於自己行事的正當性又充滿信心，自然是承接英國地位的不二之選。然而他也同樣清楚，自建國以來，美國的傳統就是避開歐洲的紛爭。在半個世紀之內拯救歐洲兩次之後，因獨擁原子彈而充滿安全感的美國人，大多滿足於與一個海洋之外那個是非不斷的大陸保持距離。美國在一九四五年是人類史上最強大的軍事機器，到了一九四七年卻幾乎完全遣散軍隊；部隊人數從一千兩百萬人縮減到不及兩百萬人。美國人當然沒有意願拯救希臘和土耳其，這兩個國家只會讓他們聯想到廢墟與地毯，而不是共同的命運。然而，這些阻礙只是更提高艾奇遜心中的迫切感。

多數人在創造歷史時都太忙碌、太投入而不自覺。可是種種跡象都顯示，艾奇遜完全瞭解英國大使的「那張藍紙」預告的是什麼。當時艾奇遜的言語及行動展現了清晰的願景，那是一種並未被戰爭煙霧或危機的含糊性所蒙蔽、對歷史目標的肯定。他相信，他的國家面臨著「在某些方面比《創世紀》第一章所描述的任務更艱鉅的責任」。對艾奇遜而言，這是開天闢地的時刻。他的職責，以及等待著他的同胞的職責，就是從混亂中恢復秩序。

艾奇遜的心情整個星期都感到澎湃激動。在星期二，私下與記者路易斯・費雪（Louis Fischer）談話時，他說：「我們不能夠讓自己因為俄國人的進攻策略而受驚嚇。」目前，美國只是對蘇聯的舉動做出反應。「他們把磚塊丟進窗子裡，我們拿報紙將破洞塞起來，很快又試圖塞住另一個破洞，一直下去。」艾奇遜堅持，現在美國必須從蘇聯手中搶下主動權，「持續採取攻勢。」在星期四，他改寫並強化近東事務辦公室（Near Eastern Affairs）主任洛伊．韓德森所寫，名為「危機與迫在眉睫的崩潰可能性」的備忘錄，文中力促馬上擬定提供希臘經濟與軍事援助的計畫。「除非提供緊急且立即的支援，」備忘錄直率地警告，「否則看來希臘政府應該會遭推翻，極左的極權政權將會掌權。」

英國的備忘錄只是最後的催化劑。艾奇遜一看完便召集部屬到他的辦公室。「這下我們麻煩大了。」他宣布。他命令他們週末加班撰寫意見書，主張美國願意承擔援助希臘與土耳其，準備在星期一上午九點以前提供給國務卿。他的指示很簡短：「拚命工作。」

此時艾奇遜才拿起電話打給國務卿與總統，告知他們發生了什麼事情，以及他的處理方式。他們的反應都一樣——兩人都贊同，沒有意見。

★★★

這是喬治．馬歇爾與哈利．杜魯門的特性，也是他們與狄恩．艾奇遜的關係的特色——他們只是告訴他繼續進行。令艾奇遜大大鬆一口氣的是，馬歇爾已經在一月接替拜恩斯，成為國務卿。杜魯門終於無法忍受拜恩斯無拘無束的作風，也愈來愈懷疑他有想當總統的野心。有「勝利的組織者」之稱的馬歇爾將軍與拜恩斯完全相反：完全忠誠、自我謙遜，野心只用在他的總統和他的國家上。

艾奇遜以前曾經為馬歇爾效力過。一九四六年，杜魯門派馬歇爾以特使的身分，看看是否能夠以和平方式解決中國激烈的內戰，當時蔣介石的國民黨政府與毛澤東率領的共產黨叛軍之間爭戰不斷。結果馬歇爾指定艾奇遜擔任他的「後方指揮所」，也就是他在華盛頓的代理人，確保他的命令都確實執行。馬歇爾繞過拜恩斯，直接向杜魯門報告，並由艾奇遜擔任與白宮之間的中間人。「危險的構想」是艾奇遜對這項安排的形容：那並沒有讓他更接近拜恩斯。

儘管馬歇爾盡了全力，調停行動還是功敗垂成，因爲中國交戰的黨派之間互不信任而破局。這次經驗讓艾奇遜更加尊重馬歇爾的自制與智慧，也讓他產生一個印象，中國是一個必須避開的麻煩。

在宣誓就任國務卿的那天早上，馬歇爾與艾奇遜穿過街道，走回舊國務院大樓。「你會留下來嗎？」馬歇爾問道。當然會，艾奇遜回答，可是他不久之後會重返法律事務所執業。六個月？馬歇爾問。艾奇遜答應。馬歇爾告訴艾奇遜，他會是他的幕僚長——而且是外界與國務卿溝通的唯一管道。艾奇遜幾乎忍不住微笑。拜恩斯在外出差，參加一場又一場和平會議時，不斷縮短國務院的對外溝通管道。如今艾奇遜不必猜測國務卿的心思了。馬歇爾繼續說：他要艾奇遜毫無保留的坦誠。「我毫無感情可言，」將軍聲稱，「除了我保留給馬歇爾夫人的以外。」

馬歇爾是艾奇遜心目中的指標性人物，同時對羅威特，以及波倫與肯楠、哈里曼與麥克洛伊也都是如此。他與史汀生一樣，對其他人的啓發與自己的成就具有同樣的重要性。艾奇遜描述馬歇爾將軍進入一個房間的情形。「每個人都感受得到他的存在，那是一股驚人且充滿感染力的力量。他的外型看起來是個個性緊繃的人，而他低沉又短促的嗓音更強化了那種緊繃感，令人不由得肅然起敬，散發出一種權威與冷靜感。」

馬歇爾一點也不精明。他的思想比較傳統，缺乏想像力。他有智慧，但是判斷經常失準，就像艾奇遜在一九五〇年十一月發現令他永遠苦惱的那件事。然而，他有股無可否認的正直之氣。

他透過嘗試學習自我控制：在維吉尼亞軍事學院（Virginia Military Institute）就讀時，他奉命蹲在刺刀上好幾個小時後昏倒，差點傷及男性重要部位。承平時期他在陸軍服役時始終沒有機會升官，因而培養出更多的耐性。在戰時，他秉公處理軍人驕傲自大的問題，卻極力壓抑自己的自我。

馬歇爾盡力維持自己的超然。當羅斯福總統叫他喬治，馬歇爾客氣地指出，只有他的太太直呼他的名字。雖然他唯一看得出來的缺點是喜愛廉價小說和楓糖糖果，他卻不是一本正經的人。他喜歡講冷笑話，說話有時也可能比較尖酸或耿直。他會克制自己的精力與情緒。「我不能容許自己生氣，」他告訴他太太，「那很要命，太累人了。」

馬歇爾當上國務卿時已屆六十六歲，一頭白髮，臉色紅潤，身形挺拔。雖然十分擅長指揮戰爭，他對於承平時期的外交懂得卻較少。他認爲必須適度授權，實際上就是讓艾奇遜掌管國務院。不過艾奇遜表示，他也有「下決定的能力」，這種特質對艾奇遜而言「肯定是上帝給人類難得的恩賜」。馬歇爾鮮少「鬼扯問題」，而那是國務院的惡習。艾奇遜很喜歡借用馬歇爾的話來告訴部屬：「不要與問題對抗；快決定！」

馬歇爾宣示就任之後四天，艾奇遜向亨利・史汀生報告——寫信給一位指標性人物談論另一位指標性人物——「馬歇爾將軍以您所熟悉的冷靜、紀律與嚴格來掌管這個棘手的機構。我們非常高興也非常幸運有他在這裡。」三月在P街的一場晚宴上，艾奇遜「花了許多時間，興致勃勃、幾近癡迷地談論馬歇爾將軍」，一名賓客大衛・李連塔爾在自己的日記中表示。「與馬歇爾共事實在太愉快了，讓他幾乎無法談別的事情。」李連塔爾繼續寫道，「它讓狄恩改頭換面，而現在這對國家來說是一件好事。」

★★★

艾奇遜對馬歇爾充滿敬意，而他對於杜魯門的尊重也不遑多讓。首先，他欣賞杜魯門的膽識。自從那個八月的早晨，這位自學的歷史迷在橢圓形辦公室展現了他充分瞭解達達尼爾海峽戰略的重要性之後，總統的學養與果斷便一直鼓舞著他。此後，艾奇遜也以自己的能力，以及同樣重要的忠誠，令杜魯門留下深刻印象。

一九四六年秋末，杜魯門在華盛頓宛如被遺棄者。民主黨在十一月的國會大選中挫敗，他低落的聲望成了衆矢之的。敗選之後，當總統搭乘的列車從密蘇里州獨立市駛進華盛頓聯合車站（Union Station），月台上竟然沒有前來迎接的人潮。只有一個人：狄恩・艾奇遜。他穿著正式的燕尾服、條紋長褲，鬍鬚修剪整齊，手上拿著小禮帽；相對於垂頭喪氣溜回華盛頓，想解決政治困境的總統，他看起來顯得光鮮高貴。

艾奇遜純粹是出於盡忠職守才出現在那裡。在法蘭克林・羅斯福的時代，選後迎接總統搭乘的列車是內閣的傳統。艾奇遜回想起從聯合車站到賓州大道的「勝利行列」，於是假定杜魯門至少會批准列隊行進，就算氣勢會比較低調一些。當他發現自己穿著一身隆重的華服獨自站在黑暗的月台上，著實嚇了一跳，感覺宛如殯葬業著在等待棺材。

杜魯門從未忘記艾奇遜所展現的忠誠。那天晚上，他邀請穿著條紋長褲的格羅頓校友艾奇遜到白宮的總統起居區，請他在樓上的小書房裡坐下，問他對於政治上的意見。杜魯門的助理們催促他宣布要即將卸任的國會召開會議，在席次佔多數的共和黨接手之前儘速通過最後一批法案。在這私密的氣氛以及波本酒的壯膽之下，艾奇遜勸總統三思。他用了會令格羅頓中學校長高興的字眼，一個「優秀的運動家」會勇敢面對挫敗，而不是向規則低頭。杜魯門贊同他的看法。艾奇遜甚至幫助他草擬一份聲明，優雅地接受美國人民的選擇。

艾奇遜透露詹姆斯．佛瑞斯托缺乏效忠之心，進一步讓杜魯門更加相信他忠心耿耿。佛瑞斯托開始與其他內閣閣員共進午餐，討論政策——但是卻未邀請總統出席，甚至沒有告知。雖然艾奇遜對於「閒談」佛瑞斯托的事感到不自在，不過他深信這些午宴會損害總統的威信。杜魯門隨即命令佛瑞斯托停止他那些不重要的午宴。艾奇遜在白宮的地位於是又更上一層樓，佛瑞斯托的地位則下跌。

到了二月，艾奇遜覺得穩穩獲得總統的信任，也認為馬歇爾同樣相信他。他在代表他們處理政務時，毫不猶豫。

★★★

星期天一大早，洛伊．韓德森抵達艾奇遜在喬治城P街上的住家；星期五艾奇遜下令要部屬針對英國備忘錄做出回應，這時已有成果。整個週末，國務院的人員都在整理這項政策的意涵，以及從英國手中接下援助希臘與土耳其的責任必須耗費的開支。「韓德森問我，我們是不是還在進行有關做決定與執行決定的公文。」艾奇遜在他的回憶錄中回想說。他毫不猶豫就給了答案：「洛伊，我們會做。你就依照那個基礎去進行。」任務釐清，他們輕鬆坐在艾奇遜舒服書房裡又軟又厚的椅子上，喝一杯馬丁尼，「敬我們困惑的敵人」。

艾奇遜在星期一晚上九點將建議援助希臘與土耳其的報告交給馬歇爾將軍。他告訴國務卿，這些文章包含「自大戰以來我們所面臨最重大的決定」。馬歇爾問了幾個問題，在破例授權的情形下告知艾奇遜，由他負責完成這項計畫。國務卿將在一週之後前往莫斯科參加一場外交部長會議。除了馬歇爾的同意，艾奇遜還沒預期到其他任何事情。可是他已經開始擔心要如何讓一個較不容易信任別人的權威機構——國會接受這項計畫。

星期一中午，記者路易斯・費雪來到艾奇遜的辦公室，兩人約好共進午餐。他注意到艾奇遜情緒焦慮。電話鈴聲不斷響起；艾奇遜顯得非常緊張。他要老朋友費雪務必守密，然後將正在進行中的事情告訴他。兩人搭乘艾奇遜的豪華轎車前往大都會俱樂部（Metropolitan Club）。艾奇遜立刻捲起駕駛後方的窗戶。「英國人撤出了所有地方，」他說，「如果我們不搶進，俄國人就會捷足先登。」在俱樂部裡，艾奇遜點了與費雪一模一樣的菜色，但是卻對盤中的美食沒什麼興趣。「現在只剩下兩個強權，」他說，「英國已經結束了，他們不繼續了。麻煩的是這個問題來得太快，我們還沒準備好。我們要讓國會通過預算，卻遇上很大的困難。」艾奇遜臉上出現扭曲的表情，雙手在空中比畫。「如果近東地區落入共產黨手中，我會為這個國家和這個世界非常擔心。」

儘管民調顯示美國人逐漸明瞭蘇聯的侵略野心，多數美國人卻還沒準備好承擔反抗俄國這項既危險又昂貴的任務。在過去幾個星期，國會山莊已經否決了馬歇爾與佛瑞斯托增加外交援助與國防經費的要求；大多數國會議員對於減稅百分之二十比較有興趣。共和黨承諾回歸常態，而非承接英國的帝國地位，因而在十一月掌握了國會大多數。

儘管討厭取悅那些資深和光說不練的代議士，艾奇遜卻不是與國會交涉的生手。他在戰時擔任負責國會聯絡的助理國務卿，毅然決然嘗試融入他們。「這種生活粗俗但愉快。」他在一九四五年夏天寫信給女兒瑪麗，「我在參議院秘書長辦公室與參、眾兩院的議員共進了一頓美好的午餐，席間菜色有正統的德州火腿以及威士忌。我就要成為真正的政治人物了。」可是有人想像艾奇遜會在國會的走廊四處遊走，像個人類學家一樣研究原住民的習俗。對抱持懷疑態度的國會議員遊說英國貸款案時，他至少學到了寶貴的一課：比起擔心盟國，對共產主義的恐懼是一種比較好的刺激。

對於希臘—土耳其援助案的第一個眞正考驗出現於二月二十七日星期四，當時杜魯門召集國會領袖，想得知他們私下的非正式反應。艾奇遜對這場會議十分擔憂：「我知道我們是在世界末日的決戰戰場相見。」

馬歇爾大致說明了這個案子。他說的內容是正確的：「如果說我們面臨著一連串危機中的第一個，也就是蘇聯可能將他們的宰制範圍延伸到歐洲、中東以及亞洲，這並非危險聳聽……」不過他表達的方式平淡而單調。參加會議的一名國務院年輕官員約瑟夫．瓊斯（Joseph Jones）後來寫道：「他表達的整體印象是，基於忠誠與人道主義，援助行動應該延伸到希臘。」國會議員繃著臉聽，接著有人開始發牢騷：「我們爲什麼要蹚這渾水？」其中一人問道。「總共要花多少錢？」另一人問。「這意思是要幫英國解圍嗎？」

艾奇遜靜靜地發著愁。他後來寫道，馬歇爾「一開始的聲明講壞了。情急之下，我靠近他耳邊，輕聲請求發言」。馬歇爾同意。回憶當時的情景時，艾奇遜極盡誇張之能事：「這是我的危機。我醞釀了一個星期。這些國會議員對於他們的挑戰毫無概念；我有責任讓他們清楚瞭解。」艾奇遜像個發號施令的中尉，抓住掉落的軍旗，帶領他們向前進。他回想說：「我從來沒有在談論一項議題的時候，感覺完全只能靠我一個人決定。」

艾奇遜說的這番話，是情緒累積在他心裡好幾個月的結果。他對心存懷疑的國會議員表示，這種情況是自古代史以來從來沒發生過的。自從雅典與斯巴達、羅馬與迦太基以來，世界上從來沒有出現過兩大強權之間如此嚴重分裂的狀況。美國與蘇聯之間存在著「無法溝通的意識形態歧異」，只能在「民主與個人自由」以及「獨裁與絕對服從」之間選擇。除此之外，蘇聯「正在向外侵略擴張」。如果希臘淪陷，「就像桶子裡的蘋果，因爲一顆腐爛而感染到其他蘋果，整桶跟著一起壞掉。」伊朗、小亞細亞、埃及，接著甚至義大利與法國都會淪爲犧牲品。不久之後，全世界三分之二的人口以及地表四分之三的面積都將赤化。這項議題不是「幫英國解圍」，而是維護美國的安全、維護民主的安全。

接下來是一陣漫長的沉默。艾奇遜回想，最後亞瑟．范登堡開口說話：「總統先生，如果您對國會及全體國人這麼說，我會支持您，相信大多數的國會議員也會支持。」洛伊・韓德森記得范登堡的說法比較直率：「總統先生，您要讓這個案子通過的唯一方法，就是發表一場演說，讓全國上下嚇到半死。」

籌備演說的工作立刻展開。隔天在與國務院官員召開的會議上，艾奇遜講述在白宮舉行的會議（也沒有遺漏他自己扮演的顯著角色），並指揮他的部屬開始草擬總統咨文，內容強調「自由與極權主義之間的全球鬥爭」。文中的訊息不能僅限於希臘與土耳其，或甚至是近東地區。它必須強調「保護世界各地的民主」。演說內容不應該以直接指控蘇聯的方式「挑釁」，而要訴求極權主義的普遍擴張。現場聽到的人都覺得艾奇遜顯得異常嚴肅。「我們有一項偉大的工作要完成，」他做出結論指出，此事必須「儘速進行」。

不到幾天時間，撰稿人便趕出一篇名爲「美國援助希臘之公開資訊計畫」的報告。報告極盡所能將美國的目標描述得十分遠大：「美國的政策是提供支援給企圖反抗武裝少數族群或外來武力的自由民族。」在艾奇遜的指導之下，這一段文字幾乎逐字從報告中抄出，放入總統的演說稿中。它後來成爲著名的「杜魯門主義」。

★★★

幾個月以來，喬治・肯楠一直在國家戰爭學院以及其他論壇上向特定的聽眾宣導圍堵主義。如今艾奇遜要求他加入執行的過程。在國務院人員開始進行希臘—土耳其援助提案的那個星期一，艾奇遜傳喚肯楠到他的辦公室，告訴他那項危機。他願意代理職務，提供他的意見嗎？肯楠欣然接受。

這時，肯楠已經在國務院官僚體制之間建立起「開創性思考者」的名聲。當他出現在國務院的會議上，洛伊・韓德森立刻將座椅轉過來。到了午夜，陳述有必要支持希臘與土耳其對抗共產主義威脅的初稿完成，可供總統審閱。肯楠在他的回憶錄中寫道，那天晚上當他開車經過喬治城的街道時，心中充滿著自己參與了創造歷史過程的感受。

然而，肯楠並未受邀參與撰寫總統演說稿；這項工作必須委託給政治敏感度更高的人處理。一直到三月六日，演說稿送到總統手上的前一天，肯楠才從國家戰爭學院來到國務院看稿子。他感到十分驚駭，立刻挑出承諾無限制協助各地「自由民族」的這一點。他向艾奇遜提出異議：這樣走得太遠了。「俄國人甚至可能宣戰！」艾奇遜聽了無動於衷。

肯楠回到自己的辦公室，迅速趕出一篇自己的演說稿，更加將焦點特別著重於希臘與土耳其的問題。艾奇遜隨即駁回。當另一名國務院官員問艾奇遜美國是否打算挽救每個有危險的民主國家時，他在座椅上向後一靠，看著對街的白宮，回答說：「如果法蘭克林．羅斯福今天還在世，我想我知道他會怎麼做。他會發表一項全球政策的聲明，只不過讓目前的金援限於希臘和土耳其。」

當週稍晚在艾奇遜住宅舉行的一場晚宴上，肯楠再度提起這件事。對於這個案例遭過度誇大，以及提出美國實際上無法兌現的承諾，他感到相當焦慮。艾奇遜重申有必要說服國會。對話中隱約聞得到一絲煙硝味。在喬治城社交圈素來害羞也不喜歡辯論的肯楠，選擇退讓。那天夜晚於是恢復了愉悅的氣氛。

可是肯楠自己依然無法擺脫他的顧慮，便在寄給老同事奇普．波倫的一封信上一吐為快。「在希臘問題上，這裡完全缺少明智的對外聯繫。」肯楠寫道，「大多數的國會議員與媒體依然繞著一些連小孩子都能回答的基本問題在打轉。」肯楠覺得自己孤掌難鳴。就如同他告訴波倫的：「你非出面不可。」

波倫也有所疑慮。看到那篇演說稿的電報時，他正在前往莫斯科的途中，準備與馬歇爾將軍一起參加外交部長的會議。「對我和馬歇爾將軍來說，那篇演說稿裡面反共產主義的色彩似乎太鮮明了一點。」波倫後來回想。馬歇爾與波倫發了一封電報回華盛頓，要求內容改得稍微溫和些。結果回覆的電報發自杜魯門之手：少了這樣的措辭，國會不會同意撥款。

即使在白宮內部，也有其他沉默不發的擔憂之聲。總統的助手喬治．艾爾西（George Elsey）寫信給克拉克．克里福德：「最近蘇聯並沒有什麼公然的行為，適合用來作為發表『毫無保留』的演說的藉口。」克里福德的看法與艾奇遜相似，只是更為擔憂。他認為那篇演說稿「是戰役中的第一槍，讓人們瞭解戰爭根本還沒有結束」。

克里福德的優雅和自負與艾奇遜不相上下，與這位副國務卿密切共事也有幾個月的時間。克里福德為杜魯門處理國家安全事務；艾奇遜則負責國務院對白宮的日常聯繫。艾奇遜欣賞克里福德的政治領悟力以及說服技巧。幾年之後，艾奇遜試圖聘請克里福德到他的法律事務所工作。他們同樣也是有私交的朋友。一九四九年，艾奇遜支持克里福德成為大都會俱樂部的會員。

「我認為自己的角色是負責問：『這篇演說是否能令人信服？』」克里福德後來回憶說。他明白若要吸引美國民眾，就必須將這項議題形塑成黑暗與光明力量之間的較量。克里福德讓這篇演說變得更簡潔、更具張力，如同杜魯門本人一樣。事實上，總統退回了國務院的第一份演說稿，因為它聽起來「太像一份投資公開說明書」。如同他在自己的回憶錄中所解釋的：「我不希望演說中有含糊之處。這是美國對於共產專制浪潮所提出來的答案。」針對陳述杜魯門主義的關鍵句，總統將「我相信它應該成為美國的政策」修改為「我相信它『必須』成為……」。

一九四七年三月十二日下午一點鐘，杜魯門踏上演講台，在國會聯席會議（Joint Session of Congress）中發表演說。他的聲音扁平、音調高，可是鏗鏘有力；就像羅伯特·唐納文所寫的，他的演說「應該是二十世紀當中受爭議最久的總統演說」。宣告美國將承擔世界民主捍衛者的角色之後，他接收到的不是熱烈掌聲，而是一片驚愕的靜默。抱持孤立主義立場的共和黨領袖羅伯特·塔夫脫摘下眼鏡，搓揉臉頰，令人意外地打了一個呵欠。根據《時代》雜誌的報導，大眾的反應同樣冷淡。該雜誌引用芝加哥一名匿名通勤者的嘲諷：「根本毫無意義，浪費時間。」

在後來的那些年，杜魯門主義被形容導致悲劇的處方，也被指責為最後導致越戰的元兇。當時它的撰稿人幾乎沒有想像過它可能往什麼方向發展。克里福德回想說，搭乘總統的豪華轎車離開國會山莊時，他心裡覺得：「我們發表了一場具有重大影響力的成功演說。」他唯一期盼的事就是在西嶼（Key West）的總統冬季度假地好好度個假。

早有先見之明的肯楠的確很擔心杜魯門主義可能會帶來負面效應，不過他嚴密而過度詳盡的演說稿其實也不可能讓國會同意撥款來捍衛希臘與土耳其。艾奇遜並未百分之百接受杜魯門主義，他對於美國有限的資源相當敏感，也無意干預全球各地的事務。他特別希望避開中國的混亂情勢。同時，他真的相信蘇聯在歐洲以及近東地區有侵略的企圖，他想示意美國抵抗的意志。誇大其詞對他來說只是工具，用來操控固執又頭腦簡單的國會議員，同意爲合法的政策撥款。

問題是那些頭腦簡單的國會議員對聳動的語言照單全收，更別說是一般大衆。畢業於聖馬可斯州立師範學院（San Marcos State Teachers College）的國會議員林登・詹森那天坐在聽衆席裡，根本不知道杜魯門說的話不全然是認眞的。就像艾奇遜後來表示的，爲了與國會達成協議，絕對必須提出「比事實更清楚」的主張。可惜的是，結果證明這是一場魔鬼交易。

「共產妖魔」已經開始攪亂美國國內政治，扣紅帽子在一九四六年的國會大選中成了一個主要議題。衆議院撥款委員會（House Appropriation Committee）控制了外國援助的預算，當國會開議之後，體型高大的主席約翰・泰勃（John Taber）宣布，他下定決心要揪出政府裡的破壞分子。佛瑞斯托並非毫不同情，他在一月三十一日寫信給克里福德表示，泰勃在一場晚宴上告訴他，他打算「竭盡全力追查」共產黨人士。肯楠察覺到黑暗即將降臨。「對於目前我們公衆生活中經歷的許多事情，我個人是帶著些許沮喪與擔憂來看。」他在一場演說中表示，「我尤其對歇斯底里式的反共熱潮深感遺憾，我認爲它在這個國家正在漫延。」

杜魯門也瞧不起給人扣紅帽子的行徑，不過他認爲必須採取某種讓步，才能阻止這些給人扣紅帽子的人。如果他對國內的共產主義態度「柔軟」，就不太能夠要求國會對外國的共產主義「強硬」。在宣告杜魯門主義之後十天，總統公布一項員工忠誠度計畫（Employee Loyalty Program），今後所有政府員工都必須接受忠誠度檢驗。後來艾奇遜本身也成爲這股歇斯底里熱潮的目標，但是在一九四七年三月，他實在太專注於與一位參議員亞瑟・范登堡建立交情，沒有注意到威斯康辛州參議員約瑟夫・麥卡錫依然躲在暗處的身影。

范登堡的立場由孤立主義轉為國際主義，要取笑他並不困難，而艾奇遜就是如此。范登堡身為美國革命分子的子孫、共濟會三十三級會員，以及麋鹿慈善保護互助會☆會員，渴望獲得外界的認可。他寫過一首廣受歡迎的抒情歌曲，獻給一九二〇年代的知名電影女星貝比．丹尼爾斯（Bebe Daniels），歌名叫「貝比，貝比，貝比——你是我的」。身材高大、臉色紅潤、體型笨重的他揮動著象鼻般的手臂，喜歡將特殊的字眼結合在一起，湊成一些過時罕見的片語，例如「我們美妙的繼承權」、「枯萎的君主政體」、「海洋雨雲」等等。

艾奇遜後來寫道，范登堡「沒有提供想法、領導能力，也沒有規劃新方向或帶動國家的魄力，不過卻讓結果得以成眞」。實際上，在水門事件和國會改革之前的那段歲月，「參議院的意見與贊同」就代表「與范登堡磋商」。身為參議院外交關係委員會主席，他對同僚有龐大的影響力，畢竟他們對外交事務所知不多，也會聽從他的判斷。范登堡是共和黨員，不過自從一九四五年在一場著名的演說中坦承自己轉為支持國際主義以來，他就衷心相信兩黨外交政策。在國會，他開創了國際主義的共識，日後的總統都十分嚮往那段日子。

在杜魯門政府中，大多數民主黨員都聽從白宮的意見，儘管他們會抱怨裡面的主人。如果范登堡加入，他就會帶來大多數的共和黨員。他面對孤立主義者與尖銳右翼分子的方法，是「以善意感動他們」。他會邀請他們參加聽證會，讓他們暢所欲言好幾個小時，直到他們充分發表意見，冷靜下來為止。

艾奇遜對待范登堡的方式則是拚命奉承。「你的每個舉動和每場演說，在我看來都十分完美。」在一封典型過度熱情的信上，艾奇遜如此寫道，「我對你如何維持高度幽默感、你的精力，還有爭吵的熱情，感到驚嘆。」另一項技巧稱為「貼標籤」或「定價格」，艾奇遜解釋：「這意謂將提案貼上范登堡的名號，或是向政府要求一項他認為在政治上很重要的讓步。」

☆譯註：麋鹿慈善保護互助會（Benevolent and Protective Order of Elks，簡稱B.P.O.E.）是美國的一個大型兄弟會與社交俱樂部。

不久艾奇遜便發現，打出范登堡名號、四億美元的希臘─土耳其援助法案已經排入了參議院一九四七年春天的考慮名單上。在政府的提案上，並沒有提到聯合國的角色。初期的草稿中其實有，但是艾奇遜認為聯合國力量薄弱也無足輕重，便將之刪除。范登堡改變立場後滿腔熱情，對聯合國充滿信心，他抓出這項疏漏，堅持該法案應該提出萬一聯合國掌控狀況時，美國的退場機制。艾奇遜確定絕對不會發生這種情形，因為蘇聯會從中阻撓，所以他同意配合。他表示，那是「為了獲得范登堡的支持所付出的一點小代價」。這項改變以「范登堡修正案」(Vandenberg Amendment)的名稱提出，艾奇遜寫道：「名號已經加上去了。」

艾奇遜不是就此高枕無憂。在該法案冗長的聽證會期間，有人問了他一些尷尬的問題。思想古板的南達科他州議員卡爾・墨德(Karl Mundt)想知道杜魯門主義是不是「美國阻止共產主義擴張的堅定完整政策當中的第一步」。艾奇遜沒有正面回答。他表示，美國並不是要展開一場「反意識形態的聖戰」。援助將會「根據每個特定個案的情形」來分配——視需求、美國的利益，以及有效的可能性而定。這是一種符合常情的作法，但卻無法滿足每一位提問者。明尼蘇達州的周以德(Walter Judd)等中國專家便問了一個非問不可的問題：如果要援助希臘和土耳其，為什麼不援助中國？艾奇遜回答，因為情況不同。這個答案有點含糊，對為中國遊說的議員來說也難以令人信服。

懷疑艾奇遜的人，可不只有在他眼中一無所知的國會議員而已。四月的某一天晚上，正當希臘─土耳其援助案還在委員會裡接受檢驗，艾奇遜也因為在國會作證而疲憊不堪時，他與沃爾特・李普曼去參加一場晚宴。這位傑出的專欄作家嗅到杜魯門主義裡面的缺點，曾經在一個專欄當中警告，美國有可能違反他最喜歡的戒律之一：資源與承諾的平衡。李普曼擔心，美國在面臨蘇聯時，「力量會因為協助情況各異的不穩定政府而分散。」這個各界人士廣泛閱讀的專欄並不支持政府對國會提出的理由。

在一、兩杯馬丁尼的壯膽之下，艾奇遜開始強力捍衛杜魯門主義。隨著情緒逐漸激動起來，他抨擊李普曼，指控他「破壞」美國的外交政策。這位專欄作家予以回擊。「你一言我一語，手指猛戳對方胸口，面紅耳赤。」李普曼傳記的作者隆納德·史提爾（Ronald Steel）如此描述。這場大人物之間的戰爭讓晚宴的賓客看得津津有味，可是李普曼後來形容這個夜晚「非常不愉快」。（香菸裡的尼古丁在隔天早上造成他嚴重宿醉，於是他開始戒菸。）艾奇遜的輕蔑言行有時可能十分傷人，他不到中午便打電話向李普曼道歉，可是兩人之間的摩擦後來還是繼續惡化。

儘管出現了如此不愉快的時刻，希臘—土耳其援助計畫還是在一九四七年四月以超過三分之二的票數在參、眾兩院通過。李普曼最後在自己的專欄中支持這個法案；甚至連羅伯特·塔夫脫都投下贊成票。自由派與共和黨都落入了困境：他們都無法對共產主義示弱。

到最後，結果證明美國干預希臘與土耳其的行動有效。到了一九四九年夏天，由共產黨在背後支持的希臘暴動結束；美國支持的政府部隊獲勝。沒有發生骨牌效應。這項承諾可怕地預告了越戰的來臨，只不過兩者結果不同。經過反暴動洗禮的美國「顧問們」支持一個貪腐的右翼政府對抗共產黨叛軍。人類第一次大規模使用凝固汽油彈。

美國願意承擔全球性責任後的這第一次重大成功，主要原因是叛軍不太喜歡蘇聯的支持，而艾奇遜以為他們喜歡。後來才知道，史達林從一開始對於那起暴動的態度就很矛盾，提供給叛軍的支援並不多。一九四八年初，他憤怒地告訴提供避難所給希臘叛軍的南斯拉夫，那場暴動「根本沒有成功的希望」。這位蘇聯獨裁者對兩名南斯拉夫外交官大吼：「你們以為英國和美國——世界上最強大的國家美國——會允許你們破壞他們通往地中海的交通線嗎？愚蠢。」★

史達林說的沒錯，可是美國的強硬態度可不是早就堅定不移的。要不是艾奇遜的決心以及馬歇爾與杜魯門

★作者註：史達林與南斯拉夫的狄托元帥撕破臉是希臘暴動的最後致命一擊。希臘共產黨在一九四八年追隨克里姆林宮主子的腳步譴責狄托，南斯拉夫便切斷叛軍的補給，不再提供他們安全的避難處。

的大力支持，美國幾乎肯定就要放棄希臘，讓它自生自滅。不管史達林對於煽動希臘叛變有所疑慮，他都會即刻挺進，自行宣告叛軍勝利。史達林儘管偏執，卻也是個機會主義者；他採取自認為能脫身的行動。要是希臘叛軍獲勝，可以肯定克里姆林宮很快就會將這個國家納入蘇聯集團。

★★★

一九四七年四月初，在克里姆林宮一場晚宴上酒酣耳熱之際，蘇聯外交部長莫洛托夫轉向馬歇爾將軍，問他：「現在軍人在美國都變成政治人物了，那部隊還在踢正步嗎？」身為美國國務卿的馬歇爾將冷冷的灰色眼睛轉向為他翻譯的波倫，平靜地說：「請告訴莫洛托夫先生，我不確定自己是否明白他這句話的目的，可是如果他的意思跟我想的一樣，請告訴他我不喜歡。」

三月初在莫斯科展開的外交部長會議進行得並不順利。一場場的宴席不斷進行，可是在解決使戰後歐洲分裂的爭端上卻沒有進展。從三月慢慢進入四月，雙方突然展開攻訐。美國駐莫斯科大使沃爾特．比德爾．史密斯（Walter Bedell Smith）到莫斯科一家理髮店要求使用美髮產品，並將頭髮染色；結果他的頭髮變得有點淡淡的粉紅色。四月中旬，當各國外交部長決定放棄返國時，壓抑不住的英國外相厄內斯特．貝文（Ernest Bevin）對於要離開莫斯科實在太開心，竟然對著莫洛托夫的副手安德烈．維辛斯基唱了一首歌：「我們愈是在一起，在一起，我們愈是在一起，我們將會愈歡喜！」維辛斯基好奇地盯著他。「你好開心啊。」他說。

試圖探詢一些徵兆，想要瞭解蘇聯真正目的的馬歇爾，在四月十八日要求私底下與史達林見面。在史達林的黑暗世界中，白天就是夜晚。這位偏好在天黑之後工作的獨裁者答應馬歇爾在晚上十點見面。

穿過空盪黑暗的莫斯科街道，一輛美國豪華轎車加速前進，在紅綠燈轉綠的同時便迅速通過（美方人員獲得「克里姆林宮特權」禮遇，儘管他們的飯店房間遭竊聽），進入那棟龐大的石造堡壘。馬歇爾與波倫被帶往一條狹窄的長走廊，經過一扇高大的雙開門，通過一連串的接待區，來到一個沒有多少佈置的房間。他們在那裡發現了史達林——他有一隻枯萎的手臂，布滿凹痕的臉龐，一口壞牙，舉止冷靜緩慢。

看到史達林如此蒼老，波倫十分震驚。他滿頭灰髮，看來十分憔悴。他和馬歇爾的對話進行了一個半小時，散漫無章。當馬歇爾還在本寧堡（Fort Benning）的陸軍步兵學校（Army Infantry School）擔任助理校長時，史達林就已經成爲蘇聯的獨裁者了。對於會議毫無進展，史達林顯得相當鎮定。這場會議只是一個開端的小爭執。「我們下次可能會同意，如果不會，那就再下一次。」波倫注意到，史達林在說話的時候拿著一枝紅筆漫不經心地畫著狼頭，就跟第二次世界大戰開始時哈里曼首次拜訪他那次一樣。

在返回華盛頓的漫長飛行途中，馬歇爾整理了他在莫斯科學到的慘澹教訓。史達林想要逐步入侵，他偏好動盪的歐洲。如同哈里曼與麥克洛伊所警告的，混亂才符合蘇聯的利益。馬歇爾說，如今該是美國採取行動的時候，有必要的話可以不找蘇聯。陪同馬歇爾、擔任他蘇聯事務助手的波倫，並沒有與新老闆爭執他的結論。波倫也相信光是靠外交還不夠；必須採取某種大膽的行動。

一直靠著每天的電報掌握莫斯科狀況的艾奇遜，在華盛頓也做出相同的結論。「如果你相信隨時都能和俄國人坐下來談，解決問題，我想那是錯誤的。」他在四月初告訴參議院外交關係委員會。參議員亞歷山大·史密斯（H. Alexander Smith）問他：「你不打算早一點解決這些議題嗎？」艾奇遜回答：「你沒辦法跟他們坐下來談。」

那怎麼辦？如果不能靠談判來拯救歐洲，那要用什麼方法？「醫生還在思考時，病人已經完蛋了。」馬歇爾四月二十八日從莫斯科返國當天，在一個全國性廣播節目中告訴聽衆。

★★★

詹姆斯·佛瑞斯托已經鼓吹尋求解決之道一個多月。他總是將與蘇聯的對峙視爲一種善與惡的爭鬥。現在他想要讓資本主義與馬克思主義相互對抗，以我們的體制對抗他們的體制。在三月初，這位海軍部長自行決定徵召克拉克·克里福德。

克里福德細心地與佛瑞斯托保持聯繫：兩人每個星期三都在佛瑞斯托位於卡羅拉馬（Kalorama）的住家共進

早餐。佛瑞斯托與艾奇遜一樣，將克里福德當成白宮內部不可多得的伙伴。「克拉克依舊是一個好幫手，」他在四月寫信給助理空軍部長史都華・塞明頓（Stuart Symington），「他是白宮最大的單一資產，對總統和為他效力的人來說都是。」

佛瑞斯托力促克里福德撰寫一份備忘錄，「讓人聚焦於中心問題，那就是：目前世界上的體制中，哪一種還能存在下去？」

佛瑞斯托開出一個處方：「經濟領導力」。他想組成一個「由最有能力的公民組成的團體」，規劃並推動重建歐洲經濟的計畫。「只有以全球為基礎，竭盡全力，我們才能轉守為攻。」

馬歇爾將軍是他的下一個目標。在四月二十八日的內閣午宴上，距離馬歇爾步下從莫斯科返美的飛機之後只有幾個小時，佛瑞斯托攔住他，發表自己的資本主義宣言：美國擁有它所需的一切條件，可以恢復世界的活力。蘇聯什麼都沒有，沒有資本、沒有貨品，也沒有食物。俄國只能輸出無政府狀態與混亂。不過美國必須儘快行動；時間在俄國人的那一邊。佛瑞斯托繼續說，幸好國務卿即將在國務院成立一個規劃小組，探討這類的長程政策問題。

隔天早上，馬歇爾請這個新規劃小組的主任喬治・肯楠到他的辦公室。他是在佛瑞斯托的催促之下挑選肯楠接下這項職務；佛瑞斯托自作主張晉用「長電報」的作者。從許多方面來看，肯楠都是擔任國務院首席規劃者的不二人選；他是院裡思考最具創意、最敏銳的人。艾奇許也提議了肯楠的名字，不過他的理由稍微比較奇特一點。艾奇遜只對洛伊・韓德森說：「喬治獨一無二。」

肯楠原本的安排是，結束國家戰爭學院該學年的課程，然後才到國務院成立政策規劃處（Policy Planning Staff）。然而，莫斯科會議的失敗加快了他的步伐。馬歇爾將軍很快便通知肯楠，院內需要他立刻上任，他必須前往國務院，「不得延誤」。歐洲的狀況一團亂，必須設法處理。如果國務院不採取主動，其他單位就會搶得先機，尤其是國會。馬歇爾不希望採取守勢。肯楠必須召集工作人員，提出答案。他有十天的時間。馬歇爾只有一個建議：「避開繁瑣小事。」

斷斷續續的零碎命令讓肯楠趕到頭暈目眩。他沒有辦公室、沒有員工，而行事曆上有又三場外地的演講邀約。肯楠承認，「歐洲復原的整個大問題之複雜性」著實令他卻步。

管理並非肯楠的專長。但是他卻設法保住了一些辦公室——地點一流，就位在馬歇爾辦公室旁——也招募到一批工作能力強且熟悉歐洲及其困境的工作人員。接著他開始滔滔不絕，四處走動解說，日以繼夜，馬不停蹄。「我們會聚集在一張桌子四周，喬治便開始說話。」一名稍感畏怯的政策規劃處人員回想說。「我們經常誰也不說話，只是盯著他。而他光是看著我們，似乎就知道我們心裡在想什麼。」

就像以往在理智騷動的時刻那樣，情緒壓力幾乎讓肯楠無法承受。一天深夜，他在特別激烈的討論時突然雙眼泛淚，嚇壞了他的部屬。他逃出辦公室，在大樓周圍走了幾圈，試圖恢復鎮定。

肯楠期望很高。現在有一個機會能夠改正杜魯門主義的過度之處，同時挽救歐洲。美國應該提供大量的經濟援助給它在歐陸努力掙扎的盟邦們。可是他覺得，美國公開宣稱的目的必須是恢復歐洲經濟與社會的健全，而不是「反抗共產主義」。華盛頓會提供金援，不過計畫本身必須來自歐洲。美國在提供資源之餘，絕對不能被認為在左右結果。

肯楠的結論指出，與其提出開放性的軍事承諾，美國應該承擔有限（儘管龐大）的責任，協助歐洲自助。藉由這個行動，美國會幫助挽救數千條人命，實際上就是挽救整個社會。無庸置疑地，復興後的歐洲會是美國活躍的貿易伙伴，也會是對抗蘇聯入侵的堡壘。

構想很簡單。它讓美國啓動艾奇遜後來形容為「歷史上最偉大也最光榮的冒險之一」——馬歇爾計畫。無論如何，這項計畫都不只是屬於肯楠一個人的。佛瑞斯托、艾奇遜、波倫、麥克洛伊、史汀生、哈里曼，以及其他幾個人，包括馬歇爾將軍本人在內，全都貢獻了他們的心力。自從戰爭末期，他們這個核心圈子便一直在討論與思考恢復歐洲的大型援助計畫。

難以精準確認開創性的時刻出現在什麼時候，不過哈里曼可能是最早將這個構想訴諸文字的人。在發給法蘭克林・羅斯福的最後一些電報中，有一封他便力勸對西方提供大規模的重建援助，並且在飛到華盛頓會見哈利・杜魯門時又重申這項建議。從一九四五年在波茨坦開始，麥克洛伊與史汀生便呼籲制定一項「完整的協同性計畫，以推動整體歐洲經濟復興」。早在草擬杜魯門主義時，艾奇遜就已經警告杜魯門，希臘和土耳其的背後還有一個大上許多的問題，整個歐洲都需要重建。在此同時，歐洲重建計畫的概念已經開始生根滋長，並在喬治城與霧谷內的私人社區裡流傳，地點包括時髦的晚宴和單調的政府機構走廊上。有人對細節加油添醋，不過根源是一致的。

如此的發酵過程卻沒有在國會山莊出現。對一般的國會議員來說，決定要刪減預算，卻將數十億美元花在重建一個遭戰火蹂躪的海外大陸上，簡直是政治鬧劇。他們大多數的選民都還沒從家中子弟為拯救歐洲而犧牲生命的傷痛中走出來；援助外國普遍被視為「無底洞計畫」。

然而對戰後華盛頓關係緊密的一小群人而言，歐洲的重建似乎不僅正確，而且自然，甚至義不容辭。他們看待這個世界的眼光不同，而且內心覺得有責任與力量去拯救它。

著手援救歐洲是一種最高自信的行動。如此的大膽之舉有各種不同的泉源；沒有哪一個來源足以說明，為什麼當其他表面上與他們類似的人袖手旁觀，這一群人卻展現出驚人的主動精神。他們所出身或後來融入的社會階級，也就是美國在世紀之交的那個小型社會菁英圈，容易讓圈子裡的人覺得一切都很美好，而且安定。但是對更多上流社會人士而言，它也孕育了自滿與懶散。像格羅頓與耶魯等中學及大學試圖灌輸學生責任感與是非價值，可是大多數學生學到的卻是順從與勢利。

那些選擇為政府效命的人，內心感受到的是真正具有世界觀的責任感。他們希望效力的對象不只是美國，從廣義來看其實是西方的文化與文明。歐洲在他們眼中並不是高中歷史課本裡所描述的那般抽象朦朧，不是避之唯恐不及的麻煩。小時候，他們就跟著父母踏遍愛德華時代歐洲各地的秋季☆；年輕時，他們在納粹風暴前夕浸淫於歐陸糾結的經濟與政治情勢。透過自己所受的教養以及親身經歷，他們十分明白歐洲的價值。

當這些開創馬歇爾計畫的人來到法定年齡，美國正值生猛活躍期，權衡著是否要比歷史上其他國家更積極地接觸這個世界。然而接下來二十年，它卻維持孤立主義立場，專注於自己的經濟起落。從個人角度來看，艾奇遜與哈里曼、羅威特與麥克洛伊、肯楠與波倫，每個人都有各自的盲點與短處；沒有一個人能夠單獨帶領這個國家扮演世界強權的新角色。但是當他們集體合作，這一小群男人和以他們爲仿效對象的那些人，卻能夠適切地拿捏遠見與現實、積極與耐心，實現這項重大任務。他們匯聚在一起的時機，正是歷史上的一種特殊時刻——時間與空間、教養與性格恰好融合成一種臨界質量，賦予凡夫俗子永遠改變世界的力量。

修正主義的評論家始終主張，所謂權勢菁英對於歐洲復興的興趣，其實主要是爲了私利，這些熱情的資本家試圖重建歐洲，好爲美國商品謀得一個市場。查爾斯．波倫在多年後勉強承認，「私利」是馬歇爾計畫的一項「元素」。可是他也談到一種「對於文明世界的責任感」。這樣的語言並非空洞或狡黠；我們有充分的理由相信，波倫與他的同僚在道德上覺得必須拯救歐洲，脫離飢餓以及俄國的魔掌。

他們的目標並非癡人說夢或毫無希望的理想。他們不希望拯救靈魂或「促進世界大同」，像先前較不成功的美國國際主義者那樣。相反地，他們極爲務實；他們想要提供資本、工具、糧食；他們想要使歐洲復原，而非改變它。然而，他們的願景卻大膽得引人注目；它需要重新塑造美國在世界上的傳統角色，並重建全球的權力平衡狀態。這些人爲了維護理想而尋求改變，是以他們自己的方式追求秩序的革命家。

將近四十年之後☆☆，美利堅和平的創建者依舊面貌模糊，他們注重隱私，寧可愼重地運用權力，避開政治

☆譯註：愛德華時代指英王愛德華七世在位期間，從一九〇一年到一九一〇年，大約正是這些人的童年時期。

☆☆譯註：這裡的四十年是以本書第一版的發行時間一九八六年來計算。

的光芒與喧鬧。華盛頓共有五十二座紀念碑或戶外雕像，紀念各行各業早已被遺忘或著名的人物，不過在這個首都的公共空間裡，甚至連一張以狄恩・艾奇遜來命名的公園長椅都沒有★。的確，世人所記得的艾奇遜是舊東岸權勢菁英的代表，而這個名詞對許多人而言不只是一種形容，也帶有輕蔑的意味。

舊外交政策菁英的動機與智慧可以公平地接受辯論，但是它的影響力卻無可否認。比起其他任何人，這一小群人發揮了最大的力量，促使美國承擔起一個世界強權的責任，並界定了它的全球性使命。馬歇爾計畫無疑是他們最純粹也爲偉大的成就，讓權力運用在最佳的目標上。

★★★

華盛頓菁英希望與大衆充分溝通時，經常是透過一小批想法相近的記者與專欄作家，這些人往往是他們昔日的同學或社交圈朋友，不但可以信任，能夠掌握某些細微差異，且下筆謹慎。這批記者當中的領導人是沃爾特・李普曼，其專欄擁有大批讀者，他對於華盛頓內幕瞭解之深，幾乎可以說是一位沒有政府職位的部長。對於自己認可的理想，他不吝於爲文支持，也經常幫忙規劃。對於政府中的政策制定者而言，接受李普曼採訪時，關於問答的部份並不多，較多的是建議與認同。

十分好辯的佛瑞斯托在四月請李普曼去見肯楠。在國家戰爭學院的漫長午餐上，這兩位同樣害羞又敏感的專欄作家與政策規劃者，想法相當契合。李普曼對蘇聯的看法沒有肯楠那麼嚴厲，但他後來成爲圍堵政策的嚴厲批判者。不過兩人在這次聚會上意見頗爲一致，他們同樣不喜歡杜魯門主義的過度承諾以及聽來刺耳的說法，也都希望復原計畫不要顯得像是美國要霸佔歐洲的伎倆或公然反蘇聯的手段。根據李普曼傳記作者隆納德・史提爾的說法，最早提議美國應該邀請歐洲人擬定他們自己的計畫的人，就是李普曼。這位專欄作家持續竭盡一己之力，大力推動大型的歐洲經濟援救計畫。

★作者註：不消說，也沒有狄恩・艾奇遜中學或公路。但是國務院的確以他的名字來為院內的禮堂命名。

《紐約時報》的亞瑟・柯洛克（Arthur Krock）是李普曼的對手，經常收到普林斯頓的社團老友佛瑞斯托所提供的秘密電報和備忘錄。《紐約時報》出色的年經記者詹姆斯・雷斯頓則一直有艾奇遜為他提供消息；相較於國會議員，艾奇遜更樂於協助優秀的記者。資淺的國務院人員注意到，每次艾奇遜與外號史考帝（Scotty）的雷斯頓在大都會俱樂部共進午餐之後，隔天《紐約時報》的頭版就會露骨地暗示「國務院有大事正在籌畫中」。就像一名政策規劃處的人員所說的，這些報導讓他們「神經過敏」。他們擔心自己遭到指責。肯楠在這方面無比天真，竟然在五月寫信給艾奇遜，表明自己並沒有洩漏消息給《紐約先驅論壇報》（New York Herald Tribune）的專欄作家約瑟夫・艾索普。（其實是奇普・波倫；他和艾索普都是哈佛大學坡斯廉俱樂部的會員。）

★★★

杜魯門政府第一次正式的意向宣告是艾奇遜在五月八日發表的一段演說，地點是密西西比州克里夫蘭的岱爾他州立師範學院（Delta State Teachers College）悶熱擁擠的體育館。那個場合「與傳統上發表外交言論的那種正經八百的場合相去甚遠」，艾奇遜寫道，「不過體育館裡的人很嚴肅。」原本杜魯門應該到場發表演講，不過為了避免捲入與參議員希歐多爾・畢爾博（Theodore Bilbo）有關的一場地方政治紛爭，只好臨時推辭。當時宣布，代替總統出席的艾奇遜會發表「一場重要的外交政策演說」。這位擔任歐洲復興計畫首席推動者的副國務卿後來回想說，那是「吹起號角，喚起美國人在做出決定之後善盡責任」的好機會。

艾奇遜脫下外套、捲起袖子，扮演他不熟悉的政治演說者的角色。他告訴台下的聽眾，歐洲正處於垂死掙扎的痛苦階段；體育館內座無虛席，人數多到連館外的草地上都是人，他們喝著可口可樂，一邊照顧自己的小孩。歐洲人不但生存遭到威脅，連「人類尊嚴、人類自由」都岌岌可危。歐洲必須再度自立自強，而它必須有美國的協助才能達成。

無論一般的販夫走卒懂不懂，但詹姆斯・雷斯頓瞭解。演講過後，他在華盛頓的一場記者會上問艾奇遜：「你宣布的是新政策，還是一點私下釋放出來的風向球？」艾奇遜露出微笑。「你比我更瞭解華盛頓。外交政策是在白宮決定的，你必須問總統。」雷斯頓問杜魯門，艾奇遜是否代表他發表演說。「是的。」總統回答。

亞瑟・范登堡在參議員辦公室裡看著報紙，坐立不安。看完岱爾他師範學院的演講內容之後，他要求到布雷爾賓館（Blair House）晉見總統；因爲白宮進行整修，總統暫時搬到那裡。范登堡拿著演講內容在馬歇爾面前揮動。艾奇遜已經公開宣布美國準備投下大筆經費在外交援助上！到底怎麼回事？情況已經失控了！馬歇爾試圖安撫他。杜魯門政府這個會期不會再向國會要求更多經費。不過沒錯，遲早都會有一項援助法案。他向范登堡保證，規劃過程中不會忽略國會的意見。范登堡向杜魯門抗議：「哈利，我希望你從現在開始瞭解，除非起飛時我在機上，否則墜機時我不會幫你。」艾奇遜只是在一旁聽著。那對他是一項警訊；國會必須極爲謹慎地應付。他後來回想說，當時他心裡想，該是打出范登堡名號的時候了。

在馬歇爾計畫的成形過程中，杜魯門的參與極少，但是卻很關鍵：他只是信任馬歇爾與艾奇遜，並全力支持他們。總統個人有一個貢獻顯得聰敏而謙遜。當時扮演奉承者角色的克里福德向總統提議，歐洲復興計畫應該命名爲杜魯門計畫。「克拉克，」杜魯門回答，「如果我們設法讓它成爲一項杜魯門的成就，那麼它會沉沒，永遠見不到光明。」杜魯門有一個更好的想法：將這項計畫以「目前在世最偉大的美國人」馬歇爾來命名，它「說服國會的效果會好上許多」。

這項計畫還需要一股推動力。五月十九日，大塊頭、國字臉、身高六呎三吋的經濟事務助理國務卿威爾・克雷頓（Will Clayton）結束歐洲視察之行返國。克雷頓說話語調輕柔，爲人有禮，滴酒不沾，是個非常努力的商人，創立了世界上最大的棉花貿易公司。一九四七年春天，美國棉花供應非常充足。對此克雷頓直言不諱：「我們就直接承認，我們的目標是美國的需求與利益。我們需要市場——能夠從事買賣的大型市場。」

在給馬歇爾的備忘錄中，克雷頓描繪了歐洲經濟崩潰的可怕景況。農民因爲不信任貨幣，再也不到市場上販賣農產品。他們拿自己的作物餵牛，城市的工人卻挨餓。總之，克雷頓警告，國務院低估了情況的嚴重性。這份備忘錄打動了艾奇遜，而他認爲肯楠在政策規劃處所做的努力，措辭上不夠強硬有力。克雷頓的備忘錄也激勵了馬歇爾。當一名助理問他，暫時約定的哈佛大學畢業典禮演說邀約是否要確認參加，他回答要。隔天他請奇普．波倫到他的辦公室，將肯楠的政策規劃文章以及克雷頓的備忘錄交給他，告訴他寫一篇演講稿，內容是邀請歐洲來請求美國的援助。

馬歇爾延續拜恩斯的人事任命，繼續請波倫擔任他的蘇聯事務特別助理。他對波倫的專業、穩定，以及可靠的外交直覺留下印象深刻，因此在夏初將他晉升為國務院參事。兩人合作無間。亨利．季辛吉後來形容波倫為「相當傳統，相當穩重，因此也就相當值得信賴」，這樣的描述同樣能適用在馬歇爾身上。

波倫很尊敬馬歇爾。「我從來不曾有英雄崇拜的情節，」他後來寫道，「可是在與我共事過的人當中，包括總統在內，喬治．卡特里特．馬歇爾在我所景仰的人裡面高居首位。」他們兩人私底下變得來往密切。「波倫就像他的兒子一樣。」一名國務院的同事回憶說。雖然馬歇爾是出了名的高傲，他卻在一些細微之處展現對波倫的鍾愛。當他的這位參事到歐洲出差，幾個星期沒見到自己的兩歲兒子，馬歇爾便請小查理到他的辦公室，讓他坐在自己的膝蓋上，然後請國務院的攝影師拍張照片，讓波倫至少能看看孩子的模樣。

收到撰寫演講稿的任務之後，波倫在辦公室閉關兩天。他的目標與肯楠一樣，就是要讓歐洲復原計畫呈現出來的樣貌不是一個反蘇聯的手段，而是一種人道關懷。他寫道，美國政策的方向「不是反對國家、意識形態或政黨，尤其不是反共產主義」，而是「反飢餓、貧窮以及混亂」。波倫自認為很機敏；他後來寫道，如果蘇聯反對該計畫，他們就會被視為「支持飢餓、貧窮以及混亂」。這在西歐會是一個重要的宣傳點，而共產黨正在那裡爭奪政府掌控權。

身為一名外交官，波倫比較關切的是歐洲盟邦對於演說的看法，而不是它在美國的效應；他看法中的微妙之處在美國往往被忽略。一如往常，他的文章單調而不帶感情。因此馬歇爾的演講儘管內容崇高，卻幾乎沒有人記得它的主旨。

本身文筆不佳的馬歇爾接受波倫大部份的遣詞用字，不過在六月四日飛往波士頓的飛機上，他依然在修改演講稿。他甚至沒有在國務院的新聞辦公室預留稿件。沒錯，因爲擔心右翼人士與孤立主義者的憤怒反應，他告知新聞辦公室不要事先宣傳。由於擔心麥考米克上校☆（Colonel McCormick）持孤立主義立場的《芝加哥論壇報》（Chicago Tribune）會提出批評，他已經迴避了密西根大學的一場外交政策演講。

艾奇遜沒有這麼害怕宣傳。他對於到哈佛演講的想法有些猶豫，或許是因爲身爲耶魯大學理事會理事的他已經參加過太多畢業典禮。「沒人專心聽畢業典禮演說。」他告訴他的老闆。爲了確保媒體會關注，他與雷斯頓安排了一篇報導，揭露國務院正在考慮一項耗資一百六十億美元的復興歐洲四年計畫。

艾奇遜最想引起歐洲的興趣，關鍵是歐洲領導人會有正面且立即的回應。於是他決定與三名深具影響力的英國記者共進午餐：BBC的連納德・米雅爾（Leonard Miall）、《每日快報》（*Daily Express*）的芮妮・麥考爾（René MacColl），以及《每日電訊報》的馬爾康・馬格瑞吉（Malcolm Muggeridge）。日期訂在六月四日，就在馬歇爾演講的前一天。

那天早上，艾奇遜因爲前一晚在晚宴上喝了太多酒而嚴重宿醉。在出門見三位英國人的路上，艾奇遜嚴肅地對新聞助理林肯・懷特（Lincoln White）表示：「如果那些英國佬拿雪利酒給我喝，我一定會嘔吐。」馬格瑞吉在聯合國俱樂部（United Nations Club）的私人包廂迎接他。「現在，」馬格瑞吉先開口，「我們不會有那種可怕的壞習慣，在還沒吃午餐之前就喝烈酒。」他轉向艾奇遜，「喝雪利酒嗎？」

艾奇遜點了一杯純馬丁尼。在午餐桌上，他開始說明自己的見解。杜魯門政府因爲逐一要求零碎的緊急財政援助，個別貸款給英國、法國、義大利以及聯合國善後救濟總署（UNRRA），已經在國會「過度推動」歐洲援助案。如今需要的是「來自歐洲這邊的某種合作性的強力措施，以提供高度關注經濟的國會一些想像空間」。馬歇爾準備發表一場重大演說，提出這樣的要求。「不要浪費時間寫了，」他對馬格瑞吉說，「只要一拿

☆ 譯註：人稱麥考米克上校的羅伯特・麥考米克（Robert R. McCormick）是《芝加哥論壇報》發行人。

到演說稿副本，就立刻打電話向倫敦報告這整件事。問問你的編輯，看外相厄文斯特．貝文能否立刻取得演說稿副本。不管晚上幾點鐘；叫醒厄文斯特，將副本交到他手中。」

在哈佛園內紀念教堂的階梯上，濃密的榆樹樹蔭底下，馬歇爾將軍穿著樸素的灰色西裝，在身穿鮮豔畢業袍的師生圍繞下，於六月五日下午發表他的簡短演說。「我們政策的方向不是反對任何國家或信條，」他說（他已經刪掉波倫初稿中的「共產主義」），「而是反飢餓、貧窮、絕望與混亂……未來這個國家給予的任何協助，都應該提供有效對策，而不只是暫時的緩解手段。在美國政府能夠採取更進一步的行動之前，歐洲國家之間對於這種情況的需求應該達成某種協議……我想，相關意見應該由歐洲主動提出。」

艾奇遜預測外界對於畢業典禮演講興趣缺缺是正確的。隔天，《紐約時報》的頭條是杜魯門召開記者會譴責匈牙利的共產黨政變，國務卿馬歇爾的演講只得到一個不痛不癢的標題（「馬歇爾懇求歐洲團結一致」）。艾奇遜表示，因此「對抗『飢餓、貧窮、絕望與混亂』的理想目標」完全沒有打動大衆。

不過對貝文而言，天亮之後不久聽到連納德．米雅爾在BBC唸出演說內容，感覺「就像一個溺水的人抓到救命繩。它似乎爲已經絕望的地方帶來希望」。趁美國還沒有機會食言之前，英國外相貝文火速接受。他發電報給美國國務院表示，他會「主動提出倡議」，造訪巴黎，急著想看看自己能否快速與法國整合出共識。

馬歇爾的邀請一直是開放性的。它不限於西歐，蘇聯及其附庸國如果願意，可自由加入復原計畫。波倫明白，邀請俄國是「一場賭注」；蘇聯接受的話會使整個行動失敗。國會同意提供經費讓蘇聯重建的機率是零，而且他們如果參與便意謂著將發生無盡的爭吵，就像那些陷入死胡同的外交部長會議一樣。

當馬歇爾問肯楠如何應付蘇聯時，他回答：「坦誠以對。」邀請他們加入。肯楠解釋，蘇聯無法接受。他們不會夢想著能敞開大門，接受國際復原計畫，或放鬆對附庸國的掌控，讓他們與西方從事自由貿易。如果參與，蘇聯就必須放棄他們對戰後賠償金的請求權；結果非但沒有消耗德國的資源，方向反而是顛倒過來的。雖然蘇聯慘遭戰火蹂躪，本身便亟需重建的援助，但是肯楠的計畫卻號召克里姆林宮協助恢復被征服的歐洲。不過肯楠警告，蘇聯必須得以自己去發現這一切，他們不能明顯被排除在外。使歐洲分裂的污名不應該落在美國身上。

肯楠的論據清楚而有說服力。然而在內部會議上，有人相當擔心蘇聯的反應。佛瑞斯托特別害怕俄國加入馬歇爾計畫之後會導致它失敗。馬歇爾即使在發表完演說之後也焦慮地問肯楠和波倫，如果有人問蘇聯是否包含在受援助的範圍內，他應不應該肯定的給予肯定的答案。「肯楠和我看了看對方，」波倫回想說，「然後說我們堅信蘇聯無法接受這項計畫。」他們又說了一次肯楠已經講過的理由。

一九四七年夏天，內部另一種擔憂的聲音來自羅伯特．羅威特。在冷戰的形成階段，他並未參與政策制定的過程，不過馬歇爾將軍一直鼓勵他離開華爾街的安穩工作，回到政府服務；馬歇爾渴望過去在作戰部的「副駕駛」能回來協助他。羅威特預計接替艾奇遜，在艾奇遜在六月底回到法律事務所之後成為馬歇爾的副手。五月的後半段以及大部份的六月，羅威特都擔任副國務卿的預備替身，跟隨他四處奔走，代理他的辦公室，參加他的會議，晚上還經常與他回家共進晚餐。以這個非正式的身分，他參與了是否該邀請俄國人加入馬歇爾計畫的辯論。

「這一點我不斷質疑肯楠，」羅威特後來回想說，「俄國人會如何反應？他們會產生興趣嗎？他們會認為這件事是衝著他們而來的嗎？」肯楠試圖讓羅威特放心，不過這位華爾街銀行家一向不太相信外交官，尤其是像肯楠這種學究型的外交官。他轉而與自己同類型的人做進一步的諮詢。他飛到紐約，將馬歇爾的演講稿交給JP摩根的合夥人之一暨外交關係委員會主席羅素．萊芬威爾（Russell Leffingwell）。萊芬威爾思考了一下子，然後告訴羅威特：「如果不提出讓俄國人加入的邀約，你就會犯下一個錯誤。他們絕對不會同意關於檢查的條款。」值得注意的是，羅威特日後記得說服他的人是民間銀行家萊芬威爾，而不是蘇聯專家肯楠。

肯楠與波倫運用他們的外交手法，謀求英國政府支持他們將俄國排除在外的計畫。他們若無其事地順道拜訪英國駐美國大使殷福契蒲勳爵，以巧妙的方式讓他知道他們對於與蘇聯有關的「期望」。他們告訴殷福契蒲，他們懷疑蘇聯想加入，不過如果俄國人眞的願意，那麼他們應該爲這項計畫貢獻經費，而非使用經費。英國大使明白了箇中意涵：當晚他就發電報給倫敦，說明美國有賴英國協助，將俄國排除在外。

肯楠虛僞的「坦誠以對」步驟奏效。「從某個角度來看，我們讓俄國人束手無策。」他後來回想說，「當他們完全領悟到其他的選擇有多麼可怕時，突然感到十分恐懼。」受資本主義國家包圍其實是史達林最可怕的夢魘。他的反應仍像往常一般偏執，將鐵幕又往下拉得更緊。蘇聯外交部長莫洛托夫事實上曾經前往巴黎參加歐洲重建的第一次會議，而且似乎表現出蘇聯眞的有興趣參與（或許也有點受驚嚇的成分在內）。不過，他在莫斯科的長官理所當然懷疑西方國家的動機。莫洛托夫奉命提出一項蘇聯的計畫——每個國家分別交出自己希望由美國買單的購買清單。他在會議上提出他們的計畫，譴責美利堅帝國主義，然後昂首闊步地走出會場。

當過駐蘇聯大使及商業部長的艾佛瑞爾・哈里曼從側面觀察，認爲莫洛托夫退席是一大錯誤。「他加入的話就可以毀掉馬歇爾計畫。」哈里曼後來表示。在哈里曼眼中，莫洛托夫錯失這個機會證明了他「根本上就是個蠢傢伙」。

對東方集團的國家來說，蘇聯的退出是一場悲劇。波蘭與捷克斯拉夫十分渴望接受美國的邀請，參加復原計畫。華沙已成廢墟，在戰爭中喪生的三萬人依然埋在遭轟炸的貧民窟底下，而布拉格政府中剩下的溫和派依舊勇敢地維持他們的獨立性，不受莫斯科宰制，並渴望恢復與西方的貿易。然而，在莫洛托夫退席之後，克里姆林宮很快便強迫捷克與波蘭跟進。波蘭突然意外宣布他們不會參加巴黎的復原計畫會議；捷克則被迫聲明放棄稍早接受邀請的決定，因爲史達林通知他們，參加該計畫就會被視爲「特別針對蘇聯的一項反抗行動」。

馬歇爾計畫帶來了一個無可避免卻也不幸的結果，那就是它加速了歐洲的永久分裂。西歐將馬歇爾計畫視爲無私的人道主義行動，這項大膽的作爲使西歐重獲繁榮的機會，也讓它免於受蘇聯掌控。可是正如丹尼爾・尤金在他的冷戰研究專著《粉碎的和平》（*Shattered Peace*）中所寫的：「俄國人認爲馬歇爾計畫是美國爲了控制歐洲的宣戰。」法蘭克林・羅斯福期盼戰時同盟國同心協力保障和平與安全的願景，如今徹底瓦解。雖然馬歇爾計畫完全是一項經濟倡議，但是它的長期結果卻進一步促使東、西方形成關係緊繃且互有敵意的軍事陣營。

人們不禁揣測，如果美國誠摯邀請蘇聯加入馬歇爾計畫，而史達林也接受，情勢不知會如何演變。儘管肯楠與波倫在與法國及英國討論時極力堅持無論是什麼復原計畫，蘇聯都必須有所貢獻，而不只是受益者，但是相信原本還是有可能達成某種妥協。畢竟俄國就算受創沒有西歐來得深，終究也遭到戰火的蹂躪。以後見之明來看，美國與蘇聯其實可以更努力尋求經濟復甦的合作之道。但是在一九四七年夏天，對於華盛頓的務實派而言，努力讓固執的國會和歷史上恩怨不斷的歐洲各國政府達成共識就已經夠令人卻步了，更別提還要加入頑固偏執的史達林。爲了達成歐洲復興的目的，華盛頓不惜付出更進一步孤立以及對抗俄國的代價。沒錯，孤立俄國就是圍堵它，而那正是重點所在。

波倫看著裂痕擴大，並不意外，而且產生不祥的預感。「簡單講，現在有兩個世界，而不是一個。」他在八月的一場國務院高層會議上表示，並預測兩大超級強權之間會出現危機。「這兩個世界之間的任何問題可以說沒有機會解決，直到危機非處理不可的那一刻爲止。它不是未來幾年的事，比較可能在未來幾個月便來臨……它顯然會包含非常眞實、敵意爆發的危機。」

★★★

一開始，羅伯特．羅威特拒絕返回華盛頓。一九四七年二月的一天早晨六點四十五分，正當他匆匆忙忙急著出門，想要趕搭前往曼哈頓的通勤列車時，白宮聯絡到在蝗蟲谷住處的他。羅威特以爲白宮接線生打的是惡作劇電話。最後杜魯門接起電話，向他保證：「不，我眞的是總統……」

總統告訴羅威特，馬歇爾將軍堅持將他的「舊副駕駛」帶到國務院。羅威特發現，要回絕馬歇爾將軍極爲困難，但回絕總統則容易多了，但是他擔心不到七年就要第二次擺脫他在布朗兄弟哈里曼公司的合夥人職位，恐怕不容易。在那家華爾街銀行擔任合夥人，所有合夥人都必須承擔債務的無限責任。

艾佛瑞爾．哈里曼解除了他的疑慮。當羅威特打電話給這位老伙伴討論這個情況，哈里曼說他是「笨蛋」，告訴他儘管接下這份工作。羅威特致電杜魯門，開出兩個接任的條件。他要有兩個月時間在佛羅里達州休養，因爲他「脆弱的腸胃」又要動一次手術（又是膽囊手術），在「單飛」之前還要請艾奇遜「交接指導」一個月。

艾奇遜很歡迎他的接替人選與自己有這麼非比尋常的親近關係。他告訴馬歇爾，他「自從耶魯大學時期就認識鮑伯」，所以「完全贊同」。整個春天，兩人維持密切聯繫。艾奇遜帶羅威特去見范登堡（「我從大學就認識鮑伯，希望您會同意接受他爲國效力。」艾奇遜說。范登堡回答：「我歡迎你接任副國務卿的職務，願上帝憐憫你的靈魂。」）羅威特在他位於荷布灣的小屋海韻（Sea Change）爲了膽囊之疾休養，同時閱讀大量的平裝謀殺推理小說，啜飲混合了波本酒的調酒「羅威特迷霧」（Lovett Mists），並在這段時間忠實地每週寫信給艾奇遜。「我嚴格遵守那討厭的健康養生法，令我有點意外的是，它似乎發揮了功效。我已經增加了一點體重，幾乎開始覺得恢復活力了。」他在一封信上寫道，「我會非常努力執行，因爲等我回去，我要盡全力符合你對我的期待。」四月五日，當艾奇遜迴避大衆媒體及沃爾特・溫契爾（Walter Winchell）等專家對於援助希臘、土耳其的問題時，羅威特試圖用自己如孩童般的獨特奇想來爲他打氣：「你背痛嗎？」他開始說，「早上醒來你覺得頭昏眼花嗎？有嗎？那就試試特效藥。只要滴一滴溫契爾在熱水裡，拿來漱一漱口，然後忘掉你的煩惱……大家晚安，我是你們的播音員腫脹胡椒哨（Turgid D. Pepperwhistle），現在播報即時新聞……」

羅威特與艾奇遜成了摯友，非常喜歡對方的陪伴。然而儘管上過相同的學校，也都在政府單位服務過，兩人的差異卻很大，將截然不同的才能與責任帶到這個職務。儘管兩人都相當優雅圓滑，但艾奇遜高大挺拔，而羅威特則顯得無精打采，有些害羞。傲慢的艾奇遜光是現身就可能無意冒犯到別人；斯文客氣的羅威特在一般政治人物眼中則比較親切。艾奇遜具有「決策能力」；他的行動從不猶豫，即使在需要耐性時也不例外。羅威特不是會大膽出擊的人；他行事謹慎，有時候甚至小心過了頭。他的一大優點是能夠讓別人，尤其是國會議員，去做已經決定好的事情。

他們交接職務的時機實在再湊巧不過了。隨著杜魯門主義與馬歇爾計畫相繼宣布，副國務卿的職務內容變成要執行這些宏大的使命。美國全球性角色的轉換過程需要藉由艾奇遜的魄力來開創，但是卻也要用羅威特的圓融來推銷。

儘管艾奇遜早在一月就告訴馬歇爾，他渴望重返法律事務所，多賺點錢，但是他並不樂意交出權力，即便對象是羅威特。過去六個月幾乎令人目眩神迷。在馬歇爾旗下，他生平第一次在一個特別動亂的時刻體驗到了真正的責任。改變美國孤立主義的立場、勇敢面對蘇聯，以及展開援助歐洲的工作之後，從事法律工作開始顯得相當平淡無奇。「想到要回到聯合信託大樓（Union Trust Building），我覺得非常難過和惶恐，」他寫信給女兒珍，「我喜歡目前的工作，如今我有了一種踏實感，也感覺到別人願意讓我帶領。」這時他所不知道的是，他最大且最艱鉅的重責大任正橫亙在前方。

第十四章「簡單誠實的人」推銷馬歇爾計畫

"SIMPLE HONEST MEN"

The selling of the Marshall Plan

「這是一門非常棒的生意，」羅威特一九四七年六月在寄給昔日華爾街同事佛丁納・艾伯斯塔特（Ferdinand Eberstadt）的信中寫道，「現在我都把戰時的問題稱爲『美好的往日時光』。」在寄給摩根銀行的湯瑪斯・拉蒙特（Thomas Lamont）的信上，他寫道：「印象所及，我從來沒有看過世界局勢如此快速地往眞實災難的方向發展。」與佛瑞斯托共進午餐時，他擔心英國瀕臨破產邊緣，而國會對於承接英國全球性角色的高昂成本會有所猶豫。

相較於他的前任者，羅威特對於美利堅和平的熱情與信心都略遜一籌。他一直在讀艾奇遜所強烈抨擊的李普曼專欄，發現自己往往贊同該專欄的意見。李普曼對於可行的外交政策下了一個經典的定義——資源與承諾的平衡，正好符合這位謹慎的銀行家的心意。五月在外交關係委員會私下召開的一場會議上，也就是在羅威特還靜靜地擔任艾奇遜的「替補者」時，他對一小群圈內人提出自己的世界觀；那些人當中包括《外交事務》雜誌編輯漢彌頓・費雪・阿姆斯壯，以及《紐約時報》軍事特派員漢森・鮑德溫。羅威特引用他所贊同的李普曼看法，表示自己一直在追求美國的承諾與資源之間的平衡。不意外的是，他處理這種簡單的任務有困難。委員會上的專家指責他太像銀行家，可是羅威特很不安。他主張，美國明顯沒有仔細規劃，它已經在全球各地做了太多事情。然而，他對於蘇聯的威脅或對付這個威脅的必要性都沒有懷疑。羅威特比較期望的是增加資源，而不是縮減承諾。他希望美國準備好面對「迅速確定的報復行動」。

在七月一日正式從艾奇遜手中接下副國務卿一職時，羅威特知道，儘管計畫在春天時就已在國務院發酵，實際上他可以說必須從頭展開歐洲復原工作。肯楠在一份備忘錄上就表明得十分清楚，其開頭寫道：「馬歇爾『計畫』：我們沒有計畫。」

這項計畫原本應該由歐洲發起，但是歐洲人儘管需求孔急，卻很快便陷入爭吵不休的狀況。從一開始，法國便含糊其詞，繼續堅持應該讓德國虛弱下去。杜魯門不得不派出他經驗最老道的談判高手艾佛瑞爾・哈里曼，讓猶豫不前的法國領導人趕快歸隊。美軍駐德國司令官盧修斯・克雷將軍（General Lucius Clay）不斷對法國打冷槍，羅威特最後不得不強硬地提醒他，這項政策是在華盛頓敲定的，不是在柏林。克雷隨即威脅要辭職；這對克雷來說稀鬆平常，他已經放話要辭職不下十次。羅威特在作戰部任職時早已習慣應付自大狂妄的將軍們，他小心地運籌帷幄，一方面讓克雷滿意，但也讓他在自己的掌控之下

羅威特有時自我貶抑、謹愼溫和，有時也可以調皮搞笑、行事強硬，重視效率。更重要的是，他懂得因時制宜。在國務院針對馬歇爾計畫所舉行的各國駐美代表會議上，他拒絕坐在會議桌主位擔任主席：他不希望表面上看起來彷彿華盛頓已經主導一切。然而，私底下他卻會模仿比較古板保守的歐洲政治人物給國務院的同事看，逗大家開心。他喜歡表演正經八百的法國大使亨利・邦內特（Henri Bonnet）有一天早上前往開會，褲子拉鍊卻忘了拉上的模樣。邦內特立刻坐下並拉上拉鍊，可是卻不知怎麼地扯到自己的領帶，結果領帶尾端從褲檔裡露出來。在不停地站起來又坐下之後，邦內特終於不得不請人拿剪刀來剪領帶。羅威特會英、法語夾雜，模仿邦內特在整個尷尬的過程中努力維持尊嚴。羅威特有時候也讓自己的同事難堪，尤其是像克雷這樣自大的將軍。當外交官發給他難以理解的電報時，他會把它們拿起來對著窗戶，然後用力瞇著眼睛，朗誦起童詩來。

羅威特耐心地聽著邦內特和其他歐洲外交官的懇求；他們手上拿著大禮帽，在一九四七年夏天來到華盛頓。到了八月，他已經失去了耐性。他告訴馬歇爾，歐洲人到目前爲止只列出了「十六張購物清單」。國務卿馬歇爾在他的演說中提議給歐洲人「友好援助」，整合成包裹式的方案。羅威特相信，如今美國必須做的不能只是循循善誘。

肯楠也做出相同的結論。他在八月被派到巴黎，監督歐洲各國之間的協商會議。他不到一星期便返國；如同他對馬歇爾說的，他預測美國會「傾聽所有歐洲人想說的話，但是到了最後，我們不會問他們，而會直接告

訴他們，他們會得到什麼」。

肯楠在巴黎期間堪稱是一位完美外交官。他向歐洲人解釋，他們面對的是「華盛頓一批想法簡單誠實的新人」，他指的應該是杜魯門、馬歇爾以及羅威特。他在參加各種外交官接待會以及雞尾酒會時強調，與這些人接觸時，必須「不計代價避免」勾心鬥角。歐洲各國必須派出「簡單誠實的人」作為代表，回到華盛頓。這個作法似乎安撫了世故的歐洲外交官，顯然也沒有冒犯到華盛頓那些「簡單誠實的人」。其中的一位，鮑伯．羅威特告訴參議員亞歷山大．史密斯說，儘管巴黎的會議依舊「令人不滿意」，因為缺乏「務實態度」，不過肯楠的表現卻「極有效率」。

肯楠過去長期都是個不受重視且表現不出色的分析家，但現在卻成了知名的公眾人物。那篇作者署名X的文章已經刊登在七月號的《外交事務》雜誌上。《紐約時報》的亞瑟．柯洛克很快就揭開了神秘「X」的眞實身分；當那篇文章還只是佛瑞斯托個人使用的備忘錄時，同樣身為普林斯頓校友的佛瑞斯托就已經把副本交給柯洛克了。當柯洛克讀了「蘇聯行徑的來源」之後，沒多久便推論出「X」的身分。這位原本不知名的外交官突然成為外界眼中政府外交政策背後的遠見家；《紐約時報》稱他為「美國的全球規劃者」。X文章的刊登被視為一項正式宣告，「一項盛事，」李普曼寫道，「宣布國務院已經下定決心。」肯楠甚至給這項新政策取了一個名字：圍堵(CONTAINMENT)。

《讀者文摘》（*Reader's Digest*）與《生活》雜誌重新刊登了X文章的長篇摘錄內容。「X」先生本人在巴黎接受一連串宴會的款待，他出現時總是引起一陣小騷動。肯楠自然感到相當陶陶然。他開始領悟到那篇文章產生了意義，有了自己的生命，但令人不安的是與作者的本意有所差異。他「覺得自己彷彿無意中將一塊巨石從懸崖頂上推下去，如今無助地看著它沿路破壞了底下的山谷，不敢面對接連發生的災難，只是渾身顫抖」。

最痛苦的莫過於看李普曼的文章。肯楠待在巴黎期間，李普曼開始連續寫了十二篇專欄文章，抨擊「圍堵主義」是一種「策略怪物」，試圖「在每一個點上以堅定不移的反抗力來對付俄國人」實在很愚蠢。那等於是在扶持蘇聯周圍的傀儡政權，結果必然是「浪費我們的本意與我們的聲望」。美國應該將資源用於重建西歐，而不是揮霍在亞洲或低度開發世界。那些專欄文章稍後在那年秋季集結成冊出版，書名也使得另一個新名詞廣為流傳：《冷戰》（*The Cold War*）。

肯楠讀這些專欄時十分震驚。他後來描述，李普曼的專欄「在各方面來說都是近乎悲慘的誤解」。他認為X文章並不是美國政策的方針，應該說是對蘇聯性格的解析。可是跟過去發生過的情形一樣，他的文章過於矯揉做作，因為修辭太誇張以及他後來承認的「粗心而隨性的語言」，而偏離了原意。

不過，肯楠還是覺得自己遭受到不公平的指控。事實上，他不斷強烈反對杜魯門主義那種毫不留情的語言，而且對他在國家戰爭學院的學生或是艾奇遜本人都是如此表示。例如，他在五月曾經向艾奇遜抱怨：「杜魯門主義就像一張空白支票，只要世界上任何地區出現共黨分子成功的跡象，就給予他們經濟和軍事援助。」六月，他在國家戰爭學院演講時對現場的聽眾承認：「我們提出的保證或許太過頭了。」肯楠在那場演講中警告，不要違反了李普曼所提的資源與承諾的平衡。

根據肯楠的說法，然而這位知名專欄作家卻指控他寫的「正是我最強烈反對的杜魯門主義的那些特色」。肯楠表示，更糟糕的是，李普曼舉出杜魯門主義需要修正的過份之處，正好「就是馬歇爾將軍的作法的特色，以及哈佛演說的部份內容，而我就是主要負責人」。李普曼不知道肯楠眞正的角色，更是令肯楠加倍困惑，因為那年春天他曾經與李普曼在國家戰爭學院一起共進漫長的午餐，還覺得與這位知名專欄作家的意見頗為一致。如果經驗豐富又熟知內幕消息的李普曼誤解如此之深，以為X文章是國務院針對全球圍堵政策的正式宣告，那麼他的衆多讀者會怎麼想？

肯楠十分渴望釐清誤解，以正視聽，可是他卻無能為力。他已經踩到了馬歇爾將軍的一條紅線：「規劃者不得發言。」馬歇爾很震驚，他政策規劃處的主管竟然變成了國際名人。他請肯楠到他的辦公室，揚起眉毛（「連比我堅強的人都曾經被他揚起眉毛的模樣嚇到」）要求他解釋。肯楠結結巴巴地說，那篇文章是經過國務院的一個委員會核准後才刊登的；這是事實沒錯。馬歇爾相信事情經由適當途徑處理就沒問題，對這答案感到滿意，不過也重申他不希望規劃者對外發表意見。

面對像馬歇爾這樣態度如此堅定的人，肯楠感到非常沒有安全感。「我有種使他爲難的感覺。」肯楠在自己的回憶錄中寫道。馬歇爾將軍不輕易讚美別人，也不太讚美肯楠。有一次，肯楠緊張地在辦公室裡倒酒，馬歇爾驚呼：「肯楠，他們告訴我你是個很棒的規劃處主管，據我所知你也是，不過是誰教你在倒威士忌之前先放冰塊進去？」連這麼一點點讚美，肯楠都不打算失去。當他的同事與他們最喜歡的記者吱吱喳喳聊個不停之際，他對外界卻幾乎噤聲不語。他的沉默不只是自我節制的結果，羅威特也爲肯楠回絕了演講的邀約，理由是政策規劃處的首席規劃者「收到馬歇爾的指令，不得公開發言★」。

★★★

羅威特忙著誘導國會議員，無暇擔心肯楠與李普曼之間的誤會，無論這些誤會看起來有多麼重大。他在共進午餐時告訴吉姆．佛瑞斯托，他懷疑國會會「通過必要的經費」來援救歐洲。佛瑞斯托也同表憂心。他在一場內閣會議上警告，國內有一種新孤立主義以及一種「放棄歐洲」的情緒正在發展當中。他說，結果會是「俄國人擠滿歐洲各地」。

九月，總統與一批國會領袖見面，並告訴他們他打算召開國會緊急會議。他希望國會通過一項「臨時援助」（Interim Aid）法案，幫助歐洲度過難關，直到下一個會期完整的援助計畫通過。這些國會議員反應冷淡。「總

★作者註：肯楠其實在那年十二月又在國家戰爭學院公開演講了至少一次。「我們不能期望在所有地方掌控一切，」他對他對台下的軍官表示，「我們必須決定哪些地區是關鍵區，哪些地區不是；哪些地區必須全力保住，又有哪些地區可能要策略性放棄。」不過肯楠的非正式警告從未出現在報紙上，而且它們在官方的圈子裡似乎也沒造成多少影響。

統先生，您必須瞭解，反對這些計畫的聲浪愈來愈大。」共和黨籍的衆議院領袖查爾斯・哈列克（Charles Halleck）說，「我參加過不少競選場子，我知道。民衆不喜歡。」

尋求范登堡支持的行動此時變得更加積極。「馬歇爾和政治人物處得來，但是卻不瞭解他們。」奇普・波倫回想說，「他們的動機讓他困惑不已。」當羅威特與波倫督促馬歇爾與亞瑟・范登堡交朋友，馬歇爾將軍一開始並不願意，回答說他認爲這位參議員的動機是爲了國家利益，因此不需要培養交情。不過羅威特與波倫還是成功說服了他；馬歇爾開始花許多時間陪伴這位參議院外交關係委員會的主席。「我們關係親近到不能再親近了，」馬歇爾後來回想說，「除非我坐在范登堡的大腿上，或是他坐在我的大腿上。」

在六月返回昔日老東家——華盛頓的科文頓、柏靈與盧比利法律事務所之前，艾奇遜最後的貢獻是爲了一項歐洲重建法案找到「范登堡名號」。這位參議員建議有必要成立一個「兩黨委員會」，好讓國會態度軟化，並表明除非艾奇遜聽從他的意見，否則他不會幫忙。艾奇遜欣然同意，但是也確定委員會成員的指派必須由白宮密切掌控。這個委員會裡充滿了企業家，其中許多人都是羅威特所挑選的，以減輕國會認爲馬歇爾計畫是一個「社會主義構想」的疑慮。

艾奇遜推薦他的老同學及划船教練艾佛瑞爾・哈里曼擔任這個外交援助委員會（Committee on Foreign Aid）的主席。當初雖然沒有當上國務卿，哈里曼還是在商業部長的位子上盡心盡力，可是心裡卻覺得自己已脫離核心。這項任命又讓他再度成爲重要人物。這一點也令佛瑞斯托相當高興，他一向認爲根本問題最好是由他的朋友們組成的委員會來決定。「我不知道自己能夠做多少，」他寫信給哈里曼，「可是我的確知道一件事：在鮑伯、你和我之間，我們有辦法齊心協力，將各種事情整合在一起。」自覺被五角大廈各軍種之間的競爭搞得身心俱疲的佛瑞斯托補充說：「我也知道，能在那樣的氣氛中工作將令人十分欣慰，同事之間會加油打氣，而不是互扯後腿。」

哈里曼以他慣常的熱情，全心全意進行這項外交援助工作。然而，儘管他是個孜孜不倦的公開演說家，卻不是特別適合在國會作證。的確，在眾議院外交事務委員會上一次死氣沉沉的表現之後，一名支持政府立場的眾議院職員查爾斯・波頓・馬歇爾（Charles Burton Marshall）放棄哈里曼冗長的暫時性演說稿，改以一個較為輕鬆俐落的版本作為官方紀錄。

真正懂得如何打動國會的人是鮑伯・羅威特。他很快就發現，許多國會議員認為他的前任者相當高傲，而這一點他不太意外。佛瑞斯托在六月一場為艾佛瑞爾・哈里曼舉行的晚宴上告訴他，國會議員約翰・洛吉（John Lodge）透露，他的同僚「感覺艾奇遜對他們說話時氣勢凌人」。

羅威特喜歡對朋友開玩笑說，與國會交涉「就像同時在刮鬍子和割盲腸」。可是如果羅威特感覺到不自在，他卻沒有表現出來。他毫無敵意的友善態度以及如學生般的周到禮貌都是自然流露。艾奇遜不得不假裝與范登堡交朋友，但是羅威特卻真的成為范登堡的朋友。

一九四七年秋天，這兩個人除了睡覺以外相處的時間比跟自己太太在一起的時間還要長。（羅威特在聖誕節實在太認真工作，杜魯門還親自命令他休假。）這位副國務卿的日記裡記錄了不少他與范登堡之間漫長的電話對話。幾乎每天晚上下班途中，羅威特都會在范登堡位於華德曼公園飯店（Wardman Park Hotel）的公寓停留，與他自己的住家只隔著一條岩溪（Rock Creek）。一邊喝著雞尾酒，羅威特會拿當天最令人興奮的機密電報給范登堡看。那些電報通常會描述歐洲的動盪情勢，法國與義大利的地方共產黨正全力使政府分裂，可能的話還想推翻政府。

史達林對於馬歇爾計畫的反應是發動攻勢。鑑於蘇聯的歷史，他將復原的歐洲，尤其是重建後的德國，視為蘇聯安全的威脅，其實也說不上不合理。九月，他成立共產黨情報局（Cominform），也就是過去共產國際（Communist International）更嚴格、更緊密控制的版本，以維護他對地方共產黨的掌控——他命令他們在法國與義大利發動一波全面性大罷工。

這種策略的確成功地讓已經相當脆弱的經濟更加衰弱不振，可是也讓輿論轉向，而且現在回顧起來，似乎也是史達林主義在西歐的最後掙扎。當時，那樣的動亂顯得極具威脅性。佛瑞斯托實在很憂心，他在電話上問羅威特，美國是否應該派遣部隊到義大利鎮壓混亂的局勢。羅威特並不像他蝗蟲谷的這位老鄰居那麼容易激動，他回答說，除非義大利政府主動提出要求。

在歐洲，政府與企業領袖趁機利用這種恐慌。世界銀行的法籍執行長皮耶・孟戴斯－佛朗斯（Pierre Mendès-France）說：「共黨份子正做出一項偉大的貢獻。因爲我們有『共產危機』，美國人正在盡最大的努力幫助我們。我們必須維持這種必要的恐慌。」

在美國，政府的某些部門正掀起他們自己的赤色恐慌。表面上對國外共產主義擴張顯得漠不關心的政治人物，下定決心要剷除國內的顛覆分子，無論是眞實或想像出來的那些人。共和黨的孤立主義者是給人扣紅帽子最積極的一群人。對於那些對財政抱持保守看法的人而言，在國內獵殺共黨分子比起大規模重整軍備或是重建計畫，所付出的成本遠遠低了許多。杜魯門勉強覺得還是有必要表現出他對這個問題也有所警惕，以安撫右派人士。他的某些部屬更是表現得相當過火。司法部長湯瑪斯・克拉克以及聯邦調查局局長艾德格・胡佛（J. Edgar Hoover）提出一個「全國性的愛國運動」，以剷除顛覆分子。一列包含了獨立宣言、大憲章以及憲法的「自由列車」巡迴全國，大規模的政府員工示威則提出「自由誓言」，高唱「天佑美國」。慶祝活動的高潮是模擬轟炸機在感恩節連續轟炸華盛頓的情形。

有些活動並非那麼無害。十一月，司法部長公布一份共有八十二個顛覆組織的名單，其中包括全國黑人代表大會（National Negro Congress）以及紐華克的華特・惠特曼社會科學院（Walt Whitman School of Social Science）；只要是這些組織的成員大致上都不得擔任政府公職。在此同時，國會山莊也展開了獵巫行動。衆議院非美活動調查委員會（House Un-American Activities Committee）大力宣傳它在好萊塢的顛覆活動調查，影星賈利・古柏（Gary Cooper）聲稱他雖然並沒有眞的讀過馬克思的著作，「就我所聽到的，我不喜歡，因爲它並不眞誠。」

從杜魯門以降，大多數政府官員都認爲這實在非常胡鬧，甚至很危險，可是他們卻保持沉默。佛瑞斯托眞的很擔心蘇聯間諜進行顛覆，他提出要求對記者進行忠誠度檢驗的構想，不過可想而知這項計畫走漏風聲，無疾而終。羅威特與司法部長討論顛覆組織的名單，可是他唯一的貢獻就是請克拉克稱呼它們「顛覆」組織，而不是「共黨」組織。

所謂的臨時援助計畫是為了在馬歇爾計畫就緒之前先供應歐洲所需，而羅威特不能說出或做出任何可能妨礙他遊說這項計畫的事情。他與馬歇爾以及哈里曼不斷出現在國會山莊，警告在歐洲的共黨威脅；從十一月十七日到十一月三十日，他每天出席作證。有些時候顯得困難重重。俄亥俄州的國會議員約翰·佛瑞斯用一個艾奇遜也覺得不自在的問題跟他糾纏了一個上午（日後還是覺得不自在）：如果要援助歐洲，那為什麼不援助中國？羅威特被這位提問者嚇了一跳；佛瑞斯曾經是耶魯大學骷髏會的會員，也是第一次世界大戰期間羅威特鍾愛的耶魯飛行分隊飛行員；他的太太還邀請愛戴兒·羅威特一起旁聽。佛瑞斯不斷逼問之際，一名聽差交給羅威特一封信：那是佛瑞斯邀請羅威特共進午餐的邀請函。在眾議院餐廳較隱密的區域，羅威特終於可以用耶魯的往事讓佛瑞斯冷靜下來。羅威特指出中國是「馬歇爾將軍的專長」，他提到馬歇爾在一九四六年出使中國卻無功而返，企圖藉此擺脫這個問題。

「國會過去從來沒有接受過這麼多的宣傳遊說。」國會議員佛瑞德·巴斯比（Fred Busby）抱怨，不過這樣的遊說卻奏效；臨時援助方案順利通過。當參議院外交事務委員會在十一月二十日同意此方案時，范登堡打電話給羅威特，告訴他臨時援助計畫通過應該沒問題，可是「我們正要前往馬歇爾計畫的防風暴地窖」，共和黨已經指控它是「國際性的就業推進署☆（WPA）」以及「大膽的社會主義藍圖」。艾佛瑞爾·哈里曼拜訪英國大使館，將進度報告交給殷福契蒲勳爵。他告知殷福契蒲大使，「政府即將推出大量的組織化宣傳，」規模將是國會前所未見。

☆譯註：就業推進署（Works Progress Administration）是新政當中最大型的機構，旨在雇用失業人口從事公共工作計畫。

★★★

昔日的外交政策權勢菁英有一項特色，它的成員可以在政府以及他們的銀行或法律事務所之間來來去去。確實，長久下來，他們似乎不斷彼此替代，就像一場曲棍球賽迅速更換球員陣容。

無論在政府內外，每個人都搭上了歐洲重建的列車。一九四七年七月，時間已經逼近舊的海軍部與作戰部要在九月合併的時間，佛瑞斯托已經獲得提名擔任第一任國防部長，可是他卻利用時間強力鼓吹馬歇爾計畫，因爲他相當清楚，復興後的歐洲能強化美國的國家安全。艾奇遜也在法律事務所工作之餘抽空組成民間支持馬歇爾計畫委員會（Citizen's Committee for the Marshall Plan），其模式是遵循遊說美國介入第二次世界大戰的團體——援助盟軍保衛美國委員會。與他共同擔任主席的是前作戰部長羅伯特·派特森。這個委員會的榮譽主席，無可避免由亨利·史汀生擔任。艾奇遜負責一些例行性工作，例如到大西洋城的全美食品雜貨批發商協會（National-American Wholesale Grocers' Association）發表演說，以及親自爲全國農民工會（National Farmers Union）代筆撰寫國會證詞。親自出席作證時，他會忍不住揶揄一、兩位議員。「如果你能多聽少說，」他教訓其中一位議員說，「我認爲你就會比較瞭解它的內涵。」

約翰·麥克洛伊已經在一九四七年二月底成爲國際復興暨開發銀行（International Bank for Reconstruction and Development，比較爲人所知的名稱是世界銀行）的總裁，再一次離開米爾班克、特威德、何普與哈德利法律事務所。「當他接任的時候，」根據《紐約時報》報導，「世界銀行已成立八個月，因爲內部紛爭而分裂，聲望低落，連一毛錢也沒有借貸出去。」在麥克洛伊眼中，世界銀行的缺點是「太多政治、太少金融」。在一連串與商人及金融家（其中許多人是他的朋友）進行的會議及演說中，他說明爲什麼要投資歐洲的理由：爲美國創造貿易市場、解決美元資金過剩問題、遏止共產主義。他還有一個較不可明說的目的，那就是要讓華爾街相信，世界銀行裡不全都是新政支持者，爲了資助他們自己含糊的理想而隨意放款。結果他成功了；第一筆借給法國的兩億五千萬美元由民間投資者超額認購。

麥克洛伊相信，就長期而言，民間投資是歐洲的救星。他表示，在馬歇爾計畫結束之後，世界銀行還會存在很久。這家銀行對麥克洛伊來說是完美的媒介，他後來在漫長的事業生涯中非常技巧性地穿梭在公私部門之間，難以判斷一段時期結束與另一段時期開始的時間。他與國務院的朋友密切合作；法國政府將共黨分子強勢逐出內閣之後短短幾個小時，他便宣布貸款給法國，時機上並非巧合。同時，他靠著昔日作戰部的「美好雙胞胎」鮑伯・羅威特悄悄遊說，保護民間投資的世界銀行債券。副國務卿的通聯紀錄顯示，麥克洛伊在一九四七年十二月與羅威特聯繫，確保國會不會從政府給法國的援助方案裡刪減三百萬美元；那是法國預計用來償還世界銀行貸款的錢。麥克洛伊也提出一個構想，貸款給德國資助魯爾區恢復煤礦開發。他對德國滿目瘡痍的景觀依然記憶猶新，堅信德國必須重建，歐洲才能恢復元氣。他以不帶敵意的直率方式表示：「歐洲大多數的問題都可以說與煤有關。魯爾區擁有大部份的煤。」然而，德國的力量對其他人來說依然是個鮮明的記憶，用美國的錢重新灌注德國力量的來源這種想法，遭到政府制止。

在試圖實行歐洲復原計畫的過程中，美國獲得羅威特、麥克洛伊、艾奇遜以及哈里曼共同的一位老友暗中協助——尚・莫內。這位法國投資銀行家在一九三〇年代經常參與政府與企業的協商以及華盛頓的晚宴。他適切地被安排擔任歐洲經濟合作委員會（Committee on European Economic Cooperation）的共同主席；這個組織負責整合一九四七年八月令羅威特十分洩氣的美國援助「洗衣清單」。於是莫內與兩位未來的外交政策優秀菁英合作：喬治・鮑爾以及保羅・尼茲。來自芝加哥的律師鮑爾接替麥克洛伊，成爲莫內的美國法律顧問。他偷偷建議莫內，將一份兩百八十億美元的購物清單副本洩漏給當時前途看好的年輕國務院經濟顧問保羅・尼茲。由於華盛頓的反應是不贊成，這有助於莫內去說服他的歐洲同事，撰寫出一份更合理的要求。莫內出了一次糗；他對一名國會議員開玩笑說，法國農民總共在床墊裡藏了價值二十億美元的金條。在一場國會聽證會上，艾佛瑞爾・哈里曼花了將近一天的時間解釋那個老法國笑話。

在戰後的頭幾年，華盛頓決策過程的私密性非常高。國家安全參謀部（National Security Staff）在一九八五年有五十位專家，可是在一九四七年幾乎不存在。克拉克・克里福德實質上是國家安全顧問，不過他也擔任杜魯門總統在內政、政治以及各種議題上的顧問。國家安全會議（National Security Council）在那年夏天已經成立，可是卻鮮少派上用場；有關國家安全的會議，大多就是克里福德在星期三早晨到吉姆・佛瑞斯托位於卡羅拉馬的住家與他共進早餐。可以這麼說，幾乎每個人都彼此認識；他們一起上學、一起上戰場，一個月至少聚餐一次。當然，不是每個人都是常春藤高材生，不過在這個內部會議裡，耶魯大學秘密社團成員的人數比任何州立大學畢業生都還要多。政府並不是共濟會騎士團；艾佛瑞爾・哈里曼或鮑伯・羅威特對於同事能力的關心程度遠超過對他領巾上的別針的興趣，而狄恩・艾奇遜則自誇國務院成員背景的多樣性。不過，友誼和昔日的關係還是模糊了政府機構之間、政府與企業之間，甚至是國家之間的界線。

在一個生意可以藉由想法相近的人面對面來完成的世界裡，奇普・波倫如魚得水。他文筆不佳，寫文章有困難，別人看他的文章也不容易。他有時也尖酸刻薄，甚至對於才華不及他的人也同樣殘酷。他在波茨坦會議上爲了一件小事公開羞辱同事查爾斯・尤斯特（Charles Yost），駐外辦事處的官員都畏縮不語。他形容他小姨子的丈夫「四肢發達，頭腦簡單」，而且是在對方聽得見的範圍內說這些話。不過，他平常是個迷人、好奇、幽默，而且在交談時非常具有說服力的一個人。

波倫的任務是爲了馬歇爾計畫的推動協助國會聯繫，以及處理公關事宜。他不太喜歡安撫國會議員，不過他在這方面的能力不差，跟媒體的關係也相當好。他喜歡徹夜不眠與記者打牌聊天；他個性直率誠實，優秀的記者，例如雷斯頓以及艾索普兄弟，還有專欄作家史都華與約瑟夫，都曾經被他罵過髒話。

波倫在一九四七年夏天被任命爲國務院法律顧問，這件事「當然是好事，因爲這樣波倫一家人就不必住在窮酸的房屋裡了」，他在寄給一個朋友的信上寫道。他跟平常一樣身無分文，但是貧窮在戰後的華盛頓是高度相對性的概念。他在喬治城擁有一棟迷人的小房子，裡面擺滿了書，鋪著東方地毯，後面還有一座花園；後來成功的說客這種房子會以幾十萬美元買下這種房屋。波倫在一九三〇年代買下它，當時新政規劃者正在重建喬治城。（當波倫搬進登巴頓大道〔Dumbarton Avenue〕二八一一號時，他們的鄰居是一個養了幾十隻貓的黑人老翁。）由於買不起避暑小屋或新車，波倫總是覺得有點煩惱，有時候他不得不向朋友借錢，可是他沒有覺得十分痛苦，也沒有怨言。

他也會輸錢。「別告訴愛薇絲。」他會懇求自己的賭博伙伴。「他很怕她。」塞西爾．里昂回想說；他是波倫從聖保羅中學、哈佛大學，一直延續到國務院時期的朋友。「他對她絕對是全心全意的，她對他也是。」愛薇絲會安撫波倫，讓他在深夜叫囂和喜歡爭論的情形有所節制。愛薇絲也很精明。「她可以和喬．艾索普以及艾佛瑞爾．哈里曼那樣的男人處得來；他們可是受不了花蝴蝶的男人。」里昂回憶說。

波倫夫婦每星期參加一次名爲「週日夜晚餐」的活動（這名稱是喬．艾索普取的，或許稱爲「週日夜酣醉」還比較恰當）。那是僕人外出的夜晚；波倫夫婦、史都華．艾索普夫婦、喬．艾索普、法蘭克．威斯納夫婦（Frank Wisner，他後來成爲中央情報局規劃理事會的主席，並在冷戰期間不幸自殺身亡）、鮑伯．喬伊斯夫婦（Bob Joyce，資深駐外辦事處官員），以及湯米．湯普森夫婦（他不久就成爲與波倫及肯楠一樣的蘇聯專家）會各自帶食物前來，而且經常邀請羅威特、哈里曼、艾奇遜或肯楠等夫婦參加。穿著寬鬆西裝、打著圓點領帶的波倫會啜飲蘇格蘭威士忌、嘴巴抽著駱駝牌香菸，滔滔不絕長篇大論，與他的朋友爭辯，有時超過凌晨三點鐘。「他們爭論時全都聲嘶力竭。」史都華．艾索普回想說。喬．艾索普會藉機蒐集資訊，提出坊間的流言，希望用哄騙的方式取得內幕消息。「我說的對吧，嗯？」如果波倫依舊保持沉默，艾索普便自行推論。波倫偶爾受不了艾索普，這樣的聚餐便會暫停幾個星期。不過事後總會恢復舉辦。在一次辯論中，波倫對著艾索普大吼：「滾出我家！」艾索普也吼回去：「我不要！這是我的房子！」（以前是）兩人後來依舊是好友；艾索普兄弟的專欄在那年冬天消息特別靈通。

波倫與媒體的友好關係和羅威特相較之下毫不遜色。一九四八年春天，《時代》雜誌決定以羅威特爲某一期的封面故事，他提出反對，表示自己不要宣傳，不過最後他還是在荷布灣的海韻小屋以調酒「羅威特迷霧」

款待該刊的華盛頓分社社長吉姆·謝普立（Jim Shepley）。那篇精彩的人物側寫稱讚羅威特是「國務院的新領袖」，文章刊登出來之後，羅威特在日記裡寫下他打電話給謝普立，「感謝他在《時代》雜誌的文章中筆下留情。非常感激。」羅威特與《紐約時報》的關係甚至更緊密。在三月份的一場記者會之後，他打電話給該刊編輯列斯特·馬克爾（Lester Markel）。羅威特的秘書所做的紀錄寫著：「羅威特先生感謝他，並請他謝謝雷斯頓。羅威特說，應該要有來自國務院以外的保證，肯定國務院是一個極有能力的組織。馬克爾先生答應會盡力幫忙。」亞瑟·柯洛克厚著臉皮奉承他，在白宮批評羅威特表現的消息洩漏出來之後，有一次還打電話給他，再次向他保證。柯洛克答應讓事情結束，至少《紐約時報》會停止，並讀了一篇稱讚他以及他們共同的朋友佛瑞斯托的文章。

對這些朋友，羅威特願意向他們宣傳。當國務院發現證據顯示，蘇聯已經同意與納粹瓜分歐洲，作為雙方一九三九年惡名昭彰的互不侵犯條約的一部份內容，羅威特就決定好好善用那些令人尷尬的文件。「羅威特先生認為將莫洛托夫與馮·里賓特洛甫的協議印出來會是個好主意，」他的秘書寫道，「等時機成熟時再以白皮書的形式發表。佛洛斯托先生完全贊同。」那個時機在一月初來臨，《時代》雜誌刊出一篇憂心的文章，警告國會中對馬歇爾計畫的支持度並不高。到了這時候，任何說歐洲復原計畫無意作為反蘇聯手段的說詞都停止了。在顯示蘇聯樂見納粹於一九四〇年入侵挪威、荷蘭與比利時的文件公開之前，羅威特打電話到艾奇遜的法律事務所。艾奇遜認為那會被外界視為歐洲復原計畫的「宣傳手法」嗎？艾奇遜說有可能，不過這個機會值得一試。

權勢菁英在一九四七至一九四八年的那個冬天圍攻國會山莊。向來低調的馬歇爾將軍告訴國會，投票支持歐洲復原計畫是「我國史上最偉大的決定」。他警告國會，如果美國決定「無法或不願意積極協助西歐重建，我們就必須接受它落入警察國家獨裁統治的後果……我認為全世界無疑來到危急存亡的關頭」。哈里曼的兩黨委員會客觀檢視馬歇爾計畫後，交給國會一份厚達三英寸的報告。它在各個方面都強烈贊同這項計畫。

事實上，撰寫歐洲復原計畫簡直是一場夢魘。基礎的工作主要落在保羅·尼茲身上，他是佛瑞斯托過去在瑞德投資銀行的伙伴，也是奇普·波倫以前坡斯廉俱樂部的會友。尼茲針對每個國家編寫「褐皮書」，衡量每個國家的國際收支平衡、需求與要求，一直到最小的細節都沒放過。為了完成這項工作，尼茲不得不從紐華克的保誠保險公司借來所有計算機，也就是戰後他和羅威特為了編製空軍財產目錄所用的那些。這些「褐皮書」交到了眾議院撥款委員會（House Appropriations Committee）主席約翰·泰勃手中，他也是計畫通過第一個以及最大的阻礙。

泰勃是來自小鎮的律師，曾經在紐約州北部當過農夫。尼茲則是一生平順的哈佛高材生以及華爾街人士。泰勃決定給尼茲一個教訓。「尼茲先生，」他在第一場聽證會的一開始說，「我看過你的褐皮書，我們不會採用。我們會依照字母順序一個一個國家來問，你必須為你想運送過去的每一項物品提出理由。」尼茲聽了頓感畏縮。吃力的過程進行到第一個國家奧地利的「P」，所討論的物品是兩萬五千噸的豆類（pulse bean）。泰勃盯著尼茲，問他：「你種過豆子嗎？」尼茲坦承他沒種過。「我種過。」泰勃說。他也到過奧地利，那裡的氣候十分適合種豆子。「那我們為什麼要送他們兩萬五千噸豆子？」這位國會議員質詢道。尼茲感到心情愈來愈低落。「我能打電話問農業部的專家嗎？」他問道。「不行，」泰勃回答，「你告訴我答案。」尼茲深深吸了一口氣，開始含糊說著營養價值以及熱量吸收等等。泰勃起身，拉了拉自己的頭髮。「這個人什麼都不知道！我要打電話給鮑伯·羅威特，告訴他這整件事非得拖個一整年不可，直到國務院搞清楚到底怎麼回事為止！」他大搖大擺地走出去。尼茲坐在那裡，整個人攤在椅子上，看著每天工作十二小時、總共六個月的努力成果，就這樣付諸流水，遑論歐洲重建。

一個小時之後，泰勃回到現場。讓尼茲驚訝的是，他很冷靜。他平靜地告訴尼茲，他可以打電話給他的專家，然後繼續。鬆了一口氣的尼茲回到羅威特的辦公室，問他發生了什麼事。「我大約有十五分鐘插不上話。」羅威特回答，「可是等他說完，我說：『其實我可以問你一個問題，我猜你肯定答不出來。B-29轟炸機的機翼上有幾根鉚釘？』泰勃回答：『你當過助理空軍部長。你知道答案，我可不知道。』我說：『這就對了。不如你讓尼茲打電話給那些專家吧。我還有一個你無法回答的問題。』泰勃說：『什麼問題？』我說：『如果需要八碼長的綢網才能將大象的一條腿綁起來，那麼打蒼蠅需要多長？』泰勃說這個問題太荒謬了，我說：『喔，那你就別再問尼茲荒謬的問題了！』」

只有羅威特能夠對自我膨脹的議員嬉笑怒罵卻全身而退。尼茲後續在四十三場聽證會上作證，總共瘦了十五磅。到了一九四八年三月初，馬歇爾計畫依然遭遇困難，共和黨參議院領袖羅伯特·塔夫脫指控它是「歐洲版的田納西河谷管理局」。如同波倫在那個月稍早對羅威特報告的：「泰勃打電話給他，把國務院批了一頓……國務院裡的共黨份子等等。」所有的證詞、所有的媒體肯定、所有的誘導和好話依然沒有說服國會。杜魯門政府需要更具說服力的東西，需要戰爭的恐慌。

★★★

喬治·肯楠對於這些遊說工作感到不屑。有一名記者指責他沒有幫忙推動馬歇爾計畫，他回應，他是外交官，不是推銷員。他討厭自己必須巴結國會。他回想起自己當時告訴那名記者：「我的專長是捍衛美國的利益，對抗的是其他國家，而不是對抗我自己的衆議員。」

肯楠在奇普·波倫的社交世界中感到不自在。他不喜歡喝酒辯論；他把別人的謾罵放在心上，而且會因而生氣。在某一次的「週日夜晚餐」，波倫與艾索普兄弟在隔壁房間辯論，肯楠幾乎整晚都坐在沙發上，愁眉苦臉地與史都華·艾索普太太談自己不幸的年輕歲月、未婚的姑媽、軍校、在普林斯頓社交圈受到的輕視。肯楠會在週末邀請朋友到他賓州的農場，可是沒有幾個人抱著太大期望。那個地方破敗不堪，隨時處於需要修理的狀態，客人被迫加入整修農場的行列。艾索普太太非常喜歡肯楠，可是卻不喜歡他的農場，她回憶有一個週末自己都趴在地上幫暖氣爐上漆。

肯楠與波倫的交情是建立在知識上，這也是這位與人疏離的獨行俠能與他人建立的最深刻關係。他曾經寫信給查爾斯・塞耶爾說，他和奇普的友誼「代表我注定擁有的最大限度」。這段友誼在與外界隔絕的莫斯科滋長；在喬治城的社交圈，它則開始枯萎。

在一九四八年年初的那幾個月，肯楠覺得愈來愈孤立，並開始感受到他極力用「長電報」與X文章所推動的鐘擺已經擺得太遠了。傳到國會山莊以及羅威特與范登堡在啜飲調酒之際所分享的那些可怕警告，在在都令肯楠感到不安。他將自己的意見寫成「世界情勢概述」交給馬歇爾，他認為歐洲最壞的狀況已經結束。「戰爭的危機在許多地區都被誇大了。」他開頭這麼寫道。圍堵政策已經開始奏效。沒錯，蘇聯應該會試圖鞏固自己在歐洲的力量，這是十分自然的事（對於相信勢力範圍的肯楠而言，這是可以接受的）。肯楠特別警告馬歇爾，蘇聯會「完全鎮壓捷克斯拉夫」，那是對馬歇爾計畫做出的可想而知的防禦性反應。二月，肯楠更進一步，建議與蘇聯「嚴肅談論」刪減彼此在歐洲的兵力的時機快到了。他也提出一個預警：「反抗外國當地共產元素的成果通常都會被視為冒險又沒有好處，往往得不償失。」

蘇聯依舊是個威脅，這是可以肯定的，歐洲的命運也還是處於「危急存亡的關頭」。不過肯楠開始在一九四八年主張，有可能跟蘇聯達成協議——這與他早期提出的許多警告相反。他們的行徑可以修正；「如果他們不瞭解論點，」可以讓他們看見「情勢」。協議或許不能立即達成，而且只能透過辛苦、謹慎的外交途徑。不過應該努力降低史達林的偏執，舒緩可能導致戰爭的緊繃關係。

肯楠展開回到荒野裡的漫長旅程。這位外交官曾在一九四六年盡心盡力，說服華盛頓必須以軍事威脅以及政治與經濟壓力圍堵蘇聯，但是到了一九四八年，他覺得自己已經創造了一個怪物。他認為自己的構想並沒有被切實採納，卻因為政策制定者不瞭解根本上的細微差異而變得粗俗、遭到扭曲。

值得注意的是，肯楠明白共產主義並非完全步調統一。在他的政策規劃備忘錄上，他預測史達林的集團會出現裂痕（南斯拉夫的狄托已經展現獨立的作風），也早就預言中國與俄國會撕破臉，中國共產主義會特別適合於中國。「我們可能懷疑共產主義——它本身是個相當模糊的概念——會適合中國人。」他在那年冬天寫道，

「我們或許能確定，它會出現特有的中國風味。」

肯楠的成熟有一部份是由於他相信圍堵有效，因此展望下個階段的時候到了，也就是雙方都要刪減兵力。如同他後來在自己的回憶錄中所解釋的，他相信「以勇敢但不挑釁」的態度挺身面對蘇聯領導人，「他們可以被帶往一個境界，理智地談論戰爭結果所帶來的某些問題……儘管他們難以應付，但他們終究不是超人。跟所有大國的統治者一樣，他們有也內在矛盾與困境要面對。」肯楠看著歐洲因為馬歇爾計畫而逐漸復甦，克里姆林宮對抗著逐漸崛起的狄托主義，他覺得談判的時機來臨了，或至少可以試探蘇聯的意向，看他們是否願意進行某種對話，以期降低緊張關係以及防止武器競賽。

肯楠在說明自己逐漸演變的觀點時，有特定的邏輯與趨勢可循。然而他過往的解釋多少有點太過工整與理性。它掩蓋了真正的心態轉變，也無法說明肯楠個人的獨特個性。

事實上，肯楠整個職業生涯的行事依據都是直覺多於邏輯。如同巴頓・傑爾曼（Barton Gellman）在《與肯楠辯論》（*Contending with Kennan*）一書中所表示的，多年來學者試圖理解他明顯的矛盾、統整他的中心理念，卻都無法如願。有些人直接宣告放棄，例如尤金・羅斯托。羅斯托譏諷說，肯楠是「一個印象派畫家、詩人，不是世俗之人」。較為寬容的評論家則認為肯楠具有約翰・路易斯・蓋迪斯（John Lewis Gaddis）所稱的「無法傳達的智慧」——這個名詞的由來是狄恩・艾奇遜很無奈地抱怨，肯楠的優越感真正需要的是「可傳達的智慧，不只是結論，無論它的基礎是經驗或直覺」。

肯楠是思考者，不是戰士。無論多堅定地公開宣稱要勇於面對蘇聯，他從來沒有失去政治家與生俱來的偏好：能使用語言就不動用武器。雖然他認為強大有警覺性的軍事力量「應該是執行美國外交政策時最重要的一種手段」，但是他深深懷疑美國領導人具有明智且謹慎運用武力的能力。

在一九四六到一九四八年之間，他對這一方面的懷疑加深到近乎絕望。一九四六年在國家戰爭學院有人問他，美國是否除了軍事力量之外，無法提出更具建設性的東西，肯楠憂慮地思索著。「如果除了在戰場上以外，我們在其他領域也能提出建設性的東西，」他表示，「我會更高興，我想我們也會比較站得住腳。我還在努力想……我實在不知道。」到了一九四七與一九四八年之交的冬天，他愈來愈相信軍人與政治人物正在無意之間將外交官排除在外。肯楠心中懷有根深蒂固的菁英主義，輕視政府的民粹作法，因此他更加覺悟。這讓他極度懷疑正讓政府反共決心愈加堅定的大眾激情。如同他在私人筆記中所寫的：

一年半前當我從俄國回來時……我知道俄國立場的弱點，知道他們採取的手段的不足之處，知道他們有多麼容易就能被擊退。極力主張「圍堵」的人是我，也是我提出將援助歐洲視為圍堵的一種形式。如今我認為我錯了。錯不在我對蘇聯立場的分析，而是我假設美國政府在外交領域中有能力以政治手法來「操作」。

肯楠非常懷疑民主有能力將武力作爲外交政策的有效工具。不但軍方的指揮系統「執迷於只用最龐大、最粗糙、最笨拙的方式來行事」，美國大衆也是如此。「民主國家會嚴格限制自己使用軍事力量，作爲承平時期外交政策的武器。」肯楠在給自己的一份筆記上寫道，「它不能大規模地以戰略操控武力，因爲不發動戰爭也可以達成目標。」民主國家只適合全面性戰爭。「它很就會變成自己的宣傳的受害者，接著又往往將自己的動機依附在一種絕對價値上，進而扭曲了自己對其他所有事物的看法。它的敵人成爲所有邪惡的化身。另一方面，它自己這邊則是所有美德的中心。」

肯楠保持這種冷靜的現實政治理念，但是他內心卻不是客觀不動感情的。他情緒化、容易激動，而且非常缺乏安全感。他不禁覺得，外界對他那篇有時過於激動且不嚴密的X文章之所以反應過度，自己要負部份責任。然而，想到馬歇爾下的「規劃者不得發言」的指令，自己對官僚勾心鬥角既反感也不善此道，他覺得很無助，無法調整這種平衡。從某個角度來看，他在智識上幾乎是孤芳自賞。肯楠本身有一種根本上的矛盾，需要扮演受誤解的反對偶像崇拜者，需要在長期的美蘇關係悲劇當中讓自己成爲孤傲的預言家。

一九四八年二月二十五日，肯楠將他的文章交給馬歇爾將軍，文中呼籲試探蘇聯對和平的意願，接著便出發前往日本。他離開的時機很不湊巧。就在那一天，華盛頓陷入了危機，那是冷戰時期第一次眞正的戰爭恐慌。肯楠的溫和穩健、他要求節制與和解的呼籲，都將被接踵而來的各種事件所淹沒。

第十五章 危機 CRISIS

「俄國會搶先採取行動嗎？」 "Will Russia move first?"

「鎮壓」捷克斯拉夫的行動出現在一九四八年二月二十五日。支持西方的政治人物遭到清算；克里姆林宮的傀儡，總理克雷門・戈特華爾德（Klement Gottwald）建立了由共產黨主導的政府。他們宣布實施「全國警察週」（National Police Week）；整個布拉格到處出現逮捕與處決行動。三月十日，該國政府與西方最後的聯繫環節，外交部長揚・馬薩里克（Jan Masaryk）從他辦公室的窗戶摔落（或遭人推下）。

這或許已經在肯楠的意料之中，不過對於華盛頓官方而言，一九四八年的布拉格看起來就像一九三八年的慕尼黑。「我們目前面臨的情況，就跟英國與法國在一九三八至一九三九年間面對希特勒時一模一樣。」杜魯門在三月三日寄給女兒瑪格莉特的信上寫道，「情勢看起來很黑暗。必須要做決定了，我也會做出一項決定。」

三月五日，美軍駐德國司令官盧修斯・克雷將軍發出一封電報，令戰爭的恐慌更爲加深。克雷報告指出，蘇聯的態度出現了「微妙的變化」。他擔心戰爭可能「以迅雷不及掩耳之勢」爆發。杜魯門在馬歇爾給他的一張紙條上草草寫下：「俄國會搶先採取行動嗎？誰會扣扳機？那麼我們該何去何從？」

五角大廈處於警戒狀態。中央情報局報告指出，它最多只能「擔保」六十天之內不會發生戰爭。海軍軍令部長提出一些步驟，「讓美國人民準備迎戰。」陸軍部長問，將「蛋」——原子彈——運送到地中海需要多久時間（美國當時大約擁有二十多枚）。空軍部長私下建議，如果蘇聯拒絕撤出中歐，美國可以在俄國投下幾枚「原子彈」。

佛瑞斯托對克雷電報的反應是，將它散播到全華盛頓。他在自己的日記中寫道，蘇聯會發動戰爭是「無法想像的」，不過他也補充，同樣的話當初也可以用在希特勒身上。

媒體使得氣氛更顯緊張。《華盛頓郵報》頭版用一張地圖顯示歐洲以及其中遭蘇聯掌控的地區。「接下來是哪裡？」標題問道。上面有箭頭指向義大利、法國、芬蘭，以及奧地利。「美國已經停止欺騙自己，」三月十五日出刊的《時代》雜誌頭條報導開頭如此寫道，「如今事實已十分明顯：光是靠美元並無法阻止俄國人。」一個星期以後，《時代》雜誌的頭條報導宣稱：「上個星期在國會的走廊、在街道的角落，美國民眾已經開始談論美國與蘇聯之間發生戰爭的可能性。」艾索普兄弟報導指出：「今天華盛頓所瀰漫的已經不再是戰後的氣氛，而是戰前的氣氛。」

這種擔憂名副其實。不過即使在煩惱之際，華盛頓官員卻也能意識到，這個危機可以作爲與國會協商的有用工具。它不但有助於推銷馬歇爾計畫，也能幫政府達成一些目標，例如爲軍方爭取更多經費以及恢復徵兵。事實上，克雷令人恐懼的電報與俄國人沒有太大關係，卻與國會大有關係。根據克雷傳記作者的說法：「主要目的是協助軍方將領在國會作證；蘇聯策略改變並不是克雷的看法。」結果，軍事情報局（Army Intelligence）後來要求克雷向國會山莊進行宣傳。

佛瑞斯托沒有懷疑那麼多。不過在三月二號與羅威特、馬歇爾以及麥克洛伊（麥克洛伊就是有辦法出現在與世界銀行沒什麼關係的重要會議上）開會時，國防部長佛瑞斯托注意到國會的氣氛正適合，「可充分利用目前國內對於歐洲上個星期所發生事件的擔憂。」

白宮沒有錯過這個機會。杜魯門面臨艱困的競選連任選戰。克拉克・克里福德在一份選舉策略備忘錄中寫道：「情況愈糟糕，到達了一定的程度——真正有戰爭逼近的危險——危機感就愈重。在危機時刻，美國人民往往會支持他們的總統。」三月十七日，杜魯門在一場國會聯席會議上發表演說，要求他們通過歐洲復原計畫、選擇性徵兵制，以及全面性軍事訓練。他譴責蘇聯「無情的行動」，並且警告蘇聯有「明顯的意圖」，想要將他們的掌控範圍擴及歐洲「其餘的自由國家」。

這樣誇張的語言令馬歇爾與波倫擔憂，就像一年前杜魯門主義的強勢語言也讓他們擔心。波倫去找克里福德，告訴他馬歇爾想要「溫和的訊息，放棄過火的語言……簡單、像做生意那樣，不要有『響亮的詞彙』——不要有尚武好戰的內容。不要譴責，只要陳述事實。」克里福德回答：「它必須直率地為訊息提出正當理由！他要求立法——他應該怎麼解釋？」馬歇爾直接警告杜魯門，一場魯莽的演說可能「扣下扳機——引發戰爭」。

那場演說與那場危機依照克里福德所希望的方式發展。杜魯門在國會演說之後兩天，一直擱置歐洲復原計畫的眾議院撥款委員會將它交付議會，並建議通過，「以徹底改變歐洲的共產主義潮流。」這項法案在參、眾兩院順利通過，一生沒有投票贊成過任何外交援助法案的共和黨孤立主義者甚至熱烈支持。

不出幾天時間，第一艘船就從德州加爾維斯頓（Galveston）出航，船上載著一萬九千噸的小麥。過沒多久，海上隨時都有一百五十艘船隻載運著美國貨物、產品以及技術航向歐洲。

在華盛頓帶領歐洲復原計畫的人選，杜魯門決定挑選狄恩·艾奇遜。「范，」總統告訴亞瑟·范登堡，「我挑選了適合這項職務的人選，他個人願意犧牲，承擔這項工作。」范登堡立刻否決總統的這項決定。他告訴杜魯門，艾奇遜無法獲得參議院同意。范登堡個人不喜歡艾奇遜，也知道他有許多同事痛恨艾奇遜傲慢跋扈的作風。於是杜魯門改選共和黨籍的汽車推銷員，史都貝克汽車（Studebaker）總裁保羅·霍夫曼（Paul Hoffman）。

至於在歐洲掌管歐洲復原計畫的人選，杜魯門選擇無所不在的艾佛瑞爾·哈里曼；他的委員會已經竭盡全力規劃設計馬歇爾計畫，並不斷向國會推廣。哈里曼獲得美國駐歐洲特別代表的頭銜，地位等同於大使。不過，對他的職務較精確的描述應該是戰區指揮官。

第二次世界大戰期間，羅斯福總統與馬歇爾將軍賦予盟軍指揮官艾森豪將軍相當大的空間，讓他著手解放歐洲。杜魯門與霍夫曼給予哈里曼同樣的權力，讓他重建歐洲。

在今天，沒有一個外交政策官僚擁有相當於當時哈里曼的職位或權力。那項任務的龐大與急迫性需要一個「仁慈的專制者」來執行，而哈里曼的權威在華盛頓以及仰賴歐洲復原計畫善舉的十六個歐洲國家首都都是無庸置疑的。他報告的對象不是國務院，而是霍夫曼與總統。哈里曼運用了他所獲得的所有權力，甚至更多。「哈里曼習慣主導自己的工作。」霍夫曼的助理理查・畢塞爾（Richard Bissell）說，「完整向別人報告，向電話線另一端某個人的代表進行協商，對他而言說不太自然。」

在巴黎，這位美國代表派駐在位於協和廣場（Place de la Concord）上的塔列朗館（Hotel Talleyrand），那曾經是拿破崙的外交大臣（查爾斯・塔列朗）談戀愛以及設計擊退法國敵人的地方。哈里曼將自己安置在一個最高級的房間裡，房間樓上有第一位美國駐法國使節班哲明・富蘭克林（Benjamin Franklin）的半身雕像。可是他立刻對自己房間的家具擺設感到猶豫。「國會議員看到這些東西會怎麼想？」他問一名助理，「我們不能放張小卡片嗎？就像博物館那樣，說明這些家具是哪裡來的？」最後他的解決辦法是先發制人：寄一封信給華盛頓最擅長散布醜聞的朱魯・皮爾森（Drew Pearson），說明馬歇爾計畫的美國大使怎麼會擁有如此奢華的辦公室。

當時採訪哈里曼與馬歇爾計畫的記者白修德（Theodore H. White）直率地報導：「民衆，尤其是新聞記者，認爲他很愚蠢。他發音含糊不清、談話時明顯粗心大意、表達重點時無法掌握正確的數據，所以人們很容易得到這樣的印象。」然而，白修德補充說，哈里曼「並不愚蠢——只是做事全心全意……只要政府最後爲他指出方向，他就會宛如一輛坦克般義無反顧向前推進。」哈里曼偶爾會出差錯。一九四九年春天在一趟旋風般的行程中，他發表了一場慷慨激昂的演說，向戰時英勇的丹麥海軍致敬——可是他當時人在挪威。

「艾佛瑞爾說話並不機智，也缺乏這方面的天賦。」歐洲復原計畫的副手，後來並接任他職位的米爾頓・凱茲（Milton Katz）回憶說，「不過他的直覺相當敏銳。即使他說的道理缺乏說服力，結論卻都是正確的。」對於德國再工業化這個惱人的問題，哈里曼是最早提出解決辦法的人之一。戰時的同盟國，尤其是法國，並不渴望看到德國當初以超高效率轉變成戰爭機器的工業基礎能重建。然而如果缺少德國大量生產的煤與鋼鐵，全歐洲的復原都會受阻。歐洲整合的偉大遠見家尙・莫內率先提出一個折衷方案：法國與德國共同整合運用他們的煤與鋼鐵資源。經濟專家與國務院官員強力反對這個激進的構想，他們警告，這樣的安排會促成一個龐大的歐洲聯盟。英國認爲自己的煤與鋼鐵工業受到威脅，因此激烈反對。「可是哈里曼立刻直覺上認爲那是個正確之舉，」凱茲回憶說，「他知道那是建立穩定安全的歐洲最好的方法，所以不管經濟情勢的複雜性，放手去做。」在莫內以及當時（一九四九年）已經成爲駐德國高級專員的麥克洛伊協助之下，他幫忙向華盛頓與倫敦心存懷疑的官員鼓吹這項以法國外交部長羅伯特・舒曼（Robert Schuman）爲名的計畫。結果證明哈里曼的判斷是正確的：歐洲煤鋼共同體（Europe Coal and Steel Community）成爲歐洲驚奇復原過程的核心。

儘管態度粗暴、有時固執，哈里曼卻是一位很有效率的外交官。同時身爲華爾街與華盛頓人士，他具有一種獨特的能力，瞭解企業與政府官員之間經常對立的不同觀點以及需求。凱茲回憶說，撇開說話的藝術不談，他藉著敏銳的判斷力在十六個不同的國家擔任公、私部門之間的「全面性通譯員」。

儘管哈里曼盡心盡力，美國的干預在歐洲卻不見得全然受歡迎。倫敦的沙龍之間流傳一首歌謠，開頭是這麼唱的：「噢，我們在美國的大叔，名字叫山姆/願你的海軍前來……求你今天給我們馬歇爾援助，原諒我們的非美活動……」此外，巴黎的國民會議在一九四九年投票通過「禁止法國、阿爾及利亞以及法蘭西殖民帝國進口、生產與銷售可口可樂」。

美援不是完全屬於利他性質的。菸草遊說團體堅持國會買單，將四萬噸菸草運往歐洲，即便歐洲並沒有要求提供菸草；美國也將一億七千七百萬磅難以下嚥的義大利麵送往義大利。援外經費被用來購買美國產品。儘管法國禁止，可口可樂還是一天銷售五千萬瓶到歐洲，數量之大足以讓一艘輕型巡洋艦浮起來。

不過，馬歇爾計畫超乎想像地成功。美國挹注了一百三十億美元到歐洲（大約相當於一九八五年的七百億美元）。它運送了十萬台曳引機到法國，完全重建了百分之七十受損的法國港口，爲挪威漁民購買新漁網，並從美國四健會（4-H Club）送了一千隻小雞給維也納的兒童。它提供了數千噸的煤讓鋼鐵工廠維持運作，提供麵包給人食用，也提供了希望。

溫斯頓・邱吉爾表示，馬歇爾計畫是「歷史上最高尚的行動」。鮑伯・羅威特說，他以馬歇爾計畫爲榮是因為其他的原因：它是一項保持在原本預估經費之內的政府計畫，而且在適當的時候功成身退。

★★★

一九四八年三月的戰爭恐慌迅速消散。三月二十五日，電報引起華盛頓一陣騷動的克雷將軍舉行一場記者會，表示他「一點也不擔心」，「大家將這件事看得太嚴重了。」三月的最後兩個星期，羅威特都待在荷布灣，啜飲「羅威特迷霧」，在深思國務院的問題時偷偷閱讀偵探小說。佛瑞斯托在三月十七日寫信給一個朋友：「現在我覺得世界局勢比過去兩年半好轉。」

可是佛瑞斯托並沒有因此放鬆，從來都沒有。三月三十日，他要求成立不久的國家安全會議準備一份報告，探討美國的「顛覆元素」以及緊急事件的「因應對策」。同一天他問空軍：「我們的B-29原子彈轟炸機多快會缺貨？」佛瑞斯托並不是好戰分子。「以先發制人的預防性戰爭的角度來思考的人，都應該去檢查腦袋。」他在三月三日寄給朋友的信上寫道。可是他十分執著於美國有沒有做好準備。

佛瑞斯托已經在一九四七年九月成為美國首任國防部長。作戰與海軍兩部已經合併成國家軍事機構（National Military Establishment）。作為海軍部長，佛瑞斯托為了維護海軍的獨立性，曾成功反抗強勢的作戰部長。作為國防部長，他對此深深後悔。「這個辦公室應該會是歷史上最沒有用的單位。」他在寄給劇作家羅伯特・薛伍德的信上如此寫道。

佛瑞斯托困在各軍種的衝突之間。空軍希望依賴原子彈，建造更大的轟炸機；海軍希望有更多、更大的航空母艦；每一方都試圖妨害另一方。空軍部長史都華・塞明頓已經失控了，拒絕支持政府分配給空軍的預算，還遊說國會給他更多經費。「那就辭職。」佛瑞斯托告訴他。

「我不會支持預算，也不會辭職下台。」塞明頓回答。佛瑞斯托很難接受塞明頓如此不忠誠；他始終覺得畢業自耶魯大學、而且與他在蝗蟲谷有交情的塞明頓是「我們的人」。

杜魯門並不同情佛瑞斯托。雖然美國完全壟斷原子彈，他卻不認為有必要將大量經費花在軍事上。當佛瑞斯托要求他授權進行一項「我國安全現有暨潛在威脅的詳細分析」以及「一項國家安全政策的全面聲明」，杜魯門嚴厲指責道：「你應該做的是將陸、海、空三軍加以整合，在已經獲得通過的預算範圍內好好研擬一項計畫。在我看來那才是你的責任。」

杜魯門對佛瑞斯托失去了信心。他相信他的國防部長遭到三軍「恫嚇」，他們想從佛瑞斯托執著的事前準備當中掠奪好處。五月七日的一場預算會議之後，杜魯門大罵：「空軍追求表面的光鮮，」而海軍則「一如以往是個宣傳機器」。馬歇爾將軍是「堅強的高塔」，可是「佛瑞斯托無法忍受，他想要與反對者妥協。」

佛瑞斯托總是有話直說。「我很坦白地說，我十分贊同杜魯門，因爲他下定決心支出經費不能超過稅收。」佛瑞斯托承認，「在努力打冷戰的過程當中很有可能損害經濟。」他也爲自己的感覺提出辯護，認爲美國已經開始以穩定而理性的方式建立傳統武力。

可是佛瑞斯托太過擔心，又讓自己分身乏術。他不是在跟軍方將領爭吵，就是在爲馬歇爾計畫遊說，或是忙著迎合參議員。（「吉姆，我想請你幫忙一件事。」馬里蘭州的米拉德．泰丁斯（Millard Tydings）議員在二月十七日寫信給他，「我非常希望海軍能夠在一九四九年與馬里蘭大學比賽美式足球。」）助理們開始觀察到，佛瑞斯托有一種奇怪的習慣，他會把手指頭浸在水杯裡，然後抹抹自己的嘴唇。克拉克．克里福德注意到，佛瑞斯托在開會時不斷搓揉後腦勺的一個點，而且都搓到破皮受傷了。

★★★

一九四八年四月初，肯楠因爲十二指腸潰瘍，躺在貝塞斯達海軍醫院（Bethesda Naval Hospital）十六樓的病床上，「精神其差無比，」他以自己情緒化的文筆寫道，「高聳大樓窗戶外颯颯的冷冽春風，更令精神萎靡不振。」他已經在三月結束日本之行返國，發現戰爭傳言在華盛頓依然甚囂塵上。那種緊張不安的說法令他沮喪。幾個月來，他一直想要把自己的X文章講清楚。他仍舊擔憂「圍堵」被扭曲成刺激蘇聯的危險主張。躺在病榻上時，他終於在寫給沃爾特．李普曼的一封信上大吐心中的挫折感。「俄國人並不想侵犯任何人，那不是他們的傳統。他們在芬蘭試過一次，傷到了自己。他們不要任何形式的戰爭。」他試圖解釋，威脅是政治上，不是軍事上的。「他們寧願以政治手段來處理，必要時才動用武力。請注意：我說政治，並不代表沒有暴力。不過它的確表示那暴力在表面上是屬於國內的，而非國際暴力。可以說是一種警察暴力……不是軍事暴力。」

跟往常一樣，肯楠並未寄出那封信。他還是感受得到馬歇爾警告規劃者不得多言的箝制力。兩年後，在離開政府之後，他終於在一輛開往紐約的火車客車廂裡面對李普曼一股腦說出心中的感受。到那時候為時已晚，沒有任何幫助了。

肯楠所說的政治暴力與軍事暴力的分別，並不只是學術上的細微差異。如果真正的威脅是顛覆，而非侵略，那麼解決方法就是強化政治制度，而不是參與武器競賽。不過華盛頓官方聽不進去。當肯楠終於在四月十九日回到國務院時，他發現羅伯特．羅威特和部屬早已經做出一個仍是機密的結論，那就是與西歐組成一個軍事聯盟。

這個構想從十二月便開始醞釀。英國、法國與比荷盧三國正在討論組成他們自己的「西方聯盟」，不過他們需要美國的力量才能有效威懾蘇聯。全神貫注於馬歇爾計畫的馬歇爾與羅威特剛開始有所猶豫，不過國務院一名手腕純熟的官員，歐洲事務辦公室主任約翰．希克森（John Hickerson）卻心意堅定。來自德州的希克森是一位堅定的冷戰分子，他新年除夕在大都會俱樂部喝了不少魚庫潘趣酒（Fish House Punch），醉醺醺地踉蹌走進國務院，對他的副手西奧多．阿契里斯（Theodore Achilles）表示：「我不在乎糾纏不清的聯盟是不是自從喬治．華盛頓的時代以來就被視為比原罪還要糟糕。我們必須與西歐協商出一個承平時期的軍事聯盟，而且動作要快。」

希克森很快就說服了羅威特，在國務院與歐洲人展開私下對話；在那裡有許多軍事專家都警告，蘇聯可以在四十八小時之內抵達〔法國〕瑟堡。在一九四八年初的這些國務院會議中，誕生了後來稱為北大西洋公約組織（North Atlantic Treaty Organization, NATO）的聯盟。為了確保機密性，他們採取精心設計的預防措施，與會者必須從國務院停車場進出。然而，這些預防措施還是不夠；英國代表團成員之一唐納・麥克林（Donald Maclean）其實是蘇聯間諜。

肯楠認為正式的軍事聯盟是個很糟糕的構想。它只會搶走經濟復原的資源，刺激蘇聯。他不太瞭解軍事現實。他相信小型的菁英機動部隊，也就是幾個師的海軍陸戰隊，便足以威嚇蘇聯。可是對軍人來說，這樣的想法十分可笑。

如果再考慮到蘇聯的心態，肯楠便更加肯定。軍事聯盟會觸及蘇聯敏感的偏執：史達林最害怕的就是遭資本主義國家圍堵，而那正是聯盟象徵的意義。「我們就像一個人進入了一座有圍牆的花園，卻發現園裡只有自己一人和一隻滿口巨牙的狗。」肯楠主張，「目前那隻狗沒有表現出準備攻擊的跡象。我們最應該做的事當然就是設法在雙方之間建立共識，認為那些牙齒與我們雙邊的關係無關。」

肯楠的說法或許正確。不過，這時根本還不清楚是不是能夠用輕拍以及餅乾來避免史達林接近。可想而知，大多數的政策制定者都偏向不要冒險，要拿一根大棍子進入花園。波倫對於軍事聯盟也有所保留，不過他後來認為北大西洋公約組織「就是有必要」。在一九四八年緊張敏感的氛圍中，那當然是一種很自然的反應。「無論歐洲對蘇聯武裝攻擊的擔憂是否過於誇張，」波倫寫道，「那都是他們真切的感受。」

雖然善於辯論，肯楠卻不擅長官僚間的勾心鬥角，而且不久便會被希克森超越。當這位國務院的首席規劃者三月間待在日本時，希克森也正利用捷克危機敦促馬歇爾與羅威特。「有需要鼓舞自由歐洲的士氣。」他在三月八日寫信給馬歇爾。希克森後來滿意地回憶說，捷克危機「嚇壞了每個人」。於是馬歇爾簽署加入。

儘管對軍事的疑慮日益加深，肯楠卻沒有在一九四八年突然變成隱蔽的和平主義者。他至少有兩次曾經考慮將美國部隊派去援助處於共黨叛亂風暴中的歐洲國家：一次是十二月到希臘，一次是三月到義大利。他在三月十五日向馬歇爾建議，如果共產黨在四月贏得義大利選舉，內戰就會爆發，美國應該準備好再度佔領福賈區（Foggia）的油田。

他也繼續提倡一些秘密行動。他覺得既然蘇聯那麼做，美國也應該跟進，那年春天他建議成立一個小型理事會負責公開與秘密的政治戰爭。六月十八日，國家安全會議在中央情報局內成立一個「特別計畫辦公室」。它剛開始進行的工作很溫和：在義大利用氣球空拋傳單，貼上海報讓民眾知道麵包是美援。保羅．尼茲後來表示，最早的「卑劣手段部門」是由週日夜晚餐負責運作的：肯楠提議，法蘭克．威斯納管理，波倫的另一個朋友鮑伯．喬伊斯則是與國務院的聯絡人。然而，他們是否仔細思考過這一切行動未來的方向，恐怕是個疑問。

雖然波倫比較務實，沒有那麼戲劇性，但他也跟肯楠一樣擔心會刺激蘇聯。肯楠到遠東地區或臥病在貝塞斯達海軍醫院時，波倫試圖在政策規劃處內表達自己的觀點，可是成效不彰。在四月與蘇聯駐美大使潘友新（Alexander Panyushkin）開過會之後，波倫對於蘇聯的偏執的擔憂又更爲加深；潘友新表達了他擔心美國會先發制人進行攻擊。同時，潘友新似乎對於亨利．華萊士的說法感到困惑。這位自由派的總統候選人呼籲杜魯門與史達林坐下來談，擬定一項世界和平計畫。波倫與肯楠對於大勢所趨感到灰心，在五月攜手合作減緩軍事化的動力，並再次向蘇聯保證美國的穩定性。經過馬歇爾同意後，他們寄了一封信到克里姆林宮：「大門永遠敞開，雙方可進行充分溝通與調解歧異。」令華盛頓相當訝異的是，蘇聯的回應是公開要求進行高層會談。蘇聯無疑有所意圖，西歐國家慌了，紛紛詢問馬歇爾：怎麼回事？美國想要背著他們進行協商嗎？美國政府不得不怯懦地打退堂鼓，宣布高層會談並不是他們所預想的模式。經過這場鬧劇，媒體逮住機會大加消遣一番。赫布洛克（Herblock）在《華盛頓郵報》上畫了一幅杜魯門揮棒落空的漫畫。

肯楠感覺十分羞愧。他連續兩天晚上在自己住的福斯霍爾村（Foxhall Village，位於喬治城邊緣的政府員工社區）邊走邊想，試圖搞清楚自己做錯了什麼。第三天，他十分痛苦地去找馬歇爾。馬歇爾冷冷地盯著他，回答說：「這個決定經過我同意；在內閣討論過；是總統批准的。你唯一的問題是缺乏專欄作家的洞察力。出去吧。」

馬歇爾一直庇護著肯楠。他住在他隔壁，聽他的話，接受他的教育。不過這位偉大的戰爭英雄逐漸年老體衰，腎臟裡長了兩個網球般大小的腫瘤。馬歇爾總是小心保留自己的體力，在一九四八年的冬天與春天漸漸變得愈來愈疏離。早在一九四七年十一月，狄恩．艾奇遜在一次早晨散步時就告訴菲力克斯．法蘭克福特：「馬歇爾是一架四引擎轟炸機，卻只靠一個引擎在飛行。我不知道他是怎麼回事。他似乎沒有盡全力在行動。」

漸漸地，「馬歇爾只是把球丟給羅威特。」希克森回想說。外界認爲羅威特比馬歇爾和藹許多，比較容易親近。希克森有一次打電話到羅威特的辦公室，以爲接電話的是羅威特的助理鮑伯．李姆斯（Bob Reams）。希克森開李姆斯玩笑：「鮑伯，你這個禿頭佬，怎麼變成副國務卿了？」希克森不曉得接電話的人其實是羅威特，而他也禿頭。「好問題。」羅威特不動聲色地回答，「我不知道。」這個故事很快就傳遍了國務院。

肯楠認爲羅威特是好人，個性很迷人，可是卻不是很有內涵，而且太急著要取悅國會。「一個簡單的好人。」他曾經在八月告訴一些歐洲人。然而，肯楠對羅威特來說沒有多大用處。就像羅威特後來表示的：「我比較喜歡身爲X先生的他。」他認爲肯楠太知識分子性格，太優柔寡斷。他同意麥克洛伊的看法，認爲肯楠「實在太難理解」，並引用艾奇遜形容肯楠的說法，「像一匹來到柵欄前卻不肯跨越過去的馬。」

對於蘇聯的動機，羅威特沒有思量很久。他對史達林抱持最壞的看法。麥克洛伊回憶，羅威特在第二次世界大戰從來不信任蘇聯。當俄國人要購買戰機時，被派到華盛頓的蘇聯試飛員挑選了美國供應的轟炸機中最不穩定的一款。麥克洛伊想警告那個俄國人，可是羅威特只是聳聳肩：「讓那個王八蛋摔斷脖子好了。」羅威特對於冷戰來臨並不意外。他認爲三月的捷克危機「只是往戰爭的路上的又一根路標」。

羅威特與佛瑞斯托一樣，擔憂美國是否準備妥當。比起從頭重建空軍，與歐洲建立軍事聯盟比較合理，而且他在第二次世界大戰期間已經重建過空軍。對羅威特而言，眞正的議題不是西方聯盟是否應該存在，而是國會願不願意配合。

再一次，羅威特又與亞瑟．范登堡一起喝著雞尾酒。兩人的這些碰面機會稱爲「500 G會議」，是根據范登堡在華德曼公園飯店的公寓號碼命名的。兩人談的結果則稱爲范登堡革命，承諾美國會保衛歐洲。經過幾次會面，羅威特帶國務院的草案給范登堡，足足有三頁法律公文紙。「太長了，」范登堡說，「上面內容洋洋灑灑，可是你們卻忘了真正要解決的問題是什麼。」羅威特也同意。「我會試試看。」范登堡說，「你去跟我太太海蘇（Hazel）談談。」二十分鐘後范登堡再度出現，修改後的結果最後獲得通過。

范登堡修改出來的草案刻意寫得語意含糊。聽過六月十一日最後幾個小時的辯論之後，范登堡的首席助理法蘭西斯・威爾考克斯（Francis Wilcox）才瞭解，「大多數參議員都不知道自己投票贊成的是什麼。」後來他們才開始提出問題，例如：針對巴黎的攻擊跟針對芝加哥的攻擊意義相同嗎？到那時候已經太遲了。范登堡提醒他們，他們已經投票贊成讓美國加入該聯盟。

無論參議員是不是瞭解，他們都因為通過了范登堡革命，或者像波倫偏愛的說法：「范登堡─羅威特革命」，而為一項激烈的轉變背書。這個西方聯盟在一年之後，也就是一九四九年春天正式成為北大西洋公約組織。它「大大背離了這個國家過去的外交政策」，羅威特在一九四八年夏天表示，「美國透過軟弱的方法去追求和平……經過多次心碎之後，它徹底改變它的政策，試圖藉由展現決心來威攝侵略。唯一的問題是它的決心應該如何實現。」

★★★

一九四八年春天，當羅威特悄悄地將美國與歐洲連結起來時，他也同樣努力避免讓美國捲入以色列建國的風暴中。

國務院所謂的「巴勒斯坦議題」早已惡化許久。納粹大屠殺的倖存者湧入他們《聖經》中的祖國，要求建立一個獨立的猶太民族國家。快速放棄殖民地的英國已經將巴勒斯坦丟給聯合國，後者正為了如何處理引發一陣騷動。英國預計在五月十五日退出巴勒斯坦；猶太移民與巴勒斯坦阿拉伯人之間的對抗正逐漸擴大。

為了政治與人道理由，杜魯門希望協助建立新的國家以色列。他認為經歷這麼多年在荒野中流浪，受過這麼多苦難與迫害，猶太人理應擁有他們自己的祖國。此外，他也承受來自猶太團體的龐大壓力，為了繼續執掌白宮，他亟需他們的支持。一九四八年初，杜魯門無疑成了一匹黑馬，即將在十一月擊敗大受歡迎的紐約州長湯瑪斯．杜威，競選連任成功。

另一方面，他最信任的外交政策顧問全都堅決反對以色列建國。馬歇爾、羅威特、佛瑞斯托、肯楠、波倫以及艾奇遜組成了一條聯合陣線。他們主張，無論猶太人祖國看起來多麼具有人道色彩，對美國的國家安全都會帶來龐大的風險。美國絕對必須保住通往中東油田的輸油管。支持猶太復國主義只會讓阿拉伯人產生敵意；更糟的是，還可能促使他們投向蘇聯的懷抱。無論如何，如果美國支持以色列建國，必然會捲入一場邪惡戰爭。所有的最高層官員都相信（結果這是錯的），猶太人光靠自己的力量無法成功，他們需要美國士兵與他們並肩作戰才能生存。羅威特仔細權衡資源與承諾之間的平衡，發現天平發生嚴重傾斜，他認爲以色列這個盟邦不要也罷。

看著這些重要的盎格魯撒克遜白人新教徒拋棄以色列，很容易就嗅到偏見的味道。不過，關於羅威特與其他人的態度，更精確的形容應該是智識上的冷漠，而非發自內心的反猶心態。全都是務實派的他們，對於引發別人產生如此激動熱情的議題相當冷血。如同態度最強硬的佛瑞斯托直率地對支持以色列的克拉克．克里福德所說的：「你就是不懂。猶太人有四十萬人，阿拉伯人有四千萬人。四千萬個阿拉伯人會把四十萬個猶太人推進海裡。情況就是如此。石油——才是我們應該靠過去的那一邊。」

杜魯門幾乎一成不變地採納外交政策顧問們的意見，不過以色列是個例外。雖然他擔心蘇聯會與阿拉伯人聯合起來，不過基於政治理由以及眞誠的同情，他覺得自己必須支持猶太人。他決定當五月十五日英國託管期限一到，美國就應該承認新國家以色列。

馬歇爾將軍感到憤怒。他認爲杜魯門屈服於政治壓力，而對這位正直的老將軍而言，那是不可饒恕的罪過。五月十二日，在布雷爾賓館舉行的一場會議上，聽著克拉克．克里福德談到承認以色列的事，馬歇爾愈聽愈生氣。他盛怒不已，在他眼中善於操作政治的克里福德，竟然可以參加這場討論如此敏感國安議題的會議。克里福德回想，他不安地看著馬歇爾脹紅的臉色愈來愈深。

「首先，我根本不知道這個人為什麼在這裡。」馬歇爾對杜魯門說，手還指著克里福德。在場的人從來沒有聽過老將軍說話如此嚴厲。「如果您遵照克里福德的建議，」他冷酷地告訴杜魯門，「選舉投票時我就會投票反對您。」這句話從杜魯門視為「現今在世最偉大的美國人」口中說出來，眞是十分逆耳。

羅威特發言強烈反對承認以色列。他以自己口語說法表示，那簡直就像「買一支裝在袋子裡的豬☆」。不過會議一結束，他就打電話給克里福德，請他在當天晚上七點到他住家喝酒。

「開完會之後我就一直感到不安。」兩人開始喝雞尾酒時，羅威特告訴克里福德。克里福德忍不住揶揄他：「你在開會時倒是沒有表現出不安的樣子。」羅威特繼續說：「我不喜歡意見出現這麼大的分歧。我們必須解決這件事。它會導致總統與馬歇爾將軍之間出現嫌隙，我擔心馬歇爾可能辭職。」

基於務實層面的理由，羅威特反對承認以色列。可是說明過之後，他發現自己已經輸了。美國不可避免地會支持獨立的國家以色列，剩下的只是時機問題。由於他不摻雜個人的情緒，因此能夠接受總統的決定，並毫不猶豫地轉而去執行這件事。他既不生氣也不怪罪有人洩漏消息，而是立刻開始修補不同的歧見。第二天，羅威特打電話給克里福德。「我已經跟馬歇爾將軍好好談過了。」他說；不管杜魯門決定怎麼做，總統的政策都會獲得支持。多年後，有人問起他說了什麼說服馬歇爾將軍，羅威特只是回答：「我告訴他，那是總統的抉擇。」這是馬歇爾可以沒有怨言地接受的一個理由。跟羅威特一樣，他義不容辭支持自己的長官；儘管自己的主張不受青睞，現在他們還是必須執行總統的命令。

羅威特甚至在隔天與克里福德在F街俱樂部（F St. Club）共進午餐，草擬美國宣布承認以色列的新聞稿。羅

☆譯註：這個俚語意指買東西之前沒有先看清楚，形容做事太冒險。

威特最後又試圖說服他一次，希望至少警告聯合國的美國代表，可是克里福德不想冒著消息走漏的風險。羅威特接受他的判斷；在正式宣布之前，這個決定都必須保密。第二天，阿拉伯軍隊入侵以色列，可是一個國家已經誕生。羅威特在幾天之後嘲諷地表示，如果美國不算是父親，至少也是助產士。

★★★

波倫納悶：蘇聯到底要什麼？他是國務卿的顧問、蘇聯專家，可是他卻不清楚史達林在歐洲眞正的打算，尤其是德國。他的擔憂與肯楠一樣，華盛頓對於蘇聯的好戰態度反應過度，還有冷戰已經變得太過「軍事化」。可是他不像肯楠那麼投入。事實上，他已經逐漸接受以軍事進行威嚇的需要。後來接受喬．艾索普訪問時，他說：「史達林相信必須用刺刀進行刺探。如果碰到的是枕頭，就繼續進逼。如果碰到的是鋼鐵，就縮回去。」

他也比肯楠來得中立，比較順應潮流。波倫並不是偉大的策士，也不是能夠從混亂的事實中理出頭緒的概念家。可是他會仔細觀察細微差異，並用判斷力去感受局勢的不確定性與易變性，對於蘇聯的看法大概更爲明智。西方好戰的態度確實令史達林害怕，而且就像肯楠說的，令他「獠牙畢露」。不過，說之以理或外交手段都不太可能說服史達林將他的部隊撤出德國，或停止煽動義大利或法國當地的共產黨製造動亂。蘇聯太多疑了，無法與西方談判。史達林單方面行動，而爲了追求自己帝國的「安全」，他到底會進逼到什麼程度，恐怕連他自己都不清楚。

德國是一個未解的大問題，潛在的引爆點。一九四八年整個春天以及初夏，波倫都在苦思：蘇聯要一個統一的共產德國嗎？一個頹圮、虛弱的德國？它要懲罰德國，榨取賠償金嗎？蘇聯的行爲充滿矛盾。俄國人依然在掠奪工廠，利用平板車將設備運到蘇聯（任其在大雪中生鏽）——可是卻又允許昔日的納粹在德東佔據高層職位。

無論蘇聯要什麼，美國都不希望統一的德國受到蘇聯的宰制。那樣的發展會「構成所有西方國家安全的最大威脅，包括美國在內」。馬歇爾將軍在二月出席作證時表示。另一方面，虛弱的德國會阻撓歐洲復原。羅威特以及他其他華爾街的同事——佛瑞斯托、麥克洛伊與哈里曼，決心要將德國重建爲西方的堡壘，即使那意謂著分裂。

這件事必須進行貨幣改革才能完成。德國馬克已經沒有價值；眞正的貨幣是以黑市上販賣的Lucky Strikes香菸來估價。早在一九四七年八月，哈里曼就斷然告訴杜魯門：「貨幣改革已經太遲了。很難理解現在的買賣是如何使用一種沒有價值的貨幣在交易。」然而哈里曼補充說，他深深懷疑貨幣改革能夠包含蘇聯在內，「因爲蘇聯的方法與我們實在天差地遠。」

貨幣改革聽起來或許是技術性的措施，不過它卻意謂著美、蘇在德國合作的假象結束。它象徵了東、西之間的龐大差距。

一如往常，羅威特促成了整件事。三月十日，就在捷克危機的高峰，他收到波倫的朋友兼同事法蘭克．威斯納的備忘錄，總結了目前的情況：貨幣改革會「象徵邁向德國東西分裂非常明確的舉動」。可是它「也會邁向德國非常需要的經濟穩定」。威斯納建議進行貨幣改革，羅威特也同意。他在備忘錄上草草寫上：「最好快點行動。」

蘇聯對於西方意圖的困惑程度，沒有西方對他們意圖的困惑感來得深。他們的英國間諜唐納．麥克林始終定期提供西方聯盟成立的進度報告。蘇聯只需要看報紙，就能瞭解外界對於捷克斯拉夫的戰爭歇斯底里症。他們獲知，現在德西地區的印刷廠正在印製大量新貨幣，以重建一個資本主義德國。

到了一九四八年春天，名義上治理德國的四強盟國管制理事會已經成爲一個笑話。通常不斷抄筆記的蘇聯代表，如今只是隨性亂塗鴉。三月二十日，他中途離席。對蘇聯而言，那肯定像是他們最深的恐懼成眞。一個強大的資本主義德國在他們的邊界上重建起來。資本主義國家聯合起來包圍他們。法國與義大利的地方共產黨失去權力，遭大衆放棄。在南斯拉夫，狄托元帥堅持自己的獨立性。史達林或許成了肯楠想像中的困獸，不過他也是一隻掠食性動物。一九四八年夏天，他撲向柏林。

★★★

封鎖柏林是慢慢展開的。六月中，蘇聯開始趕走從西部運送煤到西柏林的貨運列車；西柏林位於蘇聯控制區內一百一十英里處。他們給的理由是「車廂有瑕疵」。接下來則是客運列車：紅軍在邊界沿線看守，開始每兩列送回一列，原因是「車站擁擠」。最後，高速公路由於「緊急維修」而封閉。

六月二十三日，西方宣布新德國馬克開始在西柏林以及西德流通使用。Lucky Strikes香菸的價值達到歷史新高，官方匯率是一條兩千三百美元；一名德國記者問美國官員，西方是不是打算用借款五千萬條Lucky Strikes香菸來穩定經濟。

不到二十四小時，蘇聯就切斷了西德與西柏林之間的所有陸上聯絡路線，並關閉柏林的電力。西柏林的兩百萬居民只有能支撐三十六天的糧食。壓力頓時浮現。

★★★

在新國務院大樓的五樓，從鮑伯·羅威特的辦公室經過大理石電梯井，就是海外通訊室（Overseas Communications Room）。上鎖柵欄門後方的門邊站著一名武裝警衛；柵欄門上的標示牌寫著：「僅限工作人員進入」。裡面是一個十五乘二十五英尺見方的小房間，內部擺著一張胡桃木桌。牆上嵌著兩個背光銀幕，銀幕上一天二十四小時閃著電傳的機密電報，都是世界各地動亂以及美國大使館危機的消息。

一九四八年夏天，羅威特、波倫與肯楠在這裡度過了許多漫長而焦躁的夜晚。肯楠後來回憶起那種不確定的可怕感覺，坐在黑暗的房間裡，看著銀幕上閃著不祥的電報，心裡揣測哪一則會帶來戰火啓動、坦克上路的消息。他記得：「局勢很晦暗，充滿危險。」

在某一條電傳線另一端的是盧修斯·克雷將軍。就讀西點軍校時，他在英文與歷史科的成績名列前茅，不過操行與紀律卻敬陪末座。他是一個自大能幹的軍人，身爲美軍駐德國司令官令他更加自負。「美軍司令官是一項很容易令人渾然忘我的職務。」接任他的傑克・麥克洛伊後來表示，「它是現代世界中最接近古羅馬帝國行省總督的一份工作。你可以直接對你的秘書說：『我剛想到一條新的法律，記下來。』」馬歇爾計畫的行政官哈里曼經常與克雷發生爭執，他認為這位將軍是個「天生的沙皇」，非常容易激動，「往往體溫高達華氏一百零六度〔約攝氏四十一度〕。」

克雷想挺身面對蘇聯，衝撞裝甲部隊，就像騎兵拯救運貨馬車一樣。他相信蘇聯可能在虛張聲勢，他們會退縮。

羅威特認為克雷的想法很「愚蠢」。只要毀掉兩座橋，一前一後，紅軍就可以讓防禦最堅固的護航艦擱淺。「蘇軍只會坐在山頂上大笑，」羅威特在暗房裡告訴他的同事。或者更慘的是，他們會開始射擊。無論是哪一種，護航艦永遠到不了目的地。

克雷堅持立場。「我還是堅信有部隊保護且有決心的護航艦隊可以抵達柏林。」他在六月二十五日的電報上寫道，「這樣展現出來的行動或許能避免可能導致戰爭的蘇聯壓力，而不是讓它繼續升高。」

羅威特以前便與克雷角力過。因為馬歇爾計畫的爭執，這位將軍在過去那個夏天就威脅要辭職至少十一次。國務院在柏林確實有一位大使羅伯特・墨菲（Robert Murphy），他是個來自中西部的貧窮愛爾蘭裔天主教男孩，根據菲力克斯・法蘭克福特的說法，他變得「非常非常讓人討厭」。不過墨菲支持的是克雷，而非羅威特。

羅威特擔心克雷將軍可能出現魯莽之舉。六月二十六日上午十點五十分，佛瑞斯托打電話給羅威特，問道：「有任何消息嗎？」羅威特回答說，電報流量顯示柏林現在「比爆竹還要熱」。他補充說，沒有「系統性的行動，也沒有人試圖影響克雷。」解除克雷職務的時候到了嗎？佛瑞斯托問。還沒有，羅威特回答，至少現在不行。在目前採取那樣的動作會被解讀為「軟弱的跡象」。

雖然羅威特知道裝甲護航艦是個壞主意，可是卻也想不出更好的辦法。其他的構想，例如對蘇聯船隻關閉巴拿馬運河或是封鎖海參崴（Vladivostok），似乎都不太實際或缺乏效果。美國不希望發生戰爭，可是如果放棄柏林，就又會有大約兩百萬人落入蘇聯的掌控之中，整個歐洲也會對於美國這麼盟邦失去信心。西方聯盟將會因此流產。

在二十五日的一場會議上，羅威特、佛瑞斯托與杜魯門都同意，「美國必須採取堅定的步驟，才能留在柏林。」不過是什麼步驟？第二天，美國憲兵逮捕蘇聯指揮官V. D.索科洛夫斯基將軍（General V.D. Sokolovsky），因爲他在返回柏林東區郊區住家的途中超速穿越柏林西區。一名美國士兵拿衝鋒槍指著這位蘇聯將軍的肚子，蘇聯衛兵也伸手拿自己的槍。緊張時刻過去，索科洛夫斯基獲釋，可是大家的神經卻繃得更緊。

★★★

傑克·麥克洛伊討厭與吉姆·佛瑞斯托打網球。佛瑞斯托不斷打電話給他，自以爲他可以隨時都能放下手邊的事情。麥克洛伊的球技遠比佛瑞斯托出色，而他知道那正是佛瑞斯托想打球的原因。佛瑞斯托在網球場上跟他在高爾夫球場上一樣，缺乏幽默感又十分好勝。

六月二十六日星期六下午，當佛瑞斯托在吉維蔡斯俱樂部（Chevy Chase Club）打球輸給麥克洛伊時，他顯得特別激動。對佛瑞斯托來說，柏林危機正好是他所擔心並提出警告的事。美國還沒有準備好。佛瑞斯托認爲，蘇聯可以把美國陸軍逼到庇里牛斯山去。美國有原子彈，可是數量卻不足以保證可以給予蘇聯致命一擊，讓他們放棄戰爭★。美國已經縮減傳統軍力，如今沒有能耐正面迎戰蘇聯。佛瑞斯托經常對麥克洛伊透露自己的心事，而那個週末他提出了自己的疑慮。如果克雷派出他的部隊，而蘇聯反擊，美國將會很無助。麥克洛伊專心

★作者註：一九四八年的戰爭恐慌造成美國的核子儲備物資迅速增加。一九四七年，美國只有十三枚原子彈；一九四八年增加到五十枚；一九四九年，軍事規劃者開始體認到原子彈是一種具有成本效益的威懾工具，數量增為兩百五十枚。

聽著。雖然坦克部隊與世界銀行無關，他卻是佛瑞斯托與羅威特共同信任的顧問；不久他就會在與克雷將軍協商的過程中扮演一個角色。

星期一，佛瑞斯托與羅威特再度於布雷爾賓館與杜魯門見面。杜魯門已經對佛瑞斯托失去了耐性。他認爲這個國防部長愈來愈優柔寡斷、缺乏決斷力，這在總統眼中是重大缺點。「吉姆想要閃躲問題——他一直都是如此。」杜魯門幾個星期之後在日記上寫道，「他不斷寄給我辯解的備忘錄，我都在回信上指出方向和事實。」杜魯門喜歡下決定，對於柏林也不例外。杜魯門勇敢地打斷內閣原地打轉的對話：「我們留在柏林。就這麼決定。」

大家繼續討論，可是卻沒有人想到留在柏林的方法。甚至連杜魯門都開始閃避問題。第二天他宣布，美國會「盡可能」留在柏林。爲了展現武力，六十架B-29「原子彈轟炸機」被派往英格蘭，而且這個消息還特別精心洩漏出去。這一切都是虛張聲勢。那些飛機並不是設計用來運載原子彈的，而且燃料箱容量也不足以往返蘇聯的城市。

可是，羅威特與其他人開始慢慢發現眞正的解決辦法。羅威特曾經當過飛行員，他擔任作戰部助理部長時就知道，空軍已經載運過七萬兩千噸設備，從緬甸飛越喜馬拉雅山到中國。此時他開始與過去的兩名將軍討論——參與過那項任務的寇帝斯・李梅以及艾伯特・魏德邁（Albert Wedemeyer）。羅威特開始深信，空運補給至少可以讓柏林不至於斷糧。（如何加熱食物則是另一個問題，不過距離冬季還有幾個月。六月三十日，他的通話紀錄顯示他告訴佛瑞斯托：「可以空運食物；無法供應煤。」）羅威特去找他昔日掌控五角大廈的老伙伴傑克・麥克洛伊，私下研商空運補給的可行性。麥克洛伊透過非正規管道打電話給老朋友亨利・阿諾將軍，也就是第二次世界大戰期間美國陸軍航空隊的指揮官，詢問他柏林的跑道是否能延長，以供重型貨機固定起降。答案是肯定的。

羅威特的詢問過程很隱密，並未動用一般的軍事指揮系統。他在作戰部任職時就知道，軍方比較擔心的往往未來的意外事件，而不是目前的危機，而且對於將整個空運補給能力都轉移到單一的路線上，幾乎肯定會猶豫不前。羅威特的懷疑後來獲得了證實：空軍參謀長霍伊特・范登堡將軍在六月中強烈反對將更多飛機轉移到柏林航線上。可是那時候已經太遲了，總統已經被說服，支持那項空運補給計畫。

羅威特瞧不起克雷將軍，認爲他不瞭解一般軍人的處境。這麼說並不公平：克雷本人曾經在六月二十四日要求李梅將他所有的C-47運輸機都用在柏林航線上。可是克雷也堅持一定要用他的裝甲部隊。羅威特再次打電話給麥克洛伊。他知道麥克洛伊是克雷的老朋友，而且事實上一九四五年自己拒絕擔任美軍駐德國指揮官之後也幫他介紹那份工作。麥克洛伊悄悄打電話給在德國的克雷，明白告訴他事實：護航艦在華盛頓不可能通過，也不會有人贊同他的意見。

克雷並未完全放棄。可是當他在七月中旬飛回美國見杜魯門時，他卻勉強承認需要裝甲部隊的時機應該已經過去了。的確，杜魯門在當時覺得有必要採取溫和手段。他決定主動向史達林提出一項外交建議，看看兩大強權能否在不發生武裝對峙的情形下解決這場危機。

波倫獲派到柏林協調這個和平攻勢。他與克雷飛回去，後者的腰痛嚴重到連頭都沒辦法轉動。這位高傲的將軍不得不坐在椅子上被人從飛機上抬下來，感到十分尷尬。他認爲一名指揮官無法參與戰役實在很不恰當。

離開華盛頓之前，波倫便告訴馬歇爾，儘管嘗試並無妨，但他懷疑史達林對那項媾和試探會有所回應。一如波倫所預測的，這位蘇聯領導人據說「度假」去了。後來蘇聯終於同意談判，可是協商過程卻陷入懷疑與欺騙。「這是封鎖以來的第七十四天，」佛瑞斯托於勞動節在自己的日記上寫道，「蘇聯口是心非的程度已經超出國務院專家的經驗……羅威特有預感……蘇聯並不想要協議。除非能依照他們的條件達成協議，否則很快就會破局。」佛瑞斯托補充說，羅威特「強調與『滿腦子漿糊』的人談判有多困難」。史達林的條件很簡單：西方不能建立分裂的西德。波倫寫道，這「是我們不願意付出的代價」。

波倫花在蘇聯上的外交精力，比不上他說服各盟國美國不會發動第三世界大戰來得多。「我知道你們美國人都想打仗，」英國外相厄內斯特・貝文責怪這位美國外交官，「可是我不會讓你們得逞。」

美國的軍力其實正在為戰爭爆發做準備。佛瑞斯托焦急地問杜魯門，如果蘇聯的坦克開進西歐，他是不是願意在蘇聯投下原子彈。「總統表示，他祈禱自己永遠不必做這樣的決定，可是如果有必要，誰都不必擔憂他會怎麼做。」佛瑞斯托在他九月十三日的日記上如此寫道。杜魯門在則自己的日記上寫道：「非常可怕的一天。柏林一片混亂。佛瑞斯托等人向我簡報基地、炸彈、莫斯科、列寧格勒等等。事後我有一種很恐怖的感覺，我們離戰爭不遠了。」

電報持續傳進來，不斷在暗房裡的銀幕上閃爍著警告。為了設法舒緩壓力，羅威特會拿克雷將軍頑固的談判立場開玩笑。（「我希望將軍會明白，我們的政策就像開放下水道，公開透明。」）可是參與者飽受沉重壓力折磨，尤其是佛瑞斯托，他是作戰準備的主要負責人，夜不成眠，痛苦地思忖著軍方的殘酷抉擇——應該以虛弱的傳統部隊應戰，還是投下原子彈。

自從三月出現了捷克斯拉夫的戰爭恐慌之後，美國就進入了一個奇怪的新時代，一個長期危機的年代。由於原子彈的關係，強權依然一直處於危險邊緣，總是在刺探與測試，可是從不出手攻擊。他們會緩慢攀爬到斷崖邊上，然後凝視著深淵，渾身顫抖之後又縮回去。對於暗房中的那些人而言，在斷崖邊上的那些時刻可能永無止盡又令人筋疲力竭。華盛頓的政策制定者陷入了困境；就像《財富》（*Fortune*）雜誌在那年秋天所寫的：「避免讓美國政策受到危機所左右，唯一的方法就是與危機共存——準備作戰。」隨著柏林在一九四八年封鎖，東、西方進入「停戰狀態，一種危險的平衡」，丹尼爾・尤金寫道，「一種永遠與災難只有一步之遙的危機。」

柏林封鎖因為空運補給而免於淪為災難。波倫站在柏林的街道上，回想起自己看到C-54運輸機一架接著一架飛入柏林，每隔四、五分鐘降落在坦佩霍夫機場（Tempelhof Airport）時那種驚奇的感受。空運補給的規模不斷擴大。維持柏林的運作一天需要四千噸物資，或是每隔三分四十三秒飛來一架C-54運輸機。在六月和七月，每天的平均空運補給量是二千一百四十七噸；可是到了秋天，已經達到至少四千噸。這些飛機甚至能夠運送煤。為了容納更大的交通量，兩萬名柏林人徒手興建另一座機場。史達林犯下了大錯。蘇聯人開始看起來像野蠻人，飽受飢餓之苦，而美國人則像救世主。危機緩解，至少會平靜一陣子。

★★★

在一九四八年的總統選舉，杜魯門看起來似乎必輸無疑。「他大勢已去。」克萊兒．布斯．魯斯☆（Clare Boothe Luce）說，而民調也與這個說法不謀而合。

羅威特並不懷疑多數人的看法，也不是太擔心。他自認為不關心政治，無黨無派，喜歡稱自己為「中立者」。雖然羅威特欣賞杜魯門，但是他卻十分樂於看到溫和派的東岸共和黨候選人湯姆．杜威接任總統大位。羅威特個人不喜歡約翰．佛斯特．杜勒斯，這位頑固的律師無疑會成為杜威的國務卿人選；不過杜勒斯對他來說肯定很熟悉，他是畢業於普林斯頓大學的華爾街人士，也是外交關係委員會的委員。

羅威特的主要考量是維持兩黨的外交政策，而不是讓哈利．杜魯門繼續連任。杜魯門在七月的民主黨大會上嚴厲批評共和黨掌控的「一事無成的第八十屆國會」之後，羅威特秘密地請佛斯特．杜勒斯到他的辦公室，透露他對民主黨的外交政策綱要感到懊惱。他告訴杜勒斯，他試圖擬出不會將兩黨合作的功勞全攬在自己身上的政綱，可是白宮卻堅持己見。杜勒斯與羅威特都同意，這樣的黨派偏見對於國家沒有好處。

為了讓杜勒斯在接任時不會毫無準備，羅威特允許他看那年夏天與秋天重要的國務院電報。電報透過共和黨國會議員克里斯欽．赫特（波倫在聖保羅中學的老朋友）、佛斯特．杜勒斯的弟弟艾倫（Allen），以及杜威在

☆譯註：克萊兒．布斯．魯斯是《時代》雜誌創辦人亨利．魯斯的夫人，擔任過眾議員與外交官。

紐約的年輕助理麥喬治・邦迪傳送。將國務院的秘密分享給杜勒斯並沒有特別不尋常之處；他曾經在幾場外交部長會議上擔任共和黨觀察員，也喜歡自己在國務院的半官方身分。然而，要是杜魯門知情，這種競選期間的非正規管道肯定會觸怒他；這證明了羅威特對於兩黨外交政策菁英的忠誠度顯然超過了他對總統的忠心。「你必須瞭解當時的氛圍，」邦迪回憶說，「杜威似乎勝券在握。兩黨政治被視爲珍貴資產，好不容易才達成，因此必須保留。」

羅威特有理由相信杜威希望他擔任國防部長；狄恩・艾奇遜在六月二十九日的一通電話中是這麼告訴他的。可是杜威陣營的紀錄中並沒有這樣的提議，也沒有提及艾奇遜的消息來源。無論如何，就羅威特與杜威合作的動機來看，爲了維持外交政策的延續性遠比追求個人野心的可能性來得大。第二度到華盛頓工作之後，羅威特渴望重返華爾街，而且再一次因爲自己習慣對健康問題感到焦慮而苦惱不已。在選舉日當天，杜魯門準備大爆冷門，羅威特則與克拉克・克里福德通電話，強調政權有必要和平轉移，接下來三個月「驚人的不穩定局勢」才不會成爲蘇聯的可趁之機。

羅威特的長官馬歇爾將軍甚至更進一步。選前一個星期，他建議就算杜魯門的任期還有三個月，鑑於世界局勢的「緊急性」，杜勒斯應該在選後立刻取代自己。不過杜勒斯不得不提醒馬歇爾，根據憲法，總統即使成爲跛腳鴨，還是必須對外交事務負責。

★★★

跟羅威特不同，狄恩・艾奇遜是眞正的民主黨員。他在投票日當天晚上徹夜未眠，待在朋友傑哈德・格塞爾（Gerhard Gesell）家裡聽著驚人的票數結果。到了黎明，他已經高興得喝醉了。他和他的律師合夥人格塞爾必須在上午八點趕搭火車到紐約。在火車站，艾奇遜認眞地宣布：「我要做一件從來沒做過的事，我要喝一杯蘇打威士忌當早餐。」他們一同舉杯向總統祝賀。

艾奇遜過著美好的生活。在海爾伍德度週末時他會種植劍蘭，有一年夏天總共種了一千三百株。他會照料

「愛黛兒的大理菊花園」，那是鮑伯．羅威特的太太送給他的。他先清理灌木叢，接著愛麗絲會撿拾木柴（艾奇遜曾向一位來訪的《時代》雜誌記者說，她是他的「火女神」）。他在自己的木工室裡製作家具。他會一邊閱讀特羅洛普與馬克吐溫的小說，一邊喝著忠心的管家強森（Johnson）所調製的嗆烈雞尾酒。不過，他懷念公務生活的權力。「離開擁有龐大責任與權威的職位，」他說，「就好像有一部份的你也跟著死了。」

馬歇爾將軍即將退休，他腎臟有毛病，體力衰弱。在白宮，國務卿的候選名單已經出爐：首席大法官佛雷德．文森、路易斯．道格拉斯大使、大法官威廉．道格拉斯、艾佛瑞爾．哈里曼，以及狄恩．艾奇遜。到了十一月底，名單已經縮小為哈里曼與艾奇遜。杜魯門淘汰了哈里曼，如同克里福德於十二月八日在電話中向艾奇遜解釋的：「雖然艾佛瑞爾有許多條件符合，不過他的才能不是治理國務院所需要的，也無法處理接下來幾年會出現的問題。」

關於杜魯門為何沒有選擇哈里曼的理由，克里福德在對艾奇遜說明時刻意講得簡單而含糊。「布魯門不希望透露詳細的理由，以免顯得他在貶低哈里曼。」克里福德後來解釋。事實上，杜魯門「非常喜歡艾佛瑞爾與狄恩兩人」，克里福德說，「選擇範圍自然會縮小到剩下這兩個人。我相信結果十分接近。」即使對他最親近的顧問克里福德，杜魯門都沒有說明他為什麼挑選艾奇遜。

哈里曼欠缺艾奇遜那種外顯而且近乎炫耀的聰明才智。他沒有艾奇遜的機智；事實上他也會板著臉孔、口齒不清地咕噥說，一般人都低估了他的智慧。「艾奇遜的小指尖都比哈里曼整個人還要聰明。」史都華．塞明頓有一天晚上在喬．艾索普家的晚宴上輕蔑地說。比起艾奇遜後來實際的表現，哈里曼如果擔任國務院發言人，當然會略遜一籌。

儘管哈里曼表面上行動遲緩又冷漠麻木，然而他卻是個很有效率的外交官，經驗豐富且十分不屈不撓。我們有充分的理由相信，在面臨危機的時刻，他的判斷力會跟他以前訓練過的這位划船學生所展現出來的判斷力一樣出色。雖然他的思考並非從全面性的地理政治角度出發，而是偏好與人面對面談判，並在問題發生時便著手解決，不過美國在處理世界事務時，他同樣盡心盡力扮演一個積極的角色。他對蘇聯同樣會採取強硬立場。然而，哈里曼很可能會比艾奇遜更重視與克里姆林宮的談判；儘管有高度不確定性，但結果雙方還是有可能出現比較好的長期關係。當然，哈里曼與艾奇遜一樣強勢。多年後，許多長期觀察國務院的人士都記得他們兩人是在霧谷任職過最令人畏懼、天生具權威感的人物。如果哈里曼擔任國務卿，克里福德對他的評價會是「一流」。「他擁有各方面的條件，十分適合這個職務。」

可是天不從人願。哈里曼在一九四八年就差那麼一點，錯過了他比任何人都想得到的那個職位。後來他再也不曾如此接近過。

十一月底，杜魯門打電話到布雷爾賓館給艾奇遜。「你最好坐下來，聽聽我要說的這件事。」總統說，「我希望你擔任我的國務卿。你願意嗎？」艾奇遜說他會問問他的太太，意思也就是答應了。在後來的那些年，艾奇遜喜歡描述杜魯門如何解釋他的決定：「其實，有二十個人比你更適合擔任國務卿，可是我不認識他們。我認識你。」

★★★

他們是歷史上少見的奇特組合。杜魯門曾經是自耕農、失敗的男性服裝用品商、堪薩斯市地方政治出身，在西嶼會穿著花俏的運動上衣。艾奇遜則是聖公會主教之子、格羅頓中學畢業生，是個會穿英式雙排釦西裝的時髦男士。然而他們卻共同具有歷史感、道德勇氣、務實，對於優柔寡斷感到不耐。他們彼此欣賞，也喜歡對方的陪伴。

艾奇遜十分忠心。「我的選民只有一位。」他喜歡這麼說。「杜魯門是老闆，狄恩就當他是老闆。」奇普·波倫告訴杜魯門的傳記作者鮑伯·唐納文。雖然杜魯門很清楚兩人出身背景的差異極大，但是也因為艾奇遜的貢獻與友誼而感到光榮。當兩人在四年後不再搭檔之後，杜魯門寫信給這位貴族顧問：「從耶魯大學到堪薩斯市大街一九〇八號（彭德蓋斯俱樂部的地址），我在任何地方都會很驕傲與你一起出現。」

艾奇遜表露於外的傲慢跟大部份這類的舉止一樣，都是面具。他其實能夠展現紳士風度與和善態度。當格塞爾的兒子染上小兒麻痺症時，艾奇遜邀請這位八歲男孩到國務院與他共進午餐。他派出一輛大型黑色豪華轎車去接這位行動不便的男孩，與他單獨在國務卿的餐廳用餐，並讓他下午留下來參加一場簡報，還交代他千萬要保密。艾奇遜的秘書芭芭拉・艾文斯（Barbara Evans）心甘情願忠誠追隨他三十五年。（艾奇遜的女婿比爾・邦迪說，她幾乎和他一樣令人畏懼；「她很喜歡說不。」）儘管艾奇遜顯然很喜歡與人打情罵俏，可是卻對太太愛麗絲忠心耿耿，兩人關係長久，彼此相愛；她的穩重與力量幫助他度過事業上的嚴峻考驗。

艾奇遜在人際社交上並不勢利。他最好的朋友菲力克斯・法蘭克福特是猶太移民。雖然可以跟名門人士維持良好關係（畢業自伊頓公學、出身高貴的英國保守黨員安東尼・艾登曾經大呼：「我會毫不遲疑跟他去獵殺老虎。」），他卻幾乎偏好跟白手起家、自食其力的人往來。他十分喜歡當上工黨外相的女僕私生子厄尼・貝文。被艾奇遜形容爲「又矮又太胖」的貝文飽讀詩書，個性直率誠實，與哈利・杜魯門一樣。貝文稱呼艾奇遜「我的老弟」，他們曾經一起手挽著手走進一場外交部長會議現場，一邊分別唱著旋律相同的〈紅旗〉（The Red Flag）以及〈馬里蘭，我的馬里蘭〉（Maryland, My Maryland）這兩首歌。

艾奇遜的不正經是沉悶的外交部長會議所激發出來的。當他坐在那裡，看似在做筆記，其實常常是在寫與演說者有關的低級五行打油詩（「那個伊拉克人其實不瘋狂／他很諂媚，甚至下流／當他們指導他／他卻叫他們滾蛋／然後加入阿拉伯人的行列，要命！」）。

艾奇遜厭惡外交圈。在穿著正式服裝的愚鈍外國人面前裝作一副彬彬有禮的樣子，對他來說實在是一種酷刑。他的太太愛麗絲說，他不喜歡外出用餐，除非是跟自己的好友，他也不喜歡出差旅行和閒言閒語。他的腸胃敏感，吃大餐會出現不良的反應。根據艾奇遜太太的說法，他眞正的樂趣是「身體蜷縮起來看書」。儘管機智又迷人，他卻是個非常注重隱私的人。有一次他和格塞爾從他們的法律事務所走到大都會俱樂部吃午餐，格塞爾爲了強調一件事，便順手抓住他的手肘。艾奇遜隨即大動作退開，不想讓老朋友碰他。

他坦承自己受不了笨蛋，可是也無法忍受缺乏安全感、遲鈍、過度討好別人的人。他會表現出自己的不耐煩，而這是個嚴重的缺點，有時候甚至顯得殘忍，幾乎可說是他失敗的原因。「他很容易覺得無聊。」他的秘書艾文斯小姐說。佛瑞斯托的助理馬克斯・李瓦（Marx Leva）表示：「跟狄恩・艾奇遜談話，一定會有種受輕視的感覺。」他打從心裡瞧不起的人是國會議員，形容他們問的那些沒知識的問題「愚蠢」或「胡扯」，聽起來好像是學校老師在罵小學四年級學生。他的翹鬍子和格羅頓中學口音並讓沒有這種印象變得溫和一些。

羅威特有時也同樣瞧不起國會議員，可是卻從來不表現出來。明尼蘇達州的共和黨籍眾議員周以德當時在眾議院外交事務委員會，他比較這兩個人的差異：「艾奇遜總是一副高貴莊重的模樣，可是態度有些高傲。彷彿他為我們這些鄉巴佬感到遺憾，他是在對牛彈琴。羅威特就不一樣。他不會像個學校老師，比較讓人服氣。」羅威特自己對於艾奇遜的缺點也直言不諱。「狄恩瞧不起無知，」他回想說，「他給人在國會面前很傲慢的印象。」

★★★

國會的共和黨籍議員在一九四九年冬天感到很難堪。他們原本期望在一九四八年的選舉之後能夠同時掌控國會和白宮；這下他們兩者都失去了控制權。民主黨因為反抗蘇聯侵略歐洲而取得優勢；馬歇爾計畫與柏林空運補給措施雙雙奏效。由於孤立主義已經失去了民心，保守的共和黨員需要新的議題，設法讓大家的注意焦點從目前政府在歐洲的成功佈局移轉開來。

現在回顧起來，共和黨右翼人士選擇的議題表面上看起來頗為古怪滑稽。他們指控政府對於共產主義的態度「軟弱」；政府已經在雅爾達出賣了歐洲，目前正處於「失去中國」的過程中，而國內又充斥著共黨份子。最瘋狂的是，共和黨右翼人士直接指控狄恩・艾奇遜就是一個共黨份子，或至少是共產黨的同路人。

不可思議的是，這個採取破壞性手法的政治策略竟然奏效。很難解釋箇中原因，只能說這個世界似乎讓一個剛剛贏得第二次世界大戰，但現在看來面臨生存威脅的國家產生了莫名的恐懼。手中的邪惡力量在三年之後達到高峰的威斯康辛州參議員喬・麥卡錫很精準地提出一個問題：「除非我們認爲政府高層正同心協力將我們推往一個災難境地，否則我們要如何解釋目前的狀況？這必定是一個龐大陰謀的結果，其規模之大使得人類歷史上過去任何的冒險行動都顯得小巫見大巫。」它「必定」是，因此它就是。

人們在一九四九年一月才開始感受到這股瘋狂的力量。前國務院高層官員艾爾格・希斯已經在前一個月遭到起訴，被指控的罪名是對一個國會委員會說謊，因爲他將機密文件交給一名共黨間諜。對共和黨右翼人士來說，希斯是完美的攻擊目標：有教養、高貴的新政支持者，在哈佛法學院畢業之後曾經擔任大法官奧利佛・溫德爾・霍姆斯的書記官。起訴他的主力是眾議員理查・尼克森。

在眾議院非美活動調查委員會八月的一場聽證會上，艾奇遜的名字也跟希斯連在一起。到了一月，在他的國務卿同意權聽證會上，艾奇遜解釋希斯並非如外界所言是他的個人助理，不過艾爾格的弟弟唐納是他的法律事務所合夥人，艾爾格則是他朋友。艾奇遜又冷靜地補充說，他的友誼「不會輕易付出，也不會輕易收回」。這樣的反應經過報紙的報導之後，麥喬治・邦迪寫信給「艾奇遜叔叔」說，「人民會知道國務卿是個男子漢。」亞瑟・范登堡則沒有那麼樂觀，在參議院外交關係委員會一場未公開的「高層會議」上，他直率地告訴艾奇遜，他有公共關係上的問題。他需要發表聲明，表現自己是優秀的反共份子。於是范登堡爲他寫了一份聲明：「作爲一種信條，共產主義對於自由社會的經濟具有致命威脅，對於人權以及基本自由也有毀滅性的影響。作爲征服世界的侵略因素，共產主義對於獨立政府以及自由民族也都十分危險。」十年之前，艾奇遜曾經說服蠻不情願菲力克斯・法蘭克福特，在最高法院的同意權聽證會上朗讀一份類似的聲明。如今，他也被迫吞下同樣不堪的苦果。他明顯不自在地唸了那些預先準備好的蠢話，然後告訴范登堡：「我會十分樂意讓你說我剛才說的話。」他做了個鬼臉，轉向范登堡的助理法蘭西斯・威爾考克斯，向他要了根香菸。艾奇遜平常極少抽菸。

希斯的案子接著又回過頭來折磨艾奇遜。結果艾爾格・希斯被判有罪，而歷史顯示眞是如此。一九三〇年代的政府裡確實有共黨份子——雖然不足以眞正危害國家安全，但是卻正好足以使得赤色恐慌更爲可信。艾奇遜冒險將自己的正直賭在他與希斯的友誼上，於是在後來的那些年發現自己成了反共歇斯底里症的目標。

「我坦白地說，艾奇遜先生不會是我心目中的國務卿人選。」范登堡在一九四九年一月寄給一個朋友的信上寫道。他曾私下告訴一名記者，自己的理想人選是鮑伯・羅威特。他補充說：「如果艾奇遜的同意權採行秘密投票，他可是會輸得很難看。」范登堡私下預測，艾奇遜會是「另一個安東尼・艾登——耀眼、聰明，可是本質上很軟弱」。

五月，范登堡在自己的日記裡描述艾奇遜下班之後到他的公寓喝酒。「那讓人有點聯想到過去羅威特擔任副國務卿的日子。他完全被惱人的難題所包圍……我沒有像馬歇爾和羅威特那樣，讓他一股腦地傾吐給我聽。」事實上范登堡生病了，因爲肺部病變來日無多，不過他自己當時還不知道。他與羅威特努力撮合的兩黨外交政策共識也危在旦夕。艾奇遜取笑范登堡，但事實上這位自負的政壇老手精明而堅貞。身爲國務卿，艾奇遜後來極爲懷念國會裡有這麼一個忠誠而穩定的幫手。

★★★

一月十一日，一名報紙記者問佛瑞斯托是否打算繼續擔任國防部長。「是的，」他回答，「我是無法逃離華盛頓。」

十二月，佛瑞斯托曾談到退休一事。他感到疲憊，也不期待與艾奇遜共事；他曾經對自己的助理形容艾奇遜是一個「道貌岸然的人」。買下一家紐約報紙以及全職擔任辯論家的想法引發了他的興趣，至少有一陣子是如此。他與家人談過這件事，並開始進行必要的財務準備工作，可是到了聖誕節左右，他們突然停止討論。佛瑞斯托已經上癮了。他八年半以來一直待在華盛頓，長期處於危機狀態中。他離不開了。

有一些跡象顯示，佛瑞斯托感到憂鬱不安。他再也不會那麼拚命地想在打回力球時擊敗兒子邁可，他認爲自己的電話遭到竊聽。與艾德格・胡佛長時間交談時，他都思考著顚覆的問題；一月，他寄給這位聯邦調查局局長一本亞瑟・柯斯勒（Arthur Koestler）所寫的《中午的黑暗》（*Darkness at Noon*），那是描寫蘇聯警察國家的晦暗小說。他總是在不恰當的時間打電話給朋友，可是深夜電話卻愈來愈常出現。傑克・麥克洛伊回憶說，佛瑞斯托開始在半夜兩點鐘打電話給他，請他到他家裡。當麥克洛伊說時間太晚，他不方便，佛瑞斯托就問：「那麼，我可以過來見你嗎？」對於權勢人物一向態度親切的麥克洛伊發現，要避開他實在不容易。特別講究方法的羅威特則有一條固定的規矩：只有在他書房裡的燈還亮著的時候，佛瑞斯托才能上去。

在辦公室裡，佛瑞斯托的助理們愈來愈難請這位國防部長做決定。巴勒斯坦問題尤其困擾他。佛瑞斯托向來是反對以色列建國的頭號人物，雖然沒有公開反猶太（他最親近的助理馬克斯・李瓦是猶太人），但是他認爲爲了國家安全著想，美國必須維持通往阿拉伯油田的輸油管。他的立場一直相當具有爭議性，而如今身爲國防部長的他開始不斷詢問朋友和顧問：「我對以色列的立場錯了嗎？」

佛瑞斯托總是痛苦地誠實面對自己，這是他深受朋友與同事喜愛的一項特質。他的責任感在華盛頓無與倫比。但如今他似乎動搖了，強烈感到自我懷疑。他在家裡無法放下心中的負擔；他的太太又酗酒。在宴會上，佛瑞斯托會丟下她自行離開，請一名海軍副官送她回家。下班後，佛瑞斯托有時會請他的年輕助理約翰・歐利（John Ohly）陪他回家喝一杯。歐利記得那棟房子，寬敞、黑暗而空洞。佛瑞斯托太太總是「在樓上」或「出門去了」。

扒糞記者與八卦專欄作家將他當成目標。德魯・皮爾森（Drew Pearson）與沃爾特・溫契爾長期抨擊他與華爾街的關係，影射其中涉及貪腐與利益衝突。例如，他們喜歡指出瑞德投資銀行確實與阿拉伯國家有生意往來。最粗鄙的一次報導出現在一月初，這兩位專欄作家指出，早在一九三七年，佛瑞斯托太太在他們位於曼哈頓比克曼街（Beekman Place）27號的連棟房屋外面碰上搶劫，暗示佛瑞斯托自己逃走，拋下毫無反抗力量的太太不管。這些報導錯誤又殘忍（當時他正在樓上睡覺），佛瑞斯托都會因此鬱悶好幾天。

杜魯門聽說了他的國防部長不忠貞的傳言與報導。那年秋天，佛瑞斯托與杜威見過兩、三次面討論國防問題。德魯・皮爾森開始在私下議論，佛瑞斯托正在共和黨政府裡謀職。事實上，佛瑞斯托做的與馬歇爾和羅威特並沒有什麼不同。他與他們一樣，希望安排業務順利轉移，但不同的是，他的作法不夠謹慎。杜魯門的主要募款人路易斯・強森（Louis Johnson）便抱怨，佛瑞斯托並未積極爲杜魯門的選舉向他在華爾街的人脈募款。強森也對外界透露，他有意接掌佛瑞斯托的職位。

三月初某個星期二的中午過後不久，佛瑞斯托被召進白宮。在毫無預警也幾乎不見優雅的情況下，杜魯門要求他立刻提出辭呈。回到辦公室後，佛瑞斯托只是驚愕地坐在那裡。

接下來的那個月，佛瑞斯托夜不成眠。他對自己的繼任者強森感到非常失望，因爲他恰恰在各方面都與自己相反。他是個政客，想利用國防部來進一步達成自己當總統的野心。他希望藉由刪減國防預算來獲得大眾的支持。他是中國遊說團的棋子，是個吹牛大王。

卸任之後不久，杜魯門頒給他傑出服務勳章時，看得出來佛瑞斯托不安、無言又疲憊。一天之後，他的助理馬克斯・李瓦發現他坐在五角大廈一間特別空出來讓他在收拾物品時能暫時使用的辦公室。佛瑞斯托戴著帽子，眼睛直盯著前方那片空白牆壁。「怎麼了嗎？」李瓦問道。「你是個忠心耿耿的人。」佛瑞斯托回答。

李瓦設法送他回家，並打電話給佛瑞斯托的老友佛丁納・艾伯斯塔特。艾伯斯塔特趕到他家之後，佛瑞斯托一股腦地將壓抑的情緒宣洩出來，告訴他自己有多失敗，共黨份子、猶太人和白宮助理都想「整」他，而「他們」有些人當時就在他家裡。爲了證明他的論點，他開始假裝在衣櫃裡找人。李瓦與艾伯斯塔特當晚想辦法讓他登上一輛軍機，飛往荷布灣，讓鮑伯・羅威特可以在那裡照顧他。

羅威特對於他朋友現身感到相當詫異。他的嘴唇緊憋，已經看不見了。「吉姆，」羅威特說，「我希望你帶了高爾夫球桿來，因爲這裡的天氣非常適合打高爾夫。」佛瑞斯特盯著他看。「鮑伯，」他說，「他們在追我。」

四月二日，佛瑞斯托被送到貝塞斯達海軍醫院，經診斷他罹患的是「更年期憂鬱症」。五月二十二日凌晨一點四十五分，有人看見他在床邊的小桌子上將古希臘詩人索福克里斯（Sophocles）的《埃阿斯副歌》（Chorus from Ajax）抄寫在幾張紙上：

……因時光而消磨——

不自在，無名，無望

只剩下悲慘的期望，墳墓在等待……

抄寫到一半，他突然停下來，通過走廊，走到一間伙食廚房，將他睡袍腰帶的一端綁在電暖爐上，另一端則纏住自己的脖子。接著他就躍入了黑夜深處。

★★★

肯楠不公平地被歸爲華盛頓軍事圍堵政策的規劃者之一，並因此遭到責難；而他對這項政策的疑慮在一九四九年顯著提高。「我們必須盡可能防止目前的東西界線變得堅固難破，」那年冬天他在外交關係委員會的一場非正式會議上這麼說，「也應該繼續與俄國人談判，即便我們必須體認到，他們會消耗無謂的時間，我們在好幾年內也無法奢望談判能成功。」

> 肯楠在那天晚上顯得特別具有遠見。他預測俄國與中國會成為敵人，擔心美利堅和平愈發傲慢。「我們必須小心，不要說大話，隨便使用『世界領導者』與『提升全世界的生活水準』等字眼。」肯楠展望二十年之後，也就是一九六九年的世界會呈現何等風貌。與往常一樣，他的思緒又跳脫了自己的時代。

他開始感到焦躁不安，厭倦了老是在官僚鬥爭中落敗。他在一月寫信給艾奇遜說，如果內鬥不斷，「我寧可在耶魯，或是任何能夠力陳己見、自由與人交談的地方，也不願意被限制在一個部門，既不能有所作爲，也無法告訴別人你眞正的想法。」肯楠對這位新任國務卿提出幾個建議，「親愛的狄恩，我認爲政府應該徹底整頓，有幾件事必須完成。」

肯楠特別希望艾奇遜考慮他思考了一整個秋天的構想。這項「A計畫」（Plan A）呼籲美、蘇兩國都從德國撤軍，建立一個統一的非軍事化國家。肯楠渴望藉由這個大膽的行動解除冷戰危機，避免東西對決。

肯楠提出的這項計畫十分驚人。畢竟，當肯楠的同事還期盼一個統一的德國時，是他堅稱德國分裂在所難免。沒錯，他一直在鼓吹建立一個強大的西德，作爲對抗蘇聯的堡壘。過去的結果讓他十分沮喪，如今他努力尋求替代方案，即便需要徹底改變立場也無妨。極爲諷刺的是，美蘇雙方撤軍以及德國再度統一的想法最早是在沃爾特・李普曼抨擊肯楠X文章的一系列專欄文章中提出來的。後來，肯楠承認李普曼的文章對於他觀點的演變至少形成「潛意識的影響」。肯楠的變化不盡然不合乎邏輯；它有一部份是受到圍堵成功的刺激。然而，如此劇烈的改變並沒有提高肯楠的可信度。

不過艾奇遜似乎很仔細傾聽A計畫。當時他對德國所知不多，而他的首席規劃者肯楠卻同時是德國與蘇聯的權威。三月，他告訴肯楠，自己「幾乎被他中肯的主張所說服」，並要求他爲此到德國研究整體局勢。

一到德國，肯楠又陷入經常出現的陰鬱情緒。美國佔領者住在骯髒的戰敗德國裡，卻擁有突兀的高生活水準，令他感到噁心。在官員的俱樂部，晚上他輾轉反側，聽著低俗酒館的音樂、醉漢模糊的說話聲，還有飛機不斷呼嘯而過的嗡嗡聲，每兩、三分鐘就有一架。他並未因爲柏林空運補給的聲響脈動而感到鼓舞，反而思索著過去，想到盟軍飛機載運的是炸彈，而不是糧食。一九四五年柏林遭地毯式轟炸，至今依然殘留的瓦礫堆讓他深感驚恐，激起他內心對戰爭手段的強烈反感，進而演變成他一輩子堅決反對核子武器的態度。「在這裡，有史以來第一次，」他在自己的回憶錄中寫道，「我產生難以撼動的信念，那就是任何短暫的軍事優勢都無法爲這文明生活與物質價值遭受的驚人破壞提供正當的理由。」

一九四九年三月從德國返美之後，他比以往更加堅信除非侵略者撤退、德國統一，否則那個國家會再度成爲戰區。然而在華盛頓，他的A計畫卻遭到嚴厲批評。克雷將軍抨擊它會「破壞我們的目標」，並指控國務院的規劃者企圖輸掉他在柏林打贏的戰爭。在國務院，肯楠有些涉入北大西洋公約組織的政敵爲了抵制A計畫，不惜將它洩漏出去。一如肯楠所料，歐洲國家大聲抗議，他們認爲自己面對的是一個既成事實。即使波倫也反對他的老同事，認爲蘇聯絕對不會同意從德國撤軍。五月在巴黎的一場外交部長會議上，他與蘇聯的東德軍事總督瓦西里・崔可夫將軍（General Vasily Chukov）共進晚餐時，這個看法得到確認。「有些人認爲我們的部隊應該撤出。」崔可夫告訴波倫，「他們不瞭解：德國人痛恨我們。」

波倫比肯楠務實。肯楠自己後來承認他的構想有瑕疵，他對於德國人的苦難以及佔領者的粗俗反應過度，也低估了西德的復原情況。對艾奇遜而言，這個決定其實沒那麼困難。或許蘇聯會撤軍，或許和平、統一的德國能夠再度出現。規劃者當然也樂於想像那般情景。可是艾奇遜對於這樣的決定負有責任，如果肯楠一個人的猜測是正確的，那樣的風險他承擔不起。

★★★

肯楠鼓吹東西方在德國擺脫軍事對峙的觀點之際，波倫則專注於較實際的作法，希望讓雙方不要因爲柏林而攤牌。封鎖對俄國人而言已經成爲一個災害，「是他們最愚蠢的舉動。」克雷將軍說。空運補給已經使得蘇聯孤立柏林的意圖變成一個笑話。波倫相信，克里姆林宮正在尋找解脫之道。

波倫所尋找的信號在一月三十一日出現。巴黎一名通訊社記者寄了一張問題清單給史達林，這種試探性的動作通常不會得到回應。可是史達林卻回答了。有個問題問到，史達林是否認爲在柏林一事上，金錢是重要因素；這位蘇聯獨裁者並沒有提到錢，不過卻承認僵局拖延下去傷害了德國的發展。

貨幣改革造成爲期八個月的柏林封鎖，引起了波倫的興趣。他去找艾奇遜，告訴他克里姆林宮內發生了騷動。他們同意，應該是開始派人進行試探的時候了。在聯合國的代表休息室裡，美國大使菲力普・傑賽普（Philip Jessup）攔住蘇聯大使雅科夫・馬立克（Yakov Malik），與他聊天氣。傑賽普若無其事地問馬立克，史達林是不是不小心才沒提到貨幣改革。馬立克不置可否，對話就此中斷。經過一個月，波倫開始產生了懷疑。可是接著在三月十四日，馬立克致電傑賽普，請他到公園大道的一間公寓與他見面。波倫的想法一直是對的；史達林不斷發出信號。

接下來兩個月，蘇聯坐立不安，試圖開出一個價碼——盟國不建立一個西德政府——可是艾奇遜不為所動。五月五日，蘇聯放棄，封鎖結束。當這個消息在國務院透過電報傳開來時，艾奇遜與波倫特別開香檳慶祝。他們感覺到歐洲的危機已經過去，至少當下是如此。希臘的共黨革命失敗；馬歇爾計畫奏效；柏林獲得解放；西方結盟對抗蘇聯威脅。溫斯頓．邱吉爾宣告：「美國拯救了世界。」

★★★

艾奇遜擔任國務卿的第一年，肯楠與波倫在他的眼中逐漸成為魔鬼的擁護者。他欣賞波倫，而且與肯楠比起來，也更贊同他的意見。不過他覺得波倫也喜歡為了爭辯而爭辯。

波倫愈來愈厭倦華盛頓。他已經在那裡待了七年，希望回到海外單位任職。一九四九年夏天，艾奇遜派他到巴黎擔任公使，是大使館裡的第二號人物。

肯楠接任波倫國務院參事的職位，同時仍保有政策規劃處處長的身分，可是他的職責範圍其實縮減了。艾奇遜愈來愈無法忍受這個情緒多變的預言家、抽象的理論家，他似乎覺得任何實際可行的事情幾乎都是有缺點的。後來有許多年，對於外界無法接受自己所提的主張——蘇聯主要威脅在於政治而非軍事面，肯楠還是感到不解。可是對於艾奇遜來說，肯楠所執著的是沒有差異的區別；他所在意的細微差別都是瑣碎小事。說來奇怪，肯楠的文章對他自己並沒有幫助，儘管它們往往深具說服力，但有時散漫無章，對艾奇遜而言也難以理解。艾奇遜不願被肯楠的直覺力所吸引。他喜歡告訴朋友，有一次他花了好幾個小時苦思一份肯楠的備忘錄，才確定其中的意見判斷錯誤，可是又無法指出當中的缺失。為了去除備忘錄外在的虛飾，艾奇遜找來國務院的一名中階官員，請他重新撰寫那份文件。改寫成官僚文體之後，肯楠在邏輯上的弱點隨即一目瞭然。艾奇遜的巴黎大使兼好友大衛．布魯斯告訴記者C. L.蘇茲柏格，艾奇遜「面臨無法閱讀肯楠的報告及電報的問題，因爲它們實在太冗長，而且根本是在賣弄文筆，而非提供資訊」。除此之外，艾奇遜幾乎用不到政策規劃處。他寧願他的顧問是人，而不是機構。

到了一九四九年夏天，肯楠已經開始感到「自己像個宮廷弄臣，期望引發熱烈的討論，有權利說些令人震驚的事情，被視爲干擾同事的人物，可是當要進行最後的決策時，卻沒有人認眞看待」。

決裂時刻出現在九月中旬。肯楠接到通知，政策規劃處的備忘錄再也不必直接交給國務卿，改交給助理國務卿即可。這個訊息對肯楠而言十分清楚：他再也無法直接與艾奇遜接觸，即便他的辦公室就在隔壁。那個月稍後，肯楠通知國務卿，他希望盡快解除政策規劃處的職務，也會在一九五〇年六月無限期離開國務院。

★★★

一九四九年一月二十一日，艾奇遜宣示就任國務卿的那一天，蔣介石推翻他解散國民黨軍隊的命令，撤離中國大陸到台灣避難，建立一個流亡政權。「我們擦身而過，」艾奇遜後來回憶，「我進入中國，蔣介石離開中國。」不過蔣介石與中國的問題後來跟著艾奇遜多年，宛如一個頑固的瘡。

艾奇遜是歐洲主義者。他對中國所知不多，也不太在乎。在他爲一九四八年版的外交關係委員會年度調查報告所寫的序言〈美國與世界事務〉（The United States and World Affairs）當中，他並未提及這個世界上人口最多的國家，即便它已經到達二十年內戰的關鍵階段。

艾奇遜並不是典型的美國人。許多美國人長期以來都迷戀著中國，多年來他們聽到兩國之間的特殊情誼、穩定的傳教士交流，以及門戶開放政策。他們讀過《大地》（*The Good Earth*），也深受魯斯的出版品的影響。傳教士之子亨利．魯斯對中國的著迷從童年就開始了，此時他的著迷轉變成可怕的標題，警告著「失落」中國所帶來的後果：「麥克阿瑟說中國淪陷將殃及美國」，《生活》雜誌在一九四八年十二月如此宣稱。對許多人而言，由於他畢業自衛斯理學院的夫人以及他公開的基督徒身分等因素，蔣委員長在在都像是一個值得支持的英雄。

蔣委員長有一些具有權勢朋友。在蔣介石的金條以及中國紡織品進口商亞佛瑞．柯爾柏格（Alfred Kohlberg）

的贊助之下，中國遊說團在國會贏得（及買到）了盟友。後來有「福爾摩沙參議員」之稱的加州參議員威廉・諾蘭（William Knowland）喜歡在討論中國問題的國會會議最後舉杯祝國民黨「反攻大陸！」艾奇遜注意到，當諾蘭談到中國時，他會出現一種「狂野的凝視表情」。來自內布拉斯加州波尼市（Pawnee）、曾經是殯葬業者的參議員肯尼斯・惠利（Kenneth Wherry）誓言「振興上海，讓它變得像堪薩斯市一樣」。眾議員周以德曾經在中國當過傳教士，也是美中政策協會（America-China Policy Association）會員，身爲中國遊說團支柱的他指控：「自從一九四五年以來，我們的亞洲政策實際上都棄中國政府於不顧。」

周以德說的並不誇張。艾奇遜還清楚記得，馬歇爾將軍一九四六年前往中國尋求內戰問題的和平解決方案卻受挫，如今他想要整個切斷給國民政府的援助。他認爲這些援助只會落到共產黨手中，或是流入蔣介石或他太太貪婪的宋氏家族的銀行帳戶裡。

一九四九年二月，艾奇遜在國會山莊的一場非正式會議中試圖向三十五名國會議員說明美國的政策。他告訴他們，任何新的動議都必須等到「中國內戰的煙塵消散爲止」。消息立刻洩漏了出去，艾奇遜的政策是「等到塵埃落定」。外界的反應十分憤怒。參議員惠利指控，「一般人都知道，艾奇遜先生始終贊成姑息俄國的政策。」新罕布夏州參議員史戴爾斯・布瑞吉（Styles Bridges）指控艾奇遜破壞了「中國國民黨維護至少一部份中國的自由的努力」。

事實上，艾奇遜正在考慮接受無法避免的結果，承認赤色中國。共產黨外交部長周恩來嘗試性地試探國務院的意向，受到國務院的默許。可是政治氣氛讓那樣的會談注定失敗。「我們不能與共產黨談條件。」杜魯門斷然告訴艾奇遜。赤色中國在七月宣布他們會「傾向」莫斯科，還挾持奉天的美國領事，將他軟禁好幾個月，使情勢更加惡化。

蔣介石最後無可避免節節敗退，加上國會大聲抗議，使得艾奇遜想要教育大眾。八月五日，國務院出版一本厚達一千零五十四頁的白皮書《美中關係，特別提及一九四四至一九四九年期間》（*United States Relations with*

China, with Special Reference to the Period 1944-1949）。這本白皮書十分坦率，內容包含了秘密電報、內部備忘錄，堪稱是一份完整的紀錄。然而，實際看過的人少之又少。媒體只是報導結論：共產黨的勝利「超出了美國的掌控範圍」。

這本白皮書產生了與預期中相反的效果。諾蘭與惠利等人稱它是在「為一個一廂情願、一事無成的政策粉飾太平」。中國遊說團出版自己的白皮書，抨擊艾奇遜讓高尚的蔣介石成為華盛頓捅的「婁子」的代罪羔羊。更糟糕的是，《紐約時報》與沃爾特．李普曼批評這份文件是一份失敗的紀錄。艾奇遜驚訝得目瞪口呆。他早上與菲力克斯．法蘭克福特一起散步時，抱怨報上的報導，這位法官告訴他，他就像一個「受挫的學校老師，相信人的想法會因為事實與理智而改變，然而所有證據都顯示情況正好相反」。艾奇遜後來表示，這本白皮書讓他學到，教育民眾的說法必須「比真相更清楚」才行。

中國共產黨在一九四九年秋天戰勝了國民黨殘餘的軍隊，但是並未因此解決這個議題。此時美國必須擔心共產黨是否會入侵台灣，逼走蔣介石。此外，中國遊說團鼓動美國協助蔣介石進攻中國大陸。艾奇遜告訴杜魯門，這整件事應該視為「兩個中國黨派之間搶奪中國領土之爭」，不過他明白民眾不會同意這個看法。「台灣這個主題彷彿海灘上有一位紅髮姑娘，吸引了許多男孩出現。」他在一九五〇年一月寄給老友阿契博德．麥克列許的信上寫道，「就像你最想要的卻得不到。」

相較於艾奇遜，肯楠對於蔣委員長的反感甚至有過之而無不及。艾奇遜偏好以刻意忽視的方式來處理問題，但肯楠不同，他想要利用美國軍隊將蔣介石趕出台灣，並在島上建立一個獨立政權，以解決台灣問題。他心裡認為，美國趕走蔣介石，國會便不會再要求支持他。這個奇特而輕率的計畫出自一個自認為務實的非軍國主義者之手，計畫內容已經於一九四九年七月呈現在給艾奇遜的一份備忘錄上。肯楠的行動模範是泰迪．羅斯福；任何人都想像不到他與肯楠有何相似之處。肯楠寫道，羅斯福這位老義勇騎兵也可能秉持「決心、速度、無情及自信」，採取跟他一樣的作法。結果，艾奇遜明智地決定忽略這個天馬行空的分析師要求派出海軍陸戰隊的訴求。

不過當肯楠較爲理性的時候，他明顯影響了艾奇遜的遠東政策。肯楠不斷鼓吹一個概念：北平不可能成爲莫斯科的傀儡。一九四七年二月，他就已預測「克里姆林宮的那些人會突然發現，他們以爲掌握在自己手掌心裡的中國人，已經悄悄從他們指縫間溜走，除了行禮如儀的中國式鞠躬和禮貌性的傻笑，什麼都不剩。」

一九五〇年一月，肯楠爲艾奇遜撰寫一份演說稿，主張美國應該讓亞洲的局勢自然發展。除非美國先使中國成爲它的敵人，否則中國最終會體認到蘇聯才是自己眞正的敵人。這場在全國記者俱樂部（National Press Club）照稿宣讀的演說，充分展現他從經驗中學到了如何保持彈性。可惜它在當時沒有引起注意，但後來卻因爲一個完全不同的理由而留在人們的記憶中。在演說過程中，艾奇遜在太平洋地區畫出一個將南韓排除在外的「防禦圈」。結果，外界怪罪他促使北韓在不到六個月之後入侵南韓，而這個侵略行動最後賠上了五萬多名美國人的性命。批評艾奇遜的人忽略了幾項事實：史達林早在那場演說之前就允許了北韓人的入侵行動；麥克阿瑟將軍在一年之前也畫過相同的防禦圈；艾奇遜也曾經表明，攻擊韓國會被視爲違反《聯合國憲章》。

艾奇遜的演說眞正不幸之處在於時機過早。中國與俄國的確發生了爭執，但不是在一九五〇年十一月在韓國的美國部隊逼近中國邊界、遭中國攻擊之前。當中國攻擊美國時，艾奇遜十分震驚。這場災難令他感到痛苦，後來也更堅定了他對於亞洲共產主義的態度。

★★★

幾乎從一開始，艾奇遜就對中國南方的鄰國越南採行強硬路線。一九四九年，他的確短暫考慮過一個「理論上的可能性」：胡志明是另一個狄托。可是到了五月，他就認爲這位充滿魅力的越南領導人並不是克里姆林宮的爪牙。胡志明是否「既是共產主義者、也是民族主義者」的問題「無關緊要」，因爲「所有殖民地區的史達林主義者都是民族主義者」。中國淪陷所引發的政治迴響可能讓他的看法更堅定。艾奇遜指出，蘇聯在一九五〇年二月正式承認胡志明「應該排除了胡志明的目標具有『民族主義』性質的任何錯覺，也揭露出胡志明骨子裡是中南半島當地獨立的最大敵人」。

艾奇遜對於越南的觀點受到他自己對法國的顧忌的強烈影響。法蘭克林．羅斯福曾經希望逼迫法國放棄它的殖民地，包括越南在內。艾奇遜心中還殘留著老式的自由主義觀點，使得他同樣提防著殖民主義，然而他也想盡一切必要的努力鞏固法國，成為西方聯盟的一員。法國在這些年來是一個左右搖擺的不穩定盟邦，既擔心德國復甦，又老是專注在自己的問題上，包括它搖搖欲墜的帝國。艾奇遜認為，如果獲得一個強大的法國需要付出扶持其東南亞殖民地的代價，那就這麼做吧。在一九四九與一九五〇年，艾奇遜關心的是法國，而非越南。越南只是個小刺激，不過是一連串類似的麻煩地區裡的其中一個。此外，他表明自己希望出面處理胡志明的是法國，不是美國。一九五〇年三月，他告訴國會：「我們不希望陷入一個局面，讓法國人說：『你們接手吧；我們沒辦法繼續下去。』我們要法國人留在那裡。」

一九五〇年五月七日，法國同意舒曼計畫（Schuman Plan），與德國共享煤與鋼鐵——這是重建歐洲的重大步驟。就在同一天，艾奇遜建議總統開始提供一千萬美元的軍事補給讓法國在中南半島使用。艾奇遜的特別助理盧修斯．巴特爾（Lucius Battle）後來解釋，國會下定決心要在遠東砸錢對抗共產主義，而艾奇遜認為美國也可以將經費送到越南，至少對法國有幫助。於是落石開始出現，山崩爆發：接下來四年，美國花費二十五億美元資助法國在東南亞節節敗退的戰爭，這個數字超過馬歇爾計畫在法國進行重建的金額。當然，這只是開始。

第十六章 「一個不同的世界」 超級炸彈與原始人

"A DIFFERENTWORLD"

Of Super bombs and primitives

一九四九年九月三日，一架美國B-29氣象偵察機在北太平洋一萬八千英尺高空偵測到較平常高的輻射量。兩天之後，在關島與日本之間飛行的第二架氣象偵察機又偵測到輻射。隨著風將雲往東方吹，更多飛機奉命升空採集樣本。它們的空氣過濾器吸收到鋇與鈽的裂變同位素。到了九月中，美國科學家相信：俄國發生了原子爆炸。

杜魯門一開始不相信。「你們確定嗎？」他問道，「你們眞的確定嗎？」總統不相信蘇聯這麼快就有能力製造原子彈。可是五角大廈並不懷疑。空軍借用史達林之名，將這次爆炸稱爲喬行動（Operation Joe），並隨即強力要求提高美國原子彈的產量。在國會，亞瑟・范登堡相信這個消息。「現在這個世界不一樣了。」他說。美國再也不是一座孤島，能受到兩大海洋的保護而避開戰爭的蹂躪。發生在倫敦與柏林、東京與史達林格勒（Stalingrad）的情況，或更精確且意想不到的廣島與長崎原子彈轟炸，如今也可能發生在紐約和芝加哥。當杜魯門在九月二十三日宣布：「我們有證據顯示，蘇聯在最近幾週內發生過一次原子爆炸。」一種悄然無聲的畏懼感蔓延全國。在倫敦，勞依茲（Lloyd's）再保公司認爲和平的機會不到一半。

由於不再獨佔原子彈，美國再也感受不到自己具有軍事優勢。對於佛瑞斯托要求更多、更好的傳統武力，杜魯門始終置若罔聞，因爲他認爲光是原子彈就能夠防止蘇聯入侵。如今，他無法這麼篤定了。

對喬治・肯楠來說，這個消息使他自己的理想顯得十分急迫。他開始認爲自己的使命不只是化解歐洲東西分裂的緊張關係，還要跨出裁減核武的第一步。他已經宣告自己會「盡快」卸下政策規劃處主任一職，可是現在他承擔了最後一項任務：爲了美國國家安全規劃去探究蘇聯原子彈的發展進程。他可說是爲了防止末日來臨而展開相關規劃。

肯楠已經與自己的政策規劃處漸行漸遠，也慢慢失去掌控權。處裡的人員無視於他在一九四八年對於建立西方聯盟的疑慮。一名規劃處人員回想說，到了一九四九年秋天，肯楠已經停止努力建立共識。開會時他會「完全坦白」並「仔細聆聽」，可是當會議的討論已經進行到肯楠「聽到所有他想聽的東西」之後，他就會跟秘書前往他在國會圖書館的一間小辦公室，在那裡不受干擾地寫文章。這名職員回想，他是鎖在辦公室裡面的；一旦寫完，他便不再妥協。他相信，任何修改都會破壞他文件的本質，破壞其「內在價值」。他希望那份報告是「純粹肯楠的想法，否則便不寫」。

這位在一九四九年秋天描述肯楠行事風格的職員就是保羅．尼茲，當時他是肯楠的副手。他即將成爲肯楠的繼任者，擔任國務院首席規劃者。

從許多方面來看，保羅．尼茲都比肯楠更適合這個戰後外交決策者的小圈子。斯文、健康、穿著打扮無可挑剔，聲音還帶著一點貴族的特質，尼茲經過哈佛與華爾街的洗禮，一路爬升到這個位置。他完全不像肯楠那樣充滿不安全感，也幾乎沒有艾奇遜口中所謂肯楠的「心靈的甜美」。跟肯楠一樣，他有時會情緒激動，也具有同樣強烈的公共使命感與榮譽感。兩人之間有一項根本的差異：必須做決定的時候，肯楠較爲猶豫，會苦惱於問題的複雜性以及細微差異，尼茲則會直接拍板定案。尼茲相對之下是個行動派，將他的熱情用在實現自己的理想上，即便有時候那意謂要讓它們「比眞相更清楚」。

★★★

在芝加哥南區成長時，年幼的保羅．尼茲每天都穿著巴斯特．布朗服裝☆上學。飽受當地惡霸嘲笑與毆打

☆譯註：巴斯特．布朗（Buster Brown）是一九二〇年代在美國廣受歡迎的漫畫人物，他的服裝也成為當時小男生的一種流行風格。這種打扮通常是一件雙排釦上衣或夾克，上面有大大的圓領和下垂的蝴蝶結，下半身則搭配短褲或燈籠褲。

之後，他加入一個義大利街頭幫派以求自保。他後來回憶，那是早期他所學到與權力關係有關的一課。

尼茲的父親出自一個在南北戰爭之後移民到美國的富裕德國家庭，在芝加哥大學擔任羅曼語教授。他的母親「以極熱情的方式」疼愛小保羅，他回想說。身為一個豔光四射的美女，她因為抽菸以及和放蕩不羈的朋友玩在一起，震驚了芝加哥社會，這些朋友包括羽扇舞孃莎莉・藍德（Sally Rand）和伊莎朵拉・鄧肯（Isadora Duncan）☆。

尼茲在充滿知識分子的環境中長大，吸收了芝加哥大學全盛時期周邊的創作養份。然而他後來回憶，長大後卻發現芝加哥大學教授之間無盡的討論很無趣、沒意義；那些沒完沒了的談話，使他嚮往能夠從比父親的哲學專長更實際、具體的事情上獲得成就感。那種千篇一律的生活，因為到歐洲的長程旅行而獲得大大的解脫——他在成年之前每兩年都能去旅行六個月。第一次世界大戰爆發時，他人在德國；德國人因為他說英語而噓他，他父親只好在他的袖子縫上美國國旗。

尼茲在芝加哥大學附設中學（University of Chicago High School）是天才型的學生，十六歲時被送往霍奇基斯中學（Hotchkiss）就讀。「我樂在其中，」他回想說，「我培養出壞習慣。我不認真唸書，成天踢美式足球和結交朋友。」他父親希望他和霍奇基斯中學大部份的同班同學一樣上耶魯大學，可是在芝加哥舉行的一場「無趣又醉醺醺」的耶魯校友晚宴使他進耶魯的時間延後。結果他改上哈佛大學。

他在哈佛開始划船，成績優異，但是不久便結交了一群愛玩的富家子弟，其中包括奇普・波倫。他受不了無聊的經濟學課，竟放棄期末考跑去紐波特（Newport）參加一場家庭派對，結果考試拿了零分。「在那個年代，成績不重要。哈佛比較像歐洲大學，只要吸收智慧就好。我們全都喝了太多酒、交女友，過著富裕光鮮的生

☆譯註：美國當時的羽扇舞屬於一種豔舞，舞者的穿著清涼裸露；莎莉・藍德是當時知名的羽扇舞孃。鄧肯則是現代舞的創始人，有現代舞之母之稱。

活。」尼茲幹過的瘋狂事蹟包括有一次肝炎發作才剛康復，他就和坡斯廉俱樂部的好友佛萊迪・溫斯洛普（Freddie Winthrop）醉醺醺地從麻州伊普斯威治划著一艘小船到紐約市。他們總共耗時八天時間，尼茲最後還進了醫院，差點因此送命。

尼茲喜歡回憶，他是一九二九年股市大崩盤之前華爾街聘用的最後一個人。在黑色星期四（一九二九年十月二十四日華爾街股市大崩盤）之前兩個星期，他加入瑞德投資銀行。儘管時局不佳，他卻變成克雷倫斯・狄倫的愛將，也發展爲成功的投資銀行家。他回想說，接著「我做了一筆賠錢的交易」。看來公司損失一百七十萬美元，結果「狄倫先生再也不認識我了」。然而，這次重摔一跤卻讓他更接近瑞德投資銀行的另一位合夥人：詹姆斯・佛瑞斯托；後者欣賞他事後的謙遜態度。

第一次與佛瑞斯托見面，尼茲便感受到這位未來國防部長的熱情以及他對事情優先順序的考量。當時尼茲正與老狄倫在合夥人餐廳共進午餐，此時佛瑞斯托突然闖進來，告訴狄倫自己想出一個計畫，能夠在一項複雜的交易中擊敗競爭者。佛瑞斯托說，他「後天」就能著手進行那個計畫，狄倫叫他「明天」就開始。佛瑞斯托猶豫了一下，回覆說「明天下午」。「爲什麼不是明天上午？」狄倫問道。「我要結婚。」佛瑞斯托無奈地解釋。隔天上午他與約瑟芬結婚，下午便安排了一件銀行合併案。

尼茲自己工作太認眞，將近八年沒有度假。最後在一九三七年春天，市場轉爲蕭條，他覺得自己有能力帶太太菲莉絲（Phyllis，本姓普拉特〔Pratt〕，是標準石油公司〔Standard Oil〕的繼承人）和孩子到歐洲度假。那趟旅行感覺並不輕鬆。在德國，他試圖尋找一名猶太商人朋友，結果那個人已經被蓋世太保帶走。他在柏林的巴黎廣場（Parisplatz）對另一位猶太商人揮手，但是對方緊張地跑開。他看到希特勒青年團「自大而傲慢」。他開始敏銳地察覺到那是自己家族的祖國，開始不安了起來。

返回紐約之後，他並不是回到華爾街，而是決定休息一整年，在哈佛大學研讀社會學、宗教與歷史。克雷倫斯・狄倫告訴他，他休息那麼久很「愚蠢、瘋狂」。可是尼茲覺得自己有強烈的渴望，想要瞭解在歐洲釋放出來的可怕力量。在一位白俄羅斯流亡者的指導之下，他學著「瞭解共產主義」，研讀奧斯瓦德・史賓格勒（Oswald Spengler）的《西方的沒落》（*The Decline of the West*）——一本晦澀難懂、充滿熱情的德國歷史決定論研究著作。造訪德國以及在哈佛唸書之後，結果讓他成爲一個支持美國第一的孤立主義者。他想要讓美國遠離「即將降臨的末日」，也希望避免史達林主義成爲納粹主義。德國與蘇聯在一九三九年簽訂的互不侵犯條約以及俄國入侵芬蘭，讓他擔心最邪惡的聯盟會誕生。尼茲說，即使在蘇聯改變立場，成爲盟國之後，他依然抱持高度懷疑的態度。

一九三九年回到華爾街之後，尼茲開始經常與吉姆・佛瑞斯托長談共產主義，甚至分享他在哈佛的閱讀書單。這兩人都有典型華爾街對於布爾什維克主義的反感，但不尋常的是，他們也有閱讀與思考這個主義的慾望。兩人贊同法蘭克林・羅斯福的凱因斯學派經濟政策，也進一步違抗了華爾街的傳統；他們比保守的共和黨朋友更瞭解，經濟亟需流動。

聘用尼茲到政府工作的人是佛瑞斯托。一九四〇年六月，尼茲與奧古斯特・貝爾蒙特☆在路易斯安納州釣魚時，收到一封電報：「星期一上午到華盛頓。佛瑞斯托。」佛瑞斯托佔用了羅斯福「無聲六人」顧問的其中一間辦公室，尼茲聽話地出現在那裡時，問他爲什麼找他到那裡，佛瑞斯托只是回答：「幫我的忙。」「誰付我薪水？」尼茲問道。答案是「瑞德投資銀行」。「我要住哪裡？」他又問。「跟我住。」佛瑞斯托說。尼茲回想，這項工作安排「完全違法又不恰當」，可是與佛瑞斯托戰時在華盛頓所走的捷徑比起來，這實在不足掛齒。尼茲很快便放棄了自己的孤立主義；他後來回想說，英國首相內維爾・張伯倫的姑息政策是「一個野蠻但持久的教訓」。

戰爭結束後，尼茲與約翰・肯尼斯・加爾布雷斯及喬治・鮑爾合作進行美國戰略性轟炸大調查。這個經驗

☆譯註：奧古斯特・貝爾蒙特（August Belmont）是美國的投資銀行家，瑞德投資銀行合夥人之一。

使得他們全都懷疑起傳統長程轟炸的效果，進而影響了他們對越戰的態度。不過加爾布雷斯與鮑爾對軍事逐漸失去興趣，但尼茲卻變得相當著迷。加爾布雷斯酸溜溜地認為，尼茲變成一個「嚴格遵守紀律的日耳曼人，在軍事階層中如魚得水」。比較寬厚的說法是，尼茲欣賞美軍在日本的最高指揮官道格拉斯．麥克阿瑟將軍，並與他成為朋友。這位美國的凱撒甚至試圖聘用尼茲，重建戰後日本的經濟。這項安排因為尼茲堅持尋求華盛頓的協助而告吹，麥克阿瑟氣炸了：「華盛頓對我根本一點用處都沒有，包括總統在內！」

身為戰略性轟炸大調查的總監，尼茲是最早見到廣島與長崎廢墟的少數美國人之一。然而令人好奇的是，那裡遭原子彈蹂躪的景象並沒有撼動他。他後來回憶說，他的任務是「精確衡量」原子彈的衝擊——「以數字加以測量，而不是用情緒性的字眼去描述它」。其他人認為原子彈是戰爭無效最根本的證據，尼茲卻以為它是一種可以也應該會再度被使用的武器。他認為，廣島受到的損害就是相當於兩百一十架B-29轟炸機進行燃燒彈轟炸突襲而已。

尼茲回國之後，想要讓美國做好準備，避開核子攻擊。在針對戰略性轟炸的報告中，他建議美國分散重大的工業與醫療設施，並考慮採行全國性的防空洞計畫。不久他就發現，美國比較有興趣重返和平時期的常態。當尼茲試圖說服紐約市的都市規劃師羅伯特．摩斯（Robert Moses）建造民防避難所，摩斯打斷他：「保羅，你瘋了，徹底瘋了。沒有人會注意那東西。」

尼茲不確定自己還能做什麼，戰後便重回華爾街。他在一九四六年準備接下治理惠特尼風險投資公司（J.H. Whitney and Company）的工作時，受國務院經濟事務助理國務卿威爾．克雷頓邀請回政府服務。尼茲將他優異的才幹轉為貢獻在歐洲復原上。他在一九四六年十二月向克雷頓提出一項重建歐洲的大型美國援助計畫——時間就在馬歇爾計畫成為艾奇遜、肯楠及其他人眼中成為重大議題之前的四個月。

肯楠很快注意到尼茲的聰明才智。一九四七年春天，他試圖聘請尼茲擔任政策規劃處副主任，處理經濟問題。諷刺的是，對照他們後來形成緊密的結盟關係，艾奇遜這時卻否決尼茲。戰時兩人在國務院曾因為官僚因素發生爭執，艾奇遜認爲尼茲是個「華爾街操作員」。尼茲協助撰寫與推廣歐洲復原計畫的表現改變了艾奇遜的心意，於是當肯楠在一九四九年夏天再次問他能否請尼茲擔任他政策規劃處的副手，艾奇遜欣然同意。

尼茲的例行性工作之一是擔任與五角大廈的聯絡人，關注軍方的準備工作。一九四九年十月，尼茲從五角大廈一位空軍上校那裡第一次聽到超級炸彈（Super bomb）。

★★★

曾經協助製造美國原子彈的科學家愛德華．泰勒（Edward Teller）獲知蘇聯如今也有一枚原子彈之後，相當憤怒。他的回應是製造一枚更大的炸彈——大上許多，大一千倍，靠核融合引爆的氫彈。一九四九年秋天，泰勒開始推動超級炸彈（當時對氫彈的稱呼），希望說服任何他所能找到的政策制定者，美國一旦擁有這種驚人的毀滅性武器，就能夠再度取得核子優勢。

泰勒非常樂意教導尼茲。這位國務院規劃者是個好學生，對技術性知識領悟力強，也很容易掌握數字概念。相較於羅伯特．奧本海默於一九四六年教導艾奇遜與麥克洛伊原子物理學那時候，泰勒教尼茲可是輕鬆多了（尼茲不需要假裝中子與電子是「小人」）。當尼茲看著泰勒拿粉筆在黑板上飛快地寫著，他開始相信超級炸彈可以成功。

其他科學家並沒有這麼確定有辦法製造超級炸彈，甚至更不確定應該製造它。十月十日，原子能委員會（Atomic Energy Commission）主席大衛．李連塔爾在自己的日記中寫道：「我們老是說：『我們沒有其他路可走』；我們應該說的是：『我們不夠聰明，看不到其他的路。』今天大家都在談超級炸彈，能夠摧毀廣大區域的武器……我們就只有這種選擇嗎？」奧本海默更加苦惱。他是原子能委員會一個特別顧問委員會的主席，被問到是否應該製造超級炸彈時，他勸其他委員投反對票。他看見了技術性的問題：超級炸彈太龐大，會消耗太多可裂變燃料。但是他眞正的考量是道德問題。他警告說：「就其本質而言，超級炸彈無法只限於軍事目的，它會成爲一種實際上造成集體大屠殺的武器。」十月下旬，奧本海默的委員會全體一致投票反對研發這種新炸彈。

最終的決定權落在杜魯門總統所成立的特殊三人國家安全委員會。委員之一國防部長路易斯・強森贊成這種新炸彈。另一位委員，原子能委員會主席大衛・李連塔爾反對。關鍵票在於國務卿。

艾奇遜非常尊重奧本海默與李連塔爾。早在一九四六年，他便與他們一樣希望與俄國共享原子彈，好對其進行控制。十一月一日，李連塔爾來找他，告訴他道德面與實際面的理由，反對讓武器競賽躍入新的階段。兩天之後，艾奇遜前往政策規劃處，徵詢他們的意見。肯楠強烈反對新炸彈。他已經與奧本海默站在同一陣線，十月時就已經到過普林斯頓告訴這位科學家，蘇聯十分頑固，更大的炸彈只會讓他們感到自己陷入絕境，因而變得更危險。現在他問艾奇遜，如果俄國人不知道他們的核子政策，製造超級炸彈是為了什麼？肯楠希望研究進一步進行國際控制的可能性。

艾奇遜對這種觀點略有同感。在政策規劃處的會議上，他至少思考著延緩測試炸彈十八至二十四個月的想法，他表示，「在那段期間，竭盡全力緩和國際情勢，與俄國人達成協議，整頓經濟，促使人民支持必要措施，而到最後如果沒有達成協議的希望……那就全力生產超級炸彈與原子彈。」

可是一九四九年的艾奇遜在如何處理蘇聯的看法上，朝著與肯楠觀點相反的方向發展。他能夠理解他的朋友李連塔爾與奧本海默為了個人的理念，不想再把更多邪惡之物帶來這個世界，也希望它就此消失。可是他無法理解他們看法的「邏輯」。他相信，如果美國不製造超級炸彈，蘇聯肯定會做。艾奇遜對蘇聯的不信任現在幾乎侵蝕了他自由主義的理念。他告訴政策規劃處職員戈登・阿爾尼森（Gordon Arneson）：「其實我非常仔細聽，可是我卻不懂奧本海默想說什麼。你怎麼能夠靠著『樹立榜樣』就奢望偏執的敵人放下武器？」

在艾奇遜自己的想法逐漸往支持超級炸彈的方向靠近之際，肯楠的腦子則不斷思考著美國核子政策更深遠的意涵。他窩在國會圖書館的藏身處，開始撰寫一份厚達七十五頁、關於核武的衷心呼籲。結果他全神投入這篇文章，十一月與十二月幾乎沒分神去做其他事情。他後來稱它是「我在政府裡所寫過的文件中，即便不是最重要，也是最重要的其中一篇」。

一想到核彈，肯楠便完全拋開了原本在探討強權關係時所秉持的冷酷現實主義。核彈在他眼中是大屠殺與自殺的工具，絕對不是可以輕易在戰爭中使用的一般武器。它們不會「放過手無寸鐵的無助民眾……也不會饒過準備放下武器的戰鬥人員」。肯楠擔心，如果製造超級炸彈，美國將使得武器競賽提升到無法回頭的境地。他大力呼籲嚴格執行國際控制，並質疑儘管先前史汀生、麥克洛伊、艾奇遜與李連塔爾努力推動，這個構想卻始終停留在只聞樓梯響的階段。他主張，至少美國應該率先宣示放棄使用核武。

一如往常，肯楠的主張具有遠見。他對於「不率先使用」（美國不應該成為最早使用核子武器的國家）的討論就是後來在甘迺迪執政時期展開，並延續到一九八〇年代的辯論。可是又與過去一樣，肯楠並未掌握正確的時機。他的文章沒有對決策造成顯著的影響。事實上，它是一條界線；在艾奇遜之前，這項議題比較狹隘，討論是否該製造超級炸彈，而不是國際控制或「不率先使用」。一如以往，肯楠又因為表現他脆弱的情感而傷害到他的案子。

即使是對奇普．波倫，肯楠都容易激動。波倫溫和地指控他「好辯」，肯楠回信時還是顯得很受傷：「我們一向毫無節制地熱烈辯論。你很瞭解我，應該知道我個性向來好辯……由於這次歧見之深，還有我與不少重要人士對其他事情看法不同，我估計自己的政治地位岌岌可危。如果明年六月我能悄悄休息至少一、兩年，過過自己的生活，我會非常高興。」這次波倫同意了；十二月，他寫信給鮑伯．羅威特說，他已經「有一段時間覺得，就肯楠的狀況來說，讓他喘息一年左右也不會是壞事」。

艾奇遜對肯楠有深刻的影響。「我鮮少遇到一個人，他思想的深度與和藹的本性結合之後，讓人眞正瞭解到現代生活的問題。」他在十二月告訴國家戰爭學院的聽眾。那場演講讓肯楠擺脫了深層的畏懼；當晚他寫信給艾奇遜，說他一直非常需要鼓舞，因為當他在那一天早上醒來，他便很想走進家裡的嬰兒房說：「快，起床了。今天你去上班，我要睡嬰兒床。」然而，這正是艾奇遜無法忍受的那種自艾自憐。艾奇遜私下非常不同情肯楠。當肯楠不斷拿著他的反核文章追著他，艾奇遜終於忍不住斥責他：「如果那是你的觀點，你應該辭去駐外辦事處的工作，到外面去傳教，就是別在國務院裡做這種事。」

艾奇遜從肯楠的副手那裡聽到的是全然不同的訊息。對保羅．尼茲而言，這不是道德議題，而是個很實際的問題：超級炸彈能發揮作用嗎？經過愛德華．泰勒的指導之後，他相信新炸彈可以「武器化」。尼茲與肯楠不同，他並不認爲核子戰爭是無法想像的。戰略性轟炸大調查的經驗告訴他，原子彈只是一種武器，或許破壞性大，但是在性質上與其他炸彈並無二致。此外，他還告訴艾奇遜，蘇聯原子彈帶來的眞正啓示不只是美國應該著手製造超級炸彈，也應該強化傳統武力。光是超級炸彈再也不足以約束蘇聯。那年夏天，尼茲與一批五角大廈官員受英國軍事規劃者之邀前往歐洲。這一趟行程收穫頗豐，英國人給他看他們的工作計算表。他們估計，爲了在萊茵河阻止蘇聯，北大西洋公約組織必須花費四百五十億美元，相當於馬歇爾計畫成本與目前美國國防經費的三倍。尼茲認爲，眞正的任務已經很清楚了——喚醒政府與國會，讓他們花更多錢在國防上，而且要比現在多出非常多。

尼茲將自己的看法告知與他觀點相近的艾奇遜。艾奇遜十分清楚，北大西洋公約組織只是一個架構。那年春天在《北大西洋公約》的簽署儀式上，艾奇遜便嘲諷地表示，樂隊從百老匯熱門歌劇《乞丐與蕩婦》（*Porgy and Bess*）中挑選的表演曲目很適切：〈一無所有〉（I've Got Plenty of Nothing）以及〈不見得〉（It Ain't Necessarily So）。艾奇遜厭倦了聽道德訓話，而眼前這一位規劃者會給他事實，是個瞭解權力的務實者，說話清楚且直指重點。十一月，艾奇遜決定任命尼茲擔任政策規劃處的新主任。

國務院的新規劃者是個注重技術面與數字的人，個性務實，瞭解也喜歡軍方。肯楠的規劃中幾乎沒將軍事納入考量。肯楠情緒化、重直覺，他瞭解橫掃各國的軍隊概況，卻不太清楚在萊茵河阻止蘇聯坦克所需的實質條件。私底下，肯楠與尼茲是朋友——眞正的朋友。三十多年後，在肯楠八十大壽的宴會上，最感人的賀詞便出自保羅．尼茲之口。可是在中間的那些年，他們卻分別代表如何應付蘇聯的兩種針鋒相對的觀點。

肯楠直到一九五〇年一月一日才正式將政策規劃處交給尼茲，不過尼茲其實在十一月中旬便已接掌該處。

值得注意的是，當艾奇遜必須爲杜魯門指派的特殊委員會挑選一個人來管理他的工作小組，以決定超級炸彈的相關事項，他挑選的是尼茲，而不是肯楠。該委員會的結論已定；它向杜魯門建議繼續研發超級炸彈。這個委員會也力促美國進行一項美國國家安全政策的全面性研究。一月三十一日，總統點頭同意。

詹姆斯．佛瑞斯托死後，他的願望獲得實現。這項名爲NSC-68的研究日後成爲佛瑞斯托堅定要求軍事準備的一個紀念。此外，它還會被視爲整個一九六〇年代美國國家安全政策的藍圖。要主導撰寫NSC-68的特別跨部會小組，艾奇遜自然挑選他的新規劃者尼茲。同時，肯楠則被派往南美洲，進行一趟追查事實的旅程。

★★★

艾爾格．希斯逐漸發酵的悲劇在那年冬天來到了緊要關頭。一九五〇年一月二十二日星期六，這位年輕拘謹的高雅男士被判僞證罪。六個月之前他的第一次審判因陪審團意見不一而未做出判決，而當他否認曾經將機密文件交給一名共黨間諜，第二個陪審團發現他說謊。對於共和黨來說，希斯的悲劇在政治上解救了他們。

時機非常不巧，艾奇遜預計在星期二召開記者會，也就是希斯要被判刑的那一天。星期天，艾奇遜看報紙，上面全是國會主要原告理查．尼克森洋洋得意的新聞，還有共和黨影射新政、哈佛幫及國務院組成的龐大陰謀集團準備向俄國投降，希斯只是冰山一角。希斯在政府裡的同事悶不吭聲，不過有一個人決定開口說話，他曾經受過布蘭戴斯教導，學到忠誠與榮譽是不可分割的。

艾奇遜不是特別喜歡艾爾格．希斯，可是一直與他共事並輔導他。希斯是特殊政治事務辦公室主任，負責處理聯合國事務，在一九四六年都有參加艾奇遜在早上九點三十分召開的會議；艾奇遜辦公桌上的一個銀盤上有希斯的簽名，旁邊還有「九點三十分俱樂部——禱告會」成員的簽名，包括奇普．波倫和當時還是年輕國務院官員的狄恩．魯斯克。希斯擔任過霍姆斯大法官的書記官，這對艾奇遜來說是一項重要的資歷，他弟弟唐納則是艾奇遜的法律事務所合夥人。看在唐納的面子上，艾奇遜在一年半前偷偷幫希斯準備如何在衆議院非美活動調查委員會面前爲自己辯護。

在一九四六年一場反身自省的演說中，艾奇遜表示：「一個如果要從自己的內在智慧得到啟發，他就必須先說：『我不會當騙子。』」艾奇遜自己不會當騙子，對艾爾格．希斯也一樣。

記者會前一晚，艾奇遜告訴他的特別助理盧修斯．巴特爾，他會爲希斯辯護。巴特爾立刻意識到其中的風險，趕緊告訴保羅．尼茲：「我們必須阻止他。」在上午的會議中，兩人警告艾奇遜要小心。他回答，他只是想朗讀《登山寶訓》的內容，不過他們還是無法完全放心。

星期二吃早餐時，艾奇遜告訴太太，他知道自己在爲希斯辯護時會被問到什麼問題。「我會回答我不會拋棄他。」艾奇遜說。個性堅忍的愛麗絲回答：「不然你還能說什麼？」「別以爲這件事沒什麼，」他警告，「這可能是場大風暴，也可能讓我惹上麻煩。」愛麗絲問他，是否確定自己的作法正確。正往大門走去的艾奇遜回答：「這是我必須做的事。」

《紐約先驅論壇報》的荷墨．畢加特（Homer Bigart）問了這個問題：「國務卿先生，你對艾爾格．希斯的案子有何看法？」

艾奇遜表示，此案仍在審理中，所以他不方便評論。然而，他的助理們還來不及鬆一口氣，艾奇遜又繼續說：「我想你問這個問題是別有意圖。」接著他表示：「我想清楚表明，無論希斯先生或他的律師在此案中的訴求獲得什麼結果，我都不打算背棄艾爾格．希斯。」

這些話後來形影不離跟著艾奇遜，成爲共和黨右翼人士的笑柄，進一步證實了國務院可怕的陰謀。在記者們振筆疾書之際，艾奇遜繼續引用《馬太福音》中記載耶穌基督在橄欖山（Mount of Olives）上所說的話：「……我餓了，你們給我吃；我渴了，你們給我喝；我作客旅，你們留我住；我赤身露體，你們給我穿；我病了，你們看顧我；我在監裡，你們來看我。」

當時在參議院的發言台上，右翼份子興致勃勃地討論希斯案。在眾議院曾擔任非美活動調查委員會委員的卡爾．墨德大罵希斯和他的「哈佛口音」造成「整個中國遭莫斯科所指揮的共產黨力量征服」。參議員威廉．

諾蘭威脅要暫緩撥款給國務院，直到霧谷交出它的叛徒為止。參議員肯尼斯・惠利正要提到雅爾達的「秘密協議」時，喬・麥卡錫突然衝上發言台，打斷他的談話。

「我想知道，」麥卡錫問道，「參議員知不知道過去幾分鐘國務卿發表了一段驚人的談話？」假裝憤慨卻又幾乎壓抑不住喜悅的麥卡錫唸了艾奇遜拒絕背棄艾爾格・希斯的談話內容。接著他大聲質疑，這份聲明是否意謂著艾奇遜也不會背棄其他的共黨份子。

艾奇遜做了最壞的打算，約了時間與總統見面。他發現哈利・杜魯門正在辦公室裡看關於他演說的通訊社報導。艾奇遜進入辦公室時，杜魯門露出微笑。艾奇遜主動提出要辭職，可是總統根本不願意聽。杜魯門說，他因為參加一位「剛出獄又沒有朋友的老人」的葬禮而遭到嚴厲批評，所以完全能體會艾奇遜的意思，也認同這種作法。杜魯門所指的就是他在一九四五年參加堪薩斯市老大湯姆・彭德蓋斯的葬禮。

那天晚上，艾奇遜在寫給女兒瑪麗的一封長信上抒發自己的感受：

> 艾爾格的案子不斷在我腦中盤旋不去。如同我在過去的信上所提到的，這是一場十足的悲劇——無論合理的可能事實是什麼。我早知道自己會被問到這個問題，而且並不容易回答——不像競選的問題那麼簡單。那並不是問題。可是要說出我真正的意思——忘掉那群追著我跑、不斷狂吠的狗——完完整整說出我真正相信的事情，那才是不容易。我覺得顧問們沒有什麼用處，也沒有提供意見。我明白，我的責任超乎我自己的想望。

★★★

騷動持續擴大。「噁心。」尼克森嗤之以鼻。新罕布夏州參議員布瑞吉宣布，他會「追殺」艾奇遜。惠利堅持艾奇遜「嚴重危害國家安全」，「必須下台。」

中國淪陷，俄國擁有原子彈。艾奇遜的記者會過後六天，杜魯門宣布會研發更大的炸彈，超級炸彈。亞伯特・愛因斯坦（Albert Einstein）上電視表示：「地球上任何生命都已經來到可能毀滅的境地……地球大毀滅。」兩天後，曾經參與曼哈頓計畫的科學家克勞斯・福克斯因爲洩漏原子彈機密給蘇聯而被捕。

喬・麥卡錫此時還名不見經傳。他在一項媒體記者的調查中被票選爲表現最差的美國參議員，涉入一起小型住宅包商醜聞，華盛頓的酒吧常客甚至比他威斯康辛州的選民更常見到他。但是在二月九日，也就是艾奇遜的記者會過後兩個星期，麥卡錫在西維吉尼亞州惠靈市（Wheeling）發表了一場演說，對許多人而言，這場演說似乎說明了一切。他手上揮舞著一張紙，以他高尖的哀鳴聲堅稱他手上握有一份名單，上面的五十七名國務院人員都是共黨份子。

新聞頭條開始發燒，麥卡錫火力全開。他在參議院的言論免責權保護傘下繼續攻擊，譴責「一群瘋狂的知識分子」迷惑總統，國務院有「大批」共產黨和「間諜出沒」。一切都是煙幕彈；國務院裡的共黨份子人數每天都在變——五十七，兩百零五，八十一——麥卡錫卻從來沒有揪出一個眞正的共黨份子。可是無所謂，他啓動了一種奇怪的可怕機制：他指控，報紙刊登；他指控，報紙刊登。到了當事人否認時，早已沒有人注意；頭版出現了新的標題，像是「麥卡錫指控傑賽普是共黨同路人」，污衊艾奇遜無可非難的大使菲力普・傑賽普。當然，許多讀者清楚怎麼回事，但同樣也有很多人不知道。麥卡錫利用美國本土主義當中古老而深層的一無所知的特質，這種心態結合了對於法蘭克林・羅斯福、哈佛、華爾街、華盛頓以及所有一切的恨意。許多懂得自保的人都因爲恐懼而保持緘默。共和黨領導階層在三月二十二日正式宣布支持麥卡錫，表示「國務院支持共產黨的政策完全證明喬・麥卡錫站得住腳」。正處於政治生涯低潮的共和黨參議院領袖鮑伯・塔夫脫跟麥卡錫咬耳朵：「如果一個案子不成，再試另一個。」

艾奇遜的朋友集合了起來——他眞正重要、最老的朋友。在誓言絕不背棄希斯的記者會當晚，艾奇遜在晚餐時收到傑克・麥克洛伊的掌聲；第二天晚餐鼓掌的則是奇普・波倫。鮑伯・羅威特寄給他一封典型異想天開的信，把下雪怪到共產黨氣象播報員頭上。（不管是誰要負責，他都是胳臂往外彎的可惡叛國賊，我希望他在馬鈴薯泥裡發現馬鈴薯塊。如果他發現了馬鈴薯塊，把它剝開來看，很可能會發現布瑞吉或惠利在裡面。）羅威特也貼心地在四月將他荷布灣的房子提供給艾奇遜，讓他在那裡休息寫作。「我爲你禱告——是眞的禱告。」恭賀信大量湧入；來自格羅頓中學的校長、來自耶魯的同班同學（「你眞有種！」）、來自卷軸密鑰會的兄弟。其中之一，波伊斯頓・亞當斯・湯普金斯（Boylston Adams Tompkins）向他保證，他「眞正的朋友」會保護他不受「豺狼」所害。克拉克・克里福德寫道：「麥卡錫之流的聲明讓我聯想到一堆野狗猛咬純種狗的後腳跟。」

艾奇遜的助理盧修斯・巴特爾回想說，剛開始艾奇遜自己對於有關希斯的聲明相當滿意。他根本不把麥卡錫、惠利與布瑞吉等人放在眼裡，開始稱呼他們「原始人」。有一個名爲華盛頓婦女消費者聯盟（Washington League of Woman Shoppers）的「左派」組織抵制苛待員工的商家，當愛麗絲參加該組織而被牽扯進來時，艾奇遜不以爲意，而且態度有點高傲。他向記者解釋，他唸其他贊助者的名單給她聽，結果她說，聽起來像社交界名人錄，她的身分地位又往上提升了。在美國報業編輯協會（American Society of Newspaper Editors）的眼中，艾奇遜很直率。他表示：「我不要你們的同情，不要你們的幫助。你們的處境比我還糟糕。」他說自己只是一個「受害者」，而媒體則是「參與者」。他對他們引用詩人鄧約翰（John Donne）的詩：「別問喪鐘爲誰而鳴；它爲你而鳴。」

杜魯門的態度同樣輕蔑，儘管也許不是那麼伶牙俐齒。「我私下將麥卡錫歸類爲病態的騙子，惠利則是來自內布拉斯加的愚蠢殯葬業者。」他在三月三十一日寄給艾奇遜的信上寫道，「當然，我們不能公開如此指稱，不過他們就是那樣。」杜魯門與艾奇遜一樣，不肯認眞看待他們。「我想我們讓那些畜生忙壞了。」他在三月告訴艾奇遜。

總統與國務卿低估了那批猛獸的狠勁。接下來的一年，他們發現其吠叫與狂吼愈來愈難充耳不聞。如今歷史學家普遍認爲，誹謗造成艾奇遜憤恨、強硬，變得更堅決反共。他有些朋友也抱持這樣的看法；其中奇普・波倫便在自己的回憶錄中如此表示。艾奇遜否認那些原始人對自己有任何影響，我們也不可能確知右翼份子的攻擊對他內心深處造成什麼衝擊。然而在三十年之後，愛麗絲說「原始人的攻擊」奪走她丈夫十年的人生。

艾奇遜本人在一九五四年承認，他的希斯聲明傷害了國務院。與尼茲及其他老同事討論到那段期間時，他才發覺到自己「讓他們承受意外的衝擊」。他補充說，「背棄」是「一時衝動之下」想出來的「糟糕說法」。的確，麥卡錫的獵巫行動重創國務院。國務院在二月宣布，過去三年為了安全理由解雇了九十二名員工，主要是同性戀者。接下來三年，杜魯門為了安撫右翼人士而於一九四七年成立的忠誠審查局（Loyalty Board）又再解雇了幾百人，包含各式各樣的無辜者。艾奇遜斷斷續續試圖捍衛自己的部屬，而且表現肯定比繼任的國務卿約翰．佛斯特．杜勒斯來得好。可是他無法過於高調，為了保護屬下而發動抗爭。他已經有污點，早就用盡了自己的道德資本。儘管想要保護其他遠比希斯更與共產黨沒有關係的國務院官員，可是鼓起勇氣捍衛希斯，卻使他失去了一部份能力。艾奇遜忠於自我，也很勇敢，但奇怪的是，正直有時卻可能是一種自私的特質。

★★★

喬治．肯楠完全反對撰寫NSC-68。他認為沒有必要進行大規模的軍事擴張，也認為除非受到挑釁，否則蘇聯不會攻擊美國。他擔心那份文件會顯得粗糙又誇張，只會激怒那些干涉成功外交措施的政治人物。

肯楠對於尼茲也有疑慮。這位前華爾街人士熟悉經濟問題，卻不懂大策略。他與羅威特一樣太像銀行家，太著重數字——而且比羅威特更嚴重。肯楠注意到，尼茲必須把數字記在紙上才心滿意足。他後來回憶，尼茲的情況嚴重到在寫下數字時，他的筆有時會劃破紙張。

在肯楠眼中，尼茲屈服於軍事規劃的誘惑以及「規劃者的空殼」。軍方總是在假設中預想最糟的狀況，太過強調敵人的能力，自己的目的卻不夠堅定。

在二月前往南美洲之前，肯楠寫了最後一張備忘錄，呼籲溫和為上。「幾乎沒有什麼理由證明『冷戰』……已經突然變得對我國不利。」他在唸給艾奇遜聽的一份草稿上寫道。蘇聯的原子彈「並未為整體局勢增添新的基本元素……目前我們看到自己陷入任何惡化的麻煩，大多只是自己的感受」。他主張採取「大刀闊斧的措施，降低過高的國防經費」。

這與尼茲的說法正好相反。在那個月的一場國務卿晨會中，尼茲表示蘇聯攻擊的風險比秋季時「高出不少」。他補充說，出現了蘇聯「愈來愈強硬的跡象」，參謀長聯席會議認為，蘇聯可能在沒有一般事前動員的情況下便直接攻擊歐洲。如同他在一份備忘錄上所表達的：「近期蘇聯的行動顯示了一種近乎魯莽，且實質上前所未見的膽大妄為。」

事實上，尼茲後來承認，他比較關心蘇聯的軍力，而不是動機。中央情報局二月初的報告已經讓他感到震驚。他們預估，蘇聯到一九五三年將擁有與長崎原子彈一樣大小的炸彈十枚，到一九五五年則會有兩百枚。中情局估計，大約二十枚就能讓美國俯首稱臣。

尼茲認為，肯楠的意見或許沒錯，蘇聯或許不會攻擊。可是他怎麼能如此肯定？尼茲懷疑，真正使肯楠不安的是他認為外交菁英應該主導外交政策，不受政治人物或軍事將領的干預。對尼茲而言，肯楠只是個外交官，完全不懂軍事或國防策略。那年夏天，肯楠告訴尼茲，只要兩個師的海軍陸戰隊就足以捍衛歐洲。尼茲認為那是個荒唐的主張，也顯示肯楠非常天真。

尼茲瞭解，美國必須準備打一場全面性戰爭。它必須有能力掌握制空權，從空中與海上運送部隊，以武力對抗武力。檢視過英、美兩國的估計數字之後，尼茲知道全面備戰最少要花費四百億至五百億美元。那大約是目前政府國防預算的三倍，可是尼茲相信美國經濟負擔得起這項成本。身為凱因斯主義者，尼茲認為赤字開支助長經濟的力量足以支撐更高的軍事經費。他徵詢過總統的經濟顧問委員會（Council of Economic Advisers）的專家里昂・凱瑟林（Leon Keyserling），對方私下也表示贊同。

真正的問題是國會與政府是否願意支付這筆錢，此外也必須說服民眾。尼茲從過去經驗中學到的方法是使他們恐慌：告訴他們蘇聯意圖掌控全世界，準備發動攻擊，美國必須在所有地方迎戰他們。這就是尼茲傳達給NSC-68撰寫者的訊息：他告訴他們「盡量要狠」。

有一位特別顧問加入尼茲的行列，協助推動這條路線，並指導撰寫NSC-68的跨部門工作小組：他就是羅伯特・羅威特。自從一年前離開華盛頓之後，羅威特就靜靜地從事銀行工作，抗拒艾奇遜請他回政府服務的邀約；他最近的一份公職是英國大使。三月中旬，羅威特南下華盛頓，與撰寫人員談話，爲他們加油打氣，而這些話聽起來非常像他們最後寫出來的成品。「現在我們面臨一種道德衝突。」羅威特拋開他固有的謹慎態度說道，「我們現在面對的戰爭，比起過往所經歷過的都還要嚴峻。它不是一場冷戰，而是熱戰。唯一的差別是死亡來得比較緩慢，而且以不同的方式出現。」

羅威特堅持，文件中必須傳達這種急迫性。結論應該「用近乎電報的風格」，以「海明威式的句子」寫成。羅威特補充說：「如果我們能夠大量推銷史上所有無用的文章，就應該也能大量推銷我們精心策劃的故事。」在希特勒橫掃歐洲之際，羅威特抱著近乎孤注一擲的態度從頭開始建立空軍，這個努力過程讓他堅信，美國絕對不能再缺乏準備。他同意尼茲的看法，這個國家負擔得起更高的國防經費。「這個國家只要願意，幾乎沒有做不到的事。」

就像杜魯門主義誓言捍衛各地的自由，NSC-68很快由委員會撰寫完成。它是一項宣傳工作，不是對美國承諾的精確描述。它採用預警式的可怕語言。「克里姆林宮恐怖的寡頭政治……企圖向自由世界證明，武力以及動武的意志目前都是克里姆林宮佔優勢……那個極權國家始終不變的目的就是消滅自由的挑戰。」這份文件強調蘇聯的意識形態：「與過去追求霸權的國家不同，蘇聯的動力是一種新的狂熱信念，與我們的信念對立，試圖將它的絕對權威強加在世界其他地方。」

最重要的新想法是一種後來稱爲「機動反應」（flexible response）的概念。NSC-68認爲，蘇聯人在哪裡都是擴張主義者。自由世界缺乏在地方上阻撓這種擴張的資源。

> 因此美國將更常面對一種兩難局面，對蘇聯控制的有限擴張做出全面性回應，或是完全不回應（除了無

效的抗議以及折衷辦法以外）。所以，目前的趨勢如果繼續下去，很可能導致我們迫於蘇聯直接或間接的壓力而逐漸退縮，直到有一天我們發現自己已經犧牲了重大利益的立場。

這是重點：美國必須能夠打小型的傳統戰爭，在各地對抗他們，否則總有一天會在巴黎看見紅軍的蹤跡。區分主要與次要利益已經沒有用了。「如今對自由體制的攻擊是全球性的，在目前世界強權對立的情況下，任何地方自由體制的挫敗就是整體的挫敗。」

★★★

四月，波倫從巴黎飛回美國評論草案；當時他還在巴黎的美國大使館擔任公使。他已經開始擔心尼茲的鷹派想法。他的這位俱樂部會友在五個月之前造訪巴黎時，兩人有過一段「漫長而沉重的辯論」。此外，波倫已經修補了他與肯楠之間的歧見，在一月到華盛頓的一趟旅程中，如同他在給太太的信中所寫的，他十分享受「許多與喬治之間整體上令人滿意的漫長對話」。

一如以往，波倫發現自己的看法介於肯楠以及一般共識之間。他同意有必要強化傳統武力，可是幅度或許不像尼茲所想的那麼大。但是他並不贊同蘇聯意圖「掌控全世界」，或者戰爭「無可避免」。他擔心美國會過分跨大自己的承諾，於是寫信給尼茲，表示NSC-68「將問題過度簡化」。

尼茲不明白波倫在激動什麼。他認為NSC-68基本上只是再度描述肯楠在X文章以及許多政策規劃處報告中所寫的蘇聯。在波倫的堅持下，尼茲做了一些他認為純粹是擺擺樣子的修改，可是波倫卻認為那很重要。對於蘇聯的目標，尼茲原本將掌控全世界列在第一位，不過波倫說服他將「保護自己的邊界」寫成蘇聯的第一優先任務。第二則是控制他們的衛星，第三才是全球性擴張。

一如他與肯楠之間的狀況，尼茲認為自己與波倫的差異在於他對於敵人軍事能力的無知。尼茲後來回想他們的對話，波倫並不相信蘇聯在技術上能夠發動現代的閃電奇襲。他認為蘇聯官僚十分無能，成不了大事。那年春天，尼茲發現波倫的判斷錯誤。中央情報局報告指出蘇聯一個月生產三百一十五架米格戰機，而美國只能生產六架F-86。波倫說這樣的估計數字十分可笑，蘇聯的產量絕對不可能那麼多，中央情報局的估計是以某些蘇聯工廠的面積作為依據，而不是實際看到的戰機數量。尼茲決定進行測試。他請中央情報局拍攝位於日本北方的庫頁島（Sakhalin Island）上一座蘇聯基地的照片。中央情報局預測會在那裡發現三十至四十架米格戰機，結果美國間諜機拍到了五十架。尼茲覺得自己獲得了平反。他後來回想說：「奇普根本不知道自己在說什麼。」

尼茲很小心地讓國務卿參與這些討論。從冬末到初春，艾奇遜幾乎每天都與尼茲談論這份報告；艾奇遜偶爾會穿過他辦公室的後門，走進尼茲的辦公室。撰稿人圍著桌子討論，他就坐在一旁。

艾奇遜相當厭倦肯楠的意見，不過他喜歡並欣賞波倫，儘管對方在他眼中有點像魔鬼的擁護者，不過他還是會聽他的觀點。在與艾奇遜及尼茲開的三場漫長會議上，波倫試圖說明他反對的理由。最後艾奇遜抬起雙手，大嘆他聽不懂波倫在說什麼。就他所理解的，這份文件已經說了波倫想說的話，也就是蘇聯專家一直以來發表的看法。國務卿沒有時間去挑剔那些細微差別。

艾奇遜跟尼茲一樣，更操心如何推動關鍵的美國軍事擴張方案。剛開始，尼茲與他政策規劃處的部屬有意將這份文件的大部份公諸於世。這也就是當中的用字遣詞如此響亮而簡單的原因。該處員工稱這項計畫為「坦率行動」。然而，艾奇遜反對完全公開。他希望該文件保持機密，只對可獲知最高機密等級的人發佈，而且還要將提及經費的部份全部刪除。當尼茲給他看「神秘數字」五百億美元，艾奇遜回答：「保羅，這個數字別放在報告裡。你告訴我是對的，我會向總統報告，可是別把這個數字放在報告裡。」

艾奇遜解釋，他想獲得總統和高層的支持，再開始說服國會與民衆。他後來指出，NSC-68的目標是「是威嚇『政府高層』，那麼總統不僅能做出決定，這個決定也能夠執行。」

說服總統可不容易。堅持預算平衡的杜魯門在先前三年始終拒絕佛瑞斯托死纏爛打的要求。十分怪異的是，新任國防部長是阻礙，而非助力。路易斯・強森對於自己政治野心的興趣大於重建軍力。他自己支持平衡預算。不可思議的是，他相信自己會因爲壓制國防經費而被民衆視爲救星，而心懷感激的民衆也會在一九五二年選他當總統。

艾奇遜不喜歡強森。他認爲這位國防部長行事招搖、沒有原則、惹人討厭，還是中國遊說團的棋子。就算艾奇遜對於具有國會議員特質的政治人物有偏見，他的這個判斷還是相當精準。

應付強森很棘手。NSC-68還在草擬階段，不可以讓他知道太多訊息，否則他可能會試圖封殺它。另一方面，也不能直接將一項既成事實交到他眼前。三月二十二日，艾奇遜邀請國防部長與參謀聯席會議到國務院聽取簡報。爲了避開新聞記者，五角大廈一行人由地下室進入，來到尼茲的辦公室。艾奇遜開始說明這份報告，結果強森插話，問艾奇遜是否已經看過報告。艾奇遜說有，強森說他還沒看過，而且在當天早上才聽說了這份報告。他告訴艾奇遜，他不喜歡還沒有機會看相關素材就被找來開會，還補充說，這是國務卿第四次這樣對待他。他不希望類似的情形再發生。

突然間他往前衝，撞到椅腳，拳頭往桌上一敲，開始控訴艾奇遜和尼茲一直把他蒙在鼓裡，設法閃躲他。「我不會忍受這種屈辱！」他怒罵，「這是在我背後進行的陰謀，意圖推翻我的政策！我和各參謀長現在退席！」他昂首闊步走出現場，此時會議進行了十四分鐘。國防部的委員會代表詹姆斯・伯恩斯少將（Major General James Burns）焦躁得流下淚來。艾奇遜認爲強森「腦子壞掉了」。

後來幾年，尼茲坦承NSC-68的語言「聽起來很極端」。然而，當時他認爲自己所持的是主流看法。艾奇遜同意他的意見，羅威特亦同。儘管和波倫有所爭執，他相信對方也支持他。至於肯楠——他太過緊張，不過他一開始不也寫過「長電報」，警告蘇聯深具威脅性嗎？

艾奇遜同樣感覺自己不像激進分子。時任駐德國高級專員的麥克洛伊以及馬歇爾計畫行政官哈里曼也都從歐洲發表看法，主張歐洲安全同時仰賴美國的軍事力量與經濟援助。的確，艾奇遜認爲他在阻擋眞正的鷹派，就像有一位右翼共和黨參議員在一月一場與艾奇遜的非正式會議上強烈要求先發制人攻擊莫斯科。「我們爲什麼不先下手爲強，趕快把事情解決，以免夜長夢多？」這位參議員要求。艾奇遜率直地回應，如果先發制人的預防性戰爭是美國的政策，他就辭職。

雖然艾奇遜希望讓NSC-68暫時保持神秘，他卻在二月展開一項公關活動，爲無法避免的國會遊說行動奠定基礎。各方的愚蠢令他備感困擾。有麥卡錫主義者指控政府縱容共黨份子。此外，國會原子能聯合委員會（Joint Congressional Atomic Energy Committee）主席布萊恩・麥克馬洪（Brien McMahon）強力主張藉由「道德性和平運動」以及五百億美元的「全球性馬歇爾計畫」來廢除所有核子武器。參議院軍事委員會（Senate Armed Services Committee）主席米拉德・泰丁斯提議，總統召開一場世界性的裁軍會議。聯合國秘書長特呂格韋・賴伊（Trygve Lie）堅持，該是美國與俄國人「坐下來談」的時候了。

對艾奇遜來說，這些都是廢話。他告訴媒體，蘇聯只瞭解「實力的態勢」。他警告大家注意共黨運動的「特洛伊之鴿」☆，並呼籲擴大軍力。美國不能單單仰賴原子彈；他在達拉斯演講時告訴聽眾，美國不能「拉下窗簾，拿著子彈已上膛的獵槍坐在客廳裡等待」。在西維吉尼亞州白硫磺泉市（White Sulphur Springs）一場州長會議的非正式會議上聽過艾奇遜的談話之後，一名州長表示：「他嚇死我們了。」

儘管NSC-68的內容看似無所不包，它的撰寫者與支持者卻很難不注意到李普曼所提關於資源與承諾平衡的警告。他們認爲NSC-68是實現既有承諾的途徑，不是要承擔新的承諾。羅威特私下對撰寫者發言時，極力主張美國「切勿提出不是絕對必要以及非能力所及的承諾」。那年春天，艾奇遜親自在一場國會聽證會上表示，美國必須小心，不要做超出能力範圍的事。「我認爲我們必須先體認到，此時此刻的重心應該放在歐洲。我們不能將子彈平均用在世界各地，我們就是沒有那麼多子彈。」

這其實不是全球性干預失去控制。艾奇遜因爲在一月時將韓國排除在美國防禦圈之外而飽受批評。約翰・

☆譯註：這裡借用特洛伊木馬屠城的典故，將木馬改成鴿，指那些不想打仗的隱藏性鴿派。

佛斯特·杜勒斯在春天找上尼茲，極力主張美國應該承諾保衛台灣免於中共入侵，但尼茲並不贊同。他說，美國缺少資源。（有一點或許也值得注意，NSC-68的主要執筆人尼茲後來是最初政府裡反對美國干涉越南政局的少數人之一。）

問題是，艾奇遜與尼茲等人謹慎的個人觀點很快就被遺忘，然而一般民眾和國會議員卻記得也相信他們較大膽、較簡單的聲明。在後來那些年，修正主義歷史學家提出NSC-68是杜魯門主義不可避免的延伸，也是災難的藍圖，它必須為接下來二十年東西之間的緊張關係以及越戰負責。

艾奇遜與尼茲幾乎沒有為了美國造成自己與全球龐大共產主義對立的政策而承擔所有責難。一九五三年，杜勒斯在艾森豪總統任內從艾奇遜手中接下國務卿一職時，推動一項道德運動，將俄國人帶到「邊緣」，而麥卡錫等右翼國會議員則不斷將對共產主義的恐懼煽動成一種歇斯底里，使得政治人物幾乎不可能在理性面對共產主義的情況下競選連任。

艾奇遜雖然發覺有必要讓事情比眞相更清楚，可是他並不是一個憤世嫉俗的人。他相信美國必須武裝起來才能壓制蘇聯，何況克里姆林宮只瞭解「實力的態勢」。只是，宣傳有時可能潛移默化，如果宣傳語句重覆得夠多夠頻繁，甚至連宣傳者本身都會相信。當杜魯門在一九五二年底要求艾奇遜、羅威特、尼茲以及艾佛瑞爾·哈里曼為即將上任的艾森豪政府更新NSC-68的資料，這一群人只做了一項重大修改。鑑於韓戰的教訓，他們主張美國應該更努力在中東、非洲以及東南亞阻止共產黨。

NSC-68在另一個方面有瑕疵。它不但太過強調蘇聯的軍事規模，太忽視克里姆林宮的意圖，而且還高估蘇聯的實力。尼茲後來承認，NSC-68當中所提到蘇聯的一百七十五個師裡，只有三分之一滿額。三分之一人力不足，還有三分之一只是「骨架」，也就是設備不足的民兵部隊。尼茲將原因歸咎於情報不足。

事實上，美國在戰後一直高估了蘇聯的軍事規模。一九四八年，一般咸信紅軍的人數介於四百萬到五百萬之間。如今看來，蘇聯的軍隊並沒有超過三百萬人，而大部份的部隊都參與了佔領任務。英國與美國總共有大約兩百五十萬軍力，而且都有原子彈。蘇聯將難以發動侵略行動，因爲他們已經在一九四六年破壞了德國與俄國之間大部份的鐵軌；有兩千萬人在戰爭中喪生，他們不希望西方國家再侵略他們。

因爲受到西方聯盟的驚嚇，蘇聯於一九四八年之後開始重建軍隊，發展自己的核子武器。顯然，美國到了一九五〇年需要將其核子武器現代化，並擴大傳統武力以支持其龐大的承諾。可是看來同樣明顯的是，NSC-68相當程度誇大了蘇聯的優勢。亨利．季辛吉雖然一向贊同艾奇遜的圍堵政策，不過他主張「它的前提有瑕疵；它認爲我們比蘇聯弱，必須根據態勢來增強實力。事實上，我們比他們強大。」

★★★

NSC-68最終的諷刺之處之一是它並未奏效——至少沒有立刻發揮作用。它沒有充分威嚇「政府高層」，使他們想要再耗費五百億美元在國防上。有些人確實因爲蘇聯武器擴張以及美國脆弱度的統計數字而震驚。查爾斯．墨菲接替克拉克．克里福德擔任杜魯門的助理，處理國家安全事務；他在四月某天晚上將這份文件帶回家。「我看到的內容令我十分害怕，嚇到根本沒進辦公室。我坐在家中，一遍又一遍看著這份備忘錄，心裡思索著應該怎麼面對。」其他人的反應則稍微鎮定一些。財政委員會的重量級參議員沃爾特．喬治（Walter George）看了一下，然後聳聳肩。「我懂它的邏輯，但是……」

杜魯門緩慢而勉強地改變立場。一月，他盯著辦公桌上「我負全責」的牌子，與政策規劃處職員戈登．阿爾尼森一起思考著他承擔過多少責任。「杜魯門主義，不錯。希臘與土耳其，不錯。柏林空運補給，也正確。馬歇爾計畫，大成功。」整體上平均而言都做得相當漂亮。不過他提出自己的疑問，減少國防預算的決定是否真是那麼明智。沒錯，它在政治上符合選民以及國會的期望。但是若考慮到動盪的世界局勢以及拒不合作的俄國人，這個決定是否夠謹慎呢？他嘆了一口氣。

談到執行NSC-68，杜魯門便含糊其詞。他在四月下旬表示原則上贊同，不過要求對其成本進行研究；換句話說，他提出了一個極重要的問題。遲至六月，他告訴《紐約時報》的亞瑟．柯洛克，他還是希望踩住國防預算。再一次，艾奇遜與國務院的戰士們需要一個危機來撼動這個無精打采的國家。如同艾奇遜後來表示的：

「韓國拯救了我們。」

第十七章 戰爭 WAR

「這裡人人意志堅定」 "No weakness of purpose here"

整理花園一下午，並享用過美好的晚餐之後，狄恩・艾奇遜換上一套藍色睡衣褲，然後躺在床上看書，準備就寢。那是一九五〇年六月二十四日星期六晚上，海爾伍德農場一片寂靜，只有維安人員在屋子各處走動的腳步聲。艾奇遜一直收到麥卡錫主義者寄來的怪信，他的住家全天候有警衛駐守。

晚上十點剛過，他被床邊白色電話的鈴聲吵醒；這具電話連接到白宮總機。國務院值勤官來電；他唸了一封美國駐南韓大使約翰・穆奇歐（John Muccio）發的緊急電報給艾奇遜聽。下達一些指示之後，艾奇遜掛掉電話，再致電正在密蘇里州獨立市度週末的總統哈利・杜魯門。「總統先生，」他說，「我有非常嚴重的消息。北韓已經入侵南韓了。」

★★★

艾奇遜認爲，冷戰在韓國這個地方不可能轉熱。亞洲在他眼中是個令人困擾的麻煩之地。麥克阿瑟將軍在前一年力勸他造訪遠東地區，他回答沒有時間（他造訪歐洲十一次）。在一月的全國記者俱樂部演說中，他假裝韓國不在美國重大利益圈之內。

對共產黨來說，南韓看起來像是一個可以容易試探的地點。雖然一般認爲北韓只是蘇聯的代理人，不過根據尼基塔・赫魯雪夫的回憶錄，史達林並沒有採取主動。是北韓的獨裁狂人金日成極力要求他的支持與允許。史達林和中國的盟友毛澤東於是點頭，並希望美國只會把它當成一個區域事件來看。

不過對華盛頓而言，這個入侵行動將宛如日本入侵滿洲重演；是演變爲世界大戰的警訊。

然而華盛頓卻令人意外地毫無準備。情報完全失靈；中央情報局依然規模太小、不成氣候，陸軍情報署

（G-2）則組織過於龐大笨重，而且分析能力又太弱。在攻擊行動之前四天，國務院遠東事務助理國務卿狄恩．魯斯克在一場國會聽證會上被問及北韓是否有任何侵略計畫時表示：「目前我們看不到邊界以外的那些人有意圖為此目的而發動大型戰爭。」

★★★

艾奇遜一向能夠應付危機。星期日上午十一點三十分，經過國務院與海爾伍德農場之間來來回回打電話的漫漫長夜後，他開著自己的敞篷車火速趕往華盛頓，放下車篷，脫掉外套，領帶隨風飄揚。在霧谷等候消息的記者紀錄下艾奇遜匆忙的模樣。被幾家小報選為一九四九年十大最佳穿著男士的艾奇遜，鮮少不是穿著一貫正式有型的服裝亮相。

初步報告看來不樂觀。一支北韓坦克縱隊正往首爾挺進；戰鬥機猛烈砲轟首都外的金浦機場。艾奇遜相信，南韓軍人「明顯佔有優勢」。下午三點三十分，他將所有人趕出他的辦公室，獨自坐下來思考。他的腦中有各種不同的想法在打轉，就像他後來回想的，「宛如萬花筒裡的玻璃碎片。」他在黃色筆記本上寫下一些句子：蘇聯人有什麼打算？他們還會試探什麼地方？柏林？希臘？土耳其？伊朗？

很明顯，不用武力無法阻止入侵南韓的行動。可是首爾的部隊無能為力，只有美國足以勝任。艾奇遜已經獲得聯合國譴責北韓入侵的決議，可是光說不練無濟於事。他決定，美國必須出擊，有必要的話則派遣地面部隊迎戰。他認為，如果迴避這項挑戰，將會大大破壞美國的威望與權力。真正的危機不是悲慘的小國南韓，甚至也不是美國在遠東的戰略位置。艾奇遜後來告訴華特．羅斯托☆，他在那個星期天下午決定美國應該開戰，真正的原因是要挽救歐洲的西方聯盟。

韓國是俄國、中國與日本之間的一個古老戰爭地帶，「在大鯨魚混戰中被壓扁的小蝦米。」有句韓國諺語

☆譯註：華特．羅斯托（Walt Rostow）是經濟與政治學家，後來擔任過美國國家安全顧問。

如是說。對艾奇遜而言，韓國將是極度焦慮與痛苦的來源；是他職業生涯的危機。幾個月之後，戰爭無法預測的轉折激怒了艾奇遜，他用力拍桌大吼：「如果世界上最聰明的人打算爲我們找出最惡劣的作戰地點，最適合的選擇絕對是韓國。」艾佛瑞爾・哈里曼會說，它注定是「一場棘手的小型戰爭」。

★★★

美國的首席蘇聯權威並不知道戰爭在那個週末爆發。剛在那年六月開始準備離開國務院的喬治・肯楠，已經前往他位於賓州的農場；那裡刻意不使用一些用品及便利設施，其中包括電話。星期日傍晚返回華盛頓時，肯來才得知發生了什麼事，並看到斗大的新聞標題。他感到懊惱，國務院竟然沒有設法通知他；他有點任性地認爲，馬歇爾將軍不會找不到他。

肯楠趕往霧谷後，發現艾奇遜正在與助理談論美國可能採取的行動。艾奇遜歡迎肯楠歸來，並詢問他的意見。肯楠有點反常地直接說：美國必須窮盡所有必要的武力，逼迫蘇聯退出朝鮮半島。他說，美國的全球性地位需要那個地方。這次，肯楠的看法終於與艾奇遜不謀而合。原本轉變成鴿派的強硬者現在又變成鷹派了；那天晚上，華盛頓的核心圈中沒有鴿派。

下午六點，艾奇遜前去接機，迎接從獨立市飛回來的杜魯門。從安德魯斯空軍基地（Andrews Air Force Base）返回華盛頓的豪華轎車上，坐在艾奇遜身旁的總統充滿著不屑之情。他說，他在飛機上一直想著墨索里尼與希特勒。如今則是蘇聯……「上帝爲證，」他大呼，「我要讓他們好看！」

五角大廈與國務院的資深官員齊聚在布雷爾賓館共進晚餐。桃花心木餐桌清理乾淨，變成會議桌之後，杜魯門轉向艾奇遜。在這個臨時權充的會議室裡，誰說話最大聲幾乎已毫無疑問。不是國防部長，也不是參謀長聯席會議主席，而是外交官艾奇遜。艾奇遜隨即提議，東京的麥克阿瑟將軍提供南韓軍火與設備，並將第七艦隊部署於台灣與中國大陸之間。國防部長路易斯・強森開始大聲譴責，質疑保護台灣免受攻擊的必要性，不過艾奇遜置之不理。「美國絕對不能與蔣委員長牽扯不清。」他說；他要第七艦隊到那裡，也是希望蔣介石不要對中國大陸發動攻擊，以免遭共軍入侵。杜魯門毫不猶豫便接受艾奇遜的提議；此時，總統對於國務卿危機處理的判斷力充滿十足的信心。軍方人員與強森離開時，總統請艾奇遜留下來。這兩個朋友一起喝了波本酒，接著艾奇遜從側門溜出去，躲開記者。

★★★

讓美軍投入戰爭的決定很快就敲定，並未經過太多的爭辯。只有參謀長聯席會議主席奧馬·布雷德利將軍（General Omar Bradley）提出派遣地面部隊的適當性問題。戰場上的情勢一天天惡化；隨著杜魯門的戰爭會議每天晚上都在布雷爾賓館召開，美國的參與程度也逐漸提高，範圍從補給與設備到空中補給與海上砲擊，再到地面部隊。杜魯門對麥克阿瑟將軍下令，在六月三十日星期五美東標準時間上午四點五十七分，對北韓展開攻擊。星一個星期前，肯楠對專欄作家喬·艾索普說了一席悲觀的話，談到民主國家在危機時刻無法傲然挺立。星期二，在美國會一路支持南韓的態勢清楚之後，艾索普又在喬治城的人行道上見到肯楠，他正要走路去參加一場晚宴。肯楠拍打他的背，還開心地跳起舞來。「現在你對民主國家有什麼看法？」他大聲說。

在華盛頓或全美各地都不容易聽到不同的聲音。杜魯門、路易斯·強森、狄恩·艾奇遜、共和黨右翼份子鮑伯·塔夫脫、麥克阿瑟、參謀長聯席會議、《紐約時報》，以及沃爾特·李普曼全都同意：美國必須干預，才能拯救南韓免於落入共產黨之手。由各方支持力量龐大，政府甚至沒有設法取得任何的國會決議或宣戰。共和黨領袖鮑伯·塔夫脫抱怨「總統完全竄奪使用國家軍隊的權力」，可是艾奇遜建議不要請求國會正式通過。他告訴杜魯門，政府會在關鍵時刻因為聽證會和無謂閒談而動彈不得。

如今回顧起來，這個意見是有問題的。介入韓戰的情緒十分沸騰，決議案應該會在國會熱烈通過。如果少了國會的決議，當幾個月後戰爭情勢不佳，國會的批評者就能夠大肆抨擊「杜魯門的戰爭」。艾奇遜的建議也為越戰建立了一個總統擴權的不幸前例。不過在當時，看起來只是他表現得果決而大膽。杜魯門肯定並重視艾奇遜的這些特質。七月十九日，總統寄了一封親筆信給國務卿，「我要鄭重宣布，這整個提案是你的構想……

你對韓國採取的行動顯示你是一個傑出的國務卿……自侵略行動以來，你處理整個局勢的作法非常出色。」

★★★

艾佛瑞爾・哈里曼討厭無法掌握狀況的感覺。到了一九五〇年六月，他認爲自己執行馬歇爾計畫的任務已經完成。他期盼離開巴黎，回到華盛頓，並且透過鮑伯・羅威特的特殊管道將他的期望傳達出去。

艾奇遜同意是該讓艾佛瑞爾回家的時候了，可是他告訴羅威特，自己並不確定如何安排他的去處。哈里曼擁有崇高聲望，但是他略帶強硬貴族姿態的作風同時引來了他人的欣賞與嫉妒。當哈里曼爲了執行馬歇爾計畫而離開華盛頓時，權力眞空很快就被塡滿。「華盛頓就像軍機上的自封油箱，」艾奇遜對羅威特說，「當有子彈穿過，它便關閉。」

不過，艾奇遜還是有個主意。他認爲白宮用得上一位監督國家安全事務的官員。克里福德曾經非正式扮演這個角色，不過他已經回到法律界，而他的繼任者總統顧問查爾斯・墨菲，對於外交政策的問題並不是應付自如。艾奇遜知道，他需要在白宮有一位消息靈通人士，能說服杜魯門支付NSC-68所需的龐大軍事擴充經費。雖然艾奇遜與杜魯門在大多數的議題上都意見一致，可是這件事卻不然。杜魯門希望平衡預算的念頭，強過他用重整軍備來對抗蘇聯的信念。然而，哈里曼全力支持NSC-68，並在春天返美探親期間告訴過艾奇遜。終於，國務卿在白宮有另一件事用得上他的朋友：監督國防部長。此時路易斯・強森已經公開反對艾奇遜了。

杜魯門願意接納哈里曼，但是他警告艾奇遜，一旦如此，就會有哈里曼準備接任艾奇遜國務卿職位的八卦消息出現。他說，有人會想方設法讓這個八卦消息成眞。艾奇遜並不放在心上。他知道他的老同學將他視爲對手，不過也知道哈里曼是個高尚的人。艾奇遜告訴杜魯門，他認識艾佛瑞爾四十五年，他信任他。

★★★

當大使館來電通知開戰的消息時，奇普・波倫正待在位於巴黎北方蒂耶爾（Thiers）的週末度假小屋。當天晚上他返回巴黎，隔天早上與哈里曼見面。兩人對未來都不樂觀，他們沒見到美國會採取強力行動來阻止共產黨進攻的跡象。這樣的不作爲會讓盟國氣餒、傷害美國的聲望，且導致蘇聯進一步鋌而走險。

正當他們坐在美國大使館裡想著令人沮喪的未來時，杜魯門傳來一封電報：美國要由空中與海上介入南韓的戰爭。波倫與哈里曼欣喜若狂。他們與大衛・布魯斯大使一起向法國外交部長羅伯特・舒曼報告這個消息。對這個法國人來說，姑息政策格外可恥。舒曼的眼睛滿是淚水。「感謝老天，」他說，「這樣不會舊事重演了。」

那天晚上，波倫寫信給肯楠：

這是美國直接反抗最清楚的案例，而且也是自從戰後以來第一次發生的公然侵犯邊境行為，可以肯定的是，所有歐洲人，更別說亞洲人，都在注意看美國會怎麼做。這種局勢需要無比的決心，甚至是意願，才能承擔如此重大的風險，讓克里姆林宮相信我們是認真的。

哈里曼不打算等到原本預定的八月才返回華盛頓。艾奇遜後來回憶說，他「很激動」，熱情支持杜魯門的堅定態度。他在越洋電話上告訴艾奇遜，延遲一小時返國他都受不了，因爲華盛頓「震驚了全世界」。他想立刻到機場去。艾奇遜會「請求老闆允許嗎」？

波倫奉命與哈里曼一起飛回國，向國務院提供蘇聯可能行動的建議。兩人在一個暴風雨的夜晚起飛。「一切都還在未定之天，起起伏伏的航程象徵了我們的情緒。」波倫後來回想說，「抵達紐約之前的清晨，我們碰到一場雷暴。客機突然下降了大約一千英尺。飛機瞬間傾斜之際，糖、盤子，以及其他餐具全都掉到走道上。戴著帽子、正在洗手間刮鬍子的哈里曼依然保持鎮定，繼續刮他的鬍子。」

他們兩人隨即忙於戰爭事務。「日以繼夜忙碌，週末也不得閒……我們做的是正確的事，而且絕對會繼續下去。」波倫寫信給在巴黎的兒子艾維斯，「華盛頓一陣忙亂，這裡人人意志堅定。」

★★★

蘇聯接下來會往哪裡移動？這個問題讓華盛頓官方相當苦惱，破壞了大家愉快的心情。美國駐莫斯科大使館無法提供線索；大使報告指出，蘇聯官員「出遠門去了」。

布雷爾賓館的軍事會議上有人問了這個問題，但是沒有人回答。能夠提出最佳評估的那個人不在場。艾奇遜已經特別指示，邀請肯楠參加布雷爾賓館的會議。可是當國務院官員第一天晚上準備前往布雷爾賓館時，艾奇遜的秘書芭芭拉．艾文斯卻尷尬地通知肯楠，發生了一點錯誤，來賓名單上他的名字被刪除了。肯楠始終不知道原因何在。這項疏忽有可能是一時大意，或是白宮人員試圖縮小會議規模，便自作主張將他的名字刪掉。無論如何，想讓他參加晚宴已經來不及了。肯楠自然相當不悅。他後來嘲諷地寫道：「那場晚宴有一種界定的作用，可說是依靠社交邀請函來挑選在後續日子裡負責處理國務院最後決定的那群人。」肯楠覺得自己「遭貶謫到場外」，套用波倫的說法，則像是指揮系統外的一顆「漂浮的腎臟」，距離眞正的決策有一步之遙。

肯楠誇大了。艾奇遜確實有徵詢他的意見，不過他是否認眞聽進去了則不太清楚。隔天早上，肯楠被召進國務卿辦公室。艾奇遜非常擔心韓國是個幌子，是蘇聯爲了突襲西歐而進行的聲東擊西戰術。肯楠試圖讓他放心。他告訴國務卿，他不相信這次進攻代表未來蘇聯還有進一步的行動；它只是一場地區性戰事。「克里姆林宮無意掀起大型戰爭，或讓自己與美國形成對峙局面。」他幾天之後在寄給艾奇遜的信上寫道。應該說，蘇聯寧願看到美國陷入一場「無益又可恥的戰爭」，或是「默許共產黨的佔領行動，因而在各地聲望大幅受挫」。發生大火的風險不在歐洲——而在韓國。他提出先見之明，預測蘇聯會設法讓中國介入韓戰。他警告，由於擔心美國一路從朝鮮半島往北打到海參崴，蘇聯可能「將傀儡中國軍隊從滿洲引進北韓」。

不過一如他平時的作風，肯楠提出看似矛盾的判斷，遮蔽了他的洞見。或許是兩面下注，他警告說，蘇聯「會極盡一切努力刺探我們的決心是否堅定，以及我們在其他敏感地區的膽量，也就是他們的軍隊與我軍正面交鋒的地方，尤其是德國與奧地利。」

波倫的模糊立場更是糟糕。剛開始他漠視歐洲受到的威脅，擔心的是中國。在六月三十日的一場國務院會議上，也就是杜魯門下令出兵之後六小時，波倫表示：「俄國人有刺探弱點的傳統。如今他們發現了一個困難點，應該不會直接介入。不過他們會設法讓美國陷入亞洲共產黨的陷阱——尤其是中國。」

兩週之後他寫道，世界情勢處於「極度危險與緊張的狀況」，韓戰可能導致「新的侵略行動爆發，包括大型戰爭在內」。波倫寫道，美國必須緊急擴增它的軍隊，不要從德國調出太多部隊，否則便有「引發另一次柏林封鎖」的風險。

收到相互矛盾的分析報告之後，艾奇遜就跟其他政策制定者一樣，得以在肯楠與波倫的備忘錄中加入自己喜歡的詮釋。一如往常，他將重點擺在歐洲。那是面臨眞正蘇聯威脅的地方；那是世界上眞正重要的一個區域。如同過去一樣，他覺得肯楠的看法可能正確，蘇聯或許沒有任何攻擊歐洲的意圖，但是身爲政策制定者，他承擔不起風險。

波倫在自己的回憶錄中寫道，艾奇遜「受到國務院那些不瞭解蘇聯的人」誤導，在這段時間太擔憂蘇聯對歐洲的威脅。或許眞的如此，但事實依然是，艾奇遜在七月十四日的一場內閣會議中警告，除了韓國之外，還有「蘇聯往其他地方移動的眞正風險存在★」——當時他唸的就是波倫的備忘錄的內容。

艾奇遜還有另一個理由，可以主張蘇聯的威脅屬於全球性，而非僅限於韓國。直到北韓攻擊南韓之前，NSC-68幾乎只是一張紙。結果到了要說服國會提高國防預算時，擔心這項入侵行動只是蘇聯大規模進攻第一步的那種恐懼心理，變得十分有用。國防與國際安全的總預算增爲三倍——從一九五〇年會計年度的一百七十七億美元提高到一九五一年會計年度的五百三十四億美元，甚至比艾奇遜在NSC-68當中提出的數字還要高。

★作者註：蘇聯實際上真正的意圖到底為何？從赫魯雪夫的回憶錄來看，最佳證據就是蘇聯希望迅速拿下南韓，將之納入共產黨勢力範圍，以及他們對於美國反應之激烈感到意外。克里姆林宮非常不可能有任何進攻歐洲的計畫，不過蘇聯人是機會主義者，可能會將韓國的弱點視為他們干預歐洲的契機。

對於蘇聯在歐洲的動向，最恐怖的警告來自擔任美國駐德國高級專員的傑克．麥克洛伊。七月中旬，麥克洛伊發了一封電報給艾奇遜，斷然指出美國在政治與軍事上都會失去德國，除非它給予德國人作戰的工具。

麥克洛伊說得誇張了些，不過他有理由擔憂。東德人已經建立了一支至少有五萬人的大型「警察」部隊：人民警察（Volkspolizei），而克里姆林宮則在那年夏天不斷對西德語出威脅。受到蘇聯封鎖柏林的羞辱之後，過了相對平靜的一年左右，西德再度陷入險境。它的人民分裂，佔多數的中立派擔心德國會變成一場全面性戰爭的戰場，他們認爲「讓布爾什維克份子統治總比住在山洞裡來得好」。

然而，德國的新任總理卻將目光投向西方。康拉德．艾德諾曾經擔任過科隆市（Cologne）一座小鎮的鎮長，第二次世界大戰期間因爲反抗第三帝國而入獄。此時七十四歲的他甚至比喬治．肯楠更加小心保留體力，微笑而不大笑，說話輕聲細語，幾乎沒有任何手勢。不過外號「老頭」（Der Alte）的艾德諾很精明，對於德國的未來也有清楚的願景。當他與艾奇遜在一九四九年十一月第一次見面時，他談到歐洲統一的必要性，感動了艾奇遜。「這一位男士，」艾奇遜後來寫道，「一旦法國與德國和解的契機開始發酵，他的心思就能夠循著我們爲歐洲復原與安全採取的各項措施所走的那條路前進。」

德國的民主仍處於新生階段；艾奇遜與麥克洛伊都受到一個景象所感動——美國國務卿艾奇遜在一九四九年訪問德國結束時，他們與這位德國總理一起搭車在街上前進，熱情群衆爭相一睹「老頭」的風采。艾奇遜提議他和艾德諾可以下車揮揮手，就像美國政治人物那樣。兩人走進市廣場，結果「熱情瞬間爆發」，艾奇遜回憶說，「警方的維安線被衝破；我們被車子接走，去搭乘火車。」艾奇遜很高興艾德諾「大受歡迎」，不過民衆也爲他歡呼。在後來幾年，艾奇遜在美國的街角遭人指責、受到報紙社論的批評，還因爲對共黨份子「心軟」而肖像被掛在街燈柱子上。他當然沒有像個勝利足球隊的隊長一樣，被人高舉起來歡呼。一九四九年十一月的那一天，由於德國群衆的熱情，艾奇遜一生致力於保護德國與西方聯盟的心意自然變得更根深蒂固。也被群衆所感動的麥克洛伊同樣因爲熱情吶喊的民衆而激動不已。對於一個向來低調、隱身幕後的人來說，成爲大衆擁戴的對象是一次極爲感動的經驗。

撇開個人情感不談，德國對美國來說具有高度的戰略重要性。空軍負責運送核子武器的B-29轟炸機擁有兩千英里的最大飛行航程；空中加油仍然處於實驗階段。爲了進攻俄國內陸城市，美國需要在德國設立基地。美國的作戰計畫原本規劃撤出歐洲，然後如果蘇聯入侵的話再重新進攻，但此時五角大廈正認眞思考在歐陸保留長期駐軍。一九四八年，美國開始在法國東部的後勤倉庫儲備軍火與燃料（以美國軍墓註冊指揮部〔American Graves Registration Command〕爲掩護）。捍衛歐洲的最佳途徑無疑是在俄軍挺進萊茵河之前便對抗他們，可是那就意謂著要重整德國的軍備。希特勒在他的碉堡內舉槍自盡之後五年，要說服歐洲人同意這麼做可不容易。

德國重整軍備是戰後西方聯盟與歐洲重建的最後一個大問題。它是一項高度敏感的議題；不到一百年之內遭德國入侵三次，法國人痛恨見到德國再度擁有軍火。面對如此的盛怒與深切的懷疑，需要由最小心謹愼的外交官來處理。到最後，德國得以重整軍備，令人信服的論點所發揮的作用還不如親密友誼的力量。

艾奇遜在一九四九年春天推薦麥克洛伊擔任駐德國高級專員。他之所以挑選麥克洛伊，是因爲他瞭解他、信任他，也因爲他必須找一個同時被勢均力敵的哈里曼以及美國陸軍所接受的人。哈里曼是馬歇爾計畫在巴黎的行政官，他曾經與駐德國軍事總督克雷將軍發生爭執。哈里曼認爲克雷是犧牲歐洲來建設德國，克雷則覺得哈里曼是爲了歐洲的利益而壓榨德國。

麥克洛伊瞭解這兩個人。法蘭克林・羅斯福最早在一九四五年要求麥克洛伊擔任駐德國軍事總督，但麥克洛伊加以拒絕，並推薦克雷接下這個職位。他告訴羅斯福，德國被征服之後必須立即由一位軍人來治理。然而到了一九四九年春天，他覺得德國已經準備好接受文人政府。當時克雷準備卸下軍事總督一職，這個頭銜也隨之停用；由文人的「高級專員」負責治理依舊被佔領的德國。四月，當杜魯門請麥克洛伊接下這個職位（「駐外辦事處最艱困的職務，」總統警告說），麥克洛伊點頭接受。

麥克洛伊細心確保他擁有絕對的權威——包括哈里曼的教育與文化事務局（ECA）分配給德國的經費。友誼很快就被人拿來戰勝勢力範圍的鬥爭。哈里曼一聽說麥克洛伊被指派為高級專員，便不再堅持掌控德國的ECA基金。哈里曼告訴在克雷旗下擔任國務院高級官員的羅伯特．墨菲，麥克洛伊可以「隨心所欲」。

麥克洛伊在華盛頓的長官大致上不太干涉他，放任他在德國自由行事。有一次麥克洛伊為了一件事請求杜魯門的指示，總統回答：「聽好，我是派你去治理那裡的，你也表現得很好。當你表現不好的時候，自然會聽到我的指示。現在我們來聊聊南北戰爭吧。」（杜魯門熟悉西部戰役，麥克洛伊熟知東部戰役。）

後來幾年，麥克洛伊將他的前任者克雷將軍擔任軍事總督時享有的獨裁權力比作「羅馬行省總督」的權力。可是身為高級專員，麥克洛伊盡心盡力，希望幫助德國人重新振作。他有時絕對是一位事必躬親的行政官員。他樂在其中的事情包括說服瑞典提供木頭坑柱給德國，好讓德國的煤礦重新運作。不過他在工作時，十分體貼德國人脆弱而疲憊的心理。他希望恢復他們的自尊與價值感，也如歷史學家亞倫．布林克利（Alan Brinkley）所寫，希望提醒他們，他們是貝多芬、歌德，同時也是希特勒的同胞。當他看到法蘭克福的美國僑居地有牌子寫著「平民禁止進入」，便要求立刻將那些牌子拆掉。他要求波昂的美國官員說德語，或者盡快學會說德語。

他與自己所欣賞的艾德諾共同合作，慢慢地讓美國的角色從佔領者轉變為伙伴。他們在某些方面完全不搭嘎，一個是活潑、敏捷的美國人，住在萊茵河上方附設私人網球場的大房子裡，一個則是謙虛、嚴謹的德國人，第二次世界大戰期間大多躲藏起來或關在監獄裡。不過麥克洛伊很仔細聽艾德諾的話；認真的程度讓某些愛打趣的人開始稱呼這位德國總理為「正牌的麥克洛伊」。

麥克洛伊抵達時，紐倫堡審判已經結束，不過美國政府依然承諾洗刷德國邪惡的過往。麥克洛伊批評，「大部份德國人對於納粹暴行的順從與默許令人吃驚。」可是與往常一樣，身為務實主義者，他寧可讓德國復原，而非懲罰它。他繼續執行去納粹計畫，剷除政府裡所有的前納粹分子，但是停止某些過分的行為，例如帶走納粹父母的孩子，以免讓他們「受感染」。

當麥克洛伊開始檢視並推翻戰犯所得到的判決，自然不可避免引發了爭議。德國戰爭機器中的重要關鍵人物亞佛瑞・克魯伯，因爲利用奴隸在自家的武器工廠工作而服長年徒刑，不過當麥克洛伊釋放他時，美國的自由派人士尤其憤慨，例如伊蓮娜・羅斯福，以及最高法院法官、同時也是紐倫堡公訴人的羅伯特・傑克森（Robert Jackson）。漫畫家赫布洛克在《華盛頓郵報》上畫了一幅漫畫，面帶微笑的獄卒麥克洛伊打開克魯伯的牢房，而史達林則在遠處爲自己的宣傳相簿拍照。

麥克洛伊相信克魯伯既是「懦夫」、「花花公子」，也爲他父親的罪行當了代罪羔羊。然而，其他人堅稱小克魯伯奉行納粹主義，在戰爭最後三年也完全掌控了克魯伯軍火公司。不過，麥克洛伊對於克魯伯的資產遭斷然沒收感到不安；那違反了他身爲華爾街律師維護資產所有權的信念。一九五一年，克魯伯走出監獄，享用一頓香檳早餐，重拾家族軍火事業的掌控權。

此後多年，批評者指控麥克洛伊釋放克魯伯是爲了幫德國重整軍備鋪路。「惡毒的謊言。」麥克洛伊回答，而且事實上也沒有理由相信麥克洛伊釋放戰犯是爲了準備「購買」德國軍火。只是到了一九五一年，麥克洛伊比較擔心的顯然不是納粹，而是如何讓德國強大起來，足以對抗蘇聯。

韓戰加速了他的急迫感。「韓國讓歐洲振作了起來。」他後來寫道，「歐洲體認到蘇聯準備派出武裝部隊，擴張他們的權力之後，士氣爲之一振，尤其是西德，因爲他們的情況仔細思考起來同樣令人擔憂。」

對於德國重整軍備的問題，各利益團體的意見嚴重分歧。五角大廈不願意派美國士兵去捍衛歐洲，除非德國人也有所貢獻。法國人不滿地拒絕任何德國軍隊。麥克洛伊也擔心德國軍國主義復辟。事實上直到韓戰爆發之前，他都反對德國重整軍備。對麥克洛伊而言，挑戰在於保障德國安全但又不會再度挑起德國人好戰的本性——歷史學家湯瑪斯・舒瓦茲（Thomas Schwartz）如此形容這種兩難：「要調和西方對於德國的需求以及對它的恐懼。」

麥克洛伊相信，克服舊時民族主義仇恨的方法就是在歐洲內部培養一種團結感，一種需求及目標一致的認同感。在混亂的戰後時期，麥克洛伊從未忘記他最主要的目標：創造一個經濟健全，能抵抗蘇聯的統一歐洲。麥克洛伊喜歡告訴艾德諾，他一生中因爲法德戰爭到過歐洲兩次，還有身爲美國代表，他「決心徹底終結戰爭」。

爲了達成這樣的目標，調解長期不合且彼此猜疑的敵人，需要一個具有出色判斷力與耐心的誠實中介者。就算麥克洛伊不是唯一，他也是少數讓波昂、巴黎與華盛頓都信服的人之一。他的誠懇表露無遺，他的禮貌親切周到，他的樂觀堅定不移，因此能夠克服歐洲各國首都深層且長期的仇恨。

在追求歐洲統一的過程中，麥克洛伊有幸有他的老友與法律事務所客戶尚·莫內，作爲他的導師兼盟友，也就是「啓發者」。莫內期望見到一個歐洲合衆國，而且雖然自己從來沒發覺，他其實做了許多努力要破除各方敵意，讓歐洲各國在戰後密切合作。麥克洛伊與莫內在一九五〇年共同協助建立歐洲煤鋼共同體，結合法國與德國的採煤資源，是這兩個近代爭戰不斷的國家之間的一大外交成就。在那一年的初秋，莫內向麥克洛伊提議，他們應該在軍事上嘗試同樣的模式：成立歐洲防禦共同體（European Defense Community），讓德國軍人逐漸整合其中。

麥克洛伊同意推動這個構想，令莫內十分高興。這位法國政治家後來寫道：「麥克洛伊背負著艾奇遜與艾德諾相互對立的觀點，這兩人都絕對信任他，就跟我們一樣。我知道他會相信我們必須告訴他的話，因此他也會獲得波昂與華盛頓的信任。他的獨立與善意讓自己獲得別人極大的尊重。」麥克洛伊與巴黎及倫敦的美國大使館同樣合作愉快：他的連襟路易斯·道格拉斯是駐英格蘭大使，而能幹的美國駐法國特使大衛·布魯斯則是他的老朋友。在華盛頓，麥克洛伊的另一位老同事艾佛瑞爾·哈里曼同樣「十分堅信」，德國必須加入軍事同盟；白宮當然聽見了他的強力呼籲。

艾奇遜稱這群人是朋友「陰謀集團」，他們在說服法國與德國成立一支歐洲軍隊時碰上了極大困難，遑論說服國會和五角大廈。內訌與政治的表面功夫有時候甚至讓壓抑不住情緒的麥克洛伊都感到氣餒。例如一九五一年一月，他寫信給菲力克斯．法蘭克福特：「情況又變得一團糟，我幾乎感到沮喪。」德國軍人直到一九五五年才眞的參與作戰，到了最後，法國國會反對一支眞正「整合軍隊」的構想，而偏向在北大西洋公約組織底下維持各國軍隊。然而，法國卻接受了它長期以來畏懼的事情：德國重整軍備。在經濟與軍事的連結關係下，法國與德國展開二十年的穩定繁榮，也就是一九五〇與六〇年代的「經濟奇蹟」。麥克洛伊可以臉不紅氣不喘地宣稱：「我們讓另一場歐洲內戰永遠不會發生，我們結束了堪稱歷史上最長的和平威脅。」

麥克洛伊的目標始終是重建一個獨立的歐洲。他甚至希望（結果這個希望過於天眞）有一天美國能夠從歐陸撤軍，讓歐洲自我防衛。但無可避免也無法逃脫的是，麥克洛伊所扮演的行動者角色以及其他艾奇遜聘用的傑出特使，都已將美國與西歐的安全綁在一起。對於一個如此奉行孤立主義的國家來說，這是一項突破性的發展。艾奇遜在一九五〇年九月告訴英國與法國的外交部長，那需要「對美國外交政策以及美國人民的態度進行一場徹徹底底的革命」。

★★★

一九五〇年七月，杜魯門請他新任的國家安全事務特別助理艾佛瑞爾．哈里曼到辦公室，交付他第一項任務。「幫助狄恩，」總統指示，「他碰上麻煩了。」

在一大批國家安全顧問中，哈里曼實質上名列首位。但是他對自己角色的看法與後面的繼任者不同，例如亨利．季辛吉與茲比格紐．布里辛斯基（Zbigniew Brzezinski）。他的部屬人數很少，也低調不突顯自己的身份。更重要的是，他不是國務卿的敵人。事實上，他認爲自己的職務是捍衛國務卿。

剛開始，他在白宮有點像個外人，與杜魯門的親近好友們根本處不來。他個性太強硬；不打撲克牌；他在西嶼穿的是純白襯衫，而非鮮豔的花襯衫。鮑伯．羅威特回憶，他對這一切感到有點沮喪。

他確實有良好的政治直覺，至少比艾奇遜來得好。哈里曼建議總統讓國會通過決議，支持美國加入韓戰。艾奇遜不認同這個想法。這位前律師氣憤地認爲，尋求國會支持就像多問充滿敵意的證人一個問題，而那是一個會摧毀你的問題。杜魯門贊同艾奇遜的看法，並公開表示那個衝突不是那種需要國會聲明的眞實戰爭，而是一種「警察行動」。後來，在他爲了造成五萬美國人犧牲的「維安行動」一肩扛起責任之後，杜魯門更加尊敬哈里曼的政治判斷。

艾奇遜的敵人在那年夏天開始集結，其中的主帥是國防部長路易斯．強森。強森已經向記者洩漏，美國介入韓戰之所以慢吞吞，是因爲艾奇遜腳步拖拖拉拉（事實上正好相反），以及杜魯門正在考慮甩掉他的國務卿（同樣錯誤）。哈里曼的職責是監督強森，避免艾奇遜受到傷害。

哈里曼如果感到一絲猶豫，也是情有可原。他更想要的工作是艾奇遜的國務卿，而他有理由相信他的老同學在十八個月之前差點就無法擊敗他，得到這個職位。一向小氣的他，一九四八年在杜魯門競選連任時只捐了五百美元。他後來半開玩笑地發牢騷說，如果他多捐一些錢，國務卿可能就是他了。不久之後，令哈里曼動心的機會上門了。抵達華盛頓之後三天，他在路易斯．強森的辦公室裡聊天。強森打電話給共和黨領袖鮑伯．塔夫脫，當著哈里曼的面恭喜他在國會要求艾奇遜辭職下台。「這件事需要有人說出來，」強森大聲對塔夫脫說。掛上電話之後，他直接對哈里曼說，如果艾奇遜遭革職，那麼他個人「認爲哈里曼會擔任國務卿」。

哈里曼的反應是直接去找杜魯門，告訴他強森所做的煽動性行爲。他板著臉孔告訴總統：「我不能那麼輕易被收買。」哈里曼建議艾奇遜將消息洩漏出去作爲反擊，可是艾奇遜聰明地拒絕了。他知道強森在適當的時候自然會出事。

★★★

當哈里曼擔任馬歇爾計畫行政官，進行重建歐洲的工作時，戰後日本也正在另一位統帥的監督下逐漸復原，那就是太平洋區美軍最高指揮官道格拉斯．麥克阿瑟將軍。

麥克阿瑟在戰後一手將民主引進日本。儘管小心翼翼地尊崇天皇的象徵性權威，他還是像個元老（genro）一樣統治日本；元老是十九世紀在天皇背後擔任顧問的資深政治家。麥克阿瑟頒佈了一連串命令，解放婦女、授權工會成立，並開始打破封建財閥（zaibatsu），即稱霸日本商業數百年的寡頭統治階級。《紐約時報》指出，他的治理「是政府的模範，也是和平帶來的好處」。

然而，麥克阿瑟的改革困擾了華盛頓的冷戰戰士。在佛瑞斯托與肯楠等人的眼中，那些痛苦的改變，尤其是對財閥的攻擊，導致日本動盪不安，因此也難以招架共黨份子的顛覆。一九四八年二月，圍堵政策的作者便獲派去對麥克阿瑟曉以大義。

肯楠發現，華盛頓與麥克阿瑟之間的關係「十分疏遠且充滿不信任，我的任務就像一名特使，負責打開溝通管道，並與一個敵對且多疑的外國政府建立外交關係」。不過令人意外的是，這位害羞的外交官竟然與率直的將軍相當契合，或許是因為兩人在自己的領域都是心懷願景的遠見家。結果，幾乎不需要別人勸說，麥克阿瑟也明白共產主義對遠東與歐洲都是一大威脅。肯楠說服了麥克阿瑟，將重點從政治改革轉往經濟復原，日本的經濟奇蹟於焉展開。「我認為自己促成這種改變的角色，是我自馬歇爾計畫之後在政府裡所做最具建設性的貢獻。」肯楠後來寫道。日本成為反共的堅固堡壘，不過那是麥克阿瑟最後一次客氣地聽從華盛頓的意見。

這位即將年屆七十的老戰士不想只是擔任和平時期的地方總督。雖然他太瞭解戰爭，因而憎惡戰爭，可是北韓攻擊南韓時，他還是精神為之一振。身為美軍指揮官，他不把這場戰爭視為區域性的「維安行動」，而是他最後、最偉大的戰役，對抗的不只是北韓，還有共產主義。

他認為這是一場規模更龐大、爭奪全亞洲控制權的戰爭，因此不認同艾奇遜不願意「與蔣委員長綁在一起」。他認為蔣介石會是個潛在的盟友，平息共產主義浪潮的得力助手。七月底他前往台灣，與蔣委員長建立交情。

他受到十分熱情的歡迎。他親吻蔣夫人的手，稱呼蔣介石是「我的沙場老伙伴」，即便他們從未見過面；接下來是數不清的敬酒、宴席、部隊巡視。陪同前來的國務院官員明顯被排除在所有的會談以外。心滿意足之後，麥克阿瑟發出一份極為熱情的新聞稿，對蔣介石讚揚有加，然後返回東京。

杜魯門與艾奇遜感覺到遠方有麻煩，尤其是特殊管道的消息來源告訴他們，七十歲、來日無多的麥克阿瑟有意對抗每個地方的共產黨，包括中國大陸在內。那是災難即將來臨的徵兆，儘管當時艾奇遜認爲麥克阿瑟主要是擺擺姿態給共和黨右翼份子看。跟華盛頓的許多人一樣，艾奇遜假定麥克阿瑟希望從軍中退伍後進入白宮任職。

杜魯門打電話給紐約的羅威特，後者此時仍靜靜地在布朗兄弟哈里曼公司工作，回絕政府的職務（最近拒絕的是北大西洋公約組織大使的職位）。杜魯門知道羅威特是探聽哈里曼想法的最佳來源。「你認爲艾佛瑞可以當哪一種調查記者？」總統問道。羅威特瞭解哈里曼很頑固，便回答他會是一個機靈且積極的調查記者。

八月初，杜魯門指派哈里曼擔任他的私人特使，到東京見麥克阿瑟將軍。「告訴他兩件事，」杜魯門指示，「第一，我會盡全力滿足他的需求，換得他的支持；第二，我要你告訴他，我不想與中國共產黨打仗。」杜魯門還叫他設法查出麥克阿瑟給了蔣介石什麼承諾。

「你好，艾佛瑞爾。」哈里曼在東京步下飛機時，將軍說。「你好，道格。」哈里曼說。記者注意到麥克阿瑟對於哈里曼輕鬆的問候方式顯得有點驚訝；將軍治理日本已有五年，不習慣有人直呼他道格。哈里曼不願意受麥克阿瑟威嚇。麥克阿瑟在一九二〇年代初期擔任西點軍校校長時，哈里曼曾與他一起在雅登園獵鴨。（哈里曼後來回想說：「他的第一任太太曾經在紐哈芬參加過一些正式舞會，所以我認識她。」）一九四五年，他與往常一樣喜歡「蒐集」重要人物，便從莫斯科返美的途中特地到東京見麥克阿瑟。兩人當時相處愉快；如今麥克阿瑟告訴哈里曼，他是最早警告他注意俄國人的人。

不算用餐時間在內，兩人共處了八小時，談論亞洲的戰爭。麥克阿瑟誇張地講到敵人的宿命論。他說東方人「像鴿子彎曲翅膀那樣，胳臂一彎便從容赴死」。講著講著，麥克阿瑟彎曲自己手臂，嘆了口氣。

麥克阿瑟向哈里曼保證，俄國人和中國人不會介入，他也不會挑釁他們。接著，哈里曼直接說出這趟行程的眞正目的。「總統要我告訴你，」他板著臉孔，口氣僵硬地說，「你不能允許蔣介石和大陸的中國共產黨開戰，否則我們可能會捲入世界大戰。」麥克阿瑟的回答就算不全然誠懇，也是在意料之中：「身爲軍人，總統的任何命令我都會遵從。」

哈里曼並沒有完全相信。在交給杜魯門的報告中，他寫道：

> 鑑於相當難以解釋的理由，對於台灣以及蔣委員長的事情應該如何處理，我感覺不到我們達到了完全的共識。他接受總統的立場，也會據以行動，但是卻缺乏堅定的決心。他有一個奇怪的想法，認為我們應該支持任何願意對抗共產主義的人，即便如此，他卻不願意說明為何蔣委員長對抗共產黨對於我們對付中國共產黨會有所助益。

在道別之前，麥克阿瑟突然對哈里曼說：「我們應該對抗所有地方的共產黨——奮力與他們作戰！」就在他們走向飛機之際，麥克阿瑟大喊，連記者都聽得見，「你這趟行程唯一的缺點就是太短了！」

杜魯門悄悄賦予哈里曼另一項報告任務：看他是否認爲麥克阿瑟在精神上與體能上足以扛起指揮重任。哈里曼的書面報告中並未提及麥克阿瑟的健康狀況，或許是因爲他要說的話太敏感，不適合付諸文字。他一定說了什麼令總統惶恐的話，因爲杜魯門隨即派了他信任的一位醫生，法蘭克・洛少將（Major General Frank Lowe）「針對麥克阿瑟的身體狀況以及對職務上重大壓力事件的承受能力提出報告。」這位醫生無法診斷出誇大妄想症，宣稱麥克阿瑟「身體健壯且精力充沛」。

麥克阿瑟噤聲不到兩個星期，便在台灣問題上槓上政府。八月二十五日，美國駐聯合國大使華倫・奧斯汀（Warren Austin）宣布美國不會以台灣作爲攻擊中國的基地。同一天，艾奇遜接到一通電話，得知各通訊社已經提前發佈一則消息，那是麥克阿瑟預計要對海外作戰退伍軍人協會（Veterans of Foreign Wars）發表的談話，內容讚揚台灣的戰略重要性，認爲它是一艘「永不沉沒的航空母艦」。在預先準備好的演說稿中，麥克阿瑟大聲斥責：「最荒謬的莫過於鼓吹太平洋地區採行姑息政策與失敗主義的那些人，他們提出的主張老套迂腐，說如果我們保衛台灣，就會造成亞洲大陸異化。」

這等於直接甩了艾奇遜一巴掌，他立刻要求哈里曼將電報拿給杜魯門看。杜魯門更為震怒；艾奇遜回想，當隔天早上杜魯門與他的高級顧問們開會時，嘴唇已經乾癟發白。總統告訴國防部長路易斯．強森，要麥克阿瑟收回他的聲明。強森同意，但很快就退縮了。散會後他致電艾奇遜，告訴他參謀長聯席會議擔心麥克阿瑟會很尷尬。難道，麥克阿瑟不能說他只是發表個人意見嗎？艾奇遜說不行，問題十分清楚，強森應該遵從總統的命令。強森說，他不是很確定總統是否下令。艾奇遜沒有耐性聽模稜兩可的說詞。「路易斯，」他生氣地說，「不要跟我爭辯總統的命令是不是有道理。我聽到他下令，你就接受。無論是否能成功，你最好都照辦。」

強森很快試圖拉攏哈里曼當他的盟友，在這項爭議上對抗艾奇遜，不過這時候他應該搞清楚狀況才對。事實上，對總統忠心耿耿的哈里曼主張，麥克阿瑟應該遭到嚴厲譴責，即使導致他辭職也在所不惜。

杜魯門最後親自打電話給強森，直接口授針對麥克阿瑟的命令。不可思議的是，強森依然東拉西扯。杜魯門只好下令強森擔任他的總司令，執行他的指示。

杜魯門在自己的回憶錄中指出，他考慮在這時候開除麥克阿瑟，可是最後因為擔心共和黨反彈而改變主意。後來他很後悔自己錯過了那次機會。不過這件事至少給了他開除路易斯．強森的藉口，他想解雇他已經想了好幾個月。國防部長反艾奇遜的陰謀變得太過公開；八月二十五日，記者馬奎斯．柴爾茲（Marquis Childs）報導，強森提供對艾奇遜不利的資料給共和黨。九月十二日，杜魯門逼迫一邊啜泣的強森簽下辭呈。

★★★

艾佛瑞爾．哈里曼抵達史都華．艾索普太太的家裡參加晚宴時，她正好從廣播中聽到強森辭職的消息。「你聽到消息了嗎，艾佛？」他走進大門時，她問道。通常不太流露情緒的哈里曼將她摟在懷裡，在大廳裡旋轉了起來。

六月底，幾乎就在強森設法強求哈里曼背叛艾奇遜的時候，哈里曼也開始思考接替強森的國防部長人選。第二天，七月一日，哈里曼與艾奇遜乘車南下到李斯堡（Leesburg）拜訪喬治·馬歇爾。他們發現這位老將軍身手靈活，恢復了健康。在哈里曼的建議下，杜魯門在當月稍晚也去探望馬歇爾；八月，強森還是國防部長，杜魯門問馬歇爾是否願意在國防部的危急時刻回鍋接掌部長的職位。出於責任感，馬歇爾一口答應。在這些悄然進行的協商當中，哈里曼最後一項任務是確保馬歇爾太太能點頭答應。九月七日，杜魯門開除強森之前五天，他在自己的日記上寫道：「哈里曼今天前往李斯堡與他共進午餐，談論相關細節。結果真美妙，馬歇爾夫人贊成！」

至於他的副手參謀長，馬歇爾點名鮑伯·羅威特。可是他擔心羅威特不想在十年內第三度與他銀行的伙伴結束複雜的金融合作關係。馬歇爾向艾奇遜表達他的顧慮，但後者不以爲意。他預計羅威特會守在電話旁邊等待馬歇爾來電。

九月十四日上午七點，羅威特蝗蟲谷住宅的床邊電話鈴聲響起。羅威特轉過身對太太說：「一定是白宮，只有白宮會在早上七點打來。」愛黛兒聽見他說：「是，長官。是，長官。」然後就掛掉。「怎麼樣？」她問。羅威特回答，總統告訴他，馬歇爾將軍已經被徵詢擔任國防部長，但除非鮑伯·羅威特擔任副手，他才會答應。「我答應了。否則我還能說什麼？」「你可以拒絕啊。」愛黛兒回答。

在過去一年當中，羅威特先後拒絕杜魯門請他擔任北大西洋公約組織大使、艾奇遜請他擔任駐倫敦大使，以及麥克洛伊請他擔任副手與世界銀行總裁的接班人。他常說只有三個人自己無法拒絕：他太太、亨利·史汀生，以及馬歇爾將軍。事實上，這份名單還更短。

國防部長的宣誓就職典禮，路易斯·強森是以大型慶典的方式舉行，地點在五角大廈的一處庭院，國防部所有員工都必須出席。當馬歇爾宣誓就職時，他拒絕拍照；他的顧問菲力克斯·拉爾金（Felix Larkin）只好騙他說必須留下適當的紀錄。羅威特在完全沒有引起公開騷動的情形下進駐隔壁的辦公室，不過他花了三天晚上詢問拉爾金的意見，想查出誰是國防部裡頭的麻煩人物。

★★★

韓戰一開始相當慘烈。北韓軍人戰鬥力強、殘酷無情，他們會綑綁俘虜再以刺刀刺殺。因為佔領日本而變溫和的美國軍隊出現「逃跑」熱。資深軍官之間瀰漫著失敗主義氣氛，美國的特派記者開始寫那是「美國的敦克爾克」☆。到了七月中旬，北韓已經幾乎將美軍部隊逼到朝鮮半島邊緣，即將逼入海中。美軍死守在釜山周邊的一小塊區域，最後外號約翰走路的沃爾頓．沃克將軍（General Walton "Johnny" Walker）下令「決一死戰」。

然而在華盛頓，肯楠和即將接任他政策規劃處主任一職的保羅．尼茲已經在研擬擊敗北韓後的下一步。這兩人能合作顯得難能可貴，因為他們對國家安全策略的看法存在著根本的歧異。不過這卻是他們關係的特色所在，尼茲與肯楠的世界觀與個性南轅北轍，但依舊是互相尊重的朋友。肯楠在韓戰的第一週返回華盛頓之後不久，便受艾奇遜之邀與尼茲在P街共進午餐，六個月之前為了超級炸彈以及NSC-68而產生的尷尬，肯楠很快就釋懷了。「當我離開華盛頓時，」肯楠與國務卿及政策規劃處主任打招呼時打趣說，「從來沒想過你們兩位會在不先徵詢我的情況下就代表美國制定政策。」

事實上，結果證明肯楠與尼茲對韓戰的看法頗為接近。雖然肯楠大力支持介入韓戰，但是他認為美國的戰爭目標應該有嚴格限制：美國應該只設法恢復南北韓之間的現狀。試圖讓南北韓統一在非共黨的領導下風險太高，可能激怒蘇聯與中國。尼茲認同這個看法。儘管NSC-68的遣詞用字相當全面性，尼茲其實瞭解如果要進行遠方的戰爭，美國的軍備顯然不足。七月底，尼茲與肯楠寫了一篇文章，建議國務卿應該讓美軍向北推進到分隔南北韓的北緯三十八度線以北，目的則純粹是為了將北韓軍隊趕出南韓。如果有可能，戰爭應該只限於北

☆譯註：在第二次世界大戰期間的敦克爾克戰役中，英法盟軍為了避免遭德軍圍殲而展開當時最大規模的撤退行動。

緯三十八度線以南。

尼茲與肯楠十分瞭解俄國人與中國人，可是卻未考慮到美國政治。這是一個擊退紅軍的機會，證明美國政府對共產主義並不「溫和」，也至少象徵性地報復失去中國之仇。約翰·佛斯特·杜勒斯在短暫擔任紐約州參議員之後，那年春天接下職務範圍有點模糊的國務院「顧問」一職；對共和黨右翼分子相當敏感的他已經在推動一件事：他在七月十四日寫信給尼茲，主張美國應該「消除」北緯三十八度線。

另外還有一位國務院官員能夠感覺到當時的政治氛圍，他就是禿頭、圓臉、煙癮極大，來自喬治亞州契羅基（Cherokee）的陸軍上校，名叫狄恩·魯斯克。

★★★

魯斯克個性經常陰鬱而和藹，有時則默默展現風趣的一面，是一位與眾不同的官僚。那年春天他自願降級，從副國務卿降爲遠東事務助理國務卿，後者在國務院裡又被簡稱爲FE。麥卡錫主義者已經用對共產主義過度軟弱爲理由，將前一位遠東事務助理國務卿沃爾特·巴特沃斯（W. Walton Butterworth）逼下台。爲了保護他，艾奇遜悄悄任命巴特沃斯到瑞典擔任外交官。令艾奇遜驚訝的是，魯斯克主動提出要接下這個容易受攻擊又吃力不討好的工作。艾奇遜對此十分感激，多年後，當約翰·甘迺迪問他誰適合擔任國務卿，他便舉出魯斯克自願接下FE一職的無私舉動。

魯斯克之所以接下這個職位，除了因爲他是個老練的優秀軍人，還有其他原因。其中之一他是喜歡中國和遠東，後來更爲之深深著迷。魯斯克與艾奇遜及大多數同儕不同，他不是歐洲主義者。還有與艾奇遜不同的另一點是，魯斯克能夠與國會議員相處，甚至包括右翼的共和黨議員。事實上，魯斯克後來表示，他知道自己如果接下遠東事務助理國務卿並不會被攻擊。他很努力與保守派參議員建立交情，知道他們要什麼，也知道他們會因此請麥卡錫放過他。魯斯克也逐漸與杜勒斯親近，他準確預測到對方將成爲下一任的國務卿。那年春天稍早，是魯斯克說服艾奇遜給杜勒斯一個國務院的職位。讓杜勒斯成爲內部人士之後，他知道國務院會採取防堵右派人士的措施。

魯斯克在後來漫長的職業生涯中一直是個異數，神秘、經常遭誤解，既被外界高估也被低估。他並非出身權勢菁英階級，而是爲他們所接納。魯斯克生長在貧困的喬治亞州鄉下，父親是一名嗓子壞了不能說話的長老教會牧師。年幼時的魯斯克對宗教極爲虔誠，但是他卻因爲衣服比其他小孩破舊而退出主日學。他有時打赤腳，內褲則是麵粉袋做的。他小時候的願望很平凡：十二歲時他寫了「接下來十二年我打算做的事」；各項成就當中的高峰是領到羅德（Rhodes）獎學金。魯斯克後來就讀北卡羅萊納州的大衛森學院（Davidson College），他將這所學校稱爲「窮人的普林斯頓」。在校園成爲風雲人物之後，他果然贏得了羅德獎學金。就讀牛津大學時，他在學生交誼廳培養出更高雅的氣質，並因爲觀看牛津辯論社（Oxford Union）辯論不要「爲國王與國家而戰」而永遠改變了想法。他一生都喜歡舉出可鄙的和平主義牛津運動☆（Oxford Movement），作爲凡事必先做好準備的教訓。

他曾經短暫成爲大學教師，擔任知名女校米爾斯學院（Mills College）的院長。第二次世界大戰期間，他是中緬印戰區的參謀。戰後他來到國務院，最後負責聯合國相關事務。比起艾奇遜，他對聯合國有信心多了。事實上，他懷抱強烈的普世理想主義。他內心是個國際主義社會改良家，可是他的理想主義卻深藏在他勤勉高效率參謀的謙遜外表底下。

★★★

身爲遠東事務處主管，魯斯克非常努力讓美軍在一九五〇年夏天通過北緯三十八度線，進入北韓。他想讓共和黨右翼份子知道政府對的立場並不「溫和」，也讓蘇聯明白美國從慕尼黑事件學到了教訓。「現在我們必

☆譯註：牛津運動是十九世紀中期由英國牛津大學某些教授發起的宗教復興運動，主張恢復教會昔日的權威與早期傳統，希望重振英國國教。

須向侵略者表明，侵略會為他們帶來一定程度的破壞。」他在九月九日的一場演講中表示。在他的部屬，東北亞事務處主任約翰·艾利森（John Allison）協助下，魯斯克逐漸讓華盛頓官僚往他這邊靠攏，儘管肯楠與尼茲已經警告蘇聯或中國介入的風險。到了八月底，國務院擬定的美國作戰目標是穿越北緯三十八度線。這份文件勉強承認，中國介入「有可能，但機率不會太高」。

在這個緩慢移動的官僚過程中逐漸孤立的肯楠，繼續針對各種危機提出警告。八月下旬，他寫信給艾奇遜指出，俄國人無法忍受美國太逼近他們的邊界，「我們隨時都必須準備好面對蘇聯的極端反應。」他甚至魯莽地建議美國向聯合國承認中國共產黨，以安撫他們。要是他的建議被接受，美國就可以在接下來幾個月避免可怕的軍事挫敗，戳破龐大共產主義的神話。反之，則必須等待二十多年的承認過程。肯楠寫道，事實上，「我們對敵對中國政權的政策幾乎確定……會讓北京與莫斯科更加團結，而非削弱它。」肯楠正確地警告說，政府給了麥克阿瑟太多制定政策的空間。說到這裡，他又提出一項關於越南的警告；這一點在當時受到忽視，不過後來其正確性卻令人難忘：「我們正陷入一個處境，向法國人提出一個承諾，但無論是他們或我們，或兩國攜手合作，都無法贏得成功。」

一如往常，肯楠的先知灼見不為政策制定者重視，而這種無力感也一如往常讓他難受。「在華盛頓，責任的焦躁與意識如此龐大，因此不可能讓人們贊同以奇普和我等人的主觀經驗為依據所做的蘇聯意向分析這樣冒險且抽象的事情。」他在七月十二日的日記中如此寫道。一個月後他甚至更加憂鬱，寫道：「過去大眾的心中從來沒有對美國的外交政策產生如此嚴重的困惑。總統不瞭解；國會不瞭解；大眾和媒體也不瞭解。他們都在無知、錯誤與猜測的迷宮裡遊蕩。」憂鬱的肯楠只對波倫說：「我們迷失了。」八月底，肯楠全家整理行李，無限期離開國務院。他前往普林斯頓大學，在羅伯特·奧本海默的高等研究學院研讀並撰寫歷史。

艾奇遜那年夏天重新試圖傾聽肯楠與波倫的意見，可是他再度發怒。「蘇聯專家有一種特質，使得他們成了……危險的記者和顧問。」艾奇遜後來在一封寄給朋友的信上寫道，「他們的直覺無法傳達，但又必須被那些缺乏相同神秘占卜力量的人接受。奇普同樣對我說過：『狄恩，你太晚進入這個領域，無法心領神會。』」這種憤恨之情並非艾奇遜所獨有；國務院的其他人也感覺到肯楠與波倫「對於與自己不同的意見表現出某種難以忍受的態度」。有一位同事開玩笑說，肯楠應該不喜歡北大西洋公約組織，因爲他無法把它發明出來。

艾奇遜休假一星期之後，在八月底從阿第倫達克山脈返回華盛頓，發現是否要通過北緯三十八度線的決定正等著他拍板。他認眞看了肯楠的備忘錄，上面勸他否決，並提出對聯合國承認中國等建議。艾奇遜在回憶錄中寫道，那份備忘錄「是其才華洋溢的作者典型的作品，詞藻華美，有時矛盾，裡面不時夾雜著的預言式洞見與建議，就如同這份文件所承認的，充滿了不實際」。

艾奇遜一開始只贊成恢復韓國的現狀。他在六月底的一場演講中明確指出這一點。兩個星期後，他寫信給保羅・尼茲表示，作戰目標是將北韓軍隊趕出南韓，而非統一韓國。不過，對於美國趕走侵略者之後應該怎麼做，他還是感到不安。美軍部隊必須長期駐守邊界嗎？如同他在給尼茲的信上所寫的，他「看不到結束的那一天，換句話說，就像維吉尼亞人說的，我們買了一匹小公馬☆」。他也承認戰爭的現實——戰場是流動的，難以控制。不能期望麥克阿瑟的部隊「挺進到那一條緯度線然後突然停止」。

儘管艾奇遜不願意承認，不過他對政治勢力相當敏感。政府已經因爲韓戰而備受責難。參議院外交關係委員會有四名委員指控，杜魯門在波茨坦會議上「出賣」蔣介石，而蔣介石失去中國大陸直接導致韓戰爆發。連范登堡都支持這項聲明。參議員惠利指控，艾奇遜的手上沾滿了「我們在韓國的子弟的鮮血」。衆議員休・史考特（Hugh Scott）稱呼國務院爲「希斯倖存者協會」，指控它打算「在北緯三十八度線喊停，推翻我們的軍事勝利。這項陰謀就潛藏在這條線後方……」

艾奇遜需要乾淨俐落的勝利，而非拖拖拉拉的僵局。他的朋友與助理開始感覺到他擔心政治壓力，急著想

☆譯註：小公馬能否長成良駒還在未定之天，這裡意指未來的狀況難以掌握。

要找到贏得大衆支持的方法。「這是他最擔心的一件事。」當時在政策規劃處工作，後來成爲他好友的C. B.馬歇爾（C. B. Marshall）回想說。例如，艾奇遜在八月寫信給他的副手吉姆・韋伯（Jim Webb），苦惱著「惠利等人」會攻擊他「提供共產黨進行侵略的通行證」。

九月七日，艾奇遜暫時決定麥克阿瑟應該可以往北推進，越過北緯三十八度線。然而他依舊感到不安。他相當擔心會刺激蘇聯，便告訴撰寫國家安全會議作戰目標的人員要明確表示，除非麥克阿瑟收到華盛頓的具體命令，否則他不能眞的越過邊界。

★★★

九月初，麥克阿瑟的部隊距離北緯三十八度線還遠得很。他們依然往朝鮮半島北方挺進，打一場漫長艱苦的戰役。然而，麥克阿瑟一直在策劃堪稱軍事史上最大膽的一項計謀：如同他所敘述的，「一種深入敵方側翼與後方的迂迴攻擊，斷絕其補給線，將其所有部隊包圍在首爾以南。」

麥克阿瑟想讓兩萬五千名士兵在敵後兩百英里處登陸，迅速從尾部切斷北韓的入侵攻勢。至於登陸地點，他挑選仁川港。這個選擇打破了所有兩棲作戰的規則：那裡沒有海灘，只有海堤；登陸處會深入城市的中心；敵軍的堡壘可以俯瞰入口；登陸艇必須設法通過容易佈設水雷的航道，並克服上面的岩石與回流；三十二英尺高的浪潮在低潮區留下了泥灘。確實，一個月只有兩天可能從這裡登陸。麥克阿瑟自己稱這項行動「只有五千分之一的成功機會」。這項計畫只有一項最根本的優勢：意外。

要說服麥克阿瑟的上級長官同意這項驚人的計畫，艾佛瑞爾・哈里曼扮演了一個關鍵角色。兩人於八月初在東京見面時，將軍就已經將它大概描述給哈里曼知道。雖然哈里曼對於軍事戰術懂得不多，不過無畏的大型行動往往吸引著他。這項代號爲鉻鐵（CHROMITE）的計畫，頂多跟哈里曼家族的某些冒險事業一樣大膽而已，例如E. H.哈里曼興建環繞世界的海洋航線與鐵路線計畫。

哈里曼熱切地對同樣喜愛大膽突擊行動的杜魯門描述麥克阿瑟的策略。杜魯門說他被說服了，可是也補充說：「你最好盡快趕到五角大廈，去說服布雷德利與強森。」軍方高層已經公開表明，他們堅決反對風險太高的鉻鐵行動。

在五角大廈，國防部長強森即將遭杜魯門解職，部長生涯進入最後階段，但是他自己卻毫無所悉。哈里曼發現，國防部長對於杜魯門決定不顧他與參謀長聯繫會議的意見而核准鉻鐵計畫，感到十分不滿。強森變得有點懷疑哈里曼，後者在他反對艾奇遜的行動中不是盟友，而是敵人。強森怒指哈里曼說服杜魯門接受麥克阿瑟的計畫，將手伸入軍事領域。「你對總統做了什麼？」他盤問道。哈里曼含糊其詞說，他只是提供政治上的建議。強森高度懷疑，但是他陷入了困境；他收到了杜魯門發出的解職令。「啊，」強森氣急敗壞地說，「總統告訴我，他要麥克阿瑟的計畫獲得支持。」

麥克阿瑟決定親自以一段慷慨激昂的演說來說服參謀長聯席會議：「我幾乎聽得見命運的第二隻手在滴答響著。」麥克阿瑟八月中旬在這些高級軍官的一場會議上發表演說，「我們必須馬上行動，否則只有死路一條。登陸仁川將會成功，而且能夠拯救十萬條性命。」

在縝密性與運氣的雙重加持下，鉻鐵行動扭轉了戰爭的局勢。九月十五日，麥克阿瑟的閃電突襲擊潰北韓軍隊、迅速收復南韓首都首爾，讓美軍留在邊界，準備向北推進。

華盛頓下達給麥克阿瑟的命令有點含糊不清。他們的目的是激勵他殲滅北韓軍隊，同時提防蘇聯與中國介入的風險。概括來說，他要挺進北緯三十八度線以北，可是只動用靠近中國邊界的南韓部隊，如果遭逢蘇聯或中國部隊，他就要停止攻擊。撰稿人之一C. B.馬歇爾回憶說：「我完全明白我們是用漂亮的措辭在自欺欺人。」

艾奇遜的年輕助理盧修斯．巴特爾也擔心這些命令太模糊。當他在九月二十七日將它們交給艾奇遜簽名時，他告訴國務卿，參謀長聯席會議已經同意了，可是隨即脫口而出這些命令太過空泛，應該給麥克阿瑟更明確的指示。當時艾奇遜站在紐約華爾道夫酒店（Waldorf Astoria）的一間套房裡，心中想的都是北大西洋公約組織的事。他轉向巴特爾，嗤之以鼻：「我的老天，你幾歲？」巴特爾難為情地回答他三十二歲。「你願意對抗參謀長聯席會議嗎？」艾奇遜問，一邊迅速簽了名，然後繼續擔心北大西洋公約組織的事。

艾奇遜不知道的是，他的偶像馬歇爾將軍正使得情況更加惡化。這位新上任的國防部長經過杜魯門同意，發給麥克阿瑟一封「限本人親閱」的機密電報（但是沒有拿給艾奇遜看），上面告訴麥克阿瑟：「我們希望你在戰術與策略上都別感到受束縛，放膽進軍北緯三十八度線以北。」馬歇爾後來解釋，他只是試圖讓麥克阿瑟放心，他可以儘管通過邊界進入北韓，不必在意含糊不清的正式命令。然而，麥克阿瑟卻將馬歇爾的電報視為肆意征戰各地的執照。他回覆：「我認為整個韓國都可進行軍事行動。」華盛頓沒有人反駁他；事實上，美國在一個星期後透過聯合國推動一項決議案，呼籲韓國重新統一★。

中國隨即開始發出警告，印度駐中國大使K. M.潘尼卡（K. M. Panikkar）擔任傳訊人。有一名中國將軍在九月二十五日告訴他：「中國人無意袖手旁觀，讓美國人來到他們的邊界。」接下來又傳來一個更直接、優先性更高的訊息：十月三日清晨五點三十五分，艾奇遜醒來看到一封代號為NIACT（意思是無論日夜都要請國務卿

★作者註：韓戰在名義上是聯合國的戰爭。由於蘇聯嘲諷地（且愚蠢地）抵制安理會，美國才能讓聯合國通過決議，譴責北韓入侵，呼籲聯合國會員集體出兵驅逐侵略者，恢復和平。果然，十五個會員國派出兩萬五千名士兵加入五十萬主要大軍（南韓佔了二十五萬人），麥克阿瑟則獲派為最高聯合國指揮官。對哈利・杜魯門而言，要測試聯合國這個世界組織維護集體安全的能力，韓國是第一個機會。「我們不能讓聯合國失敗！」韓戰爆發之後那一天，杜魯門大聲宣示。艾奇遜十分願意利用聯合國來主導世界各國的意見。甚至在六月二十四日晚上致電杜魯門，通知北韓侵略行動之前，他便已經召開了一次聯合國安理會特別會議。可是艾奇遜對國際性政府沒有太大信心，並私下認為韓國不是測試聯合國的機會，而是測試美國是否有能力對抗蘇聯。

注意）的電報通知他，中國外交部長周恩來已經告訴印度的潘尼卡，如果美國軍隊向北挺進，通過北緯三十八度線，中國勢必介入。

英國因爲潘尼卡的報告而憂心忡忡，建議艾奇遜別置之不理。艾奇遜深感不屑，他認爲那位印度大使是共產黨的走狗，把他的警告當成「不過是驚恐的潘尼卡所說的大話」。他告訴英國人，「對於八成是中共虛張聲勢的事情，我們不應該過份害怕。」

此外，杜魯門總統正打算在中太平洋的中立地區——蕞爾小島威克島（Wake Island）與麥克阿瑟將軍見面。此行的目的有部份政治考量：杜魯門的顧問考慮到距離國會選舉只剩下一個月，如果外界見到麥克阿瑟與杜魯門友好地交談，那麼他對共和黨右翼份子的用處可能沒那麼大。而且，總統沾沾仁川英雄的光也沒有壞處。

艾奇遜心存懷疑。他調皮地對杜魯門說，儘管麥克阿瑟擁有許多外國元首的特質，也跟任何外國元首一樣難以應付，但是承認他是外國元首卻顯得不智。他不願意去威克島。不過哈里曼支持這趟行程，認爲它是必要的政治姿態，他甚至還送給麥克阿瑟夫人一盒五磅重的巧克力。當飛機降落在那座偏遠的小島上，哈里曼趕緊在麥克阿瑟前去迎接杜魯門之前攔住他。將軍粗魯地問他：「這次見面是爲了什麼？」哈里曼說，杜魯門想討論如今麥克阿瑟贏得如此漂亮的軍事勝利，那麼在韓國如何贏得政治上的勝利。麥克阿瑟似乎鬆了一口氣。他抓住哈里曼的手臂，說他在仁川冒了「一個極大的風險」。哈里曼提醒他，總統支持他也冒了很大的風險。

麥克阿瑟沒有好好對他的統帥行禮，不過在其他方面對總統相當客氣。杜魯門開門見山：中國會插手嗎？不會，麥克阿瑟請他放心。戰爭到了感恩節就會結束。

第十八章　深淵　鴨綠江災難

NADIR　*Disaster at the Yalu*

一九五〇年十月下旬，美國與南韓部隊在北韓的荒蕪山丘上與中共部隊發生慘烈的零星衝突。毛主席在十一月二日宣布，他們是加入北韓軍隊陣容的「志願軍」，以保護中韓之間鴨綠江沿岸的水力發電廠。麥克阿瑟不把拿著老舊日本步槍、腳穿布鞋的中國軍隊看在眼裡，他在發給華盛頓的一封電報中稱之為「不具威脅」。然而戰場指揮官的報告指出，中國部隊雖然配備不佳，可是紀律嚴明。為了預防萬一，麥克阿瑟決定摧毀鴨綠江上的橋樑。華盛頓會定期接到訊息。

在預投擲計第一批炸彈的時間之前不到四小時，羅威特看到了那封電報。他盯著地圖，判斷空襲是個十分糟糕的想法，那麼做可能會激怒中國，可是卻無法阻止部隊前進，因為鴨綠江水淺，涉水而過並不困難。他很快著手阻止這項行動，並獲得艾奇遜與馬歇爾的支持。

麥克阿瑟非常氣憤。他抗議說，華盛頓的干預「最後可能毀滅我旗下的軍隊」。他要求他的電報要呈給總統，「我相信你們的指示很可能帶來大規模的災難」。

不過幾天前才表示中國入侵「不具威脅」的人竟然發出如此嚴厲的警告，使得華盛頓不禁感到疑惑——疑惑的對象不是突然停止戰爭、退回到山裡的中國軍隊，而是麥克阿瑟。

羅威特尤其擔憂。談到這位個性自負的將軍時，他便失去了平常和藹的態度；他的幽默感因而變得比較邪惡。羅威特在開會時會模仿麥克阿瑟為了遮掩禿頭而撥弄頭髮的模樣。「你們知道他細心梳整頭頂上的那些毛髮嗎？」羅威特會問大家，「其實他頭上無毛。那些頭髮是從他背上長出來的，往上捲曲再繞到他頭上。」

馬歇爾將軍也感到不安。他認為麥克阿瑟征服北韓的戰略有欠周詳。他相信麥克阿瑟在仁川港之後又進行另一次登陸是在浪費寶貴時間，使太多戰敗的殘餘北韓士兵得以溜出南韓。接著麥克阿瑟把他手下的部隊分成兩支軍隊：第八軍團以及第十軍團，分頭沿著南北縱貫韓國的山脈山脊兩邊北上。兩個軍團要溝通並不容易，遑論相互救援。在五角大廈早晨九點半的會議上，馬歇爾拿一些與部隊移動及後勤補給相關的特定問題問他的部屬。「那個小隊有多少人？」他會問。始終不太確定麥克阿瑟眞正目的爲何的五角大廈官員提出模糊的答案，馬歇爾便會說：「不要說大約多少人。到底是多少人？」

華盛頓無法得知戰場上眞正的情況。五角大廈有將近一個星期沒有獲悉美軍與中國「志願軍」交火的範圍與性質。中央情報局有關敵軍的報告充滿矛盾，幾乎毫無意義可言。麥克阿瑟對這個成立不久的單位有所懷疑，刻意不給它情報。遠東指揮部情報頭子查爾斯．威洛比將軍（General Charles Willoughby）擁有許多原始資料，可是卻無法正確地過濾整理。例如，他知道中國在韓國邊界外的滿洲有五十萬大軍，可是不知怎麼地就是不能有效掌握這個統計數字的意義，或是引起華盛頓的注意。那年秋天他也心有旁騖：他在撰寫歌頌麥克阿瑟對抗日軍的太平洋戰役的歷史。

狄恩．艾奇遜後來表示，儘管情報有落差，「我們卻十分清楚麥克阿瑟在北方的行徑有多麼瘋狂和愚蠢。」不過，如同他在後來寄給理查．紐斯達☆的信上所寫的：「麥克阿瑟創造了這場夢魘，我們卻都袖手旁觀。」

爲什麼？這個問題日後折磨了艾奇遜一輩子。

書面紀錄顯示，華盛頓並非沒有討論麥克阿瑟和他的作戰計畫。在十一月十日與十二月四日之間，國防部長、國務卿以及參謀長聯席會議在五角大廈戰情室開會三次，國防部長、國務卿與總統開會五次，艾奇遜自己又與總統開會五次。會議紀錄不斷反映與會者對於麥克阿瑟行動的擔憂，但是卻也透露出一種近乎無助的不確定感。艾奇遜在回憶錄中承認：「我們當中，顯然我也包括在內，沒有人爲總統提供他應有的協助。」

☆譯註：理查．紐斯達（Richard Neustadt）是專門研究美國總統制度的政治學家。

參謀長聯席會議受到麥克阿瑟威脅。他們曾經反對鉻鐵計畫，如今卻不願意在事後批評艾奇遜口中所謂的「仁川巫師」。參謀長聯席會議確實將有關第八軍團與第十軍團之間差距的「情報需求」送交麥克阿瑟，就軍中的規矩來看，那是從總部發出的明示，代表戰場指揮官冒了無謂的風險。可是麥克阿瑟無視於這項要求。陸軍參謀長勞頓・柯林斯將軍（General J. Lawton Collins）在十二月去見麥克阿瑟，他步下飛機，行禮後說：「你好，將軍。」名義上是柯林斯部屬的麥克阿瑟只說：「你好，喬。」

艾奇遜對於各參謀長的無能爲力感到不屑。可是他後來說，他也面臨了兩難局面。「我應該坐在那裡向參謀長們提出不專業的問題嗎？還是去找總統說：『聽我說，我完全不懂當兵是怎麼回事，可是我的老天，這樣非常糟糕。』」艾奇遜不考慮第二種情況，因爲他不能勸告總統做任何事。因此他不會提供解決方法，只會推卸責任——那是七宗罪之一。

艾奇遜確實去找了馬歇爾將軍。一九六七年，將近二十年之後，艾奇遜寫信給馬歇爾傳記的作者佛瑞斯特・波格（Forrest Pogue），說他曾經私下問過馬歇爾將軍，如果他對麥克阿瑟的戰略不滿意，爲什麼不命令他改弦易轍，要是他拒絕，便解除他的指揮權呢？馬歇爾回答，他不再是陸軍參謀長，必須竭盡全力維持「文人部長的態度」。馬歇爾嚴格遵守林肯與格蘭特率先在南北戰爭時建立的一項原則——戰場指揮官一旦接獲任務，「絕對不能干預他執行的方法。」

歷史學家經常指出，這項不干預戰場指揮官的傳統是一九五〇年秋天華盛頓允許麥克阿瑟勇往直前的原因。然而艾奇遜並不因此滿足。在一九六〇年代末期撰寫回憶錄時，他在寫給保羅・尼茲的一封信中試圖進一步探究他所謂的馬歇爾將軍「奇怪的靜默」。如同艾奇遜在寫給波格的信中指出，馬歇爾的不干預作法「對我來說似乎始終不太合理，尤其是在麥克阿瑟違反軍紀、威嚇上級的時候。」艾奇遜補充說，然而，「我寧願保持緘默，也不會批評馬歇爾將軍。」

馬歇爾還是因爲那年秋天華盛頓的不作爲而受到責難。此時他因年老而小心保留精力，行事自然顯得小心，因此還不是完全熟悉五角大廈的狀況，何況他在九月底才接任部長一職。因為與麥克阿瑟的私人關係，他甚至變得更加謹慎。在他的同意權聽證會上，他遭到一些瘋狂的國會議員嚴重羞辱，而他知道那些人是麥克阿瑟的盟友。他明白，如果要讓麥克阿瑟去職，就會點燃一場國會風暴，甚至可能造成一場憲政危機。

自從麥克阿瑟在第一次世界大戰擔任衝勁十足的戰場指揮官、馬歇爾成為總部最聰明的參謀以來，有超過三十年的時間，外界一直謠傳這兩個人是死對頭。雖然馬歇爾的確不太喜歡麥克阿瑟，但謠言實在過分誇大了些。只是，馬歇爾覺得自己在公事上對這位傳言中的敵人不能表現出一絲一毫的敵意。就一個如此無私又自制的人來說，這是很典型的反應，可是他卻沒有因此得到好下場。一九五〇年秋天，馬歇爾竭盡全力保持中立，卻因而失去立場，忽略了自己的責任。

馬歇爾的失敗並沒有免除艾奇遜的責任。這位國務卿擔負的政策制定責任超越了軍事問題。艾奇遜雖然對當兵瞭解不多，可是他比馬歇爾更瞭解中國的企圖；印度駐北京大使曾經透過英國對他提出警告。那年秋天稍晚——在災難降臨之後——艾奇遜毫不猶豫地不斷在軍事事務上強勢推翻五角大廈的決定。可是在一九五〇年十月與十一月，他卻莫名其妙地停手。他之所以遲疑，原因只能用面對朋友時難以施展政府權威來解釋。

艾奇遜相當訝異馬歇爾的本質如此善良與寬容，看不出來他過去的恩師竟然無法控制麥克阿瑟。在回憶錄中，艾奇遜寫到馬歇爾十分重視規矩，不肯比艾奇遜先進入房間，而且總是坐在他的左手邊。「備受尊重與愛戴的前長官如此對待我，是一種很痛苦的經驗。」他寫道。艾奇遜繼續激動地表示，那是國務院與國防部第一次（也是最後一次）能夠像個團隊合作無間。不過這種關係不禁令人感到太過友善了；艾奇遜太敬畏，馬歇爾則太客氣，他們無法反對彼此的意見。

羅威特同樣讚嘆馬歇爾的高尚人格。這位逐漸年邁的將軍與他最喜愛的「副駕駛」已經變得十分親近，助理們開始注意到他們不再需要對彼此說太多話；幾十個字便足以解決一般官僚必須花上一天才能討論出眉目的問題。「他們靠默契溝通。」五角大廈的首席顧問菲力克斯．拉爾金回憶說。如果他尊崇的將軍不肯在事後批評麥克阿瑟，羅威特也不打算硬要討論這個議題。他信手拈來就能模仿麥克阿瑟高傲地梳著禿頭上的頭髮，逗樂眾參謀長，可是卻完全沒有試著說服他們去阻止麥克阿瑟進攻鴨綠江的危險行動。羅威特和他朋友艾奇遜一樣都很苦惱麥克阿瑟將軍有勇無謀的行徑，但是卻沒有督促他去向杜魯門或馬歇爾說項。羅威特抱著一種近乎小孩般的情感看待艾奇遜。十月中旬，華盛頓因為麥克阿瑟在半個地球以外的瘋狂行動而陷入愁雲慘霧之際，副國防部長羅威特透過部門間的郵件服務寄給國務卿一封怪信：「親愛的史蒂芬，我累了。你願意揹我嗎？祝你健康，小鮑伯。」

諷刺的是，如果路易斯．強森沒被解職，由馬歇爾取代，那麼杜魯門或許會得到較好的意見。要是強森支持麥克阿瑟（事實上他真的會那麼做），那麼艾奇遜、羅威特和哈里曼就很可能遊說杜魯門，將他們倆解職。

艾奇遜的獨立判斷有可能因為他對杜魯門的忠心耿耿而受到進一步的影響。這位國務卿已經成為他老闆和民主黨真正的政治負擔。麥卡錫在那年秋天火力全開，在十一月的國會選舉代表共和黨候選人展開嚴厲抨擊，大喊「危險的韓戰可以歸咎於克里姆林宮，以及那些反對重整軍備的人，包括艾奇遜在內」。這樣的大謊言策略奏效：民主黨失去了六席參議員以及原本佔眾議院多數優勢的三分之二席次。杜魯門感到十分哀傷；他的助理喬治．艾爾西記得唯一一次看到他喝醉，就是在一九五〇年的期中選舉之後。

艾奇遜想要幫助杜魯門。他相當清楚，如果傳出一個古板的外交官試圖控制偉大的道格拉斯．麥克阿瑟，麥卡錫和整個共和黨會說什麼。此外，一月的國會預計展開所謂的「大辯論」，爭辯是否讓美軍部隊永久駐紮歐洲。如果艾奇遜在亞洲看起來像個姑息主義者，他最重視的西方聯盟就很可能岌岌可危。

在白宮，哈里曼對於此時的政治氣氛也同樣敏感。多年後，他談到越過北緯三十八度線以及征服整個韓國的決定：「必須擁有超人的勇氣才能加以否決。在心理上幾乎不可能不繼續進行，完成那項工作。」

哈里曼欣賞麥克阿瑟的膽識。畢竟當各參謀長都膽怯地反對時，他曾經幫助將軍向總統遊說入侵仁川的大膽計畫。然而，就像他的朋友羅威特和艾奇遜一樣，他對於麥克阿瑟突然往北進攻也有所疑慮。他後來回想說，他認爲麥克阿瑟擁有「三流」的參謀人員，也覺得麥克阿瑟的戰場指揮官沃爾頓．沃克「無能」。十一月二十四日，在一場艾奇遜後來形容爲阻止麥克阿瑟的「最後機會」的會議上，哈里曼也加入了懷疑的行列，強烈擔心美國逼近鴨綠江會激怒中國。然而那年十一月，在總統顧問與高級將領之間的大多數討論中，哈里曼卻鮮少發言。他在辯論時表達能力欠佳，說話又冗長沉悶，不擅長在會議上發表長篇大論。此外，他覺得自己協助解雇路易斯．強森，讓馬歇爾取而代之，已經盡心盡力了。他認爲自己的角色比較偏向調停者，而非策略家，就像總統的執行者，確保人們遵從命令，政策不受對手與無謂的爭吵所干擾。隨著強森下台，馬歇爾與羅威特掌控國防部，他覺得艾奇遜已經不需要一個人來擔任白宮與五角大廈之間的中介者了。於是他開始愈來愈少出席國務卿與國防部長之間會議。

跟艾奇遜一樣，他日後的職業生涯都將後悔自己未能大聲反對麥克阿瑟的愚蠢行爲。他在將近二十年後質疑自己的角色，懊惱地說：「當我看到那些部隊往北方的鴨綠江前進，我不知道自己爲什麼沒有採取任何行動。」

★★★

十一月二十四日，麥克阿瑟發動他所謂的「大型壓制包圍」，以關閉敵軍周圍的「夾鉗」。他告訴記者，他「會在聖誕節之前讓士兵回家」。

第二天，藏身在山溝與深谷裡的三十萬中共大軍從第八與第十軍團周圍一湧而出，他們帶著鐃鈸、喇叭，尖叫狂喊「王八蛋陸戰隊，我們殺！王八蛋陸戰隊，你去死！」傷亡慘重的美軍掉頭逃往南方。

「我們面對一場全新的戰爭。」麥克阿瑟在發給華盛頓的電報上表示。他將原因歸咎於「情況失控」。「中國軍人是用兩條腿走出來的。」杜魯門對他震驚的顧問說。他徵求在場人士的意見。馬歇爾將軍承認，他沒有答案。他說：「我們想要避免在韓國被殲滅，」可是「我們要如何有尊嚴地退出？」艾奇遜忙著將這壞消息轉達給國會領袖而精疲力竭，而他們毫不留情地猛烈批評。艾奇遜說，他擔心會爆發世界大戰。不過他反對退出。「我們必須找到一條我們能夠抓住的線，緊抓著下去。」他宣稱。

艾奇遜嚇壞了。他後來將整件事情形容爲「杜魯門政府最大的災難，對美國歷史具有無比的重要性」。那對他而言也是個人面臨重大危機的時刻。他知道自己未能在事前阻止麥克阿瑟，辜負了總統。他的夫人愛麗絲後來表示，她從來沒有見過他如此沮喪，爲了世界局勢如此恐懼。一如以往，他並未對其他人表露自己的痛苦，而是保持情緒平穩，勇敢面對災難。

在接下來幾天氣氛低迷的會議中，艾奇遜不斷獨自重覆一件事：美國不能撤出韓國，必須堅持下去。軍方陷入瀕臨恐慌的狀態。麥克阿瑟的軍隊在剛開始四十八小時便有一千人死傷，如今正拚命想要掙脫中國的陷阱。麥克阿瑟自己陷入絕望深淵，警告他的指揮權將「完全瓦解」。他痛苦地對記者訴苦，責怪華盛頓限制他轟炸滿洲，「是史無前例的巨大障礙。」羅威特看著那封電報，感覺十分不屑。他告訴艾奇遜，麥克阿瑟「正在撰寫給後代子孫的報告」，企圖遮掩自己的重大錯誤。「他很害怕。」羅威特說。

參謀長聯席會議幾乎已經放棄。他們告訴艾奇遜，他們需要取得停火協議，以撤出美軍部隊。艾奇遜回答：「如果我們放棄韓國人，讓他們慘遭屠殺，那麼我們就有可能會成爲史上最大的姑息者；如果有個敦克爾克，而我們被迫撤退，那就是一場災難，但並不是可恥的災難。」參謀長聯席會議主席布雷德利將軍悲哀地問道：「我們是否能返鄉，忘掉這件事。」艾奇遜怒斥：「當然不能。」

不過，艾奇遜卻不能下令美軍決一死戰。他向杜魯門坦承，美國可能必須撤退，不然就會被逼進海裡。

「情況看起來非常糟。」總統在日記中寫道。

十二月三日晚上，一整天連續開了多場悲慘的會議之後，艾奇遜坐在辦公室裡，感覺全身力氣用盡，此時他卻從最意想不到的地方收到鼓舞的力量。

★★★

波倫在巴黎驚恐地觀察這場災難。「麥克阿瑟這下顏面掃地了。」他告訴《紐約時報》的賽伊・蘇茲柏格。

這位老俄國通擔心艾奇遜在危機期間沒有蘇聯專家提供建言。於是在十二月一日，他打越洋電話給人在賓州農場的肯楠，力勸他到華盛頓幫忙。

肯楠在隔天抵達，聽取艾奇遜的副手吉姆・韋伯的簡報。那場簡報「對於我們在朝鮮半島上保留任何陣地基本上不抱希望」，肯楠寫信給波倫如此表示。第二天晚上，新國務院繁忙的走廊人潮散去之後，肯楠走下大廳，探頭進入國務卿辦公室。

又經過疲勞的一天，辦公室主人驕傲的態度已經有點委靡不振。他起身迎接肯楠。肯楠很驚訝看到國務卿顯得如此精疲力竭。不過艾奇遜一如往常，親切地歡迎這位老同事；雖然他經常藐視他的意見，但卻依然珍惜他的友誼。「喬治，」他露出疲憊的微笑說，「不如你跟我回家，住我家吧？」

兩人前往P街。艾奇遜顯得十分憔悴，肯楠根本不想對他提起戰爭的事。他們坐下來喝酒時，害羞的外交官肯楠發現艾奇遜充滿魅力、機智，而且不屈不撓。肯楠想起他已經難得與艾奇遜意見一致，他們的想法不再那麼契合。不過他卻忍不住欣賞他的勇氣。

不可避免地，他們還是談到麥克阿瑟乖僻的行徑，以及華盛頓狂野又神經過敏的氣氛，尤其是國會與軍方。艾奇遜太太聽著兩人坐在廚房餐桌的兩邊對談（那天晚上女傭外出），她回想，坐立不安的艾奇遜站了起來。他與肯楠走進走廊，在這個十二月夜晚結了霜的法式雙開門旁邊的石頭通道踱步，走進前方客廳。客廳裡掛著艾奇遜擔任主教的父親的肖像以及布蘭戴斯與史汀生的照片，壁爐台上則擺著耶魯大學的划船獎盃，他們談著維持美國強權以及堅定邁向未來的必要性。

那天晚上就寢之前，肯楠坐下來寫了一封長信給艾奇遜。

隔天早晨，英國工黨首相克萊門特・艾德禮（Clement Attlee）怒氣沖沖地從英格蘭飛來，因為杜魯門在一場記者會上拒絕排除在韓國使用核子武器的可能性；艾奇遜前往接機。接著他去參加九點半的會議，在那裡發現了肯楠的信。

親愛的國務卿先生：

延續我們昨晚的談話，在此我想說一件事。與私生活中一樣，在國際上，最重要的其實不見得是發生在某人身上的事，而是他如何去面對自己的遭遇。因此從現在起，幾乎每一件事情都取決於我們美國人如何承擔對我們國運而言無疑是重大挫敗與災難的局面。如果我們帶著尊嚴坦然接受它，抱著決心學習它帶來的教訓，以加倍的堅定努力使它好轉——如果有必要，沿襲珍珠港事變的模式重新來過——那麼我們就不需要失去我們的自信或我們的盟友，最後也不會失去我們與俄國人談判的力量。但是，如果我們企圖對同胞或盟友隱瞞這場不幸災難的全貌，或者允許自己以恫嚇、暴躁或歇斯底里等反應來尋求解脫，那麼我們很可能會發現，這場危機造成我們的世界地位衰退至難以挽回的地步——我們自己的信心也將徹底瓦解。

喬治・肯楠敬上

艾奇遜十分感動，他將這封信大聲唸給聚集在他辦公室裡的那一小群人聽。接著他說出自己的看法。他說，從麥克阿瑟東京總部散發出來的失敗主義情緒正在感染我們。他問道，我們應該如何開始激發坦誠的精神，加倍努力？

狄恩・魯斯克的話打動了艾奇遜。他舉出英國的例子，談到他們如何在最黑暗的日子裡堅持下去。魯斯克建議總統將麥克阿瑟解職。在場的肯楠也談到英國第二次世界大戰在北非的沙漠裡重整，並提議現在不是與蘇聯談判的好時機，美國絕對不應該在戰敗時與蘇聯談判。

會議中決議，他們必須吸收馬歇爾將軍為伙伴，共同努力堅定美國的決心。艾奇遜致電馬歇爾，告訴他韓戰的美軍士氣在生氣勃勃的樂觀主義與絕望之間狂亂擺盪，目前需要的是「強大的決心」。接著魯斯克與肯楠親自拜訪馬歇爾，請他支持一項堅定不移的政策。馬歇爾很快就被說服了。他回答，應該命令麥克阿瑟「找到一條他能堅持的底線，然後堅持下去」。在此同時，羅威特從國會山莊前來，指出國會瀰漫著失敗主義，愈來愈多人認爲美國應該退出韓戰。可以想見，這個消息更堅定了艾奇遜等人的決心。到了午餐時間，他們得到杜魯門的保證：「我們留下來繼續奮戰。」

擔心爆發世界大戰的恐懼一直困擾著杜魯門。他在自己的日記中寫道：「看來第三次世界大戰即將來臨。我希望事不至此——不過我們必須迎接任何挑戰，一定會勇敢面對。」其他人也與他一樣擔憂。參謀長聯席會議警告世界各地的美國指揮官，發生全面性戰爭的可能性已經「大幅提高」。與肯楠進行深度長談的那天夜晚，艾奇遜就寢之後心裡想著，如果他是被全球戰爭的消息喚醒，自己也不會感到意外。

十二月六日早晨，有那麼一瞬間，他以爲自己的夢魘成眞了。上午十點三十分，鮑伯．羅威特從五角大廈打電話給他，突然用簡潔的語氣通知他：「等我與你講完話，你不能再與我聯絡。所有來電都會被阻擋。我們即將宣布全國進入緊急狀況。我們獲知此刻有一支俄國機隊正飛越阿拉斯加上空，往東南方飛行。總統希望英國大使能得知這個消息，並告訴他，艾德禮先生應該爲了自己的安全採取適當措施。我的話說完，我要掛電話了。」艾奇遜插話：「等一下，鮑伯，你相信這種事嗎？」「不相信。」羅威特回答，然後掛斷。艾奇遜坐在辦公室裡等待。空軍戰機緊急起飛。一名資深官員闖進來，請求獲准打電話叫他太太出城，還問是不是應該開始將檔案移往地下室。艾奇遜努力安撫他。幾分鐘之後，羅威特冷靜地回電。結果那些雷達光點不是蘇聯轟炸機，而是鵝群。

★★★

國會對艾奇遜的攻擊達到新的極端。他遭到辱罵的原因不只有政策，還包括他貴族般的傲慢，以及高尚卻不幸、爲艾爾格．希斯辯護的舉動。十二月十五日，衆議院的共和黨議員無異議投票通過，參議院也以二十比五的票數決議全體國民已對艾奇遜失去信心，他應該下台。

表面上，艾奇遜對於別人的批評不是冷靜以對，就是加以嘲弄一番。阿契博德．麥克列許回憶，他聽到艾奇遜聽見（知名的保守派電台主持人）福爾頓．路易斯（Fulton Lewis）在廣播中嚴厲謾罵他時，還是勇敢地吹著口哨。鮑伯·塔夫脫在一場耶魯大學受託管理人的遊行中拒絕站在艾奇遜身旁，後來當兩位主角意外被湊在一起，在眾目睽睽之下通過一道拱門，造成媒體瘋狂搶拍，艾奇遜感到十分好笑。如果有計程車司機問：「你不是狄恩·艾奇遜嗎？」他會回答：「沒錯。我必須下車嗎？」

不過他的太太回憶，當艾奇遜被媒體的朋友遺棄時，他感覺很難過。當上國務卿之後，艾奇遜發現自己與媒體的關係便開始惡化。他後來形容那種關係是「激怒他們再和好：我認為他們被寵壞了，他們覺得我容易動怒；我們雙方的想法應該都沒錯。」他承認自己試圖「讓媒體產生一點恐懼」，還誇口「如果折斷他們的頭，你真的可以讓他們害怕」。他不但讓報社編輯對他敬而遠之，雷斯頓和李普曼等與白宮交好的專欄作家也因此與他疏離。曾經提名艾奇遜加入紐約世紀協會的李普曼，甚至在那年秋天呼籲艾奇遜辭職下台。艾奇遜特別討厭同為格羅頓中學校友的艾索普兄弟，他們曾經報導一件大概是事實的新聞：艾奇遜難以駕馭麥克阿瑟是因為他擔心被指為對共產主義太「溫和」。

艾奇遜最後猛烈抨擊最常攻擊他的其中一位國會議員。一九五〇年八月，殯葬業者出身的內布拉斯加州參議員肯尼斯·惠利在一場聽證會上傾身靠在一張窄小的桌子上，手指開始指著艾奇遜。艾奇遜整個人跳起來，對他大吼不要「用他的髒手指著我」。惠利怒喊他就是要指。「我量你不敢！」艾奇遜大叫。其他參議員驚訝地在一旁觀看，艾奇遜往後一靠，準備揮出重拳。曾經是耶魯大學美式足球員的國務院顧問亞德里安·費雪（Adrian Fisher）不得不抓住國務卿，將他推回座位上。後來在述說這件事時，艾奇遜試圖表明自己完全沒有失控。他說，在聽惠利大聲斥責時，「我甚至冷靜地想，自己是否失去了憤怒的能力。於是我開始咕噥著令人恐懼的詛咒，想激發自己的脾氣。讓我欣慰的是，我感覺有一股熱血從頸背往上衝，耳朵也開始發燙。」艾奇遜的解釋太調皮搞笑了；一般人都認為他就是情緒失控。

一如往常，艾奇遜受到好友的保護。羅威特似乎總是在他身旁，說一點逗人開心的話。他在聖誕節送艾奇遜一瓶葡萄酒，上面附了一段趣味短詩：「啜飲柏瑪芮玫瑰香檳（Pomery Rose），讓鼻子變紅，讓敵人變笨，讓生活變愜意。」一月二十一日，他寫了一封比較嚴肅的信給他：「我不知道你哪裡來的勇氣，但不管它從何而來，繼續堅持下去——繼續與你其他的朋友共享。」羅威特對記者如此形容艾奇遜：「他不是胸無大志，他是巨人。」

哈里曼心中對艾奇遜是不滿的。他在後來的歲月告訴朋友，艾奇遜將韓國置於美國戰略圈外是愚蠢之舉，鼓勵了克里姆林宮。他覺得艾奇遜捍衛艾爾格・希斯是一大錯誤，導致國務院遭到右翼分子瘋狂圍剿。「我認爲國務卿不應該理會一個已經被定罪的人。」哈里曼會對身邊親近的人這麼說。不過在一九五〇年秋天，哈里曼卻在記者和華盛頓官員面前堅定且大聲地捍衛艾奇遜。十一月，他在一場記者會上以毫不修飾的率直態度表示：「我相信在我國歷史上，沒有幾位國務卿有膽量以如此強而有力的方式處理他所面對的問題。」

哈里曼幾乎無法忍受攻擊艾奇遜的人。一九五〇年的選舉過後，喬・艾索普在一場晚宴上喝了太多酒，邀請了理查・尼克森參加「週日夜晚餐」。剛剛以扣紅帽子的手段（「她全身上下一直到內衣都是粉紅色的」）擊敗海倫・嘉海根・道格拉斯（Helen Gahagan Douglas）而勝選的尼克森參議員，身穿閃亮的新西裝抵達史都華・艾索普的住宅時，另一位客人艾佛瑞爾・哈里曼正好通過大門。哈里曼轉身走開。「我不跟那個人共進晚餐。」他告訴女主人。艾索普太太求他留下來，可是在餐桌上他將自己盤子翻面，關掉助聽器，拒絕說話。

哈里曼對待艾奇遜幾乎也是一樣率直。他知道許多國會議員覺得艾奇遜留的翹鬍子顯出階級優越感，看起來有點冒犯。「刮掉吧，」他命令艾奇遜，就像六年級生對四年級生那樣，「這是你欠杜魯門的。」自負又不從流俗的艾奇遜加以拒絕。私底下哈里曼會挑艾奇遜的毛病，說他不肯挺身反抗政敵。一九五〇年春天，哈里曼到艾奇遜家用餐時，艾奇遜大略談到他打算以美國外交政策爲主題發表的一連串演講，哈里曼卻愈聽愈不耐煩。「狄恩，」哈里曼終於打斷他，「你想寫三份演講稿，收錄於偉大國務卿艾奇遜演說集當中，供未來的歷史學家閱讀，還是想對政治局勢發揮一些影響力？」艾奇遜開始和哈里曼爭辯，一直到愛麗絲插嘴：「我認爲艾佛瑞爾說得有道理。」可是哈里曼在對這位昔日划船學生的粗魯說教中夾雜了一些道義上的支持。他將綏夫特寫的句子寄給他，藉以鼓勵他☆：「誰能在一塊土地上種出比原來多出一倍的玉米或牧草，那麼他對於人類與國家的貢獻，就比所有政治人物都還來得大。。」

哈里曼讓艾奇遜感到困惑，不過艾奇遜也深深感激他。一年後，一九五一年十一月，艾奇遜參加哈里曼在巴黎舉行的六十大壽壽宴，那是在瑪莉位於塞納河右岸時髦公寓裡舉行的一場華麗正式宴會。哈里曼吹熄生日蛋糕上的蠟燭之後，艾奇遜起立，代表「因爲太喜歡艾佛瑞爾而於今晚齊聚在餐桌四周的我們」舉杯敬酒。他回想在格羅頓中學唸書時第一次見到哈里曼的情形，當時他有多麼敬畏他，他們一起合作了多少年，以及哈里曼如何成爲美國的偉大公僕之一。哈里曼深受感動，他從座位上站起來，說當初體重一百四十九磅的艾奇遜是耶魯大一新生隊史上最輕的划船手，他們倆在當教練時如何被開除，可是又如何在激烈的環境中生存。

在枝形吊燈底下，一小群人圍繞在鋼琴周圍唱著抒情歌曲，侍者則不斷端來香檳。艾奇遜的親近好友，海軍上將亞倫・寇克的夫人莉迪亞在香檳與親密氣氛的壯膽之下向艾奇遜提起，艾佛瑞爾一直希望能擔任國務卿，那種渴望有如他對狄恩的欣賞一樣強烈。艾奇遜回答，他本來就知道這件事，即使他們從來都不是多麼親近的好友，但艾佛瑞爾「一向是一個國務卿夢寐以求最忠誠的朋友與最忠心的部屬」。

★★★

鴨綠江災難的陰影仍在，一九五一年一月新年伊始，美國政府不再談論「擊退」共產主義與韓國統一。美國的作戰目標已經轉爲肯楠與尼茲從一開始所推動的：恢復北緯三十八度線的現狀。事實上，光是要說服參謀長聯席會議，美軍不應該整個撤出韓國，艾奇遜、馬歇爾與羅威特就碰上了困難。

在此同時，麥克阿瑟將軍正在準備進行最後大決戰。「他眞的無法忍受自己的職業生涯在挫敗中結束。」他的傳記作者威廉・曼徹斯特（William Manchester）寫道。艾奇遜則在自己的回憶錄中引用古希臘悲劇詩人尤里

☆譯註：這段話出自強納森・綏夫特（Jonathan Swift）的作品《格列佛遊記》。

庇底斯（Euripides）的句子：「諸神要誰滅亡，必先使其瘋狂。」

就算無法在全球實現，麥克阿瑟也想在最後一場終極戰役中消滅遠東的共產主義。十二月底，他向參謀長聯席會議提議封鎖中國海岸，以空襲方式破壞中國的工業生產力，並允許蔣介石反攻大陸。參謀長聯席會議回覆他們無意引爆第三次世界大戰之後，麥克阿瑟又回覆，抱怨他部隊的士氣低落，除非解除「強加在他身上的特殊限制與條件」，否則很可能會發生「全面性的破壞」。他暗示，華盛頓的手上會沾滿鮮血。馬歇爾將軍冷冷地對狄恩．魯斯克表示：「當一位將軍抱怨自己部隊的士氣，就是他該自我反省的時候了。」一月十日，艾奇遜憤怒地召喚一名作戰顧問到他喬治城的住家，要求軍方停止爭吵，專心作戰。

幸好，在華盛頓與麥克阿瑟對話時，馬修．李奇威將軍（General Matthew Ridgway）也在韓國重整殘破的美軍部隊，慢慢收復失去的優勢。他的攻擊計畫簡單殘忍，代號爲殺手行動（Operation Killer）；目標不是搶佔領土，而是盡可能殺死最多敵軍。這種消耗戰策略有賴優越的美軍火力；十五年後，它在越南的效果卻沒有這麼理想。

十二月初，杜魯門命令軍方指揮官「發表公開聲明時應該極度謹慎」，希望箝制麥克阿瑟對媒體的發言。麥克阿瑟藐視這項指令。他告訴記者國務院要反制他的這項陰謀：「這一群親歐派就是不願意認清，亞洲已經被選爲共產力量的試驗地，如果整個亞洲都淪陷，歐洲也無法倖免。」

他公開批評恢復北緯三十八度線現狀的決定。最後，他發出聲明貶低中國，說它只是一個「被誇大的軍事強權」，刻意要破壞媾和試探的行動。他誓言，只要華盛頓撤除對他的「禁令」，中國就「死定了」。和平倡議流產，克里姆林宮稱麥克阿瑟爲「瘋子、重大罪犯，戰爭的邪惡天才」。

三月二十三日深夜十一點，羅威特帶著麥克阿瑟談話的文字稿到艾奇遜的住家。艾奇遜後來寫道，羅威特「面臨壓力時通常沉著冷靜，還會發揮嘲諷的幽默感，可是這次卻比我過去所見到的他都還要生氣」。羅威特堅持，麥克阿瑟應該去職，而且要立刻去職。

艾奇遜與杜魯門也幾乎同樣憤怒，不過麥克阿瑟是自作孽不可活。事實上，他已經讓自己下台成爲定局。

三月二十日，他寫信給衆議院共和黨領袖約瑟夫・馬丁（Joseph Martin），表示他完全同意共和黨右翼份子的觀點，也就是應該讓蔣介石開啓「第二戰線」。「勝利沒有替代品。」他提出如此結論。這是一封非正式信件，不過這個秘密太討喜了，實在無法隱藏。四月五日，馬丁在衆議院議場上宣讀這份聲明。

★★★

狄恩・艾奇遜很欣賞女演員麥娜・洛伊（Myrna Loy）。四月五日晚上，他和她以及她先生，國務院官員霍蘭・薩爾眞（Howland Sergeant）到國家劇院看戲。他帶著愉悅的心情回家，卻發現羅威特又坐在他家客廳裡，還拉著一張臉。「他太過份了。」羅威特說。艾奇遜也贊同。對總統十分忠誠的哈里曼相當震怒，堅持立刻讓麥克阿瑟去職。

杜魯門終於受夠了他自大狂妄的指揮官。隔天晚上他在自己的日記裡寫道：「這看起來像最後一根稻草。我已經做出結論，我們必須召回遠東的大將軍。」

然而，馬歇爾將軍遲疑了。他擔心國會的反應，擔心軍方撥款能否通過，擔心他的參謀長們。他就是無法讓自己去實現麥克阿瑟想了三十年的偏執預言：麥克阿瑟會在馬歇爾手中垮台。老將軍患了流行性感冒，不時氣喘，耳背也變得更明顯。他還需要更多時間。

白宮一片靜默。新聞秘書沉默不語，豪華轎車來來回回通過往北門廊的小門，總統沒有公開行程。在白宮外等待的記者對這場危機感到很驚訝。

週末期間，馬歇爾仔細檢視麥克阿瑟與華盛頓之間往來的電報。當他發現麥克阿瑟依舊是過去那個固執的人，「我們兩年前就應該開除他。」他告訴杜魯門。

麥克阿瑟在星期二遭到解職。因爲溝通混亂，他最早在廣播中聽到這消息。這樣看來顯得卑鄙的手段令許多人感到不滿，接著這種感覺變成一種歇斯底里的情緒。四十八小時之內，白宮收到了十二萬五千封電報：「彈劾傻瓜」；「彈劾猶大」；「彈劾自稱爲總統的混蛋」；「彈劾選區政客」；「彈劾轉移焦點」。共和黨右翼份子發狂了。「這個國家落入一個受蘇聯間諜指揮的秘密核心圈子手裡。我們唯一的選擇只有彈劾杜魯門總統。」印第安那州參議員威廉·金納（William Jenner）說。「那個王八蛋應該遭到彈劾。」麥卡錫咆哮道。他宣稱將麥克阿瑟解職是杜魯門「喝波本酒和本尼迪克特甜酒喝到酒醉時」所做的決定。

全美各地紛紛降半旗，國旗還顛倒過來，有人罵總統是「豬」。一名丹佛男子成立了「揍哈利鼻頭俱樂部」（Punch Harry in the Nose Club）。艾奇遜的肖像被掛在街燈上；海報上寫著懇求「上帝拯救我們免遭艾奇遜所害」。

麥克阿瑟返國時受到堪稱史上最盛大的英雄式歡迎。舊金山的群衆衝垮了警方設置的路障。在華盛頓，馬歇爾將軍盡職地去爲麥克阿瑟接機。麥克阿瑟記得馬歇爾希望除了太太以外的所有人稱呼他的姓，結果他下機之後說：「你好，喬治，你好嗎？」他在國會聯席會議上攻擊姑息與失敗主義，並在他知名的告別演說上流下眼淚（「老兵不死，只是凋零……」）。「今天我們聽見上帝說話了。有血有肉的上帝，上帝的聲音！」衆議員杜威·蕭特（Dewey Short）哭喊道。在白宮，杜魯門對艾奇遜說：「根本全都是狗屁！」

艾奇遜說麥克阿瑟「可悲」。接著他說了一個故事，一個家庭裡有一個漂亮的女兒，他們住在軍營邊。母親始終擔心女兒的貞操，不斷對丈夫表達自己的焦慮，讓丈夫不堪其擾。有一天女兒跑來找父母，哭著說最糟糕的事情發生了，她懷孕了。父親擦擦自己的額頭說：「感謝老天，終於結束了。」

事情不盡然結束了。國會發動一項大規模調查，共和黨衷心希望能藉此揭發國務院不忠的行爲。光是艾奇遜就出席作證了八天。他受質詢的內容五花八門，不只有韓戰，還包括雅爾達、借給墨西哥開發石油的貸款、中國國民黨政權叛逃者做的大豆投資買賣，以及他的一名助理與某國際石油地質學家結婚一事。他準備充份、表現出色，而且難得謹慎發言。有一名參議員抱怨艾奇遜佔有不公平的優勢，因爲他對相關主題的較爲瞭解。六月九日下午五點鐘，艾奇遜作證結束後，有人問他現在打算怎麼做。他回答：「我打算測試一下自己的酒量，如果酒喝完之前又有戰爭爆發，我絕對不會參與。」

騷動並未止歇，不過卻在夏天逐漸退散。不久，麥克阿瑟將軍便只是一個老戰士，穿著他西點軍校的浴袍坐在紐約一間豪華飯店的房間裡，想著昔日的戰役，以及他從未參與的最後一場大戰。

★★★

隨著麥克阿瑟去職，李奇威的軍隊也再次接近北緯三十八度線，於是華盛頓開始積極尋求戰爭的和平解決方式。早在一月，波倫就已經開始與巴黎的蘇聯外交官研擬舊邊界停戰的構想。到了五月，艾奇遜覺得「如果戰爭原本就即將結束，現在是考慮結束它們的好時機」。

肯楠在聖誕節之前就已經氣呼呼地回到普林斯頓，他自覺是個多餘之人，卻不知道自己已經幫助艾奇遜寫出那封鼓舞人心的信件。然而，艾奇遜並沒有忘記，在五月又向肯楠求助。他明白肯楠有絕佳的人脈，也受到克里姆林宮信任。他請肯楠悄悄與蘇聯聯繫，試探他們對一項和平提議的想法：在目前軍隊部署線停火，大致上恢復戰前的狀態。

肯楠親筆寫了一封信給蘇聯駐聯合國大使雅科夫·馬立克，要求與他見面。馬立克隨即邀請他在五月三十一日到蘇聯大使館位於長島格倫科夫市（Glen Cove）的夏日別墅共用午餐。馬立克顯得很緊張，將拖盤上的果汁和葡萄酒倒在自己膝蓋上，不過態度優雅、口齒流利的肯楠小心翼翼地提出建議，並請馬立克在充份思考過後告訴他答案；亦即在他得到莫斯科的指示之後。經過不到一星期，他便得到了答案：蘇聯想要解決問題。

談判後來拖延了兩年多，兩邊為了取得更有利的立場而不斷對戰，因而又有兩千名美軍喪生。問題有一部份在於美國不承認中國政府，使得外交聯繫相當困難。這些事對艾奇遜來說既棘手又挫折。他引用美國詩人布雷特·哈特（Bret Harre）的詩句：「由於神秘的原因／無意義的手法／沒有信仰的中國人真是奇怪。」

★★★

學術生活很適合肯楠。他住在普林斯頓一條兩旁種著梧桐樹的街道上一間舒適的房子裡，學生成群來上他的課，他的學術著作之一《俄國退戰》（*Russia Leaves the War*）贏得普立茲獎。不過，尚未年滿五十的他卻不甘心離開公職生涯。他又產生了典型的矛盾心情，無法全心投入學術界，但是對華盛頓又心存疑慮。

肯楠在一九五〇年十二月那段嚴酷日子的堅忍態度，讓狄恩・艾奇遜在某種程度上恢復了對他的敬意。肯楠熟練地應付馬立克，發起韓國和平談判，讓這位國務卿進一步想起肯楠的外交能力。當艾奇遜的朋友亞倫・寇克決定一九五一年年底卸下駐蘇聯大使一職，艾奇遜再一次將目光投向肯楠。這位蘇聯專家幾乎無法拒絕。他在自己的回憶錄中寫道：「如果說我整個職業生涯是為了什麼做準備，那就是為了這項任務。」

愉快又好奇的肯楠在一九五二年四月與艾奇遜共進午餐，接受指示。他發現國務卿充滿熱忱，但也沉默寡言，有些疲憊。結束那次會面時，肯楠並不確定自己的角色；接下來在國務院以及其他類似地方舉行的會議，讓他感到擔憂。當時大家最重視的是NSC-68。他寫道，連他最親近的朋友都著迷於「五角大廈不屈不撓的堅定思考」。他開始感覺到自己要被派到莫斯科「玩一場我不可能贏的賭局」。

不過，肯楠還是忍不住懷抱著一絲希望。儘管他認為個人外交幾乎難以左右歷史浪潮，儘管他覺得俄國從來就不是美國「穩當的盟友」，但他還是禁不住想，或許他能夠造成改變。他重返俄國「立刻成為一趟感性之旅，也是一項他肩負著神秘目的的外交任務」，《紐約時報》莫斯科特派記者哈里遜・索利斯柏里寫道；他經常邀請肯楠到他位於薩提科夫卡（Saltykovka）的週末鄉間別墅作客。

從他一向矛盾但或許深具洞見的觀察來看，肯楠感覺蘇聯儘管措辭嚴厲，但應該會接受外交上的提議，以緩和緊張關係，讓逐步升高的軍備競賽氣氛降溫。肯楠相信，史達林雖然殘忍、充滿敵意又偏執，但卻也是個務實主義者。這位圍堵政策的作者認為它已經發揮了效果：蘇聯被排除在西歐之外，他們在韓國的代理侵略行動遭到頑強抵抗。既然史達林將務實擺在第一，慣例、意識形態、一致性等其他事情都擺在後頭，他絕對會百分之百願意拋開好戰個性，毫不尷尬地與美國謀求解決雙方共同問題的和平方案。

這就是一九五二年夏天在薩提科夫卡，肯楠慵懶地倚靠在松樹底下，對索利斯柏里提出的看法。肯楠希望克里姆林宮會透露出一些他們改變心意的徵兆和小小暗示。他覺得，必須具有特別敏銳觀察力的人去捕捉最早的信號。索利斯柏里寫道，肯楠準備就緒，「就像一名優秀的婦產科醫生稍微利用鑷子來處理難產的狀況。」

離開華盛頓之前，肯楠已經說服美國之音不要對史達林進行人身攻擊，並懇求《時代》與《生活》雜誌的亨利・魯斯減輕抨擊克里姆林宮的力道。不過肯楠沮喪地對索利斯柏里承認，時間大概太遲了；華盛頓決心儲備軍火、重整德國的軍備，並讓盟邦認為以外交解決的希望極為渺茫。

重返史帕索大宅並未使肯楠的心情好轉。離開了即將在波昂臨盆的安娜莉絲，他發現這個大使館「宛如穀倉，空洞又有點哀傷」。曾經與他相處愉快的僕人如今卻板著臉孔；使館外牆「如今用泛光燈照著，就像監獄那樣，日夜都有武裝警衛巡邏」。他無論到哪裡都有人跟蹤，甚至連游泳也不例外（蘇聯國安會〔KGB〕幹員會在一旁划著船跟隨）。在一九三〇與四〇年代能和他正常接觸的「溫和俄國人不復存在」。夜間，他開始獨自在黑暗中於史帕索大宅裡的空蕩房間裡遊走。在點著微亮燈光的白色舞廳，他會彈奏平台鋼琴，或是「坐在幾間客廳裡的其中一張鍍金椅上大聲朗讀俄文給自己聽，只為了滿足我對這種語言的熱愛」。他在家書中寫道，孤立又不安的他開始覺得「自己有點像歌劇中的幽靈」。

在陷入精神錯亂的人生最後階段，史達林發動一項可怕的「仇恨美國」運動。莫斯科佈置了許多怪誕的宣傳素材。「海報上描繪身穿美國軍裝、狀似蜘蛛的醜陋角色，拿著進行細菌戰的噴槍和注射針，在城市各地的每道柵欄上盯著我們。」肯楠寫道。

他發電報給艾奇遜表示，美國對於這種冷戰惡況要負部份責任，蘇聯傳統的偏執已經因為西方日漸壯大的軍國主義而嚴重惡化。結果這封電報成了肯楠的「封筆之作」，是他「奉獻了二十四年人生」所報告的主題最後一篇沮喪的文章。

最後，冷靜的分析家肯楠屈服於飽受折磨的男子肯楠。一個小小的不愉快令他回想起自己的孤立以及克里姆林宮不斷的偏執，徹底擊垮了他。

八月底一個宜人的夏日，家人與他在莫斯科團聚之後，他看著兩歲的兒子在花園裡玩耍。幾個蘇聯小孩透過鐵籬笆看著這個美國小孩，他「開心地發出尖叫」，並伸出手觸摸他們。警衛趕過來噓走那些小孩。肯楠寫道：「我耐心地觀察這個完全邪惡、膽小、老舊的孤立政權的面孔，就算是一個外國官員還是得屈服於它。不過此時我卻動怒了。」

肯楠完全失去了他對於外交的沉著自信。他到倫敦參加一場大使會議，因為西方首都的懷疑氣氛不比莫斯科少而心情沮喪；九月十九日在伏努科沃（Vnukovo）機場登機時，肯楠沉默不語。經過柏林時，有一位記者在機場問他是否與俄國人有許多社交接觸。他的回答卻是把擔任駐俄國大使比喻成就像第二次世界大戰期間在納粹德國遭拘留。

對於自己被拿來與納粹相比，史達林自然十分憤怒。《眞理報》指稱，美國大使「撒了漫天大謊」。蘇聯隨即宣布肯楠為不受歡迎人物，禁止他返回蘇聯。

肯楠「感到極度羞愧與驚嚇」，美國駐德國高級專員傑克・麥克洛伊發現他陷入「震驚狀態」。麥克洛伊不是非常同情他；他覺得肯楠瞧不起他，把他當成門外漢。「我認為他很聰明，我渴望讓他來磨練我。」麥克洛伊後來回憶說，但是肯楠冷落了他。這位鬱鬱寡歡的外交官拒絕讓高級專員到機場接他，那樣他才能「一個人思考」。麥克洛伊後來嘲笑道：「他不想受傳統政策污染。」當蘇聯宣布肯楠為不收歡迎人物時，麥克洛伊回想說：「我笑了。他還曾經批評我是一個糟糕的外交官。」

★★★

羅伯特・羅威特在五角大廈的辦公室裡收藏著一幅漫畫，上面畫他穿著一件老處女睡袍，悲哀地唸著三封電報：「來當作戰部助理部長。史汀生。來當副國務卿。馬歇爾。來當副國防部部長。杜魯門。」漫畫標題寫的是：「經常當伴娘，從來不是新娘。」

一九五一年，馬歇爾與杜魯門終於給了羅威特應有的待遇，在馬歇爾退休後請他擔任國防部長。他是一位非常好的部長，是眞正獲得五角大廈官僚控制權的少數部長之一。由於相當注重細節，他拒絕讓不同部門只是每年提出大量的經費需求。他堅持看到可顯示他們如何計算出那些總額的數字。對於自己的審查作業，他一如平常提出得體的說法。「我們不是質疑你們的假設，」他告訴高階軍官，「我們只是想知道你們這些決定的基礎何在。」不過他還是毫不猶豫就刪除經費清單上較浪費的項目。

他禁得起軍方不斷要求新型高科技武器的壓力（例如，他駁回一種用來在水中行進的「通氣管吉普車」），而且不打模糊仗。「我不要聽簡報，」他會說，「我只要事實。」他將自己討喜的幽默感帶進工作裡：在一場高層會議上，他拿起一張圖片，上面是一隻面帶愁容的米格魯犬，說：「這正是國防部長今天早上的感受。」

羅威特在思考時，最大的優點是高瞻遠矚，爲了下一場戰爭做準備，而衆將軍們還在準備打上一場戰爭。高級軍官在第二次世界大戰初期極力要求更多戰艦，羅威特卻堅持生產轟炸機。如今五角大廈高聲疾呼需要轟炸機，羅威特卻想製造飛彈。他能夠略過海軍（更大的航空母艦）與空軍（更多轟炸機）之間難堪的官僚紛爭，看穿俄國人的目的：製造強大火箭。在他的堅持下，一九四〇年代晚期停產的擎天神（Atlas）洲際彈道飛彈恢復生產。

羅威特小心地平衡資源與承諾，抗拒可能付出高昂代價的棘手事物。他的謹慎有時讓艾奇遜感到苦惱。當羅威特在一九五二年伊朗危機期間反對預付石油帳款給動盪不安的伊朗王（Shah）政府★，艾奇遜對他的助理開玩笑說：「對一個投資銀行家還能期待什麼呢？」

★★★

★作者註：在伊朗，首相穆罕默德・莫薩德克（Mohammed Mosadeq）想將英國擁有的油田國有化。一九五一年，由總是隨時待命的艾佛瑞爾・哈里曼在英國與伊朗之間進行調停的任務失敗。一九五二年，伊朗王的政權出現危機，艾奇遜想要根據國防物資採購法（Defense Materials Procurement Act）預付伊朗政府一億美元，作為未來石油運輸的費用。羅威特反對，但是杜魯門還是執意訂購那些石油。然而，莫薩德克拒絕美國的條件，伊朗迅速陷入動亂。中央情報局介入，推翻莫薩德克，在一九五三年讓伊朗王復位。

艾奇遜發現愈來愈難避開麥卡錫主義者對國務院的攻擊。一九五一年四月，杜魯門向麥卡錫主義屈服，根據他在一九四七年三月建立、邪惡的忠誠審查局體制，擴大解雇政府雇員的範圍。這時只要雇員的忠誠度顯示有「合理的可疑之處」，審查局就能加以解雇。舉證的責任由政府轉移到員工身上。獵巫行動如火如荼。

麥卡錫主義者一個一個拔除資深中國專家；這些國務院專家對於美國的遠東政策經驗豐富，卻也遭到嚴重誤解。艾奇遜斷斷續續地試圖保護他們，可是他已逐漸失去了空間與精力。

他力挺范宣德（John Carter Vincent），這個優雅的南方人曾在一九四六年警告，美國援助國民黨根本得不到什麼好處。在中國遊說團的窮追不捨下，艾奇遜試圖讓范宣德躲在瑞士，但不是以大使的身分，因爲參議院不肯通過他的任命案。（范宣德尋求過捷克斯拉夫的協助，不過對於無法如願看得很開；他知道他也會因爲失去那個國家而遭到責難。）麥卡錫下定決心要逮到范宣德，設法在一九五〇年構陷他是共產黨間諜。艾奇遜送范宣德到摩洛哥的丹吉爾（Tangier），不過那裡依然不夠遠。忠誠審查局在一九五二年發現他有「合理的可疑之處」。艾奇遜拒絕開除他，而是請已退休的美國上訴法院法官勒恩德・漢德（Learned Hand）成立一個委員會（麥克洛伊是委員之一），調查此案。就在一九五三年一月離開國務院之前，艾奇遜寫信給繼任者約翰・佛斯特・杜勒斯：「在我看來，忠誠審查局的意見似乎不是根據范先生的忠誠度來判斷，而是他所提議政策的正確性。如果不同意政策就等於不忠誠，駐外辦事處就要毀了。」

其他的中國專家得到的保護比較少。謝偉思（John Stewart Service）一開始被送到加爾各答，接著在麥卡錫介入後又被送到作業設施處（Office of Operating Facilities），在那裡管理打字機。他在一九五二年底遭到中傷，罪名有點矛盾，指控他是一個有私生子的同性戀者，於是列入不忠誠名單。艾奇遜讓他離開。肯楠對這個決定不滿意；他不懂國務卿爲什麼不用他明知存放在國務院檔案裡的辯護資料來幫助謝偉思。肯楠自行代表謝偉思作證，也爲政策規劃處的一名中國專家戴維斯（John Paton Davies）辯護，甚至自費從歐洲飛回美國，出席戴維斯的忠誠度聽證會。戴維斯的罪名是懷疑蔣介石。他總共遭忠誠審查局起訴六次，每次都無罪，但隨即又被起訴。

到了一九五二年，艾奇遜精疲力竭，無法公開對抗麥卡錫與他的黨羽。他本身就是受攻擊的目標，難以主張自己只是想維護程序保障措施。韓戰、原始人的攻擊、伊朗危機、莫斯科的仇恨美國活動，以及歷經冷、熱戰的十年公職生涯，在在都讓他心力交瘁。他生病了；他在南美洲旅行時感染腸道阿米巴原蟲，形成慢性腹瀉。不過，至少他沒失去幽默感。卸職之前不久，他爲自己寫了一首歌：

不能開車
不能點午餐
沒有計畫
沒吃午餐
沒有腦袋
沒有記憶
稱呼他的朋友
湯姆、迪克或亨利
不能讀電報
不能寫名字
至於演說
差不多也一樣

第十九章 流放 狂野歲月

EXILE *The wilderness years*

雖然道格拉斯・麥克阿瑟很快便淡出，但是這位將軍迎戰共產主義的衝勁，不但是壓制、還要擊潰它的那種精神，感染了一般大衆。許多老百姓對於圍堵政策感到不耐，因爲這項策略需要的是折衷、耐心、穩定、持久。肯楠指出包圍蘇聯時應該提高警覺、小心謹慎，並且避免挑釁，不過這樣的方法卻不爲要求無條件勝利的美國大衆所接受。

共和黨一九五二年的政見反映了這些魯莽的情緒。它誓言，下一任政府「將終結這種負面、無效又不道德的『圍堵』政策——它讓無數的人類陷入專制暴政與邪惡的共產主義中……我們擁護的政策將使自由本身充滿感染力的解放力量重新復甦」。

這種新政策的提倡者是約翰・佛斯特・杜勒斯，他撰寫了共和黨政見的外交政策綱要。當十一月德懷特・艾森豪一如多數人預期擊敗民主黨總統候選人阿德萊・史帝文生（Adlai Stevenson），杜勒斯也成爲下一任國務卿，執行這項新政策。

表面上，杜勒斯似乎是東岸外交政策菁英的理想成員。他的履歷簡直無懈可擊：普林斯頓與巴黎大學學歷、蘇利文克倫威爾法律事務所（Sullivan & Cromwell）資深合夥人、外交關係委員會委員、世紀協會以及吹笛岩俱樂部會員。他的傳記作者湯森・胡普斯（Townsend Hoopes）寫道，他同時是兩黨外交政策的「象徵與中介人」；他與范登堡共同合作，讓共和黨繼續支持杜魯門政府的戰後政策。

可是事實上，他並不是十分融入戰後外交政策制定者的核心圈子，那個圈子的成員也不信任他、不欣賞他。多疑、愛說教又剛直的杜勒斯並不是一個很討人喜歡的人。他與肯楠一樣敏感，卻少了他的洞見；有艾奇遜的冷靜，卻沒有他的機智；像麥克洛伊那麼坦率，卻缺少他的智慧；具有佛瑞斯托的武斷，卻沒有他的自知之明；更幾乎沒有羅威特或波倫的優雅與魅力。「他給人的印象是他有直達天聽的本事。」羅威特後來回憶說，「他缺乏幽默感或輕鬆感。他總是高高在上，聽他說話彷彿他在發表《登山寶訓》。」

小時候在紐約州北部成長時，佛斯特・杜勒斯大量閱讀宗教文學名著《天路歷程》（*A Pilgrim's Progress*）；就讀普林斯頓大學時，他是個害羞用功、不善交際的學生。他的志願是當一名「基督教律師」，結果後來勉強達成了這個心願。身爲冷漠無情的執業律師，他爲華爾街最傑出的法律事務所之一蘇利文克倫威爾開創了龐大的國際性業務。他有許多客戶都是德國人。一九三五年，當希特勒迫害猶太人的行動已昭然若揭，杜勒斯面臨合夥人要求他放棄德國客戶的龐大壓力。他不願配合，但最後仍含淚屈服；湯瑪斯・杜威後來回憶，杜勒斯認爲希特勒只是「一時的現象」。麥克洛伊回想說：「看到佛斯特對於納粹的立場，還有他對於即將來臨的德國威脅的感受，我總是感到迷惑。我寧可認爲他只是不特別擔心而已。」

雖然私底下偏愛奢華享受，喜歡喝干邑白蘭地、抽雪茄，不過杜勒斯卻沒有培養出前任國務卿狄恩・艾奇遜那般的優雅風格。他會用肥厚的食指攪拌威士忌，腳上的襪子會滑落，西裝都是綠色的，領帶也平庸無奇，更長期有口臭。他說話時會弓起身子往前傾，聲音單調扁平，將英國外相安東尼・艾登的名字唸成「安尼」。他是個虔誠的教徒；在一九三七年「重新發現」宗教，並將之運用在反共上面。在一九五二年五月《生活》雜誌一篇著名的文章上，他將冷戰定義爲一場道德聖戰，而非經濟或政治的戰爭，是基督宗教對抗無神共產主義的戰役。他的演講都以「和平之性靈基礎」、「基督徒的責任」以及「一個外交官與他的信仰」等爲題目。他隨身帶著一本自己經常翻閱、而且劃了許多重點的史達林著作《列寧主義的問題》（*Problems of Leninism*）；他視之爲無神論著作。

值得稱許的是，杜勒斯在戰後很努力維持兩黨外交政策，以共和黨觀察員的身分參加各種外交部長會議，而且普遍都以負責與支持的態度來參與。他在一九五〇年進入國務院擔任顧問，協助霧谷免受共和黨右翼份子的干擾，並成功地讓美國與日本簽定一項合理的和平條約，結束了戰後最後的一個未完成事項。

可是隨著一九五二年的選舉逼近，杜勒斯卻變得異常偏頗。他攻擊艾奇遜的政策「原地踏步」，呼籲提出「大膽的政策」，宣稱美國不應該只圍堵，還要「擊退」共產主義。他希望「解放」受到共產黨掌控的地區，例如史達林的東歐附庸國。至於要如何達成，他沒有說明。

★★★

即便看似不切實際，艾佛瑞爾．哈里曼在一九五二年還是憑藉他慣有的膽識，企圖競選總統。在華盛頓舉行的民主黨傑佛遜—傑克遜日☆（Jefferson-Jackson Day）募款餐會上，哈利．杜魯門宣布他不會尋求第二度連任，哈里曼便是在那天晚上決定投入選戰。杜魯門宣布之後引發了一陣騷動，民主黨紐約州黨部主席保羅．費茲派屈克（Paul Fitzpatrick）抓著坐在主桌的哈里曼，懇求說：「艾佛瑞爾，你一定要成爲候選人，促成紐約州大團結。」哈里曼當場同意代表紐約州參選。

一如往常，哈里曼同時受到責任與野心的誘惑。他自覺有義務繼續執行杜魯門的計畫，尤其是政府對一個強大的西方聯盟的承諾，於是接受紐約黨部的徵召，何況他們先前已經敦促他競選州長。在此同時，他也覺得自己十分適合擔任美國總統，即便他從骷髏會以後就沒有競選過任何職位。

即使對選舉完全陌生，哈里曼卻在那年春天直接投入競選，令艾奇遜、羅威特和其他朋友感到困惑，也有點震驚。他將全名中艾佛瑞爾前面的W拿掉，挑了一個了無新意的外號「誠實艾佛」（Honest Ave，記者喜歡稱呼他「有空的艾佛瑞爾」）。他鼓起勇氣坐上一輛搖搖晃晃的四輪馬車，在五十名牛仔以及猶特族印第安人的護衛下在鹽湖城（Salt Lake City）遊街，並宣稱：「這是我參選以來最美好的時光。」他的政見內容在一般的預料之中：根據《時代》雜誌的報導，他「遵循公平政策（Fair Deal）方針」，直接提醒選民如果美國要安全，納

☆譯註：傑佛遜—傑克遜日是民主黨總統競選募款餐會的別稱，以昔日兩位民主黨總統命名。

稅人就必須爲此付錢。「國外與國內政治是不可分割的。」這位老國際主義者於四月在華爾道夫飯店（Waldorf）舉行的高檔感恩餐會中告訴現場賓客，「如果猶豫不決的聲音佔上風，我們先前努力的成果將付諸流水，往第三次世界大戰邁向……共和黨永遠不會改變。二十年來，任何能使這個國家強大的政策他們一律投下反對票。」

搭乘私人火車在國內來回穿梭，哈里曼開始想像自己不只是紐約州支持的候選人。「我是最可能勝選的民主黨候選人。」他宣稱。可是他在巡迴演說時的表現乏味、笨拙又不夠熱情，實在無法與廣受歡迎的阿德萊·史帝文生相提並論；後者還在思考是否要參選，靜靜等待接受徵召。

杜魯門的確支持哈里曼，不過他在六月的一篇日記當中描述哈里曼致命的形象問題：「他是所有人當中能力最強的。可是他一直是華爾街的銀行家，也是本世紀初老投機商人之一的兒子……我們能在十二月將選票投給民主黨，選出一個華爾街銀行家和鐵路大亨擔任美國總統嗎？」在杜魯門的要求下，哈里曼在民主黨大會上退出了這場史帝文生佔上風的選戰，確保這位伊利諾州州長獲得提名。

哈里曼用一件事來安慰自己，如果史帝文生在十一月奇蹟般地擊敗德懷特·艾森豪，他就終於能實現自己擔任國務卿的心願。

「艾佛瑞爾討厭杜勒斯，認爲他野心大又不誠實。」與哈里曼交談過之後，賽伊·蘇茲柏格在一九五二年八月二十一日的日記上寫道。那天晚上，哈里曼以他典型的直率風格在全國電視上與杜勒斯辯論：

> 杜勒斯：我會做的第一件事就是將完全防衛性的政策改為心理攻勢，一種解放政策，試圖讓蘇聯帝國內部產生希望和反抗的因子……
>
> 哈里曼：這些話聽起來很漂亮，但是我不瞭解它們的意思……最殘忍的莫過於讓關在鐵幕後面的人民設法起義，發生悲劇和大屠殺——我在那裡待過，知道那是什麼情形……

主持人華特・克朗凱（Walter Cronkite）問杜勒斯，共和黨是否支持這樣的起義。杜勒斯回答，他不想引發大屠殺，但是他寫過「《生活》雜誌上的一篇……」哈里曼插話：「我看過兩次，可是不瞭解你的意思。」杜勒斯：「你應該看第三次的。」哈里曼：「我看了，還是看不懂……」

哈里曼感到很挫折。他知道史帝文生在十一月勝選的希望渺茫，而身為民主黨員的他即將失去權力了。

★★★

與哈里曼比起來，艾奇遜瞧不起杜勒斯的程度有過之而無不及。對於艾奇遜這樣的務實主義者而言，杜勒斯的道德主義令人反感。跟哈里曼一樣，艾奇遜也認為杜勒斯不誠實。雖然杜勒斯是最早在一九五〇年六月極力主張派遣地面部隊到韓國人之一，可是當情勢在十二月急轉直下，他卻開始公開宣稱他一向反對派部隊前往。或許最糟糕的是，艾奇遜認為杜勒斯是一個會向「原始人」屈服的懦夫。

艾奇遜十分厭惡杜勒斯，甚至因此提早一天辭去國務卿，以免必須簽署杜勒斯的任官令。艾奇遜到安地瓜（Antigua）度長假，在那裡悠閒而輕鬆地看著杜勒斯讓駐外辦事處幾近崩壞瓦解，而那正是他所擔心的事情。就像他在那年春天寫給哈利・杜魯門的信：「國會刻意的姑息，現在犧牲了我們國務院最優秀的公職人員，這不只有罪，而且令人害怕。」他也寫信給先前的特別助理盧修斯・巴特爾：「杜勒斯那幫人在我看來就像駐紮在宏偉市政廳的騎警，燃燒鑲嵌板來煮菜。」

★★★

對於艾奇遜以及其他塑造美國在戰後世界中角色的設計師而言，這些年將是流放的年代。掌握了獨特的全球性權力七年之後，這些人突然發覺自己在從事孤獨的學術研究或處理私人客戶的小事，儘管有利可圖，卻悵然若失。

在某種程度上，他們是一場外人推翻核心人士的革命中的受害者。失去政權二十年，共和黨自然希望重新開始。那意謂著連最沒有黨派色彩的官員都在「清除」之列，包括肯楠這種厭惡政治的外交官，以及杜魯門的好友們。

然而在這個扭曲的年代，艾奇遜等人卻發現自己不但被排拒，還遭到蔑視。不可思議的是，這些最早警告蘇聯威脅、本身也是資本主義最堅固支柱的人，卻被歸類爲共產黨同情者。例如，傑克・麥克洛伊擔任過世界銀行總裁以及駐德國高級專員的資歷，竟然被麥卡錫大肆渲染爲「難以置信、不可想像、無法解釋的秘密叛國的紀錄，他支持我們不共戴天的敵人，共產黨陰謀集團」。這位蠱惑民心的政客之所以能夠成功散播這種漫天大謊，原因只能用怨恨來解釋；這種怨恨不僅反對麥克洛伊的所作所爲，也反對他的人和他所代表的立場。對許多一般人來說，華爾街本身就是一個陰謀集團。尤其是在南方與西部，貧窮的農民和普通勞工懷疑自己的艱苦日子與東岸商業大亨及肥貓的輕鬆生活比較起來，判若雲泥。一大批煽動民心的政客便利用這種怨恨心理，惡意指控這種「龐大財富的罪人」；泰迪・羅斯福曾經用這個字眼來形容貪婪又自私的E. H.哈里曼。麥卡錫只是採用舊的陰謀集團概念，再賦予它邪惡的新意義。

剛開始艾奇遜夫婦與麥克洛伊夫婦對這些說法不以爲意；後來當他們發覺自己在私生活當中成爲人人避之唯恐不及的人物，才深感受傷與憤慨。多年後，保羅・尼茲對於麥卡錫能夠成功攻擊他依舊感到驚訝——不是批評他的政策觀點，或甚至對共產黨的姑息，而只是因爲他曾經是「華爾街操作員」。

★★★

約翰・佛斯特・杜勒斯不要只有忠誠；如同就任當天他在一份備忘錄上告訴國務院員工，他要「絕對的忠誠」。任何不符合這項標準的事情「在此刻都讓人無法容忍」。第一次致詞時，他宣布國務院的政策會以「簡單與正直」作爲基礎。

至於行政副國務卿的人選，杜勒斯聘請早餐玉米片商人唐納・勞利（Donald Louire）擔任。「幾年前他是個美式足球四分衛。」杜勒斯在一場國務院員工會議上解釋，「我想那就是我們即將見到的那種思考與創新行動。」

勞利聘用史考特・麥里歐（Scott McLeod）擔任他的國內安全特別助理，後者曾擔任新罕布夏州《曼徹斯特工會領袖報》（*Manchester Union-Leader*）記者以及極右翼份子史戴爾斯・布瑞吉參議員的調查員。心存惡意又狡猾精明的麥里歐雇用了三百五十名沒有經驗但滿腔熱血的調查員，他們很快便查出駐外辦事處中的酒鬼、同性戀者、無能者，還有一種定義模糊的「不適任者」。這些人都由有具有忠貞政治信仰的人所取代。至於領導遠東事務處的人選，杜勒斯挑上出身里奇蒙（Richmond）的銀行家華特・勞勃森（Walter Robertson），他也是支持蔣介石的衆議員周以德的弟子。當中央情報局估計中共提高了製鋼量時，勞勃森告訴該局的情報官他錯了——「像中共如此壞心腸的政權，不可能生產五百萬噸的鋼。」

杜勒斯很快便解決了那些資深中國專家。他直接解散艾奇遜請漢德成立、調查范宣德案件的委員會，然後逼迫范宣德辭職。當忠誠審查局還是查不到戴維斯的「合理可疑之處」時，杜勒斯便以「判斷力不佳」的理由解雇他。

至於國務院的首席蘇聯專家喬治・肯楠，杜勒斯根本找不到任何開鍘的藉口。

愛說教的杜勒斯長久以來都不信任務實的肯楠。他在一九五〇年夏天曾經告訴記者，肯楠是一個「非常危險的人」，因爲他鼓吹讓赤色中國加入聯合國，還警告不要通過北緯三十八度線。當肯楠這位職業外交官在一月中，也就是杜勒斯上任之前，發表了一段相當失策的演說，抨擊新國務卿的解放政策魯莽而且無效，杜勒斯對肯楠的質疑更是進一步加深。

在自我流放於賓州農場期間，肯楠依然因爲讓他失去莫斯科大使館的那個錯誤而感到驚恐，他焦急地等待，想知道自己在新政府裡的位置。他之所以特別擔心，是因爲根據駐外辦事處的規定，一位大使九十天之後如果未獲重新派任，便自動退休。肯楠的儲蓄極少，非有工作不可。（當他在哈佛大學拉德克里夫學院〔Radcliffe〕就讀的女兒葛莉絲要申請獎學金時，在父親收入的欄位塡上了「零」。）

「關於我重新分派的事，」肯楠在一月二十六日寫信給他姊姊珍妮特，「就是還沒有任何消息。」他「連有什麼職位給我的一點跡象都不知道」。他焦慮地補充說：「此外，麥卡倫委員會在追查戴維斯的過程中偶然想到我，我眼前有一大堆麻煩……麥卡錫與麥卡倫接下來這段期間會找我麻煩，只要他們得逞，我所擁有的任何名聲都將毀於一旦。」肯楠甚至不確定自己在老同事心中的地位如何。「我發覺別人都刻意很禮貌、很寬容地對待我。通常對一個在社交上已經失態到無以復加的人，才會用那種態度。」他對珍妮特哀嘆道。

當《紐約時報》開始針對性地揣測這位前駐蘇聯大使的出路時，杜勒斯不得不出手。肯楠在三月下旬被召進國務卿辦公室，杜勒斯據實告知，國務院裡「沒有位子」給他。不可思議的是，杜勒斯開除肯楠之餘還徵詢他的意見，問他對於克里姆林宮裡目前的氣氛有何看法。「你談到這些事情時，引發了我的興趣。」杜勒斯陪著肯楠走出大門，離開駐外辦事處時，愉快地表示。「很少人這麼做，」國務卿繼續喋喋不休，「但希望你有空過來走走，讓我們聽聽你對當下情勢的看法。」那天晚上，委屈又迷惑的肯楠寫信給太太表示，杜勒斯臨別前所掛心的事就好像一個丈夫對太太說：「我今天要與你離婚，你馬上就要離開這個家了。不過我喜歡你炒的蛋，不知道在離開以前，你介不介意現在炒些蛋給我吃。」

幾個星期之後，一個溫暖的春日，肯楠清空他的辦公室，難過地走在走廊上，看著那些面無表情、謹慎、冷漠的新面孔。由於找不到可以說再見的人，最後他向五樓的櫃台人員道別，然後便離開服務了二十七年的國務院。

★★★

艾森豪總統不是杜勒斯那樣的狂熱者，也不太受共和黨右翼份子威脅。擔任北大西洋公約組織最高指揮官時，他就很欣賞奇普·波倫在巴黎大使館展現的外交能力，現在他希望波倫能擔任他的駐莫斯科大使。

杜勒斯反對這項任命案，也很擔心。當眾議員周以德打電話給他提出異議，杜勒斯隨即向周以德保證，此任命「不是升官」，波倫會「退出決策圈」，而且只是個「向上級報告的部屬」。杜勒斯不喜歡波倫那種不敬的幽默，尤其是他無意中聽到波倫「半開玩笑地」說國務院已經變得像一輛昔日進入印第安領地的運貨馬車，在夜裡休息時圍成一個圓圈，還派人看守，深怕遭到攻擊。

波倫不打算為了迎合杜勒斯，而在自己的同意權聽證會上採取模糊策略。他告訴國務卿，他無法同意共和黨政見中的指控，說羅斯福在雅爾達將歐洲與中國出賣給俄國人。杜勒斯滿心期望地問，波倫能否假裝他在雅爾達是個翻譯，沒有自己的看法。波倫予以回絕。

在此同時，足智多謀的史考特・麥里歐也在暗中調查；這位國務院的新任安全助理在書桌上放了一張喬・麥卡錫的簽名照（「給一位偉大的美國人」）。剛開始他告訴杜勒斯，他能夠找出反對波倫的非安全理由，不過接著又告訴過去的導師布瑞吉參議員，波倫的個人檔案中含有「貶損名譽的資料」。三月十三日，布瑞吉舉行記者會指出，政府「高層」反對波倫的提名案，他會在參議院遭遇強烈反對。諾蘭、惠利與麥卡錫也加入反對的陣營。杜勒斯感到坐立不安；他擔心與右翼人士對峙。然而，艾森豪拒絕收回他的決定。

杜勒斯召喚波倫到他的辦公室。他的紀錄中有任何東西可能被人拿來使他丟臉的嗎？波倫回答，沒有。

「我很高興聽到這句話，」國務卿回應，「我受不了出現另一個艾爾格・希斯。」

波倫剛開始對於成為攻擊目標感到有點震驚。他猜杜勒斯煩惱的是艾爾格・希斯再一次為他效勞，加入美國代表團，參加在舊金山舉行的第一次聯合國大會，而且杜勒斯甚至推薦希斯擔任卡內基國際和平基金會（Carnegie Endowment for International Peace）會長。波倫知道杜勒斯始終明白惠特克・錢伯斯（Whittaker Chambers）反對希斯的主張，因為杜勒斯與波倫都看過吉米・拜恩斯提供的同一份資料。當時兩人都將這些說法視為無稽之談。波倫發覺，如今杜勒斯非常害怕媒體會發現新任國務卿曾經寬厚對待艾爾格・希斯。

這一切對波倫來說有點好笑。可是當杜勒斯的忠實追隨者公開羞辱波倫的老友兼大舅子查理・塞耶爾，他的笑容就變成了憤慨。麥里歐旗下大膽的調查員發現，查理在莫斯科是個登徒子。為了避免讓母親因為自己的行為引起爭議而尷尬，塞耶爾辭去駐外辦事處的職務。

在他同意權聽證會之前的那個週末，波倫坐在家中，因為德國麻疹進行隔離。就在他躺在客廳的沙發上靜養時，他盡量對家人表現得不在乎眼前的處境。「幸好我得的是德國痲疹，」他開玩笑說，「不是赤色痲疹。」不過他慢慢瞭解到，他的案子逐漸變成原則問題，可以測試那些粗鄙之人是否能夠為了一己之私將國務院踩在腳下。他在自己的回憶錄中寫道，他變得「很興奮」。

星期一晚上，杜勒斯打電話到波倫家中，告訴他，艾森豪想要支持他，不過杜勒斯自己希望波倫別做任何會讓總統尷尬的事情。波倫有意辭職嗎？波倫說他無意辭職，「門兒都沒有。」第二天，聽證會當天，波倫先到杜勒斯的辦公室，與他一同搭車前往國會山莊。杜勒斯不安地告知他，他們應該分搭不同的車輛才對。他補充說，他們不要一起被拍到比較好。

波倫可以活潑迷人，也可以端正到令人害怕。他是個謹慎有禮的幕僚，但無法容忍高傲的態度。他用冰藍色的眼睛看著國務卿。「我根本不希望被拍到，」他冷冷地說，「但是我不太懂你的意思。」杜勒斯不發一語，從門口走出去。

結果參議院外交關係委員會並不是障礙，全體無異議通過將波倫的提名案送交議會。可是麥卡錫派急著要看波倫的檔案，以及其中「貶損名譽的資料」。三月二十一日，麥卡錫發言指出，他已經取得檔案中十六頁「打字緊密」的有罪證據，不過卻不肯提供任何細節。謠言開始流傳。三月二十日在他賓州的農場，喬治．肯楠已經覺得不得不寫信給姊姊珍妮特。「無論你從報上讀到什麼，或從廣播聽到什麼，你都可以相信我的話，波倫不是同性戀，也沒有不忠。這些嚴重的指控讓我充滿驚恐與不祥的預感。」

麥卡錫怒氣沖沖地大肆狂罵，指控波倫「背叛的紀錄罄竹難書」，還指出他與「那個對於共產黨以外的一切俄國事物都推崇備至、難以捉摸的政治人物」——艾佛瑞爾．哈里曼是一丘之貉。

不過接下來麥卡錫走火入魔。他也開始攻擊新政府，影射杜勒斯對國會說謊，要求國務卿必須發誓。就是這種自傷傷人的行為，最後造成麥卡錫徹底失敗，而這次的效應則是激怒了參議院多數黨領袖鮑伯．塔夫脫。塔夫脫決定讓這場鬧劇劃下句點。他和阿拉巴馬州參議員約翰．史巴克曼（John Sparkman）獲准調閱波倫的檔案。他們發現，某個宣稱具有「感應道德墮落的第六感」的人指控波倫犯了道德淪喪之罪，還有一份報告指出波倫有時會在家款待左派賓客。這份報告充滿了各個共和黨重量級人物的讚美之詞，證明他是個重視榮耀與道德的人，從道格拉斯・麥克阿瑟到亨利・卡波特・洛奇☆都有（後者說他從十二歲起就認識波倫，「我認識他這麼久以來，他是最不可能有道德問題的一個人。」）

關於波倫的事實是，他的婚姻極為穩固。身為一個長相俊美的男人，自然不缺拈花惹草的機會，他受到了許多誘惑，但卻加以抗拒。即使獨自待在伊甸園裡（歐戰勝利日之後的巴黎），他也向太太尋求精神上的支持：他寫道，他多麼希望她能在身邊，因為「我們可以玩得很開心，你可以讓我躲開麻煩。我很害怕這些美麗墮落的法國女人」。

波倫任命案以七十四票比十三票獲得國會通過。雷斯頓、李普曼以及艾索普兄弟等他的媒體菁英朋友在大都會俱樂部為他舉行一場慶功午宴，當時他故做尷尬狀，卻幾乎掩藏不住洋洋得意之情與戰勝懦弱與偏執的感受。菲力克斯・法蘭克福特法官寫信給愛薇絲：「我一定要告訴你，奇普的直率戳破了華盛頓的『審慎』與懦弱，實在令人興奮。」只有兩個人繼續堅持反對波倫：艾德格・胡佛拒絕給波倫完整的安全許可，唐納・勞利則在電話上告訴杜勒斯：「研究這種事情的人覺得他是其中之一（意指同性戀）。」

杜勒斯自己還是感到不安。波倫在前往俄國之前特別到杜勒斯的辦公室，告訴國務卿他打算在巴黎停留幾天，然後再與愛薇絲會合；後者在華盛頓等待孩子放假。杜勒斯回答：「你不覺得你和太太一起旅行比較好嗎？」波倫不以為然：「老天，為什麼？」杜勒斯尷尬地繼續說：「你的檔案裡有一些與不道德行為有關的傳言，如果你有太太同行，觀感比較好。」波倫冷淡地回答，他不會做那種事。

四月四日，波倫前往莫斯科，對自己的勝利感到心滿意足，也覺得麥卡錫終於得到了一點教訓。然而，政

☆譯註：亨利・卡波特・洛奇（Henry Cabot Lodge）當時是美國駐聯合國大使。

府的勝利卻付出了極大的代價。塔夫脫雖然爲波倫辯護，但卻不喜歡有爭議。他對杜勒斯說：「今後不要再有下一個波倫。」

★★★

艾森豪就職的當天下午，杜勒斯召喚保羅・尼茲到他辦公室。他很誠心地告訴尼茲，他贊同他的工作成果。不過他要很遺憾地說，他無法繼續雇用狄恩・艾奇遜的首席規劃者。那樣感覺不太對。艾奇遜在寄給哈利・杜魯門的一封信中形容，杜勒斯對待尼茲的方式「懦弱透頂而且十分愚蠢」。

尼茲得到爲新任國防部長查爾斯・威爾森（Charles Wilson，前通用汽車總裁）工作的機會，作爲安慰獎。尼茲在國防部成立「小國務院」國際安全事務處（Office of International Security Affairs, 簡稱ISA），以研究軍事規劃對國家安全造成的影響。不過接著麥卡錫主義者開始咄咄逼人，指控尼茲是一個「華爾街操作員」，參議員諾蘭則聲稱尼茲是「艾奇遜的災難設計師」之一。六月，查理・威爾森怯懦地向尼茲道歉，不過他待在五角大廈使得國防部難以爭取國會的撥款。他繼續說，他已經收到白宮的命令：「不能再有下一個波倫。」

尼茲被迫離開政府。他在約翰霍普金斯大學高級國際研究學院（Johns Hopkins School of Advanced International Studies）成立了一個「流放政策規劃處」，可是很快就對學者的理論感到厭煩。在一九五四年某個週末拜訪過格羅頓中學之後，他向艾奇遜透露，格羅頓六年級生的「思想與談話」絕對比他「在政治科學家的會議上」所聽到的東西「好太多了」。他對於自己被獻祭給原始人的痛苦感已經慢慢減輕。他回想，當時自己感覺不太舒坦，直到一九五三年秋天在馬里蘭州參加一項越野障礙賽馬，當他率先通過終點線，回頭看見泥巴噴濺在其他失敗的選手身上，心情才豁然開朗。

★★★

艾森豪總統對於挑選杜勒斯擔任他的國務卿有所疑慮。他寧願選擇約翰・麥克洛伊；從麥克洛伊擔任作戰部助理部長，而艾森豪擔任盟軍歐洲最高指揮官時，兩人就相當熟稔。麥克洛伊遠比杜勒斯隨和與務實，比較符合艾森豪的喜好。然而，艾森豪的顧問們警告，麥克洛伊與艾奇遜那一幫人太接近（哈里曼告訴記者，麥克洛伊是他心目中的國務卿人選，對麥克洛伊並沒有幫助）。此外，麥卡錫也進來攪局，大罵麥克洛伊「難以置信、不可想像、無法解釋的秘密叛國的紀錄」。

艾森豪嘗試另一個想法：他讓麥克洛伊擔任副國務卿，然後大約一年之後讓杜勒斯進白宮擔任他的國家安全顧問，再請麥克洛伊擔任國務卿。畢竟杜勒斯不想參與行政或個人外交工作；他對政策制定比較有興趣。杜勒斯自願向麥克洛伊提出這個構想。杜勒斯一開始拐彎抹角（他先問麥克洛伊會推薦誰），而麥克洛伊猶豫不決。他告訴杜勒斯自己破產了，想要賺錢。麥克洛伊也心存懷疑。「那你要做什麼，佛斯特？」他問道。聽著杜勒斯解釋時，他的感覺是杜勒斯依然還是會擔任政策制定者，而讓麥克洛伊「擔任雜工，執行骯髒的工作」。麥克洛伊沒有接受。

多年後，在與艾森豪以及他長期助理沃爾特·比德爾·史密斯談過之後，麥克洛伊堅信杜勒斯刻意扭曲艾森豪眞正的目的。兩人都指出，麥克洛伊的角色應該比杜勒斯所描述的更重要。麥克洛伊開始認爲，杜勒斯在風聞艾森豪的想法時便對他說：「讓我來處理。」結果他卻照自己的方式進行。

麥克洛伊重返華爾街。後來除了短暫擔任甘迺迪的裁減軍備特別助理之外，他再也沒擔任過公職。不過從許多方面來看，他在民間都比在政府內能發揮更大的力量。擔任大通曼哈頓銀行董事長時，他成爲一種民間政治家，美國資本主義的特使。在銀行，他的態度始終親切和藹，從一樓開始往上走，向每位員工自我介紹（「你好，我是傑克·麥克洛伊」）。同時，他積極將大通銀行推向國際市場，放款數十億美元，握有大量借據。《財富》雜誌滔滔不絕地報導：「大通銀行的董事長職位龐大、多元、宛如政治家，象徵的不只是商業銀行業務。」他在各地暢行無阻，不只是華盛頓，還有歐洲和中東各國首都。外國領袖來到美國都會向他致意，彷彿他本身就是一位元首。麥克洛伊藉由加入董事會來施展自己的權力；他成爲西屋（Westinghouse）、聯合化學（Allied Chemical）、聯合水果（United Fruit）等公司的董事，這些公司分別都擁有自己龐大的國際性帝國；他也當上財力最雄厚的慈善組織：福特基金會（Ford Foundation）的董事長。

他成爲德高望重的賢者。光是在一九五三年，麥克洛伊就獲頒了普林斯頓、哥倫比亞、史密斯、達特茅斯，以及紐約大學的榮譽學位。他在那一年出版了根據他在哈佛大學戈德金講座（Godkin lectures）演說內容彙整而成的《美國外交政策之挑戰》（*The Challenge to American Foreign Policy*）；這本著作談的就是圍堵政策，不過其強調的重點在於管理、在於使官僚運作順暢，在於實用主義的必要性大於哲學。他成爲外交關係委員會主席，那是外交政策構想的誕生地，政策制定者的聯盟。一九五六年，是麥克洛伊挑選當時沒沒無名的哈佛政治學教授亨利·季辛吉主持一項美蘇關係研究。對季辛吉而言，那是他第一次打入外交政策菁英階層；麥克洛伊後來引介季辛吉爲尼爾森·洛克斐勒工作，擔任演說撰稿人。

麥克洛伊始終沒有與政府斷了聯繫。他擔任資深政治家的角色，不時爲艾森豪與杜勒斯提供外交政策問題的意見。例如在（一九五六年）蘇伊士運河危機前夕，杜勒斯在半夜打電話給麥克洛伊，請他致電每家大型銀行的主管，以判斷是否有意外的大量資金流向歐洲或以色列；如果有，就代表戰爭的可能性升高。

杜勒斯似乎十分恐慌又情報不足，讓麥克洛伊感到憂心。不過事實上，杜勒斯對中東發展的無知並不令人意外。自從第二次世界大戰以來，美國政府就偏好將中東外交工作留給石油公司以及提供資金給大型石油公司的銀行處理——如今它們的領袖就是約翰·麥克洛伊。

華盛頓因爲目標相互衝突而意見紛歧。廉價石油的充足供應對經濟與國家安全至關重要，與阿拉伯國家維持友好關係才能避免它們加入蘇聯勢力範圍。不過政府如果顯露出要幫助以色列在中東的死對頭，在政治上便可能冒犯到美國猶太人；他們承擔不起。解決方案：讓石油公司去應付阿拉伯人，美國政府則謹慎協助，或至少不加干涉。

艾奇遜對於石油公司的角色一向十分坦白。「爲了實際上的目的，美國的石油交易是我們對中東國家外交政策的工具。」他在一九五三年卸任前表示。艾森豪與杜勒斯只是延續杜魯門政府對於石油公司的不干預政策。美國繼續將石油公司付給阿拉伯國家的開採權利金視爲所得稅，讓石油公司省下數十億美元的國內稅。這就是所謂的「黃金竅門」（golden gimmick），它最早在一九五〇年構思出來，接下來的六年一直秘密進行，使得美國得以在不必承認的情況下提供外援給阿拉伯國家。

唯一的異議來自司法部的反托拉斯官員，他們指控石油公司肆意固定油價與產量，以確保獲利。司法部在一九五二年展開控告石油公司的刑事訴訟，可是艾奇遜卻能向杜魯門求情，攔阻了這項調查行動。

身爲洛克斐勒家族的銀行家，麥克洛伊深入參與提供資金給阿拉伯國家的石油生產。洛克斐勒家族持有大通銀行的控股權；所謂世界七大石油公司七姊妹（Seven Sisters）中的其中三家（埃索〔Esso〕、加州標準〔Socal〕、美孚〔Mobil〕）都是約翰．洛克斐勒的標準石油公司（Standard Oil）的分支。麥克洛伊定期往返於紐約與中東國家首都，處理數十億美元的石油交易，與伊朗王、約旦國王以及不少阿拉伯酋長密切往來。

艾森豪與杜勒斯非常樂意讓麥克洛伊成爲他們派往阿拉伯世界的非正式特使。例如，當英國擔心阿拉伯賣石油賺來的錢被用來在伊拉克煽動革命，前去懇求伊本．沙德國王（King Ibn Saud）不要資助伊拉克異議分子的就是麥克洛伊。一九五七年，蘇伊士運河危機過後，受邀領導聯合國談判任務，挽救並重新開放運河的人也是麥克洛伊。過程中，麥克洛伊讓埃及總統納瑟（Nasser）成爲友善的阿拉伯統治者之一。

麥克洛伊十分適合他公私兼具的角色。美國政府認爲可以信任他同時兼顧國家與洛克斐勒家族的利益，而事實上兩者似乎也相輔相成。藉由與阿拉伯統治者維持私人關係，麥克洛伊協助保障了外交的穩定性、廉價石油的穩定供給，以及與蘇聯之間有所緩衝。進行這種務實外交，麥克洛伊做得比任何人都出色。當時，要在中東面對面做生意，與已經對特定的西方誘惑（例如勞斯萊斯汽車）產生興趣的領導人講道理、討價還價，依然是不可能的事。民族主義的力量剛萌芽，已經可以感受得到，然而還處於可以處理、舒緩與控制的階段。眞正激烈的革命——伊斯蘭基本教義派崛起——尚未發動。在一九五〇年代晚期，石油輸出國家組織（OPEC）根本還沒有成形；穆阿邁爾．格達費（Muammar Qaddafi）還是個貧困的利比亞青少年；魯霍拉．何梅尼（Ruhollah

Khomeini）只是一個在伊朗靜靜禱告、沒沒無名的神職人員。

★★★

艾森豪政府決心縮減傳統武力經費，幾乎完全仰賴原子彈，所以沒有鮑伯．羅威特可發揮的空間；這位國防部長想在整體戰備上花更多錢，而不是更少。然而，對於拋開令人潰瘍發作的責任，將他的「玻璃內心」帶回華爾街，羅威特也不盡然完全不高興。

羅威特的意見與經驗對新政府來說實在太珍貴，不能完全不用。跟麥克洛伊一樣，他也成為政壇元老。他提供杜勒斯有關裁減軍備的意見，並且應艾森豪的請求，在一九五六年加入總統外交情報活動顧問委員會（President's Board of Consultants on Foreign Intelligence Activities）。

他的主要任務是研究中央情報局的秘密行動。這個由佛斯特．杜勒斯的胞弟艾倫（Allen）領導的機構在一九五〇年代正值不受控制、無拘無束的全盛期。它在一九五三年以及一九五四年分別策畫推翻被視為親共的伊朗政府與瓜地馬拉政府；一九五四年以及一九五九年分別協助建立被認為親西方的埃及政府與寮國政府；一九五八年試圖推翻印尼政府卻功敗垂成；讓難民滲透到東歐的蘇聯集團政府，使其瓦解，並從寮國與緬甸進行對抗中國的破壞；策劃行刺中國的周恩來、剛果的帕特里斯．盧蒙巴（Patrice Lumumba）、古巴的菲德爾．卡斯楚（Fidel Castro），以及多明尼加共和國的拉斐爾．楚希略（Rafael Trujillo）。

羅威特對於中央情報局的干涉主義感到不安。一九五六年，羅威特與艾奇遜的前駐法國大使大衛．布魯斯寫了一份報告給艾森豪，嚴厲譴責中央情報局在世界各地的「擁王」之舉。它警告，中情局從耶魯大學召募來的那些聰明年輕人全都成了肆無忌憚、資金雄厚的海盜。羅威特與布魯斯告誡艾森豪，中情局已經失控，需要正式的監督，還問：「明天我們將會在哪裡？」一九六〇年，羅威特尤其反對當時還在策劃階段的豬玀灣（Bay of Pigs）入侵計畫，並要求全面重新評估秘密進行的政策。他的提議遭到艾倫．杜勒斯反對，艾森豪的白宮也不予理會。甘迺迪政府輕率地在一九六一年四月讓一千五百名古巴流亡者登陸古巴海岸；由於缺乏空中掩護或增援部隊，他們很快就被卡斯楚的軍隊逼入海中。豬玀灣事件後，羅威特憤怒地在一個調查委員會上盤問：「我們有什麼權利闖進別人的國家、購買報紙，拿錢給反對黨，或支持一個候選人競選某個職位？」羅威特太過謹慎，因此未能及時採取一個可能讓中央情報局懸崖勒馬的步驟：將消息洩漏給媒體。其實《紐約時報》的編輯知道豬玀灣事件，可是身為權勢菁英忠貞成員的他們完全沒有刊登相關訊息。

★★★

一九五三年四月十一日，波倫以美國駐蘇聯大使的身分抵達莫斯科。他發覺這座城市「陰森、鬱悶而單調」，矗立在城市各地的新史達林主義建築「拙劣地混合了古典、摩爾式風格與某些難以界定的元素」。與肯楠不同，個性較為外放的波倫並沒有因為那裡的氣氛而感到憂鬱。他最早的正式行動之一是調來巴黎美國大使館的法國大廚；此後波倫的餐廳成了莫斯科最棒的用餐地點。

華盛頓亟需來自莫斯科的精確報告。正當美國參議院交換著波倫道德墮落的謠言，阻礙這位美國大使的任命案，史達林已經去世。他以絕對的權威統治俄國將近三十年；少了他的鐵腕，俄國的發展方向成了一個巨大的謎。

前往莫斯科之際，除了應該帶太太一起旅行之外，杜勒斯並沒有給波倫什麼指示。艾森豪只告訴他：「注意你的腸胃，別讓他們欺侮你。」波倫甚至沒有設法去見新總理馬林科夫（Malenkov）；杜勒斯不贊成他與蘇聯官員私下接觸。這位美國大使從來沒有受邀到莫斯科的私人住家，而且跟前任肯楠一樣，他到哪裡都有蘇聯國安會幹員跟蹤；大使館人員都稱呼他們「天使」。那年春天，蘇聯在施工中的新大使館裡裝設了四十三支收音麥克風，而美方人員以為那些房間都是「安全的」（多年後中央情報局才發現那些麥克風）。波倫假定自己的辦公室遭蘇聯竊聽，因此所有的分析報告都親筆手寫。

根據《時代》雜誌的哈里遜·索利斯柏里報導，波倫抵達時「感到受傷、震驚、害怕」，因為他在任命同意權的過程中飽受折磨，差點不敢報告他的所見所聞。事實上，波倫看得出克里姆林宮的氣氛明顯改變，而且也提出了報告。史達林死後，「仇恨美國」運動嘎然而止，清除異己行動結束。《眞理報》譴責將史達林神化的個人崇拜；馬林科夫似乎比他的前任者更溫和。（波倫開始稱呼他華倫．馬林科夫；他走華倫．哈定的風格，恢復常態，包括白天辦公，而不像史達林所要求的在晚上工作。）波倫在七月七日寫信給杜勒斯表示，他堅信這些舉動不能當成「只是另一項和平運動，目的完全甚或主要是爲了使西方困惑與分裂。我個人認爲，這裡發生的事件逐漸累積成一件更重要的事；比起我們自從戰後所見到的標準宣傳方式，它一方面提供更多機會，另一方面卻也更加危險」。他表示，他相信蘇聯有興趣利用外交來增進他們的利益，尤其是避免德國重整軍備以及防止大型戰爭。

杜勒斯根本沒有做出回應。接著在幾天之後，蘇聯秘密警察首腦貝利亞被捕。杜勒斯突然興趣大增；波倫被召回美國進行報告。他從機場直到被接到杜勒斯住家，然後帶到國務卿的書房。

杜勒斯深信克里姆林宮即將發生一場血腥的權力鬥爭，會導致政權垮台。波倫不同意；他說貝利亞之所以被捕，是因爲新領導人想要讓祕密警察接受集體領導。杜勒斯不理會他的意見。他拿起史達林寫的《列寧主義的問題》，在書桌上攤開，開始朗讀那些劃了重點、與奪權有關的段落。波倫表示，既然史達林已死，他的文章就與蘇聯沒有多少關聯性了。杜勒斯隨即將他打發走。

波倫希望對艾森豪發揮一點影響力。艾森豪喜歡與波倫打高爾夫球，鮮少有興趣討論蘇聯，無論話題深淺。總統表面上漠不關心可能是僞裝；比起平常顯露出來的溫和親切作風，他實際上比較警覺、掌控慾較強。可是波倫與總統之間夾著杜勒斯。這位大使幾乎無法忍受國務卿，可是他非常尊重杜勒斯辦公室，不會試圖繞過他直接與白宮接觸。波倫失去了機會，無法讓艾森豪得知蘇聯的錯綜複雜之處，那是歷史的損失。一個眞正能緩和冷戰的機會也因此流失。

在後來的那些年，波倫懊悔自己沒有做得更多，沒有更努力讓華盛頓在史達林死後開始接受蘇聯。他尤其後悔當馬林科夫在一九五三年接掌史達林的位子時，自己沒有敦促政府留心溫斯頓．邱吉爾所提舉行「高峰會」的呼籲（第一次有人使用這個名詞）。杜勒斯應該聽不進去；不過波倫後來在與朋友的談話中若有所思地說，史達林之死爲一項眞正的突破——重新統一的德國與武器管制協議——提供了最後一次機會，至少是一個展開對話的開端。

杜勒斯對後來關係的緩和有所懷疑。當蘇聯同意參加一九五四年的一場外交部長會議，杜勒斯便雇用一位會說俄語的讀唇語專家，觀察蘇聯代表團；他希望監視蘇聯的「秘密會議」。在英國與法國的催促下，艾森豪在一九五五年同意與蘇聯舉行一場高峰會，並駁回杜勒斯的反對，波倫對此感到相當高興。在日內瓦高峰會前夕，波倫告訴杜勒斯，克里姆林宮眞心希望緩解緊張關係，蘇聯擔心武器競賽會拖累他們的經濟，還有他們甚至可能對武器管制有興趣。杜勒斯再度充耳不聞，不過他卻請波倫留在華盛頓幫他爲高峰會做準備。此時波倫顯得冷嘲熱諷；他在六月底寫信給愛薇絲：「那位大人告訴我他的願望：『你最好留下來。可能有事你幫得上我。』對我來說，他這樣的表現已經幾近殷勤了。」那場高峰會結果令人失望，因爲互相懷疑而注定失敗。

在週日夜撲克牌局上或是與他信任的記者喝酒時，波倫開始表現出自己對杜勒斯的憎惡。（在某一次那樣的場合，波倫爲國務卿取了一個後來被沿用許久的綽號：「蠢，更蠢，杜勒斯☆」。）這種事難免傳回到國務卿耳裡。一九五六年四月，當艾森豪的幕僚長謝爾曼．亞當斯（Sherman Adams）問杜勒斯，波倫是否應該對內閣發表演說，杜勒斯回答，內閣「可能會喜歡，但還是不要——那樣會讓他太出鋒頭——他不會與我們合作」。

杜勒斯在那年十二月寫信通知波倫，他要解除他駐莫斯科大使的職務，「因爲我知道你希望開始以寫作爲業。」波倫大吃一驚；他「根本不知道」杜勒斯從哪裡聽來他想寫作；國務卿的那封信在他看來是用來拔除外交官的惡劣手法。當波倫表示他無意爲了寫作而退休，杜勒斯便提出讓他派駐巴基斯坦。波倫拒絕。菲律賓呢？相當爲難的波倫請求艾奇遜與羅威特提供意見。他們極力勸他不要離開駐外辦事處，而且要繼續留下來，

☆譯註：英文是dull, duller, Dulles。因為Dulles與dullest（最蠢）非常接近，所以聽起來像是「蠢，更蠢，最蠢」。

待得比杜勒斯還久。

波倫勉強接受菲律賓，一個他幾乎不瞭解的國家。杜勒斯隨即放話，波倫四年來都一直設法離開莫斯科，所以他只好勉強同意，讓他如願。前往馬尼拉之前，波倫去見艾森豪。總統說很遺憾看到波倫離開莫斯科，他思考了很久才同意他調派的請求，不過既然波倫希望離開俄國，他只好勉爲其難接受。波倫說，他根本不想離開莫斯科。艾森豪驚呼：「喔，是眞的嗎？」

杜勒斯要求人在馬尼拉的波倫針對蘇聯的發展提供意見。波倫回覆，「距離這麼遙遠，」他不可能做到。波倫的高爾夫球技在馬尼拉突飛猛進，不過他感染腸疾，所以不得不戒酒——有史以來第一次。「你可以想像那代表什麼意思。」他在寄給愛薇絲的信上寫道。財務問題很惱人；他無法用個人的錢支付大使館的娛樂費用，因此短缺五千美元，只好向朋友借貸。他開始將馬尼拉視爲自己的最後一個任期，思考要退休好賺錢。有時候，他覺得自己再也不要擔任公職。愛薇絲在一九五八年四月寄給哥哥查理・塞耶爾的信中寫道，如果她丈夫要離職，「我們肯定不會做任何與外交事務或華盛頓有關的事情，我們寧願與麵糰扯上關係。」

★★★

在一九五三年被迫從國務院辭職之後，肯楠考慮徹底逃離美國。「要抵抗或躲避麥卡錫主義潮流，我們任何人都使不上力。」肯楠寫信給塞耶爾；後者在被麥卡錫派逼走之後便住在西班牙馬約卡島（Majorca）。「在這種情況下，我想像生活在其他地方可能會更愉快或更有收穫。」

然而，肯楠不願意成爲「實際上的流放者」，而是退隱到普林斯頓大學的高等研究學院——羅伯特・奧本海默爲優秀思想家闢建的綠洲。肯楠在這個學術機構深入探究黑暗時代。他認爲自己的全盛時期——戰後的前兩年——是外交政策中難得一見的正直時刻。他說，自那時之後，「常態當道。」他逐漸相信，即使民主黨在一九五二年勝選，他也不得不辭職。他對於如何應付蘇聯抱持不同的觀點，如今不僅讓他與約翰・佛斯特・杜勒斯漸行漸遠，「也與整個美國政壇的統治菁英階層隔離。」

不過，肯楠卻無法離開公職生涯。一九五四年冬天的一個深夜，他打開普林斯頓住處的門，發現有一位農夫和他太太站在外面。他們開了一百五十英里的路，想要見他。他們問，他是否願意考慮競選國會議員？肯楠目瞪口呆。「哪一黨？」他問道。「民主黨。」他們回答。（他在自己的回憶錄中補充說：「如果是另外一黨，對我而言並沒有差別。」）

「我對於有人這樣表態實在很驚訝，」他寫信給姊姊珍妮特表示，「部份是因為它的誠懇與率直，部份則是因為我明白長久以來如此嚴厲批評政府的缺點，我沒有權利拒絕如此真誠的建議。」於是肯楠答應了。經過某些黨內大老的爭辯之後（「他根本不是民主黨員！」「對，但他太太是。」），他接受黨內的提名。可是當他返回普林斯頓，卻「驚恐地」發現如果他要參選，高等研究學院就無法繼續支付薪水給他。由於財務無法獨立自主，又不願意向「某個大型乳牛場老闆或其他地方大亨」求援，「自覺十分愚蠢」的他退出選戰。這次經驗使他相信，國會議員應該全都「財力雄厚」，因此「貪腐程度絕對不低」。

比起一九五〇年代的美國國會，英國改革前的國會比較接近他理想中的開明政府。肯楠自詡為「天生的古物研究家」，對於英國十八世紀的統治貴族階級懷抱著一種傾慕之情。一九五七年，他得到一個機會，以伊士曼客座教授（Eastman Visiting Professor）的身份在牛津大學充份滿足自己的英國崇拜心理一年。

他很失望。牛津在他眼中是個了無生氣的工業城，它的優雅因為汽車廢氣與勞工階級而黯然失色。同時，肯楠自覺在殘餘的上流階級中有種社交上的不安全感。他對以賽亞．柏林☆坦承，他「在永遠都無法融入牛津的師生休息室：那裡的人太彬彬有禮、太機智、應答太迅速；我只是個陰鬱的蘇格蘭人」。柏林以英式風格試圖讓他寬心：「別想太多。貝利奧爾學院（Balliol）充滿了陰鬱的蘇格蘭人。」

那一年肯楠受BBC之邀，在里斯講座（Reith Lectures）發表演說；那是頗具名望、有廣大聽眾，每年一度的

☆譯註：以賽亞．柏林（Isaiah Berlin）是知名哲學家，也是牛津大學教授。

連續六場廣播演說。對於要單獨（「就像我一直以來的狀態一樣」）在廣播麥克風前演說二十八分鐘，他感到驚慌，不過靜下心來之後，他帶著控制得宜的熱情發表清晰的談話。他的講座不但在英國造成轟動，在美國也引發熱烈迴響。《生活》雜誌指出：「一名退休美國外交官的非正式談話已經在整個西方世界成為一項重大政治議題。」

肯楠公開疾呼他八年前私底下在國務院內部提議的事：美國與蘇聯撤出德國，留下一個非軍事化的統一國家。可是他特別補充說，所有核子武器都應該撤出歐洲。他的措辭雖然偶爾稍嫌複雜難懂，不過整體上生動活潑（「除非我們不再將克里姆林宮逼在一道緊閉的門上，否則永遠不會知道他是否會準備好穿過一道敞開的門。」）他的時機也恰到好處：蘇聯剛剛發射史潑尼克號（Sputnik）人造衛星，導致西方各國擔心戰爭可能從天而降。

聽到圍堵政策的作者「X」先生懇求停戰，讓許多不知道他在國務院從事寧靜革命的人大為震驚。（甚至連某些知道的人也嚇了一跳：「親愛的喬治真是出人意表。」愛薇絲・波倫看完講座內容之後在寄給查理・塞耶爾的信上寫道。）肯楠的說法相當真誠，打動了統治圈以外的平民百姓；肯楠很驚訝地發現，當他在玻璃錄音間裡發表演說時，有一個電台技工（一位嬌小的倫敦女性）還用力拍桌以表贊同。這些喝采對肯楠產生了可預期的影響：他因為潰瘍以及急性鼻竇炎而病倒。

★★★

肯楠的里斯講座令狄恩・艾奇遜勃然大怒。他發出一份新聞稿，說明肯楠「從來沒有領會權力關係的現實」，而是對其採取一種「相當形而上的態度」。在如此強力的抨擊之後，接著艾奇遜又在《外交事務》雜誌上發表一篇長文，警告若是少了美國的軍事力量，歐洲就會成為蘇聯的第一目標。除非歐美聯手，否則蘇聯坦克會出動，西德將淪陷。

艾奇遜喜歡肯楠，雖然他通常不贊同他的看法；為了減緩這次公開抨擊的力道，他私下又向對方保證彼此的友誼不變。「我們對這個議題的歧見由來已久，不會影響到我對你的深切關心與交情。」他寫信給肯楠，隨函並附上《外交事務》雜誌文章的校樣。「我希望你也是如此，儘管我比你更習慣公開的爭議與批評。所以你有權利罵幾句髒話。」肯楠在一個星期後回覆：「我沒有生氣……那是一篇很棒的文章；我難得見到如此優雅又充滿文采的爛東西。」這兩位紳士在公開辯論、互相抨擊之餘還能維持交情，令肯楠的女兒葛莉絲相當意外。她後來回想說：「即使他對我父親的批評令我很難過，但是我記得艾奇遜受邀參加我的婚禮，還送我禮物。我沒有寫感謝函給他們，雖然我知道那樣很無禮。當時我還太年輕，不明白就算在政策上意見相左，依然可以當朋友。」

不過其他人開始注意到，艾奇遜的謾罵逐漸變得更辛辣、更狠毒。當攻擊目標是他不喜歡的人時，尤其是約翰·佛斯特·杜勒斯，他更是火力全開。

他不斷對科文頓、柏靈與盧比利法律事務所的合夥人傑哈德·格塞爾說，杜勒斯是一個「懦夫」。艾奇遜樂見杜勒斯的失敗。一九五六年，在杜勒斯逼得埃及總統納瑟投入蘇聯的懷抱而引爆蘇伊士運河危機之後，艾奇遜寫信給他兒子大衛：「杜勒斯真是罪有應得，不是嗎？」杜勒斯告訴《生活》雜誌：「逼近戰爭邊緣是必要的藝術……如果你怕得不敢走到邊緣，你就輸了。」艾奇遜寫了一張新年賀卡給羅威特：「我們祝福你們夫妻倆，還有離佛斯特的邊緣遠一點。」羅威特也加入一起玩。他寄給艾奇遜一張曾經刊登在一份紐約報紙上的照片，照片上杜勒斯穿著一套幼童軍制服。艾奇遜回覆：「哦，天啊！我受不了了。我年紀太大，承受不起你給我的這種驚嚇。你認為那個男人——如果他是男人的話——到底在想什麼？」一九五九年五月，杜勒斯因癌症過世之後幾天，艾奇遜在海爾伍德的一場晚宴上宣布：「感謝老天，佛斯特入土了。」現場頓時鴉雀無聲。

艾奇遜寫尖酸的信，執行律師工作，將不少時間貢獻給耶魯，在那裡擔任受託管理人（他有一個目標是反對將雪利酒引進大學宴會。「我強烈反對，支持品質較差但速度較快的雞尾酒。」他在寄給一個朋友的信上寫道。）他也苦惱自己失去了影響力。「謝謝你的信，」他寫信給與自己同樣持強硬觀點的喬·艾索普，「它鼓舞了我，讓我擺脫我只能自言自語而有時產生的挫折感。」

艾奇遜知道自己逐漸獲得乖戾老頭的封號。「他們在媒體上告訴我，我變得愈來愈固執。或許他們說得沒錯。」一九五九年他在給一位耶魯朋友的信上寫道，「無論如何，我依然相信我們與俄國人的關係不會有太大進展，除非他們體認到自由世界有一個權力基礎，而他們必須根據那個基礎自我調整。」

他自己渴望能重返權力圈。一九五〇年代晚期，他逐漸參與建立影子政府的工作，構思新的想法來挑戰共和黨。一九五七年，他興致勃勃地閱讀一本新書《核子武器與外交政策》（*Nuclear Weapons and Foreign Policy*），作者是麥克洛伊在外交關係委員會發現的季辛吉。季辛吉主張應該將限制核子戰爭列入策略選項，讓艾奇遜有點氣餒，不過對於他抨擊杜勒斯大規模的報復政策又感到心有戚戚焉。艾森豪政府縮減傳統部隊經費，某種程度上節省預算，因此實質上可說是依靠原子彈（「物美價廉」）作為威嚇蘇聯的唯一武器。季辛吉意識到每個國際危機都「走到邊緣」實在是有勇無謀，美國需要能夠視情況調整自己的反應。這本書與其他幾本書促使一個新的觀念萌芽，而這個觀念後來成為甘迺迪與詹森政府的政策——「機動反應」，也就是進行範圍有限的小型戰爭的能力。季辛吉的書「震撼了我」，艾奇遜寫信給一個朋友說，「由於不斷重覆採用德文文體，這本書並不容易讀，第一個部份的學術優越感也令人反感。不過這個怪傢伙很有頭腦，思考很周密。」艾奇遜對季辛吉實在印象深刻，因此設法召募他成為正式的民主黨員。季辛吉想保留選擇空間而加以拒絕，不過他在這段期間寫給艾奇遜的信倒是極盡奉承之能事。

艾奇遜對另一位新人麥斯威爾．泰勒（Maxwell Taylor）同樣印象深刻，從一九五〇年代初期在德國見到他之後便很欣賞他。因為反對大規模報復政策削弱了陸軍的角色，泰勒在一九五九年辭去陸軍參謀長一職，艾奇遜是最早邀請他共進午餐的人之一★。

★作者註：雙方互相欣賞。泰勒十分佩服艾奇遜與麥克洛伊，他認為他們應該成為永久的「元老」，就像日本的天皇顧問，引領美國的國家安全政策。

一九五六年成立的民主黨諮詢會議（Democratic Advisory Council）讓艾奇遜催生的影子政府正式成形，也有了方向。它算是一種供在野黨運作的流亡政府。艾奇遜擔任外交政策委員會主委；他的首席規劃者與過去執政時一樣，也是保羅・尼茲。

因爲一個表現友誼的小小舉動，讓尼茲始終受到艾奇遜喜愛。政府輪替之後幾個月，他致電艾奇遜，請他到大都會俱樂部共進午餐。艾奇遜告訴他：「自從我擔任國務卿以來，你是華盛頓第一個找我共進午餐的人。」接下來二十年，兩人每週都在大都會俱樂部的餐廳訂位，在同一張餐桌共進午餐。

尼茲與艾奇遜在一九五六年共同撰寫民主黨政綱中的外交政策要點。然而，兩人都沒有獲得黨內總統提名人阿德萊・史帝文生的青睞。他們認爲他很聰明，但是卻有致命的優柔寡斷缺點，太「溫和」。艾奇遜和他的同夥好友之間流傳著一個與史帝文生有關的惡毒小笑話，在他準備發表一場演說之前，他問一名助理：「我有時間上洗手間嗎？」如果對方說有，他會問：「我想上洗手間嗎？」艾奇遜對於史帝文生的自由派外交政策顧問同樣刻薄，尤其是當過廣告業務員、駐印度大使，後來在一九五九年成爲康乃迪克州眾議員的切斯特・鮑爾斯（Chester Bowles）。他認爲鮑爾斯只會耍嘴皮子空談，是個不切實際的天真理想家。「在廣告業的時間似乎對他造成一種永久性的缺陷，就像中國人纏足的習慣。」艾奇遜在一九五八年在寄給尤金・羅斯托的信上如此談到鮑爾斯。

結果，欣賞史帝文生的人認爲艾奇遜太苛刻、太強硬。鮑爾斯與約翰・肯尼斯・加爾布雷斯、亞瑟・史勒辛格及其他自由派人士認爲，艾奇遜是因爲右翼人士的攻擊而變得如此苛刻。雖然艾奇遜譴責杜勒斯向麥卡錫主義屈服，不過自由派人士堅信麥卡錫的攻擊使得艾奇遜等一夥人極度害怕對共產主義表現「溫和」。加爾布雷斯回想說，艾奇遜派那一幫人自己絕對不會這麼承認，他們會說：「我們必須維持自己的信用。」

★★★

民主黨的內部諮詢會議裡只有一個人能夠「維持信用」，並依然堅持跟蘇聯講道理是不可能的。加爾布雷斯回憶說，艾佛瑞爾·哈里曼在討論之初會談到「蘇聯人是多麼可惡的一群混蛋」，可是接下來他會說：「不過我們必須應付他們。」哈里曼跟他蘇聯政治學的老師肯楠與波倫一樣，相信蘇聯人偏執、危險，但終究是保守的，並不渴望藉由入侵歐洲來發動戰爭。哈里曼主張，只要秉持勤奮與耐心是有可能與蘇聯達成協議的，尤其是如果由他來擔任談判代表的話。

哈里曼並不是個「溫和」的人，艾奇遜剛開始信任他去鼓勵史帝文生，「讓他去冒點險，但別讓他失控，說出『持續追求和平』這種話。」一九五五年十一月他在寄給杜魯門的信上寫道。然而，哈里曼卻開始對艾奇遜不滿。他覺得他的老同學年紀大了就變得固執武斷，而且表露出他的失望。「狄恩，」他會在民主黨諮詢會議開會時咆哮：「我不贊同你宣布開戰。」他告訴朋友，他覺得自己很幸運，腦袋沒有老化得那麼快。

在這個傲慢的說法裡藏著一個眞相。哈里曼被外界認爲是個冷漠的人，並非特別有創意或聰明。不過眞相是，他一生都保留著改變、成長與適應的能力。他能夠改變職業、改變政黨、改變他的觀點。他從來不固執，經常焦躁不安。唯一眞正不變的是他渴望實現父親的願望，「做大事，立大業。」

對他的朋友來說，哈里曼的野心一向令人感到困惑。可是他們難以接受他職業生涯最近的轉變，從商業大亨變成政治家，現在又變成政治候選人。

在一九五二年企圖競選總統失敗之後，哈里曼重返歐洲，與尚·莫內共同建立歐洲防禦共同體，藉以強化北大西洋公約組織。可是他已經迷上了政治，在一九五四年決定競選紐約州州長。

演說時僵硬呆板，閒話家常時也不優雅，其菁英色彩更與民主國家中常見的親民作風相去甚遠，哈里曼實在不像一個政治人物。尖酸刻薄的社會名流瑪莉更不像政治人物的妻子。事實上，卡明·狄沙皮歐（Carmine De Sapio）的民主黨黨部曾經在一九五〇年詢問他競選紐約州州長的意願，「告訴他如果他想要，他可以獲得提名。」

可是瑪莉有所猶豫。她告訴丈夫，如果他競選公職，她就「從橋上跳下去」。「你認爲瑪莉能夠適應奧巴尼☆（Albany）嗎？」哈里曼在一九五一年面帶微笑問賽伊・蘇茲柏格。「我們都同意，那不是她喜歡的那種城市。」蘇茲柏格在自己的日記中寫道。

到了一九五五年一月一日，不喜歡在中午之前起床的瑪莉卻招待奧巴尼的一些女士享用早茶。哈里曼是個認眞勤奮的州長，工作時總是自我鞭策（他早上七點不到就叫醒一名助理，還咕噥道：「我發現你早餐之前就開始打瞌睡了。」）。他命令部屬從紐約市搬到奧巴尼，還盡責地剪綵、親吻嬰兒，與州議會爭辯。他的施政在大社會計畫☆☆實行之前的年代算是充滿自由色彩又野心勃勃；他推動爲老年人、精神病患以及少數族群規劃的各種計畫。然而，吝嗇的他不想花大量經費在社會計畫上，所以他的計畫規模都相當有限。

哈里曼眞正的目標是白宮。一九五六年，他遠離奧巴尼，搭乘他的私人火車到各地從事競選活動。他獲得哈利・杜魯門的支持，不過史帝文生在黨代表大會上有芝加哥市長戴利相挺，那代表得到的支持多了很多。哈里曼競選團隊的一名人員告訴當時第一次採訪黨代表大會的記者白修德：「聽說用一個價格就能收買運河區（Canal Zone）、波多黎各，以及維京群島（Virgin Islands）的所有黨代表，總共十二個人，可是必須跟一個叫班尼特茲（Benitez）的人接洽。」於是他著手尋找班尼特茲，但是戴利的手下已經搶先一步。結果史帝文生贏得九百零五又二分之一張黨代表的票（包括加勒比海代表在內），哈里曼則得到兩百一十張。

在這些努力競選的過程中，哈里曼並沒有得到老朋友的衷心支持。儘管艾奇遜難以忍受史帝文生，與哈里曼又關係緊密，但是他卻支持史帝文生競選一九五六年的總統。哈里曼大多數的老同事，包括羅威特、艾奇

☆譯註：奧巴尼位於紐約州中部，距離紐約市兩百多公里，是紐約州首府，亦即州長上班的地點。

☆☆譯註：大社會計畫（Great Society）是詹森總統在一九六五年提出的社會改革計劃，主要目標是消滅貧窮及種族不平等。

遜、麥克洛伊以及尼茲，都覺得他是在貶低自己，因爲傲慢而放棄了自己的原則。他們認爲，他對冷戰的溫和觀點不是來自對於蘇聯行徑的透徹瞭解，而是因爲他想爭取民主黨自由派的支持。多年後在討論哈里曼觀點的演變過程時，尼茲的臉做出彷彿咬了一顆酸檸檬的表情。「開始競選之後，他出現一些瘋狂的想法。」尼茲說。麥克洛伊認爲「哈里曼對冷戰的態度產生明顯轉變」原因主要在於「政治野心」。自從他聽到哈里曼吹噓說他在一九三二年同時捐款給兩黨，以確保能進入政府，他就對哈里曼在政治上的正直性感到懷疑。本身十分厭惡政治的羅威特私底下瞧不起老朋友競選公職的渴望。「艾佛瑞爾是民主黨員，」他表示，「也是個傻瓜。」艾奇遜後來拿哈里曼的政治生涯來取笑他，不過他的女婿比爾．邦迪回憶說，他的聲音裡帶著些許認眞的成分。

一九五八年，尼爾森．洛克斐勒參選紐約州州長，令競選連任的哈里曼大吃一驚。哈里曼沉悶的競選風格不敵洛克斐勒華麗活潑的造勢活動。「嗨，你好嗎？」後者的聲勢驚人。結果哈里曼慘敗，大輸四十五萬票。

當時六十七歲的哈里曼終於放慢了腳步。他放棄在早上洗冷水澡的習慣，也等於擺脫了從格羅頓中學留下來的最後一項刻苦自律活動，並且在家庭醫師以及約翰．肯尼斯．加爾布雷斯的激勵之下戒菸。他開始在晚餐過後打盹，不過朋友們卻注意到當女士離開，男士的話題轉成政治或外交事務時，他很就會醒來。因爲太常搭乘機艙未加壓的飛機飛到世界各地的偏遠地點，他的聽力開始顯著退化。選舉輸給洛克斐勒之後，他顯得垂頭喪氣，彷彿他已經嘗試過民間與公職生涯的一切，再也想不到還有什麼可以做的了。連他的好友都開始覺得他已經累得什麼都不想做了。不過，他們低估了他。

第三部

外交賢哲

我心裡想，從一九四〇年春天史汀生來到華盛頓時所展開的過程，在今晚劃下休止符。美國權勢菁英已死。

華特・羅斯托，在外交賢哲的最後晚餐上發言，一九六八年三月十五日

第二十章 薪火相傳 「不，先生，我的精力已經消耗殆盡」

PASSING THE TIRCH

"No,sir,my bearings are burnt out"

一九五八年三月，一個下著雪的夜晚，狄恩．艾奇遜在紐約賓州車站的月台上等待，此時有一名服務員引領他到站長室。他在那裡發現一位優雅、聲音輕柔的年輕女性，是他在喬治城社交圈認識的賈桂琳．甘迺迪（Jacqueline Kennedy）。他在唸書時就認識了她繼父的家庭——奧欽克洛斯家族（the Auchinclosses）；奧欽克洛斯家族的男性大多出自格羅頓中學以及耶魯大學的卷軸密鑰會。他熱情地向她打招呼，她則很冷淡地問了一聲好。

站長向他們道歉。開往華盛頓的列車因爲一場晚冬的暴風雪而延遲，到達那裡恐怕要耗上一整晚的時間。艾奇遜說無論如何他都得搭這班車；甘迺迪夫人也一樣。

好巧不巧，他們的座位就在同一個頭等車廂裡。兩人一坐下，甘迺迪夫人便開始責罵艾奇遜。他怎麼能夠在自己的書裡攻擊她丈夫？艾奇遜嘆了口氣，回想在《權力與外交》（*Power and Diplomacy*）一書中，他嚴厲批評甘迺迪參議員在一場演說中要求法國立即讓阿爾及利亞獨立。艾奇遜在《權力與外交》一書中寫道，「如此急躁地批評，」實在不是對待重要老盟友之道。艾奇遜對她表示，接下來的漫長車程他們可以用來吵架，也可以愉快相處。「好吧，我們愉快相處。」她說，不過氣還是沒消。艾奇遜後來回想說，那天晚上他們「斷斷續續交談，難以入眠」。最後抵達華盛頓之後，甘迺迪夫人還是不肯放棄。她寫信給艾奇遜，想要知道「一個地位有如奧林匹斯山諸神般崇高的人，在面對別人的政治歧見時，怎麼會進行人身攻擊」。在一封寫給「賈姬」的信中，艾奇遜冷冷地回應：「奧林匹斯山諸神在我看來也只是凡夫俗子。」

狄恩．艾奇遜與甘迺迪家族的關係並不友好。在開完民主黨的會議之後，他偶爾與甘迺迪參議員從國會山莊共乘一部車到喬治城，可是兩人的對話始終不怎麼和諧。「我不會說我們算是朋友——我們就是彼此認識。」

艾奇遜後來如此回想他們之間的關係。他不信任甘迺迪家族，更精確地說是不信任喬・甘迺迪☆。在大都會俱樂部的午宴上，他將喬當成想提升社會地位的私酒商，在衆議院買了一個席位給他被寵壞的兒子。對於他在第二次世界大戰支持英國首相內維爾・張伯倫以及姑息政策，艾奇遜一直耿耿於懷。

約翰・甘迺迪深信美國權勢菁英階級有存在的必要，因此十分渴望獲得它的認同。甘迺迪家族已經克服了他們大部份的社會不安感，征服了哈佛，包括其中的上流人士社交場合。可是這個家族卻略微感受到史汀生與馬歇爾門徒的威嚇，包括來自華爾街與大型法律事務所的艾奇遜、羅威特以及哈里曼等人。約翰・甘迺迪本身比較欣賞羅威特與艾奇遜的冷靜堅毅與不畏縮的務實態度，他認爲他那些較自由派的顧問，例如鮑爾斯與加爾布雷斯等人，雖然充滿理想，但是有點軟弱。

艾奇遜是史汀生傳統最令人畏懼的範例。年輕的甘迺迪或許是感受到艾奇遜不喜歡他父親，在這位老政治家身邊時總是感到緊張不自在。艾奇遜後來回憶，甘迺迪對他畢恭畢敬，使他覺得自己老了。實在很可惜；這兩人同樣都有種玩世不恭的特質，可能會喜歡彼此。

爲了阻擋約翰・甘迺迪獲得提名，參選一九六〇年總統，艾奇遜支持同樣出身耶魯的校友史都華・塞明頓。「或許我們應該讓有錢的傑克☆☆感受一點競爭壓力——或是喬的錢。」艾奇遜在一九六〇年四月寫信給哈利・杜魯門。克拉克・克里福德跟艾奇遜一樣支持史都華・塞明頓；兩人是杜魯門時期的老同事，克里福德是總統顧問，塞明頓則是空軍部長。不過克里福德應變能力強，行事圓熟謹慎，懂得如何舒緩緊張關係，天生就容易往權力靠攏。他曾經爲甘迺迪家族處理過棘手的法律問題，控告專欄作家朱魯・皮爾森指稱甘迺迪不是

☆譯註：喬（Joe Kennedy）是約翰・甘迺迪的父親。

☆☆譯註：傑克是約翰的暱稱。

《當仁不讓》☆眞正的作者，後來也悄悄處理掉一件更麻煩的事：有一名女子宣稱她曾經與約翰・甘迺迪訂婚。一九六〇年春末，甘迺迪家族再次找上克里福德。哈利・杜魯門已經公開譴責甘迺迪，有一部份是因爲他的天主教信仰。克里福德有辦法約束前總統嗎？克里福德找上艾奇遜，提出黨團結的必要性。優秀的民主黨員艾奇遜同意去向杜魯門求情。六月二十七日，在民主黨代表大會之前，他寫信給「老大」：「我們能約定不要說什麼話嗎？」他列出一張「不能說的話」的清單：「一，關於其他民主黨候選人：（a）絕不說他們任何人沒有資格當總統……」後來他問杜魯門：「你眞的在乎傑克是天主教徒嗎？我從來都不在意。戴高樂、艾德諾、舒曼或加斯貝利☆☆都沒有困擾我，那甘迺迪怎麼會呢？何況，我認爲他不是一個很好的天主教徒……」但是，艾奇遜依然對約翰・甘迺迪有所疑慮。九月中旬，他寫信給阿契博德・麥克列許：「關於選舉，我所知道最好的消息是目前的這則笑話：『總之，他們不能兩個都選。』」十月，艾奇遜順應潮流租了一台電視機，觀看總統大選辯論。然而，電視和候選人都令他十分厭惡，第二場辯論還沒舉行，他就將電視機還了回去。

約翰・甘迺迪在選後幾乎立即到P街拜訪艾奇遜。艾奇遜提議喝馬丁尼，不過甘迺迪選擇喝茶，創下了一個讓艾奇遜不太開心的先例。一群攝影師在他的客廳用力踩來踏去，記錄這位年輕的總統當選人向政壇前輩請益的情形，此舉更加惹惱了艾奇遜。

甘迺迪表示，他有三個內閣職位需要艾奇遜的意見：國務卿、國防部長以及財政部長。他馬上就向艾奇遜擔保，他無意指派一個「軟弱」的自由派擔任國務卿；如此便排除了史帝文生與鮑爾斯。可是他心中也沒有其他特定的人選。他在國會山莊認識了參議院外交關係委員會的主委比爾・傅爾布萊特（Bill Fulbright）。艾奇遜不考慮傅爾布萊特；這名阿肯色州參議員是個「半吊子」，喜歡「號召勇敢大膽的新想法，可是自己卻沒有任何

☆ 譯註：《當仁不讓》（*Profiles in Courage*）一書介紹美國歷史上八位重要的參議員，曾獲普立茲獎。

☆☆ 譯註：加斯貝利（DeGasperi）是當時的義大利總理。

勇敢大膽的新想法」。接著艾奇遜提名自己心中的人選：保羅．尼茲。他明白尼茲的知名度依然太低，所以建議採取兩階段步驟：一開始，甘迺迪應該任命大衛．布魯斯為國務卿，他是家世良好、出自普林斯頓的外交官，擔任艾奇遜時期的駐巴黎大使時表現出色；至於尼茲則擔任副國務卿。尼茲在獲得經驗以及外界的注意之後，就能接任布魯斯的職位——大約在一年左右過後。因爲看法不同，甘迺迪對此不予置評。

那麼傑克．麥克洛伊呢？艾奇遜問道。雖然艾奇遜是忠貞的民主黨員（他確實是黨內的重量級人士），但麥克洛伊共和黨員的身份對他來說顯然不是問題。然而，麥克洛伊的黨籍卻讓甘迺迪感覺不妥。這位總統當選人打斷他的話，說他想要一個民主黨員。

艾奇遜提了第三個名字：狄恩．魯斯克。甘迺迪回答，他不認識魯斯克。艾奇遜告訴他魯斯克自願降級，接手遠東事務處的棘手職位的故事，爲此他值得獲得「榮譽勳章」。他回想魯斯克對韓國的立場始終堅定不移，並表示他「在各個方面都很出色、忠心且優秀」。他聽鮑伯．羅威特與傑克．麥克洛伊說，魯斯克自從一九五二年離開國務院、擔任洛克斐勒基金會董事長以來，表現一直很好。艾奇遜「毫無保留地」推薦他。這位老政治家補充說，沒錯，永遠都有第二號或第三號副手扶正之後卻不適任的風險，可是總得嘗試才能知道結果。甘迺迪聽了似乎產生興趣。

甘迺迪接著談到財政部長。他說他已經派克里福德到紐約，探詢鮑伯．羅威特的意願。艾奇遜聽了捧腹大笑。他告訴甘迺迪，他是在浪費時間。羅威特絕對不會答應，他也不是那麼合適；他時間都花在處理聯合太平洋公司的事以及「亂搞很多火車的東西」。「總之，」艾奇遜繼續說，「如果你要他，何不親自問他？如果派克拉克去探口風，那個老無賴會向紐約的每個醫生索取證明，表示自己即將暴斃。」艾奇遜補充說：「如果你眞的希望羅威特發揮所長，就讓他負責重整國防部吧。等到他惹毛了華盛頓的所有人，你就得讓他下台回家了。」

疲憊不堪的老先生艾奇遜坐回他又軟又厚的椅子，過度熱切的年輕人甘迺迪則僵硬地坐在自己的位子上，冬日的暮光在客廳裡逐漸黯淡，茶已冷，兩人的對話變得斷斷續續。當艾奇遜提議道格拉斯・狄倫擔任財政部長時，甘迺迪短暫振奮了一下：甘迺迪與狄倫同為哈佛大學社團史畢社（Spee）的社員。甘迺迪難為情地透露，他們在前幾年的一場同學會上就見過了。

當夜色終於籠罩喬治城，甘迺迪起身離開。對於艾奇遜，他還有最後一項請求：艾奇遜願意擔任他的北大西洋公約組織大使嗎？這位前國務卿猶豫不決，他說沒有必要替他操心，他什麼都不要，也很樂意幫忙，不過就像邱吉爾說過的：「我承擔的責任已經夠了。」事實上，艾奇遜唯一有興趣的職務就是他做過的那一項。

★★★

艾奇遜對羅威特的看法沒有錯。當克里福德告訴他，他在國務院以及國防部的經驗使他「獨一無二」，羅威特回答，他跟不上一群四十歲觸身式美式足球球員的腳步。無論如何，他都必須徵詢醫師的意見。那天下午，他趕往長老教會醫院，然後帶回一封信，上面指出鑑於他的出血性潰瘍病史，可能必須進行矯治手術，因此絕對無法從事辛勞的政府公職。

不過甘迺迪還是極力勸說。他愈是瞭解羅威特——他的務實、他的理解力、他與參議員協調的能力、他的謹慎態度——就愈想延攬他入閣。事實上，他的弟弟羅伯特（Robert）後來回憶，約翰・甘迺迪心中三個最重要職位（國務卿、國防部長與財政部長）的第一人選都是羅威特。十二月一日早晨，甘迺迪在一場會議上致電羅威特，請他前往華盛頓。「是急事嗎？」羅威特問。「我想請你過來共進午餐。」總統當選人回答。羅威特立刻搭乘最近的班機前往。

他在甘迺迪家的前廊見到三歲的卡洛琳（Caroline）。她穿著一件上面繡著「H」的連身工作褲，手上拿著一顆美式足球。「你竟然這樣迎接一個耶魯畢業生☆。」主人甘迺迪現身時，羅威特對他說。羅威特回想，他

☆譯註：那個「H」代表哈佛大學。

很快便爲甘迺迪接受幽默玩笑的雅量以及他對女兒的鍾愛而著迷。一老一少在壁爐旁坐下；他們的對話輕鬆又直率。當羅威特提及他並沒有投票給甘迺迪，這位總統當選人只是露出微笑。羅威特對經濟學家肯·加爾布雷斯有何看法？「他是一個傑出的小說家。」羅威特回答。

甘迺迪提出職位讓他選擇：國務卿、國防部長或財政部長。「不，先生，我沒辦法。」羅威特回答，「我的精力已經消耗殆盡。」羅威特繼續表示，每次他在華盛頓接下一份新職，醫生就切掉他的一片內臟。甘迺迪瞭解；他說他明白身體有病痛時還要工作的感受。於是他請羅威特推薦合適人選。

羅威特說，國務卿的人選很容易挑選：狄恩·艾奇遜。甘迺迪搖搖頭。他在黨內敵人太多，遑論共和黨。羅威特停了一下，試著提出另一個名字：狄恩·魯斯克。

甘迺迪與羅威特都同意，艾森豪給了杜勒斯太多自由。甘迺迪說，他的作法將有所不同，他想親自制定外交政策。羅威特問：「你要一個國務卿，還是你要的其實是副國務卿？」甘迺迪大笑，說：「嗯，我想我要一個副國務卿。」羅威特說，那麼魯斯克會是絕佳人選，他是個理想的幕僚。

甘迺迪問羅威特是否願意擔任他的「非正式顧問」，這位年邁的政治家點頭答應★。享用了愉快的午餐之後，甘迺迪送客人到門口。屋外已經聚集了大批記者。羅威特喜歡與亞瑟·柯洛克或喬·艾索普喝酒，但是面對一大批記者卻會害羞。甘迺迪沒穿上大衣就陪著這位老先生走到下著雪的街上，擋開記者，讓他坐上自己的私人豪華轎車。「上路吧。」他指示司機。羅威特被這個年輕人的親切所感動；這種態度正好也是鮑伯·羅威

★作者註：他後來獲悉這並非只是掛名的榮譽職位。甘迺迪真心相信羅威特會為權勢菁英發言。外界認為總統反商而出現了鋼鐵危機之後，華爾街在一九六二年五月崩盤，甘迺迪致電羅威特，問他如何修補損害。羅威特藉機勸告甘迺迪進行減稅，以激勵資本累積。甘迺迪聽進去了；一個月之後，不顧加爾布雷斯等自由派人士的強力反對，財政部鬆綁折舊提存。

特本人的行事風格。

★★★

狄恩・魯斯克的名字不斷出現在甘迺迪家族眼前。一般大眾對他不熟悉，不過他卻同時獲得羅威特與艾奇遜的讚許。麥克洛伊也支持他：「他的頭腦聰明，經驗豐富。」這位外交關係委員會主席在寄給總統當選人的信上如此寫道。受邀與甘迺迪共進午餐時，魯斯克的反應顯得有點冷淡，不是非常熱情，不過他這麼羞怯或許只是謙虛。

十二月四日，當甘迺迪致電羅威特時，魯斯克、羅威特與麥克洛伊正出席在維吉尼亞州威廉斯堡（Williamsburg）舉行的洛克斐勒基金會董事會。甘迺迪告訴羅威特，國務卿人選範圍已經縮小到三個人：布魯斯、傅爾布萊特，以及魯斯克。羅威特大力支持魯斯克。他告訴甘迺迪，魯斯克已經在《外交事務》雜誌上寫了一篇文章指出，外交政策應該由總統親自制定。甘迺迪看過了嗎？他看了。

根據巴比・甘迺迪☆的說法，那通打給羅威特的電話讓大勢底定。總統當選人約翰・甘迺迪請羅威特徵詢魯斯克擔任國務卿的意願。

這位沉默寡言的喬治亞州人表現出恰如其份的謙虛與感激。不過有一個障礙：他沒有錢，有小孩要扶養和大筆的抵押貸款要償還。羅威特請他寬心；他和傑克・麥克洛伊都是洛克斐勒基金會的董事，他們會確保他收到優渥的離職分紅。

艾奇遜、羅威特與麥克洛伊後來將會漸漸對自己的選擇感到失望。可是在一九六〇年十二月，羅威特與艾奇遜都清楚記得整整十年前的那一天，狄恩・魯斯克於一九五〇年十二月四日站在國務卿辦公室裡，主張美國不能退出韓國，必須效法英國在一九四〇年對抗納粹。十二月中旬，羅威特向一些試圖瞭解內定新任國務卿的

☆譯註：巴比・甘迺迪即羅伯特・甘迺迪。

記者們敘述魯斯克的堅定信念：「如果不是魯斯克十分堅持我們必須言出必行，還有屈服將帶來嚴重後果，誰曉得韓戰會出現什麼結果？我的印象是魯斯克搶到了無人控制的足球，繼續踢著它跑。」羅威特又補充說：「我認爲，你們會發現狄恩．艾奇遜也會講出同樣的話。」

當時的美國權勢菁英與早期歐洲的權勢菁英不同，他們主要信奉菁英領導，不管其學校與社團網絡爲何；他們相當喜歡尋找並培養像狄恩．魯斯克這樣有前途的窮小子。這種從每個領域發掘新人才的意願，甚至是渴望，確保了特定的價值會隨著權力傳承下去。

魯斯克被視爲優秀的明日之星。他與肯楠及尼茲不同，沒有被杜勒斯的國務院拔除，而是從中晉升。一九五二年，佛斯特．杜勒斯告訴鮑伯．羅威特，他「對魯斯克印象十分深刻」，因此「打算讓他離開政府，派他去洛克斐勒基金會」。羅威特回答：「可惡，佛斯特，你不能那麼做。華盛頓需要這個人。」杜勒斯回應：「沒錯，但是我希望他能夠飛得遠一點。」

來自契羅基郡的小農男孩從牛津大學展開的脫胎換骨歷程，繼續在洛克斐勒中心的一間會議室裡上演。魯斯克善於傳達共識；在一場爭論激烈的會議結束時，他能夠巧妙地歸納出折衷方案。「魯斯克是我所認識最擅長解釋事情的人。」羅威特告訴甘迺迪。羅威特尤其欣賞魯斯克安撫保守派國會議員的能力。（「如果國務卿騎上一匹白色戰馬，開始製造太多新聞，」羅威特會說，「他便會造成許多人嫉妒——特別是在他最承擔不起的地方，參議院外交關係委員會。」）

當然，這些特質吸引了甘迺迪，他相當明白艾奇遜在國會山莊引發了哪些問題，也希望自己兼任國務卿的角色。如果請不到鮑伯．羅威特，那麼狄恩．魯斯克看來也是個精巧的模仿者。

魯斯克與羅威特相去不遠，但是其中卻有一些關鍵的差異。羅威特沉默、謹慎、小心，但終究是個會做事的人。魯斯克則不是。他缺乏羅威特的自信，以及他知道何時採取行動的敏銳度。魯斯克甚至在自己的心裡模仿羅威特。他刻意以羅威特的守護者馬歇爾將軍爲榜樣。他的確具有馬歇爾的謙虛及堅忍，以及他與生俱來的高雅，可是卻完全缺乏馬歇爾的決斷力。

羅威特對於魯斯克是有幾分保留，雖然這些看法在當時顯得微不足道。他擔心魯斯克的「執行力」，也就是從幕僚長躍上執行長位置的能力。他也認爲魯斯克過度著迷於遠東。這些考量在接下來的幾年終究不是那麼微不足道了。

★★★

克拉克．克里福德在十一月二十八日與羅威特共進三小時午餐的過程中（前者當時已經成爲甘迺迪交接團隊的領導人），請他推薦國防部長人選。羅威特提出一個與華爾街－杜魯門時期那幫人沒有太大關係的人選，令克里福德相當訝異：加州出生、剛成爲福特汽車公司（Ford Motor Company）總裁的羅伯特．麥克納馬拉。羅威特在第二次世界大戰期間發掘了麥克納馬拉，將他從任教的哈佛商學院吸收過來，請他協助讓戰爭機器的運作更有效率。麥克納馬拉運用從保險公司借來的計算機，在五角大廈建立一套統計控制設備，每天記錄空軍的戰機、燃料、炸彈以及軍火等資料。羅威特對於麥克納馬拉的才智以及熱情印象極爲深刻。亨利．福特的母親在荷布灣擁有一間房子，距離羅威特家不遠；當福特在戰後打電話給羅威特，想爲他的汽車公司求才，羅威特便推薦麥克納馬拉給他。

對於五角大廈變得僵化不靈活，羅威特感到很訝異。他相信它需要一個數字高手以及一位強而有力的管理者。他認同麥克納馬拉反對偶像崇拜，選擇住在大學城安娜堡（Ann Arbor），而非格羅斯岬（Grosse Pointe）的官邸，還有他思想十分開放，加入美國公民自由聯盟（ACLU）以及全國有色人種協進會（NAACP）。羅威特覺得這樣獨立的思考在面對官僚時會派上用場。對羅威特來說，麥克納馬拉恰如其份：他是一個具有強烈意志的人道主義技術官僚。他無視於麥克納馬拉對數字的執著，或許也忘了他在一九五二年告訴哈利．杜魯門，何謂統計學家：「從缺乏根據的假設出發，畫一條直線連到定論的人。」

爲甘迺迪謀求人才的薩金．席萊佛（Sargent Shriver）打電話給羅威特，詢問國防部長人選時，他再度推薦麥克納馬拉，稱他是「萬中選一」的優秀人才。羅威特的意見對甘迺迪來說非常重要；他請席萊佛去蒐集麥克納馬拉的詳細資料。這位汽車公司高層主管通過了檢驗；他甚至讀過並且很欣賞《當然不讓》。麥克納馬拉獲任為國防部長之後，前往紐約會見羅威特，向他請益。羅威特告訴他，他的第一項課題就是去拜訪參議院軍事委員會主席，他們的協助不可或缺。麥克納馬拉十分仔細聆聽；羅威特說話時，他還在一旁做筆記。

★★★

坐在位於西棕櫚灘（West Palm Beach）的房屋陽台上，約翰·甘迺迪問保羅·尼茲，他是否有興趣擔任國家安全顧問。尼茲說沒有。他想在國防部，那裡可以擴建軍隊，可以確實執行機動反應。尼茲希望甘迺迪挑選羅威特擔任國防部，讓他擔任副部長——並且有默契在一年左右之後讓尼茲接任部長一職。

麥克納馬拉的那場會面終結了這個想法。麥克納馬拉挑選尼茲在霍奇基斯中學的老同學羅斯威爾·吉爾派屈克（Roswell Gilpatric）擔任副手。當尼茲聽到這個消息時，趕緊撥電話到甘迺迪在西棕櫚灘的私人號碼，想要改變心意，接受國家安全顧問一職。甘迺迪並未回電。尼茲必須取得國防部國際安全事務（International Security Affairs，簡稱ISA）助理部長的職位，也就是他在一九五三年被人從五角大廈拔除之前協助創立的「小國務院」。尼茲在後來幾年看著白宮透過國家安全顧問辦公室自行制定外交政策，懊惱不已。

對於甘迺迪挑選的國家安全顧問，共和黨的極端保守派完全能接受。麥克喬治·邦迪是出類拔萃的「下個世代」。他在格羅頓中學就是最耀眼的學生；在耶魯大學是骷髏會會員。他是史汀生上校的回憶錄《戰爭與和平的軍旅生涯》的作者之一，也編輯過艾奇遜的演說集。他是哈維·邦迪的兒子；艾奇遜的女兒嫁給他哥哥，他都稱呼艾奇遜「狄恩叔叔」。

他屬於波士頓上流社會階層（《耶魯日報》譏諷他為「聖雄邦迪」），可是卻相信菁英領導。對於有人說他受到恩迪考特·皮博迪的薰陶，他相當不屑；他認為皮博迪有點古怪。他後來說，對自己的人生影響最大的人是羅伯特·奧本海默。從這一點看來，他就跟狄恩叔叔一樣；艾奇遜認為他的人生導師不是中學校長，而是一個聰明的猶太人，路易斯·布蘭戴斯。邦迪同樣也有艾奇遜嚇人的尖酸刻薄以及敏銳的邏輯能力。他堅持相同的簡單原則。（「讓我用一句話來總結我的整個論點，」一九四〇年，就讀耶魯四年級的邦迪指出，「我相信個人的尊嚴，相信守法的政府，相信尊重事實，相信良善上帝；這些信念比我的生命更有價值；希特勒沒有這些信念。」）他以同樣冷靜的務實態度來處理問題。

艾奇遜很高興聽到「麥克」獲選為國家安全顧問。艾奇遜心中這個職位的理想典範是杜魯門政府裡忠心、謹慎的艾佛瑞爾·哈里曼。事實上，邦迪努力地想保持低調，與狄恩·魯斯克好好相處。可是在他的任期當中，外交政策制定的焦點從國務院轉移到了白宮，而強勢、尖銳的邦迪有時鋒頭難免蓋過了個性較為猶豫的魯斯克。在一九六〇年代晚期，有人問艾奇遜，如果他擔任國務卿時的國家安全顧問是麥克·邦迪，他會怎麼做。「辭職。」他回答。

★★★

十二月初，在紐約的一場晚宴上，傑克·麥克洛伊接到一通電話。抵達甘迺迪位於卡萊爾飯店（Carlyle）的套房之後，這位剛退休的大通曼哈頓銀行董事長坐下來聽著總統當選人赤足在房間裡踱步的聲音。甘迺迪告訴他，羅威特建議由他接掌五角大廈。「我已經當過了。」麥克洛伊咕噥道。那麼財政部長呢？「我不夠資格。」麥克洛伊說。甘迺迪大笑並提醒他，他可是擔任過大通曼哈頓銀行董事長和世界銀行總裁。麥克洛伊說，他大學時的經濟學成績並不理想。甘迺迪又提了另一個職位。他想和蘇聯達成一項武器管制協議。麥克洛伊願意擔任他的武器管制特別顧問嗎？

麥克洛伊答應。他剛成為米爾班克、特威德、何普與哈德利法律事務所的資深合夥人，如果退出這項新的工作會很尷尬。可是他後來回想說：「我花了好多時間策劃破壞的工作，因此非常想要做一點建設性的事情，為和平而努力。史汀生非常擔心原子彈，要我將這件事牢記在心裡。我想要完成他傳承下來的使命。」

★★★

喬治·肯楠已經在耶魯大學勃嵐佛學院（Branford College）任教一個學期，有一次當他在查看自己的信箱時，一名激動的大學生對他說：「肯楠先生，美國總統想要跟你說話。」甘迺迪打電話來邀請他擔任駐波蘭或南斯拉夫大使。肯楠很高興。他接下南斯拉夫大使一職；他是最早預測南斯拉夫會脫離克里姆林宮控制而獨立的人之一。

肯楠對於年輕的甘迺迪總統抱持很高的期望。肯楠一年之前在《外交事務》雜誌上發表一篇文章反駁艾奇遜對於里斯講座的抨擊，甘迺迪寫信讚揚他，因而贏得這位敏感的前外交官的好感。那篇文章「十分有效地化解了艾奇遜先生極嚴厲的批評」，參議員甘迺迪告訴肯楠，「而且沒有用到艾奇遜先生去年不幸大肆採用的惡意人身攻擊手法。」

甘迺迪可說是一個傳統的冷戰份子，可是相當重視改善美蘇關係的必要性。與杜勒斯、甚至艾奇遜不同的是，他想聽聽蘇聯觀察家的看法，想善加利用過去十年遭到漠視的一些專業知識。他告訴肯楠，他不想步上杜魯門的後塵，「完全依賴」國務卿的意見。肯楠欣賞甘迺迪這樣的考量。「他有某種舊時代的英勇豪氣，」肯楠後來回想說，那是一種「宛如飛行員林白般的傻氣」。

★★★

當選總統之後的那一天，甘迺迪打電話給奇普·波倫，說他收到尼基塔·赫魯雪夫的賀電。他應該怎麼回覆？波倫告訴他要禮貌地回覆，但別談到任何細節。

電話一直打進來。甘迺迪幾乎隨時都要波倫的意見，關於赫魯雪夫、蘇聯、寮國，甚至是例行的外交禮節問題。兩人成為有私交的朋友；甘迺迪喜歡波倫的機智與從容的魅力。與杜勒斯不同，甘迺迪很快就體認到波倫是一個才華洋溢的外交官，駐外辦事處最優秀的人才。令人讚許的是，波倫沒有忘記自己主要的身份是駐外辦事處官員，其次才是總統的朋友。波倫不贊同甘迺迪處理外交事務的特殊作法，以及他對正常國務院管道缺乏耐性；他認為甘迺迪對於官僚的漠視有損士氣。當甘迺迪問他：「你們的國務院有什麼問題，奇普？」波倫回答：「問題就是你，先生。」

杜勒斯死後，新任國務卿克里斯欽・赫特（Christian Herter，同爲聖保羅中學校友）將波倫從馬尼拉救回來。赫特任命波倫擔任他的蘇聯事務特別助理（他無法讓他當助理國務卿或顧問，因爲參議院不見得會同意）。波倫繼續擔任魯斯克旗下國務院的蘇聯專家，並承諾他將可擔任駐英國或法國大使。

二月十一日，就職之後不到一個月，約翰・甘迺迪召集他的蘇聯專家到白宮開戰略會議，共有四人：波倫、肯楠、盧威林・湯普森（他取代波倫成爲駐莫斯科大使）以及艾佛瑞爾・哈里曼。在荒野中漂泊將近十年之後，他們的意見又再度受到重視。

在艾森豪與赫魯雪夫之間的一場高峰會前夕，蘇聯擊落一架飛越蘇聯領空的U-2偵察機，導致美蘇關係再度降至冰點。他們全都力促甘迺迪採取相關補救措施。那場高峰會徹底失敗。在其他人的支持下，波倫敦促甘迺迪再召開另一場高峰會。寮國與柏林的緊張情勢逐漸升高；蘇聯在寮國支持一場「民族解放戰爭」，克里姆林宮貪圖柏林的渴望也更勝以往。有許多事情需要討論。甘迺迪公開表示，他擔心如果顯得太安撫蘇聯，會受到眾議院的右翼人士攻擊。不過他渴望與蘇聯領導人面對面，因此同意與赫魯雪夫召開一場高峰會。

在白宮那場會議之後幾天，查理・塞耶爾寫道，甘迺迪開放的胸襟與活力，積極向老蘇聯專家請益的態度，讓波倫與他太太愛薇絲感到「開心」。新白宮團隊的充沛活力令愛薇絲興奮不已：「那裡的氣氛就像香檳的氣泡般活潑耀眼，」她在給查理的信中寫道，「這些年輕有活力的新臉孔滿懷著全力衝刺的渴望。」那讓她

> 再度回到戰爭的那段歲月——開不完的會議，晚宴與接待會……令人興奮無比。唯一的缺點是他們大多太年輕，如今奇普一夜之間突然變成一個「老前輩」，不再屬於較年輕的一群。喬治・肯楠在這裡待了兩天——看起來年輕了二十歲，滿臉笑容、神清氣爽，渴望全力衝刺。奇普、喬治與艾佛瑞爾等人與總統見面總共長達七小時左右……大約是艾森豪八年之中會見湯米與奇普的時間的兩倍！

★★★

能夠重返核心圈輔佐總統，讓艾佛瑞爾・哈里曼大大鬆了一口氣。回到他特有的心靈重生地俄國之後，他已經走出紐約州長選舉敗給尼爾森・洛克斐勒的陰霾。一如往常，他幾乎不浪費一點時間。一九五九年一月九日，將州長官邸交接給共和黨之後僅僅一個星期，他便寫信給狄恩・艾奇遜，表示他打算到蘇聯旅行。「我看不出有任何不能直接投入戰役，讓我自己維持苗條的理由。」他對老友寫道。他甚至想到赤色中國，一個在五〇年代晚期完全封閉的社會。哈里曼聘請艾奇遜擔任他的律師，以取得國務院的許可。這位一向小氣的百萬富翁告誡艾奇遜：「請維持合理的價格，因為我最近有不少開支。」杜勒斯任用的狂熱反共者反對；主管遠東事務的華特・勞勃森告訴艾奇遜，台灣與其他「自由」亞洲國家可能會認為美國派哈里曼與中共進行秘密和平談判。艾奇遜加以嘲諷。「你意思應該不是你們相信外國人會認為你們要派一個民主黨員去幫你們談判吧？」可是他還是沒有幫哈里曼取得簽證。

哈里曼表面上以《生活》雜誌作家的身份前往俄國。（他借用他的寫手及翻譯，也就是波倫的大舅子查理・塞耶爾的身份；後者被迫離開駐外辦事處之後便成為自由作家。）哈里曼略微駝背、一副疲憊樣，但一如往常不屈不撓，在蘇聯境內旅行了一萬八千英里。他被視為來訪的重要貴賓，在人們印象中是個戰爭盟友；在工廠、火車站、街道上，到處都有民眾為他歡呼。事實上，比起紐約州的選舉造勢活動，他在俄國吸引了更多更熱情的群眾。

在旅程末尾，哈里曼獲准與赫魯雪夫進行數次長時間的會面，後者虛張聲勢、態度狂妄又語出威脅。在他鄉間別墅的花園裡散步時，這位蘇聯領導人警告哈里曼：「我們決心解除你們在西柏林的權利。你們的將軍談到要用坦克與槍枝來捍衛在柏林的地位。我們會摧毀你們的坦克，發射飛彈。」可是當哈里曼說他不相信蘇聯希望引起戰端，赫魯雪夫冷靜了下來。「我們並不希望柏林發生戰爭。」他說。

哈里曼本身雖然不是一個十分細心的人，但是卻能夠瞭解其他惶恐的西方人所看不見的地方。當赫魯雪夫大聲斥責：「我們會埋了你們！」他的意思是共產主義會比資本主義更長久，而不是要轟炸它。聽到赫魯雪夫批評史達林是個殘忍的侵略者，哈里曼覺得很有意思。他想起蘇聯共產主義不是靜態的，可能有所演變。當赫魯雪夫不斷談起武器控制協議的必要性，哈里曼認為他其實是很眞誠的。最重要的是，他再一次確信西方可以與蘇聯交涉，只要談判交由他這樣的人來進行。

蘇聯領導人顯然相信他們可以應付他。他是個貨眞價實的資本主義者；赫魯雪夫這樣的人覺得他們可以瞭解他的想法，他代表眞正的美國。在一場晚宴上，赫魯雪夫對哈里曼表示：「紐約州的選民只能在哈里曼和洛克斐勒之間選一個人，你認為我們把它看成一場自由選舉嗎？」

赫魯雪夫在一九五九年九月前往美國時，哈里曼邀請他到紐約東八十一街（East 81st Street）十六號的住宅，坐在圖書室裡他最愛的畢卡索畫作底下，與一些金融業及產業鉅子交談。現場大約有三十人出席，包括大企業執行長、基金會董事長、投資銀行家。哈里曼請赫魯雪夫喝酒，他點了俄國伏特加。結果前州長給了他一杯紐約州白蘭地。「各位統治美國，」赫魯雪夫向在場的資本家表示，「你們就是統治圈。我不相信其他的說法。」

第一個問題來自約翰·麥克洛伊（「根據官銜高低順序，」中途闖入這場聚會的約翰·肯尼斯·加爾布雷斯冷冷地表示）。那其實不是一個問題，而是一項聲明。麥克洛伊試圖說服這位蘇聯領導人，華爾街在華盛頓完全沒有影響力。「請你自行判斷，」他說，「幾乎華爾街提出的所有法案都自動遭到參議院否決。」赫魯雪夫狐疑地盯著他，狠狠地挖苦說：「看來在我面前的這些美國人就像可憐的窮親戚。」★

一六〇年秋天，哈里曼致電赫魯雪夫，懇求他對兩黨的總統候選人同樣嚴厲，以免因為他看似偏好民主

★作者註：哈里曼細心培養他與赫魯雪夫的關係；對方農民出身的背景以及意識形態與他南轅北轍，可是直率的作風卻又與他頗為契合。赫魯雪夫變得非常喜歡哈里曼，甚至在一九六三年還半認真地建議哈里曼來為他效勞，而且他也會派一個人去為甘迺迪工作，作為交換。

黨，反而幫了共和黨。選後赫魯雪夫發電報給哈里曼，告訴他過去恩怨已經過去，杜勒斯時代的痛苦可以拋在腦後了，這令哈里曼感到欣慰。

關於甘迺迪與蘇聯領導人之間即將舉行的高峰會，哈里曼只有一項保留意見。他擔心年輕氣盛的美國總統會因爲這位俄國人的大話與虛張聲勢，以及威脅「坦克會出動，火箭會發射」而受到驚嚇，進而過度反應，相互叫囂。哈里曼想私下與總統會面指導他，傳授一些他長期應付蘇聯獨裁者後所學到的竅門。

然而，甘迺迪並未專心聽。事實上，他對哈里曼的評價並不高。

如今回顧起來，國務卿可能人選的名單徹底遺漏了哈里曼的名字，頗爲耐人尋味。雖然甘迺迪後來修正了他的看法，不過當時他認爲哈里曼年紀太大、聽力太差，也太政治。「從來沒有人的條件這麼不利，卻得到這麼多成就。」畢佛布魯克勳爵曾在一九五八年如此告訴約翰·甘迺迪。選舉過後，一九六〇年十一月與哈里曼開會的過程並不順利：甘迺迪問了一個又長又複雜、與外交政策有關的問題，而哈里曼只回答：「是。」十二月的第二場會議更糟糕。總統已經提出了重點，而哈里曼以爲自己聽到助理傑克·賓罕（Jack Bingham）說話，便咆哮道：「別傻了，傑克。」離開會場時，甘迺迪對哈里曼的另一名助理麥克·佛瑞斯托（Mike Forrestal）說：「你認爲你能夠讓艾佛瑞爾戴助聽器嗎？」

哈里曼也沒有獲得昔日伙伴的協助。擔任甘迺迪的顧問時，羅威特對於自己的童年朋友格外沉默。麥克洛伊後來表示，哈里曼在杜魯門時期的同事已經對於艾佛瑞爾的政治操作以及日漸強烈的鴿派主張感到不滿。

哈里曼自己對約翰·甘迺迪則頗爲冷淡，至少一開始是如此。約翰·肯尼斯·加爾布雷斯回想，他一九五九年夏天花了不少時間在山德斯岬的海灘來來回回走動，試圖說服哈里曼支持甘迺迪競選總統，也聽到哈里曼不滿約翰·甘迺迪「見過」喬·麥卡錫的這件事實。哈里曼最後終於被說動了，主要是因爲他認爲甘迺迪會獲得勝選。他甚至在民主黨代表大會上支持甘迺迪，不過他卻很失望，因爲他認爲甘迺迪家族根本不知道那年秋天他有多努力爲甘迺迪助選（在十幾州來回奔波）。後來他告訴朋友，他在政府裡謀得好職位的機會已經被老喬·甘迺迪給破壞掉了。

亞瑟·史勒辛格曾經在十二月一日對甘迺迪提起哈里曼。「他太過時了。」這位總統當選人嘲笑道。史勒辛格和加爾布雷斯後來以溫和手法推動，設法讓哈里曼獲得「無任所大使」的頭銜。總統認為這項任命只是「點綴」，史勒辛格回憶說。

可是狄恩·魯斯克告訴哈里曼，他打算待在華盛頓，還要哈里曼擔任他的外交部長會議以及其他類似（枯燥的）國際會議的特使。當時年近七十的哈里曼毫無怨言，隨即收拾行囊出發，準備從事他最擅長的工作：與其他元首會面。

第二十一章 暮光之戰 邊緣重聚

TWILIGHT STRUGGLES *Reunion at the Brink*

一九六一年六月，在初夏傍晚長長的影子底下，甘迺迪的年輕助理們排成縱隊，迅速進入白宮，準備參加國家安全會議。「漫長的暮光之戰」已經在兩個前線爆發：寮國與柏林。危機感四處瀰漫；外界強力要求新任總統詳細說明他在就職演說上所講的豪邁談話，也就是他承諾要「不計任何代價，承擔所有責任」，以「確保自由的存在與成功」。

在夏季的濕熱空氣裡，有兩位年長男士以較爲莊重的步伐前進。他們都很高，比走在他們前面那些充滿熱忱的年輕人都高，而且年近七十的他們只有稍微駝背；兩人的友誼也已進入第六個十年。站在外頭的記者聽見艾佛瑞爾·哈里曼說：「感覺就像過去一樣，狄恩。」他把手繞在狄恩·艾奇遜的肩膀上，經過海軍陸戰隊衛兵身旁，走進西翼的內部密室。

甘迺迪從他尊敬的外交政策菁英那裡承接了他的全球性承諾，因此爲了實踐這些承諾，他徵詢艾奇遜與哈里曼的意見也就不令人意外了。然而，在這些早期的危機當中，這兩個老前輩不只是顧問。在柏林與寮國危機中，主導者不是甘迺迪「新世代」裡最優秀、最聰明的那些人，而是哈利·杜魯門的老世代中那些年邁的老兵。不過艾奇遜與哈里曼透過不同的途徑重拾權力，而且雙方不是盟友，是對手：艾奇遜受總統之邀，在柏林成爲支持採用軍事力量的鷹派；哈里曼則是靠著曲意奉承，大力推動寮國的和平外交。

★★★

在甘迺迪就職總統的前夕，無所不在的克拉克·克里福德舉辦了一場會議，甘迺迪和艾森豪在會議中討論世界上的「危機點」。即將卸任的總統警告他的繼任者，東南亞的局勢搖搖欲墜，而寮國是其中的「關鍵」。

艾森豪補充說，如果共產黨拿下寮國，他們就會爲泰國、柬埔寨以及南越帶來「難以置信的壓力」。

艾森豪政府已經在寮國投入大約三億美元，相當於每位居民一百五十美元，是他們人均國民所得的兩倍。這項投入並不算多；大部份的錢都被寮國將領中飽私囊。此外，共產黨組織巴特寮（Pathet Lao）已經掌控了鄉間地帶。由於杜勒斯認爲維持中立並不道德，美國無意建立一個中立政權。中央情報局支持一場推翻蘇發那·富馬親王（Prince Souvanna Phouma）中立政府的政變，讓一個名叫布伊·薩納尼康（Phoui Sananikone）的政治人物取而代之。中央情報局接著從法國找來一個寮國軍官，名叫富米·諾薩萬（Phoumi Nosavan）。富米推翻了布伊，正如喬治·鮑爾所指出，那「可能是一起重大事件，也可能是印刷排字上的錯誤☆」。結果，富米又遭一名年輕的傘兵貢勒（Kong Le）推翻。國防部與中央情報局繼續支持富米。眼睛斜視、總是掛著親切笑容的富米是個可疑的盟友；他拒絕到首都宣誓就職，因爲有一個算命師預言他會有血光之災。

二月初，甘迺迪政府的人馬還在陸續進駐辦公室當中，富米的軍隊便在中央情報局的支持下展開征服貢勒軍隊的行動。然而，支持共黨巴特寮的貢勒卻屹立不搖，富米的士兵潰敗，在石缸平原（Plain of Jars）上竄逃。

對甘迺迪政府而言，鮑爾所形容的這部「功夫電影」是一場嚴重的危機。它儼然成爲機動反應概念以及美國能否打小型叢林游擊戰的第一項考驗。曾經在一九五〇年代初期被麥卡錫主義者抨擊爲共產黨同情者的前麻省理工學院教授華特·羅斯托建議，從海空兩路將兩萬五千名美國作戰部隊送進湄公河三角洲（Mekong Delta），證明他根本不同情共產黨。在討論這次危機的第一場會議上，國防部長麥克納馬拉建議讓六架舊型的第二次世界大戰AT-6戰鬥機搭載百磅重的炸彈，轟炸共產黨。參謀長聯席會議對於亞洲地面戰的態度則比較實際：他們要讓二十五萬名士兵挺進東南亞。

不過，總統猶豫不決。他並不想被寮國的戰爭困住，而是希望英國會再度提出稍早曾提案要設立國際監察

☆譯註：這是句玩笑話，因為兩人名字的英文拼法十分接近。

委員會（International Control Commission）的一項計畫，以和平方式解決紛爭。在他的積極促成之下，會談安排五月在日內瓦進行。

★★★

四月初，艾佛瑞爾・哈里曼前往土耳其參加中央條約組織（CENTO）的一場會議，在飛機上，他收到狄恩・魯斯克的指示，請他接著前往寮國，籌備日內瓦會談。哈里曼盡責地到安卡拉的美軍福利社購買了一件不合身的夏季西裝，然後展開一趟跨越東南亞的十一天行程。那就像過去的戰時任務，只不過他已經老了將近二十歲；他有四天晚上是在飛機上睡覺，造訪了七個不同的首都。降落在永珍時，他發現寮國一片混亂，眼看著即將落入共產黨手中。參謀長聯席會議主席萊曼・雷姆尼澤將軍（General Lyman Lemnitzer）已經在那裡。他說服哈里曼與他一同簽署一封越洋電報，呼籲美軍部隊能進行小規模的干預。

由於他欣賞雷姆尼澤，加上永珍恐慌氣氛的刺激，這成了哈里曼最後一個強硬的衝動念頭。可是，哈里曼不是非要證明自己強硬態度的那種傳統冷戰分子。從那時候起，他開始支持在東南亞採取外交手段，而非武力。在前往新德里的附帶行程中，他幾乎立即開始尋求寮國問題的政治解決方案。

在沒有獲得國務院授權的情況下，他自行找上蘇發那・富馬，在艾森豪政府時期因爲中央情報局支持的政變而被逐出寮國的中立派親王。蘇發那在法國受教育、衣著時髦而且有主見，然而他卻是一位紳士，一個愛國人士。平常很快就能對別人形成看法的哈里曼，幾乎立刻就感覺到他可以與蘇發那交涉。這位自負的親王似乎就是答案，他能夠讓寮國避免發生殘酷的小型戰爭。蘇發那讓哈里曼相信，他不要寮國淪爲共產國家，寧願讓它成爲中立國。

哈里曼返回華盛頓，提出蘇發那的名字，指出他可以成爲解決之道。國務院對此抱持懷疑態度；院內那些尚未從杜勒斯時期的創傷恢復過來的野心家，對於這位曾經到莫斯科及北京旅行過的親王有所質疑。魯斯克沒有提供協助。哈里曼說服蘇發那應該在四月下旬到華盛頓，親自說明自己的論點。可是國務卿斷然拒絕，他說他在喬治亞州有一場演講的邀約。

哈里曼進一步相信蘇聯希望和平解決寮國的問題，他們並不希望自己涉入亞洲的戰爭。最後在四月下旬，哈里曼獲准見甘迺迪總統，說明他的想法。令他高興的是，他發現總統完全接受。當天晚上在歡送約翰・肯尼斯・加爾布雷斯出發接任駐印度大使的惜別宴會上，來賓注意到一向陰鬱的哈里曼顯得興高采烈。亞瑟・史勒辛格回想說，他說的話甚至比加爾布雷斯還多。

哈里曼得到的報償是國際監察委員會在五月中於日內瓦展開的寮國會談中，他將擔任首席談判代表。五月下旬前往維也納參加與赫魯雪夫的高峰會時，甘迺迪途中在巴黎停留，徵詢戴高樂的意見。哈里曼趕到巴黎，希望能與總統談個幾分鐘。結果哈里曼在美國大使館的走廊上站了幾個小時，緊張地來回踱步。最後在甘迺迪快速走出門外時，哈里曼不得不抓住他的手肘。「總統先生，」他問道，「我只有一個問題：您到底想不想解決寮國問題？」甘迺迪直率地回答他想。這就是哈里曼需要的指示——雖然他後來收到的指示大多來自國務院，通常也不予理會。

當天晚上在一場正式晚宴上，哈里曼設法接近甘迺迪的座位，針對他即將與赫魯雪夫舉行的會議提出建言。不要將那個俄國人的恫嚇和大話太當真，這位碰過許多類似狀況的老手如是說。和他開開玩笑；不要試圖與他爭辯。

★★★

甘迺迪沒有理會哈里曼的忠告。赫魯雪夫威脅恫嚇、盛氣凌人，又繼續發誓要出動坦克，發射飛彈。年輕的甘迺迪總統的回應也變得強硬了起來，充滿火藥味。當甘迺迪要與這位蘇聯領導人分手時，赫魯雪夫對他說：「今年將會有一個寒冷的冬天。」甘迺迪覺得自己被欺侮；他決定展現自己的決心。不久之後，機會就在柏林出現了。

自從一九四八年柏林封鎖期間史達林受到羞辱之後，柏林的西方佔領區對俄國人來說，就像赫魯雪夫形容的，「如鯁在喉。」（這位俄國領導人喜歡用與身體有關的譬喻；他告訴哈里曼，柏林就像「你腳趾頭上的拇囊腫，我隨時都能踩下去」。接著他還磨了磨自己的腳，藉以強調這句話。）一九五八年，赫魯雪夫曾威脅要讓柏林成為一座「自由城市」，也就是處在蘇聯掌控下，可是後來卻縮手。現在他又重新威脅一次。他害怕西德會製造自己的原子彈，對於有大量難民從東柏林逃到西柏林也覺得丟臉。耀眼繁忙的西柏林與單調衰敗的東柏林形成強烈對比，更令他覺得臉上無光。在維也納，他對甘迺迪下了最後通牒：他要西方國家離開柏林。

對狄恩．艾奇遜而言，柏林是一項嚴峻的考驗，「自從一九五〇年六月共產黨攻擊韓國以來，對西方的意志與決心最嚴格的試煉。」他在寄給他的朋友，《明尼亞波里斯明星報》（*Minneapolis Star*）與《明尼亞波里斯論壇報》（*Minneapolis Tribune*）的老闆約翰．考爾斯（John Cowles）的信上寫道，「失去德國肯定就會輸掉冷戰；如果讓德國人相信我們準備為了一項與俄國的協議而犧牲德國人的利益，那肯定會就失去德國。」

在約翰．甘迺迪心中，艾奇遜是傑出的德國問題權威，與俄國人談判敏感德國問題最有經驗的政治家。早在三月時，甘迺迪就請他研究柏林問題，並提出處理蘇聯威脅的策略。不可避免的，由於國務院呈現領導真空狀態，也因為他自己的意志力，開始讓已屆退休年齡且身為民間律師的這位前國務卿掌握過度的權力。

艾奇遜很高興能重回政府。他長達三十年的秘書艾文斯小姐在四月六日寫信給艾奇遜的老助理馬歇爾．舒爾曼（Marshall Shulman），「狄恩．艾奇遜受到很大的鼓勵，看起來比我多年來所見到的他氣色更好、更年輕。」

英國首相哈洛德．麥克米倫（Harlod Macmillan）在四月初來到華盛頓時，艾奇遜受邀針對柏林問題發表演說。他講的內容「相當毛骨悚然」，亞瑟．史勒辛格後來回想，「艾奇遜略過外交或經濟回應的可能性不提，直接提出各種可怕的軍事對策，暫時的結論還支持派出一個師，取道公路進軍柏林。」

受到赫魯雪夫在維也納對甘迺迪下最後通牒的影響，艾奇遜在六月二十八日送了一份更加強硬的報告給總統。艾奇遜主張，在這項意志的考驗中，做任何協商的努力都是錯誤。政府應該宣布國家進入緊急狀態，全面動員武力部隊。宣布國家緊急狀態需要採取激烈的步驟：國防預算增加五十億美元、進行物價與薪資控管，以及增稅。艾奇遜判斷，如此應該足以威懾赫魯雪夫。即便如此，美國依然必須為可能爆發核子戰爭做準備。儘管瞧不起杜勒斯，艾奇遜還是呼籲採用邊緣策略☆。一九五九年對哥倫比亞大學新聞學院的學生發表一段令人不寒而慄的談話時，他透露了自己的觀點。艾奇遜表示，美國必須準備「讓緊張情勢升高到人們不再冷靜行事的地步，使他們行動的依據不再是冷靜的盤算，而是恐懼……因此俄國人會說：『我們可能遭到意外的攻擊。』這是唯一的方法。這就是所謂微妙的恐怖平衡。」保羅．尼茲後來便承認：「邊緣策略儘管不光彩，但那就是我們的政策。」

艾奇遜交出報告的隔天，在六月二十九日的國家安全會議上，他主導全場，以他強而有力的聲明恐嚇內閣閣員，並夾雜自嘲的機智反應。他願意貢獻自己，以一個「年老失業者」的身份作為軍事擴張的煙幕，願意參加與蘇聯之間的「冗長會議」，「會議上可以無止盡地對話卻完全不協商談判。」

艾佛瑞爾．哈里曼是那天晚上在內閣室裡聽艾奇遜高談闊論的其中一個人，他是去向國家安全會議報告寮國問題。在那個溫暖的六月夜晚，儘管走進會議室時他熱情地拍了拍老友的肩膀，可是哈里曼還是被艾奇遜的鷹派觀點給嚇到。雖然他在會議上不發一語，會後卻對亞瑟．史勒辛格抱怨：「我們的政策要由那個受挫又固執的人主導多久？他正帶領我們走向戰爭之路。」哈里曼認為美國在派遣坦克縱隊開上德國公路之前，應該嘗試透過外交途徑與蘇聯溝通。

哈里曼的聲音在那種緊張氣氛中並未傳達出去；可是艾奇遜的聲音傳出去了。在國務院七樓危機室每天的柏林工作小組（Berlin Task Force）會議中，艾奇遜總是支配全局。這個工作小組名義上是由艾奇遜過去的幕僚佛伊．柯勒（Foy Kohler）負責領導；成員包括了另一個可怕的鷹派，也曾經在艾奇遜旗下工作的保羅．尼茲。曾

☆譯註：邊緣策略（brinksmanship）是刻意讓危機升高到接近戰爭邊緣，利用威嚇等方式迫使對方讓步，以達到特定目標，是一種風險極高的戰略。

出席會議的國務院法律顧問亞布蘭・蔡耶斯（Abram Chayes）回憶說：「狄恩得意洋洋。他覺得自己掌握了大局。」蔡耶斯試圖提出一個比軍事動員和宣布緊急狀態來得溫和的替代方案，艾奇遜插話：「亞布，等著看吧。你可以嘗試，可是你會發現就是沒有用。」

艾奇遜能夠掌控全局，部份是因為狄恩・魯斯克並未主導。這位國務卿沒有表態；他在國家安全會議上全程靜靜坐著，溫和的臉上始終掛著神秘的微笑，因而獲得「佛陀」的封號。「國務卿根本沒有提供任何事情給我思考，你完全不知道他在想什麼。」甘迺迪對他的助理抱怨說。魯斯克的國務院花了六週才交出柏林問題的報告，接著便將共和黨在稍早柏林危機期間所用的立場聲明加以剪貼一番，交差了事，令白宮十分不滿。強勢而大膽的艾奇遜填補了這個空缺。當菲力克斯・法蘭克福特問他，誰「在幫這個國家掌舵？」艾奇遜嘲諷地說：「通常是沒有，」不過「阿德萊在紐約有一個方向盤」，而「白宮附近有幾個在晚上沒有上鎖，所以卡洛琳和那裡的另外幾個孩子經常拿來玩……當然，狄恩・魯斯克在國務院也有一個，不過他還沒學會如何好好操作。」

然而，其他的聲音逐漸傳了出來。史勒辛格、蔡耶斯，以及從哈佛通勤、擔任麥克・邦迪顧問的亨利・季辛吉，共同策劃要制止艾奇遜「宣戰」。七月七日，史勒辛格打了一份說帖，警告總統不要將這個議題看成「你是不是膽小鬼？」的問題。（至少季辛吉很小心地讓他與艾奇遜之間的溝通管道保持暢通。他在七月十八日寫信給他：「前幾天晚宴上與政府官員針對柏林問題的討論非常無知，沒有考慮到一些微妙的議題，也不瞭解有些無形的問題亦必須納入。幸好有你在場，才不至於變成一場真正的災難。」）

甘迺迪自己對於艾奇遜的強硬路線也有疑慮。他尊敬艾奇遜，需要他的意見，可是卻發現他鷹派色彩太濃，太容易冒險。巴比・甘迺迪回憶，他哥哥也「覺得他令人氣惱」。

艾奇遜刻薄的談話開始讓甘迺迪感到不悅。當總統帶他到白宮玫瑰花園，告訴他豬玀灣入侵計畫時，艾奇遜打斷他：「您不必打電話到會計師事務所，就能發現一千五百名古巴人比不上兩萬五千名古巴人。」他嗤之以鼻。後來，甘迺迪在維也納因爲赫魯雪夫而顯得震驚不已之後，艾奇遜告訴一批退休的駐外辦事處官員說，觀察甘迺迪就像看著一個才華洋溢的年輕人丟出迴力棒卻打昏自己。這番話傳到甘迺迪耳裡之後，他怒不可遏。麥克．邦迪打電話給艾奇遜的前特別助理，已經晉升爲資深國務院官員的盧修斯．巴特爾，看他能否勸勸艾奇遜自制一點。

巴特爾認爲，艾奇遜簡直是在自找麻煩，就像一個想引人注意的小孩子。那年夏天某天晚上晚餐過後，艾奇遜看似在巴特爾家裡閒晃，想找人說話。巴特爾問他要不要喝杯睡前酒，他說他想。喝酒時他稍微向巴特爾抗議，他認爲自己對退休駐外辦事處官員說的話是私下聊天。「噢，少來了。」巴特爾說。八月十八日，艾奇遜寫信向總統道歉。「我十分苦惱。我還是誤以爲自己的幽默已經變得比較不尖酸刻薄，比較好笑，但事實並非如此。」

甘迺迪其他的資深顧問逐漸在柏林議題上反對艾奇遜的看法。麥克納馬拉和邦迪都認爲，艾奇遜的邊緣策略會帶來太高的核戰風險。在七月十三日的國家安全會議上，魯斯克再度發言，反對宣布緊急狀態。它「會給人我們要動員準備作戰的印象，很危險」，魯斯克說。此時艾奇遜插話：「我們必須採取充分及必要的行動，而不是爲了表象。如果將後備部隊留到最後才動員，我們就再也無法影響赫魯雪夫對危機類型的判斷，結果他若將這個問題逼到極限，我們只能投下原子彈。」魯斯克繼續表達他的憂慮，宣布緊急狀態會危及政府的外援法案在國會的命運。這時，國家安全會議只有一名成員完全支持艾奇遜，那就是副總統林登．詹森。七月十九日，麥克喬治．邦迪寫信給總統：「我相信目前普遍的共識是現在不需要進入國家緊急狀態，可是柯勒那群人（柏林工作小組）當中以艾奇遜與尼茲爲首的強硬派卻不贊同。」

看到支持自己的意見逐漸減少，艾奇遜頗爲苦惱。他在七月十四日寫信給哈利．杜魯門：「我很驚訝地發現，高層的決策能力很弱——只有鮑伯．麥克納馬拉例外，我認爲他的能力一流。那些決定極爲困難，可是它們不像波本酒，不會愈陳愈香。」他表示自己鄙視政府關心「形象」，還將總統比喻成一名游擊手，在接球時還想確保自己「姿勢漂亮」，結果卻漏接。艾奇遜的結論是：「我們應該現在就採取行動，讓赫魯雪夫明白我們極為嚴肅看待柏林問題，它是我們世界地位的象徵。」

甘迺迪總統在七月二十五日向全國發表演說，內容並未呼應艾奇遜的動武主張。雖然他的確宣布他會出動某些後備部隊以及國民警衛隊，並誓言美國不會退出柏林，可是不會進入全國動員時期。他請求蘇聯進行談判。「我們不希望軍事考量主宰東方或西方的思考……在這個熱核時代，兩邊只要出現任何誤判，在幾小時內帶來的破壞都可能超出人類歷史上所有戰爭造成的後果。」

即便如此，赫魯雪夫還是認為甘迺迪的演說是「開戰的預備宣言」。至少這是他對週末在他家作客的約翰・麥克洛伊所傳達的訊息。

麥克洛伊穿著這位蘇聯領導人借他的過大泳褲，在七月下旬的黑海戲水，而他這趟行程的目的是緩和武器競賽。身為甘迺迪的裁減軍備特別助理，他來到蘇聯，試圖制定裁軍原則的聲明。赫魯雪夫親切地邀請麥克洛伊到他位於索奇、瀕臨黑海的鄉間別墅度兩天假。這位俄國領導人和這個華爾街律師一起打網球；在河流俱樂部（River Club）打球、球技依然了得的麥克洛伊，用高吊球輕鬆對付他球技生疏、體型較肥胖的對手。下了球場，赫魯雪夫大罵甘迺迪的演說內容。他說，蘇聯不會鬆手；他們要美國退出柏林。如果美國人有一絲要靠武力回到柏林的念頭，那他們最好別忘記蘇聯的軍人比較多、坦克比較多，補給線也遠遠短了許多。因為赫魯雪夫的極端恫嚇而感到震驚的麥克洛伊向華盛頓報告這段激烈的發言，他們收到後也備感驚恐。艾奇遜不理會麥克洛伊的擔憂。他在八月三日寫信給菲力克斯・法蘭克福特：

麥克洛伊引起了一陣恐慌。他和一群女眷，他太太艾倫、女兒艾倫以及雪曼・道格拉斯（Sharmane Douglas）到黑海度假，在那裡和赫魯雪夫談了一個週末，而赫魯雪夫說的那些話少說也講了十幾次。在最後一次談話中，他對甘迺迪的廣播演說講了一些過份且相當不正確的說法，而麥克洛伊並沒有看見。我早該想到，要處理這種相當不愉快的討論，就是用你常引用的布蘭戴斯講的話：「聰明地忽視它」。反之，他儼然以現代愛國英雄之姿，到處警告我們俄國人要來了，讓所有人以為我們陷入了大恐慌，其實哪有這回事！

艾奇遜「懷著相當沮喪的心情」躲到瑪莎葡萄園島☆，他在寄給法蘭克福特的信上這麼說。途中他到馬里蘭州慰問尼茲，到蝗蟲谷慰問鮑伯．羅威特。艾奇遜依然堅持合適的路線：他在八月四日寫信給安東尼．艾登，「我堅信我們必須非常強硬，不能讓赫魯雪夫先生主導全局。我們必須承擔高風險，才能避免更高的風險。」

然而，下一個採取行動的卻是赫魯雪夫。八月十三日，午夜過後幾分鐘，東西柏林之間開始築起柏林圍牆。東德架起有刺鐵絲網，設置路障，切斷街道。整個世界感覺彷彿滑向邊緣。甘迺迪私下認爲爆發最後大決戰的機率是一比五。在華盛頓，擔憂的官僚開始在地下室囤積衛生紙和花生醬；到了夏末，喬治城的晚宴上開始有人討論華盛頓都會區恐怖的輻射落塵形式。保羅．尼茲邀請蘇聯大使米哈爾．孟希科夫（Mikhail Menshikov）到大都會俱樂部共進午餐，告訴他蘇聯如果受到核子攻擊將遭遇多大的損害。

喬治．肯楠立刻從貝爾格勒的大使館返美。他告訴史勒辛格：「我可以犧牲。我沒有更上層樓的公職生涯，我願意竭盡所能防止戰爭發生。」八月十五日，他與總統會面四十五分鐘。他的建議是，與喜怒無常的赫魯雪夫交涉時必須保持冷靜，小心謹愼。肯楠相信，柏林圍牆是一項化解對立，而非製造對立的行動；他也認爲，赫魯雪夫阻止難民潮和封鎖東柏林是希望包紮傷口。奇普．波倫也給甘迺迪相同的意見。總統聽了進去。可是他也覺得有必要表態；他不能毫無動作。他的答案是重新啓用另一個冷戰的老巨人盧

☆譯註：瑪莎葡萄園島（Martha's Vineyard）是位於麻州近海的一座度假小島。

修斯．克雷將軍，派他去柏林；這位老戰士在一九四八年曾經想要讓一支裝甲部隊衝上德國公路。在副總統的陪同下，克雷將軍歡迎一支由一千五百名士兵組成的戰鬥群，由西德開上德國公路。如同哈利．杜魯門在一九四八年七月的作法，甘迺迪也派出奇普．波倫，以便在克雷好戰的本性爆發時能作爲外交上的緩衝。

八月下旬一個悶熱的夜晚，士兵、外交官與副總統在晚間九點離開安德魯空軍基地。在飛機上，克雷跟林登．詹森說了一些戰爭故事，描述在一九四八年只有他認爲可以拿柏林來對抗蘇聯，只有他說服杜魯門準備進行空中運輸。克雷聲稱，要是他獲准衝破那支裝甲縱隊，那就不會發生韓戰了。波倫只是靜靜聽著。只有在克雷發誓如果現在他是總統，他就拆掉柏林圍牆時，波倫才插話。波倫溫和地表示，那樣的行動很可能引發第三次世界大戰。

在柏林，克雷與詹森迎接部隊；副總統彷彿在競選市長，他擁抱婦女、親吻嬰兒、拍拍小狗。接下來兩個月，克雷思不住採取一些邊緣策略；當東德警察將水管瞄準美軍部隊，克雷便率領坦克和上了刺刀的突擊部隊壓制蘇聯。在東西柏林之間的重要過境點查理檢查哨（Checkpoint Charlie），美、蘇士兵玩了一場小小的膽小鬼對局。不過危機逐漸平息。肯楠的看法沒錯：柏林圍牆化解了柏林危機，沒有引發戰爭。

八月，從瑪莎葡萄園島返回華盛頓之後，艾奇遜被麥克．邦迪問到他是否支持克雷將軍所提採行強力行動的要求。艾奇遜說，爲時已晚。在蘇聯築起柏林圍牆之前，施展大膽措施的時機就已經出現又消失了。

艾奇遜悶悶不樂。他在九月下旬寫信給杜魯門表示，他認爲華盛頓即將把柏林交給俄國。他看到各處瀰漫著姑息主義。「我相信，今年秋天我們即將在柏林問題上面臨最恥辱的挫敗。」他在給過去老闆的信上如此寫道，「現在我要——套句目前流行的話——『逐漸淡出』一陣子。爲這群人工作讓我有種不可思議的沮喪感，似乎什麼事情都無法有個決定。」

★★★

艾奇遜「逐漸淡出」之際，哈里曼則試圖回鍋。寮國是他的門票；他後來回憶，他與甘迺迪「想法完全一致」，認爲沒有必要爲了這個飽受折磨的小國而出現武裝對立。在維也納，赫魯雪夫顯然也沒有興趣爲了寮國與甘迺迪對立；後來，總統打電話給哈里曼說：「州長，你明白我要什麼嗎？」哈里曼回答，他明白。甘迺迪繼續說：「我要用談判來解決，不要有軍事活動涉入。」

在寮國問題會談的地點日內瓦，老是參加幕僚會議讓哈里曼覺得無聊，於是他開始縮減美國代表團的規模。他的年輕助理，駐外辦事處官員威廉·蘇利文（William Sullivan）刪減三分之一人力之後，哈里曼咕噥道：「這樣還不夠，我要減半。」蘇利文警告他，那麼做一定會遭遇國務院官僚的強力反彈。「我做不到才怪，」哈里曼說，「把他們刪掉。」

哈里曼欣賞年輕的蘇利文，強硬、聰明，一年之前曾經寫過報告，建議改善與中華人民共和國的關係，以及在寮國問題上維持中立。哈里曼想拔擢他爲幕僚長，問題是當時四十歲的蘇利文還太資淺。哈里曼的解決方法很簡單：他命令所有比蘇利文資深的人都回華盛頓去。

蘇利文欣賞哈里曼，因爲他顯然不說假話。國務院在五〇年代已經變得僵化，不信任任何類型的共產黨員，分辨不出他們的差異，也不肯多吸收新知。蘇利文後來回憶說，另一方面，哈里曼將共產黨員當作「人類，而非機器人」看待。在談判期間，哈里曼認識了蘇聯外交部次長普希金（G. M. Pushkin），一個斜眼、矮胖，機智幽默的人。哈里曼從普希金身上學到後來銘記在心的一課：美國與蘇聯在東南亞的利益相近，都是要維持和平，控制中國。哈里曼意識到蘇聯與中國的利益不同，很快就不會是盟友。（他稱呼毛澤東爲「人造奶油共產黨員」，認爲他不會構成太大威脅；他父親曾經嘗試建造一條橫越中國的鐵路，那次經驗讓他相信中國人對外面的世界沒有多大興趣。）哈里曼發電報給國務院，談到中蘇之間漸行漸遠，「可是他們不相信我們，」蘇利文回想說，「他們認爲我們被愚弄了。」

哈里曼應付國務院與中央情報局鷹派的方法就是不理他們。一名中情局探員回憶自己慷慨激昂地向哈里曼要求更多武器，支持反共部隊：「哈里曼轉過來看我們，露出微笑，客氣地問我們在說什麼，並讓我們看他的助聽器已經關掉了。」他告訴蘇利文，第二次世界大戰期間他只收到兩、三次談判指示，而現在他更無意成為傀儡。來自華盛頓的指示愈積愈多，但是哈里曼幾乎連看都不看。他知道國務院的官僚並非傳達總統的旨意，只有總統的指示才算數。

哈里曼想要與美國不承認的赤色中國展開對話時，國務院反對。但哈里曼一意孤行，開始與中國代表見面，見面時還喝著冒充成茶的伏特加。哈里曼憎惡那些官僚。他告訴史勒辛格，國務院已經被杜勒斯旗下的右翼分子徹底洗腦，到了需要中國人所謂「思想矯正」的地步。（十一月，麥克・邦迪寫信給約翰・甘迺迪：「艾佛瑞爾對於制定我們東南亞政策的人很有意見。他在與您談話時不會主動提出這些意見，不過如果您問他對於相關人員的看法，他應該會很樂意回答。附註：今天是他七十歲生日。」）

哈里曼在八月底回到華盛頓，問總統他是否能直接與蘇發那・富馬親王交涉，而不是被迫與中央情報局的委託人富米打交道。甘迺迪同意。他重申，他最希望的就是「退出寮國，如果可以的話」。

談判過程緩慢而困難。巴特寮與鄰近的北越不斷食言，而寮國皇家軍隊提供的協助則少之又少。（一名美國顧問的報告指出，皇家軍隊的士氣已有提升，以前他們遭巴特寮攻擊時，是丟了武器就跑。如今他們帶著武器跑。）「情況如何？」一名記者問哈里曼。「與預期中一樣糟糕。」他回答。問及他是樂觀還是悲觀，他回答：「都不是。我是心意堅定。」

沒錯。一名助理契斯特・庫柏（Chester Cooper）回憶，他從上午九點工作到午夜；中午與晚上都是一邊談事情一邊用餐。他親自追柬埔寨的西哈努克親王（Prince Sihanouk）追到羅馬，在一間飯店裡強迫他簽署協議。助理們形容他的談判風格是「水刑」。他會不斷強調相同的重點，一直到對手屈服為止。他也會適時運用藐視法。當心機最重的北越人在發言時，哈里曼會大搖大擺地看《紐約時報》。有一名北越代表開始稱呼美國為好戰者，哈里曼就「不小心」按到麥克風上的「發言」鍵，對一名助理說：「那個混蛋是說我們發動第二次世界大戰嗎？」

哈里曼最後終於成功談成他所謂的「好的壞協議」。經過十四個月以及數百萬字的溝通，各強權以及鄰近國家在一九六二年簽署一項協議，確保寮國的中立地位。北越不顧這項約定，繼續支持巴特寮，不過蘇發那的不穩固中立政權也成立並維持下來。甘迺迪總統的願望實現了：寮國不再是一個「危機點」。

哈里曼的表現贏得甘迺迪兄弟的欣賞，巴比．甘迺迪尤其欽佩這位老外交官。他們兩人同樣受不了官僚的拖拖拉拉、積極投入民權運動、內心強悍、對外耿直，而且願意改變。哈里曼的聽力障礙一度被視為嚴重的缺點，不過後來又成為使人困惑的來源。甘迺迪兄弟笑談有一次哈里曼與甘迺迪在內閣室的一場會議上開始交談；總統試圖推翻哈里曼的話，但艾佛瑞爾只是繼續說話，慵懶地坐在椅子上，眼睛半闔。總統只好放棄，房間裡其他人開始咯咯笑。「我說了什麼好笑的話嗎？」哈里曼問道。「沒有，州長。」甘迺迪面帶微笑說，結果全場哄堂大笑。麥克．邦迪於是開始稱呼哈里曼「鱷魚」。（「他只是躺在河岸上，半閉著眼睛，看起來很睏。接著，突然張口咬下去。」）這個外號傳了開來：巴比．甘迺迪送給哈里曼一隻金色鱷魚，哈里曼的幕僚則送他一隻銀色鱷魚，並附註「你的受害者贈」。

甘迺迪兄弟決定善加利用哈里曼的強硬與破除偶像崇拜的態度。一九六一年十一月，他接任遠東事務助理國務卿，這個職位使他得以設法讓國務院擺脫對亞洲共產主義抱持的杜勒斯式死板觀念。

內心是歐洲主義者的哈里曼一直想擔任歐洲事務助理國務卿。狄恩．魯斯克打電話來通知他接任遠東助理國務卿時，他正好與保羅．尼茲坐在他日內瓦的辦公室裡。早已得知哈里曼新職位的尼茲，看著艾佛瑞爾費力地透過沙沙作響的越洋電話聽魯斯克說話。「是，長官；是，長官。」哈里曼說，「一切聽從總統吩咐。」掛上電話後，他問尼茲：「他提供什麼職務給我？」「遠東。」尼茲回答。「該死，」哈里曼說，「我原本希望是歐洲。」

★★★

挑選奇普．波倫擔任駐法國大使，對華盛頓而言是為了舉辦一連串宴會所需。一九六二年十月的前兩週，法國首都的天氣是明亮的小陽春，波倫夫婦幾乎每天晚上都受邀參加晚宴或舞會。十月十五日晚上，麥克喬治・邦迪剛剛在他爲波倫夫婦舉辦的宴會上向賓客打完招呼，此時有人來電。在加密電話線另一端的是中央情報局副局長雷・克萊恩（Ray Cline）。他帶來令人恐懼的消息：U-2偵察機照片顯示，古巴聖克里斯托巴（San Cristóbal）附近的樹林裡正在建造彈道飛彈發射設施。

邦迪深怕消息會在喬治城的雞尾酒宴會裡走漏，因此冷靜地守口如瓶。他也沒有致電總統。後來他向甘迺迪解釋：「我認爲平靜的夜晚與一夜好眠對您是最好的，才能準備面對隔天的局面。」

在華盛頓，中央情報局在那天晚上悄悄通知了其他需要知道這個消息的人。在國務院八樓宴會廳爲德國外交部長舉行的正式宴會上，一名侍者將一張紙條塞給狄恩・魯斯克。講完電話回來之後，他平靜地繼續討論北大西洋公約組織的話題，可是一有機會，他就對國防部助理部長保羅・尼茲示意，請他私下談談。在露台上，遠處就是秋夜裡有昏黃燈光照射的林肯紀念堂（Lincoln Memorial），魯斯克告訴尼茲中央情報局照片的事。國防部長羅伯特・麥克納馬拉晚上到羅伯特・甘迺迪位於山胡桃山（Hickory Hill）的住宅拜訪，返家時分析人員已經等著拿證據給他看。

隔天早晨當邦迪進入他的臥室時，甘迺迪總統還穿著睡衣。「如今有確切的照片證據顯示，」這位顧問說，「俄國人在古巴擁有攻擊型飛彈。」甘迺迪知道他面臨的狀況相當棘手。他清楚表明，不容許蘇聯在古巴有飛彈；蘇聯也同樣表明他們不會將飛彈設在那裡。如今他卻被人當成軟弱的傻瓜。

甘迺迪列出一份共有十四個人的名單，命令邦迪召開特別顧問團的緊急會議。他們後來成爲一個高層委員會（Executive Committee）的固定成員，接下來十二天負責處理核子時代最危險的強權對峙危機。當邦迪與甘迺迪通知完政府裡的頂尖顧問後，甘迺迪決定他還想諮詢一個人，一位在華爾街執業的共和黨律師。

約翰・麥克洛伊是甘迺迪那天通知的唯一一位非核心成員，他個性直接，發言犀利。飛彈不能留在古巴。蘇聯在試探甘迺迪，他必須做出迅速且堅定的回應。如果有必要，應該發動空襲，讓美軍部隊入侵古巴。

麥克洛伊正準備到德國出差，甘迺迪並未請他改變計畫，不過要求他保持聯繫。甘迺迪說，他可能需要意見，由經歷過類似危機、可以問出正確問題的人所提供的經驗判斷。結果除了麥克洛伊之外，只有兩位非核心成員被納入緊急商議陣容之中：狄恩・艾奇遜與羅伯特・羅威特。

狄恩・魯斯克將照片拿給艾奇遜看。不出所料，他立刻支持採取行動。他主張，美國不能在飛彈可發射前都毫無作為。一旦那些武器「對準我們的心臟地區，準備發射」，就難以採取任何因應措施。因此艾奇遜說，他反對任何會造成攤牌時刻拖延下去的作法。

艾奇遜在高層委員會商討了一天之後才加入，他發現總統的顧問們意見分歧。國防部長羅伯特・麥克納馬拉與參謀長聯席會議以及他的副手尼茲意見相左，他主張「飛彈就是飛彈」——古巴的那些飛彈並沒有比俄國的長程火箭更具威脅性，因此不會改變權力平衡的狀態。胡說八道，艾奇遜嗤之以鼻，他說「距離我國海岸九十英里的飛彈」對蘇聯來說「比長程飛彈的勝算高出許多」。它們能夠攻擊美國境內近乎所有城市，對美國安全是明顯重大的威脅。總統的主要責任是保護美國安全，他明確表示，而那就意謂著「清除那些飛彈」。此外，美國必須堅守門羅主義，禁止外界干涉西半球；面對如此公然挑戰國家決心的行徑，總統絕對不能猶豫。「必須迅速採取行動。」他說。

儘管他的觀點十分強硬，艾奇遜卻不認為自己是極端鷹派。那個星期三他看到論點形成的過程，喬治・鮑爾等外交鴿派與鮑伯・麥克納馬拉等謹慎務實派之間形成了一個危險的聯盟，支持什麼都不做。與他們對立的是軍方鷹派，他們想利用這次危機作為入侵古巴的藉口。韓戰已經讓艾奇遜對軍方失望：「當你讓軍人談論政策，」他後來解釋，「他們就想用軍人那一套得寸進尺……直到他們的提案變得快要跟原來的危機一樣危險為止。」在艾奇遜看來，解決辦法是採取折衷方案：一次精準的空襲，只瞄準飛彈。某些俄國技術人員肯定會喪命，可是一般民衆將可逃過一劫。

艾奇遜沒有耐性在會議桌上進行反覆的辯論。這些毫無章法的會議令他心煩；會議過程沒有固定架構，從總統以降的高層委員會成員似乎都隨意來來去去，偶爾有咖啡和三明治送進來。艾奇遜依然對狄恩・魯斯克感到失望。這位國務卿不發表意見，規避引導討論的責任，甚至跳過某些關鍵的會議。艾奇遜覺得沉默不語的魯斯克讓國務卿辦公室和總統失望。艾奇遜不滿魯斯克的角色是由司法部長巴比・甘迺迪擔任。儘管不情願，艾奇遜還是毫不猶豫地去填補他看到的空缺，當作制衡總統弟弟的人選。

在第一個星期三，總統必須處理例行公事，羅伯特・甘迺迪便接下會議的掌控權。他一直對突襲的構想感到不安——「我知道東條英機在策劃突襲珍珠港時的感受。」他前一天隨手寫了一紙條給哥哥約翰——而艾奇遜的強力主張引發了熱烈的反應。巴比此時指出，這項議題首先是一個道德議題。美國的傳統不會允許發動意外突襲。他堅持：「我哥哥不會成爲一九六〇年代的東條英機。」

三十六歲的巴比・甘迺迪儘管自以爲是，卻是一個強勢又有說服力的律師。可是六十九歲的艾奇遜認爲羅伯特・甘迺迪是個莽撞的年輕人，「容易受情緒或直覺反應影響，而不是經過專業律師的分析。」巴比觸犯了艾奇遜信念中的重罪，道德悲痛與思考草率，導致這位老政治家輕視他。艾奇遜表示，珍珠港根本是個不當的類比。兩種情況完全無法相比：一百三十九年來，美國一直警告其他國家不要干涉西半球。艾奇遜自己用了一個類比來嘲諷羅伯特・甘迺迪所舉的珍珠港例子：「有必要運用十九世紀初的方法，請一個人拿紅旗子在蒸氣火車前走動，警告人畜讓路嗎？」

隔天在私下會面時，艾奇遜對總統顯得比較恭敬。兩人談了一個多小時；艾奇遜重申他的主張，總統專心聆聽。與他渾身是刺的弟弟不同，總統對艾奇遜謙恭有禮，思考周到。更重要的是，他是總統，這個差別是艾奇遜在大約十五年前，他與哈利・杜魯門一同研究東地中海地圖的那一天開始就深刻瞭解的一點。甘迺迪從搖椅上起身，凝視著法式雙開門外的玫瑰花園。「我想我這個星期最好努力做些成果出來。」他說。「您恐怕必須如此，」艾奇遜回答，「但願我能幫更多的忙。」

在最初商議對策、充滿不確定的那些日子，由艾奇遜提倡、麥克喬治・邦迪偶爾支持的空襲行動，變成所謂的「速戰速決之道」。另一種相反的路線——爲了避免攤牌而悄悄進行一連串外交措施——則被稱爲「波倫計畫」。

奇普・波倫幾乎不在乎古巴。一九六一年四月在飛離西嶼的班機上，甘迺迪試圖讓波倫說出對古巴問題的看法。這位外交官不願意。他對拉丁美洲完全不瞭解，從未踏上古巴的土地，對這個主題也無法貢獻任何意見。「好啦，好啦。」總統說，就此打住這個話題。波倫後來嘆息：「如果我夠機警，至少可以試圖說服總統取消悲慘的入侵豬玀灣計畫。」

前往巴黎之前，波倫到白宮正式向總統道別，甘迺迪將監視照片攤在辦公桌上。「你看看這些。」他說。接下來半小時，他們完全忘了法國的事。甘迺迪介紹高層委員會，並邀請波倫加入成爲成員之一。波倫的任務是評估蘇聯對於美國的行動可能出現什麼反應。他在第一天告訴高層委員會，最危險的事情莫過於殺害蘇聯人民。克里姆林宮會被迫做出回應，或許引發核子大戰。因此他強烈反對出其不意的空襲。這個問題首先應該透過外交途徑處理，或許可以寫一封信給赫魯雪夫。

在喬・艾索普住宅向波倫夫婦餞別的宴會上，身爲貴賓之一的總統將波倫拉到門廊，討論這場危機。一如往常，他對國務院十分不滿。「奇普，你們那個該死的國務院是怎麼搞的？我老是無法迅速得到答案。」習慣於官僚折衝與微妙外交互動的波倫試圖解釋，制定外交政策的過程難以催生出「迅速現成的解決方案」。在波倫夫婦向艾索普夫婦及其他賓客道別時，總統輕聲對著剛爲家裡和三個孩子打包完、準備前往巴黎的愛薇絲說：「我不太確定你們要離開了。我想我也許會請你們留下。」愛薇絲不知道他在說什麼；身爲駐外辦事處人員的賢妻，她沒去問丈夫，也根本沒去質疑。

事實上，甘迺迪已經請求波倫留在高層委員會。然而，波倫對魯斯克表示，他延後啓程將是不智之舉，會引發懷疑，讓蘇聯察覺到美國已經發現了飛彈。魯斯克贊同他的看法。不過甘迺迪頗爲苦惱，請一位助理在機場以廣播協尋波倫，告知白宮「急著需要他」。波倫與這位名叫肯尼斯・歐唐納（Kenneth O'Donnell）的助理爭論，堅持自己已經安排了在幾小時後在紐約發表演講。歐唐納有點懷疑波倫在最後大決戰就要爆發之際，竟然還在擔心演講邀約，堅持波倫必須立刻到白宮去。波倫要求直接與總統對話。他告訴約翰·甘迺迪，他飛往紐約的班機在十五分鐘之後就要起飛，只要他取消演講，絕對會引起媒體的臆測。感到挫折的總統說：「那就去吧，我想我們只好自己處理了。」

波倫以一張手寫的備忘錄提出自己的意見。他建議，私下與赫魯雪夫溝通可以讓他打退堂鼓，並警告空襲「必定會導致戰爭」。

波倫繼續執行外交任務、拋下高層委員會的動機何在，是造成爭議的來源所在。維持秘密狀態極為重要；連總統都沒有改變行程，繼續照原訂計畫為國會議員候選人站台助選，高層委員會委員也透過地下通道溜進白宮。喬·艾索普後來表示，波倫願意放棄他在當代最戲劇性危機的職位，證明他無私無我，為專業駐外辦事處人員的責任鞠躬盡瘁。另一方面，巴比·甘迺迪的看法則相當嚴厲：「奇普·波倫棄我們而去，這總是令我十分震驚。那並非萬不得已，他大可延期。可是他卻決定讓國家處於危機當中。」巴比·甘迺迪說的並不公允；波倫算不上一個逃避責任的人。愛薇絲後來告訴她的孩子，在前往法國的漫長旅程中，波倫極為忐忑而緊繃，懊惱於自己錯過了生涯中最大的挑戰。可是他真心相信，自己行事如常是善盡責任。也有可能是他知道自己的限制，並且已經說了該說的話，而且信任自己的朋友盧威林·湯姆森，也就是他莫斯科大使職位的繼任者，能夠在蘇聯問題上輔佐總統。他在最後這一點的判斷是正確的；事實證明湯普森是一位非常能幹的顧問。

★★★

總統以電話聯絡在紐約的飽伯·羅威特，命令他：「立刻南下華府。」到了華盛頓，他聽取邦迪的簡報。羅威特注意到，邦迪辦公桌旁的一張小桌子上有一張亨利·史汀生的照片。「在談話當中，」羅威特回想說，「老上校彷彿直盯著我的臉。」羅威特想起他們共同的偶像：「麥克，我認為我們輔佐總統最好的方式就是試圖遵循史汀生上校的作法。」邦迪表示贊同；史汀生會是他們的標竿。

羅威特發現甘迺迪有一次與蘇聯外交部長安德烈・葛羅米柯開完會之後怒氣沖沖。「當他否認俄國於古巴設置飛彈時，」甘迺迪說，「那些照片其實就放我辦公桌的中間抽屜裡，我實在非常想拿給他看。」總統問羅威特的意見。這位前國防部長提出的作法與他的門生麥克納馬拉曾經極力主張的看法相同：封鎖或「隔離」開往古巴的船隻，接著視需要逐漸施壓。

羅威特警告，空襲可能沒有其他人所宣稱的那麼簡單明瞭。雖然從耶魯飛行中隊時期起就提倡空中武力的重要性，但是他明白快速短暫的轟炸效果有限。轟炸必須持續不斷；針對小型隱蔽性目標發動的「精準襲擊」絕對必須運用飛彈。然而，封鎖是力量的展現，並給予蘇聯知難而退的機會。「如果殺雞用牛刀，」他認為，「我們看起來會很可笑。」

羅威特警告，總統必須抵擋來自「流血的心臟」的壓力，在封鎖產生效果之前予以解除，那麼至少他不會投入難以控制的戰役。巴比・甘迺迪從玫瑰花園進來，問了幾個尖銳的問題，可是羅威特很清楚這兩個兄弟都同意他的評估，亦即「先採取相對溫和、不是非常殘忍的步驟」。如同羅威特所言：「我們隨時都能提高戰鬥的速度，可是一旦加入戰局，想要減速便非常困難了。」

甘迺迪親切地要求羅威特留下來共進私人晚餐，可是羅威特老是懷疑自己身體有恙，而這個毛病到了七十六歲幾乎還是沒有趨緩的跡象。他回答，他覺得不太舒服；他太疲累了。

羅威特擅長協調出折衷方案，而這次他也做到了。到了星期五，高層委員大多數的委員都傾向進行封鎖。然而，艾奇遜卻表達反對立場。就像在柏林危機時的態度，他主張美國面臨了意志的考驗。美國必須展現出它願意使用武力，願意率先進行強力攻擊。

巴比・甘迺迪再度成為他的反對者。在柏林危機期間，艾奇遜採取強硬路線，羅伯特・甘迺迪曾認為他絕對不想站在艾奇遜主張的對立面。然而，如今他卻持反對立場。「有一百七十五年的時間，」這位甘迺迪家的弟弟說，美國「都不是發動戰爭的國家」；「偷偷摸摸攻擊，」他說，「不是我們的傳統。」

此時甘迺迪掌握大權，艾奇遜發覺他已經輸了。當高層委員會開始討論封鎖的詳細應變計畫時，這位老政治家自行退出。他已經提出自己的意見，他的路線也已經遭到拒絕，因此他覺得一個不在政府服務的人並不適合參與策劃秘密軍事行動的細節。於是，他前往自己位於馬里蘭州的農場度週末。

魯斯克再度打電話給艾奇遜時，他才剛開始在珊蒂泉享受寧靜的星期六夜晚。魯斯克表示，甘迺迪其實已經選擇進行封鎖，將在週一晚上的一場演說中宣布。他要艾奇遜執行一項外交任務：尋求夏爾．戴高樂的支持。搭船到法國的波倫依然在海上，而艾奇遜本身已經告訴甘迺迪，派一位傑出的特使到關鍵的歐洲盟邦有多麼重要。艾奇遜在回覆時引用奧利佛．溫德爾．霍姆斯（Oliver Wendell Holmes）的名言，美國是世界上最不排外的俱樂部，但是卻有最高的入會費。「我猜如果我屬於這個俱樂部，最好就應允別人的要求。」他說。「你不介意自己的意見未獲採納嗎？」魯斯克問道。「當然不介意，」艾奇遜回答，「我不是總統。」

那個星期天，華盛頓的護照辦公室特別爲了一個人開放：艾奇遜的秘書芭芭拉．艾文斯去那裡更新她的過期護照。銀行就沒有如此通融；國務院高層官員爲了即將啓程的特使集資了六十美元。當飛機停在英格蘭的格林漢科門空軍基地（Greenham Common air base）加油時，艾奇遜與老朋友大衛．布魯斯見面。這位傑出的大使有一個口袋中放著一瓶蘇格蘭威士忌，艾奇遜在等待重新展開旅程之際很高興地與他共享。他的另一個口袋中則放著一把左輪手槍。「爲什麼？」艾奇遜問。「國務院告訴我，與你見面時帶在身上。」布魯斯說。

戴高樂同意於週一晚上在總統官邸愛麗舍宮（Elysée）接見艾奇遜。他們與代辦塞西爾．里昂以及中央情報局分析員謝爾曼．肯特（Sherman Kent）一同走過愛麗舍宮的地下走廊與通道，避開公共入口。艾奇遜因爲這個場合而感到得意洋洋，那似乎讓他想起一本大仲馬（Alexandre Dumas）的小說☆。「波爾多斯，你的長劍是否在鞘中鬆脫了？」他對他的同伴大叫。

☆譯註：這本小說是《三劍客》。

「貴國總統派如此傑出的特使前來，令我備感光榮。」戴高樂禮貌周到地說。艾奇遜一時語塞，回以深深的一鞠躬。看過美國總統的信函與演說稿之後，戴高樂問艾奇遜：我是被徵詢還是被告知？艾奇遜回答是告知，並提出要拿謝爾曼・肯特所帶的照片出來看。「不要現在看。」戴高樂說，並揮手請他拿開。「這些將只是證據。我接受你告訴我的是事實，不需要任何證明。」

戴高樂問，要是蘇聯不回應或試圖突破封鎖呢？那麼美國會怎麼做？同樣擔心這種可能性的艾奇遜不確定答案為何，可是他認為讓戴高樂知道的話並不妥。「我們會立刻強化封鎖，加入坦克。」他說，「這將會讓古巴不敢輕舉妄動。如果我們必須更進一步，當然就會更進一步。」戴高樂回答：「那非常好。」

戴高樂表示法國同意之後，才因為好奇心而要求看那些照片。用放大鏡研究那些照片時，他展現出過去身為軍人的特質。「不可思議。」聽到它們是從六萬五千英尺高空拍攝的時候，他驚呼道。艾奇遜起身離去時，戴高樂告訴他：「如果這些事情都透你完成，那對我將是一大榮幸。」

在艾奇遜穿越大西洋時，羅威特則從紐約飛回華盛頓。他在星期六下午離開華府，星期日早上總統便要求他回去，草擬封鎖宣告。在山胡桃山用過午餐之後，羅威特與羅伯特・甘迺迪前往橢圓形辦公室，高層委員會正在那裡開會。

在會議中間，總統示意要羅威特一起和他到俯瞰著南草坪（South Lawn）與華盛頓紀念碑（Washington Monument）的二樓露台。總統表示，無論結果如何，這項危機都很可能牽涉到艱難的談判協商，地點或許會在聯合國。羅威特認為阿德萊・史帝文生能夠處理嗎？在前一天的高層委員會會議上，有些人指責史帝文生顯得太過溫和，因為他提議將美國的飛彈及其在古巴關達那摩（Guantanamo）的基地擺在談判桌上，羅威特就是其中之一。羅威特說，不，史帝文生不適合擔任這項工作。他建議，總統應該請約翰・麥克洛伊承擔這項任務。羅伯特・甘迺迪也已經提過同樣的建議。

那個星期天，羅威特打電話到麥克洛伊秘書的家中，請他幫忙追蹤在法蘭克福的麥克洛伊。「你多快能夠返國？」羅威特問。麥克洛伊回答，他打算到葡萄牙獵鷓鴣。「不，我們的意思是馬上回來。」羅威特回答。「這個嘛，」麥克洛伊說，「飛機已經飛走了。」於是一架空軍飛機奉命立即前去接他。

艾佛瑞爾・哈里曼感覺遭到冷落。雖然當時身為遠東事務助理國務卿，他卻認為自己是美國頂尖的蘇聯專家之一，而且與赫魯雪夫以及史達林培養了不錯的關係。不過竟然沒有人徵詢他的意見。

他所受最大的羞辱出現在那個星期天，即甘迺迪演說的前一天。白宮依然希望扭轉媒體揣測古巴飛彈的方向，於是便利用哈里曼來聲東擊西。當高層委員會的成員經由防空洞和地道偷偷溜進白宮之際，哈里曼的豪華轎車則直接開到白宮大門。幾名記者遭到誤導，推測遠東地區發生了一些問題。哈里曼被帶到白宮裡的一間私密接待室，接著便被晾在那裡，讓他相當光火。「我必須在這裡坐多久？」他抱怨道。

甘迺迪準備上電視之際，負責監管美國核彈的戰略空軍司令部（Strategic Air Command）進入防禦戰備狀況第二級；唯一比它更高的警戒狀態是代表戰爭的防禦戰備狀況第一級。滿載彈藥的軍機開始在空中盤旋，以因應這個戰略空軍司令部史上層級最高的警戒狀態。第一裝甲師離開德州胡德堡，準備部署到東岸。

甘迺迪在十七分鐘的演講中宣告這次「隔離」是冷靜而平穩的。他直接將這種情勢的肇因以及解決的責任推到赫魯雪夫身上。「他現在有一個機會，」總統說，「將世界從毀滅的深淵中拉回來。」

世界第一次成熟的核子對決突然出現，自然引發過度的恐慌。位於飛彈射程以外的洛杉磯，家庭主婦蜂擁擠向超級市場。「有一名女士一次推了四台購物推車，」一名經理表示，「另外一名女士買了十二包清潔劑。她要做什麼，在炸彈轟炸過後洗碗嗎？」在邁阿密，一名地方法官帶著兩個孩子開始駕車前往密蘇里州。在內布拉斯加州的一座小鎮，空襲警報器意外響起，造成居民飛奔避難。這樣的恐懼不限於一般民眾。那天早晨，輾轉難眠一夜之後，喬治・鮑爾在辦公室的行軍床上醒來，抬頭看見他的上司狄恩・魯斯克站在那裡。「我們贏得了一次重大勝利，」魯斯克說，「你和我都還活著。」

在接下來情勢緊張的四天，哈里曼開始擔心美國會逼使莫斯科進入正面對決狀態。他瞭解赫魯雪夫，明白他的不安全感以及狂妄，可是白宮依然沒有要聽這位經驗豐富的外交官意見的跡象。哈里曼打電話給他的朋友亞瑟・史勒辛格。這位前大使說，赫魯雪夫發出了危急的信號，表示他想要尋找出路。他並不像一個想要發動戰爭的人。「如果我們毫無作爲，只是愈來愈強硬，」哈里曼補充說，「將會逼迫他們使出反抗手段。我們必須給赫魯雪夫一個下台階。」

史勒辛格問哈里曼是否已經向國務院提出這些意見。「關於遠東以外的事情，他們從來不問我意見。」哈里曼感嘆道。

另一方面，艾奇遜已經從巴黎返美，以過去一樣堅決主張採取強硬行動。那個星期四與甘迺迪會面時，也就是美國海軍阻擋第一批船隻時，艾奇遜指出飛彈依然在古巴，相關作業也還在進行中。他說，時間不多了。封鎖將無法阻止飛彈部署。他再次強調，空襲是解除飛彈威脅的唯一方法。

隔天晚上，赫魯雪夫發出一封洋洋灑灑且筆調憂傷的私人信函，傳到國務院。這個令人困惑的訊息很難理解。魯斯克致電艾奇遜，請他到國務院一趟。就在他們等待剩下的譯稿傳輸過來之際，兩人坐在魯斯克七樓的辦公室喝著蘇格蘭威士忌。艾奇遜同意赫魯雪夫必定是親手寫下這封信的推測。他模仿那位矮胖的主席在克里姆林宮裡來回踱步，口述信件內容並揮動短胖手指的模樣。艾奇遜說，想必他「不是很緊張就是很惶恐」。

赫魯雪夫的訊息所激發出來的樂觀看法，令艾奇遜擔憂。「只要我們有辦法箝制赫魯雪夫，」他回想，「我們就應該每天嚇唬他一次才對。」事實上，他的悲觀後來證明是正確的。第二天，一封更正式、更嚴厲的訊息從莫斯科送達，提出了一些白宮無法滿足的要求。

羅伯特・甘迺迪提出破解危機的計畫：他們寄出的回應接受了赫魯雪夫週五夜晚那封信的大部份訴求，但是忽略了星期六送達的那封正式信件。艾奇遜稱之爲「一場已達魯莽程度的賭局」。後來在評估這項策略成功與否時，他則說它「完全是碰運氣」。

不過在那個週末寫給甘迺迪總統的信上，艾奇遜儼然是一個忠誠的公僕。「我要恭賀您在過去艱苦的一週所展現出來的領導力、堅定與判斷力。」他寫道，「這個國家的權力中心長久以來缺乏這些特質，很高興它們再度出現了。少有人比我更明白，要下這些決定有多麼困難，還有顧問與決策者之間的鴻溝有多麼大。」甘迺迪回覆：「能夠有一位在過去歲月的其他戰役中表現優異的隊長，爲目前的任務貢獻心力，令人欣慰。」

剩下來的就是研擬出確認飛彈移除的最終協議。麥克洛伊抵達聯合國時，發現史帝文生幾乎已經不像甘迺迪所擔心的那麼溫和。麥克洛伊表示，事實上史帝文生在安全會議上揭穿蘇聯大使瓦列里安·佐林（Valerian Zorin）的公然謊言之後，就成了一隻「瘋狂亂飛的鷹」。然而，白宮希望負責主導最後談判的人是麥克洛伊，而非史帝文生。

至於與麥克洛伊談判的對手，赫魯雪夫指派外交部次長瓦西里·庫茲涅佐夫（Vasily Kuznetsov）；他是一名經過栽培、斯文有禮的外交官，操著一口流利英語，並曾在賓州的卡內基理工學院（Carnegie Institute of Technology）就讀。麥克洛伊是個強悍的談判者；他甚至拒絕保證美國不會入侵古巴，直到白宮下令他答應爲止。最終會議有一次在麥克洛伊位於康乃迪克州史坦佛（Stamford）的住宅舉行。庫茲涅佐夫似乎擔心房屋遭竊聽，提議他們到外面走走。他們坐在一處木頭柵欄上，繼續對話。「麥克洛伊先生，」談完之後庫茲涅佐夫說，「我們將會讚頌這項協議，再也不會困在這樣的談判當中。」

由於預期會有這種無限制的武器競賽，導致甘迺迪總統在給赫魯雪夫最後一封信的末尾懇求恢復在日內瓦的核子測試禁令談判。談判自一九五八年展開，可是在蘇聯於一九六〇年擊落一架美國U-2戰機之後便停擺。經過一次非正式禁止之後，雙邊在一九六一年恢復測試，俄國在大氣層引爆一枚億噸級的炸彈。隨著輻射雲逐漸環繞地球，科學家也開始在母乳中檢測出輻射。

甘迺迪希望從兩大強權的瘋狂爭執中找回一點理性。「或許現在我們緩解危機，可以共同在這個極重要的領域中獲得眞正的進展。」甘迺迪總統寫信給蘇聯領導人。他呼籲兩國「盡力推動核子測試禁令」。

★★★

赫魯雪夫同意一九六三年七月在莫斯科恢復測試禁令的談判。甘迺迪心目中率領美國代表團的第一人選是麥克洛伊，他在一九六一年擔任裁減軍備顧問期間便已經爲協議奠定了不少基礎。可是當甘迺迪請麥克洛伊擔任美國的首席談判代表，他卻予以推辭。他的私人利益再度成爲考量重點；因爲他介入處理世界主要石油公司國際談判的程度相當深。

魯斯克建議由哈里曼擔任替代人選，不過也不是太熱中推薦他。儘管哈里曼與蘇聯人交涉的紀錄無人能敵，但國務卿也考量到他自主性太強，與國務院的官僚太過對立。然而，甘迺迪十分屬意哈里曼；他在寮國協議上的努力深得甘迺迪的尊重。甘迺迪很快就同意任命哈里曼，儘管心裡明白魯斯克和國務院可能有疑慮。果不其然，第二天國務院便表示異議，但爲時已晚。

在正式的談判指示上，甘迺迪給哈里曼很大的空間，令他相當高興。原子能委員會主委格倫・席柏格（Glenn Seaborg）表示：「那份文件的寫法給了談判者不小的發揮空間，哈里曼的經驗與判斷力也很適合來擔任特使。」

哈里曼在七月十五日抵達莫斯科機場時，媒體一擁而上。「你想你會在那裡待多久？」一名記者問道。哈里曼心想，如果他說談判漫長而複雜，蘇聯人便會刻意讓它成真。「現在嘛，」他回答，「如果赫魯雪夫主席和甘迺迪總統及麥克米倫首相一樣對測試禁令有興趣，我們應該兩週後就會離開這裡。」

哈里曼刻意率領一個小型代表團，而且成員的外交能力高於技術專業。「專家是爲了指出所有的困難與危險。」他解釋。中途在英國停留時，麥克米倫便向他保證，思慮不周且準備不足的英國代表海爾什姆勛爵（Lord Hailsham）會退居二線。表明對此事相當認眞的蘇聯，指派安德烈・葛羅米柯擔任談判代表。

赫魯雪夫本人主動對這次活動表現出興趣，第一天會議在克里姆林宮的一座歌德式會議廳舉行，他一整天從頭到尾都列席。「我們爲什麼不設一項測試禁令？」他一開始就高興地宣布。哈里曼拿出一本空白的便條紙，推到這位心情輕鬆的蘇聯領導人面前。「來，赫魯雪夫先生，您先簽名，我再簽在底下。」

儘管赫魯雪夫心情愉快，哈里曼卻很快就明白蘇聯並不會同意全面性的測試禁令。癥結點在於確認問題；蘇聯不允許現場檢查。大氣層試爆容易偵測，可是地下試爆卻可能掩蔽地非常好。

哈里曼勉強接受蘇聯的強硬態度，只好建議放棄全面測試禁令的要求，總統也同意嘗試一項範圍較小的禁令，僅限於地面試爆。多年之後回顧這件事，哈里曼判斷，美國應該更加強力施壓，要求全面性禁令。「仔細思考一下，一九六〇年代初期我們還領先蘇聯，如果當時停止便所有測試，會為我們帶來哪些好處，」他感嘆道，「發現我們所錯失的機會，著實令人感到害怕。」

哈里曼自己提出一項條件：一個還沒簽署的國家（例如中國或法國）如果製造自己的原子彈並展開測試，那麼任何已簽署的國家都有權利退出。蘇聯對此感到不安；他們與中國的關係曖昧不明，因此不願意納入這種似乎針對北京而來的條款。

蘇聯提出不具裁軍精神的說法，試圖迴避這項條件。他們主張，列寧主義的條約觀點一向認為，如果條約威脅到蘇聯的利益，就得以廢除。葛羅米柯堅持要有退出的權利——在碰上定義含糊不清的「特殊情況」時。

哈里曼知道，如果沒有特定條款論及中國這樣的國家試爆時如何處理，參議院絕對不會批准這項條約。「如果沒有退出的權利，我們就無法達成協議。」他說，一邊拿起資料準備走出去。海爾什姆勛爵很緊張。他發電報給麥克米倫表示，哈里曼的強硬立場可能導致談判破局，首相則透過英國大使大衛・奧姆斯比・高爾（David Ormsby-Gore）將這些擔憂轉達給華盛頓。甘迺迪聽到相關狀況時露出微笑。「我同意你應該靜待發展。」他發電報給談判代表哈里曼。哈里曼心想：「我認為他對我的評價提高了。」結果蘇聯打了退堂鼓；協議簽署的時間比哈里曼預測的兩個星期還提早兩天。

哈里曼沒有等待電報往返，而是拿起電話，在所有人在場的情況下直接打電話給甘迺迪。（他後來解釋，他沒有回到美國大使館私下打電話，是因為「我知道無論我們在哪個地方打電話，他們都會聽」。）

當麥克喬治・邦迪在白宮戰情室接起那通從莫斯科打來的叫人電話時，時間還是清晨。甘迺迪被請來接聽。「太好了！祝你好運！」他大叫。緊接著，哈洛德・麥克米倫從倫敦打來另一通電話。這位英國首相不知道已經達成協議，開始滿懷歉意地解釋他對於哈里曼強硬態度的擔憂。甘迺迪露出笑容，打斷他的話：「不要擔心，事情已經解決了。」

一掛上電話，哈里曼便走回會議桌旁，問道：「我們要簽署的條約副本呢？」工作人員將那些裝了皮革封面的文件放置在桌上，挪開礦泉水，然後邀請攝影記者進來。海爾什姆以英國貴族通常只簽姓氏的方式，在哈里曼的WAH以及葛羅米柯的俄文AG旁邊簽了一個精巧的字母。哈里曼並不尊敬海爾什姆，不過卻對他充滿貴族氣息的簽名讚嘆不已。「你看到他的H了嗎？」他問道，「真的非常漂亮。」

在史達林時代只有秘密警察能進入的克里姆林宮庭院，在那天晚上對大眾開放。赫魯雪夫像個國會議員般與人握手、捏捏小孩的臉頰，並向群眾介紹「哈里曼先生」。「我們剛剛簽了禁止測試條約，」他大喊，「我要帶他去享用晚餐。你們認爲他值得受邀嗎？」群眾大吼贊同。

這樣的感情流露讓哈里曼十分激動，經過三年默默堅忍的努力之後，這樣的喜悅令他感到飄飄然。「哈里曼先生本身的表現不負您在信中對他的推薦。」赫魯雪夫在寄給甘迺迪的信上寫道，「此外，我們也從來沒有懷疑。」甘迺迪稱呼這項成就是「劃破黑暗的一道光芒」。

連哈里曼的鄰居都加入了奉承的行列。在他返家的那天晚上，鄰居在他住家外面的N街上遊行，手中拿著蠟燭，唱著〈他是一個快活的好人〉（For He's a Jolly Good Fellow）以及一首改編自喬治・柯漢歌詞的「H-A-兩個R-I-M-A-N，拼成哈里曼☆」。哈里曼沒穿外套就跑到階梯上，觀看這些慶祝活動，嘴裡含糊說著感謝。一個懷裡抱著小寶寶的女孩將她的孩子抱給哈里曼，感謝他「讓孩子有可能展望一個完整而幸福的人生」。

★★★

☆譯註：喬治・柯漢（George M. Cohan）的原曲名為〈Harrigan〉，與Harriman十分接近。

在一九六一年滿七十歲的哈里曼宛如一個野心勃勃的年輕人，努力在國務院裡慢慢往上爬。一九六三年三月，他第二次升官，從遠東事務助理國務卿晉升爲政治事務副國務卿。他之所以能晉升，非靠著迎合魯斯克，而是因爲對抗官僚的舉動；這種動機是甘迺迪所認可的。身爲副國務卿，他組成了一個委員會，負責徹底根除與裁撤沒有用的委員會。擔任助理國務卿時，他試圖拔除杜勒斯時期負責遠東事務的官員，對赤色中國改採較爲溫和的立場。遠東是「一片荒地」，他告訴史勒辛格；所有的中國專家都已經遭流放。（謝偉思在利物浦幫民衆辦護照，戴維斯在秘魯製作家具，范宣德則在麻州劍橋種花蒔草。）到了一九六〇年，國務院甚至只有兩名官員會說中文。值得注意的是，根本沒有越南文化與歷史的專家。

「年輕新血，」哈里曼會發牢騷，「我們需要年輕新血。」他在一九六三年的頂尖顧問都是年輕人：比爾·蘇利文，四十二歲，他在寮國談判時的首席助手；羅傑·希爾斯曼（Roger Hilsman），四十三歲，他在遠東事務處的繼任者；以及麥克·佛瑞斯托，三十五歲，國家安全會議的職員。身爲詹姆斯·佛瑞斯托的兒子，麥克在父親於一九四九年自殺身亡之後，可說是由哈里曼領養；一九六二年，甘迺迪曾經半開玩笑地說，佛瑞斯托在白宮的工作是擔任「名爲艾佛瑞爾·哈里曼的那個主權國家的大使」。

哈里曼雖然聽力逐漸受損，不過外表看起來還是相當硬朗。一名年輕助理告訴瑪莉·哈里曼，她的丈夫看起來「棒極了」，她嗤之以鼻：「如果你在四十歲之前除了打馬球之外什麼都沒做，看起來也會很棒。」然而，當哈里曼藉出訪布宜諾斯艾利斯之便，參加他在一九二八年擊敗的阿根廷國家馬球隊的聚會時，那些阿根廷老人全都拄著枴杖或蜷縮在椅子上。那年夏天還在國務院與日本大使館的壘球賽中演出雙殺的哈里曼，爲這些阿根廷人感到難過；他們從來沒有停止打馬球，卻沒有從事其他運動。

★★★

哈里曼在甘迺迪時代忙於各式各樣的工作，縮編官僚、耐心地處理寮國問題的談判、迅速簽訂禁止試爆條約。不過他心裡愈來愈關注的是美國介入越南事務的問題。

在後來的那些年，哈里曼初期的越南觀點形成了一種錯綜複雜的神話集，這個信念後來更透過他的助理和仰慕者繼續發揚光大。哈里曼常說，他早在一九四四年就曾經聽過法蘭克林・羅斯福警告美國不要介入越南事務，而他在當時以及日後都衷心贊同這個看法。他的追隨者經常指出，哈里曼堅定反對在越南事務上援助法國，還有他試圖阻止法國將馬歇爾計畫的經費挪用於他們在中南半島的戰爭上。這件事他之所以失敗，是因為國務卿狄恩・艾奇遜親自介入，允許經費轉移，以確保法國依然是北大西洋公約組織的盟友。哈里曼後來形容艾奇遜的理由是「一個悲慘的理論」。

事實上早在一九五四年，哈里曼在越南問題上就已經成為鷹派，那一年越南獨立同盟（Vietminh）終於擊敗法國。一九五四年五月，當艾奇遜、哈里曼、尼茲、肯楠，以及另外幾位杜魯門時期的資深官員在普林斯頓大學一場研討會上討論他們的經驗時，哈里曼是最積極提倡介入的人，甚至比艾奇遜還要鷹派。「在此我想要公開表明，」哈里曼表示，「我認為我們應該採取行動，在這件事情展開之前讓美國以及其他許多國家的部隊進入中南半島和紅河三角洲（Red River Delta）。」當其他人指出在亞洲進行地面戰的困難時，哈里曼回應：「我實在不願意看到我們有任何放棄整個東南亞的念頭，就只是因為那是一件困難的事。」

到了一九六〇年代初期，對於美國介入越南事務，哈里曼陷入了不安的矛盾情緒。他擔心軍事干預，可是又無法忍受將那個國家拱手讓給共產黨的想法。這種矛盾衝突折磨他多年，促使他展開一段探求協商和平的漫長之路，而這段過程在他為美國出使的最後一項外交任務中達到頂點，即一九六八年擔任巴黎和談的首席談判代表，但終究功敗垂成。

哈里曼於一九五〇年代在民主黨諮詢會議的自由派盟友切斯特・鮑爾斯以及約翰・肯尼斯・加爾布雷斯，也在甘迺迪時期尋找和平解決之道。他們遵循的典範是寮國：他們想要讓越南成為中立地區。一九六二年四月，加爾布雷斯在一份備忘錄當中向總統建議這條路線。他警告：「我們的軍事承諾逐漸提高，如此可能一步步擴大為一次大型、冗長且難以解決的軍事干預。」從印度返國接受諮詢的加爾布雷斯大使，借宿在喬治城的哈里曼家。他試圖吸收哈里曼爲盟友，遊說總統。

哈里曼與麥克・佛瑞斯托在四月六日與總統會面。他以自己有點簡單扼要的方式告訴甘迺迪，雖然他同意加爾布雷斯備忘錄上的某些論點，不過有些他不認同。哈里曼表示，「將美國與越南的軍事行動之間的明顯關聯降到最低」非常重要。不過他說，尋求和平對話的時機還沒到。南越總統吳廷琰（Ngo Dinh Diem）「長久下去將逐漸落敗」。哈里曼補充說，可是他並不認爲「我們應該對他不利」。美國政策應該支持南越政府，而非吳廷琰本人。甘迺迪總統謹慎地表示，他想要準備好「把握任何有利的時刻，減少我們的干預」，可是他體認到「距離那個時刻可能還有一段時間」。年輕的甘迺迪總統和年邁的哈里曼進行了一段不時迴避問題、又出現許多「但是」的對話，雙方對於可以選擇的選項似乎都不太滿意。無論如何，加爾布雷斯的計畫很快就被參謀長聯席會議打回票；他們譴責這位駐印度大使竟然質疑美國在東南亞壓制共產主義的決心。

哈里曼對於美國在越南的角色沒有強烈的信念。他傾向主張美國採取低調態度。一九六二年七月的寮國條約之後，他告訴賽伊・蘇茲柏格，美國現在應該撤出東南亞的「前線」，讓其他國家明顯分擔這項責任。他補充說，中央情報局已經讓美國在寮國與中南半島陷入「混亂的泥沼」，杜魯門政府早在一九四九年就該體認到赤色中國的問題。

在完成寮國條約之際，哈里曼也試圖秘密與北越接觸，想平息他們與南越之間的戰爭。這個舉動開啓了接下來十年華盛頓所進行的大量外交動作。一九六二年六月在日內瓦舉行的那場會議是最終挫折的早期徵兆。

爲了見北越外交部長雍文謙（Ung Van Khiem），哈里曼與比爾・蘇利文不得不偷偷走一條小巷，穿過一道廚房門，來到秘密的會面地點（美國人不希望讓投宿在對街旅館的南越代表團知道）。雍文謙體型矮胖，身上過大的蘇聯裝顯然太長，站起來的時候蓋住了他圓胖的手，不過他個性殘忍，目中無人。他拒絕承認北越與南越的戰爭有任何關係。蘇利文後來回想說，哈里曼「對這個無禮的小惡棍出奇地有耐性」。他十分技巧地刺探各種可能性，謀求對話的基礎。不過雍文謙依然充滿敵意且拒絕妥協，哈里曼最後終於站起來，高高站在雍文謙面前，冷冷地告訴他，他免不了「一場漫長艱困的戰爭」。

哈里曼偏好從事外交的原因，有部份源自他對於軍人的蔑視。他在德國與克雷將軍的小爭執以及在韓國與麥克阿瑟的正面衝突，都使他對於驕傲自負的人充滿戒心。他甚至對於甘迺迪家族支持的「好將軍」麥斯威爾・泰勒，以及艾奇遜和麥克洛伊等權勢菁英人物沒有耐性。當泰勒在一九六一年建議派出八千名戰鬥部隊到越南，哈里曼直截了當地告訴他：「你當初要派第八十二空降師到羅馬就錯了，後來你說的每件事都是錯的。」在國務院擔任遠東事務助理國務卿時，哈里曼堅決反對軍方早期在越南使用凝固汽油彈和落葉劑。他不滿狄恩・魯斯克將制定越南政策的權力轉交給五角大廈。哈里曼抱怨凝固汽油彈時，魯斯克說：「不，我想我會留給五角大廈處理。」

一九六三年三月升任副國務卿時，繼任遠東事務助理國務卿的是羅傑・希爾斯曼，他十分熟悉緬甸事務，曾經在第二次世界大戰擔任叢林突擊隊員。麥克・邦迪稱希爾斯曼是「充滿自信的游擊隊員」；他積極支持非傳統戰役，支持「反暴動」（counterinsurgency），而且開始向任何願意聽的人灌輸他的觀點。他某些事後的批評激怒了五角大廈；希爾斯曼少校在越南問題的會議上糾正軍方的地理資訊，令軍方將領十分不滿。

反暴動在當時的行話叫CI，在甘迺迪的年輕助理官員之間相當流行，尤其是華特・羅斯托等行動主義分子，他們認爲美國在第三世界必須扮演更重要的角色。他的同事開玩笑說，羅斯托展望「每間茅草屋裡都有一台電視機」。反暴動的目的其實很動人：以土地改革、誠實選舉與大赦贏得農民的心，派出能夠指導當地人收割作物、接生嬰兒，以及如何從事游擊戰的特種部隊。總統對此感到印象深刻，因而隆重成立綠扁帽（Green Berets），一支特別受訓，要從事反暴動的菁英特種部隊。

喬治・鮑爾後來回憶，哈里曼「接受」了希爾斯曼和他反暴動的想法。然而，根據比爾・蘇利文的說法，哈里曼「從來沒有完全接受」反暴動。他主要將它視爲軍方偏好的傳統戰術以外的一種替代方案（「掐住他們的要害，他們心和想法就會跟著屈服」五角大廈有這樣的諺語）。他相信反暴動能爲外交官爭取時間，想出類似寮國模式的解決之道。

無論反暴動有何優點，它從來都沒有在越南眞的嘗試過。希爾斯曼有一些野心勃勃的計畫，想要建立一個「策略村莊」網絡，以阻隔越共，不過吳廷琰卻將計畫交給他惡毒的弟弟吳廷瑈（Ngo Dinh Nhu），後者幾乎沒有認眞實現土地改革或誠實選舉等概念。吳廷瑈主要的興趣在打壓異議。

一九六三年五月，在佛祖誕辰兩千五百八十七週年那天，政府部隊在順化市（Hue City）對一群僧侶開火，造成九人喪生。吳廷琰總統拒絕道歉；他拉不下那個臉。統治家族信奉天主教，視佛教徒爲敵人。佛教徒開始在身上澆汽油，以蓮花坐的姿勢自焚身亡。吳廷琰的弟媳瑈夫人（Madam Nhu）大喊：「讓他們燒死，我們會鼓掌！」她稱呼那些自焚者爲「烤僧侶」。

在華盛頓，由哈里曼擔任主委的特別反暴動委員會在那年夏天開會時，爆發了激烈爭辯，討論應該如何處置吳廷琰和他令人痛恨的家屬。中央情報局局長約翰・麥康（John McCone）主張，吳廷琰是「一個王八蛋，不過他是我們的王八蛋」。然而，哈里曼認爲吳廷琰是他吸食鴉片的弟弟吳廷瑈的傀儡，他根據中央情報局的某些可疑竊聽資料，懷疑後者與共產黨合作。該政權的殘酷以及佛教徒激烈抗議的程度都讓他感到驚駭（中央情報局的理查・赫姆斯（Richard Helms）後來抱怨，他並不瞭解佛教徒「自焚只是升天的另一種方式」）。根據希爾斯曼的講法，到了八月，哈里曼「支持推翻吳廷瑈」。

八月二十一日，吳廷瑈命令他的特種部隊攻擊佛塔，結果他們採用機關槍和催淚瓦斯。中央情報局的報告指出，吳廷琰的軍隊中持異議的將領擔心自己會被吳廷瑈的手下刺殺。哈里曼、希爾斯曼與麥克・佛瑞斯托決定，他們必須盡快行動。八月二十四日下午，他們擬了一封電報給新任的美國駐南越大使亨利・卡波特・洛奇，同意美國支持發動推翻吳廷琰的政變。

那是華盛頓一個悶熱的星期六，大多數官員都休假去了。哈里曼與希爾斯曼在吉維蔡斯俱樂部高爾夫球場的第九洞果嶺追蹤到了喬治・鮑爾，魯斯克休假期間的代理國務卿。身爲大西洋主義與史帝文生主義自由派的鮑爾覺得吳廷琰「令人討厭」，不希望美國介入越南事務。他曾經在一九六一年底警告約翰．甘迺迪，依照當時的進程，美國五年後會有三十萬名部隊在越南。「喬治，你簡直是瘋了，這種情況不會發生。」總統回答（事實上，與最終的部隊人數相比，鮑爾還低估了二十萬人）。此時，看著哈里曼與希爾斯曼的電報，鮑爾完全願意支持，不過他堅持這項訊息必須讓總統瞭解。人在海恩尼斯港（Hyannis Port）的甘迺迪接到消息，似乎欣然同意，不過他擔心如果發生政變，美國可能找不到比吳廷琰更好的接班人。最後他表示同意，但條件是國務卿與國防部長也都贊同。狄恩．魯斯克沒有意見，雖然他後來表示他之所以同意，是因爲他認爲甘迺迪已經同意了。正在懷俄明州攀登大提頓山（Grand Teton Mountain）的鮑伯．麥克納馬拉聯絡不上，而中央情報局的麥康、參謀長聯席會議的泰勒將軍或國家安全委員會的邦迪也都無法聯繫，不過他們的副手倒是都簽署表示同意。

當各長官在週一返回華盛頓，獲知該電報時，他們都十分震怒。麥克．邦迪後來指出，接下來的混亂狀況「證明了在週末辦事有多危險」。根據巴比．甘迺迪表示，對於這封電報，「政府分成兩派意見。」對於即將去職且支持吳廷琰的美國駐西貢大使諾廷（Fritz Nolting），哈里曼的態度幾近粗魯無禮。他說，現在已經沒有理由聽諾廷的說法，因爲他過去的意見實在太糟。他甚至拒絕與他形容爲遭吳廷琰「俘虜」的諾廷乘坐同一輛轎車。哈里曼對於軍事高官同樣強硬，尤其是外號「猛獸」的陸戰隊將軍維克多．克魯拉克（Victor "Brute" Krulak）；他在參謀長聯席會議中負責反暴動。（有些白宮職員後來流傳一則惡搞的模仿說法，描述一場會議的過程：「……哈里曼州長表示，他已經不贊同克魯拉克將軍二十年了，而今天的不贊同更甚以往。他很遺憾地說，他覺得克魯拉克將軍是一個笨蛋，而且始終這麼認爲……」）

甘迺迪總統對於這樣的混亂感到震驚。「我的天啊，我的政府快要瓦解了。」他告訴他的記者朋友查爾斯．巴特利特（Charles Bartlett）。總統不滿哈里曼挑起這些爭端，接著又讓情況更惡化，而且也告訴他這一點。羅伯特．甘迺迪後來回想說，哈里曼「那年秋天看起來彷彿老了十歲」。羅伯特．甘迺迪十分擔心他的朋友艾佛瑞爾，於是建議哥哥邀請他到橢圓形辦公室，安撫他一下，「爲他打打氣。」

在此同時，政府的立場動搖了。那封支持政變的電報遭封鎖，接著禁令又解除。西貢有異議的將領們噤若寒蟬，可是也不能因爲這種不確定責怪他們。各種相互衝突的訊息在華盛頓與西貢之間幾個不同的傳播管道上流傳——中央情報局的管道、國務院管道、洛奇大使對白宮的私人管道，甚至還有白宮不知道的管道。對於官僚紛爭相當敏銳的哈里曼發現了泰勒將軍與西貢軍事行動司令保羅・哈金斯（Paul Harkins）之間有一個秘密管道，因而重新贏得甘迺迪的尊敬（「哈里曼眞是一個精明的老傢伙」）。甘迺迪最後派出一個使節團到西貢，針對實際情況提出報告；陸戰隊的克魯拉克將軍聲稱，戰爭進行順利，國務院的約瑟夫・曼德赫（Joseph Mendenhall）則指出，北越政權即將垮台。「你們去的是同一個國家，對吧？」甘迺迪問。

對於越南的戰爭，總統不確定該相信什麼或該做什麼。在一萬六千名美國軍事「顧問」已經投入的情況下，甘迺迪清楚看到更深入干預的風險。「那就像喝一杯酒，」他告訴一名助理，「效果會逐漸消退，於是你必須再喝一杯。」不過，他擔心撤出越南的後續政治餘波。根據肯尼斯・歐唐納的報導，甘迺迪說：「如果我現在試圖完全撤離越南，我們就會出現另一次喬・麥卡錫式的赤色恐慌。可是我在連任成功之後可以進行。」甘迺迪眞正的意圖至今仍未可知。不過在一九六三年的氛圍中，徹底放棄越南幾乎是無法想像的。國務院官員保羅・卡滕柏格（Paul Kattenburg）是部門間越南工作小組（Interdepartmental Working Group on Vietnam）的召集人，在八月三十一日國家安全會議一場討論吳廷琰、氣氛火爆的會議上，他魯莽地建議美國應該考慮撤出越南。內閣室裡的人頓時因爲震驚而一片靜默。「在戰爭勝利之前，我們不會退出。」狄恩・魯斯克說。「我們會贏得這場戰爭。」鮑伯・麥克納馬拉說。卡滕柏格日後再也沒有參加過高層會議。他的職業生涯最後是在南美洲的蓋亞那（Guyana）擔任公務員，那裡距離魔鬼島（Devil's Island）不遠。

甘迺迪飽受各種矛盾的意見所苦，深感挫折與惶恐，但最後還是同意支持政變，或者說是贊成洛奇大使「不加以阻撓」的要求。吳廷琰政權已經變得更加極端，襲擊學校，將中學、甚至是小學的孩子關起來。諸多將軍終於在十月三十一日群起反抗，可是政變一團混亂。吳廷琰的屍體被發現時，身上充滿了彈孔和刀傷。

約翰・甘迺迪在三個星期之後也遇刺身亡。比爾・蘇利文發現，艾佛瑞爾・哈里曼那天下午坐在電視機前面的椅子邊緣，雙手抱頭。

★★★

林登・詹森反對推翻吳廷琰的政變。他公開稱吳廷琰為「東南亞的溫斯頓・邱吉爾」。他曾對記者史丹利・卡諾（Stanley Karnow）表示：「可惡，他是我們在那裡唯一的伙伴。」詹森對哈里曼有所懷疑。他認為哈里曼在八月的一個星期六下午六點送出第一封同意政變的電報，並非出於緊急，而是欺騙。同樣可疑的是，哈里曼是羅伯特・甘迺迪的朋友。林登・詹森告訴助理，他不信任哈里曼，甚至連「讓他幫我倒垃圾」都不肯。

詹森的優勢讓哈里曼感到悶悶不樂。在看新任總統寄給國務院官員的一份備忘錄時，他有種不祥的預感：「……在你晚上上床睡覺之前，我要你為我做一件事：問問自己這個問題……今天我為越南做了什麼？」哈里曼確定林登・詹森受到了華特・羅斯托等鷹派的影響；羅斯托擔任最初因為喬治・肯楠而突顯出其傑出角色的職位：國務院政策規劃處處長。哈里曼指稱羅斯托是「空軍中將」，因為他提倡轟炸北越。（看完羅斯托呼籲空襲的備忘錄之後，哈里曼表示：「我再也不想看到那個人發出的另一份備忘錄。」）因此當林登・詹森指派一個委員會探討轟炸北越的問題時，也就不令人意外了。

在國務院，對戰爭抱持懷疑態度的人被迫轉入地下。希爾斯曼在自己被解職前幾個小時主動請辭；林登・詹森對希爾斯曼不滿，因為他看到希爾斯曼在哈里曼家舉行的一場晚宴上羞辱萊曼・雷姆尼澤將軍。就在希爾斯曼走出國務院大門時，哈里曼對他說：「如果我在你這個年紀，我也會辭職，可是我不是。」瑪莉・哈里曼告訴希爾斯曼，她的丈夫離開公職會死。

哈里曼後來自己形容，他從越南被「流放到非洲」，負責處理非洲事務。他甚至在一九六五年失去了他的頭銜，再度成為「無任所大使」，也就是過去四年他孜孜不倦努力付出的那份工作。他的朋友開始擔心他，在他悲戚的臉上看到一種厭棄與憂鬱感。這種委靡不振的表情掩蓋了他的決心。一九六四年初的某一天，哈里曼在街上巧遇希爾斯曼。「詹森會讓戰爭升溫，但那樣行不通的。」他告訴希爾斯曼，「他必須進行協商，而且要透過俄國人。我是他唯一能賦予重任的人選。」

第二十二章　林登・詹森的權勢菁英　「我告訴總統，他完全正確」

LBJ'S ESTABLISHMENT　"I told the President he was wholly right"

林登・詹森從冷戰學到了十分珍貴的教訓。艾奇遜等人以誇張的說法說服國會爲杜魯門政府所做的海外承諾撥款，讓他受到制約。他在一九四〇年代擔任眾議員時曾經支持馬歇爾計畫，他解釋，那是「爲了阻止史達林危害世界」。他贊同所有艾奇遜所說「比眞相更清楚」的準則，以及被約翰・佛斯特・杜勒斯強化爲信條的格言。

他知道慕尼黑的教訓。對詹森而言，姑息等於軟弱；他不會成爲「傘人張伯倫」☆。那是男子氣概的問題；根據詹森的說法，「如果你讓惡霸進入你家前院，第二天他就會來到你家門廊，再過一天他就會在你的床上強暴你太太。」他相信骨牌理論。甘迺迪總統派林登・詹森到越南時，時任副總統的他聲稱：「關於東南亞的基本決定在這裡。我們必須決定是否要盡全力幫助這些國家，還是在那個地區承認失敗，將我們的保衛部隊撤回舊金山。」他記得失去中國的情形。入主白宮之後，林登・詹森告訴洛奇大使：「我不想當一個眼睜睜看著東南亞步上中國的老路的總統。」他擔心麥卡錫主義復辟。當新左派在一九六〇年代中期開始抗議越戰時，詹森告訴喬治・鮑爾：「聽我說，喬治，令我擔心的不是街上的那些痞子，而是右翼份子。要是眞的出了鬧，他們才是眞正的猛獸。」

除了這些固定的原則，詹森還秉持著政治說客般的熱情，在外交政策中注入一個德州議員的世故老練與周

☆譯註：英國首相張伯倫總是隨身攜帶一把雨傘，因而獲得傘人的稱號。

到心思☆。在出訪東南亞之前，國務院警告詹森不要與泰國人握手，因為他們不習慣身體接觸，結果他大發雷霆：「該死，我總是和人握手，他們都很喜歡！」就任總統後，他認為可以用一項「比整個田納西河谷管理局還要龐大」的湄公河三角洲治水計畫來收買北越。國務院表示，用建設經費討好選民的那一套並不適合作為外交手段，令他相當不屑。為什麼？詹森問道。它在國會很有效，不是嗎？它對喬治・閔尼☆☆（George Meany）很有效，不是嗎？為什麼對胡志明就沒有效？

華特・羅斯托回想說，詹森對外交政策權勢菁英的態度「極為矛盾」；羅斯托曾試圖對他「解釋」這些權勢菁英。詹森佔有慾強，又有強烈的不安全感。他自誇他那些羅德獎學金學者和哈佛畢業生是「我的知識份子」，也大呼：「真爽，我缺少他們的優勢卻也成功了，如今他們為我效命！」不過他害怕「東部的律師」會騙他。「如果有政策成功，喬・艾索普就會寫那是哈佛那位優秀的院長邦迪的功勞。」詹森嘀咕道，「如果事情沒有達到預期效果，他就會說是那個愚蠢、無知、粗野沒教養的總統的錯。」他嚴肅地告訴《時代》雜誌的休・塞迪（Hugh Sidey）：「我認為我在外交事務上無論有多成功，永遠都不會有功勞，因為我沒上過哈佛大學。」

在塞迪和其他記者面前，詹森會模仿狄恩・艾奇遜，抬起下巴，裝出不可一世的傲慢模樣。狄恩・魯斯克回憶，他看著詹森表演「令人捧腹大笑的啞劇」，模仿艾奇遜在國會的委員會上作證。詹森討厭柔弱；他稱呼艾奇遜經常度假的地方為「那座女性化的島嶼」，還譴責像奇普・波倫那樣的專業外交官是「只會逢迎拍馬，墨守成規的人」。他喜歡用他質樸粗俗的特質去嚇唬社會名流，直接挑釁他們，說些下流的笑話，找他們到他的浴室說話，自己則坐在馬桶上發出呼嚕聲。

☆ 譯註：詹森出身德州，曾擔任該州的眾議員與參議員。

☆☆ 譯註：喬治・閔尼是美國的勞工運動領袖。

然而他卻十分渴望他們的忠誠與尊重。他迫切需要顧問的認同，以及追隨者的奉獻。他想要受到狄恩・艾奇遜的欣賞，就像他希望受貧窮黑人愛戴一樣。他想要權勢菁英的認可，也要世人知道他擁有這份認可。一九六四年競選期間，詹森請身為權勢菁英之一的國家安全顧問麥克喬治・邦迪將傑出的權勢菁英召集起來，證明他們支持他。邦迪以他慣有的效率，著手組成總統的外交事務顧問（Consultants on Foreign Affairs，和平專家小組）。

八月，邦迪寫了一份題為「來自權勢菁英的支持」的備忘錄。邦迪曾經嘲笑記者使用「權勢菁英」這個詞，可是自己顯然用得理直氣壯。「我認為這些人當中的關鍵是麥克洛伊，」他寫信給詹森，「他支持我們，可是卻遭受來自艾森豪與其他人的龐大壓力，要他保持緘默。我已經告訴他，那不是史汀生所訓練出來的人應有的態度。」邦迪在九月三日寫了一封長信給麥克洛伊，懇求他以兩黨外交政策之名支持詹森總統。九月四日，麥克洛伊回信，想避開這整件事，因為他認為那是政治陷阱，並補充說鮑伯・羅威特也「最厭惡」這種事。不過邦迪在九月七日第二次漫長的會議上改變了麥克洛伊的心意，於是麥克洛伊與羅威特，以及艾奇遜和其他十幾位來自民間組織和學術界的外交政策大老都答應加入。總統「和平專家小組」的宣告登上了九月十日的《紐約時報》頭版，那也是其主要目的。當月稍晚，邦迪寫信給詹森：「為了讓您明天和這群人的會議能成為一篇好的報導……我們的目標是讓標題談到詹森、兩黨政治、和平，同時搭配您和這些人開會的照片。」

在他隔年的備忘錄中，邦迪開始將艾奇遜、麥克洛伊、羅威特以及加入輔佐總統的其他老政治家稱為「外交賢哲」。這個名詞不全然具有恭敬的意味。例如，當道格拉斯・狄倫在一九六六年一月二十八日無法參加一場會議，邦迪在給總統的一份備忘錄上便以「又有一個外交賢哲陣亡了」為標題。這個在夏天組成、被當成競選手段的委員會，外界認為組織太過龐大笨重，實際上無法提供總統諮詢；當林登・詹森真的想要聽外交賢哲的意見時，他會以小團體的方式或單獨召見他們。

詹森上任之後便立刻開始會見公認的首席外交賢哲狄恩・艾奇遜。十二月六日，甘迺迪遇刺後兩個星期，邦迪寫了一份備忘錄給詹森：

關於您與艾奇遜的午餐：他是「強硬路線」的堅定信仰者。他認為德國是我們政策的核心，也相信不應該關注戴高樂將軍……艾奇遜相信即使在選舉年也應該有所行動（他記得杜魯門在一九四八年所完成的事），他對於低度開發國家、聯合國、阿德萊·史帝文生、喬治·肯楠等等都缺乏耐性。他與甘迺迪總統相處愉快，只是甘迺迪鮮少採納他的意見，但卻發現他十分能激勵人心……等您見過他之後，您或許會想見見艾佛瑞爾·哈里曼，他正好與艾奇遜相反，可以拉攏自由派。

接下來五年，林登·詹森不斷拜訪艾奇遜，後者的律師辦公室與白宮之間隔著拉法葉公園，走路並不遠。他請這位老政治家居中斡旋希臘與土耳其爲了爭奪賽普勒斯而發生的糾紛，針對北大西洋公約組織的問題與棘手的戴高樂交涉，與德國人議和，並擔任他的越戰顧問。這些任務發生頻率之快，在詹森於一九六五年九月二十日寫給艾奇遜的一封信上可見一斑：「我好久沒有見到你，感覺有需要與你好好談談……」詹森當時有整整兩個月沒見到艾奇遜。

詹森另一個最喜愛的人是麥克洛伊。「他連芝麻蒜皮的小事也會打電話給麥克洛伊。」前中央情報局局長理查·赫姆斯回想說。除了其他任務，詹森還讓麥克洛伊加入華倫委員會（Warren Commission），調查甘迺迪遇刺，請他解決歐洲的貨幣危機，指派他擔任埃及與伊朗的非正式大使。（麥克洛伊擔任世界上一些石油公司的首席代表，比起國務院有更好的管道與中東領袖接觸。）詹森的確偶爾忍不住要提醒自己，麥克洛伊只是個華爾街律師及銀行家，而他是總統。法國反抗北大西洋公約組織時，喬治·鮑爾建議派麥克洛伊去勸戴高樂，詹森反駁，「戴高樂可能認定美國沒有政府在運作了，只剩下紐約來的銀行家。」根據會議紀錄，詹森繼續表示，「戴高樂肯定不會聽一群跑腿的傢伙的意見。他的反應，可能就會跟如果戴高樂開始派法國銀行家擔任個人特使來這裡，詹森總統的反應一樣。」

然而詹森卻刻意討好外交賢哲。他甚至在擔任參議員時就開始安撫艾奇遜，在一九五七年九月十一日寫信給他：「美國沒有比你更具有智慧的知識份子。」幾個月之後，當時擔任德州參議員的詹森告訴艾奇遜，他是「我最尊敬的顧問」。艾奇遜忍不住揶揄詹森，他竟然說詹森是應聲蟲。有一名記者在一九六〇年打電話問他擔任詹森「外交政策顧問」的角色，艾奇遜回應：「林登．詹森？六個月之前我跟他在凱．葛蘭姆☆的家裡喝過酒。」

入主白宮之後，林登．詹森甚至變得更熱情。他送給艾奇遜許多簽名照片（「給狄恩．艾奇遜，大邏輯家與忠貞的愛國者」；「給狄恩．艾奇遜，和平使者」；「給狄恩．艾奇遜，我最欣賞的美國人」）。艾奇遜對詹森如此親善的作風看得很清楚；例如，他知道詹森將自己的塑膠半身像獻給世界領袖時，會根據他們的身材，將雕像分成三種不同尺寸（小、中、大）。一九六三年十二月在寫給一個朋友的信上，艾奇遜並不在乎「我剛得到的『老一輩政治家』的名聲，經驗豐富並受人尊敬」。他提防著外交賢哲組成的顧問小組；他告訴狄恩．魯斯克，他們「只是一群跟我們同鄉的王八蛋」。不過他還是忍不住有點受寵若驚；更重要的是，他渴望再度於政策制定上表達意見，即便只是擔任幕後操縱者的角色。他女兒瑪麗回憶，林登．詹森拜訪艾奇遜時，他「因為受到徵詢而有點自大」，可是當他發現自己的權力終究只是虛幻，就「幻想破滅」。

在一九六五年寫給安東尼．艾登的信上，艾奇遜比較詹森與他輔佐過的其他總統：「要從一個小型團體的多數領袖（一項全然操控性的工作）轉移到領導世界的職位非常困難……我們所有的總統都花費大量時間學習外交事務。」法蘭克福．羅斯福「從來沒有真正掌握過要領」，杜魯門「很快就有所體會，大約十八個月……艾森豪很多事情始終沒學會。甘迺迪在一九六三年才剛剛上手。林登．詹森往往專注於出現最大聲音的地

☆譯註：凱．葛蘭姆（Kay Graham's）是《華盛頓郵報》發行人。

方。」

漸漸地，聲音從越南傳來。在同意支持發動政變推翻吳廷琰的那天晚上，甘迺迪問喬治・鮑爾的問題——我們如何確定吳廷琰的繼任者不會比吳廷琰更糟糕？——已經成爲預言。當吳廷琰最後在十一月遭殺害之後，越南也開始跌跌撞撞，經歷一場又一場的政變，政府在不到一年的時間內七度易主，直到權力落入總理阮高祺（Nguyen Cao Ky）等人手中。外表浮誇又貪腐的阮上校喜歡連身褲、紫色領巾，以及擁有珠母貝槍把的左輪手槍。第一次參加與美國官員召開的高層會議時，他身穿白色夾克、緊身黑色長褲，還有紅色襪子，一名外交官表示，看起來宛如「二流夜總會裡的薩克斯風手」。

看著西貢的動亂，詹森日漸失去耐性。「我受夠了這些政變。」他表示。他希望在越南有一位強而有力的大使，一個能恢復秩序、讓當地人服從的行省總督。在選舉年裡，他要一個能夠讓共和黨員維持中立，避免他們將越南變成選舉議題的人。明顯的合適人選是傑克・麥克洛伊。

麥克洛伊剛開始對詹森的認識不多。他認爲他在國會時不擅長外交事務，並懷疑詹森在這方面的經驗大多來自擔任副總統時，偶爾出訪海外時靠親吻外國嬰兒學來的。麥克洛伊對於越南同樣有所懷疑。他擔心在亞洲發生地面戰，也認爲越南會干擾美國對歐洲的關注。他曾對狄恩・魯斯克抱怨，歐洲終究是「大聯盟」。麥克洛伊也沒有再度進入政府的意願；身爲華爾街律師，他代表石油公司的工作極爲忙碌。

然而，要拒絕卻不容易。在一九六四年夏初，詹森請麥克洛伊到橢圓形辦公室外的一間小客廳；他喜歡在那裡嚴肅地對人施壓，這次的對象則是麥克洛伊。他告訴麥克洛伊，爲了這個「他在美國政府裡所能提供最重要的職位」，他尋遍了所有可能人選，而他認爲麥克洛伊是「史上最優秀的行省總督」。麥克洛伊很尷尬，開始想像自己穿著羅馬長袍，光禿禿的頭上還帶著桂冠。他加以婉拒，表示自己想留在華爾街。此外，他有非常強烈的預感，美國加強干預越南是錯誤之舉，越南應該是美國最不該介入的地方。詹森不理會他提出的反對理由。「我們在那裡正準備迎接勝利，麥克洛伊，我要你。你是現在唯一能帶領我們邁向勝利的人。」他不會接受拒絕。然而，麥克洛伊也不會答應。詹森將自己的手放在麥克洛伊頭上，緊靠在他身旁。他不是在要求他接受，而是在督促他、指揮他、命令他。麥克洛伊依然婉拒。詹森說，事關愛國心；他說麥克洛伊一定是害怕。麥克洛伊抗議說，他經歷兩次世界大戰，斷斷續續在政府服務了三十年。詹森還是說他「怯懦」。

這個時候，連平常最冷靜的麥克洛伊也動氣了。他離開詹森的客廳，因爲領教了詹森的德州人脾氣而激動不已。他厭惡詹森的態度，不希望與他或他的職位扯上關係。結果，這個職位由優秀的軍人麥斯威爾・泰勒將軍接下。

★★★

狄恩・艾奇遜與麥克洛伊一樣，對越南有所疑慮。他總是認爲亞洲是一個麻煩，會干擾美國對歐洲事務的關注，是右翼份子執迷的對象，也是孕育麥克阿瑟將軍隨時準備面對世界末日那種心態的危險之地。對於女婿比爾・邦迪在一九六四年初獲選爲接替羅傑・希爾斯曼遠東事務助理國務卿職位的人選，他很不高興。他看過那個職位破壞了太多其他人的職業生涯。艾奇遜自己寧願盡可能不去想越南。

不過，越南卻變得愈來愈難以視而不見。在一九六四年夏、秋，一直到一九六五年，美國在北部灣（Gulf of Tonkin）、邊和（Bienhoa）與百里居（Pleiku）等地區面臨到實際與想像的挑釁。要求報復的聲浪逐漸升高。在一九六五年初的冬末與春初，戰事開始擴大，先是空襲（火鏢行動〔Operation Flaming Dart〕、滾雷行動〔Operation Rolling Thunder〕），接著出動地面部隊，不過一開始只是陸戰隊保護美國空軍基地。

一九六五年四月，在第一批陸戰隊登上峴港（Danang）海岸之後六個星期，喬治・鮑爾打了一通電話給狄恩・艾奇遜。由於一九五〇年代民主黨諮詢會議上的外交政策辯論，還有甘迺迪政府時期的柏林與古巴飛彈危機，這兩人已經太瞭解對方。艾奇遜與鮑爾代表外交政策菁英互相對立的兩派，不過他們也是相互尊重的朋友。除此之外，他們都是大西洋主義者。鮑爾問艾奇遜：「我能過來跟你談談嗎？」時，他希望自己與艾奇遜的相似處能克服雙方的差異。

身爲副國務卿，鮑爾已經成爲政府裡的一種內部鴿派人士，遭指定的「魔鬼的擁護者」，他寫的備忘錄在當時被人看過後遭拒絕，可是如今看來卻跟喬治・肯楠在一九四〇年代最傑出的思想同樣充滿先知灼見。「一旦上了虎背，我們便無法決定何時能下來。」他在一九六四年秋天警告。焦慮地看著美國一股腦陷入軍事交戰中，他在四月二十日去找詹森，請求能有機會提出政治性的替代方案。總統給他二十四小時「從帽子裡抓出一隻兔子來」。鮑爾緊急寫出一份備忘錄，提議停火、大赦越共，組成聯合政府。詹森並沒有被說服，但是他至少有興趣；儘管說了不少強硬的大話，他也能夠意識到戰爭要付出的恐怖代價。「我亟需至少一位高層同志支持我。」鮑爾在他的備忘錄中寫道，「如果副國務卿的意見與所有高層指揮官的觀點針鋒相對，總統怎麼能期望採用那樣的異端？……我決定尋求外面的協助。」他去找艾奇遜。

艾奇遜與華盛頓另一位權威律師洛伊德・卡特勒（Lloyd Cutler）共同修訂鮑爾的備忘錄，將它改成一項尋求政治解決方案的三十五頁計畫：暫停轟炸、大赦，讓越共參與地方選舉，同時所有外國部隊退出。這項計畫無須談判（艾奇遜對談判沒有信心），只需要南越政府的單邊行動。伴隨蘿蔔而來的還有棒子：如果共產黨不合作，美國就會恢復轟炸，並加入地面部隊。

計畫在五月七日呈報，五月十六日由詹森、魯斯克、麥克納馬拉、鮑爾以及艾奇遜進行討論。從會議紀錄研判，所有的主要官員都願意放手一試，不過他們討論的重點大多放在國會和《紐約時報》對於結束一週的暫停轟炸會有什麼看法，對於長程和平計畫的討論反而不多。此外，這項艾奇遜與鮑爾研擬的計畫必須讓南越政府接受。很快地，事實便證明此路不通；在西貢，泰勒大使甚至堅決反對提出這項計畫。計畫宣告流產。羅伯特・麥克納馬拉能夠回想起一九六五年越南緊張情勢升高的許多細節，對於艾奇遜與鮑爾的這項和平計畫卻毫無記憶——這或許能看出那項提案被人認眞看待的程度有多高。

★★★

一九六五年春天對艾奇遜而言是段懷舊的時光。他將海軍的一艘核子潛艇命名爲喬治・馬歇爾號；在杜魯門圖書館發表演說，談他過去的「老闆」；參加第五次的耶魯大學同學會。然而，折磨他多年的慢性胃病更加惡化。他對自己的病痛相當忍耐；他曾經寫信給老同學阿契博德．麥克列許說，他「憔悴而孱弱的軀殼」破壞不了耶魯同學會的樂趣，即使他的醫生溫和地勸他「一個心理健康的人」會因爲「急性與長期的腹瀉」而變得「精神衰弱」。事實上，根據他女兒瑪麗的說法，日漸衰弱的身體令他沮喪；他行動變遲緩，心情受影響，不復往日的活潑。他堅忍的個性使他更爲固執，對別人的軟弱也更缺乏耐性。

因爲越戰，林登．詹森在那年初夏同樣飽受憂鬱症發作之苦。五角大廈想要全面開打，以至少二十萬名地面部隊應戰；邦迪兄弟則偏好漸進但逐步提高火力的作法，從八萬五千名部隊開始。詹森體認到，戰爭結束前他會派出多達六十萬人到越南，這令他感覺進退維谷。如果裁減兵力，必定會激怒右翼人士，而升高戰爭層級也絕對會困在亞洲地面戰裡。無論如何，他都會耗盡他眞正的目標：大社會計畫（Great Society）所需的政治資本，而此案即將在夏天交付國會表決。他開始做關於「那場慘烈戰爭」的惡夢。他十分需要有人告訴他，他做了正確的事；一如往常，他渴望別人的認同。於是他拜訪外交賢哲，也就是圍堵政策的設計者，將這可怕重擔留給他的那些人。

他們於七月八日聚集在國務院，總共將近二十人，大多是在華爾街與華盛頓交替服務的資深人士，就像羅威特和麥克洛伊。在國務卿與國防部長的主持下，他們老邁的身軀小心翼翼地坐在俯瞰著波多馬克河的八樓舊會議室裡，一整天大部份時間都在總統面前思量那些困難的問題。

麥克洛伊對越戰有很深的疑慮。他詳細談到他對於「情勢的嚴峻」有多麼「印象深刻」。他懷疑只是「減緩雨季的攻勢」會讓河內產生「談判的意願」。他預測情勢會持續「危急」一段很長的時間。不過仔細提出他的疑慮之後，他又表示其實別無選擇。美國的信用有賴它實踐自己的義務，兌現自己的承諾。他對魯斯克和麥克納馬拉的態度十分堅持：「你們非做不可，」他說，「一定要前進越南。」

鮑伯．羅威特對於越戰的疑慮不亞於麥克洛伊。他不太舒服地攤坐在一張安妮女王椅上，坦白告訴麥克納馬拉和魯斯克，他懷疑政府將情勢想像得太樂觀。

多年後，羅威特表示「介入越南政局是我們做過最蠢的事情之一。我們根本不知道自己在那裡做什麼。」不過他跟麥克洛伊一樣，認爲美國只要提出承諾，就必須堅守到底。他也回想到過去試圖轟炸日本和德國，逼他們投降的日子，因此不該將武器放著不用。他認爲，一旦進攻越南，美國就必須義無反顧全力投入。他的最終結論與麥克洛伊無異：美國必須派出地面部隊，而且人數必須足以承擔此次任務。不過他警告，談論「勝利」的意義不大。眞正的重點在於防止共產主義藉由武力而擴張；從某個角度來看就是避免戰敗。

聽著這些他景仰了一輩子的老賢哲談話，在國務院負責越南事務的遠東事務助理國務卿比爾．邦迪深受他們的決心與堅定所感動。在交給總統的報告中，他表示大多數出席的外交賢哲「覺得戰鬥部隊無疑應該依據需求增加。其中幾名成員認爲，我們目前的行動或許太過克制，讓河內誤會我們並沒有百分之百的決心」。對邦迪而言，外交賢哲似乎認可支持美國交戰的所有冷戰事實。他在給詹森的報告中斷定，這群人贊同骨牌理論，他們相信如果越南淪陷，泰國也會跟著淪陷，日本與印度也將岌岌可危；如果美國縮手，歐洲會對美國的承諾失去信心；越南是對美國是否願意挺身面對「民族解放戰爭」的重大考驗；撤出越南是一項「令人無法接受」的選項。

在那天結束時，詹森直接向幾位外交賢哲請益。他挑選了包括羅威特、麥克洛伊以及艾奇遜在內的一小批人，在晚上六點三十分到白宮喝酒聊天。在雞尾酒的壯膽下，這些資深政治家圍在內閣室的桃花心木長桌周圍，親耳聽總統面臨的困境，並傳授他們的智慧。

詹森進來與大家握手，隨即展開關於越戰的長篇談話。這段談話讓艾奇遜覺得，不要分享自己對於越南的疑慮，可是卻也激發他告訴總統，停止抱怨。艾奇遜在寄給哈利．杜魯門的一封信中描述他以及同僚的反應。

指控所有事情和所有人——命運、媒體、國會、知識份子等等對他不友善的一連串抱怨，令我們大家感到困擾。他為了越南問題努力許久（每個行動方針都不對；他在海內外都沒有獲得任何人支持；這件事干擾了他的所有計畫，等等）……我不得不想到你和馬歇爾將軍，還有我們從來不浪費時間「對抗問題」或是無止盡地重新考慮決策，或為自己感到可憐。

聽著詹森一直自艾自憐，艾奇遜失去了耐性，坐立不安。終於，他再也受不了了。「我大發雷霆，跟他說他對越南的看法完全正確。」艾奇遜在給杜魯門的信上寫道，「除了繼續施壓，他別無選擇，而解釋不如成功的行動來得重要。」

艾奇遜的責罵也給了其他人勇氣。「有人帶頭之後，我的同僚就像皇家蘇格蘭騎兵團在滑鐵盧戰役中那般衝鋒陷陣，開始大聲斥責。」艾奇遜洋洋得意地對前總統表示，「他們很棒；通常行事謹慎的老鮑伯・羅威特也火力全開……我認為……我們佔了上風。」他判斷。

沒錯。七月十日，詹森寫信給艾奇遜：「你支持我們在越南的作法，令我特別感到鼓舞，我依然覺得你這樣身份地位的人對國家提出的任何意見，都會提供很大的幫助。」隔天在國家安全參謀部的會議上，麥克喬治・邦迪露出淺淺的微笑，評論艾奇遜的表現：「連鬍子都口若懸河。」

★★★

想要讓艾奇遜與鮑爾在僅僅兩個月之前提出的和平計畫，以及艾奇遜在七月八日外交賢哲會議上的驚人呼喊在立場上顯得一致，多少有點困難。比起他對總統表明的態度，艾奇遜當時寄給朋友的私人信件顯得更矛盾。會議前兩天，他寫了一封措辭強硬的信給英國國會議員戴斯蒙・唐納利（Desmond Donnelly）：「河內不想解決也不會解決問題，除非他們確定自己無法贏得戰爭，且明白繼續下去會受害。我們並不希望對方為了保留面子才投降。」然而，他在第二天向瑞典駐美國大使兼老友艾力克・波賀曼（Erik Boheman）表達了強烈而實際的憂慮：「越南問題頗為棘手，往往令人憤怒，也讓當地的士兵和其他人感到非常困難與迷惑，但基本上並非模糊不清。我的意思是，目標並非模糊不清。如何在那個惡劣的地域中運用人類的資源去處理，克服陌生的障礙，的確非常困難。」艾奇遜補充說，值得注意的是，「如果我們完全承接這場戰爭，那麼就沒有達成原本的目標，只是取代了法國的位置。」艾奇遜對於南越自己能否在戰爭中支撐下去有很大的疑慮。與即將第二度返回西貢的美國大使亨利・卡波特・洛奇談過之後，這些擔憂又更加深了。「由於我們棕色皮膚小兄弟的特點，他看到許多方法上的問題。」艾奇遜對洛伊德・卡特勒寫道。

艾奇遜給林登・詹森的意見正好在越戰的危急關頭上出現。那是「美國在亞洲大陸上投入地面戰」的時刻，比爾・邦迪後來寫道，「後來再也沒有人做出重大決定。」這不免讓人做下這樣的結論：艾奇遜輔佐總統的成效不彰，因爲他實際上是在告訴他要堅定立場，處變不驚。

邦迪後來在他未發表的私人越戰回憶錄上寫道，七月八日的外交賢哲會議之後，他帶著「略微不安的感覺」離開白宮，因爲他們聽取簡報的過程太快太表面，並沒有多少時間仔細思考，那種「倉促草率」的諮詢過程並非一個好主意。然而，他在給詹森的報告中並沒有提出這些意見。林登・詹森沒有理由去懷疑這些老政治家的誠意與信念。的確，邦迪自己後來也寫道：「總統大概期望大多數的小組成員大體上會支持強硬政策。他發現幾乎所有人都堅定支持這個觀點，而這對他個人私底下的思考必定有明顯的影響。」邦迪繼續寫道：

> 總統的想法當中無疑有一大部份認為，他不應該達不到在第二次世界大戰與冷戰期間擔任要角的那些人所設立的標準。如今這些人，也就是美國政壇「元老」中的主要成員都提供他意見，要度過這次難關。

狄恩・艾奇遜、鮑伯・羅威特以及約翰・麥克洛伊就像古代日本引導國事的英明元老一樣，其觀點具有歷史深度。他們在整個一九四〇年代見識過投入亞洲地面戰的愚蠢，並且對抗。他們懂得區分重大利益，例如西歐，以及非重大利益，例如台灣。即使在一九六五年，他們對於美國部隊捍衛南越政府也都抱持著深刻的疑慮。他們爲什麼無法將這些懷疑傳達給總統知道？

尤其是艾奇遜，過去讓他做出明智判斷的那些直覺，這次卻不靈光。他積極想採取軍事行動的傾向，他對自我懷疑的不耐（可能受年紀與惡劣健康所影響而惡化），都干擾了他的務實立場。韓國的例子削弱了他長期反對介入亞洲的態度。如果爲了挽救北大西洋公約組織而必須在韓國一戰，那爲什麼越南就不一樣？「越南真的令他想起韓國。」比爾·邦迪後來回想說。此外，艾奇遜得到的資訊並不充分；「倉促草率的諮詢」使他沒有獲得完整運用律師敏銳度所需的事實。

最後，或許也是最重要的，美國人在一九六五年七月命喪戰場，不集體支持他們以及在華盛頓整軍備戰的領導人實在很困難。地面的情勢在四月（鮑爾找艾奇遜商討他的和平計畫）到七月（詹森尋求艾奇遜支持，派遣更多部隊）之間顯著惡化。艾奇遜因此不太可能好好休養。

「下一代」的外交政策顧問也沒有給予詹森較好的輔佐，其中許多人已經從前輩那裡學到經驗，有些人甚至在前輩爲國效力時還只是小孩子。鮑伯·羅威特精挑細選的羅伯特·麥克納馬拉上任時，幾乎沒有外交事務的背景，然而，他在全球權力政治的學校中接受狄恩·艾奇遜的個別指導，艾奇遜自一九六一年起便經常與他見面。「我把他當成上帝般景仰。」麥克納馬拉回想起那些年他與艾奇遜的關係，「我極度受到他想法的影響。在政府的那七年間，他是我共事過最有智慧的外交政策顧問。」

艾奇遜的正牌繼承人麥克喬治·邦迪反映了他的許多觀點。這位國家安全顧問相信，越南的重大議題是「美國盟邦的信心與美國的自信」。這正是艾奇遜干預韓國的原因——不是爲了保衛南韓人，而是讓美國的盟邦相信美國堅定反對侵略。邦迪與老一代一樣，深深受到慕尼黑事件所獲得的教訓影響——面對侵略時如果軟弱，只會引來更多侵略。他在哈佛大學的課程「世界政治中的美國」講述慕尼黑政府，在一九五〇年代是劍橋的年度盛事；這個課程在邦迪前往華盛頓之後由亨利·季辛吉接手。學生蜂擁而至，聽邦迪充滿活力與熱情地講述納粹坦克湧入的情形以及姑息政策的代價。

邦迪衷心相信，美國擔任世界領袖的角色，有責任反侵略。阿契博德・麥克列許是艾奇遜的同學，也與邦迪同屬骷髏會會員，他公開質疑越戰的道德性。邦迪在一九六五年回應他時聲稱，在「一九四〇年那個可怕的春天」，美國已經接受了「掌握與運用權力的責任」。

狄恩・魯斯克不只是艾奇遜及杜魯門時代的繼承人，也是從那個時代起便參與外交事務的老將。他曾在韓戰期間與艾奇遜共事，激勵他挺身面對麥克阿瑟的失敗主義。無論越南的戰爭看來會有多麼糟糕，魯斯克都堅定地說：「我們在韓國的處境更嚴峻。」他保留了過去前輩們在用語及措辭上的機敏，卻沒有保留務實的行事取向。在不自覺的情況下，他使用了「自由世界」以及「共產威脅」等字眼，不只是在演說中，還包括私人對話。遭到在鴨綠江傾巢而出的中國軍隊痛擊之後，他擔心北京會代替北越發動攻擊，即便中國人與北越人已經互相為敵一千年，即便中國人當時正如火如荼地進行文化大革命。歷史的教訓對魯斯克而言太眞實了：如果中國介入韓戰，它也會介入越戰；越南侵略與蘇聯或納粹侵略並無二致；在越南的姑息政策就像慕尼黑的姑息政策一樣。

回顧起來，這些外交政策權勢菁英的第二代成員似乎是一個奇怪的同化過程的受害者，宣傳者在過程中開始相信自己了。他們已經向國會議員及記者表達「比眞相更清楚」太多次，因此自己也開始相信他們關於全球性共產主義威脅的誇大言論，尤其是美國對於反抗發生在世界各地的侵略的承諾。在私人回憶錄中，威廉・邦迪試圖誠實地釐清干預政策的根源，他寫道：

> 詹森總統與他決策圈裡的人不會將自己視為美國邊界以外世界的思想家。可是他們擁有的共同信念核心，或許比一九五〇年代的美國領導人來得少，但是卻比一九七〇年代複雜的知識份子意見來得多。如果不關注這一點，就無法瞭解一九六五年中做決定的那些人心中的想法。比起共產主義本身，侵略及其變化過程才是焦點。可是共產主義元素的確對於引導他們（包括我）行動的威脅感與後續結果有所影響。

在一九六五年，絕對不是只有最優秀和最聰明的人才抱持這種心態。同一年，後來寫出美國在越南的那段傲慢歷史而成爲暢銷作家的《紐約時報》記者大衛・哈伯斯坦指出：「越南是一個關鍵地區的策略性國家。它或許是眞正對美國利益極其重要的五、六個國家之一。」一九六四年八月，後來報導五角大廈文件案（Pentagon Papers）的記者尼爾・席漢（Neil Sheehan）爲《紐約時報》寫了一篇報導，標題爲「東南亞的危急關頭」。文中報導：「由於美國在越南戰敗而造成接下來十年東南亞淪陷或它背棄西方，都會是戰略性的災難。」

在《出類拔萃》（*The Best and the Brightest*）一書中，大衛・哈伯斯坦生動地描寫甘迺迪與詹森傲慢的助理們盲目、自負地陷入無法脫身的困境。不過，哈伯斯坦筆下的主要反派之一——威廉・邦迪的自述卻提供了一個相當不同的觀點。

一九六五年二月，在美國開始轟炸北越之際，邦迪寫道，詹森的顧問之間有「一種避開或延後了災難的感覺，他們終於採取行動了。不過整體上那個時期似乎什麼對策都不對，而結果依然陰暗模糊」。六月，做出派遣大批部隊的重大決定時，邦迪形容自己「處於小小的個人危機狀態。儘管贊同喬治・鮑爾對於我們所遭遇困難的看法，但我還是無法接受美國撤退的想法」。這種矛盾導致他建議逐步升高戰爭層級，一種經過妥協的「中庸之道」。受到相互衝突的直覺所苦，加上不確定結果，出身格羅頓中學、耶魯大學以及權勢菁英的邦迪，處境與出自聖馬可斯州立師範學院的林登・詹森一模一樣：進退維谷，不想做太多或太少，只想足以熬過這個關卡。

邦迪不安摸索與缺乏信心的形象，與狄恩・艾奇遜在《見證創造》一書中形容自己深具洞察力、積極度過危機與戰爭，形成強烈對比！重建戰後世界的這些人原本具有的信心、使命感以及自信，都慢慢被越南問題侵蝕殆盡。到最後，剩下的只有責任感。

一九三九年，在第二次世界大戰前夕對其他耶魯大四生發表畢業演說時，威廉・邦迪誠懇地表示：「如果我們要將自己視爲具有特殊重要性的一個階級，就必須腳踏實地，做出特別貢獻，因爲只有在這個基礎上，階級的觀念才可以在民主國家裡被接受。」

爲了肩負起階級的重擔，邦迪付出可怕的代價。他的太太瑪麗，也就是狄恩・艾奇遜的女兒，看著丈夫的事業與人生被戰爭所耗盡，而她自己也愈來愈痛苦。堅忍硬撐的他得到潰瘍，無怨無悔的她則罹患帶狀皰疹。一天晚上，當她先生飽受每天的苦難折磨之後默默返家時，她溫柔地問他：「你應該繼續下去嗎？」雖然精疲力竭又痛苦，但他也覺得自己應該有始有終，所以他只回答：「我必須繼續下去。」其他人開始脫身（有些人離開林登・詹森，就像他弟弟麥克），但比爾・邦迪依舊不屈不撓地堅持下去，成爲一個消逝中的年代最後一個虛弱的環節。

★★★

艾佛瑞爾・哈里曼努力想要對非洲的問題產生興趣。他擔憂蘇聯出現在桑吉巴（Zanzibar）會威脅到坦干伊喀（Tanganyika），於是建議國務院的長官多加關注這個情勢逐漸惡化的地方。哈里曼的老闆，副國務卿喬治・鮑爾回信表示，「上帝看顧著每隻墜落的小麻雀，」美國「比不上祂」。鮑爾回憶，哈里曼覺得這樣的回應不好笑。一如往常，他十分努力要設法重回核心圈子。一九六四年選舉期間，魯斯克指示國務院官員維持無黨派立場，哈里曼的回應卻是向詹森的幕僚建議，如果國務卿不肯擔任國務院發言人，那麼他可以代勞。哈里曼並不覺得「國務院應該當一個無法爲自己辯護的娘砲」，詹森的助理道格拉斯・凱特（Douglas Cater）向總統報告。這項提議遭到否決。不過，他繼續像個積極求表現的小學生一樣不斷舉手，甚至將自己演講和旅行的相關剪報資料寄給詹森。「哈里曼是個好軍人。」詹森的另一位助理傑克・瓦倫提（Jack Valenti）告訴總統。

俄國一向是哈里曼的最佳籌碼，在一九六五年夏天，他打出了這張牌。他有一項定見，而且幾乎是無法擺脫的想法，認爲俄國是讓美國擺脫越南這項束縛的關鍵。寮國是他的範例：在一九六五年四月寫給麥克・邦迪的一份備忘錄上，他展望強權之間達成一項協議，共同支持一個「中立且獨立」的南越。他告訴邦迪，透過外交途徑解決優於軍事途徑；緊張情勢進一步升高都會在美國引起反戰的異議。接下來他設法謀得克里姆林宮的邀請，在七月造訪蘇聯。

政府掛心日益升高的戰爭，認爲哈里曼這趟行程勝算不大。詹森的助理們甚至懷疑哈里曼能見到蘇聯領導人，更別提有辦法達成什麼和平方案。

七月十日，艾奇遜與其他外交賢哲在白宮與詹森會面之後兩天，哈里曼前往蘇聯。當時與列昂尼·布里茲涅夫（Leonid Brezhnev）同爲蘇聯領導人的阿力克塞·柯西金（Aleksei Kosygin）在克里姆林宮迎接他。哈里曼在一九四二年第一次見到柯西金，並在一九五九年與他恢復聯繫。他發現比起赫魯雪夫，柯西金較爲嚴肅、認真，沒有那麼暴躁，不過同樣頑固。

這位俄國領導人一開始便說了一段充滿希望的話。蘇聯希望越戰結束。它不但有礙美蘇關係，更糟的是，柯西金擔心北越會成爲中國的傀儡，助長北京在東南亞的擴張主義。他不斷對哈里曼說：「你難道不明白這場戰爭只會幫助中國人嗎？」柯西金有點神秘地說了一段話，給了哈里曼更多鼓勵：「在十足的把握下，我只能說我們的越南同志不排除政治協商。我只能這麼說，不過對我而言，這非常重要。」

接著壞消息來了。蘇聯並不急著幫忙說服河內坐上和平談判桌。他們不喜歡被其他共產國家視爲美國的合作伙伴。換句話說，他們不願意扮演哈里曼期望他們擔任的調停者的角色。

看過哈里曼的電報之後，麥克喬治·邦迪在給總統的報告中說那項交換條件「相當普通」。「哈里曼的行程表面上看起來比實質成績來得好，但我想還是很值得。」這位國家安全顧問在哈里曼從莫斯科返國時向他做簡報之後，提出這個結論。哈里曼中途在歐洲短暫訪問其他外國領袖，向他們保證美國會尋求外交上的替代方案。邦迪指出，這趟行程至少獲得一些媒體的好評，「而如果這樣的行程明顯讓哈里曼個人獲得一些難得的樂趣，又有何妨？」

哈里曼開始近乎厚臉皮地幫自己爭取在越戰中扮演一個角色。「我真的覺得我比較有經驗，自從我參與外交事務以來，現在比起任何時候都更能顯示出我的價值。」他在八月寫信給總統，「至今回想起羅斯福總統在戰時派我去進行那些責任重大的政治與軍事任務時，我還是感到意外。」哈里曼強調，法蘭克林．羅斯福有那個條件，因爲他「對我個人對於他的忠誠有十足的信心」。

哈里曼也繼續推動透過理性的外交途徑來處理越戰。他在八月寫信給政策規劃處的華特．羅斯托表示，美國應該有「務實」的談判目標，也就是一個中立的南越，而非一個附庸國。

政府裡沒有人太注意，只有一個重要的例外。一九六五年秋天，羅伯特．麥克納馬拉展開他漫長苦澀的戰爭理想破滅之旅。他慢慢瞭解到，他所有關於美國兵力與火力的統計數字，與對抗瘋狂敵人的叢林游擊戰幾乎沒有什麼關聯，於是他開始設法尋找政治解決的方案。他後來回憶，在各種華盛頓的場合以及喬治城的晚宴與哈里曼聊過之後，他才明白這位冷戰老鬥士與自己走在同一條路上，只不過他走得更遠。

在聖誕節之前，麥克納馬拉單獨到林登．詹森位於德州的牧場拜訪，並力勸他暫停轟炸，作爲媾和的試探。詹森一開始不太願意，不過接著又贊成「和平攻勢」的構想——那是一項大型的公關活動，希望說服北越（或許更重要的是說服全世界其他國家）美國並不是一個好戰者。麥克納馬拉建議詹森指派哈里曼擔任他的和平大使，造訪其他國家，號召他們協助勸服河內坐上協商桌。

哈里曼在那個星期就接到詹森的電話。「艾佛瑞爾，你的行李打包好了嗎？」總統問道。「一向隨時都準備好。」這位年邁的外交官回答，「您要我去哪裡？」

詹森請他「去跟你的一些東歐朋友談談，看看他們願意怎麼做」。哈里曼問他要找哪些人。詹森回覆，由他自行決定，不過安德魯空軍基地已經有一架飛機在等著他了。當哈里曼打電話到國務院給魯斯克，這位國務卿幾乎無話可說。他大體上懷疑總統的私下管道，尤其是哈里曼。另一方面，麥克納馬拉的表現則顯得溫暖且充滿鼓勵之情。這位國防部長請他將話傳出去：美國想要和平談判。

哈里曼最後旅行了十七天，不只到東歐，還到了印度、巴基斯坦、埃及、伊朗、泰國、日本、澳洲、寮國、南越，以及菲律賓。他盡責地遊說沉悶部門裡的倔強共產黨員、王宮裡的外國親王，甚至是坐在孔雀寶座上的伊朗王。他獲得極大的同情與支持，可是眞正的幫助卻很少。

不過，哈里曼最後覺得他在詹森的戰爭會議中取得了立足之地。他決心要留住這個位置，讓總統看到他能夠像對羅斯福那樣對他忠心耿耿。哈里曼很清楚詹森相當害怕黨內那些任性的自由派，例如羅伯特・甘迺迪，而哈里曼對待他們的態度就像一個嚴厲的叔叔，藉以證明自己對總統效忠。二月初，他擔任特使，負責協調一群包括羅伯特・甘迺迪在內的自由派參議員；這些人反對在詹森的新年和平攻勢之後恢復轟炸。哈里曼請這些有異議的參議員到他喬治城的住家，對他們表示，北越唯有在武力的脅迫下才會坐上談判桌。「哈里曼安撫大批自由派的功力果然一流。」傑克・瓦倫提在三月給總統的信上寫道。他還補充說：「邦迪告訴我，哈里曼對羅伯特・甘迺迪說話時，像個嚴厲的叔叔。」哈里曼公開譴責巴比・甘迺迪發表過的一次演說，當時他建議讓越共的民族解放陣線（National Liberation Front）加入南越的聯合政府。那天晚上，詹森親自打電話向哈里曼致謝。

哈里曼同樣相信自己的努力成功了，也這樣告訴詹森，不過判斷他是否成功，可從他的一項提議來看。他建議到參議院休息室徵詢尤金・麥卡錫，邀請他擔任戰爭發言人。「我的印象是如果要支持總統的政策，他可以接受勸說，擔任領導的角色。」哈里曼對總統寫道，不過總統很快就發現正好相反。

哈里曼的責罵開始讓他的自由派老友們感到困擾，於是他們變得愈來愈公開反對越戰。在喬治城參議員約翰・薛曼・庫柏（John Sherman Cooper）住家的一場宴會上，哈里曼率直地對亞瑟・史勒辛格表示：「像你這樣的人正造成美國軍人喪生。」史勒辛格判斷，哈里曼已經眞正變成一個鷹派，一直到一年後兩人在杜魯門圖書館的一場會議上交談。哈里曼請史勒辛格於下午三點到他在堪薩斯市穆拉貝克飯店（Muehlebach Hotel）的套房，給自己倒了杯酒（非常不尋常的舉動），然後表露自己的心聲。讓史勒辛格鬆一口氣的是，哈里曼說他依然非常反對越戰，正在努力尋求政治解決方案，不過他是發自內心做這件事。爲了維持自己的可信度，他不得不公開照著政府的說法發言。哈里曼也以相同的方式向約翰・肯尼斯・加爾布雷斯說明：「在內部的影響力大小端賴表現於外的忠誠。」

在後來那些年，哈里曼抱怨「冷戰老鬥士將越南當成慕尼黑或柏林」。不過在一九六五年，美聯社（Associated Press）引述他的話：「東南亞的共產黨必須認清，南越不是會自動掉在他們面前的成熟果實。我們不能姑息他們。那就像一九三〇年代讓希特勒挺進萊茵蘭（Rhineland）一樣。」一九六六年二月，他向賽伊・蘇茲柏格抱怨，羅伯特・甘迺迪針對越戰的「愚蠢」聲明令他「困惑」，沃爾特・李普曼與《紐約時報》的鴿派主張令他苦惱，而攝影記者不肯拍攝越共暴行的照片也令他生氣。即便在私底下，他也走強硬路線。在他一九六六年五月的個人檔案中有一份備忘錄，他譴責羅伯特・甘迺迪，「聽起來像是代表亞瑟・史勒辛格與迪克・古德溫☆對共產主義的看法中最糟糕的部份——情況與過去天差地遠，且暗示我們不必那麼擔心。」會不會是哈里曼在一九六六年依然真的相信那些有可能並不真確的冷戰「事實」？還是他或許是在執行古老的官僚傳統，將能夠明哲保身的備忘錄寫進檔案裡？

事實上，要將哈里曼歸入「鷹派」或「鴿派」並不容易，至少不像它們在一般人的理解中那麼簡單。他確實偏好以政治途徑解決，剛開始也十分懷疑以武力贏得戰爭的作法。可是他不喜歡直接撤出越南的想法。「倉皇遁逃」是他用來形容撤退的詞彙，而且帶著厭惡的口吻說出這句話。哈里曼的主和態度不應該與反戰運動喊出的「立刻退出」訴求混為一談。他與喬治・麥高文（George McGovern）等自由派人士的立場中所含的孤立主義截然不同，後者主張美國沒必要去管其他國家的命運。哈里曼依舊相信，必須在反侵略上扮演積極的角色，不只在歐洲，還有第三世界。經過了二十年，杜魯門主義所界定的美國責任仍是他世界觀的核心，不過並不包含別人後來附加上去的軍事重點。雖然美國干預越南要歸咎於杜魯門主義的全面性承諾，但哈里曼在一次口述歷史訪問中主張，杜魯門主義「完全沒有提及派遣部隊」。他認為給予盟邦經濟與軍事援助——在他的看法中是

☆譯註：迪克・古德溫（Dick Goodwin）是作家，曾任甘迺迪與詹森總統的顧問及文膽。

有必要且看似有理的步驟——和單邊軍事干預是有所差別的。

在冷戰的初期，哈里曼對於與蘇聯交涉的看法有時顯得難以歸類。在他私下給羅斯福與杜魯門的意見以及公開宣示中，他都是提倡強硬立場的最大推手。不過他一向相信以做生意的務實手法來解決問題，與對手坐下來協商談判，而不是因爲死板的信條導致沒有用的攤牌對峙。這就是他爲什麼在一九四五年大力建議派哈利・霍普金斯到莫斯科、贊成與史達林召開高峰會，甚至支持美國在戰後貸款給蘇聯的原因。意識形態較強、想法比較不敏銳的人，認爲這樣是模稜兩可；不過對於哈里曼來說，他早已學會必須堅定且務實地面對華爾街競爭者和托洛斯基的礦物開採權委員會，因此在這種類似商業的手法當中並沒有內在衝突。同樣地，在越南問題上，哈里曼深信美國必須爲了本身的利益站穩立場。他瞧不起那些懷疑美國動機的正當性，或是急於撤退「以便看電影與喝可口可樂」的人。不過具有目標的平衡感，並在追求目標時秉持務實精神，都非常重要。意識形態的熱情只會導致軍事困境更惡化。他跟自己的父親一樣，知道以個人爲基礎坐下來與敵人交涉，協商談判並設法找出解決艱困狀況的方案，具有多大的價值。

要說服林登・詹森，使他相信自己就是能夠介入並安撫越戰的外交官，是一件極爲困難的任務。如欲介入此事，哈里曼不但必須隱藏自己對於軍事干預可行性的懷疑，也必須收起他個人對於詹森的感受，因爲他打從心裡不喜歡他。一九六六年初對蘇茲柏格坦承這些感受時，哈里曼補充說，他的確喜歡詹森夫人（Lady Bird），尤其是她爲了「美化美國」所做的努力，即使他討厭「美化」這個字眼。

出身德州的政治人物詹森與前馬球選手哈里曼相處起來實在不容易。哈里曼在詹森的牧場上參與各種「入會儀式」時，盡力想當個盡職的客人，例如開著凱迪拉克汽車以九十英里時速在泥土路上奔馳。你能想像他們並肩坐在車上、搖搖晃晃地前進，詹森穿著一件寬鬆的牛仔襯衫，喝著啤酒，講著低級的故事，哈里曼則扣上襯衫上的所有鈕釦，打著領帶，一臉嚴肅地沉默不語。「很抱歉我讓您失望，在您把車開進水裡時沒有表現得很驚訝。」一九六六年十一月在一趟牧場之旅之後，哈里曼寫信給總統，「當時我已經習慣了您會克服所有障礙。」哈里曼勇敢地以奉承回應詹森的任命；詹森送他一尊自己的塑膠頭像時，哈里曼寫信給他：「擁有您的雕像對我意義重大，現在它在我們圖書室裡與法蘭克福・羅斯福的雕像擺在一起。」雖然哈里曼不太喜歡詹森，不過根據朋友的說法，他並沒有被詹森的粗魯所影響。林登・詹森畢竟不比赫魯雪夫粗魯，而且哈里曼能夠與那位蘇聯獨裁者相處。對於自己的家人輕視總統，這位老外交官也表示不滿。瑪莉嘲諷地稱呼林登・詹森爲「元首」☆時，他會叫她閉嘴。

至於詹森則謹慎對待哈里曼。他覺得自己不能忽視他，哈里曼既是黨內自由派，也是老外交政策權勢菁英的重要人物。可是他始終不確信他的忠誠。他對助理談到哈里曼時，跟他談到艾德格・胡佛時所說的話一樣：「我寧願他在帳棚裡對著外頭小便，也不要他在外面對著帳棚裡尿尿。」他高度懷疑哈里曼與甘迺迪家族的關係；詹森當著哈里曼的面稱呼羅伯特・甘迺迪是「你的朋友巴比」。哈里曼嚴厲大叔的角色造成了反效果；詹森開始認爲哈里曼有義務說明甘迺迪的聲明，在甘迺迪的鴿派主張逐漸升高之際，其聲明也與政府的立場更加敵對。哈里曼爲詹森進行的環球和平之旅，可以說創下了一種紀錄——在印度吃早餐、在巴基斯坦用午餐、在義大利享用晚餐；在返國當天，他參加甘迺迪家族在山胡桃山爲他舉辦的七十五歲壽宴。各報滔滔不絕地報導這場化妝舞會（鮑伯・麥克納馬拉打扮成一枚銀色子彈；羅伯特・甘迺迪則裝扮成哈里曼，穿著一件他在出使莫斯科時所穿的皮革長風衣），驚嘆於這位打過馬球的花花公子深夜兩點還在跳舞。詹森見到哈里曼時，不顧這位特使才剛結束一趟長達兩萬七千五百七十英里、爲了和平造訪十七個國家的累人行程，竟然生氣地抱怨：「我知道你又去山胡桃山了。」

哈里曼愈來愈難腳踏兩條船。他曾經在露西（Luci）與琳達・博德・詹森☆☆（Lynda Bird Johnson）的婚禮前爲她

☆ 譯註：「元首」（der Fuehrer）是納粹德國對元首的稱呼。

☆☆ 譯註：露西與琳達是詹森的女兒。

們舉辦宴會，每次宴會後接著還有自助餐晚宴，而且後者還邀請甘迺迪家族和他們的朋友參加。第一次宴會在一九六六年八月舉行，似乎進行得很順利，不過到了一九六七年十二月的第二次宴會，賓客名單與第一次幾乎沒有重疊。哈里曼舉辦甘迺迪「會後」晚宴而在詹森心中失去的「分數」，遠比起主辦婚前午宴所獲得的分數多出許多。

一九六六年夏天，詹森滿足了哈里曼的願望，讓他負責所有外交措施，以確保越戰能結束。但是這個職務眞正獲得的實權非常少。哈里曼的首席助理契斯特・庫柏回憶，哈里曼獲得的指令只不過是尋找外交替代方案而已。沒有任何書面文件資料，而且在成立「和平商店」（哈里曼辦公室有點嘲諷地如此稱呼）之前，詹森到底有沒有徵詢過魯斯克和麥克納馬拉的意見，根本也不清楚。庫柏懷疑詹森在進行某種保護性的僞裝，那樣他才能說他已經「給了和平一個機會」。哈里曼並未受邀參加詹森討論越戰的內部會議「星期二午餐」，而且他的提案也沒有受到認眞看待。「在國務院，他一個人孤孤單單坐在那裡，不斷提出談判的提案文件。」五角大廈裡的「小國務院」國家安全事務處的國防副助理部長莫頓・哈普倫（Morton Halperin）回想說，「那些文件寄到五角大廈給我。我只是把它們歸入一個檔案櫃裡，那就是它們最後的落腳處。」

哈里曼繼續獲得國防部長的支持。麥克納馬拉在一九六六年五月力勸哈里曼前往莫斯科，希望謀求蘇聯協助解決越戰問題；他對哈里曼表示，他看不出軍事對峙進一步升高有什麼價值可言。一年後，隨著自己的痛苦日益加深，他直率地告訴哈里曼，美國「不可能在軍事上獲勝」，必須尋求以談判解決僵局。哈里曼表示，蘇聯無法「給予」美國河內的控制權，可是如果美國同意停止轟炸北越，他們可以幫得上忙。這位前州長暨忠貞民主黨員也提出政治上的考量，認爲政治對這場戰爭的影響愈來愈大。他告訴麥克納馬拉，如果戰爭繼續打下去，民主黨會以「前所未見的方式分裂」。到了一九六七年九月，麥克納馬拉對哈里曼已經完全沒有戒心了。「我們的紀錄看來很可怕。」他斷然表示。如果美國不從戰爭中掙脫出來，他擔心「國家本身會分崩離析」。

到了一九六七年九月，麥克納馬拉與政府內部的意見已經天差地遠。他的太太罹患出血性潰瘍，他看來也幾近崩潰；一九六八年四月，他成爲世界銀行總裁。詹森的核心圈子變得更小、更強硬。魯斯克和取代麥克・邦迪擔任國家安全顧問的華特・羅斯托對於外交解決方案產生懷疑★。羅斯托對於以軍事途徑解決始終樂觀；魯斯克則只是無動於衷。

一路走來，哈里曼繼續打出俄國牌。「唯一眞正的機會是俄國。」他在一九六六年十月便已告訴詹森。七個月之後，他再度力陳：「我相信只要小心尋求與蘇聯合作，就能夠結束越南的衝突。」詹森、魯斯克與羅斯托都沒有多大興趣；俄國人看起來也興趣缺缺。哈里曼在一九六五年從他與柯西金的談話中得知，儘管蘇聯希望東南亞穩定，可是他們並不急著幫助美國脫離困境。但是他對自己的說服功力還是很有信心。「對於莫斯科在任何和平談判中的角色，他都務實以對。」庫柏回想說，「不過他可能高估了自己讓俄國發揮最大影響力的能力。」蘇聯當然明白哈里曼當時在白宮的份量微不足道。庫柏回憶，資深的蘇聯駐華盛頓大使安納托利・杜布里寧（Anatoly Dobrynin）與哈里曼熟稔，他也知道在華盛頓的地位等級當中「晚宴時誰坐在哪裡」。

雖然蘇聯採取低姿態，不過在那令人洩氣、謀求和平的三年間，卻有各式各樣奇怪的政治家、政治人物、記者，以及吹牛者現身，要擔任中間人。那就像一首蹣跚無力的外交小步舞曲，充滿了混雜的信號、錯失的機會、官僚內鬥、虛妄的希望，完全不見成功的蹤影。不時客串的演出陣容包括義大利駐西貢大使、一名加拿大外交官、一名波蘭外交官、兩名與一個加州智囊團有關的新聞記者、一對法國知識分子、甘地夫人（Indira Gandhi）、安東尼・艾登、哈洛德・威爾森（Harold Wilson），以及亨利・季辛吉。取了向日葵（Sunflower）和金盞花（Marigold）等代號的各種倡議似乎都充滿希望，卻也紛紛失敗。例如，波蘭的一項倡議（金盞花）似乎安排一

★作者註：邦迪漸漸不受到林登・詹森的青睞，部份原因是他極力主張總統坦白對民眾說明戰情升高的程度。一九六六年二月，邦迪離開白宮，成為福特基金會總裁。提供這個職位給他的是該基金會董事長約翰・麥克洛伊。

九六六年底在華沙有談判即將進行。然而，北越率先放話，要求美國必須暫停轟炸。哈里曼在麥克納馬拉的支持下懇求暫停，不過羅斯托懷疑那是陷阱，說服詹森不要下令暫停轟炸。對談因此破局——如果它們注定要有所結果的話。一名共產黨叛逃者後來說，那整件事都是騙局。

在詹森的回憶錄中，他舉出了十七項政府曾經著手進行或探討的和平倡議，以證明他爲了尋找和平解決方案所做的努力。不過詹森本人依舊有所懷疑。「如果我是胡志明，我不會談判。」他說。

到最後，詹森的判斷算是精明的。河內應該不會對任何靠談判來解決的方案有興趣，除非那個方案能保證它獲得勝利。外交只是一項工具，目的是要獲得一個受河內控制的統一越南。總之，北越可能會視美國在這時期的和平倡議是軟弱的徵兆，代表美國不願意繼續打仗。

哈里曼自己並不懷疑河內的強悍。確實，他是第一個面對北越強硬立場的美國談判代表；那是早在一九六二年，他與粗野的北越外交部長雍文謙開了一場不愉快的會議。與許多自由派知識分子不同，他從來不認爲和平解決方案是隨手可得的。「我不贊同你的看法，以爲這些人渴望談判。」他告訴一名助理，「他們渴望我們這邊接受光榮戰敗。」就算共產黨眞的簽了一份協議，他也懷疑他們會長期遵守；寮國已經教了他這一點。「這些傢伙連遵守一天協議都不肯。」他咆哮說。

契斯特·庫柏回憶，哈里曼有時似乎接受談判的解決方案只是「適當間隔」的另一個說法，是在河內達成其終極的戰爭目標、完全統治南越之前，美國爭取挽留面子的時間的一個方式。不過，放棄南越、將它拱手讓給共產黨的想法令他毛骨悚然。他不得不相信，只要俄國伸出援手，對他們在河內的同志施壓，那麼北越就會同意在南越建立某種中立聯合政府。無可否認地，這種可能性不大。可是他覺得有可能促成這種協議的人只有他一個。與北越人不同，哈里曼固執、有耐性，而且心意堅定。他願意在沒有獲得認可或成功的情況下努力奮鬥，等待他的機會。

★★★

圍堵政策之父喬治・肯楠顯然在政府研議越南問題時缺席。向來深具遠見的他，早在一九四八年便警告不要介入越南問題，而他的觀點自那時候起更是日漸變得強烈。不過他寧可在無名的學術世界中靜靜懷抱著這些看法。

肯楠在一九六一年重返甘迺迪總統政府的熱情很快就消退了。他在許多方面都是駐南斯拉夫大使的理想人選，是最早預見並促進蘇聯集團分裂的外交官之一，也是一個能夠瞭解狄托並與他相處的使節。可是一如往常，他因為美國的政治而感到困惑與挫折。

國會在一九五九年正式通過一項受奴役人民決議案（Captive Nations Resolution），要求美國追求所有共產國家的「解放」，包括南斯拉夫在內。在前往貝爾格勒之前，肯楠得到麥克喬治・邦迪的保證，新政府不會依照決議案的要求慶祝奴役人民週（Captive Nations Week），可是邦迪的決定卻在國會壓力下遭到推翻。國會將南斯拉夫從援外法案中剔除，讓肯楠從沮喪轉為震驚。最後的羞辱來自眾議院歲入委員會（House Ways and Means Committee）權力龐大的主委威爾伯・米爾斯（Wilbur Mills）決定取消南斯拉夫的「最惠國」貿易地位，而那是國際禮遇最基本的部份。

肯楠立即飛回華盛頓，就像愛麗絲跌入兔子洞一樣，突然造訪國會山莊。他努力掩飾自己的厭惡，盡責地遊說議員。一名獲知南斯拉夫並非《華沙公約》簽署國的中西部眾議員充滿懷疑地看著他，表示：「開什麼玩笑。」另一名議員告訴他：「大使先生，也許你說得對，可是我還是不懂為什麼我們必須繼續提供援助給一大堆該死的共產黨。」米爾斯主委斷然拒絕肯楠的懇求。「目前就我看來，他在這種事情上把自己當成法律。」肯楠寫信給姊姊珍妮特，「米爾斯完全不在乎我們或是任何知道那件事的人的意見，而且恣意在我們的外交事務上興風作浪，沒有說明的必要，連提供任何解釋的義務都沒有。」肯楠悲觀地判斷：「這就是我們體制的運作方式。」

深感厭惡的肯楠辭職，再一次退回普林斯頓。憂心忡忡的他告訴高等研究學院的雇主羅伯特・奧本海默，他根本不想教學生，以免不小心扯進世界大事的「閒談」當中。他想獨自一個人做研究和寫作。

和平行動份子知道他反對越戰，因此試圖吸引他在示威和辯論時現身。可是厭惡暴民的肯楠加以婉拒。「我的觀點已為人所知。」他在一九六五年八月寫信給威廉・史隆・柯芬（William Sloane Coffin），「如今它們已經公開，也被具有影響力的美國輿論無情拒絕。對我來說，除了保持沉默，我似乎無法再做什麼了。」他通知這位積極從事反戰活動的耶魯牧師，他正處於「退隱與從事歷史寫作的時期」。

一九六六年二月，國務院外交關係委員會請肯楠作證時，他才打破沉默。當時的國會正準備提供經費給越戰，但是有幾名鴿派人士開始出現，其中以外交關係委員會主席威廉・傅爾布萊特為首（詹森借用杜魯門的雙關語，稱呼他「海夫布萊特」☆）。傅爾布萊特舉行電視轉播的聽證會，希望在意見領袖與具有影響力的公民之間激發不同意見。他的主要證人就是肯楠。

《紐約時報》報導，當肯楠的畫面突然出現在大都會俱樂部酒吧上方的電視機螢幕時，在午餐前喝著酒的顧客之間突然一陣靜默。這個權勢菁英聚會場所的常客們依然尊敬肯楠。不過肯楠在這些聽證會上發表的意見，傳播的範圍超出了大都會俱樂部或《外交事務》雜誌。被外界認為是圍堵主義作者的他提出條理分明的反戰主張，深入了中產階級的住家。他的語言溫和；用來形容政府政策最強烈的貶抑詞是「不幸」。不過他清楚說明他為什麼覺得這場戰爭是錯的——因為越南對美國而言並不是重大利益，值得派遣幾十萬名美國戰鬥部隊上戰場。他也說明應該怎麼處理：「盡快脫身。」

國務卿魯斯克在弧光燈下一根接著一根抽菸，提出政府的反駁，強烈抨擊「透過武力與威脅穩定擴張的共產主義力量」。這樣的訊息似曾相識，可是骨牌理論開始在許多美國人眼中顯得不太可信，不只是在街頭抗議的學生，還有他們在家裡看著馬歇爾將軍這兩個老門生在晚間新聞裡辯論的父母。

☆譯註：傅爾布萊特的英文Fulbright看似full bright（全亮），改成海夫布萊特Halfbright則像是half bright（半亮）。

聽證會過後，魯斯克致電肯楠，強烈抗議這位前同事竟然願意襄助反戰運動。魯斯克告訴肯楠，他提出異議「爲時已晚」，北越拒絕談判。肯楠在寄給盧威林・湯普森的一封信中提及這段不愉快的對話，並再次強調他的看法，「我們應該與阮高祺將軍等人眼光狹隘的野心分離開來。」然而肯楠對於替代方案也不抱太大希望。「對這整個情況，我有一種悲慘不幸的感覺。我看到一連串出現災難的可能，卻缺乏有利的前景。」他在五月寫信給艾森豪的前顧問埃米特・約翰・休斯（Emmet John Hughes）。他說，「很驚訝看到總統與國務卿竟然竭盡全力去挑起最暴力的那種美國愛國情操。」

肯楠對於越戰的態度很實際。期望北越最後放棄根本是「癡人說夢」，他在寄給亞瑟・史勒辛格的信上寫道。事實上他贊同狄恩・艾奇遜的看法，北越不太可能達成和平協議。可是，與其依照艾奇遜「平常偏好讓敵人無條件投降」的傾向而提出的作法，設法轟炸到北越俯首稱臣，肯楠支持讓戰爭漸漸「平緩下來」。

★★★

鮑伯・羅威特痛恨諮詢委員會。他已經拒絕出任約翰・甘迺迪任內的各種諮詢委員會，還開玩笑說「委員會就是一群人在身爲個人時什麼都不能做，可是組成委員會時卻能夠正式開會，決定什麼都不能做」。（羅威特向來留心國會的反應，他補充說衆議院與參議院的各委員會不在這個定義的描述範圍內。）甘迺迪始終十分樂意讓羅威特擔任他的私人顧問，不必加入正式的專家小組。兩人擁有如此輕鬆的非正式關係，因此總統毫不猶豫就會打電話給他。

羅威特與林登・詹森的相處則沒有那麼好。對於彬彬有禮的銀行家羅威特而言，粗魯的德州人詹森太愛引人注意，行事風格太拙劣又太專橫，而羅威特老早就切斷了自己德州小鎮的根。在麥克・邦迪的壓力下，羅威特的確同意加入總統的外交政策顧問小組，不過他很樂意避開它偶爾召開的會議，通常都是以健康不佳或有商業約會爲由。他寄給傑克・麥克洛伊一張照片，上面是兩人參加白宮一場「資深政治家」會議，照片中每個人看起來都心不在焉或昏昏欲睡。照片的說明文字寫著「無聊的顧問」。

羅威特留心越戰的程度，幾乎跟他留心委員會的程度一樣。可是他依然相信一旦對南越做出承諾，美國就必須加以實踐。雖對越戰感到不滿，他還是從生產與軍事實力的觀點來處理，一如他的門徒麥克納馬拉。然而，羅威特與國防部長在一個重要觀點上有所不同：他認爲有限戰爭的想法很荒謬。「如果我們繼續打下去，就必須運用大量火力才行。」他在一九六五年十月告訴《財富》雜誌，「你不能捨不得用武力，不能打半場戰爭。沒有一個軍需官曾經因爲訂購太多有需要的東西而被吊死的。」

詹森在一九六六年一月問羅威特，美國在聖誕節暫停之後是否應該恢復轟炸北越，羅威特毫無保留說出自己的看法。他迴避參加詹森資深外交政策顧問的一場會議，在電話中將看法提供給麥克喬治・邦迪。「羅威特但願我們從來都沒有介入越南，因爲韓國的記憶令他十分痛苦。」邦迪向總統報告，「他說他強力主張不要再重蹈覆轍。可是現在我們既然投入了，他會幫忙一段時間。首先他反對暫停轟炸，贊成在北越進行迅速大規模的空襲。他認爲我們只要提供適當支援給我們部署在越南的龐大部隊即可。」

★★★

諷刺的是，NSC-68的起草者竟然對越戰抱持主和立場。保羅・尼茲不認爲越南是美國的重大利益，而且他對亞洲地面戰有一種強烈且持續不變的反感。他曾經告訴華特・羅斯托，他要派兩萬五千人到寮國的想法很「愚蠢」，並強烈反對泰勒與羅斯托在一九六一年提議派出至少八萬名戰鬥部隊到越南。他懷疑美國的承諾可以有限（他主張，那就像「有一點懷孕」），而且在一九六四年底從南越返美之後，更堅信這場戰爭可能變成「美國版的奠邊府戰役☆」。由於在第二次世界大戰進行過戰略性轟炸大調查，他對於轟炸的效果缺乏信心。

一九六五年初，他警告麥克納馬拉，想要獲勝需要投入至少七十萬名部隊。「你是建議我們撤退？」麥克納馬拉問道。「我想那就是我的建議。」尼茲回答，「我們當然不能再補充二十萬人。」麥克納馬拉問他：「如

☆譯註：奠邊府戰役發生在一九五四年，是法越戰爭的最後一場戰役，結果越軍大勝。

果要撤出越南，你認爲共產黨會在別的地方考驗我們嗎？」尼茲回答會。「你能預測他們會在哪裡考驗我們嗎？」他不能。「在這些情況下，我想你並不能完全確定在其他地方阻止他們的難度不會比在南越阻止他們的難度高吧？」尼茲回答，他不能。「那麼，保羅，」麥克納馬拉聳聳肩說，「你眞的沒提供我別的方案。」

尼茲受困於自己的冷戰邏輯。其他人開始注意到尼茲反對越戰的聲音變得愈來愈小，他似乎開始胡言亂語，一會兒譴責這場戰爭，一會兒又勉爲其難支持。「我一直搞不清楚他的立場。」國防部政策規劃處處長萊斯里．蓋爾伯（Leslie Gelb）表示。

林登．詹森在一九六五年七月，也就是戰情第一次大幅升高時，徵詢尼茲的意見，尼茲心甘情願貢獻心力。當時擔任海軍部長的尼茲與其他軍方部長以及參謀長聯席會議一起被召集到白宮，針對必須增補的軍隊人數提供意見。紀錄顯示，此時必須顧及海軍陸戰隊利益的尼茲沒有對戰情升高表達疑慮。總統問：「你會派出比魏摩蘭☆所要求的還要多的部隊嗎？」他回答：「會，端看速度有多快。」詹森打斷他的話：「派出二十萬人，而不是十萬人？」尼茲說：「我們在一月會再需要十萬人。」

★★★

對於自己盡可能與越戰沒有關聯，奇普．波倫感到相當滿意。他在一九六〇年代中期從事的是他最拿手的工作，在一個敏感的地點擔任職業外交官，即駐法國大使。

「莫斯科是他擔任專家時的棲身之地，不過巴黎才是他夢想中的城市。」哈里遜．索利斯柏里寫道。波倫對巴黎的喜愛可回溯到他童年時的壯遊之旅，當時他熱愛法國的母親教導他去欣賞這個國家的一切，甚至包括牛在內。多年來他一再重返巴黎，經常是爲了緩解在莫斯科產生的鬱悶心情。

美法關係在波倫的任期之內陷入危機。在美國的強勢主導之下，戴高樂深感惱怒，他率性地維護自己的獨

☆譯註：威廉．魏摩蘭（William Westmoreland）是越戰期間美軍駐越南的最高指揮官。

立性，因而危及西方聯盟。他拒絕加入一支多邊核子部隊，否決英國進入共同市場，接著又在一九六六年冬天投下一顆眞正的震撼彈：他退出北大西洋公約組織軍事指揮部，要求美國軍隊撤出法國。

面對戴高樂時，波倫向來低調。他建議詹森對這位法國領導人不要反應過度，要安然度過此刻的風暴，維持美國與這個多年盟邦的長期關係。他告訴詹森，北大西洋公約組織對法國人而言意義不大；巴黎仍然認爲自己與美國的關係繫於一項共同安全保障協定。

波倫個人與戴高樂相處融洽，會到他的週末度假地一起射擊，與他交談起來也是輕鬆愜意。然而，波倫卻喜歡在巴黎社交圈的晚宴上嘲笑戴高樂莊重的神態，顯得有點輕率；而巴黎社交圈當時就以反戴高樂爲樂。他這些尖刻的言辭傳到了驕傲的戴高樂將軍耳裡，進一步使華盛頓與巴黎之間的緊張關係更形惡化。

外交上的阻礙幾乎沒有妨礙波倫在巴黎大肆享樂。他聖保羅中學老同學與哈佛室友塞西爾・里昂擔任副館長，大使館在他的管理之下運作順利。波倫有很多時間從事消遣：他熱中於尋找不知名的小型美味餐館，也樂於與法國人爭辯到深夜，因爲他們跟他一樣喜歡激烈辯論。他在蒙地卡羅賭博，還設法不讓愛薇絲知道自己輸錢。他一如往常短缺經費，因此前往拜訪戴高樂時不得不借用塞西爾・里昂的絲質帽子，即使那頂帽子對他來說實在太小。（沒錯，在甘迺迪動用一筆總統特支費以提高他的娛樂津貼之後，他才能夠接受擔任大使一職。）可是一九六〇年代中期美元在巴黎相當好用，波倫夫婦經常從事高檔的娛樂活動——一個月有兩、三次正式晚宴以及數不清的小型宴會。波倫回憶，他們將化妝舞會等大型的奢華活動延後，因爲越戰如火如荼，舉行鋪張的慶祝活動並不得體。

波倫對於越戰的疑慮日益加深。在讓越南分裂成南、北越的一九五四年日內瓦會議前夕，他的態度相當強硬，建議杜勒斯對共產黨不要讓步太多★。可是他正確地預見到北越絕對不會放棄，轉而要求和平。他在一九六六年寫信給湯米・湯普森表示，想要以轟炸的方式逼北越坐上會議桌，「是一種非常謬誤的主張，因爲在我看來，整個共產黨歷史都顯示他們絕對不會屈服於這種外來壓力。」

直到詹森要求，波倫才主動提供這個意見。「如果你是國家領導人，對於越南問題會怎麼處理？」總統在一九六七年終於問他。波倫回答，轟炸是「美國做過最糟糕的一件事」。它已經迫使蘇聯給予北越更多協助，也讓歐洲的輿論轉向——這些對河內都沒有造成任何影響。「這些主張並不是新的。」波倫表示。詹森以前都聽過了；於是他不再問波倫的意見。

★★★

詹森在一九六六年也拜訪麥克洛伊，請他針對美國在聖誕節暫停後是否應該恢復轟炸北越提供意見。麥克洛伊跟羅威特一樣說應該。那次暫停「還沒有促成會談」，他在白宮與詹森會面時表示，「我們太激動、太恐慌了——這對敵人來說是軟弱的徵兆。」

雖然麥克洛伊始終懷疑美國介入越南之舉，也加以反對，但是他不願意看到美國顯得「軟弱」。即使到了一九七二年，麥克洛伊還在世紀俱樂部的一次晚餐時對路易斯・奧欽克洛斯抱怨說，美國部隊就要「閃電離開」越南了。奧欽克洛斯表示，麥克洛伊的內心一定還是個鷹派，否則他就會用「撤退」這個字眼。麥克洛伊點點頭，悶悶不樂地承認奧欽克洛斯說得沒錯。

在一九六〇年代中期開始壯大的反戰運動也令麥克洛伊感到難過。示威者在麥克洛伊眼中顯得可恨而不忠；此外，年輕人反菁英的激情是公然羞辱他做生意的方式，也就是他認爲政府應該如何運作的概念。結果，這讓他外表看起來比他實際的感受更像鷹派。一九六七年，在紐約舉行的一場討論越南問題的外交關係委員會會議上，委員之一卡斯・坎菲德大聲表示他擔心越戰讓民眾想法改變，尤其是年輕人。麥克洛伊似乎被這個意

★作者註：他的電報是他艱澀難懂寫作風格的典型範例：「就推論來看，蘇聯影響中國行動的可能性，應該會與中國的行動對整個共產集團的風險成正比。例如，如果蘇聯政府（與中國）認為中南半島重大衝突的風險明顯是真實的，那麼我相信蘇聯對中國的影響力可能會是決定因素。另一方面……」

見激怒，咆哮說英國在波耳戰爭期間也出現過異議，可是並未因此放棄。

麥克洛伊處理歐洲問題時開心多了。詹森在戴高樂退出北大西洋公約組織時除了找艾奇遜幫忙，也請求麥克洛伊設法避免西方聯盟分崩離析。麥克洛伊同意協助北約組織的財務困境——美元與英鎊都流入部隊實際駐紮的德國，造成貨幣危機。英國與美國國會都威脅要撤離部隊。經過兩個月的協商談判，麥克洛伊完成了一項複雜的協議，保留住過去他在草創期就細心呵護的這個聯盟。

★★★

艾奇遜十分擔心在越戰擴大之際，北大西洋公約組織會逐漸衰敗。一九六五年，他在《外交事務》雜誌寫了一篇文章，「以期敦促林登．詹森必須意識到歐洲還存在，美國必須採取某些行動。」他在給英國國會議員戴斯蒙．唐納利的信上寫道。艾奇遜甚至挑麥克．邦迪的毛病；後來他在一封信上告訴唐納利，他並不後悔邦迪離開國家安全顧問一職，因爲他「反德國，而且相信我們能跟戴高樂達成協議」。

艾奇遜十分不滿戴高樂脫離北大西洋公約組織。「那個人眞是一個令人討厭的東西。」他對安東尼．艾登如此寫道。在詹森總統的要求下，艾奇遜在一九六六年三月來到白宮，協助挽救北約組織，制服戴高樂。幾個月之後，詹森惹惱他的程度幾乎和戴高樂不相上下。他寫信給艾登：

作為法國／北約組織危機的幕僚長，我發現自己捲入了一連串美國政府內部的世仇之中——國防部對上國務院、白宮對上國務院、參謀長聯席會議對上麥克納馬拉、猶太／戴高樂支持者對上歐洲社會平等主義者，以及林登．詹森逆來順受主義者對上狄恩．艾奇遜順其自然主義者。這最後造成一項新聞洩漏運動，由白宮引導，將喬治．鮑爾、傑克．麥克洛伊以及我指為反戴高樂的極端主義分子。這一切全在白宮的一場會議中爆發，詹森隨便說出一句評語，我便情緒失控，告訴他我對他舉動的想法，還有我不打算繼續忍受下去了。魯斯克與麥克納馬拉躲了起來，鮑爾和我則與「自大先生☆」發生激烈爭吵……那令人振奮，也消除了大家的疑慮。

例如，鮑爾就很滿意艾奇遜願意直截了當挺身面對詹森。「下次喝雞尾酒時，我會懷念你的率直戳破假象的風格。」艾奇遜在六月重返法律事務所後，鮑爾寫信給他。不過艾奇遜這種喜歡冷嘲熱諷的個性可不是僞裝出來的樣子。他寫信給哈利·杜魯門表示，那次經驗讓人對詹森與狄恩·魯斯克「完全幻滅」。他後悔自己推薦魯斯克擔任國務卿。「他曾經是我的優秀助理，忠心又能幹，可是作爲國務卿卻一無是處。林登·詹森也好不到哪裡去……他太過精明，因而懷疑別人。他始終不太坦率。他既惡毒又大方，可是惡毒的機率遠遠高出許多。」

艾奇遜無法說服詹森對戴高樂施壓，要他回到北約組織。「所以歐洲被遺忘了，」艾奇遜悲嘆，「而你、馬歇爾將軍和我達成的一項好協議很快就要瓦解了。」艾奇遜變得比以前更鬱悶。「我對世界感到十分灰心，現在我連我的筆都不信任了。」他寫信給唐納利，「是誰決定人類可以比其他動物多出智慧？應該把那個人的尾巴裝回去——讓他好好被揍一頓。」

艾奇遜無法說服詹森對戴高樂採取強硬態度，他認爲是因爲總統爲了越戰而自顧不暇。但是接著到了一九六六年夏天，華盛頓每個人關心的都是越戰。它已經變成消耗時間與精力的持久戰。艾奇遜再也不能只是無奈地將越南當成惱人的麻煩事，喧鬧的餘興節目。就像整個美國一樣，他也必須勇於面對美國介入東南亞這件事，並決定要支持——或者不支持它。

☆譯註：「自大先生」指詹森。

第二十三章　審判日　外交賢哲的最後晚餐

JUDGMENT DAYS　*Last Supper of the Wise Men*

一九六七年秋天，林登．詹森亟需讓自己安心。越戰繼續拖延的情況透過電視的報導傳回美國，引發強烈的反對聲浪，以及對總統尖銳、甚至殘酷的攻擊（嘿，嘿，林登．詹森，你今天殺死了多少個孩子？）。詹森內閣中最有自信的閣員，國防部長羅伯特．麥克納馬拉顯然十分痛苦。詹森對助理說，他擔心麥克納馬拉正瀕臨崩潰邊緣；他非常想知道他是不是打算追隨詹姆斯．佛瑞斯托的腳步。

詹森覺得飽受折磨。他大罵「沒種」的官僚洩漏「失敗主義」的訊息給「呆瓜」記者。他抱怨：「情況已經變得像是只要跟自己老婆上床，就一定會有叛徒把消息散播出去。」跟林肯一樣，詹森也開始將自己視爲戰爭領袖，進行一場不受歡迎但卻高尚的戰役。

如同他在一九六五年越戰情勢升高時的作法，詹森總統向他的資深顧問團求助，即外交老賢哲（the Wise Old Men，白宮員工則稱他們WOMS）。十一月初，有十一人回應詹森的召集令：狄恩．艾奇遜，首席元老；克拉克．克里福德，詹森最親近的顧問及越戰的堅定支持者；最高法院法官亞伯．佛塔斯（Abe Fortas），詹森的另一位好友，也與克里福德一樣屬鷹派；麥克喬治．邦迪，已經晉升到外交賢哲地位的前國家安全顧問；麥斯威爾．泰勒，甘迺迪最喜歡的將軍及前駐西貢大使；奧馬．布雷德利，韓戰期間的參謀長聯席會議主席；羅伯特．墨菲，盧修斯．克雷將軍在柏林的政治顧問及杜勒斯旗下的國務院高官；亨利．卡波特．洛奇，前駐越南大使；亞瑟．狄恩（Arthur Dean），杜勒斯的法律合夥人及美國在韓戰的停戰協議談判代表；道格拉斯．狄倫，甘迺迪的財政部長及紐約權勢菁英的領導人；以及喬治．鮑爾，國務院內部的鴿派人士，在前一年辭去了副國務卿一職。有一位從來沒離開過政府的資深政治家也納了進來：艾佛瑞爾．哈里曼。

這是一個傑出的組合，結合了華爾街與華盛頓、軍人與外交官，以及塑造並維繫兩黨外交政策一致性達二十年的男人。有些始終是權勢菁英的成員（十二人當中有四人畢業於格羅頓中學），其他人則一路走來陸續建立他們的權威。不過所有人都對權力不陌生，同時也堅信美國必須實踐其當然的世界領袖角色。

然而，有兩位缺席這次八月聚會的人值得注意。約翰·麥克洛伊在一九六七年十一月完全退出資深顧問團，而羅伯特·羅威特儘管仍列名成員之一，卻無法出席。

將近二十年後詢問他們對於越戰的看法，羅威特與麥克洛伊表達了幾乎一模一樣的觀點：困惑、痛苦、略微空白，彷彿他們飽受某種模糊不明的疾病所苦。雖然這或許不令人意外，但顯然兩人對於自己在越戰中的角色都不復記憶。他們清楚記得自己在一九四七年做了什麼，可是越南在他們的意識中依然是一片空白。他們記得的大約就是他們反對那場戰爭。的確，兩人堅持他們從一開始就反對美國介入。然而，書面紀錄卻顯示當詹森總統問他們是否支持某個特定步驟，例如派出更多部隊或加快轟炸速度，他們總是贊成。

到了一九六七年秋天，麥克洛伊與羅威特便已決定不再與越南有更進一步的牽扯。雖然兩人都很忙，卻都沒有打算撥時間解決越南問題。麥克洛伊退出越南的諮詢工作之後，仍繼續向總統報告他與中東統治者之間的對話；他代表他的大型石油公司客戶拜訪那些人。十一月一日與二日，也就是外交賢哲開會的那兩天，麥克洛伊除了固定的約會之外並沒有任何行程。羅威特還是為了生計苦惱，全神貫注於聯合太平洋鐵路的業務。可是他以前總是挪得出時間輔佐總統，後來他回想不出自己為什麼拒絕這項特殊任務的理由。

或許是在幾乎沒有意識到的情況下，兩人決定既然他們不再支持越戰，便缺席詹森的戰爭會議。對於如何贏得戰爭，他們沒有意見要提供，而勸詹森直接退出也是緣木求魚，於是他們選擇保持沉默★。

★作者註：然而，威廉·邦迪回想，那年十二月羅威特的確在共進晚餐時向他提出一個強力的建議：指派一名監察專員監督政府對媒體發佈的戰爭資訊，如果內容超越分際就提出警告。根據邦迪的說法，羅威特想到的是羅斯托喜歡誇大的作風。

如今回顧起來，羅威特與麥克洛伊默默的消極舉動應該是在警告詹森和他的幕僚，即便在東岸的權勢菁英內部，支持他的人也逐漸減少中。可是在十一月的那場外交賢哲會議上，由於回應總統號召的那些人大力支持，這項警告起不了什麼作用。

一九六七年十一月一日下午七點半，外交賢哲齊聚在國務院八樓外交宴會廳啜飲雞尾酒，並聽取參謀長聯席會議主席厄爾·惠勒將軍（General Earle Wheeler）的簡報。來自戰場的報告相當樂觀：所有的統計數字、從敵方奪取來的文件以及死亡人數都顯示美國即將贏得這場戰爭。那天晚上的會議主持人國務院長狄恩·魯斯克解釋，唯一的問題是大眾並不知情。

外交賢哲接受政府的說法，多數人都發言支持這場戰爭所做的努力。艾奇遜冷冷地表示，學生抗議的源頭是希望避免打仗，那種想法是可以理解的。「幾乎沒有一個字不能直接交給媒體。」那天晚上會議結束後，華特·羅斯托在寫給總統的備忘錄上開心地表示，「您或許希望開一場這種擁有完全主導權的會議，由您自己介紹，會後還能將整個過程放到電視上播出。」

詹森隔天早上在內閣室接見外交賢哲。「我對各位的愛國情操特別有信心，所以我才挑選你們。」他一開始說道。他想知道他在越南的路線是否正確，如果不是，應該如何修正。他補充說，民意不支持以及媒體的負面看法令他苦惱。

艾奇遜是總統第一個詢問的對象。惠勒將軍的簡報鼓舞了這位老政治家。「我得到的印象是，這場戰爭我們能贏，也會贏。」他說。不過他提出一項警告：他不相信轟炸會讓河內坐上談判桌。「我們必須瞭解，我們不會有談判的機會。」他告訴總統，「等這些傢伙認定自己無法擊敗南越，他們就會放棄。這是韓戰的模式，也是共產黨操作的模式。」

他態度很堅決：「我們當然不應該撤出越南。」接著，就在詹森專注聆聽時，他開始回想先前某位總統的另一個黑暗時刻，一九五〇年中國突襲韓國。艾奇遜回憶，當時軍方變成抱持失敗主義，可是狄恩·魯斯克與喬治・肯楠卻來到他辦公室，力勸他去懇求馬歇爾將軍爲軍方打氣。「我們不要更多該死的分析，而要更多的奮戰精神。」他引用自己當時說的話。他們共同說服杜魯門堅定立場，結果避免了一次屈辱的戰敗。

艾奇遜對韓戰的記憶特別生動。當時他正在自己的回憶錄裡寫到韓戰，專心研讀著自己的對話備忘錄，彷彿再度體驗人生中最緊張的危機。「我愈是端詳這場戰爭，就愈覺得它與韓戰相似，也愈佩服我的老大。」他在給約翰・考爾斯的信上寫道（對艾奇遜來說，「老大」一直都是杜魯門，而非他後來的繼任者）。

追憶完韓戰之後，艾奇遜從回憶錄中的另一章提出給詹森總統的建議。他說明民間支持馬歇爾計畫委員會如何在每座人口超過十五萬人的城市籌組領導公民團體，以推廣歐洲復興，爭取大衆的瞭解與支持。艾奇遜說，現在需要那樣的委員會：讓有影響力的人士帶領輿論。

接下來詹森徵詢第二代。麥克・邦迪說，艾奇遜的意見他幾乎都贊同。跟艾奇遜一樣，鮑伯・麥克納馬拉對轟炸的覺悟也深深影響了他，而他認爲空襲北越的重要性並沒有那麼高。他進一步支持艾奇遜的觀點，談判只是虛幻的希望，即使政府無法公開承認這點。他說，眞正的焦點應該要放在強化南越的實力上。「撤出越南這件事不受歡迎，也不可能。」他聲稱。現在需要更多輿論的支持。他以那句令人懷念的話當作結論，政府應該強調「隧道盡頭的那道光」。

整個上午和午餐時間，詹森只聽到繼續打仗的決心。例如，布雷德利將軍說，現在需要更多愛國標語。他到過越南，他可以向總統報告，部隊士氣高昂；那裡的士兵一個星期吃三次冰淇淋，而他所交談過的所有軍人中，「只有來自底特律的兩名黑人士兵對底特律暴動的興趣超過對越南的興趣。」那是他聽到唯一負面的說法。克拉克・克里福德表示，韓戰期間每個人都在抱怨「杜魯門的戰爭」，可是如同那場戰爭既正確又有必要，這場戰爭也一樣。詹森把四歲大的孫子派屈克・林登・紐金特（Patrick Lyndon Nugent）抱在膝蓋上，沉浸在這些受人敬重的人士的溫暖話語中。會議在午餐後結束時，他認爲「這一群人當中有一種清晰與冷靜的感覺」。

當這些老政治家魚貫走出內閣室時，那種平靜與沉著的氣氛受到短暫干擾。喬治・鮑爾在會議上幾乎沒說什麼話，可是他卻壓抑不住自己。他長期反對的這場戰爭令他十分洩氣，對於出身權勢菁英的同僚們沒看出它的愚昧也感到失望，此時他突然對著狄恩·艾奇遜和自己身邊那些傑出人士發洩心中的怒氣：「我一直在桌子對面看著你們。你們就像一群停在籬笆上的禿鷹，將年輕人派去送死。你們應該以自己爲恥。」這群老人只是驚訝地回頭盯著他。

詹森的顧問們無視於這個刺耳的意見，而且很快就把它忘了。他們著手進行外交賢哲所建議的公關活動。美國駐越南大使艾爾沃斯·邦克（Ellsworth Bunker）以及美軍指揮官威廉·魏摩蘭展開巡迴演講，展望「隧道盡頭的那道光」。魏摩蘭宣稱：「我百分之百肯定，雖然敵人在一九六五年佔有優勢，但如今他們絕對步步敗退。」美軍已經來到「黃金交叉點」：遭殺害的敵軍人數已經超出北越能替補的範圍。在和平解決的這方面，林登·詹森前往羅馬私下覲見教宗，並致贈一尊自己的塑膠胸像給他。在此同時，隨著越南的農曆新年逐漸接近，數千名越共正悄悄潛入南越各城市。

★★★

在外交賢哲會議上，艾佛瑞爾·哈里曼眼皮沉重、下巴無力，始終靜靜坐著。他完全沒對越戰提出意見，開口時只是爲了稍微附和艾奇遜的意見，說參議院外交關係委員會根本沒有發揮功能，比不上亞瑟·范登堡領導的全盛時期。

哈里曼試圖保持低調，並支持詹森。與其他大多數的外交賢哲不同的是，他依舊相信協商和平，可是卻沒有公開鼓吹自己的看法。林登·詹森已經相當清楚他的觀點。「哈里曼依然相信通往和平的最佳途徑是與共產強權談判，」麥克·邦迪在那年十一月寫信給總統，「而他就是走上那條路的適當人選。」

艾奇遜在一場電視訪問上談越戰，哈里曼於十二月初在《華盛頓郵報》上讀到訪談的節錄內容，心中的不屑愈來愈深。艾奇遜在訪談中特別挑剔，認爲不可能經由協商談判得到解決方案，並嘲笑詰問他的那群大學生思路不夠清晰。艾奇遜不斷將越南的戰爭與韓戰做連結，並堅稱美國別無選擇，只能堅持到底。

對哈里曼而言，說法站不住腳的是艾奇遜，不是那些學生。他認為向他過去的划船學生把話說清楚的時候到了。

哈里曼不像包括總統在內的其他多數人那樣敬畏艾奇遜。「他在你眼中是偉大的國務卿，」他後來對助理丹・戴維森咆哮道，「但在我眼中他是在耶魯大學向我學划船的大一新生。」他與艾奇遜的關係仍然有些許敵對甚至怨恨的色彩，不過他也覺得與艾奇遜擁有共同的歷史。「我很高興你很快就要接近從心所欲不逾矩的年紀了。」一九六六年四月，他在寫給艾奇遜的一封信上開他七十三歲生日的玩笑。「你真好心，在這個令人沮喪的日子逗我開心。」艾奇遜回覆說。他向哈里曼保證，他無意過不逾矩的日子。

一九六七年十二月十二日一大清早，哈里曼從N街上的住家走穿過喬治城的短步道，來到P街上的艾奇遜家。他的老友在門口迎接他，帶他到前方客廳。那是一個擺滿書籍與重要紀念物品的舒適房間，裡面有一張史汀生的照片、一個耶魯大學的划船獎盃，前方窗戶邊有一張舒服的沙發，兩人可以坐在那裡談話。

哈里曼毫不猶豫便單刀直入。他長久以來都覺得艾奇遜太頑固，太留戀過去，他也這麼告訴過艾奇遜。接著他繼續教訓人：他說，越南與韓國完全不一樣。俄國與中國已經不再是盟邦，事實上，這兩國是死對頭。莫斯科想要結束越戰。越南的戰鬥是游擊戰，不是傳統戰事。用在韓國效果卓著的損耗戰來對付越共根本沒有用，不可能以軍事手段鎮壓共產黨。真正的問題在於詹森因為擔心右派的反應而不敢平息戰爭，他不斷受到軍方和那兩個鷹派——克里福德與佛塔斯的壓力，要將戰爭擴大。

艾奇遜仔細聽著這一連串冗長的話，沒有開口打斷。令哈里曼意外的是，他幾乎欣然贊同。他說比起右翼的那些瘋子，他個人更擔心左翼的瘋子，可是無論如何，他蔑視佛塔斯與克里福德的看法。除此之外，他高度懷疑軍方的態度。有一個從韓國得來的教訓可適用於越南：不要相信將軍們的樂觀預測。

兩人一直談到晚上，造成艾奇遜晚餐的賓客癡癡等待。哈里曼懇求艾奇遜與總統談談，坦白對他說出對越戰的疑慮。艾奇遜聲明，自從他和傑克・麥克洛伊因為北大西洋公約組織的事在總統面前「爆發」之後，他對詹森的影響力就大不如前。哈里曼說，別管那件事；回復到你們過去的關係：總統需要你的意見，才能抵銷軍方和鷹派的壓力。艾奇遜沒有做出承諾，不過他似乎有興趣姑且一試。

哈里曼感覺受到鼓舞。「我發現他不如我以爲的那麼頑固。」他在描述這段對話的一份備忘錄中寫道。他的老對手可能是最後這段長時間的同伴嗎？哈里曼決定讓事情簡單一點。不到一星期之後，他寫信給艾奇遜，請他在兩人的一張合照上簽名。「我還沒有你的簽名照，我特別希望你在這張照片上簽名。它顯示我試圖說服你接受我認爲非常重要的一件事，而你卻一張都沒有！那天下午我與你聊得十分愉快。請愛麗絲原諒我耽擱你的時間，害你的客人等待那麼久。」

艾奇遜寄回照片時，上面題了一段文字：「給艾佛瑞爾・哈里曼，超過半個世紀以來，他的友誼令我堅強，也讓我欣喜。狄恩・艾奇遜上。」

★★★

艾奇遜對於越戰的疑慮比哈里曼所瞭解的還要深。他自己對於外交賢哲會議的感受並不是詹森所認爲的「清晰與冷靜」。「那場會議十分累人、有趣，對我們所有人來說充滿痛苦與辛勞，只有『我們的英雄』除外，他沒有太大的感動。」艾奇遜在給前英國首相安東尼・艾登的信上寫道（在朋友之間，艾奇遜喜歡稱呼詹森爲「我們的領袖」或「我們的英雄」）。

韓國的教訓同時給了艾奇遜兩方面的影響。挺身面對共產黨不是唯一的道德實踐；挺身面對軍方也是。在回憶錄中，他寫到麥克阿瑟，還猶豫不決該如何談論他，此時那位狂妄的將軍卻已經步步走向災難。他與自己十分欣賞及認同的鮑伯・麥克納馬拉經常談到五角大廈的鷹派，以及他們一股腦支持升高緊張態勢的激情。麥克納馬拉八月在國會作證時與鼓吹轟炸的人士公然決裂；後來，艾奇遜寫信給艾登：

鮑伯・麥克納馬拉將一星期之前的情況全都告訴了我。他向國會報告的是事實，但不是完整的事實。應該說是一個忠誠的支持者為了一個糟糕的狀況粉飾太平。實情是，轟炸北越一開始是為了提升南越的士氣，因為當時那裡的情勢非常惡劣。如今我們已經沒有攻擊目標，可是共和黨的鷹派卻一直呼籲繼續轟炸，因而造成無謂的傷亡，更鼓勵了空軍的一些暴躁軍官，極力主張要轟炸人口密集區。林登・詹森與杜魯門不同，他缺乏對政治壓力說不的勇氣……

艾奇遜擔心的不只是越南。他秩序井然的世界在一九六七年遭受嚴重的攻擊——美國少數民族區發生種族暴動，西方聯盟一片混亂——艾奇遜認爲詹森必須負責。他向這位前英國首相透露：

有史以來第一次，我開始認為林登・詹森可能有了麻煩。不只是越南。我們這個國家在越戰上應該會支持他。可是越南加上暴動就非常糟糕，它在海內外引發挫折與無力感。所有人都欺侮美國。亞洲的黃種人、國內的黑人、歐洲荒謬的戴高樂型人物，納瑟也威脅要發動阿拉伯國家「奪取」他們認為是「他們的」石油資產。美國不習慣這種狀況，而林登也不是討人喜歡的類型。所以他成了眾矢之的。

漸漸地，艾奇遜開始大聲對朋友表達他的擔憂，他認爲越南讓美國的注意力從歐洲移開，十分危險，而且浮躁粗魯、頭腦簡單的詹森可能會讓美利堅和平整個脆弱的結構瓦解。「我們的領袖應該更關注重要的地區。」他對海爾伍德星期日午餐的賓客表示。

艾奇遜跟女婿比爾・邦迪談過之後才知道，詹森對於政府內部消息走漏與不同意見愈來愈偏執。最後一位眞正的懷疑者麥克納馬拉將在二月離開五角大廈，擔任世界銀行總裁；此時是以魯斯克與羅斯托爲首的小型鷹派圈子在「星期二午餐」上提供詹森建言。這些戰爭會議在總統私人宴會廳密集舉行；像邦迪這種指揮官只能自己猜測政府的策略。爲了自保，對於越戰的疑慮日漸加深的國務院與五角大廈高層官員開始自行召開越南戰略會議。他們自稱為「非團體」，每週二晚上一邊喝酒一邊舉行「非會議」。當邦迪將這個秘密又可疑的行事方法與杜魯門政府時期「艾奇遜、馬歇爾、羅威特與哈里曼的方法」加以對照時，他感到十分沮喪。他認為，星期二午餐是「一件令人厭惡的事」，而「非團體」根本算不上適切的辦法。

艾奇遜焦急地看著自己的女婿受苦。他的女兒向他透露，自己的丈夫很痛苦，儘管已經不是越戰鷹派，卻無法找到出路。她擔心越南會毀了他的事業，拆散他的家庭。艾奇遜靜靜地聽著，表面上無動於衷，但是內心其實深感同情與不安。每到星期天晚上，當他與愛麗絲從海爾伍德返家途中短暫造訪邦迪家時，艾奇遜鮮少與邦迪討論越戰，寧可讓他休息，但他還是發現邦迪身心所受的傷害。邦迪在聖誕假期的一次詹森環球和平攻勢宣傳活動結束回家之後，艾奇遜寫信給安東尼·艾登：「我可憐的女婿比爾·邦迪參加完飛行馬戲團，在平安夜回來——他們稱那是『沒有目的地的旅程』。他在四天半當中只睡了五小時。我很高興地說，你我的那個時代還比較輕鬆。」

憤怒的示威者在白宮前面拿著越共旗幟，讓艾奇遜對和平運動抱持的恨意感到震驚。「我們剛經歷過的反戰示威是至今最嚴重的。」他在十二月三十日寫信給艾登。不過，抗議者不再只是街頭的嬉皮。在大都會俱樂部的午宴上，國防部副部長保羅·尼茲告訴艾奇遜，自己反對越戰的態度日益加深。在盧修斯·巴特爾家晚餐前喝雞尾酒時，一度屬於鷹派的空軍部長史都華·塞明頓為了越戰嚴厲譴責艾奇遜，堅持應該擊垮河內或徹底退出。這兩個昔日的冷戰鬥士吵得不可開交，無視於主人不斷要求他們坐下來用餐。那年冬天在華盛頓，許多晚宴都出現類似的火爆場面；越戰不但使國家分裂，也讓權勢菁英出現對立。

就在越南的農曆新年預告著猴年即將來臨之際，越共在西貢以及南越的大城市引爆戰火。一支越共的自殺部隊闖入美國大使館區。美國展開大規模的尼加拉行動（Operation Niagara）進行報復，造成共產黨死傷慘重。北越的農曆新年攻勢在軍事上雖然失敗，但是心理上卻取得勝利。「如果這是一次失敗，」佛蒙特州參議員喬治·艾肯（George Aiken）指出，「我希望越共從來都沒有重大成功。」這位參議員的懷疑也是千百萬美國人的疑問，他們每天晚上在新聞上看到這場大屠殺，看著美國陸戰隊用Zippo打火機焚燒房屋，聽著一名指揮官冷靜地解釋：「爲了拯救這座小鎭，有必要摧毀它。」媒體批評這場戰爭：「有什麼目的能合理解釋這場屠殺？」詹姆斯・雷斯頓問道，「如果我們在戰爭中摧毀越南，以後要如何拯救它？」這場戰爭過去的堅定支持者突然間開始懷疑——新聞主播華特・克朗凱、《華爾街日報》、《時代》雜誌，以及《生活》雜誌。

艾奇遜每年二月到安地瓜度過冬季假期，但他即使在那裡也躲不掉這場紛爭。某天下午在海邊漫步時，他遇見作家琳達・博德・法蘭克（Linda Bird Francke），對方脖子上掛著一個和平標誌。他仔細端詳。「這是什麼？」他問道。「和平標誌。」她回答。他承認自己誤以爲那是福斯汽車（Volkswagen）的商標。甚至連他的老友都變成了鴿派，《明尼亞波里斯明星報》與《明尼亞波里斯論壇報》的發行人約翰・考爾斯以及工業大亨的後代傑伊・古爾德開始在雞尾酒會上和打槌球時抨擊越戰。

要艾奇遜拋棄過去的政策並不容易，畢竟其中有不少是他所制定的。「李普曼先生與其他人大聲疾呼『新政策』是一個錯覺的結果。政策不像汽車款式，只因爲時間過去就折損或淘汰。」他於一九六六年在給一個朋友的信上寫道。

艾奇遜十分輕視自由主義和一九六〇年代的巨大轉變，因此很容易被視爲一個頑固的老人，固守著自己創造的神話。然而他並非固執己見。他是務實主義者，不是理論家。面對事實時，他不會爲了遷就先入之見而企圖扭曲它們，或設法逃回過往成功的夢幻世界裡。即使已屆七十四歲，他也能夠勇於面對不愉快的現實。此外，他屬於行動派。危機使他提高警覺、堅強、果斷，讓他更積極採取行動。

到了一九六八年冬天，艾奇遜厭倦了受人利用。他不願意像個有污點的冷戰象徵，讓人撢去灰塵再拿出來展示，也不願被詹森和雷斯頓與喬・艾索普等記者操控，那些記者偶爾會爲了引用他的看法打電話給他。他覺得自己不但被利用，還被欺騙；他強烈懷疑他們要求他針對錯誤或不完整的事實發表意見。艾奇遜是一個精明且小心翼翼的律師；他當然不會根據他與其他外交賢哲聽取的草率越南簡報就對最高法院提出意見。誠如一位資深國防部官員在幾年後直言：「那些簡報是騙人的東西。」它們主要的功能是說服那些老政治家，而非提供他們資訊。

艾奇遜發覺了這一點，加以反抗。一九六八年二月，他決定自己如果不能得知越南的所有事實，就不再支持越戰。

二月二十七日，他被請到白宮。那天晚上，詹森大部份時間都待在西大樓的地下室裡，那裡有一件遭到包圍的溪生（Khe Sanh）陸戰隊基地的縮尺模型。疲憊不堪的詹森將情緒都發洩在艾奇遜身上，對他大吼。他下定決心，法國在奠邊府（Din Bin Phoos）慘敗的歷史絕對不能在溪生之戰重演。「我不要再發生奠邊府那種事！」他怒吼。魏摩蘭將軍已經告訴總統，農曆新年讓戰爭「變成一場全新的球賽」。參謀長聯席會議要二十萬名部隊……

詹森怒罵了四十五分鐘。一如往常，三台電視機開得震天價響，助理們忙進忙出，電話鈴聲響個不停。艾奇遜只是坐在那裡。魏摩蘭說的「一場全新的球賽」在他聽來熟悉得令人發毛；他想起韓國另一位慌張的將軍所發的電報：「我們面臨一場截然不同的戰爭……」

艾奇遜覺得詹森對於發表攻擊言論的興趣似乎大於尋求建言，因此他自行告退，走出白宮，穿過拉法葉公園回到聯合信託大樓的法律辦公室。

電話鈴聲立即響起；是華特・羅斯托問他為什麼走掉。「你告訴總統——而且要一字不漏地告訴他，」艾奇遜平靜地說，「他可以把越南塞到自己的屁股裡。」

這個訊息自然引起詹森的注意。總統以總統與總指揮官的身份打電話要求艾奇遜回去。雖然能夠冒犯使用總統辦公室的那些人，不過艾奇遜卻對總統這個職位十分忠誠；他盡責地走回對街的白宮。

但他還是直言不諱：「恕我直言，總統先生，」他說，「參謀長聯席會議不知道他們在說什麼。」詹森說，這樣的說法「令人震驚」。「那麼或許您應該震驚。」艾奇遜說。除非他聽取完整的簡報，否則拒絕再表達更多意見。他告訴詹森，他不要再聽一稿數用的簡報——他要「所有的資訊」；他要和「有第一手消息的人」談。

在濕冷的三月初夜晚，他們開始一個一個出現在艾奇遜位於P街的住家：菲爾．哈比（Phil Habib），派駐西貢兩年之後返國、立場強硬的外交官；喬治．卡佛（George Carver），中央情報局分析人員，擁有還沒經過魏摩蘭在西貢加油添醋的原始資料；以及威廉．杜普伊將軍（General William Dupuy），西貢前陸軍作戰部長，曾看過所有戰場報告。

艾奇遜宛如準備進行訴訟的資深律師，將這些人當成律師事務所合夥人般盤問，測試他們的假設，步步深入研究他們的檔案，除了摘要，也要求看敵軍部隊兵力與戰場指揮官作戰報告等原始資料。他一路緊盯著漫長彎曲的隧道，自負地尋找一絲微光。

★★★

華盛頓另一名律師則在那年二月開始問一些嚴厲的問題——他是新任國防部長克拉克．克里福德。長期以來，他在權勢菁英階級裡佔據著一個奇特的位置。身爲中西部人的克里福德並非格羅頓中學畢業生，因此沒有資格稱爲權勢菁英的一員，但是在他自己的心中，他在聖路易所受的教養就跟狄恩．艾奇遜在康乃狄克州密德鎮所受的教養一樣。他的自信與魅力不下於艾奇遜，不過或許有點太過溫和圓滑。那些傲慢勢利的人認爲他們聞得到克里福德銀金色的波浪頭髮裡散發出蛇油的味道，看到他雙排扣訂製西裝上的布料稍微太亮了些。身爲律師（收入在華盛頓最高），他知名的不是最高法院摘要的品質，而是在聯邦官僚及國會山莊的人脈。

然而，艾奇遜與羅威特等眞正的核心分子卻是眞心喜歡並尊重克里福德。雖然他們發覺他有時有點太過功利，例如對於巴勒斯坦，但是卻不懷疑他基本的正直。他們也毫不遲疑地盡量利用他的政治能力。在一九四〇年代晚期擔任杜魯門的助理時，他實際上是一位頗受肯定的推銷員。他悄悄地與艾奇遜、佛瑞斯托、羅威特及哈里曼密切合作，採用他們的政策，並讓它們在政治上顯得討喜。他變成擴音器，擴大（有時過度擴大）圍堵政策的聲音。一路上，他也開始相信自己表達的陳腔濫調是事實。多年後，克里福德回想當時自己的心態：

> 跟別人一樣，我相信兩個教訓：一，疏忽導致第二次世界大戰，二，一致反抗避免了第三次世界大戰。它如果不在我的意識裡，那麼就是我的無意識思考過程。因此當越南的戰爭變得更嚴重，我的感覺是，喔，又來了。我們必須勇於挺身面對。

跟其他杜魯門時期的資深官員一樣，克里福德一開始對越戰也有疑慮。然而與他們大多數人不同的是，他讓總統清楚知道這些疑慮。一九六五年春天，就在詹森要決定是否派出地面部隊之際，克里福德寫信給他表示，越南可能變成「一個泥沼，實際上沒有最終勝利的希望」。接著他又在七月提出警告：「我不相信我們在南越能獲勝……在我們國家前方，我只看見災難。」

不過詹森忽視他的意見之後，克里福德隨即變成激烈的鷹派。他跟羅威特一樣覺得如果美國開戰，就必須全力以赴。克里福德與同屬詹森參謀團成員的最高法院法官亞伯・佛塔斯極力敦促詹森投下更多炸彈，派出更多部隊。「撤出越南的唯一方法，就是讓河內相信我們英勇無比，絕不畏懼，而且實力堅強，難以擊敗。」他在一九六六年一月告訴詹森，並主張恢復轟炸。

國防部長鮑伯・麥克納馬拉在二月底含淚離職時，詹森細看他愈來愈小的忠臣圈，發現克里福德似乎是完美的人選，足以擔任聽從統帥，並切實執行越戰的國防部長。詹森高估了克里福德的忠誠，低估了他的智慧與思考獨立性。

將克里福德安排在五角大廈任職之前，詹森指派他對越戰進行全面性的檢視。魏摩蘭將軍要求增派二十萬名部隊之後，這項從頭到尾徹底評估的作業更是加速進行。這些部隊並非全部供越戰所需——至少不是馬上需要——而是補充軍方在全世界各地耗損的兵力。鑑於政治上的原因，詹森曾拒絕召集後備部隊；在大量的部隊需求下，參謀長聯席會議希望逼迫他事先同意。

三月一日宣誓就任國防部長之後一小時，克里福德展開自己的教育課程，在他的私人用餐室裡與副部長保羅・尼茲共進午餐。

多年來，這兩位杜魯門時期的老將經常在華盛頓各地以及大都會俱樂部見面。尼茲知道他可以跟克里福德暢所欲言。他告訴他，美國無法打贏越戰，轟炸徹底失敗，這場戰爭讓美國與盟邦的關係緊繃，也造成其他地方的美軍部隊人員不足。值得注意的是，當美國困在越南之際，蘇聯也在強化他們的核子與傳統武器。逐漸停止越南的餘興節目，回到主舞台準備面對歐洲蘇聯人的時候已經到了。短期上，尼茲建議給魏摩蘭一些充場面的增援部隊，轟炸北越則應該停止。

這個來自NSC-68撰稿人的訊息對克里福德造成重大影響，它使得前一年夏天那趟東南亞之行所留下的疑慮更為加深。克里福德當時造訪泰國、菲律賓、澳洲以及紐西蘭，也就是如果南越淪陷，接下來應該會跟著應聲而倒的骨牌。他請求這些國家提高他們象徵性部隊的人數，從不到兩萬人增加到美國在越南的士兵數目。結果他無功而返，「困惑、不安、憂心，」心中納悶骨牌理論到底是不是個有意義的隱喻。事實與假設並不一致；他的律師頭腦開始轉變。

三月的第一週，克里福德召集各參謀長以及他的頂尖民間顧問，圍坐在國防部長用餐室裡的一張橢圓形橡木桌周圍，開始問一些深入的尖銳問題。需要多長時間？一年？五年？十年？打贏戰爭還需要多少部隊才足夠：再二十萬？四十萬？參謀長們無法回答。克里福德心想：「正當我在這棟大樓裡的時候，有人還想把人數湊到一百萬。」他問那些參謀長：「有什麼勝利計畫？」沒有。將軍們希望藉由損耗戰最終消磨敵人的戰力。有任何跡象顯示共產黨戰力逐漸折損嗎？克里福德問。將軍們回答，沒有。

明尼蘇達州參議員尤金・麥卡錫的和平競選活動讓身為一個政治操作老手的克里福德印象深刻。麥卡錫挑戰詹森，爭取民主黨提名，剛開始像是一個情緒化的知識份子的狂想式表態，可是後來卻擴大為小蝦米對抗大鯨魚的聖戰。三月十二日，麥卡錫在新罕布夏州的初選中差點擊敗詹森，深深撼動了民主黨高層。

克里福德的政治敏感神經不但受到街頭抗議者的怒吼所刺激，也因為國會鷹派默默陷入沮喪而活了過來。參議院軍事委員會的兩名忠貞成員：華盛頓州的亨利·傑克森（Henry Jackson）以及密西西比州的約翰·史丹尼斯（John Stennis）私下告訴克里福德，他們已經放棄了越戰；沒有希望了。

華盛頓核心份子因為消息走露而焦躁不安。諷刺的是，其中最嚴重的走漏來源來自終極的秘密堡壘，骷髏會。三月一日在眾議員威廉·摩爾海德（William Moorhead）位於喬治城的宅邸舉行的骷髏會同學會上，國防部的鴿派人士，空軍部副部長湯森·胡普斯告訴同為會員的《紐約時報》記者愛德華·戴爾（Edward Dale），政府正在考慮大幅增加部隊人數。經過進一步追蹤之後，《紐約時報》揭露這則新聞：「魏摩蘭要求增加二十萬六千人，引發政府內部激辯。」三月九日，這則報導傳到在烤架俱樂部（Gridiron Club）華盛頓菁英齊聚的晚宴，「消息就像風吹過一片小麥田般傳遞。」《紐約時報》記者漢德瑞克·史密斯（Hendrick Smith）回憶。華特·羅斯托的記憶更刻薄，「那則報導和全東岸的權勢菁英都成了好友。」

在此同時，克里福德對於越戰的疑慮愈見強烈。「隨著時間過去，」他回想說，「我想撤離越南的慾望從看法變成信念，變成一股熱情。我擔心我們永遠都無法撤離。我們即將在一個無底洞裡失去成千上萬名士兵和數十億美元。如果我知道什麼事情，那就是：我們必須撤離。」

到了三月中旬，也就是克里福德就任國防部長短短兩週之後，他發覺自己在國會山莊無法為政府的政策辯護。受邀到外交關係委員會作證時，他要求請假，堅稱自己「還在學習」。這項任務落在他的副手保羅·尼茲身上，不過尼茲拒絕。他在拒絕時附上一封給總統的信，提出辭職。克里福德成功勸他打消辭職念頭，可是尼茲自此之後便被排除在詹森的核心圈子以外，再也不曾受邀參加星期二午餐。

自己打定主意之後，克里福德展開說服總統的艱鉅任務。這件事必須使出他的各種計謀，還需要相當大的勇氣。它將賠上他與林登·詹森長達二十年的友誼。

★★★

克里福德的轉變對艾佛瑞爾・哈里曼來說像是放下了心中一塊大石，雖然他並不十分意外。哈里曼認為克里福德和艾奇遜一樣，只要面對殘酷的事實，就會正視現實。多年來，身為杜魯門時期冷戰老鬥士中唯一的鴿派，如今哈里曼能感覺到他的孤寂即將結束，他的老同事已經慢慢往他這邊靠攏。傑克・麥克洛伊送給他自己那年冬天在芝加哥發表演講的講稿副本時，他覺得深受鼓舞；那份稿子斥責政府一心執著於越南，卻無視於「歐洲的重要地位」。「但願你能出手協助處理越南問題，」哈里曼寫信給麥克洛伊，「這是一件令人挫折的事。」

哈里曼歡迎鷹派人士轉為鴿派，可是他絕對無意刺激大衆反抗總統。他與巴比・甘迺迪互通的信件非常謹慎；後者的反戰聲音愈來愈大，政治野心也愈來愈大。這位老政治家擔心，如果甘迺迪變節，只會使民主黨分裂，讓刺激詹森走向以談判解決越戰的努力化為烏有。「越南問題不容易處理，」他在二月寫信給甘迺迪，「它是我們碰過最棘手也最難以捉摸的狀況之一。批評並不難，可是要想出一條路，進而達成讓人所接受的結論就很困難。如果對方願意談判，我全力支持停止轟炸。」他又在一張手寫字條上補充：「我們在越南正經歷一段奇怪而艱困的過程，我渴望與你討論。艾佛敬上。」

但是對哈里曼而言，眞正的目標是艾奇遜。他正確地認為，詹森視艾奇遜為美國自第二次世界大戰以來外交政策的化身。只要艾奇遜能看見這場戰爭的謬誤，並且私下堅定地對詹森表達他改變了心意，那麼總統的立場肯定會動搖——如此便足以展開尋求以政治解決的過程。哈里曼希望，一旦他眞的開始思考協商和平，總統就必須求助於他經驗最豐富的談判代表以及對河內外交倡議的權威——艾佛瑞爾・哈里曼。

但首先必須說服艾奇遜。他們在十二月的討論讓哈里曼感到意外且備受鼓舞。在那年冬天，他曾經到P街拜訪了幾次，激發他老校友的疑慮。「我們在越南正處於艱困時刻，」他農曆新年攻勢一過便寫信給艾奇遜，「先不要有既定想法。」

當艾奇遜在二月底向哈里曼透露他與總統發生火爆爭執，以及他需要獲知關於越戰的事實，哈里曼自然很高興。他也知道艾奇遜的簡報的性質，以及這位老鷹派份子接受的再教育已經使他一天天偏向鴿派。時機來了，他可以將最大的砲口瞄準總統的機會出現了。三月七日，就在艾奇遜與總統爭吵之後還不到一個星期，哈里曼打電話給艾奇遜，纏著要他返回白宮，向詹森表達他剛對越戰產生的疑慮。他的語氣聽起來有點像是大哥煽動小弟從高處跳水一樣：

哈里曼：你接到電話了嗎？

艾奇遜：還沒。

哈里曼：難道你不主動提要見面嗎？

艾奇遜：不要，他已經說了兩次要見我。

哈里曼：你不想打電話給馬文・華森（Marvin Watson，總統的行程安排秘書），說你有空嗎？

艾奇遜：不，我不會特別硬要見面。如果他真的要找我，就會記得。你不覺得嗎？

哈里曼：這個嘛……我只能勉強說是。

艾奇遜：如果他覺得我很賣力，效果就不會太好。我想等一陣子。如果他什麼都不做，我會找狄恩・魯斯克談談。

哈里曼和艾奇遜開始隱密地與另外幾位重要的權勢菁英討論他們的人脈。哈里曼將對話紀錄並抄寫成檔案，看起來有點像是陰謀的感覺：

哈里曼：我只能說有很多人在思考戰爭情勢，想著如何面對，這一點非常好。

艾奇遜：我今天見到約翰・洛奇（前國防部官員及卡波特的哥哥），他告訴我他正在寫一份給總統的備忘錄。

哈里曼：我跟你的前法律事務所合夥人保羅・華恩克（Paul Warnke，國防部助理部長）談過，我會去見保羅・尼茲，不過我猜大家都把事情看得很仔細。可能你會接到電話。

艾奇遜：卡波特・洛奇在你家附近有一間辦公室。你見過他嗎？

哈里曼：有，我們幾個星期前聊過。

艾奇遜還沒有完成他的個別指導課程。資深駐西貢外交官菲爾・哈比那天晚上走到P街去向艾奇遜做簡報，他回憶說：「我感覺到他想要更深入挖掘。」哈比讓艾奇遜看他自己對農曆新年攻勢的評估，比起政府宣稱北越在農曆新年大潰敗，這份評估悲觀多了。農曆新年的突襲「讓敵軍付出不小代價，而且並未成功，」哈比寫道，「但是我們也付出高昂代價……過去的樂觀已經爲新的疑慮所取代……從許多方面來說，農曆新年攻勢是越南的新球賽。我們原本勝券在握，就算不是大勝，也是穩定進步。如今對方加入了許多球員，得分大幅超前。儘管敵人遭受打擊，但我們並未贏得『勝利』。農曆新年攻勢是一大挫敗。」哈比的結論指出，局勢「絕對不是毫無希望」，但是美國無法「在可預見的未來扳回劣勢」。

艾奇遜的兒子大衛回憶，戰場指揮官的戰役報告對艾奇遜造成了最深的衝擊。它們讓他感受到敵人誓死的決心，而美國這邊則一陣混亂，士氣低落。

艾奇遜對越戰的研究與他自己爲了回憶錄所做的韓戰研究相似。就在試圖決定自己應該如何建議林登・詹森處理越戰時，他領悟到麥克阿瑟攻向鴨綠江之前馬歇爾將軍的「奇怪的靜默」，還有自己無法在來得及之前警告總統。這兩項研究糾結在一起：艾奇遜誓言不會重蹈覆轍。

★★★

與哈里曼對談過後幾天，白宮來電。艾奇遜能夠在三月十四日與總統共進午餐嗎？

他一直等到下午兩點。最後總統終於出現，一邊用餐一邊自言自語。對，美國遭受嚴重打擊，可是「老魏」和參謀長聯席會議很樂觀。如果他們能找不同的人取代目前的指揮官，應該就沒問題。

艾奇遜懷疑地聽著。「總統先生，」他終於插話，「您被騙了。」他告訴詹森，他需要多聽一些事實，少聽一些無知的意見。他個人並不太相信軍方的報告，因為它在樂觀與悲觀之間擺盪。例如，他嚴重懷疑老魏的說法，他估計自己在農曆新年期間殺死或逮捕六萬名「越南獨立同盟」份子（艾奇遜依然使用這個一九五〇年代的名詞）。他告訴詹森，魏摩蘭令他想起南北戰爭的喬治・麥克萊倫將軍（General George McClellan），後者在幾乎摧毀了北方聯邦軍之後，最終被林肯釋放。

艾奇遜說，真正的問題在於南越是否能夠自立自強，打自己的戰爭。如果不能，那麼詹森就必須找出一個「撤離的方法」。艾奇遜懷疑（哈里曼會很遺憾聽到這一點）談判會是問題的答案。除了完全掌控南越以外，河內對於任何事情都興趣缺缺。可是詹森必須像艾奇遜一樣，自己去瞭解這一點——他必須停止與將軍們和羅斯托談，更深入接觸軍中其他階層。艾奇遜甚至自願提供他名單。

此時，國家安全顧問華特・羅斯托正好進入房間。詹森請艾奇遜整理他的結論給羅斯托聽。「華特不耐煩地聽著我報告，就像一個訪客聽著十歲小孩彈鋼琴那樣。」艾奇遜在他歸檔的一份備忘錄上寫道。

「我已經完成了我越南教育的第二階段（中學）——最出色的一個階段，由難得且無法超越的教師們授課。它讓我早期的一些簡單認知變得混淆，並顯示困難甚至比我所想的還要大。」艾奇遜那天晚上寫信給一個朋友。他還沒準備好要建議總統撤離越南——這時他的建議是牽制敵人，一方面讓總統設法瞭解更多與戰爭真實狀況有關的事實。可是此時距離艾奇遜的告別演說也不遠了。

★★★

林登・詹森發現連他的老朋友都反對他。三月十四日，就在艾奇遜告訴總統他「被軍方騙了」的同一天，他收到亞瑟・高柏格（Arthur Goldberg）送來的八頁備忘錄，提議全面停止轟炸。高柏格是老盟友；詹森讓他擔任美國駐聯合國大使。對詹森而言，高柏格反對戰爭動員是一種個人的背叛。

「有件事要講清楚！」他對著他的顧問們大發雷霆，「我現在告訴你們，我不會停止轟炸！我不要再聽到有人提起這一點。高柏格把整件事都寫給我看了，我聽了每個論點，但我不會停止。現場有人聽不懂的嗎？」

在星期二午餐上，詹森看著克拉克．克里福德從頑強的鬥士變成憂悶的懷疑者。華盛頓律師詹姆斯．羅伊是詹森最信任的政治顧問，他直率地告訴總統，他在三月十二日的新罕布夏州初選中差點敗給尤金．麥卡錫，是因為他已經變成戰爭候選人，而這個國家已經不在乎打贏越戰了。「大家都想退出，」詹姆斯．羅伊直接告訴詹森，「唯一的問題是如何退出。」

接著在三月十五日，詹森發現他最恐懼的事要發生了：三月十六日，巴比．甘迺迪宣布他會挑戰詹森，競選總統大位。

詹森夜不成眠。他臉色蒼白，雙眼凹陷，眼神朦朧。兩頰上的肉垂了下來。發炎的針眼開始從他紅腫的眼皮上冒出來。他大受打擊。

「我們一定會贏。」三月十七日，他憤怒地在一場商業會議上宣布。第二天，他扯著嗓子告訴一群農民：「我們應該挺身而出，爭取權益的時候到了，我們應該支持領導人、政府、子弟、盟友的時候到了。無論侵略在何處發生，我們都應該堅持到侵略停止為止，」

★★★

哈里曼從一個嚴肅長輩的角度欣賞羅伯特．甘迺迪。或許在不同的情況下，他會支持他參選總統。可是哈里曼依然耐心地希望，如果他對詹森展現出忠誠與穩定性，他會被賦予重任。

因為尊崇艾佛瑞爾，羅伯特．甘迺迪將兒子道格拉斯的中間名取為「哈里曼」。在電視上宣布他要挑戰詹森，爭取民主黨提名之後，甘迺迪打電話給這位老政治家。對話內容是最典型的哈里曼風格：

甘迺迪：我要參選總統。

哈里曼：下次告訴孩子們微笑。艾瑟☆（Ethel）看起來美極了，孩子看起來很無聊。

甘迺迪：他們是很無聊。

哈里曼：我最近不會召開記者會，不過如果真的開，我會支持總統。

克里福德看著詹森積極尋求出路，可是卻屢屢失敗。他覺得儘管總統最親近的朋友都規勸他，總統的鷹派立場還是愈加強硬。克里福德曾經短暫考慮與五角大廈其他鴿派文人官員一起集體請辭，可是聽到詹森在三月十九日的星期二午餐上憤怒飆罵，他產生了另一個想法。他盡可能一派輕鬆地建議，或許總統會想重新召集在十一月時曾經對越戰十分冷靜與放心的那批老外交賢哲。詹森毫不考慮便答應。

跟克里福所有的舉動一樣，這次也經過縝密計算。他一直在城裡四處走動，在大都會俱樂部和烤架俱樂部的晚宴上打探消息，打了幾通電話到紐約，瞭解外交關係委員會和華爾街的氣氛。他十分清楚艾奇遜的想法，因爲他特別私下到他在P街上的住家看他，告訴他自己反對越戰的看法。「我仔細跟他說我的痛苦，好讓他心裡有個底。」克里福德後來回想說。相對地，艾奇遜也透露了自己的疑慮。

到這時候，艾奇遜的教育完成了。他最後的必讀教材不是來自哈比和其他政府簡報，而是一個報社的老朋友，前《紐約時報》記者、此時已轉任《北卡羅萊納州溫斯頓－塞倫前哨日報》（*Winston-Salem Journal and Sentinel*）編輯的華勒斯．卡羅爾（Wallace Carroll）。三月中，卡羅爾寄給艾奇遜一份他寫的全版社論，題爲「越南何處去」，概述他爲什麼認爲美國必須撤出越南。三月二十三日星期日深夜，艾奇遜打電話給卡羅爾：「華勒，我已經取得官僚擁有的全部資料，可是卻看不出什麼意義。爲什麼一個來自溫斯頓－塞倫的人可以將所有

☆譯註：艾瑟是甘迺迪的太太。

事實整合在一起？」他告訴卡羅爾，他看過邦克大使和魏摩蘭將軍的電報，然後又看了戰場報告。他相信農曆新年攻勢是場災難。「當我們深入整個越南問題，眞正令我驚訝的是當中並沒有政治的根基。」他說。南越人是無可救藥的盟友；該是和平撤離的時候了。他告訴卡羅爾，他會在星期一到白宮開會，與其他資深政治家討論越戰。他方便寄來那篇文章的十二份副本嗎？卡羅爾不知道艾奇遜有沒有聽過影印機，不過他十分樂意效勞，便以限時專送方式寄出那些副本。

隔天早晨，艾奇遜的前助理盧修斯・巴特爾將車子開上喬治城北方威斯康辛大道（Wisconsin Avenue）上強森鮮花中心（Johnson's Flower Center）他前老闆的車道。雖然穿著老舊的工作服，拿著一個花盆，這位修短了鬍鬚、體態高貴挺拔的前國務卿依然權威感十足。他將頭伸進巴特爾打開了的車窗裡。

「我會告訴總統，我們必須退出越南。」他就只說了這句話。

巴特爾無言以對。這位美利堅和平的開創者，將美國的承諾當作神聖義務般守護的冷戰老鬥士，想要退出了。巴特爾相當清楚艾奇遜的務實態度以及面對艱困現實的能力，這個決定對他來說並不全然令人意外。然而，看著西方聯盟的提倡者照顧著他的天竺葵時，他還是不禁覺得一個時代已經過去了。

艾奇遜自己不太可能感受到自己跨過了一個龐大的分水嶺，渾然不覺他已經突然領悟到美國能力的侷限，正視第三世界民族主義的強大力量。喬治・鮑爾相信，艾奇遜是從一個狹隘的律師觀點來看越南。「當最高法院想要制定一條新法，」鮑爾說，「他們鮮少直接表明。他們會突顯前例，而不是否決前例。我認爲這就是他對越南問題的作法。」麥克喬治・邦迪回想說：「艾奇遜抵抗哲學問題。他喜歡引用霍姆斯的話：『人生就是行動。』」克里福德說：「我認爲艾奇遜並沒有改變他對美國在世界上的角色的看法。應該說，他始終是一個現實主義者。」

總之，艾奇遜覺得他的舉動是爲了維護他協助創造的世界秩序，而非改變它。某種程度上，艾奇遜是回歸基本原則。他是大西洋主義者。他始終相信，歐洲就是世界；越南會分散美國的注意力。爲了南越的自由而進行一場無止盡的戰爭，這個代價實在太高，尤其南越又無法保衛自己。一年後，在喬·艾索普家的一場宴會上，艾奇遜爲了亞洲的戰略重要性與華特·羅斯托發生爭執。羅斯托堅持，艾奇遜必定一度認爲美國必須在那個地區維持強勢地位；否則爲何要介入韓戰？「我告訴總統在韓國作戰的唯一原因，」艾奇遜嚴詞回應，「就是要催生北大西洋公約組織。」羅斯托刻薄地判斷，艾奇遜認爲再打一年戰爭「只是爲那些剛剛脫離爬樹生活的小矮人白白浪費我們的血」。

那年三月，艾奇遜與麥克·邦迪談論越南，後者與他意見一致。在邦迪善於分析的腦袋裡，「耐心與進展的兩條曲線已經交叉了，」也就是說，美國不願意爲了一場拖拖拉拉的戰爭做出必要的犧牲。三月中在哈佛大學一次措辭小心翼翼的談話中，這位前國家安全顧問已經開始公開表示他的一些擔憂；哈佛校刊《紅報》（*The Crimson*）立刻大聲指出：「邦迪反對升高戰爭層級。」其實，邦迪的疑慮已經逐漸加深了一段時間。即使他在十一月的外交賢哲會議上說過「隧道盡頭的光」，但十天後他寫了一封不安的信給詹森，質疑魏摩蘭的「搜尋並摧毀」戰略，並且想知道預測軍方作戰行動的時候是否還沒到。到了三月，邦迪完全抱持反對意見，至少在私下是如此：他想找到退出越南的方法。

★★★

老外交賢哲，資深政治家，或者如某些媒體界人士口中所說比較不尊重的說法：「老面孔」，再度聚首。在三月二十五日星期一下午聚集在國務院聽取簡報的這一群人，與十一月會見總統的是同一批人，只有兩個人例外：有時爲詹森調解紛爭的前國防部副部長賽勒斯·范錫，以及在鴨綠江慘敗之後扭轉美軍劣勢的優秀軍人馬修·李奇威將軍。麥克洛伊與羅威特再度缺席（麥克洛伊至少在暗處觀察；當天稍早他與艾佛瑞爾·哈里曼共進午餐）。

邦迪兄弟在國務院迎接外交賢哲，他們覺得有必要稍微刺激他們一下，讓他們深入探究越戰簡報的本質，提出嚴格的問題。在稍早的這類會議中，這些資深政治家都是「匆忙趕場，沒有時間閱讀報告」。比爾·邦迪回想說：「我們讓他們吃得太好，而且大家都多喝了一杯，晚上無法認眞思考。」這一次，邦迪兄弟與副國務卿尼可拉斯・卡森貝克（Nicholas Katzenbach）敦促外交賢哲當天下午在國務院一間小圖書室仔細閱讀爲他們彙整好的文件。到了晚上，他們到八樓集合，準備用餐並聽取正式簡報。

這可能是美國權勢菁英所舉行過最著名的晚宴。如今駝背禿髮但依然令人敬佩的「冷戰騎士」一同坐下來，在燭光的襯托下享用晚餐並討論越戰——美國誓言阻止世界上任何侵略的這項承諾的頂點。在安靜的氣氛中，他們開始彼此談論要如何削減這項承諾。

雖然他們可能不明白，但是這些外交賢哲會面的時候正值美國霸權的顚峰。美國的全球性承諾後來再也沒有延伸得這麼遠。這天晚上之後，美國開始緩慢而痛苦地縮手，開始體認到自己力量有限。過去二十年這些人竭力催生的一股動能即將反轉，而他們在這當中就會扮演關鍵的角色。他們正處於歷史的一個轉捩點，雖然只有少數幾人意識到這一點。

這個時刻對他們在美國的角色的重要性，就如同美國在世界中的角色一樣。拆除他們自己創造的成果，他們同時也縮減了自己存在的理由。後來再也沒有一位總統如此相信權勢菁英的集體智慧。對於外交賢哲而言，這場晚宴從某個角度來看就是最後的晚餐。

原本預計在隔天早上才正式與這些人見面的總統，在用餐時間前來，與所有人握手，宛如參加募款活動的國會議員候選人，然後便前往白宮戰情室挑選轟炸目標。晚餐過後，他們前往七樓的國務院行動中心，聽取國務院的哈比、中央情報局的卡佛，以及杜普伊將軍的簡報——他們都是艾奇遜過去一個月的講師。

從外交賢哲提出的問題，哈比就能看出他們的意向。「你認爲有可能贏得軍事勝利嗎？」以國防部長及資深政治家雙重身份到場的克拉克・克里福德問道。「在目前的情勢下不能。」哈比回答。「你會怎麼做？」克里福德問。「停止轟炸，進行談判。」他坦白回答。高柏格大使對於杜普伊將軍宣稱農曆新年攻勢期間敵軍折損八萬人感到懷疑。他問杜普伊，一般死亡與受傷的比例是多少。「一比十；保守估計則是一比三。」他回答。

高柏格問，戰場上有多少越共。「二十三萬人。」杜普伊回答。高柏格很快計算了一下，以保守估計來看，現在他們全都在醫院裡。「那麼我們現在到底在跟誰打仗？」他質問。

有幾個人深受簡報影響，例如道格拉斯．狄倫。「十一月時，我們獲知打贏要一年時間。」他記得，「現在看起來像是要五或十年。我知道美國將無法承受。」其他人來開會時心意已決。「我感覺得到國家正被撕裂當中，」范錫回憶，「我們必須找到一條出路。」

會議在將近晚上十一點結束。喬治．鮑爾回憶，這些老人在出場時顯得悶悶不樂。「我很高興。」克里福德記得；問題與答案甚至比他期望的還要悲觀憂鬱。

「我覺得事有蹊蹺，」華特．羅斯托回想說，「那是圈套。」前來晚宴現場擔任詹森特使與觀察員的羅斯托聽著討論的氣氛逐漸低迷，他感受到自己長期渴望加入的那個團體已經死亡，如今覺得十分失望。「我心裡想，」他回想說，「從一九四〇年春天史汀生來到華盛頓時所展開的過程，在今晚劃下休止符。美國權勢菁英已死。」

★★★

隔天早上，外交賢哲圍坐在國務院行動室裡的一張粗毛呢桌四周，討論他們的結論。對許多人來說，前一晚的疑慮經過一夜的沉澱，已經變成堅定的信念：美國必須展開撤離越南的程序。

「邀請名單一定出了錯。」鮑爾心想。他幾乎無法相信一群至今都是堅定鷹派的人這時所說的話。或許剛改變信念的這批人自己也無法相信。鮑爾回想說：「這些沒有預期自己說出那些話的人，有種震驚的感覺。」並非每個人都改變了立場。麥斯威爾．泰勒將軍對這樣的改變感到毛骨悚然與「吃驚」。「幾個月前對總統說：『你的方向正確，但是要做得更多。』的那些人，現在卻說這項政策失敗。」泰勒回憶。他想不出有什麼解釋，除了「我外交關係委員會的朋友們活在《紐約時報》的陰影裡」之外。

總統終於在上午十一點於內閣室聽到外交賢哲的意見。眾將軍們已經在上午為他打氣加油。參謀長聯席會議主席惠勒與預定接任魏摩蘭越南指揮官職位的克雷頓．艾布拉姆將軍（General Creighton Abrams）已經努力設法將農曆新年攻勢的傷害降至最低。此時，總統將惠勒將軍請進內閣室，要他對外交賢哲再說一次那些令人振奮的談話。

美國「重回攻擊位置了」，惠勒指出。沒錯，阮文紹（Nguyen Van Thieu）總統說過，南越「無法再承受另一次農曆新年攻勢」，可是魏摩蘭已經「扭轉這種局面」。

看著桌子旁一張張陰鬱的臉，羅斯托判斷外交賢哲「並沒有在聽」。事實上，他們在聽，只是不相信。惠勒聲稱「這是最不適合談判的時機」，卡波特．洛奇靠向艾奇遜，在他耳邊輕聲說：「對，因為我們的軍事實力比過去任何時候都還要糟糕。」

在午餐上，詹森將所有人打發走，只留下外交賢哲。他想單獨與他們見面。雖然魯斯克、羅斯托、中情局局長賀姆斯、保羅．尼茲、高柏格、卡森貝克、比爾．邦迪等政府官員曾出席稍早的會議，但是他們並未受邀參加這一場。

然而這項規則卻出現了一個例外：艾佛瑞爾．哈里曼。白宮表示他未獲邀參加總統的午餐會議，因為他是國務院官員，結果他不請自來。現場沒有為他安排座位；當他到達時，白宮的服務員不得不多加一個座位。哈里曼不是來發言，而是來觀察傾聽。當外交賢哲勇敢面對他許久以前就體認到的軍事勝利無用這一點，哈里曼則悄悄地推動他自己的一個議題——說服詹森將河內帶上談判桌。

在前一天，《紐約時報》上出現了一個標題：「詹森委員會主席哈里曼。」這位前州長召集了一批具有影響力的紐約州民主黨員，支持總統面對麥卡錫與甘迺迪的挑戰。雖然哈里曼是真心對總統忠誠，但是當他組成這個委員會時，心中最在意的卻不是詹森競選連任，而是希望以過去的方式討回政治上的恩惠。

詹森上鉤了。正當哈里曼坐著聽外交賢哲滔滔不絕發言時，總統塞給他一張紙條。「艾佛瑞爾——真感謝你的幫忙，」上面是詹森潦草的字跡，「尤其是你在紐約州的協助。」

哈里曼午餐時間從頭到尾都保持緘默。然而，事後他立即寫了一張字條給詹森。「從報告來看，我猜紐約跟越南一樣，支持者都不多。」他開頭生硬地說。接著他切入重點：他非常溫和地提醒詹森，「只要您認爲時機正確，」他就準備好與北越人談判。

★★★

在與總統共進午餐時，外交賢哲中最年輕的麥克・邦迪報告稍早大家商議的過程，並總結其觀點。他告訴總統，自從上次十一月的外交賢哲會議以來，出現了「重大轉變」。艾奇遜的說法將那天早上他們新的多數意見描述得最恰當：「我們再也不能在剩下的時間裡達成原本預定的目標，我們必須採取撤離的措施。」

直挺挺坐在總統右手邊的艾奇遜公開發表意見。到了夏末，他斷然宣布美國必須展開撤離程序。艾奇遜的聲音堅定、清晰而不帶感情。他的語言簡約，切入重點。他的遣詞用字沒有修飾，沒有激昂情緒，與二十一年前的那個二月早晨不一樣：當時他在白宮發言指出，除非美國支持希臘與土耳其，否則共產黨浪潮會從一個國家擴散到另一個國家，就像「一桶爛蘋果」。

詹森在桌邊走動，請求與會者發表意見，可是主要都是艾奇遜在發言。當仍舊屬鷹派的亞伯・佛塔斯抗議邦迪的總結並未精準代表團體的看法，艾奇遜打斷他。「他代表我的看法。」他說。

詹森請惠勒將軍進來接受提問，他一度抗議艾奇遜將五角大廈形容爲「一心只求軍事勝利」。惠勒說，並非如此。他明白「典型的軍事勝利」不可能出現。艾奇遜冷冷地看著他。「那麼我們有五十萬名部隊在那裡到底是爲了什麼？」他質問。「追女孩子嗎？」

「再也不能在剩下的時間裡達成原本預定的目標。」詹森在筆記本上草草寫下，底下還用力畫線強調其重要性。「調整我們的路線。開始撤離。」他的孫子林登・紐金特走進來，蜷縮在他腿上，就像先前十一月在外交賢哲會議上那樣。然而，那天下午誰都無法安慰詹森，連中間名叫林登的孫子也沒有辦法。

我們能想像他的感受，他所嫉妒又怨恨、由艾奇遜帶領的權勢菁英圍繞在他身邊，而他們要徹底解除美國的干預行動，並告訴他全球性圍堵的時代事實上已經結束。「他們是聰明又經驗豐富的人。」詹森在他的回憶錄上寫道，「我一向認爲他們大多非常沉穩。如果他們受到農曆新年攻勢報告的影響那麼大，一般民衆會怎麼想？」

不過，詹森還沒準備要屈服。會議解散後，他抓著幾個人開始大罵。「到底是誰把你的那些朋友洗腦？」他盤問喬治・鮑爾。他也攔下泰勒將軍：「那些該死的報告人對你們說了什麼？」詹森誇張到要求聽外交賢哲聽過的簡報。卡佛與杜普伊盡責地重覆報告，可是最悲觀的報告人哈比卻出城去了（羅斯托讓他離開，認爲他造成的傷害已經夠多了）。「告訴我你們跟他們說了什麼？」詹森怒吼。他們回答他的問題；詹森聽了只是搖搖頭。「我不知道他們爲何做出那樣的結論。」

外交賢哲會議過後，克里福德的喜悅之情很快便消散。總統似乎跟以前同樣好戰。他預計在三月三十一日針對越戰發表一場大型演說，可是儘管演說稿幾度修改，詹森仍繼續堅持用詞必須強硬。演說內容沒有提到談判或讓戰爭降溫。克里福德在三月二十八日的修稿會議上讀到最新版本，再也受不了了。「總統不能發表這場演說！」他情緒爆發，失去了慣常的鎮定。「那會是場災難！這場演說講的是戰爭。總統需要的是講和平的演說！這裡的第一句話是：『我想跟各位談談越南的戰爭。』它應該改成：『我想跟各位談談越南的和平。』」

克里福德預期國務院與他意見相左的鷹派狄恩・魯斯克會提出反駁。兩人在過去一個月的爭吵逐漸白熱化，並不是分貝提高，而是感覺得到的尖銳。不過令他意外的是，魯斯克並沒有反對克里福德的溫和建議。

在這關鍵的幾個星期，魯斯克的角色始終模糊不清，不過卻也不可或缺。私底下，這位個性自謙的杜魯門時期資深官員對於總統的影響力不亞於外交賢哲。

當了七年多的國務卿之後，這位有著一張圓臉的喬治亞州人依然深不可測，甚至在最親近的同事眼中都像一個謎。因爲無法瞭解他，他們逐漸將他視爲一個雙面人物，他的偶像馬歇爾將軍的翻版。他似乎只相信簡單的事，無法綜觀大局：儘管所有證據都呈現相反情形，他還是擔心中國軍隊隨時會越過越南邊界，就像他們在一九五〇年越過鴨綠江那樣。（被問到東南亞的風險是什麼，他的回答充滿不安：『十億個有核武的中國人。』）回想起美國在韓國毫不讓步，在第二次世界大戰擊退納粹與日本，他無動於衷。他也是一個孜孜不倦的拚命三郎，爲了工作犧牲家庭，不過星期天下午他有時會在辦公室看戰爭老片。（魯斯克喜歡看約翰．韋恩（John Wayne）攻打日軍；那似乎讓他想起敵人清楚可見、全國都支持戰爭的那個時代。）

雖然後來被接納爲權勢菁英成員，魯斯克卻仍認爲自己是圈外人。他對外交賢哲嚴重偏向東岸及華爾街感到不解；早在一九六五年，他便敦促詹森在這個團體裡納入更多南方人、西部人以及學界人士。他對奇普．波倫解釋，他保持距離不只是因爲馬歇爾將軍亦是如此，也因爲「我是來自喬治亞州契羅基郡的頑固男人——這樣的人就是不常談他們內心最深的感受」。在內閣成員中，甘迺迪總統只有對他是用姓來稱呼，魯斯克認爲那是一種「讚許」。「我從來不屬於海恩尼斯港和西棕櫚灘那種環境，從來沒有被推入艾瑟．甘迺迪的游泳池裡，從來不打觸身式橄欖球（touch football）。」他在一九七三年寫信給波倫表示，「這些事情都沒有影響我對總統本人的忠貞奉獻。」

魯斯克偏好秘密行事，除了總統之外不對任何人透露。因此，克里福德不知道魯斯克在某種程度上來說比他更早力促詹森提出和平倡議，也就不令人意外了。

克里福德相信，他在核心圈子唯一眞正的盟友是詹森的文膽哈利．麥佛森（Harry McPherson），後者已成爲堅定的鴿派，而且幾乎是拚命地試圖改變總統的立場。克里福德不知道的是，在外交賢哲會議之前的三月二十五日，魯斯克曾寫信給詹森：「對於可能的和平措施，我自己的想法已經變得跟哈利．麥佛森非常接近。」到了二十八日，克里福德慷慨激昂地提出訴求之時，魯斯克說服詹森宣布部份停止轟炸北越的動作早已進行多時。

事實上，魯斯克早在三月四日便建議部份停止轟炸——而且是在克里福德面前。當時克里福德與國務院及國防部的其他鴿派認爲魯斯克的建議別有目的。他們認爲魯斯克試圖矇騙美國大衆，是一種誘餌，想藉由在越南的雨季期間停止轟炸幾個月（反正效果不彰），重獲民衆的支持，然後再次升高衝突。

可是魯斯克並不是一個喜歡心機重的人。他痛恨越戰，非常想設法讓它劃下句點。他對於讓北越人坐上談判桌有所懷疑，可是正如他後來說的，他相信「總得什麼都嘗試」。他回想起一些原本成功機率不大的外交訪問後來也有所成果，尤其是肯楠在一九五一年春天秘密訪問蘇聯駐聯合國大使馬立克，展開韓戰的和平對話。

詹森比任何人都信任魯斯克。這位國務卿不急躁、行事從容謹慎，詹森相信他會提出小心且深思熟慮的意見。他接受魯斯克的主張，應該嘗試用外交手段，部份停止轟炸，就像詹森用他草根的口氣所說的：「就連瞎眼的狗有時也會找到栗子。」

極度痛苦的詹森心中有另一個遠比停止轟炸更令人震驚的宣告。到這時候，他自己全心投入在戰爭動員當中；這場宛如夢魘的「爛仗」已經耗盡了其他的一切，甚至包括他的政治野心。他想做件引人注目的事，展現他要讓戰爭光榮結束的決心。他決定宣布，他不會尋求連任。

不競選連任的決定其實已經醞釀了一段時間。過去這一年，他已經告訴過詹森夫人、魯斯克、羅斯托，以及他的公關秘書喬治．克里斯欽（George Christian），他不想做第二任，他擔心自己落得跟伍德羅．威爾遜一樣嚴重久病而無法治國。現在他發現一個讓自己得以崇高的理由下台的機會，戰爭的結局會威脅到他的總統職位，拆散他的國家。

「因此今晚，為了促成早期會談，我要採取舒緩衝突的第一個步驟。」三月三十一日晚間，詹森告訴全國的電視觀眾，「我們要降低——大幅降低敵對程度。而且我們要單方面立刻進行。」接著他提出令人吃驚的一段話：「我已經決定我不應該讓總統介入正逐漸形成這個政治年的政黨分裂。所以，我將不會尋求、也不會接受我的政黨提名我競選連任各位的總統。」

大多數美國人都將焦點放在演說中的最後這句話。然而，有一個人比較感動的是前面的那一句話。呼籲北越進行談判之後，他宣布：「我將指定最優秀的美國人之一，艾佛瑞爾．哈里曼大使，擔任我這類會談的個人代表。」

不到一個星期之後，河內接受詹森的會談邀請。四月三日，北越宣布他們願意與美國代表見面，討論和平協議。

★★★

對哈里曼而言，等待結束了；他為了追求談判與說服林登·詹森所付出的耐心與堅持同時獲得了回報。他的和平計畫再也不會被束之高閣，無人閱讀。一如哈里曼的預期，總統對純粹的軍事勝利已絕望，轉而尋求外交手段。由於哈里曼的經驗與智慧，當然還有耐心的規劃，他即將成為首席外交代表。

哈里曼身經百戰，參與過數十次乏味又經常沒有成果的談判，然而光是願意對談並不能讓他滿足。他知道眼前的任務有多艱鉅。其中之一就是，北越並未同意協商出解決方案，而是要討論進入解決方案會談的條件。本質上，他們只同意討論會談這件事。第二，哈里曼很清楚，為了得到河內更多的承諾，詹森不會完全放棄上戰場。

當哈里曼收到談判指示時，他更確定了自己的疑慮沒有錯。哈里曼在四月九日搭乘直升機到大衛營（Camp David，上次他到這個位於馬里蘭州的總統度假地點時，它還叫香格里拉，接待他的主人是法蘭克林·羅斯福），結果他與詹森及他的顧問們見面後感到很洩氣。哈里曼的助理丹·戴維森回想說，總統的指示「基本上就是『你待在那裡，直到他們接受我們的條件為止』」。只有克里福德支持他的主張，與北越交涉時要有彈性。「克里福德的動議無疑讓這些指示免於毀損，」哈里曼在歸檔的一份備忘錄中寫道，「國務卿則沒有任何貢獻。」

至此，哈里曼與魯斯克之間的敵意不但深切且無法排解。「艾佛瑞爾就是認為魯斯克那樣的庸才不應該得到那個原本更適合他的職位。」兩人的一位同事後來說，「更糟糕的是，他對此並不避諱。」哈里曼一九五〇年十二月在朋友面前嘲笑魯斯克，說他思考古板僵化，簡直像癱瘓了一般無法採取行動。不可避免地，他的話傳到了魯斯克耳裡。這位相信官場倫理以及指揮系統的國務卿自然不願意有一個像哈里曼這樣我行我素的人物在國務院裡出現，爲所欲爲。魯斯克隨時都想設法讓他受到控制。

哈里曼效忠的對象是總統。「我會服從命令。」哈里曼四月十一日在電話上告訴詹森。「希望如此。」詹森說。「我是軍人，」哈里曼再度強調，「我會服從命令。」

爲了確保哈里曼聽話，詹森決定指派另一位談判代表陪同哈里曼參加和平會談。他挑選賽勒斯·范錫，與詹森也關係親近的權勢菁英。

總統似乎喜歡范錫來自西維吉尼亞州這一點，跟他一樣來自鄉村地區。事實上，范錫是約翰·戴維斯（John W. Davis）最喜歡的外甥；後者也是西維吉尼亞人，有幾十年的時間都是華爾街最有權力的律師。范錫上過耶魯大學（他是艾奇遜的秘密社團卷軸密鑰會的會員），然後到華爾街工作。他在一九五〇年代擔任參議院立法顧問，因而與詹森建立了關係，詹森在一九六四年任命他爲國防部副部長。因爲自己背痛、孩子的學費，以及個人對於越戰的醒悟愈來愈強烈，他不得不在一九六七年離開五角大廈，可是在底特律暴動期間☆，他還是繼續爲總統效命，非常有效率地解決問題。當詹森要求他在和平會談中擔任哈里曼的搭檔時，時值一九六八年四月華盛頓發生暴動，他正好待在白宮。

「我要讓哈里曼的心中瞭解一個事實，那就是他要與范錫共同合作。」詹森告訴魯斯克與克里福德。總統直率地告訴哈里曼，雖然他的年紀較長，經驗較豐富，不過范錫與他一樣是談判代表。

一般普遍認爲范錫是詹森的「間諜」，被派去監視哈里曼的鴿派立場，如果這位老政治家偏離白宮的強硬路線，則向詹森回報。范錫回憶，就算那是他的角色，但是詹森卻從來沒有告訴他。

可能詹森假定范錫會對哈里曼產生牽制作用；畢竟范錫曾經是忠心、勤奮的國防部副部長。然而，詹森不

☆譯註：底特律暴動發生於一九六七年七月，警方掃蕩一家非法酒吧的行動演變成嚴重暴動，詹森總統甚至派出軍隊鎮壓。它是美國史上死傷最慘重的暴動之一。

知道范錫已經變成一個十足的鴿派。雖然范錫絕對沒有對詹森不忠，可是他不但馬上成爲哈里曼的搭檔，還變成他的盟友。

哈里曼也獲得艾奇遜的高度信任。「我們不如以往年輕，但是依然寶刀未老。」艾奇遜寫信給哈里曼，「你得跟我說我們的領袖打算做什麼。有一陣子我以爲你讓他步上正軌，但我推測邦克和魏摩蘭灌輸給他一些鷹派觀念。我不羨慕你談判卻沒有目標。或許越南獨立同盟會以爲你難以理解，那是西方人知名的特點。」

對於一個將自己的生涯都奉獻於開創與恢復秩序的人來說，一九六八年四月是非常令人沮喪的一個月。四月初馬丁・路德・金恩（Martin Luther King）遭槍殺之後所發生的暴動嚇壞了艾奇遜；華盛頓黑人區陷入火海，白宮外架起機關槍，就在艾奇遜辦公室對面。「那是你在吉朋的書中才會讀到的那種事☆。」他告訴一個朋友。在給女兒珍的信上，他寫道：

> 我一直順其自然，相信我們即將陷入災難……上個週末讓我們想起了美國夢；整座城市在我們身邊燃燒，歐洲一片混亂，華盛頓混亂的情況是英國人焚燒它以來所僅見。他們和黑人都將它給毀了。我收到詹森寄來的生日祝賀信——他是個傑出的人，著實是個半人馬——人首馬身。

詹森寫了一封過度熱情的祝福信給艾奇遜，表示他在杜魯門時代的表現是他心中的典範，因爲公僕從事不受歡迎的戰爭而遭到的「誹謗、羞辱，以及惡意攻擊」，他都堅忍地承受。「對我這一代而言，」詹森寫道，「你是完美的公僕。」

在艾奇遜心中，華盛頓剩下的最後一個可敬的人就是哈里曼。雖然曾經嘲笑他的政治野心，但現在他只欣

☆譯註：吉朋是《羅馬帝國衰亡史》的作者。

賞哈里曼過去幾年在沒沒無名的政府職位上耐心盡責的表現。他在五月號《駐外辦事處》期刊的一篇文章中推崇這個老友的正直，寫道：「哈里曼大使始終不怕失去他在華盛頓的地位，而那是一般顧問們汲汲營營爭取的東西。」

和平會談預計五月在巴黎展開（哈里曼原本偏好華沙，因為那裡比奢華的巴黎接近蘇聯）。就在離開華盛頓，準備進行他輔佐總統三十年來最後也最困難的外交任務時，哈里曼寫了一封信給艾奇遜：「我明天出發前往巴黎。二十年前幾乎就在同一天，我帶著馬歇爾計畫抵達巴黎，而那主要都是根據你的倡議來進行的。」

★★★

詹森總統派出哈里曼時仍心存懷疑：「我很高興我們要進行會談了，但是我不抱持太大的希望。」他在五月六日的內閣會議上宣稱，「你們有些人認為我們想在選舉年解決這件事。我想解決，但並不是因為選舉的關係。」

然而，哈里曼與范錫代表團（代號：HARVAN）隔天在一陣喧鬧中抵達巴黎。為了讓晚間新聞「現場直播」，哈里曼的飛機不得不在機場上空繞行好幾圈。美國各大電視網紛紛派出他們的主播到巴黎，在會談現場播報新聞；各方的期望高得不合理。

事實上，河內無意迅速達成協議。雖然北越因為農曆新年攻勢而死傷慘重，需要時間重組與恢復，但是他們精確地理解到農曆新年攻勢是一次重大的心理勝利，重挫了美國人民的意志。河內只希望撐得比美國久，因此採取「邊打邊談」策略，用會談讓美國鬆懈，一方面仍在戰場上積極進攻。

兩邊剛開始的意見可說是南轅北轍。美國要北越部隊撤出南越，河內則堅持美國必須完全停止轟炸，他們才肯開始考慮談判。形式上，巴黎和平會談根本不是真正的談判；它們被形容為「官方對話」。

美國代表團很快就碰上現實問題。他們從克里雍飯店（Crillon Hotel）五樓的房間搬到一樓較低價的區域，並派人請他們的夫人加入，準備長時間等待。這次停留並不愉快。巴黎正值多事之秋；左派學生與法國警察在街上對峙。不停在世界各地旅行的哈里曼染上嚴重流行性感冒，久病在床——這是任何人記憶所及的第一次。不過他依舊心意堅定。「只要有必要，我會一直待在巴黎。」離開華盛頓之前他向尼克・卡森貝克保證。（卡森貝克忍不住問：「艾佛瑞爾，如果會談在仰光舉行，你還會有相同的感覺嗎？」）

在沒有徵求華盛頓的允許之下，他幾乎立即與北越展開秘密的非正式會談，地點在巴黎郊區一棟偏僻的房屋裡。同時，他也運用他的蘇聯人脈：離開華盛頓之前，他徵詢過杜布里寧大使（他是與哈里曼十分親近的好友，經常參加哈里曼的生日宴會，也與他一起到荷布灣度假），說服他指派蘇聯駐法國大使佐林就近觀察會談。當然，哈里曼希望蘇聯不只觀察，也能參與。

六月初，克里姆林宮發出令人振奮的信號。柯西金主席寫信給詹森總統表示，他「有理由相信」，美國完全停止轟炸將會帶來突破，產生「和平的契機」。詹森要求進一步的保證，可是卻沒有獲得答覆。克里姆林宮突然間對越戰保持沉默。

在徒勞等待蘇聯的舉動或表示之際，哈里曼不由得變得有點洩氣。雖然他認爲自己對克里姆林宮的態度很務實，可是長久以來也希望蘇聯可以被說服（至少被他說服），在平息越戰上扮演一定的角色。同時，他知道蘇聯並不積極介入東南亞，或幫助美國脫離困境。當蘇聯在八月派坦克鎮壓布拉格之春（Prague Spring）時，哈里曼便瞭解克里姆林宮太專注於自己的問題，無暇協助他。

雖然有些人，例如賽勒斯・范錫，感覺到哈里曼對俄國人的失望，可是這位「老鱷魚」卻沒有表現出他的情緒。「我們必須有耐性，要強硬。」他告訴賽伊・蘇茲柏格。可是美國政治讓他感到一種急迫感。身爲忠貞民主黨員，他渴望與北越談判，以挽救副總統休柏特・韓福瑞（Hubert Humphrey）的競選劣勢，並防止他無法容忍的理查・尼克森入主白宮★。他堅信如果尼克森勝選，越戰就會再拖上四年。「艾佛瑞爾對於政治非常敏

★作者註：羅伯特・甘迺迪在六月贏得加州初選的那天晚上遇刺。哈里曼是葬禮上的護柩者。

銳，」范錫回想說，「他說：『如果我回到國務院輔佐休柏特會比較好。那才是挽救他選情的真正辦法。』」

哈里曼看得出來韓福瑞陷入困境，無法與詹森切割，以和平候選人的形象競選。隨著反戰示威的熱潮持續升高，哈里曼也明白八月的民主黨代表大會將是一場混亂，除非黨內的鷹派與鴿派能夠和解。在巴黎亟需有所突破。

七月，爲韓福瑞擔任特使的兩位傑出鴿派，亞瑟·高柏格與喬治·鮑爾飛到巴黎與哈里曼及范錫見面（哈里曼對於這件事相當謹慎；他拒絕讓擔任他助理的年輕駐外辦事處官員到機場接鮑爾和高柏格）。四人討論因應對策。哈里曼和范錫心裡已經有了方案。北越已經多少降低了在南越的戰鬥層級，這是河內在表現誠意嗎？哈里曼提議就把它當成是。他建議，美國應該以完全停止轟炸作爲回應。實際上他所提的就是在古巴飛彈危機期間奏效的同一項策略：忽視強硬的發言，對有希望的暗示做出回應；假設敵人想要和平，並幫助他們達成。

第一個障礙不是河內，而是林登·詹森，而時機又很不湊巧。正當哈里曼與范錫在巴黎規劃和平倡議，詹森已在檀香山向南越總統阮文紹保證他會全力支持他們。

威廉·邦迪從檀香山會議返國途中經過巴黎，哈里曼與范錫要求他讓他們的構想在華盛頓能充分爲人所知。返國之後，他單獨與總統見面，這也是他一生中唯一的一次；他討論哈里曼與范錫要求停止轟炸的電報。詹森堅持不肯讓步，非常憤怒，認爲那是反對他的自由派陰謀，因此決心他的作戰行動不考量政治因素。「我要你知道，我不會那麼做。」他對邦迪咆哮道，「這件事在國務院連提都別提。」

這項和平倡議因而流產。在巴黎，哈里曼對於大選愈來愈焦慮。他私下支持休柏特·韓福瑞公開呼籲完全停止轟炸的一場演說——儘管總統拒絕支持這樣的措施。他甚至向同事建議，韓福瑞應該辭去副總統職位，與詹森及其戰爭政策徹底切割。

「鱷魚」那年夏天特別暴躁。在爲亞瑟·高柏格與比爾·邦迪舉辦的一場僅限男性參加的晚宴上，哈里曼強烈抨擊政府裡的鷹派，認爲他們正在破壞和平的契機。他對美國駐西貢大使艾爾沃斯·邦克頗爲不滿；後者同為耶魯校友，哈里曼曾擔任他耶魯新生隊的教練，也曾在一九五〇年設法幫助他進入政府服務。嚴厲批評邦克之後，他將自己的砲火轉向邦克的助理之一山姆・柏格（Sam Berger）——過去曾是哈里曼忠心的門生。對邦迪來說，這樣實在太過份。「艾佛瑞爾，你不能那樣說山姆・柏格。」他氣得從椅子上站起來抗議，「你要是繼續下去，我就離開。」范錫不得不拉著他上衣的一角，要他坐下。

比起他與詹森及老艾爾沃斯的爭執，有一個更深的衝突讓哈里曼更為困擾。「他感到很大的壓力，」范錫回想說，「我們是強權，但是卻進退維谷。我們不能丟了就跑，但是也無法獲勝。」哈里曼知道「適當間距」的概念（由年輕的駐外辦事處官員所定義，指最後一名美國士兵離開到第一名尼姑遭強暴之間的時間），可是他寧願不要一直想它。他寧可相信，經過談判而來的解決方案能夠催生出一個可行、獨立的南越。

他對尼克森的憎惡幫助他擺脫了美國撤退後越南發生大屠殺的恐懼。他心裡漸漸接受美國分階段撤離之後，西貢最終要捍衛自己的事實。對於少了美軍戰鬥部隊之後阮文紹與阮高祺維持其政府的能力，他沒有任何幻想。「你知道我有多麼希望我們應該有一個光榮的和平。」他告訴尼克・卡森貝克，「但是讓我告訴你一件事。比起理查・尼克森當選美國總統，越南根本不算什麼。」

在十月的一場晚宴上，哈里曼對賽伊・蘇茲柏格表露心聲。「他說韓福瑞注定會敗選。」蘇茲柏格在自己的日記上寫道，「他不會主動出擊，而且他的顧問很差勁……哈里曼現在顯然很討厭總統，而且本身的立場相當鴿派，可是他承認自己在兩年前是鷹派。他討厭尼克森，並聲稱尼克森不會指派現在談到的任何傑出人士出任內閣閣員，而會召集安格紐的同事☆。」

北越也跟哈里曼一樣不希望看到尼克森當選。大選前不到一個月，十月十一日，他們決定拉抬韓福瑞的選情：只要美國停止所有轟炸，他們就同意展開正式談判，民族解放陣線與西貢都派代表出席。蘇聯雖然有所延

☆譯註：史皮羅・安格紐（Spiro Agnew）是尼克森的競選搭檔，後來成為美國副總統。

遲，但此時終於介入，強烈鼓勵河內的這項讓步之舉。這雖然違反詹森的直覺，可是在顧問們的強大壓力下，他還是同意河內的條件。哈里曼還有最後一次創造奇蹟的機會。

接著南越卻猶豫了。尼克森偷偷鼓勵阮文紹繼續堅持下去，等待共和黨政府談出更好的條件，於是阮文紹拒絕與民族解放陣線坐上同一張談判桌；他稱北越的條件是「共產黨的陷阱」。會談僵持了好幾個星期，各方爲了談判桌的形狀爭吵不休。應該採取雙邊形式，一邊是美國與南越，另一邊是民族解放陣線與北越嗎？還是三邊形式，沒有民族解放陣線的位置？或是四邊？還是採用圓桌？

哈里曼是其中最有耐性的，可是他看得出來自己的時間終於要耗盡了。「艾佛瑞爾對於南越副總統兼談判協調人阮高祺十分不滿。」蘇茲柏格寫道，「雖然他說：『任何事情都不能相信共產黨，』可是又補充說他們行事有尊嚴，不像那個『下流的阮高祺』。」蘇茲柏格建議採用不同大小的座椅，讓阮高祺坐「嬰兒高腳椅」，以解決談判桌形狀的問題，結果惹得哈里曼捧腹大笑。

整個十一月、十二月一直到一月，談判桌形狀的爭執持續不休。「艾佛瑞爾受夠了，」蘇茲柏格在元旦當天寫道，「他對詹森總統、魯斯克以及邦克大使的厭惡日益明顯。我有一種感覺，在這個階段，艾佛瑞爾對河內的同情幾乎超過對西貢政府。」

南越終於同意在一月十六日與共產黨（民族解放陣線以及北越）坐下來談——就在理查·尼克森就職之前四天。

當時疲累又不滿的哈里曼已經返回華盛頓。他的朋友同時在喬治城的三間大房子裡舉辦一場大型宴會，試圖讓他開心。「這是未來四年最傑出人士的聚會。」保羅·華恩克宣稱；這也點出了華盛頓權勢菁英將尼克森政府視爲不受歡迎闖入者的觀點。

共和黨接下來執掌了白宮八年，而非四年。七十八歲的艾佛瑞爾·哈里曼一向不服老，對工作義不容辭，但是他卻不知道，自己長期爲了戰爭與和平而盡心盡力的職業生涯已經來到了終點。

第二十四章　傳承 LEGACY

「從來沒有過這麼好的伙伴」 "Never in such good company"

到了一九七〇年春天，權勢菁英與其周邊人物已經遭到包圍。在哈佛大學，學生高呼：「胡！胡！胡志明！胡志明會獲勝！」在紐哈芬，嬉皮領袖艾比・霍夫曼（Abbie Hoffman）誓言「燒光耶魯」。耶魯校友擔心他們的母校到六月同學會時是否還依然挺立。

革命滲入了內部密室。當外交關係委員會主席大衛・洛克斐勒（David Rockefeller）在一九七〇年哈佛與耶魯美式足球賽前夕邀請比爾・邦迪擔任《外交事務》雜誌主編的消息傳開來時，許多較年輕的委員激烈抗議。這項任命案在五角大廈文件轟動出版之前傳出來；這些文件是國防部針對美國介入越南所做的內部研究，記錄了邦迪在升高戰爭層級上所扮演的角色。「戰犯」的稱號開始不脛而走，甚至在該委員會位於紐約市公園大道的大樓哈洛普拉特宅邸（Harold Pratt House）的鑲板房間內也聽得到。

大眾傳播媒體發覺權勢菁英的影響力逐漸衰退；《紐約》雜誌一九七一年九月的其中一期封面標題寫著：「東岸權勢菁英的垂死哀鳴」。一年後，大衛・哈伯斯坦在他的暢銷書《出類拔萃》中追究越戰慘劇的原因，認爲是傲慢的統治菁英所致。（哈伯斯坦稍早刊登在《哈潑雜誌》（Harper's Magazine）上尖酸的麥克・邦迪人物側寫，「寫得有道理，不過可以正經一點，」艾奇遜在給一個朋友的信上寫道，「但不是由一個自作聰明的傢伙寫」。）

身爲舊政權的領導者，艾奇遜發覺自己處於不熟悉也不全然自在的異議立場上。雖然他繼續小心翼翼地反對越戰，可是卻不喜歡過著地下生活，而且開始與共謀者爭吵，覺得他們變得太張揚。「克里福德太多話了。」他在一場大使館宴會上向哈里曼抱怨；《華盛頓郵報》的一名八卦專欄作家無意中聽到之後隨即將這段話刊登出來。艾奇遜不得不向克里福德道歉，不過他也勸他參考法國政治家甘必大（Gambetta）送給想成為革命者的人的一句名言：「隨時思考，絕不談論；敵人之耳正在傾聽。」艾奇遜也認為哈里曼變得太直言不諱，尤其是在他於國會作證時說出「應該設定所有美軍部隊撤退的時間表」之後。

過去老同學之間的競爭，在一九六八年三月爾虞我詐的外交賢哲會議期間已昇華消散，此時又再度浮現。艾奇遜「尖酸地回憶，艾佛瑞爾．哈里曼從一九六五年到一九六八年對越南問題抱持徹底的鷹派立場，」賽伊．蘇茲柏格在他的日記中寫道，「不過他說，艾佛瑞爾現在卻忘得一乾二淨。」哈里曼同樣討厭艾奇遜的角色。「你把太多功勞歸在艾奇遜身上，」他告訴湯森．胡普斯；後者寫的《干預的限制》（*Limits of Intervention*）描述了艾奇遜在三月反叛行動中的角色。「那是整場戰爭中他唯一對的時候。」

邋遢、粗暴的反戰抗議人士冒犯到了艾奇遜。他寫信給一個朋友指出，他偏好用「青少年」這個字眼，而不是「青年」，因為那樣「稍帶輕蔑意味」。當他就讀哈佛法學院的孫女艾兒蒂（Eldie）對警方在一九七一年國際勞動節隨意拘禁抗議者表達驚愕之意，艾奇遜咕噥道，失去公民自由只是「將製造麻煩的人趕出街頭二十四小時所付出的一點小小代價（因為我不是受害者）★」。

艾奇遜不太可能與抗議人士待在外面太久。尼克森的國家安全顧問亨利．季辛吉很欣賞這位老政治家，他決心善用他的智慧與經驗，即使尼克森總統過去一直是艾奇遜的死敵。季辛吉本身曾與艾奇遜共事多年；對於

★作者註：艾奇遜對暴民的藐視實在比不上喬治．肯楠。雖然肯楠對越南的鴿派立場是所有人當中最一致的，他卻聲稱：「我對街頭示威沒有熱情。它們往往過度簡化議題，容易失控，受到不對的人所掌控。」他如此告訴《紐約時報》。的確，他很後悔警方鎮壓學生暴動的動作沒有更快。「憤怒失序的人們令我感到厭惡，他們成群亂闖、呼喊穢言穢語、靠吼叫壓倒別人、與警方發生衝突。面對這樣的挑釁，我覺得指控警方殘暴蠻橫實在很荒唐。」

美國在世界事務上的角色，兩人都抱持現實政治的看法。（季辛吉也喜歡這位前輩不修飾的率直個性。他在一九五三年還是研究生時曾經寫過一篇研究論文，當中提出一個不甚得體的問題，是關於艾奇遜對於麥克阿瑟將軍從韓國發出特別「有力」的急件的反應。這位舊世界外交的模範人物揚起眉毛問：「你是指在我尿褲子之前還是之後？」）

季辛吉寫道，尼克森總統「既尊敬也鄙視」這位老外交政策權勢菁英。可是跟他的前任者一樣，他也忍不住請求傳統權勢菁英的協助。當他終於瞭解艾奇遜的爲人，而不是把他當成肖像，反而覺得他的直接與尖酸令人耳目一新。

「我毫無熱情地被拉回來接受總統的諮詢。」艾奇遜在信上對一個朋友寫道。雖然艾奇遜厭惡尼克森的想法，可是對總統這個職位卻十分忠心。即使年屆七十六歲，他還是懷念接近權力的感覺。沒錯，他實在非常願意原諒過去，爲當下效力，因此他在尼克森上任第一年時出版的回憶錄中，完全沒有提到尼克森在「原始人的攻擊」當中扮演的重要角色。

艾奇遜對於阿諛奉承幾乎沒有招架之力。「尼克森與季辛吉對我和我一些年邁的同事，像是麥克洛伊和尼茲，都十分體貼。」艾奇遜在寄給安東尼·艾登的信上寫道，「他們向我們請益、加以思考，有時候甚至遵照我們的意見。」他補充說，白宮還大費周章安裝一條保全電話線到他加勒比海安地瓜島的冬季度假小屋。「我愈是瞭解尼克森，就對他抱持更多期望。」艾奇遜寫信給鮑伯·羅威特，「我也發現亨利·季辛吉嚴肅的德國作風比較適合在幕後操作，而不是站上第一線拋頭露面。我認爲，比起麥克·邦迪或華特·羅斯托，他能發揮比較好的影響力。」不過，季辛吉回憶，當他「特別囉唆」的時候，艾奇遜就會毫不猶豫讓他知道。「我能這樣寫嗎？」季辛吉有一次問他對於一大篇文章的看法。「你當然可以這樣寫，」艾奇遜回答，「可是如果你想表達訴求，就別這麼寫。」

「尼克森先生與我彼此已經變得很友善，這件事簡直不可思議。」艾奇遜在一九六九年十二月對一個朋友透露。愛麗絲對這樣的轉變大感驚訝，有一天在她丈夫與總統開完會回家之後挖苦說：「他拍你馬屁了嗎？」她單刀直入地問道。艾奇遜不好意思地承認，他自己的虛榮心得到了滿足。

這種熱切的關係卻無法持久。雖然艾奇遜剛開始支持尼克森將越戰「越南化」，可是總統擴大戰事並加速轟炸時，他便不再支持。「我擔心他的判斷大錯特錯。」尼克森在一九七〇年春天下令入侵柬埔寨之後，艾奇遜在給約翰・考爾斯的信上寫道。一年後，他寫信給安東尼・艾登：「總統似乎慌了，很有可能因驚恐而變蠢。」他憤怒地對考爾斯表示：「現在的政府是自從威爾遜政府卸任前那幾年以來，我所見過最無能、最沒有方向的執政團隊。」

感到厭惡的艾奇遜開始直接拒絕總統向他諮詢越南問題，因爲他的意見顯然受到漠視。經過了詹森的經驗之後，他不肯爲他不支持的政策背書，被當成代言人與道具。

然而，當理由看似正當時，他的自尊並沒有阻止他自告奮勇。一九七一年春天，在他人生的最後一年，他又聽到了一個呼喚，要堅定支持並捍衛他最重視的一個組織：西方聯盟。

因爲在越戰中沒有發言權而深感受傷，國會再也不願意被總統當成順從的工具，於是七〇年代初期便開始在外交政策上有自己的主張。干預越南失敗刺激了昔日孤立主義派的渴望；自由派與保守派同樣想要收回美國的承諾。五月，抱持鴿派立場與孤立主義的參議院多數黨領袖麥克・曼斯菲爾德（Mike Mansfield）提案，將美軍部隊對北大西洋公約組織的承諾減半。國會領袖通知白宮，這項議案已經有足夠票數可以通過。

由於他所開創的政策陷入嚴重危機，艾奇遜自願提出爲亨利・季辛吉效力。當季辛吉提議，艾奇遜或許能跟他的幾個朋友談談，這位老國務卿回答：「看來我們似乎需要萬彈齊發，而不是零星槍火。」他號召了一批前國務卿與國防部長、過去的駐德國高級專員、北約組織指揮官，以及參謀長聯席會議主席。羅威特與麥克洛伊同意加入；麥克洛伊甚至飛到德國尋求西德總理威利・布蘭德（Willy Brandt）的支持。這些老戰士聚集在橢圓形辦公室，圍繞在尼克森身邊，陣仗之大頗爲嚇人。從側樓看著這景象的季辛吉表示：「這是守舊派最後一次聚首了。」

艾奇遜自己相當不滿國會竟敢干涉行政官員的外交政策特權。「您是總統，」他告訴尼克森，「您叫他們去死吧。」艾奇遜對媒體形容曼斯菲爾德的修正案「愚鈍」且「全然無理」。（當被問及會議為什麼拖了七個小時，艾奇遜回答：「我們都老了，也都很愛辯。」）

這些資深政治家的抨擊震撼了國會：讓士兵回家的提案在參議院闖關失敗，票數是六十一票對三十六票。艾奇遜寫信給約翰·考爾斯：

……我們當中支持總統的人受到了自從麥卡錫時代以來最嚴重的誹謗。整個過程很有趣，帶來一項令人十分滿足的勝利。我收到一封尼克森寄來的信，看了讓人很高興，他說現在我有資格宣稱自己參與了開創與復興的過程。

★★★

那將是這位全心奉獻的戰士最後的歡呼，是在一個看似逐漸受私利左右的年代裡，他保衛職責與榮耀的最後機會。「我認為這個世界不但看來即將走向毀滅，」他寫信給一個朋友，「而且實際上就是如此。」健康日漸惡化令他更為憂鬱。他因為輕微中風住院一陣子，嚴重流行性感冒又毀了安地瓜的假期，甲狀腺症狀則留下複視的後遺症。「每個槌球的球門看起來都變成兩個。」他對安東尼·艾登抱怨。對於一個至今人生都是靠文字的力量形塑而成的人來說，有時候幾乎不能閱讀更是糟到不能再糟的事。

艾奇遜感覺到他的年代已經過去，而他卻不喜歡眼前發生的事。「我們正處於一個到處都是庸才的時期。」他對賽伊·蘇茲柏格哀嘆道，「人們有意見卻沒有知識，領導人則是從民眾心中的形象中塑造出來的。民主之所以讓人可以忍受，是因為其他制度都令人難以忍受。」

庸才。終其一生，他始終壓抑不了自己對於平庸的輕蔑。於是，隨著人生逐漸走向終點，他開始深情地追憶一個有時令人發狂或困惑，但絕對不平庸的人。那年九月，艾奇遜在海爾伍德坐下來，寫信給這位在他一生中始終是值得信賴的伙伴，偶爾也是對手的童年朋友。

艾奇遜回憶，他們於「六十六年前的這個月」在格羅頓中學唸書時認識。「在過去這麼多年裡，大部份時間我們參加的活動都相當費勁，首先是在水上划船，後來則是在政府裡奮鬥。」有失敗也有成功，有黑暗的日子也有光榮的時刻，可是他們都一起度過。「我第一次被開除是跟你一起。」艾奇遜表示，指的是他們當耶魯划船隊教練時遭解雇。「此後我就不時被開除，你也一樣。我希望我們倆都能說：『從來沒有這麼好的伙伴。』」

艾奇遜最看重的是艾佛瑞爾·哈里曼的忠誠。他們之間的忠誠來自一個時代，當時無論彼此是否有歧見，有一小群人都還是能夠放心信任朋友。在這個新時代，亨利·季辛吉可以用計謀取代威廉·羅傑斯（William Rogers），當上國務卿，可是哈里曼儘管野心勃勃想要同一個職位，但身爲國家安全顧問的他卻從來沒有以相同手段對待艾奇遜。而且，當誘惑來臨時，他的作法正好相反。就像艾奇遜在他的信上提出的結論：「你的協助與堅定不移百分之百值得信賴。」

在接下來的那個月，艾奇遜的健康和精神似乎好轉了一些。他比較能夠多走動，到常去的地方，看看老朋友。他似乎也圓熟了一點，彷彿已經與這個他再也無力改變、難以相處的世界和解了。

一九七一年十月一個晴朗明亮的日子，艾奇遜慢慢整理著他海爾伍德的花園，爲冬天做準備。他的老管家強森注意到他似乎在環顧四周，東張西望，好像在找什麼東西。五點鐘左右，當馬里蘭州鄉間籠罩在小陽春的黃昏中，艾奇遜走進他的書房。又過了一個小時，強森發現他已在那裡安息，因中風而去世。

★★★

「在駐外辦事處四十年夠久了。」奇普·波倫在他的回憶錄中寫道。一九六九年，他從國務院退休。當時他六十四歲，「還剩下足夠的精力可以賺點錢。」

波倫還是像往常一樣財務吃緊，但是並沒有過度擔憂。他還擁有登巴頓街上的溫馨小屋，裡面充滿了書籍、東方地毯，還有描繪打獵場面的畫作，「以聖公會的風格佈置，」他的兒子查理冷冷地說。一對菲律賓夫婦負責照顧他和愛薇絲；在接下摩根銀行顧問的工作之後，他甚至有錢在瑪莎葡萄園島買下一棟避暑小屋。

說也奇怪，出身聖保羅中學與坡斯廉俱樂部的他竟在老年成爲像韓福瑞那樣的民主黨員。他滿腔社會正義感，甚至談到社會主義，「或許那是我們應該走的路。」他子女的朋友喜歡造訪登巴頓街，因爲儘管這位老外交官令人畏懼，但他卻也充滿好奇心，歡迎別人與他辯論。然而，他瞧不起粗野的激進學生。看著吵吵鬧鬧的一九六八年民主黨代表大會，他並不同情抗議者。「他認爲他們的知識份子主張很膚淺，」他的女兒謝莉絲汀回想說，「他的直覺反應是，他們爲什麼非得那麼骯髒、邋遢，滿口髒話？」

波倫雖是鴿派，但是對於自己的孩子認爲戰爭不道德的主張卻顯得不耐煩。他會引用孟德斯鳩的話：「那不是罪，而是錯誤。」他依舊認爲美國有反侵略的道德責任。波倫對於蘇聯的態度也沒有軟化。一九六八年七月，在喬治城的一場宴會上聽到時髦的自由派人士讚揚布拉格之春有成功的希望，他插話道：「蘇聯會鎮壓它。」一個月後，坦克便開進了布拉格。

在人生最後幾年，如果波倫深深思量自己的成就與失望，會發現他並沒有將自己想法與人分享。在他的孩子看來，他似乎對人生很滿意。波倫確實寫了回憶錄，可是過程卻充滿痛苦。他的文筆不佳，也不是非常善於反身思考；《紐約時報》記者羅伯特・菲爾普斯（Robert Phelps）還得重寫這本名爲《歷史見證者》（*Witness to History*）的書。這本出版於一九七三年的回憶錄筆調輕鬆直接，但是缺乏艾奇遜的回憶錄《參與創造》那種寬廣視野與影響力；後者在一九七〇年榮獲普立茲獎。這兩本書的書名反映了它們作者的個性；如果波倫在塑造歷史的作爲上遠遠不如艾奇遜，那也可以說對此他比較謙虛。（「如果你像狄恩・艾奇遜那麼高傲，」一個朋友寫道，「你就會將自己的書命名爲《睿智的歷史見證者》。」）

結褵將近四十載之後，他依然深愛著愛薇絲，非常期盼在她的陪伴下度過漫長而幸福的退休生活，四處旅行，拜訪老友。他備受太太寵愛，一旦少了她便有些無助。有一次到哈佛大學拉德克里夫學院看女兒謝莉絲汀時，他弄丟了皮夾。「你最好打電話給信用卡公司，」謝莉絲汀說。「我們最好打電話給你媽。」波倫說。疾病折磨著他。他在六十五歲左右一覺醒來因為動脈痙攣而一眼失明，從此便戒了菸（並開始嚼高爾夫球座來抑制菸癮）。他恢復了視力，可是腸子又出問題，先是罹患憩室炎，接著又得了致命的結腸癌。

他生命中的最後幾年相當難熬。由於內臟日益不適，他的身體也漸漸衰弱。死前最後一年，他必須忍受令人感到羞辱的結腸造口手術，在腸子連上一個塑膠袋，並掛在肚子外面。對人生承受諸多苦痛但也熱愛美食與歡樂夜生活的波倫而言，這種病不但痛苦，同樣也令人失望。「他寧願早一點乾淨俐落地死去。」他的兒子回憶說。

到最後，波倫甚至失去他對辯論的熱愛。他在聖保羅中學與哈佛大學的老友藍道夫．哈里遜回想自己在他病榻旁與他進行友善的辯論，試圖逗他開心。五十多年來，哈里遜都能用十分保守的話開心地激怒他這位老同學與社團老友，但在一九七三年的冬天，波倫實在病得太重了。

★★★

喬治．肯楠有多年沒見到他的老友。在智識上，他們漸行漸遠。「奇普已經成為艾奇遜派。」肯楠回想說。在一九五〇年代晚期，他們兩人曾經為了蘇伊士運河危機於某個週末在肯楠的農場爭辯「到凌晨」，不過那是他們最後一次辯論。「他一向很敏感，不想傷害到我的感情。」肯楠回憶，「我認為我們就是彼此同意不爭辯。」兩人無法談論意見，於是失去了聯繫，逐漸疏遠。

一九七三年夏天，肯楠聽到波倫將不久於人世的消息。經過這麼多年，共同經歷過這麼多事情，他覺得必須見他最後一面。他從普林斯頓搭火車，來到登巴頓大道找波倫；波倫的魅力與俊美外表曾令他欣羨無比，如今卻成了一個蒼白而憔悴的軀殼。波倫勇敢地迎接他：「等我病好了之後……」

「從他的眼神，我看得出來他知道自己來日不多了。」肯楠回想說，「我們避開政治不談，結果真的無話可聊。」肯楠悄悄地向他親愛的同伴道別，雙眼泛著淚離開他的床邊。幾個月之後，在一九七四年一月一日，波倫在睡夢中與世長辭。

★★★

說來奇怪，苗條挺拔的肯楠並不顯老。他的頭雖禿髮，卻光滑如大理石像，眼睛湛藍，略帶悲傷。他單獨坐在位於普林斯頓一片森林邊緣、滿是書籍的書房裡，寫著歷史。他與過往一樣，「是自己時代的過客，不是人生的主人。」一九七〇年代出現愈來愈多的購物中心、迪斯可舞廳與公寓大樓、大麥克與漢堡王，使他甚至更渴望托爾斯泰的年代。

他從偏遠的高處觀察美國外交政策在各種極端之間擺盪，從季辛吉的現實政治，到卡特的人權聖戰，再到雷根的簡單對峙辭令。肯楠很嚮往戰後的那幾年，一小批能幹又無私的人掌控外交政策，相對之下不受政治人物影響。對典型菁英主義的肯楠而言，國會慌亂地進入微妙的世界事務領域這種誇張之事實在可惡；同樣令人沮喪的還有當今總統顧問的各種小動作，只會瘋狂洩漏消息，為了自我利益而惡性競爭。肯楠認為，外交政策已經成為政治劇場。美國偏重論辯而不顧現實，忽視一致性而傾向機會主義，所以喪失了世界領導者的角色。「一個用這種方式統治的國家，」肯楠在一九八四年秋天接受歷史學家隆納德·史提爾(Ronald Steel)訪問時表示，「沒有資格積極參與這個世界的各種事務。」

一九八四年，八十歲的肯楠一如以往情緒化、認清現實，但也機靈、有敏銳洞察力。看到俄國再度被一個美國總統誇大成貪婪的怪獸，對他來說宛如夢魘。將蘇聯形塑成致力於毀滅西方的「邪惡帝國」，是他X文章帶來的負面影響，對此他深感後悔，而這篇文章總是遭誤解，長期以來早已偏離原意，然而卻又像一株根深蒂固的野草般充滿生命力。「這個國家有許多擔任官職的人似乎不知道史達林已經死了。」肯楠在不止一個場合疲倦地表示。在他個人看來，蘇聯已經變得保守而僵化，幾乎無法維持自己的帝國，更別說進行擴張。他們當然不打算侵略歐洲。但是肯楠有很深的不祥預感，美國似乎專注於軍事威脅，染上了「嚴重的武器競賽癮」。

肯楠那年秋天出版的《致命同盟》（*The Fateful Alliance*）一書中寫道，就是這種偏執和軍國主義導致各大強權投入第一次世界大戰。

如同一九一四年那樣，超級強權再度盲目地往有害的方向走，肯楠寫道，「這次是往一場可能無法恢復的災難前進。」他憂鬱地坦承，他的悲觀有時候「幾乎是全面性的」，「我擔心戰爭的條件都已具備，一場可怕的最終之戰。」

在他悲觀的想法中，他將焦點集中在最大的邪惡來源——不是輕忽的政治人物或衝動的民族主義，而是核子武器本身。

自從一九四九年秋天寫文章極力反對「超級炸彈」以來，他便將核子武器視爲伊甸園中的毒蛇。雖然原子彈看似防止攻擊的終極之道，但在一個充滿危險激情的世界裡，這種致命武器實在是一種太大的誘惑。原子彈是「一種自殺武器」，他主張，「在戰爭中缺乏理性的運用方式。」武器競賽讓啓動裝置輕易啓動，警告時間變更短，進而提高了緊張狀態與可怕衝動的風險。「危險不在於別人的飛彈與彈頭可能比我們多，而在於竟然有數量如此誇張的高度有害爆裂物存在。」

對肯楠而言，核武成爲最後一項必須投入的偉大運動。這位老地緣政治分析家半世紀以來一直在思考驅使國家分裂、讓他們參與戰爭的力量，如今他選擇可能讓人類毀滅的這種力量作爲自己最後專心研究的領域。他不是從事無情的理論探究，而是放棄學術的艱澀與安全性，再度成爲一名公眾人物，一個受到爭議的武器控制發言人。他協助發起一項公開活動，呼籲西方採行「不率先使用」的政策。他承認，核子武器永遠不會被消滅，有些必須作爲恫嚇之用。但是西方主要應該依賴傳統武器；如果北大西洋公約組織威脅要用核武來報復傳統攻擊，就是招來毀滅。「如果不率先使用這些武器，」他主張，「就永遠不會使用它們。」

與肯楠共同推動這項終極理想的盟友不是禁止原子彈的那種夢幻組合，而是過去冷戰的俠客，以羅伯特·麥克納馬拉與麥克喬治·邦迪爲主。他的主張不但登上了《外交事務》，還有全美各地報紙的評論版，擁擠的記者會也躍上電視新聞。它隨即引發國務卿亞歷山大・海格（Alexander Haig）嚴詞反駁，警告「不率先使用」政策「等於是讓歐洲面臨傳統侵略的風險」。

肯楠的職業生涯大部份時間都是個獨行俠，且似乎偏向支持與衆人對立且不受歡迎的目標。他的最後一個目標就跟之前的許多目標一樣，不太可能佔上風，至少在一九八〇年代中期的不友好氣氛中很難。不過它卻讓這項辯論更顯高尚，迫使政策制定者去質疑假設。「不率先使用」政策當然不能忽視，即便原因只有一個——歷史顯示，忽視肯楠的警告是危險之舉。

肯楠早期便經常警告不要出兵越南，所以看到他加入邦迪與麥克納馬拉或許顯得奇怪，因爲一般普遍認爲這兩位前朝官員使他的預言成真。不過肯楠心裡並沒有怨恨。「我從來沒有向他們其中一位質問過越南問題，」他回想說，「我認爲邦迪是對這場戰爭有疑慮的一個幕僚，我同情他。至於麥克納馬拉，我尊敬他肯改變。」肯楠能夠與自己曾強烈反對其政策的人相處，而且不表現出一絲敵意或甚至加以諷刺，其實並不罕見。他善體人意的本質超越了他的反對意見，也超越了他在官僚鬥爭中的無助感。他從未失去這種優雅的特質，即使在戰後年代他與那個易怒多刺的對手狄恩・艾奇遜的關係中也不例外。

「連喬治・肯楠都寫信讚賞我對他的描述。」《參與創造》出版之後，艾奇遜有點驚訝地告訴一個朋友。「我認爲你在你的回憶錄中對我的描述相當公平而大方。」肯楠寫道，「二十年前離開國務院後，我對你的尊敬與情感不曾稍減，即使我們對德國及歐洲的看法不同，也絲毫沒有改變這一點。」

至少大家會期望肯楠與保羅・尼茲之間的關係沒有問題；後者取代他成爲艾奇遜的首席規劃者。他們之間的對比十分強烈：尼茲是圓滑的核心圈子成員，肯楠是充滿不安感的圈外人；尼茲是軍事家，肯楠是外交家；尼茲是行動派，肯楠是理論派。不過兩人多年來始終是摯友。的確，在肯楠的八十歲壽宴上，最讓他深受感動的祝詞就是尼茲說的那段話。尼茲向他斯文有禮的對手舉杯，用他輕柔高貴的聲音讚美肯楠「將近四十年以來都是一位良師和楷模」。尼茲露出淡淡微笑表示，「毫無疑問，喬治經常懷疑學生的才能。可是他與安娜莉絲給菲莉絲和我的溫暖友誼未曾減少。」肯楠站起來回應，優雅地向尼茲舉杯，稱他也是自己的榜樣。即使年齡邁入八十大關，肯楠還是苦苦面對自我懷疑，他讚揚尼茲願意在每任新政府服務，不顧彼此在政策上的歧見，並懊悔地批評自己長期沒為政府效力。「最好的作法或許是堅持下去，」肯楠感嘆，「盡力讓自己所相信的事情實現。」

★★★

無論友誼多麼持久，都無法掩飾一九七〇年代外交政策權勢菁英意見不一的深深裂痕。有二十年時間，權勢菁英橫跨大衆輿論的中間立場，發揮了龐大的影響力。可是到了一九七〇年代，中間立場不再主導大局；越南粉碎了二次世界大戰後的共識。權力擺向兩端。右派與過去一樣喧囂，但左派也開始吶喊。美國盟邦聽到的聲音是不和諧的雜音。

舊權勢菁英也不免於這樣的拉扯。這種分裂曾經在一九五〇年代民主黨諮詢會議的「溫和派」與「強硬派」之間出現過，當時艾奇遜派對抗史帝文生派，而如今那樣的分歧變得更加公開而敵對。越南迫使幾乎所有人都在「鷹派」和「鴿派」之間選邊站，守舊派人士也不例外。一九五〇年代，「強硬派」與「溫和派」陣營雖然方法不同，但是卻沒有爲了美國必須扮演強勢的世界性角色這個前提而爭吵。可是如今自由派已經成爲半孤立主義者；他們主張美國嚴重過度擴張，必須收手，而共產主義也不是龐大無敵，它的威脅已經遭到過度渲染。

★★★

越南迫使艾佛瑞爾・哈里曼向左傾，使他拒絕了許多自己一度相信、也協助傳播的似是而非的冷戰現實。他並非完全退縮；他從來沒有停止相信美國應該扮演積極的全球性角色。但是到了一九七〇年代，他已經接受干預的限制，更決心要藉由談判與外交手段降低與蘇聯之間的緊張關係。

他很高興吉米・卡特任命他在巴黎和平會談的搭檔賽勒斯・范錫擔任國務卿。哈里曼認爲范錫擁有正確的世界觀，有意願面對蘇聯，偏好外交多於武力，也有能力看出外交事務中的敏銳與微妙之處。他具有適切的特質：他高尚、正直又謹慎。他的出身也很適合，待過耶魯與華爾街的內部密室。當然，哈里曼會率先否認這樣的事情還很重要，而且事實上他也不是個勢利鬼；但是對於一個和自己背景如此相近的人，他充滿親切感。

吉米．卡特靠著平民路線的選戰策略對抗華盛頓核心圈，贏得一九七六年大選時，他的首席幕僚漢彌頓．喬丹（Hamilton Jordan）誓言：「總統就職之後，如果你發現賽勒斯．范錫擔任國務卿，茲比格紐．布里辛斯基擔任首席國家安全顧問，那麼我會說我們失敗了。我會辭職。」

卡特任用這兩個人（喬丹並未辭職）當時被認為是東岸權勢菁英依然活躍，而且不可或缺的證據。可是，挑選布里辛斯基與范錫這樣的決定，所顯示的意義其實正好相反。布里辛斯基與范錫只有表面上相似。沒錯，他們都是大衛．洛克斐勒的國際菁英團體：三邊委員會的成員，也經常參與外交關係委員會，可是他們的差異極大。他們的差異完整體現了外交政策制定的機制已經變得與羅威特和艾奇遜的時代迥然不同，儘管不見得是變好。

對布里辛斯基來說，范錫象徵「一度強勢的盎格魯撒克遜白人新教徒菁英」已經進入老邁時期。在他的回憶錄中，布里辛斯基藐視范錫「以紳士般的態度面對世界」，認為范錫不願意授權監視外國使館很不恰當。「跟過去的國務卿亨利．史汀生一樣，他似乎覺得人不應該看別人的信件。」布里辛斯基驚嘆道，「總括來說，就性格與時機而言，范錫無論在世界上或在美國都已經不再佔有優勢。」

布里辛斯基本身不是舊權勢菁英（「認同它對我來說絕對不容易」），不過卻是新「專業菁英」的一個範例，正如 I. M. 戴斯勒（I. M. Destler）、萊斯里．蓋爾伯，以及安東尼．雷克（Anthony Lake）在《我們最壞的敵人：美國外交政策之失敗》（*Our Own Worst Enemy: The Unmaking of American Foreign Policy*）一書中所描述的。跟季辛吉一樣，也像許多六〇年代挺身挑戰權勢菁英的新外交政策活動份子一樣，他也是在國外出生的學術界人士。他並沒有因為出生背景而獲得權力；他必須設法去追求。他的專業與力量並非得自在商業界或政府的經驗——或來自他所成就的任何事，而是來自想法。他善於辯論；他慣用的工具是鏗鏘有力的報紙評論文章，引用經過深思熟慮的文句。政治人物並不會令他不舒服；事實上當卡特還是個沒沒無名的喬治亞州花生農夫時，他就主動發掘並培養他。卡特在一九七七年一月組成政府時，布里辛斯基運用巧計確保眞正的核心人物——總統眞正的顧問不是國務卿，而是國家安全顧問；不是范錫，而是他自己。

對於官僚的陰謀十分敏銳的哈里曼立刻就看出布里辛斯基的企圖。「艾佛瑞爾一開始就不太喜歡茲比格紐，」哈里曼在寮國談判期間的門徒，如今已經在國務院體系中一路晉升，成爲駐伊朗大使的威廉·蘇利文回想說，「當他發現他是危險人物，自是更不喜歡他。」哈里曼記得自己擔任杜魯門的國家安全顧問時，可是竭力保護國務卿。「如果我妨礙總統與國務卿的關係，」他告訴朋友，「我就會被開除，而那也是理所當然的。」

哈里曼可以近身觀察布里辛斯基，因爲這位國家安全顧問就住在他家。哈里曼夫婦的住家已經成爲備受讚譽的宿舍，提供來訪的顯要與遠行的政治家借宿。他們在一月親切地供布里辛斯基住宿幾週，直到他能搬去與紐約來的家人同住爲止。結果，幾週變成了幾個月，而哈里曼也發現他的客人變得愈來愈高傲自私。

對於范錫讓布里辛斯基凌駕於自己，哈里曼也同樣感到不滿。范錫常到哈里曼位於維吉尼亞州米德堡（Middleburg）的房屋度週末，後者有一次私下在屋外督促他的老談判搭檔挺身面對他在白宮的對手。范錫仔細聽著，但剛開始卻不肯相信布里辛斯基的動機與作爲像大家所說的那麼卑劣。一直到伊朗人質危機，范錫才明白自己面對的是什麼樣的人，他發現布里辛斯基與伊朗之間有秘密溝通管道，而布里辛斯基卻大剌剌地說謊，對總統否認。卡特無視於范錫的警告，還是接受布里辛斯基的建議，發動援救人質行動，結果任務卻在伊朗沙漠裡灰頭土臉地嘗到失敗的滋味，深受打擊又洩氣的范錫辭職下台。

哈里曼反對布里辛斯基的構想和方法。他覺得這位國家安全顧問對蘇聯保持好戰的強硬立場，而他率直地將原因歸咎於他個人的種族。「他認爲茲比格紐基本上是波蘭人，從來沒接受過美國精神。」蘇利文回想說，「他相信茲比格紐十分願意爲了波蘭而讓美國與俄國彼此對立。」

一路走來，哈里曼從來不曾停止爲了改善美蘇關係而努力。雖然已不在政府服務，他仍繼續爲尼克森到雷根的每任總統不時擔任克里姆林宮特使。八十歲生日之後，他爲了外交任務出使莫斯科多達六次：一九七一、一九七四、一九七五、一九七六、一九七八，還有一九八三年。

進行最後一趟行程時，他已高齡九十一歲。驚人的強健體魄讓他能夠熬過無數次飛行，前往偏遠的各國首都，但此時這樣的身體終於開始逐漸衰弱（雖然在他年滿八十歲時醫生便不得不命令他放棄滑雪）。他聽力嚴重受損，視力模糊，漸漸變得有點老態龍鍾。然而，他強悍的心理還是不屈服；在較年輕一輩的面前，他還可以是「鱷魚」，突然打斷他們，阻止他們說出愚蠢的答案。他還是會在華盛頓走動，部份是因爲他在政治上頗爲活躍的太太的努力。一九七一年，瑪莉去世後一年，他迎娶潘蜜拉·邱吉爾·海華（Pamela Churchill Hayward），也就是三十年前他在戰時的倫敦愛上的年輕美女。

與肯楠一樣，當雷根開始大聲斥責「邪惡帝國」，哈里曼也感到哀傷。他覺得自己有責任向蘇聯保證，並非所有美國人都屈服於這麼愚蠢的誇張言論。何況，他從來沒見過新的蘇聯領導人尤里·安德洛波夫。他告訴朋友，他想要看看他是什麼樣的人。

最後一次，哈里曼受邀造訪蘇聯。一九八三年十月的一天早晨，在國際飯店的阿曼德·哈默套房（Armand Hammer's suite）好好休息一晚之後，哈里曼十分戰戰兢兢地與安德洛波夫一起在莫斯科中央委員會總部那張熟悉的長桌旁坐下。他到過那裡實在太多次，連蘇聯通譯員維克多·蘇科德列夫（Victor Sukhoderev）都認識他。因爲瞭解哈里曼的聽力問題，蘇科德列夫知道翻譯安德洛波夫的回答時要用多大的音量，才能讓這位老外交家聽得見。

蘇聯領導人安德洛波夫很親切。「我們記得很清楚，當德國人對著莫斯科的大門開火時，你們與我們站在同一陣線。」安德洛波夫歡迎他時說，「你也瞭解，兩國攜手追求和平有多麼重要。」

他們討論了戰爭的威脅、錯估形式的風險，以及武器控制的必要性。他們同意，無論政治情勢如何，兩國都必須努力維持正常關係。當對話結束時，這位年邁的資本主義者緊緊握了那位共產黨員的手，以粗啞的聲音道別，也結束了多年來他在這個謎樣國家進行的人際外交之旅，這個他在八十四年前還是小男孩時就首度造訪的國家。

那年冬天，哈里曼在加勒比海的巴貝多島（Barbados）玩水時傷到右腿。九十二歲的哈里曼在浪花上跳躍或許並不是什麼新鮮事，可是他的傷勢卻很嚴重。意外發生後，他的太太擔心「哈里曼會對很多事情失去興趣」。那是大家印象中的第一次，他對新聞或時事，甚至俄國都沒興趣。他所關心的只有身體康復。他一心一意想達成這個目標的程度，就跟他關心的其他目標一樣。「你不擔心雷根嗎？」醫生問他。「我才不管！」他咆哮道，「我什麼時候能再走路？」

腿傷痊癒後，他又開始擔心雷根和俄國。「你對美蘇關係有什麼看法？」還沒開始閒話家常，他就會沒來由地直接這麼問訪客。蘇聯人沒有忘記他；一九八五年的歐洲勝利四十週年紀念日，在譴責美國是好戰者的演說當中，蘇聯國家通訊社（News Agency Tass）宣布哈里曼獲頒愛國戰爭一級勳章，以表揚「他個人致力於改善與強化美蘇合作的努力」。

死亡無法無限制延期，但是哈里曼不會輕易屈服，即使對死亡也是一樣。將近一個世紀的時間，他與可怕的敵人折衝協商，從校長到蘇聯獨裁者。就在接近人生終點之際，他似乎與上帝陷入延長談判，無疑是想尋求光榮的和平。一九八六年七月，哈里曼重返雅登園，在那裡以九十四歲高齡與世長辭。

★★★

對約翰・麥克洛伊來說，人生最後幾年看到了自己公共與私人權力緩慢流失。這種衰落與年屆八十多歲卻依舊健康機靈的麥克洛伊關係不大，比較有關的是他所處的那個不斷改變的世界。

當他在一九六〇年辭去大通銀行董事長一職，重返法律界，他並未丟下大型石油公司不管。只是工作內容從提供資金給石油業的中東帝國轉成保護它不受司法部的控告。

麥克洛伊成爲米爾班克與特威德法律事務所（由米爾班克、特威德、何普與哈德利法律事務所改名）資深合夥人之後不久，就當上世界七大石油公司「七姊妹」的總法律顧問。「我的職責是避免他們坐牢。」他直率地表示。一如以往，麥克洛伊緊密結合了公衆與私人的考量。在一九六一年與赫魯雪夫進行過不甚熱絡的高峰會之後，甘迺迪請麥克洛伊到白宮討論蘇聯入侵中東的威脅。麥克洛伊藉機爲他的客戶請求另一件事。他告訴總統，阿拉伯產油國焦躁不安，他們已經聯合成立了一個協商機構，叫石油輸出國家組織（OPEC）。這個組織目前虛弱又分裂，但是有可能變成一股眞正的力量，向石油公司收取較高的價格。麥克洛伊表示，那樣一來不只有損石油公司的利潤，也會危及美國的國家安全，因爲它有賴廉價石油的穩定供給。想要應付石油國家組織的威脅，石油公司必須團結起來。因此，他們需要政府保證司法部不會控告他們違反反托拉斯法。

麥克洛伊回想說，「就在當場，」甘迺迪打電話給他的弟弟，也就是司法部長。麥克洛伊獲得甘迺迪的保證，如果有危機發生，石油公司需要一致行動，司法部會爲他們舉辦聽證會。

麥克洛伊確保他的說法都讓司法部所知。「我堅持拜訪每一位繼任的司法部長，」麥克洛伊回憶，「就是爲了讓他們記憶猶新，因爲我怕我們隨時都必須做點什麼。」

阿拉伯國家長期以來怨恨西方的石油公司，因爲他們支配價格，刻意壓低油價。可是阿拉伯國家領袖根本上十分保守，可以由說服力強的西方人，例如約翰．麥克洛伊，跟他們講道理，安撫、誘拐他們。

穆阿邁爾．格達費卻非如此。這個在六〇年代晚期掌控了利比亞、脾氣暴躁的年輕革命家，毫不猶豫就單方拉抬油價。他之所以得逞，是因爲有幾家獨立石油公司沒有其他供油來源。格達費的大膽行爲引發了連鎖反應：中東各地的產油國突然極力追求利潤，開始抬高油價。

麥克洛伊警告的那個時刻來臨了。一九七一年一月，七姊妹（再加上另外十九家雇用麥克洛伊的石油公司）的代表齊聚在第一大通曼哈頓廣場（One Chase Manhattan Plaza）四十六樓這位老政治家位於角落的辦公室。在外面的接待室，國務院與司法部的代表坐在自法蘭克林．羅斯福以降每任總統都簽了名的照片底下，審查協議書提案初稿。

麥克洛伊力勸利益各不相同的石油公司團結起來對抗石油國家組織。他說得很直接：「你們如果不同心協力，就只能自生自滅。」

麥克洛伊既成功地在各石油公司之間協調出一項方案，讓他們團結起來與石油國家組織交涉，也順利說服司法部長約翰·米契爾（John Mitchell）不要控告他們。正如歷史學家亞倫·布林克利所寫的，那是「大師同時運用私人與公共權力的表現」。

可是它沒有維持多久。阿拉伯國家嚐到了獨立與利潤的甜頭，他們想要更多——他們至少要在自己土地上擁有部份採油特許權（「參與」）。全球石油短缺危機步步逼近，讓他們優勢在握。

一九七三年的以阿戰爭破壞了石油公司原本對石油國家組織所擁有的任何權力。麥克洛伊發現衝突即將爆發，焦急地警告美國政府不要運送武器到以色列，以免刺激阿拉伯人。就像他在三十年前處理轟炸奧許維茨及拘留日裔美國人的問題時一樣，麥克洛伊將務實考量置於道德考量之前。「我不斷斥責國家安全顧問季辛吉說，解決中東問題是政治家非做不可的事；政府在思考時不能只考慮下屆紐約選舉。」麥克洛伊回想說。麥克洛伊向他的客戶保證會寫信給尼克森，他在十月寫信，由特別信差送給白宮幕僚長亞歷山大·海格，警告不要增援以色列，並主張美國如果退出，蘇聯和歐洲會進軍中東。「那個區域陷入危機的部份遠遠超出我們的商業利益。」麥克洛伊懇求總統，「眞正危險的是我們的經濟與安全。」正在水門事件中痛苦掙扎的白宮有三天根本沒回覆，而要運送的武器已經上路了。

阿拉伯人展開石油禁運，油價在七個月之內上漲至四倍。在美國，全國各地的加油站都有汽車大排長龍，各界指控石油公司與阿拉伯國家共謀刻意造成石油短缺——尤其他們還在能源危機的高峰宣布大筆獲利。

多年來自在地讓國家利益與他客戶的利益結合之後，麥克洛伊很驚駭地看到石油公司遭到如此的誹謗。「似乎只有在美國還存在著這種對自己的石油公司進行近乎凌虐式的攻擊。」他面對國會調查小組時抱怨道。

權威在一九七〇年代中期似乎遭到圍攻。總統被迫辭職，外國賄賂醜聞每日一爆，不時出現賄款的流言斐語，會議室與白宮的醜聞也傳遍了華盛頓。在國會的壓力下，司法部收回它答應麥克洛伊不控告石油公司違反反托拉斯法的承諾。

麥克洛伊本身並沒有受到玷污。他成功遠離這些喧鬧，正直形象完整無損。海灣石油公司（Gulf Oil）被控非法捐獻給尼克森時，該公司董事請麥克洛伊進行公開調查。麥克洛伊的報告無畏而公正，指出責任在石油公司的最高層官員。

然而，麥克洛伊秩序井然的世界已然破碎。在華盛頓，水門事件與越戰已經讓私下的權力運作染上惡名。一小群想法相近的人坐下來悄悄決定國家大事已經行不通了；如今對麥克洛伊來說，電視攝影機與國會委員會似乎跟著決策者四處跑，因此冷凍了他們。

世界各地轟轟烈烈的革命浪潮令麥克洛伊困惑。他支持第三世界的發展，但是對萌芽中的民族主義力量沒什麼好感。他和朋友艾奇遜、肯楠及羅威特全是歐洲主義者，只是他稍微不明顯一點。他們從來沒有表現出對第三世界的興趣，也不打算培養那種興趣。杜魯門在一九四九年就職演說中提出著名的「第四點計畫」（Point Four），呼籲援助未開發國家；這項計畫是杜魯門的政治顧問所設計的構想，而非國務院。沒錯，羅威特與尼茲看到計畫草案時，他們「既沒有熱情，對它的效用也不以爲然」，狄恩·艾奇遜冷冷地表示。艾奇遜對此也同樣沒興趣，他認爲第四點計畫只是政治語言，並非眞正要實行的命令。肯楠實在太瞧不起未開發世界，因此總是在提到第三世界時加上引號，彷彿拒絕接受它的正統性似的。

後來那些年，權勢菁英的守舊派（哈里曼除外）通常支持外國政權對抗地方的暴動者，無論那些政權如何鎮壓人民。艾奇遜與肯楠對黑人非洲幾乎沒有同情心可言，他們大力支持羅德西亞☆（Rhodesia）與南非的白人政府，讓他們的自由派朋友十分反感。

☆譯註：羅德西亞是今日辛巴威的舊稱。

麥克洛伊自己的重視是伊朗國王。兩人已經彼此往來多年；麥克洛伊的法律事務所代表巴勒維（Pahlevi）家族。對他來說，伊朗王是石油國家組織中一股溫和的力量，一個可以講理的人。美國剛開始在一九七九年拒絕給予流亡的伊朗王進入美國進行醫療的許可時，麥克洛伊怒不可遏。麥克洛伊連同季辛吉以及他在大通銀行的繼任者大衛．洛克斐勒，積極遊說卡特政府讓伊朗王入境。「約翰是一個很會寫信的人，」國務卿范錫冷冷地表示，「早上的郵件中經常都有他寄來關於伊朗國王的信件。」

雖然范錫堅稱這位老男孩的遊說並未影響他，不過病重的伊朗王仍獲准進入美國一家醫院。憤怒的伊朗激進派立刻佔領伊朗的美國大使館，要求美國驅逐伊朗王。接下來四百四十四天，他們挾持了五十二名美國人。

麥克洛伊驚訝、挫折又苦惱。當一批骯髒的伊斯蘭基本教義派揮舞著美國步槍並大喊：「美國去死！大撒旦去死！」就能癱瘓政府、讓美國丟臉，對他來說，他的時代已結束的態勢也就愈來愈明顯了。

他盡責地為每任新政府擔任外交賢哲。例如，季辛吉回憶說，當他在一九七五年參加完日內瓦的武器會談返國之後，第一個打電話請益的對象就是麥克洛伊。這位昔日的武器控制專家立刻趕來，錯過了自己的八十歲壽宴，甚至根本沒提起。

不過麥克洛伊可以感受到自己的影響力在華盛頓日漸消退。卡特總統不是往日的核心圈人士，對舊外交政策權勢菁英所知有限，與它也沒有恩怨。當他邀請麥克洛伊討論裁減軍備時，是將他與另外五十個人一起趕進東廳（East Room），就跟許多觀光客一樣。「那就像一場趕牛秀。」麥克洛伊對《時代》雜誌專欄作家休．塞迪感嘆道。

雷根政府表現出較多的欣賞之意。雷根安排麥克洛伊到他的交接團隊中；麥克洛伊九十歲生日時，白宮的玫瑰花園特別為他舉行表揚儀式。總統、副總統、國務卿，以及聯邦準備理事會主席都出席。「約翰．麥克洛伊的無私之心已經讓千百萬人的生活有所不同，而且是長久持續的不同。」雷根總統宣告。「與我比起來，您還算是年輕人。」麥克洛伊對雷根說。

第二天晚上，他受邀成為外交關係委員會一場正式晚宴的座上賓，出席者都是華爾街的老大亨與西方聯盟的重要人物，包括前西德總理赫爾穆特·施密特（Helmut Schmidt）。大衛·洛克斐勒稱呼麥克洛伊為「外交關係委員會第一位公民」，並獻給他一面匾額（早已顯著地展示在委員會二樓會議室的深色鑲板牆上），上面寫著：「政治家，愛國者，朋友」。

在那個讚頌不斷的夜晚，最充滿溢美之情與最謙卑的讚詞來自季辛吉：「我相信，約翰·麥克洛伊在歷史中前進時，聽到了上帝的腳步聲。」季辛吉說，並引用俾斯麥的話，「我們當中不夠謙虛或耳朵不夠銳利的人卻有榮幸知道，如果跟隨著他的腳步，我們就是走在履行上帝使命的道路上。」

聽到這些話，麥克洛伊感到些許尷尬，他垂著臉，稍稍抬起頭，眼睛往上看，彷彿一個想要討人歡心的小男孩。他的謙遜態度一如平常真誠。「我知道今晚大家說的許多事情都誇大了，」他說，「不過我感到十分溫暖。我的人生紀錄自有其優缺點。我只希望它很可靠，讓人們可以這麼說我：他盡了最大的努力，天使也做不了更多。」

★★★

人生進入第十個十年之際，多年來都十分注重隱私的麥克洛伊開始編纂自己的回憶錄。他以特有的輕鬆方式進行，拜訪老朋友，笑談熟悉的軼事，一邊用錄音機錄下談話內容。

不可避免地，他與鮑伯·羅威特坐在後者位於蝗蟲谷小莊園的庭園裡，聊著彼此的故事，回顧他們在史汀生上校的戰爭部被稱為「美好雙胞胎」的那段日子。羅威特錯過了麥克洛伊的九十歲壽宴。「我的醫生根本不讓我出門。」他向他的老友道歉。他繼續說：「在我們過去六十年的友誼中，我覺得有一段時間特別突出——我們一起在華盛頓擔任史汀生的部屬。非常奇怪的是，那段世界非常不幸的時期竟然成為我人生中最刺激與最快樂的一段時光。」如今，當這兩個朋友在一九八四年的一個夏日裡滿足地漫談將近六個小時，他們因為各種開心與低落的時刻而逗樂對方，就像史汀生不會使用他的通話盒，還有那次他們密謀破壞亨利·摩根索的計畫，以免戰後德國變成鄉下牧場。對話過程輕鬆愉快；兩人都不是喜歡講自己對西方社會的長期貢獻、豐功偉業的那種人。不過談到後期外交事務的處理方式，對話當中隱約透出一種近乎哀傷的沮喪感。雖然他們都不會過度吹捧自己的成就，可是在評估後進的表現時，兩人還是忍不住覺得他們大多數都不夠格。「我寧可相信，」麥克洛伊後來寫信給羅威特，「除了盡力報效國家之外，我們別無所求。」

害羞的羅威特是外交賢哲裡最低調與自謙的人，到了一九七〇年代，他已經完全從公眾舞台上消失。他的「玻璃內心」幾乎都已碎裂；部份的胃和各種內臟也遭切除；他同時罹患心臟病和癌症。不過，他也跟麥克洛伊、哈里曼及肯楠一樣不屈不撓，八十九歲高齡依然進華爾街的辦公室工作。

即使肉體早已孱弱多時，他的頭腦卻依然清楚。他迎接一對年紀加起來還遠不及他的訪客，以一九四〇年代收服國會委員會主席那樣的優雅與溫和魅力，讓他們感到輕鬆自在。以銀製茶具款待客人喝茶之後，他相當舒適地坐在一張極爲膨鬆的印花棉布沙發上。（偶爾他會靠著助行器蹣跚走動；他照實解釋，他的臀部已經換成了鋼板，無法久坐。）牆上掛著一些賞心悅目的風景畫，包括一幅愛麗絲·艾奇遜的作品。在他身後的法式雙開門後方，愛黛兒的花園在春天的陽光下呈現繁茂生長的壯觀景象（他聲稱太太的辛苦成果並沒有讓他感到佩服，他以自己古怪的方式堅稱他偏愛漆黑的電影院）。

他毫不掩飾對當前情勢的不屑。「我有一種直覺，近期的國務卿都十分平庸。」他承認。在他那個年代，國務卿「大多都是優秀的律師」。他悔恨地補充說，賽伊·范錫「律師性格太強——太謹慎、太容易妥協」。他很不樂見國會堅持主導外交事務。「現在我們有五百三十五位國務卿，」他說，「每個人都有意見。」被他嘲諷地稱爲「茲比奇」的布里辛斯基是他最蔑視的人。「我們不應該有一個骨子裡不是美國人的國家安全顧問。」他抗議道，附和哈里曼直率的排外主義。「我無法想像任何帶著嫌惡與懷疑心態的人去跟俄國人談判。」

羅威特年滿九十歲之後便慢慢淡出衰弱。他體重降到八十九英磅，還用幽默不減的語氣抱怨「我的骨頭喀擦喀擦響」。一九八六年一月，與他結褵將近七十年的愛黛兒過世。接下來三個月，他每天早上煞費苦心地穿上西裝、打上領帶，殷勤回覆湧進家裡的將近三百封弔唁信。過了幾天，在寫下對愛黛兒的最後一個記憶之後，他準備好前去陪伴她。

一九八六年五月七日，在他第一次抗議自己身體無法勝任艱苦的政府公職之後半個世紀，羅伯特・羅威特與世長辭。在一個明亮的春日，他安息在住家附近的一棵月桂樹下，葬在他的母親、父親與太太身邊。《華盛頓郵報》的一篇社論對全國讀者追憶他的成就：「在那些關鍵的年頭，有好多事情以及與他共事過的人都讓人緬懷，但是最值得紀念的是在兩次世界大戰交戰的國家之間出現了長久的和平。」

★★★

羅威特覺悟到新「專業菁英」取代他自己的「權勢菁英」，可說是一個時不我與的長者所發出的嘮叨感嘆。畢竟有許多年的時間，修正主義歷史學家將冷戰、武器競賽、越戰，以及戰後世界發生的其他危機與錯誤都歸咎於羅威特所屬的權勢菁英。但是當學者與歷史學家開始檢視新的外交政策菁英，才發現這群人好辯、喜歡洩漏消息、以自我利益與派系為導向，於是他們又開始懷念起過去的外交菁英。

鐘擺搖到中間又搖了回去；艾奇遜與羅威特的政策雖然有瑕疵，但至少始終如一；制定它們的人或許視野狹窄，但是比起現在的後輩，他們的無私與紀律都讓後者望塵莫及。「**當時有一種外交政策的共識，而這種共識在越戰期間瓦解是我們歷史上最大的災難之一**。」季辛吉表示，「我們需要權勢菁英階級，社會需要它。你不能不斷攻擊國家政策，那麼每次換總統，最後都會改變方向。」

到了一九八〇年代中期，持續經歷政治幻想與動盪的無黨派外交政策菁英傳統，已幾近消失。源於世紀之交泰迪・羅斯福時期，在戰後年代興盛發展，而在越南衝突期間悲慘瓦解的長期路線，已經差不多接近終點。它已經成功發展了半個世紀，歷經伊萊休・盧特與史汀生上校、艾奇遜與哈里曼、羅威特與麥克洛伊、波倫與肯楠，一直到運氣不佳的邦迪兄弟。可是在憤世嫉俗的七〇年代，它逐漸凋零的殘存者，例如備受尊重的賽勒斯・范錫等人，已經被一種新的階級壓倒。

一九八五年有一個眞正的倖存者，來自失落年代的傳承者。狄恩·艾奇遜的優秀門徒保羅·尼茲從來沒發覺自己有成爲國務卿或國防部長的野心，或許是因爲有人覺得他剛直的個性太像他的政治導師了。不過，尼茲整個八〇年代都待在公務部門，追求權力之餘卻沒犧牲自己的正直。

在誨澀難解卻不可或缺的武器控制領域裡身爲一個顧問與談判者，尼茲變成熟練的官僚玩家，可是他十分具有運動家精神（或至少很敏銳），在較年輕、手段較激烈的同事眼中像是一個古怪又落伍的人。他跟肯楠一樣，似乎不會老。他總是維持古銅色肌膚，有一頭濃密的白色波浪捲髮，身體狀態好得驚人。在他馬里蘭農場的一場午宴上，年屆七十的他趴在地板上做了好幾個單手伏地挺身，讓現場賓客瞠目結舌。

在大部份的職業生涯中，尼茲致力推動美國建立更多、更大的防禦機制來對抗蘇聯。不過，如果眞能加強核子穩定，他依然願意與克里姆林宮協商。尼茲的務實令兩邊的理論家都感到困惑。吉米·卡特的武器控制顧問保羅·華恩克等鴿派人士將他當成鷹派而藐視他，而雷根屬鷹派的國際安全政策助理國防部長理查·裴爾（Richard Perle）則認爲他是「頑固的問題解決者」。裴爾用這個說法有貶損意味，意指爲了解決問題而解決問題的人，即使那個問題不解決反而比較好。但是這個形容精準捕捉到尼茲的特質：他屬於艾奇遜派傳統的行動者；解決問題時不顧政治後果。

意識形態勝過務實主義、政治姿態勝過嚴肅的政治家風度都很罕見，而這種情況卻在一九八五年十一月雷根與蘇聯領導人米哈伊爾·戈巴契夫（Mikhail Gorbachev）高峰會前夕的幾個星期十分鮮活地展現。雷根的助理之間發生爭吵，洩漏文件，幾乎癱瘓了白宮的決策機制，此時尼茲則繼續謀求蘇聯與隆納德·雷根都能接受的方案。在充斥著持續不斷的宣傳與混亂的環境中，尼茲無私追求眞實外交策略的努力儘管近乎孤獨，卻顯得格外高尚。

★★★

當然，人們很容易就會把太多美好的光暈添加在老外交政策權勢菁英的戰後全盛時期上頭。它並非一直都是麥克洛伊所想像的「伯里克利時代」。兩黨共識在中國與韓國問題上崩解，還對美國外交政策造成長期不良的影響。艾奇遜與國會的紛爭之劇烈深具破壞性。為了爭取國會支持，杜魯門的幕僚總是過度簡化及過度誇大事實，進而使得反共顯得太過死板，美國承諾過於全面。因為屬於積極行動派，艾奇遜和他的同夥有時無法三思而後行；他們當中具有遠見的喬治・肯楠在被認為太溫和、優柔寡斷之後，便遭到漠視。

儘管或許理由不充分，但也可以說他們是世界分裂成東西陣營的元凶之一，導致這個世界過度武裝，始終在危險邊緣徘徊。至少在理論上，贏得第二次世界大戰的美、英、蘇偉大聯盟有可能合力建立一個和平共存的年代，而不是冷戰。頑固又務實的艾奇遜、哈里曼以及他們的伙伴，最早正確體認到史達林絕非值得信任的盟友。即便如此，如果他們在一九四五年就知道接下來四十年（或許還有更後面的幾十年）世界會出現一個接一個的危機，被一觸即發的核武競賽牽著鼻子走，他們也會相當震驚。他們過度推銷自己的理想，受自己的發言所箝制，因而注定要看著手法不夠細膩的人粉碎了他們希望在美蘇之間建立嚴峻但穩定的暫時協議的理想。

總而言之，我們可以說權勢菁英因為無法預測到他們言行所帶來的後果，於是播下了越戰慘劇的種子，最終也造成他們自己的下場。

然而，他們還是獲得巨大的勝利。他們確實從混亂中恢復了秩序，也如季辛吉所言，「挽救了自由的可能性。」他們迫使一個謹慎的國家勇於面對它的全球性義務，而且展現征服者的寬大胸襟，在第二次世界大戰之後同時協助友邦與敵國進行重建工作。他們創建了一個聯盟，在往後四十年穩穩確保西方不受侵略。相較於先前的所有帝國，美利堅和平確實極為慷慨與理想化，有時甚至過了頭。

★★★

美國在第二次世界大戰之後所扮演的領導角色並非無法避免。如果國會主導政策，美國可能會將注意力轉向國內，追求孤立主義常態化，就像哈里曼所說的，「去看電影，喝可口可樂。」在漠不關心世界局勢和在戰後年代衝擊美國的反共偏執這兩種狂野情緒之間擺盪，制定外交政策需要穩健可靠的人才。

一小群人著手挽救歐洲，將西方聯合起來對抗其實是從二次大戰的瓦礫堆中冒出來的蘇聯威脅，他們所面臨的任務之艱鉅，無法用筆墨來形容。的確，從四十年的角度來看，這項挑戰顯得十分嚇人，不禁讓人揣度：這些如此謹慎又沒沒無名的人是哪裡來的意志與力量？

四十年後，身爲美國世界性角色最大推手的這些人已半隱在歷史的陰影裡，連他們的集體身份都黯然隱沒。他們大致上都相當注重隱私，對於成爲公眾人物感到不自在，也鮮少追求知名度。**「他們具有無私、不譁眾取寵的特質。」**比爾．邦迪說。他們絕對喜歡權力——艾奇遜有一次形容，他離開公職就像結束一段戀情。不過，他們渴望權力的目的並不只是希望擁有權力。

令人好奇的是，這一小群在一九四〇年代於國務院進進出出的業餘人士，成就竟然遠比如今在市中心智囊團和霧谷、國會山莊及白宮西翼等辦公大樓裡的大批全職專業人士來得出色許多。或許那是因爲老一代主要關心的是效忠總統和國家，新一代則關注自己的前途。「我的這一代不會出現遵循麥克洛伊無私傳統的人。」季辛吉坦白承認，「我們太緊張，野心太大。」對於他華爾街的後輩不願意爲國家效力，麥克洛伊幾乎是刻薄以對。有人問他下一代的律師和銀行家當中，有誰具有國際事務專長，足以受邀前往華盛頓服務，麥克洛伊想都不想就說出答案。「你一個都找不到，」他說，「那種律師已經不存在了。他們全都忙著賺錢。」

沒錯，麥克洛伊的那一代不必太擔心物質生活。在上層階級擁有特權的那個年代，「勒緊褲帶」只是意謂著必須將女傭解雇，或者縮減女兒社交宴會的規模。可以肯定的是，除了哈里曼與羅威特不時爲財務狀況苦惱之外，看看他們當中最窮的人所過的生活，實在難以令人同情：畢竟喬治．肯楠負擔得起鄉間別墅（儘管有點破舊），還送小孩上私立學校（他的兒子自然不可避免上格羅頓中學）。

實情是，這些人不受人世間的紛紛擾擾所約束。他們不必太過擔心每天照顧孩子的雜務，或是太太的事業，或是付貸款。他們有相當的自由去追求自己眞正在乎的事：爲國家效力。相對於如今充斥於官僚中的野心家，或者汲汲營營的機會主義者，主要將非正式顧問團的職位當作成爲政府包商的跳板，這些業餘的老戰後權勢菁英顯得十分樂在自己的工作。公職對他們而言就像個欲求不滿但熱情洋溢的情婦。的確，它似乎像一股維持生命的動力。一九八六年，哈里曼與羅威特九旬高齡過世，肯楠也年滿八十二歲，麥克洛伊則是九十一歲。

這些人沒虧欠任何人。因爲沒有政治金主，他們只爲總統效命。即便在當時，他們效忠的對象也往往是職位，而不是人。他們關係緊密，因此能夠彼此坦誠；政府在他們那個時代就像一個俱樂部。

他們不必探索價值感。雖然他們嘲笑中學校長的虔誠，不過卻也依循他的道德準則過生活。如今看來幾乎有點古怪的品德，例如重視忠誠多於野心，是他們所遵守的戒律。

舊權勢菁英的領導人由於自信夠強，因而無私。他們私下不見得隨時都充滿安全感（當然，肯楠極度脆弱），可是大致上是有自信的。他們出身自教導學生要效忠國家的學校，成年時的那個時代大家真誠相信美國具有爲世界服務的責任。他們掌握權力的時代正值「華盛頓的黃金歲月」，喬治．鮑爾說，「於是善加利用美國在全球局勢中崛起的良機。那個年代我們不重節儉，不擔心平衡預算，重點在於我們要如何拯救世界。」

艾奇遜與哈里曼，羅威特與麥克洛伊，波倫與肯楠：終其一生，他們不是將自己視爲公眾人物，而是視爲公僕。他們鮮少必須考慮自己在社會上的地位；他們不必看報紙才知道自己的立場。因爲不必關注自己，他們奇妙地獲得了自由與權力。他們可以將自己因爲長期接觸廣大世界而培養出來的特殊能量，投入戰後重建與保衛百廢待舉的西方的任務中。

如今無疑也有如艾奇遜般聰明、如哈里曼或麥克洛伊般固執，以及如波倫般能幹的外交官和官員。他們甚至可能如肯楠般具有先知灼見，如羅威特般值得尊敬。可是現在肯定沒有，或許永遠也不會再有一種政治家，以同樣的同心協力與才華，用超越個人貢獻的方式通力合作。他們的成敗或許已經被超越，可是如同艾奇遜在臨終前對哈里曼所說的：「從來沒有過這麼好的伙伴。」

無論如何，他們因爲歷史的機緣而達成遠遠超越個人身份的成果。因爲具有共同的願景，因爲信任關係而獲得力量，他們勇敢面對一個艱困新時代的挑戰。在他們的責任感與共同智慧中，他們發現了形塑世界的力量。

致謝 ACKNOWLEDGEMENTS

首先要感謝我們筆下的人物。約翰・麥克洛伊、羅伯特・羅威特、喬治・肯楠以及艾佛瑞爾・哈里曼全都欣然接受我們的訪問，談他們的人生與時代，每次的時間往往長達好幾個小時。他們也大方允許我們運用他們的私人文件、剪貼簿、信函以及日記。他們沒有一位要求任何的編輯掌控權，甚或是在出版前閱讀初稿的權利。

他們的家人同樣給予協助，提供我們豐富的過往物件、信函以及照片。我們尤其要感謝潘蜜拉・哈里曼以及她先生的前助理派・佛蘭德利（Pie Friendly），為我們開啟哈里曼的個人檔案。凱薩琳・哈里曼・摩蒂默（Kathleen Harriman Mortimer）提供我們家庭照片，以及她與父親於一九四〇年代住在莫斯科時的相關物件。葛莉絲・肯楠・瓦尼克（Grace Kennan Warnecke）提出她對父親的看法，並協助我們整理他一生的照片。她的妹妹瓊・肯楠・波贊（Joan Kennan Pozen）允許我們閱讀她父親年輕時寄回家的大量家書，並參考她針對父親年輕時期所做的研究與訪談。約翰・麥克洛伊二世（John McCloy II）同樣也提供了他父親的紀念物件與照片。已故的愛黛兒・羅威特是一位迷人又健談的女主人；她的三十巨冊剪貼簿是無價的圖片與紀念物來源。愛麗絲・艾奇遜（狄恩之妻）與我們分享其先夫的往事、五十年來的每日約會行程，以及她家人的照片。艾奇遜的兩個孩子大衛・艾奇遜（David Acheson）和瑪麗・邦迪（Mary Bundy，威廉・邦迪之妻）尤其熱心幫忙，包括允許我們看狄恩・艾奇遜在羅格頓中學的成績單，以及讓我們參加艾奇遜家族數代同堂的聖誕派對。威廉・邦迪對於兩代舊外交政策權勢菁英——他岳父和他自己——提出睿智的看法；不但開誠佈公地與我們討論艱苦的越戰歲月，也提供他對那段時期尚未公開的回憶錄。奇普・波倫的子女——艾維斯（Avis）、查爾斯二世（Charles Jr.）以及謝莉絲汀（Celestine）都懷著深刻的情感回憶他們的父親。

我們同樣感激在本書中扮演重要配角的兩位男士：保羅・尼茲與克拉克・克里福德。他們兩位都花了許多時間提出自己的想法，還有針對我們主角所作所為的第一手觀察。我們還要感謝邁可・佛瑞斯托（Michael Forrestal）告訴我們關於他父親詹姆斯・佛瑞斯托以及乾爹艾佛瑞爾・哈里曼的種種事蹟。整體而言，我們要感謝列於參考書目以及資料來源中的將近一百個人，他們與我們分享他們的回憶，其中許多人曾經多次與我們一同坐下來，再次重回陪伴在外交賢哲身邊的日子。

本書初稿經過史蒂芬・史密斯（Stephen Smith）以及史特羅布・陶伯特（Strobe Talbott）的細心校對，許多地方也多虧他們糾正與修改。我們在《時代》雜誌曾與他們共事的同事能夠證明他們絕佳的技巧與判斷力。杜克大學教授布魯斯・古寧賀姆（Bruce Kuniholm）為我們的作品進行嚴謹的學術審查，而曾在本書中高潮的那些年擔任艾佛瑞爾・哈里曼助理的丹・戴維森（Dan Davidson）則對最後幾章提供了有益的批評與修正意見。

我們特別要感謝《時代》雜誌執行主編雷・凱夫（Ray Cave）以及傑森・麥克麥納斯（Jason McManus），允許我們同時兼任記者與歷史作家。《時代》雜誌是以仁慈出名的雇主；我們在撰寫本書的同時還能保有那裡的繁忙工作，證明他們絕非浪得虛名。我們也因為雜誌社許多才華洋溢的同事所給予的激勵而獲益匪淺，他們傾聽我們的想法，並協助我們更加精進。《時代》雜誌國內部的主管茱迪絲・夏布洛（Judith Shapiro）對我們的協助多不勝數，難以言謝。

許許多多的圖書館員以及檔案管理員都值得我們獻上無比的謝意。我們特別想要感謝以下機構的工作人員：哈利・杜魯門圖書館（Harry Truman Library，尤其是丹尼斯・畢爾格〔Dennis Bilger〕）、林登・詹森圖書館（Lyndon Johnson Library，尤其是大衛・亨佛萊〔David Humphrey〕）、約翰・甘迺迪圖書館（John Kennedy Library）、普林斯頓大學希利・穆德圖書館（Seeley Mudd Library）、哥倫比亞口述歷史計畫（Columbia Oral History Project）、杜克大學圖書館（Duke University Library）、紐約歷史學會（New York Historical Society）、外交關係委員會、國會圖書館以及國家檔案館（National Archives）。格羅頓中學的邁可・卓尼克（Michael Tronick）與道格拉斯・布朗（Douglas Brown）以及聖保羅中學的朱利安・麥基（Julian McKee）與查爾斯・克拉克（Charles H. Clark）都鼎力襄助。與約翰・麥克洛伊合作撰寫他個人回憶錄的安德利亞・吉爾斯（Andrea Giles）以及哈佛大學教授厄尼斯特・梅伊（Ernest May）曾慷慨協助我們，此外即將出版的麥克洛伊、凱・博德（Kai Bird）與麥斯・荷蘭（Max Holland）傳記的作者們同樣也大力幫忙。我們同樣非常感謝湯姆・舒瓦茲（Tom Schwartz）提供他以麥克洛伊擔任德國高級專員時的旅程為主題的博士論文，也感謝哈佛大學教授查爾斯・邁爾（Charles Maier）提供我們珍貴的哈里曼州長口述歷史。

賽門舒斯特出版公司（Simon and Schuster）的愛麗絲・梅休（Alice Mayhew）給予我們許多編輯上的溫暖鼓勵，從一開始便協助發展這個計畫；她是出版界編輯的第一把交椅。安・葛多夫（Ann Godoff）、派特・米勒（Pat Miller）以及亨利・費瑞斯（Henry Ferris）也提供了專業支持與周到的構想。我們的經紀人亞曼達・厄本（Amanda Urban）全力支持我們，身兼朋友與同事的角色。

最重要的是，我們要感謝我們的家人。我們的父母，厄文・艾薩克森（Irwin Isaacson）以及艾文（Evan）與安・湯瑪斯（Anne Thomas）均仔細閱讀初稿，提出不少實用的建議，但與數十年的愛、理解與學費支出相較之下，那些都顯得微不足道。貝琪・艾薩克森（Betsy Isaacson）以始終如一的喝采與明智的忠告鼓勵這項計畫，我們深感遺憾她無法在有生之年看到最後的成品。路易莎（Louisa）與瑪麗・湯瑪斯（Mary Thomas）讓她們的父親時而分心，時而享受安靜時刻，將兩者分配得恰到好處。我們的太太，凱西（Cathy）與歐希（Oscie）忍受她們丈夫彼此含糊不清地談論著冷戰，時間長達三年；在整個過程中，她們展現了無比的耐心，並提供最大的支持。

美國世紀締造者

六位朋友與他們建構的世界秩序

作　　者　華特・艾薩克森/艾文・湯瑪斯
總 編 輯　沈昭明
社　　長　郭重興
發行人暨出版總監　曾大福
出　　版　廣場出版
發　　行　遠足文化出版事業股份有限公司
231新北市新店區民權路108-2號9樓
電　　話　(02)2218-1417
傳　　真　(02)8667-1851
客服專線　0800-221-029
E-Mail　service@sinobooks.com.tw
網　　站　http://www.bookrep.com.tw/newsino/index.asp
法律顧問　華洋國際專利商標事務所 蘇文生律師
印　　刷　前進彩藝有限公司
一版一刷　2015年12月
定　　價　680元

譯者在翻譯過程中承蒙柏安迪先生(Andrew Burry)鼎力協助，特此致謝。

美國世紀締造者:六個朋友與他們建構的世界秩序 /
華特.艾薩克森/艾文.湯馬斯作. 一版. 新北市:廣場出版:
遠足文化發行, 2015.12 736面; 16.8X23公分
譯自:THE WISE MEN:Six Friends and the World
They Made ISBN 978-986-91909-7-8(平裝)
1.國際政治 2.冷戰 3.圍堵策略
574.52　　104022821